U0657561

中国历史文化名人传

# 千秋一叹

## 金圣叹传

陈 飞 著

作家出版社

中国历史文化名人传

# 出版说明

中华民族五千年文明史中，涌现了一大批杰出的文化巨匠，他们如璀璨的群星，闪耀着思想和智慧的光芒。系统和本正地记录他们的人生轨迹与文化成就，无疑是一件十分有必要的事。为此，中国作家协会于2012年初作出决定，用五年左右时间，集中文学界和文化界的精兵强将，创作出版《中国历史文化名人传》大型丛书。这是一项重大的国家文化出版工程，它对形象化地诠释和反映中华民族文化的基本精神，继承发扬传统文化的精髓，对公民的历史文化普及和建设社会主义文化强国都具有重要而深远的意义。

这项原创的纪实体文学工程，预计出版120部左右。编委会与各方专家反复会商，遴选出在中国文化发展史上产生过重大影响的120余位历史文化名人。在作者选择上，我们采取专家推荐、主动约请及社会选拔的方式，选择有文史功底、有创作实绩并有较大社会影响，能胜任繁重的实地采访、文献查阅及长篇创作任务，擅长传记文学创作的作家。创作的总体要求是，必须在尊重史实基础上进行文学艺术创作，力求生动传神，追求本质的真实，塑造出饱满的人物形象，具有引人入胜的故事性和可读性；反对戏说、颠覆和凭空捏造，严禁抄袭；作家对传主要有客观的价值判断和对人物精神概括与提升的独到心得，要有新颖的艺术表现形式；新传水平应当高于已有同一人物的传记作品。

为了保证丛书的高品质，我们聘请了学有专长、卓有成就的史学和文学专家，对书稿的文史真伪、价值取向、人物刻画和文学表现等方面总体把关，并建立了严格的论证机制，从传主的选择、作者的认定、写作大纲论证、书稿专项审定直至编辑、出版等，层层论证把关，力图使丛书经得起时间的检验，从而达到传承中华文明和弘扬杰出文化人物精神之目的。丛书的封面设计，以中国历史长河为概念，取层层历史文化积淀与源远流长的宏大意象，采用各个历史时期最具代表性的文化符号与雅致温润的色条进行表达，意蕴深厚，庄重大气。内文的版式设计也尽可能做到精致、别具美感。

中华民族文化博大精深，这百位文化名人就是杰出代表。他们的灿烂人生就是中华文明历史的缩影；他们的思想智慧、精神气脉深深融入我们民族的血液中，成为代代相袭的中华魂魄。在实现“中国梦”的历史进程中，必定成为我们再出发的精神动力。

感谢关心、支持我们工作的中央有关部门和各级领导及专家们，更要感谢作者们呕心沥血的创作。由于该丛书工程浩大，人数众多，时间绵延较长，疏漏在所难免，期待各界有识之士提出宝贵的建设性意见，我们会努力做得更好。

《中国历史文化名人传》丛书编委会

2013 年 11 月

金圣叹

# 目录


001　序章 / 才子酒楼度元宵
　　师生重读金圣叹

043　第一章 / 老实人揭秘金家难
　　小女子解说玉带钩

083　第二章 / 眷属凋伤情重驴马
　　池塘春草感怀弟兄

135　第三章 / 姑苏城孤儿投亲
　　寒山寺少年受戒

184　第四章 / 平生志业托水浒
　　满怀心曲付儿郎

239　第五章 / 泐师示现阴阳界
　　美女魂归无叶堂

290　第六章 / 闻声感心泪洒今古
　　如梦似幻情寄西厢

355　第七章 / 春来亲友传喜讯
　　病起父子说唐诗

431　第八章 / 贪官做成血腥案
　　秀才魂断江宁城

491　第九章 / 流水亭中说生死
　　风雨过后思峨眉

559　附录一 / 金圣叹大事年表

570　附录二 / 主要征引书目

575　后记 / 缘结圣叹

# 序章

# 才子酒楼度元宵　师生重读金圣叹

南方的冬夜，湿寒浸人。南安大学的一间小教室里，灯光温和，一位老师正在讲课。雪白的头发在雪白的灯光下显得格外晶莹耀眼，与讲台下的青丝红颜形成强烈对映，仿佛是在固执地凸显着“老师”的意味。

这位老师姓田名野，很多人叫他“野夫”，那是因为他早年经常使用“野夫”的笔名发表文章，本名倒不大为人所知了，有点像鲁迅。也有人称他“雅夫”。有学生问田老师究竟哪个为是，他说无所谓，都可以。稍有点阅历的人都还记得，“野夫”当年可谓名震天下，他的文笔和言说以敏锐、深刻、犀利著称，不光学界争相阅谈，连普通读者、寻常百姓也喜闻乐见，尤其受到青年学生的热烈追捧。他本人也很快引起所在地方和学校领导的高度重视，被定为新星、名人、专家之类，纳入“跨世纪领军人才”和后备干部培养对象，还被任命为院长，频繁地出现在各种各样的会议、活动、媒体上，可谓如日中天，前程花团锦簇。不知为何，后来突然销声匿迹了，如同一猛子扎入水底，连水花都不见；待到浮出水面时，已经身在遥远的南安大学了。

南安大学依山傍水，锦绣玲珑。田老师经常顶着白发，背着个破旧的双肩包，以伞作杖，去山上湖边走来走去。平时则静默寡言，甚至有些木讷；只有在课堂上，才会神采飞扬，妙语连珠。除了上课，田老师不关心更不介入任何其他世事，几乎不发表文章，也不申报科研项目和奖励荣誉之类，也不参加学术会议，甚至连南安城里都很少涉足，更不曾出境出国。于是有人私底下称他是“不三不四”教授，也有人以他为例，证明如今是“树挪活，人挪死”；学校领导原是把他作为“人才”引进的，没想到他竟然如此，不免摇头叹息，自责看走了眼。本校及学界的“大师”“权威”则说他已经江郎才尽，那套“野狐禅”早已过时。于是田老师的门庭日渐冷落，他倒也乐得清净。

此刻田老师喝了口水，问：时间到了吧？还有问题吗？

没人应答。

好吧！今天的课就到这里吧！田老师说罢，收拾教材教具准备离开。却见学生们仍坐着不动，有些异样，便又说：下课了，可以走了。啊，差点忘了，明天是元旦，接着是寒假、春节，祝大家节假日开心快乐！

没有意料的那样欢呼和鼓掌，学生们仍默默地坐着，没有离开的意思。

田老师有些疑惑，用眼神询问着。

终于有人打破沉默说：老师，我们都知道了，今天是您六十岁生日，也是您退休的日子。我们不知道该向您祝贺，还是为您难过……

唔，你们倒消息灵通啊！田老师笑道：祝贺可以接受，为什么要难过呢？

一个学生说：我们高兴不起来呀。

那以后您就不再上课了吧？一个学生问。

应该是吧！田老师说。

唏——学生们一片惋惜，有人窃窃私语。

田老师虽然不是“教学名师”，“学生评教”的得分也不是很高，但他讲课朴实无华、简明透辟，自有一种魅力。虽然内容比较艰深，要求也很严格，仍有不少愿意“自讨苦吃”的学生选修，有不少“田蜜”和“野粉”。听说今晚是最后一课，以后再也见不到田老师萧散的身影，听不到他苍凉的声音，不免有些怅然不舍。

可是，老师，我们还想听您的课呢。一个女生几乎要哭了。

是啊！是啊！不少人附和说。

田老师有些感动，说：退休了，自然就不再上课了，这也是官方的规定。不过，民间活动还是可以有的，大家还可以就感兴趣的话题一起聊聊。而且，退休了，我们就不是师生关系了，也不用这样一本正经地“上课”，可以像老朋友一样，无拘无束，自由自在，时间、地点、形式，都可以很灵活。

太好了！有学生高兴地说：不如现在就把话题定下来！

田老师想了想，在黑板上写下三个大字，学生们齐呼：金圣叹。

知道这个人吧？田老师问。

知道！知道！学生们答。

那就请哪位说说吧！田老师说。

一个学生说：他是有名的评点家，评过《水浒传》《西厢记》《三国演义》等，很有名；还批注过《推背图》，很神奇。

另一个学生说：他的死，也很轰动。好像是因为什么案子，被杀头了。临死前还搞笑，监斩官打开他给其子的信，见信上说：“儿子，咸菜与黄豆同吃，大有胡桃滋味。这个秘诀得以流传，我就死而无憾了！”

哈哈哈……

据说他被杀时，头掉地上了，嘴里还在说：“痛快！痛快！”

咦咦咦……

他有很多名言，如说：男人三十岁还没娶妻就不该娶妻了；四十岁还没做官就不该做官了。人生最大快乐事，就是既当和尚又吃肉喝酒；还有，私处留几片癞疮，关起门来用热水烫洗……

哦哦哦……

有朋友委托他保管三千两黄金，被他一个月内挥霍殆尽，却对朋友说：我已经帮你解决了这个麻烦。

呵呵呵……

待学生们安静下来，田老师说：看来大家对金圣叹很有兴趣，也知道的不少。你们可能是随口一说，是否准确，可暂置勿论，却代表着一种普遍情况，这就是：人们对金圣叹既“饶有兴趣”，又“耳熟能详”，也“喜闻乐见”。造成这种情况的根本原因，就在于金圣叹的特殊性。他的特殊性不仅在于个性鲜明、言行不俗；更在于他所评点的对象——施耐庵《水浒传》、王实甫《西厢记》、杜诗等“才子书”，这些都是巨匠和经典，金圣叹因此也就具有了“才子”性和经典性。所谓站在巨人的肩上，于是便有了“巨人效应”。今人对这种策略，更是发扬光大了。你们当中有谁想出名，不妨试试，效果一定不错。

学生们笑起来。

还有一个重要原因。田老师继续说：上世纪七十年代的“评水浒”运动，你们可能不大知道，但你们的父辈、祖辈，一定是记忆犹新的。那可是“史无前例”的一部分啊！举国上下，轰轰烈烈。当时所谓“评”，其实是“批判”——不是批阅和判断，而是口诛笔伐、骂臭打倒。金圣叹也就作为《水浒传》的“陪绑”，更加“深入人心”了。所以，就金圣叹的影响而言，无论是广度还是深度，都是“最”字级别的！因而也是学术研究的“热点”和“焦点”之一，甚至有人称之为“金学”。所以我想，这应该是一个比较合适的话题。

学生们纷纷点头。

田老师继续说：话题虽好，但要谈论起来、谈出点东西来，并不是容易的事情，大家须要做些前期准备，先读后谈；大家以前多少都读过一点，因而也可以说是“重读”金圣叹。至于我呢，早在三十多年前就与金圣叹“一见钟情”了，曾以金圣叹为题撰写硕士论文，也发表过几篇文章。不过，由于学力和条件所限，留下许多问题和遗憾。后来忙于他事，就放下了。现在要和大家一起谈论，我也须要重读。

田老师仰头长吁，仿佛自言自语：这次“重读”，就像是老朋友久别重逢，是为了当年的情谊，也是为了别后的思念，更是为了彼此的心安，相互有个“交待”。

田老师又对学生们说：至于你们，以前读过的，可谓是“一来”；如今再读，就是“二去”了。一来二去，就熟悉了；进而便会产生情谊，结为朋友，进而成为“知己”。那是后话，现在则要怀着“从头来过”

的心情去读。在过往的漫长岁月里，金圣叹既被阅读，也被误读，还有许多未被读出的空白。我们应当把已有的印象和成见先放一边，回到起点，回到金圣叹其人其文本身，亦即从他的“人本”和“文本”读起。

是要做学术研究吗？有学生问。

问得好！田老师说：这正是我想和各位商量的。我们只是私人性的“读谈”，并不是要写成严格的学术论文去公开发表。当然，我们的“读谈”不能信口开河，也要遵循学术规范，但重在心灵的感通、体会、领悟和欣赏。大家的性情、志趣、知识结构等不尽相同，可以读出各自的金圣叹，又可以相互补充和感发，从不同角度和层面“整合”成共同的金圣叹，这样的金圣叹会更接近真实。是的，我说的是“接近”。不论是对古人还是今人、死人还是活人，我们都只能接近，而不可能“抵达”。大家都知道那句古希腊神谕：“认识你自己”，这意味着连认识自己都很难，更不要说认识他人了。所以我们只能努力去接近金圣叹，至于多“近”，就看我们“读”得怎么样了。

那该怎样读呢？有学生问。

田老师说：没有一定之规，更没有什么秘方绝技。可以“文学”地读，也可以“史学”地读，还可以“哲学”地读，但别忘了，要“人学”地读。我的意思是，要始终怀着“人”的意识和情感，把你这个“人”和金圣叹这个“人”联通起来读。

田老师看大家似懂非懂，便换个口气说：其实，金圣叹就是一个很会读书的人，还写了很多“读法”，并不吝惜“金针度人”。比如他说：要把《水浒传》当作《史记》来读，把《西厢记》当作《庄子》来读，把唐人律诗当作“六经”来读；还有对雪读，对花读，与美人并坐读……大家可以边读边体味边借鉴，效果一定会不错的。可惜，金圣叹的这些“独得之秘”和良苦用心，并没有得到读者的充分珍视，甚至被后人嗤之以鼻。其实，传世的金圣叹作品数量并不是很多，但要全部读通读透，并不容易；有些部分，甚至很少有人认真去读。最明显的是《沉吟楼诗选》，这是后人所编的金圣叹遗诗选集，可以说是传世的金圣叹唯一原创作品，是了解金圣叹的“第一手”材料，但一直缺乏足够的关注。

如果你们能够深入进去，一定会读出东西来的。

老师，能否说得更具体点？有学生问。

田老师笑笑，说：更具体点嘛，这么说吧：先用“眼”读，逐字逐句、逐段逐篇乃至全部，读懂文字，明白意思；进而用“心”读，深入到金圣叹的情感世界，感受他的喜怒哀乐、爱恨情仇；进而用“神”读，在精神上与金圣叹实现交流，体悟文字内外的苦心孤诣、微言妙趣。这三者既有层次和阶段之分，又密切关联、相互交织，在实际阅读中，可以循序渐进，也可以交叉进行。你们还可以发挥主动性和创造性，将自己的经验参与进来，还可以进行合理的想象、推测乃至虚构，所谓“我注六经”和“六经注我”，进行双向互动。至于做笔记、写心得，利用图书馆、数据库、互联网以及各种现代工具和方法，大家都是娴熟此道的，就不用我多说了。

金圣叹爱说“因缘生法”，今天大家就算和金圣叹结缘了，就看各位缘分的深浅喽。有道是“一千个读者有一千个哈姆雷特”，我们也会有若干个金圣叹；这也意味着把这若干个金圣叹集合起来，就可得到一个更加完整的金圣叹。大家“八仙过海，各显神通”吧！

学生们显得兴致勃勃，跃跃欲试。

田老师喝了口水，说：“读”好了，才可以“谈”。我们的谈，应该是“清谈”——当然不是也不可能是魏晋清谈那种，但也要有根有据，否则便是“游谈无根”。同时还要有识鉴和风度，不能人云亦云，也不能有私心杂念，否则便拾人唾余，甚至俗不可耐了。

田老师一边说，一边操作电脑，然后对着大屏幕说：这些是主要的阅读书目。金圣叹的著作文本，旧刻本并不是很难找，也有今人的整理本：有曹方人、周锡山所编《金圣叹全集》，1985年江苏古籍出版社出版；还有陆林辑校的《金圣叹全集》，2008年凤凰出版社出版，后者更好一些；文献资料方面，有孙中旺所编《金圣叹研究资料汇编》，扬州广陵书社2007年出版，也很方便。大家可以先从金圣叹的文本读起，然后参考相关资料，逐渐拓展、深化、提高。

为了表述方便，对经常提到的文本和材料可采用简称，我们约定一下:《金圣叹全集》,简称《金集》;其中的《第四才子书杜诗解》《第五才子书施耐庵水浒传》《贯华堂第六才子书西厢记》及《贯华堂选批唐才子诗甲集七言律》,可分别简称为《金评杜诗》《金评水浒》《金评西厢》《金评唐诗》;《沉吟楼诗选》,我以为还是上海古籍出版社影印本(1979年版)更好用一些,可简称《诗选》;《金圣叹研究资料汇编》,就简称《汇编》吧。

看着学生们有的在抄写,有的在拍照,田老师不无感慨地说:你们真是幸运啊!幸赖学者的劳动和科技的进步,现在查阅、复制金圣叹的文本和研究资料十分便捷,不像鄙人当年那么艰难和昂贵。不过,那种苦乐,也是很难忘的……都记下了吧?

学生们齐说:记下了。

田老师说:好!大家可以先阅读思考起来,寒假过后,我们就开谈,怎么样?

好!学生们大声响应,然后和田老师道别而去。

俗话说,光阴似箭,日月如梭,转眼寒假就过完了。春华未发,学生们便陆续归来了。庄言(田老师指导的博士研究生,本校规定,导师退休,要把名下的研究生带完,亦即直至其毕业)正月十三就来给田老师拜年,并报告说:很多同学对金圣叹有兴趣,但真正能够确定参加谈论的,只有六七个人,都是听过田老师课的研究生。

田老师笑道:六七个人,好呀!《水浒传》里吴用怎么说的来着——人多做不得,人少也做不得,六七个人,正好做的。

庄言又说:大家很想和您一起共度元宵节,并请您给大家"开讲",地点就在"才子酒楼"。

好个去处!田老师又笑道:才子楼上说才子,你们倒是很会挑地方啊!

田老师找出一坛老酒,又拿出一些现金,让庄言一起带上,说:你们请客,我来埋单,不见不散啊!庄言恭敬接下,没敢推辞。

看官,你道庄言为何不敢推辞?原来"田门"早有"约法三章":

第一条就是研究生不许给导师请客送礼；其余两条，一条是不许吹捧自己的导师，一条是不许非议别人的导师。不论是当面还是背地，生前还是身后。这多少有些不近人情，也不合时宜，但田门的弟子一入学就被郑重告知，哪里敢有违拗。

闲话少说。元宵节这天晚上，田老师准时来到才子酒楼，学生们早已到齐，大家鼓掌欢迎，纷纷给田老师拜年。田老师见大家热情洋溢，包间内装饰雅致，眉开眼笑，说：果然是个好地方！平时还真没注意到呢。

您老徜徉山水，哪会在意这人间烟火啊！说话的是个女孩，名叫覃慧敏，是田老师的硕士研究生，也算是“关门弟子”了。因她生得清秀小巧，又冰雪聪明，伶牙俐齿，田老师对她便有些“纵容”，她也经常敢在田老师面前“放肆”。

是是是！田老师说：是很久没到这边来了。

庄言比较敦厚老成，像个老大哥。他给田老师斟满酒，举杯说：今天我们既是给老师拜年，也是请老师开讲，来，我们共同敬老师一杯！

大家一齐响应，随后纷纷向田老师敬酒。不觉酒过三巡，菜过五味。田老师见学生们热情洋溢，也来了兴致，便道：金圣叹有言：“快意之事莫若友，快友之快莫若谈。”现在咱们也算是老朋友了，佳节又适逢上元，大家可以放言无忌，自由发言！

硕士生石萌，是个急性子，她用清脆的东北腔儿说：我先抛一砖吧！有很多问题，闹得我都快寝食难安了。

好！那就快说吧！田老师鼓励说。

石萌说：今年寒假，我们那儿连日下大雪，我哪儿都没去，就在家读金圣叹。老师提示的书，差不多都看了，还上网浏览……确实大开眼界，可是好像了解的越多，疑惑也越多了。

哦，什么疑惑？田老师问。

很多，我把它们概括为“奇怪”。我发现——她爱说“我发现”，可能是由于她是学考古的——很多关于金圣叹的谈论，都把他说得很奇特或者很怪异；我还发现，人们对金圣叹的评价，有着很明显的分歧，泾渭分明，甚至极端对立：肯定的，绝对肯定，崇拜得五体投地；否定的，绝对否定，乃至咬牙切齿。

举几个例子吧。金圣叹有一位族兄，名叫金昌，字长文，号矍斋，法号圣瑗，他说：

> 唱经，仆弟行也。仆昔从之学《易》，二十年不能尽其事，故仆实私以之为师。凡家人伏腊相聚以嬉，犹故弟耳。一至于有所咨请，仆即未尝不坐为起立为右焉。①

“唱经”即“唱经堂”，原是金圣叹的书斋号。金昌作为金圣叹的族兄，对圣叹不称名，也不称字，而是称堂号，这已经显得非常尊敬了！他竟然说跟圣叹学《易》，二十年都不能搞明白！他说这话时，是顺治十六年(1659)，当时金圣叹还在世。这就是说，金昌跟圣叹学《易》时，圣叹才三十来岁（圣叹被杀于顺治十八年，其时五十四岁），可见金昌早已把金圣叹当老师对待了，每次请教，都垂手站立，毕恭毕敬。

金昌还说：

> 余尝反复杜少陵诗，而知有唐迄今，非少陵不能作，非唱经不能批也。大抵少陵胸中具有百千万亿漩陀罗尼三昧，唱经亦如之。乃其所为批者，非但剜心抉髓，悉妙义之宏深；正复祛伪存真，得天机之剀挚。盖少陵忠孝士也，匪以忠孝之心逆之，茫然不历其藩翰。②

这是就金圣叹评点杜诗而言的。金昌认为：这样的诗作和这样的评点，只有杜甫和圣叹能够做到；自唐代以来，没有其他人能够做到。为什么呢？因为圣叹跟杜甫最是灵犀相通，又最能评说到位；圣叹和杜甫一样，胸中都有“百千万亿漩陀罗尼三昧”。漩陀罗尼，我查了一下，

---

① 金昌《才子书小引》。《汇编》第56页。按：本书引文首见详注作者出处，其后从略。

② 金昌《叙第四才子书》。《汇编》第57页。

是佛教用语，意指在法门里获得旋转自在，达到“圆满具足，出没无碍”。也就是说，圣叹也有杜甫那样的道德情怀和艺术造诣，也是杜甫那样的“忠孝”之士，所以才能对杜诗“剜心抉髓”，既揭示其“妙义”，还深得其“天机”。

金昌应该是最早将金圣叹与杜甫相提并论的人。杜甫是古今公认的“诗圣”，这么说来，金圣叹也是“诗圣”一样的人了。这样的评价，是不是太高了？

还有一个人，对金圣叹的崇拜和评价比这还高，这个人就是徐增，他字子能，号而庵，他说：金圣叹可不是一般人能窥其万一的，因为：

> 圣叹异人也，学最博，识最超，才最大，笔最快。凡书一经其眼，如明镜出匣，隐微必照；经其手，如庖丁解牛，腠理砉然；经其口，又如悬河翻澜，人人快意。不啻冬日之向火，通身暖热；夏日之饮水，肺腑清凉也。①

这是说，金圣叹是个大“异人”，非同寻常，无人能及：学问最渊博，见识最高明，文笔最快捷；不管什么书都逃不脱他的火眼金睛；他的评点就像庖丁解牛，他的解说就像滔滔江河；令人如在寒冬里面对炉火，又像盛夏里痛饮冰水，那种暖热清凉，快意至极，是难以形容的。

这是说金圣叹的学识文才，至于圣叹的为人，更加神秘莫测：

> 盖圣叹无我，与人相对则辄如其人。如遇酒人，则曼卿轰饮；遇诗人，则摩诘沉吟；遇剑客，则猿公舞跃；遇棋师，则鸠摩布算；遇道士，则鹤气横天；遇释子，则莲花迎座；遇辩士，则珠玉随风；遇静者，则木讷终日；遇老人，则为之婆娑；遇孩赤，则啼笑宛然也。以故，称圣叹善者，各举一端；

---

① 徐增《天下才子必读书序》。《汇编》第59页。

不与圣叹交者，则同声詈之，以其人之不可方物也。[①]

仿佛金圣叹有变化之术，可以随时随地根据对象不同而任意化身相应：跟“酒人”在一起，便化身为曼卿——宋人石延年。据说他性格豪放，酒兴奇高，酒量奇大，可以日夜饮酒不醉，还发明许多新奇的饮酒花样，如戴着枷锁饮，称“囚饮”；在树上饮，称“巢饮”；摸黑饮，称“鬼饮”；跳来跳去饮，称“鹤饮”。

跟“诗人”在一起，圣叹便化身为摩诘——唐人王维。他不仅擅长作诗绘画，而且佛学造诣精深；为人高贵洁净，作诗富有禅趣，如有名的《终南别业》诗云：“中岁颇好道，晚家南山陲。兴来每独往，胜事空自知。行到水穷处，坐看云起时。偶然值林叟，谈笑无还期。”既有恬淡悠闲、无忧无虑的妙趣，又有随缘任运、自由自在的禅机。

跟“剑客”在一起，圣叹便化身猿公——也称袁公，是位剑术高超的隐者。传说古代越国有一善剑少女，受越王之请前往论剑，路遇一老翁自称袁公，要和少女切磋剑术。二人折木为剑，在竹林间窜跳腾挪，就像电影《卧虎藏龙》中李慕白和玉娇龙竹林打斗那样。最后袁公佯装坠地，少女急忙来接，间不容发之际，双方连过三招。袁公忽然飞上竹梢，化作白猿，不知去向。

跟棋师在一起，圣叹便化身鸠摩——鸠摩罗什，祖籍天竺，东晋十六国时来到中国。他不仅是位大德高僧，还是佛经翻译家，同时又是围棋高手，是有文字记载的最早的棋僧。据说他和人下棋，每战必胜；而且每次杀完对方棋子后，都会在棋盘上留下龙、凤之类的图形，棋艺出神入化，高深莫测。

跟道士在一起，圣叹便一身仙气；跟释子在一起，圣叹便俨然高僧；跟辩士在一起，圣叹便雄辩滔滔；跟静者在一起，圣叹便寂然无声；跟老人在一起，圣叹便恬淡萧闲；跟儿童在一起，圣叹便时哭时笑，天真烂漫……

① 徐增《天下才子必读书序》。《汇编》第59页。

如此变化多端，神出鬼没，固然给人高深莫测、不可方物之感；同时也弄得人眼花缭乱，搞不清楚哪个才是“真相”。因此，跟圣叹交往的人，虽然都很佩服他，但只能说出他某一方面的好处；没和他交往过的人，往往讨厌他，甚至谩骂他，说他见人说人话，见鬼说鬼话，难辨真假。

徐增这样说，想必他是最能知道金圣叹“全人”和“真相”的人，所以他对圣叹极为崇拜，曾作《夜怀圣叹》诗说：

圣叹分身无不在，虫之臂与鼠之肝。
我今寒夜挑灯坐，只此灯光是圣叹。①

这里再次说金圣叹有奇妙的“分身术”，并表达了极端的拜服和向往之情。在徐增看来，金圣叹是无所不在的。“虫臂鼠肝”是《庄子·大宗师》里的典故，意思是说造化赋予人和物的形式变化无定，人的五脏六腑可以化作鼠肝，人的四肢也可化作虫臂。若能随缘任化，便可以无往而不适。圣叹死后，又化作一片灯光，给寒夜中的人们带来温暖和光明。

但是，金圣叹究竟是怎样一个人呢？徐增没有正面交待，他这样描述圣叹，反让人云里雾里，更加迷惑。我发现，徐增所说的圣叹的那些“辄如”，有“道士”，有“释子”，却没有提到“儒者”；而金昌说圣叹是杜甫一样的“忠孝”之士，“忠孝”正是儒者的人格特点，难道徐增没有注意到？

这个问题，徐增在《唱经子赞》中给出了答案，他赞道：

末法将兴，先生出世。千圣微言，晰如掌示。是为前知，斯文在兹。岂其法运，尚非其时。口唱大易，乃至明夷。文昌有厄，先生当之。仲尼心伤，释迦掩泣。麟生徒然，凤死

① 《汇编》第8页。

何急。力破象法，其身何有。法破身存，亦先生疚。无我之学，喻如虚空。三千大千，奚处不逢。天上天下，浩浩苍苍。千秋万年，先生不亡。[①]

“唱经子”这个称呼本身，就已经把金圣叹抬到诸子乃至圣贤的高度了。佛家有正法、像法、末法之说，“末法”（也称“末世”）是三个时代中的最后一个时代。在这个时代，正法衰颓，僧风浊乱，不仅佛教衰微，整个天下的思想学术及世道人心都处于败坏沉溺之中。徐增说金圣叹在末法时代横空出世，弘扬圣人学说，挽救世道人心，因而圣叹也就成为圣人了。“前知”就是先知先觉，原是孔子弟子对孔子的称叹。孔子自己说过“文王既没，文不在兹乎”的话。徐增说金圣叹“是为前知，斯文在兹”，分明是把圣叹比作孔子，而孔子正是处于“礼崩乐坏”时代，试图通过整理古代经典，来拯救世界。我发现，徐增不仅把圣叹比作孔子，还有把圣叹比作（周）文王的意思。“文昌有厄”，就是司马迁所说的“西伯拘而演《周易》”。徐增说“先生当之”，显然是说金圣叹如同文王。我还发现，徐增甚至把圣叹比作为释迦牟尼佛。最后，徐增甚至说：宇宙人间，圣叹无所不在；千秋万岁，圣叹永垂不朽！这样的推崇和赞美，简直到了登峰造极、无以复加的程度。

还有一位刘献廷，直接把金圣叹称作“神仙”。这刘献廷可不是一般人，他字“继庄”，有“庄子第二”的意思，人称“广阳子”，是一位百科全书式的大学者，在数学、历学、佛学、地理学、音韵学等诸多领域，都有精深造诣。他从小家居顺天府大兴，就是现在的北京市；后来长期隐居吴江，据说就是因为崇拜金圣叹。金圣叹遇难时，刘献廷大约十三岁，他没见过圣叹，但和圣叹的后人，如圣叹之子金雍，女儿金法筵，女婿沈六书，外孙沈元一、沈元景等，关系密切。金圣叹的《沉吟楼诗选》，就是刘献廷亲手编定的。在他的《广阳诗集》中，有一首《题唱经先生像》：

---

① 《汇编》第7页。

忽有仙人在别峰，通身香气似芙蓉。
碧天明月一千里，独上瑶台十二重。[①]

那是在一个月明当头、碧空万里的夜晚，广阳子于恍惚之间，看到有座山峰浮现在半空中，山峰上有位仙人，站在盛开的芙蓉花上，云气缭绕，清香四溢。广阳子认出这仙人正是唱经先生，唱经先生正向他微笑招手，于是广阳子便飘然飞升起来，追随着唱经先生，穿越碧空，来到月宫……

大约与刘献廷同时，有个广东曲江人名唤廖燕，字柴舟，也是一位大学者，他专程到苏州瞻仰和寻访金圣叹的遗迹，并为金圣叹作传。传中说：

予读先生所评诸书，领异标新，迥出意表，觉作者千百年来至此始开生面。呜呼，何其贤哉！……其祸虽冤屈一时，而功实开拓万世，顾不伟耶！[②]

既说千百年来“始开生面”，又说“开拓万世”。我发现，这应该是最早的以传记的形式来赞叹金圣叹的丰功伟绩。评价之高，也是无以复加的！而且得到了赞同，曾遂五说：

金圣叹先生为千古奇人，以奇人而撄奇祸，得此奇文以传之，斯无之而不奇矣。篇中称其所评诸书为有功后学，可称先生知己。[③]

突出了圣叹的“奇”，称廖燕是圣叹的知己。廖燕也是这么自许的，

① 《汇编》第 17 页。
② 廖燕《金圣叹先生传》附。《汇编》第 15 页。
③ 廖燕《金圣叹先生传》附曾遂五语。《汇编》第 15 页。

他还写过一首长诗《吊金圣叹先生》：

> 诗画塞天地，斯道益蔽亏。孰具点睛手，为之抉其奇。君怀创古才，奋笔启群疑。五经尊尼父，一画溯庖羲。诸子及百家，矩度患多歧。得君一彼导，忽如新相知。面目为改观，森然见须眉。直追作者魂，纸上闻啼嬉。高标七子作，分解三唐诗。其余经赏鉴，众妙纷陆离。陈者使之新，险者使之夷。昏愦使之灵，字字有余思。掀翻鬼神窟，再辟混沌基。遂令千载下，人人得所师。我居岭海隅，君起吴门湄。读君所著书，恨不相追随。才高造物忌，行僻俗人嗤。果以罹奇凶，遥闻涕交颐。今来阖闾城，宿草盈墓碑。斯人不可再，知音当俟谁？[①]

更是不得了！我发现，题目虽说是"吊"，其实完全是赞颂："诗画塞天地，斯道益蔽亏。孰具点睛手，为之抉其奇"，与徐增所说的"末法将兴，先生出世。千圣微言，晰如掌示"意思几乎完全相同，也是说正当世道衰微败坏的时代，金圣叹横空出世，为世人点睛抉奇，释疑启蒙。这里的"画"，我开始以为是绘画的"画"，但又有些怀疑，毕竟金圣叹并不是以绘画而著称的呀。后来看到金圣叹文集中有很多关于《易》的图说，再联系这首诗的上下文，才发现这里的"画"，其实是指笔画，如《易》中的卦象、文字的笔划之类。这样下文的"五经尊尼父，一画溯庖羲"就比较好理解了。意思是说：金圣叹解说儒家经典，推尊孔子；阐释易经义理，追溯古代圣王（庖牺氏）。随后又说"诸子及百家"的歧义，经金圣叹一批点，便面貌一新，完全改观。如同揭开了鬼神的隐秘，开辟了混沌世界。"遂令千载下，人人得所师。"这样的称颂和推崇，与徐增称金圣叹是孔子、释迦牟尼一样，也是登峰造极、无以复加的。

大家看，金昌、徐增、廖燕，都对金圣叹的崇拜和赞美至极，堪

---

① 《汇编》第16页。

称“金粉”的代表，可是，金圣叹真的如此神奇、如此伟大吗？说实话，我是很疑惑的。如果真的如此伟大，为什么没有得到更多的响应和认同呢？

你的疑惑，实质上也是发现！博士生李大白是攻读哲学的，说话爱用“实质上”。此刻他对石萌说：你这先抛的可不是一砖啊，实质上比和田玉还珍贵！

石萌有些不好意思。李大白说：来，我们敬萌妹一杯！

大家纷纷附和。

我的“砖”被萌妹引出来了，就接着说吧。李大白说：我也有类似萌妹的感觉啊！不过，属于另一方面。实际上，与萌妹所“发现”的截然相反的极端评价，很早就有了。萌妹刚才提到徐增说“不与圣叹交者，则同声詈之”。这“詈”就是责骂、谩骂、辱骂，而且是“同声”，可见当时骂圣叹的之多。徐增还讲过一个“故事”，我给大家复述一下：

那是顺治十七年，亦即金圣叹遇害的前一年。这年二月，有位号称“三耳生”的人，突然来找徐增，说：“我很想亲眼见一见金圣叹，你和他交情不错，能帮我引见一下吗？”

徐增没有立刻回答，三耳生又追问一遍。徐松这才对他说：“这事你要慎重考虑，我的意见，最好不要去！不是我不想帮忙，而是为你好啊！”

三耳生有些不解，问：“何出此言？”

徐增说：“亏你还有三个耳朵，没有目睹也该有耳闻吧！现在满世界的人都对金圣叹深恶痛绝、咬牙切齿。以至所有跟金圣叹交往的人，都没一个有好结果的：是名士的，身败名裂；是富人的，财产耗尽；是僧侣的，没人愿意布施……遇见圣叹，就像是中了邪魔，遭了灾星。”

见三耳生有些愕然，徐增又说：“你也称得上是个奇人，独来独往，不可一世。从十来岁就潜心佛学，进而精通天文地理，擅长诗词文赋。又漫游天下，见识广博，结交的奇人异士、大师名家，不计其数。谁不称赞你的才华、羡慕你的年轻？谁不看好你的将来、期待你的成功？可你如果去拜见圣叹，必然会引来世人的惊诧，说‘又出了个徐二园！’

我徐二园是有残疾的废人，家境贫寒，年已老迈，早已自暴自弃，不怕被人唾弃。可是你跟我不同啊！”

“还有，”徐增说，“我帮你引见倒没什么，但世人会说：‘这个徐二园，自己不走正道也就罢了，还把那么好的一个三耳生带上了邪路！’”

三耳生想解释，徐增做了个手势，继续说：“说实话，金圣叹又岂是容易‘见’的？圣默法师，你是知道的，他去见圣叹，圣叹便化身圣默法师；总持法师，你也是知道的，他去见圣叹，圣叹便化身总持法师；还有释曾，去见圣叹，圣叹便化身释曾；韩贯华、王道树去见圣叹，圣叹便化身韩贯华、王道树……所有去见圣叹的人，圣叹无不化作其人。你去见圣叹，圣叹必然化身为你。本来天下只有一个三耳生，人们才觉得你奇特；现在又多出一个三耳生，人们就不觉得你奇特了；于是你的名声骤降，身价大跌，再想恢复，那可就难了！”

三耳生想分辩，徐增又做个手势，接着说：“更要命的是，你见了圣叹，必然会神志恍惚，饮食起居、行走坐卧都觉得圣叹就在身边，心里、梦里总有一个金圣叹。你还会整天把圣叹挂在嘴上，写在纸上，自以为从此便可以冠绝当世、永垂不朽；还会沉迷于‘洁净精微’的虚幻世界，不能自拔……”

徐增停了下来，看着三耳生，问：“这些后果，你考虑过吗？所以我劝你还是不要去见为好！”

“考虑过了。”三耳生说，“我大年初一就离开家了，放弃春节，抛开家人，不远千里赶来求你，就是为了一见圣叹先生的真容。你为我好，我很感激！但这些顾虑，在我看来，大可不必。我本非名士，就无所谓身败名裂；也不是富人，就不怕耗尽家财；又不是僧徒，当然不用担心没人布施……所以，恳请你不论如何，一定要帮我实现这个心愿。”

徐增问：“你果真迫切想见圣叹？”

三耳生点点头。

徐增又问：“你真的不在乎后果？”

三耳生又点点头。

“为什么呢？”徐增又问。

“为了破解一个谜团，寻找一个答案。”三耳生说，“这些年，所到之处，无人不说金圣叹。有人对他恨之入骨，恨不得杀了他，还要将他打入十八层地狱；也有人对他推崇备至，奉若神明，恨不得将他捧到天上去。这让我非常困惑：同一个金圣叹，世人的褒贬、爱恨差别怎么会这么大呢？简直是天壤之别、冰火不容！先不论谁对谁错，我坚信这个金圣叹，绝不是一个普通人，必然有其非同寻常之处……所以我迫切想眼见为实。”

徐增说：“你对圣叹有多少了解？”

三耳生说：“他评点的《水浒传》《西厢记》，我都读了。”

徐增说：“喔，这只是圣叹著作的‘外篇’，并非他的‘内学’。外篇仿佛一鳞半爪，内学才是精髓所在。但是一般人不能理解圣叹的精髓，只是就表面断章取义，横加责骂……敢问你有没有骂过圣叹？”

三耳生说：“我正急切想拜见他，怎么会骂他呢？”

徐增笑笑，说：“不知者无不骂，既知者皆欲见，人之常情，大抵如此，很少例外。不过，也没啥。没有大疑怎么会有大信？没有大骂就不会有大赞。有些人嘴里骂他，心里其实很想见到他。你说是不是？”

“是是是！”三耳生连忙点头，不好意思地说，“我我，我其实也骂过圣叹。”

徐增哈哈大笑，说：“其实，无论多少人骂，多么会骂人，骂得多狠，都是骂不着圣叹的；骂不着也就等于没骂。”然后他又饶有兴致地问：“你是如何骂圣叹的？说来听听呗。”

三耳生尽管有些面红耳赤，还是老实交待说：“我曾在苍公处见过圣叹所作《法华百问》。苍公问我有何看法？我说：不足挂齿。佛经上说：当初维摩诘问法自在等三十二位菩萨，何为不二法门？众菩萨皆有说；最后问文殊，文殊答曰：‘如我意者，于一切法，无言无说，无示无识，离诸问答，是为入不二法门。’然后反问维摩诘，维摩诘默然无对。文殊便感叹道：‘奇哉！奇哉！乃至无有文字语言，是真入不二法门！’圣叹连这个道理都不懂嘛！”

徐增说：“这原是维摩经的旧案，还算不上是骂圣叹。”

三耳生又说："我在京城时，有位老先生问我金圣叹是怎样的人，我回答：不过是个通俗小说的评点者而已。"

"这有指责的意味。"徐增说，"不过，毕竟还算不上骂圣叹。"

三耳生忽然反问道："莫非你也骂过圣叹？"

"当然！"徐增爽快地说，"怎么会不骂？"又说："我骂过圣叹，也有人骂我。"

"这又为什么呢？"三耳生有些不解。

徐增没有正面回答，转而叹道："这正是我后来不骂圣叹反而赞美圣叹的原因所在。圣叹被世人骂为妖魔，差不多有二十年了。其实他们对圣叹，既恨得要死，又怕得要命。记得壬午——崇祯十五年秋天，圣默法师要带我去见圣叹，刚说'圣叹'两个字，我就急忙捂住耳朵，连说：'别提！别提！可怕！可怕！'非常害怕见到圣叹。后来经过圣默法师反复开导，我才渐渐消除畏惧和疑虑。甲申——崇祯十七年春天，终于在圣默法师的引导下，拜见了圣叹先生。记得当时他正在慧庆寺的西房说经，说了些什么，都不记得了，只是感觉圣叹的谈吐快如利刃，转如风轮，泻如悬河，我完全被他震慑了，心神恍惚，忽惊忽喜，如同着魔一般。五年后的戊子——顺治五年，我又一次见到圣叹先生，也是跟随圣默去的，地点是在贯华堂。这回才确信圣叹不是妖魔，而是神圣之人。此后每逢有人误解圣叹，我就极力辩护，弄得人们都疑怪起来，说'徐二园着了圣叹的魔道了！'我对他们说：我心知你们这是爱护我，我很感谢！但是我还是要告诉你们：十年以后，那些骂圣叹的人就会闭嘴；那些骂我的人，也会闭嘴；不仅如此，还会佩服我的识见和评价！现在这话不是都应验了么？"

三耳生连忙说："正是，正是。"

"其实呢，"徐增接着说，"圣叹原本就不在意名声，也不会在意别人怎么骂他。圣叹又是个'无我'的人，别人怎么骂他也影响不了他。圣叹又是个'无用'的人，如同《庄子》所说的巨大'瓢葫芦'一样，除非浮江渡河，此外别无用处。因而世俗的那些计较对他也无用。圣叹平时，除了应邀讲经说法或者饮酒谈文，其他一切世俗事务，概不关心。有当官的来访，他很少露面，完全不懂人情世故，因而很容易遭受指责。而世人大都很在意自己的名声，如果和圣叹接触多了，就会遭受‘连累’，所以就远远躲开圣叹；有的为了显示自己和圣叹并非一路，就使劲指骂圣叹；遇到有骂圣叹的，就随声附和……其实他们自己都不清楚自己骂的是什么，骂得对不对。”

三耳生若有所悟。

“其实，圣叹这样的奇才，千载难逢！世人何曾见过？没见过，就会疑怪；疑怪，就会指骂。也有人明知圣叹是个奇才，但自愧不如，便羡慕嫉妒恨，于是举世皆骂圣叹。”徐增越说越激动，仰天长叹道，“我曾为此而抱怨老天，为何要生出如此奇特的圣叹而让人指骂？也曾责怪圣叹，为何要生于如今世道而遭人指骂？若是生于三千年前，境遇必将不同。”

徐增稍作平息，又说：“我时常想，上天既生其人，必有其人的用处，岂能只是供人指骂的？不过，圣叹也会骂人，他曾说：我是佛门一条狗，专咬那些恶俗之徒，所以恶俗之徒不敢靠近我。而我所亲近的，是那些精微、澹泊、好学、深思之人。正所谓不来者，请都请不来；已来者，赶都赶不走。能与这些人朝夕相守，哪怕只有一二人，我便可以春眠听画看声去了。实际上，很多追随圣叹的人，原先都曾视圣叹如仇敌。这样看来，那些不骂圣叹的人，反倒和圣叹没缘分了；而骂圣叹的人，反倒和圣叹大有缘分。我想，大概说圣叹前世积善特别深厚，故今生的缘分也特别广大。现在称赞圣叹的人，正是以前骂过圣叹的人；而现在大骂圣叹的人，必然是将来大赞圣叹的人。”

徐增看看三耳生，笑道：“其实，我是唯恐你不骂圣叹，才问你可曾骂过圣叹的啊！”

三耳生点点头，又有些不解，问：“那么，有没有从未骂过圣叹而又特别喜爱圣叹的人呢？”

“有啊！”徐增说，“我的朋友龙门子，就是一个。他在我这看了《第六才子书西厢记》后说：‘我若见了这位金圣叹，一定和他行八拜之礼。先四拜，表达我平日对他的仰慕；后四拜，表达我对他书的敬佩！’”

三耳生又问:“有没有一直骂圣叹而又不愿见圣叹的人?”

“应该有。”徐增说,“不过,谁能保证此人以后不会去见圣叹呢?”

三耳生想想,自语道:“也是啊!这么说,我现在可以去见圣叹了?”

徐增说:“只怕你见到的不是圣叹,而是又一个三耳生。”

“此话怎讲?”三耳生有些不解。

徐增并不直接回答,口中念道:“‘有我’则旧,‘无我’则新。你若‘无我’,他那便无你;那便无你,是已见你。”

“啊——”三耳生若有所悟,又问,“在哪里见圣叹?”

徐增睁大眼睛,山下四周看了一遍,无限神往地说:“不是在唱经堂,而是在三千大千世界。如在眼前,桃花如此红,李花如此白,山如此青,水如此绿,光如此放,声如此响……圣叹无处不在,无处不可见圣叹。”徐增像是进入沉醉状态,表情痴然,说:“我在清晨仰望锦帐,看到圣叹就在帐顶;我在黄昏回顾壁影,看到圣叹就在灯影间;我在梁溪柳岸见一艳妆少妇,那少妇便是圣叹;我曾在灵岩寺中听古塔鸟鸣,那鸟声便是圣叹;吹过的风,流动的水,移动的光阴,爬行的虫蚁……一切的一切,无非圣叹。”

三耳生听到这里,矍然而起,向徐增郑重施礼,说:“多谢先生启悟!如此说来,我早已见过圣叹先生了!五年来,我修行菩贤法门,所见在在处处,都是菩萨;如今我又知道,在在处处,都是圣叹啊!”

徐增点点头,赞许道:“不仅你见过圣叹,圣叹也早就见过你了!”又问:“还要我来引见吗?”

三耳生笑了,徐增也大笑起来。①

据学者考证,这位三耳生名叫聂先,生平不详。②从徐增“且吾子奇人也,横来竖去,不可一世。自舞勺时即留心藏教以至星数之学及古文词赋,游历几千里,已得见当世之伟公异人”的话中可知,他是一位学识渊博、游历丰富的奇异之人,与刘献廷很相像。这样的人物急切想

---

① 详见徐增《送三耳生见唱经子序》。《汇编》第4–7页。

② 陆林《金圣叹史实研究》第348页,人民文学出版社2015年版。

拜见圣叹，可见圣叹当时的名声和影响之大。徐增记述这个情节，主要是为了表明圣叹的神奇，表达自己对圣叹的了解和崇拜；但其中说到“圣叹先生乃一世人恶之、忌之、欲痛绝之者也”，又说“从其游者，名士败名，富人耗财，僧家则无布施处，其为祟也大矣！”“一世人”，足见其人之众多；“恶之、忌之、欲痛绝之”，足见程度之严重；甚至把圣叹看成妖怪、魔鬼、灾星、不祥……由此可知，金圣叹还在世的时候，就遭到世人如此谩骂和痛恨了。

又从三耳生“我见世之贬圣叹者，不但欲杀之，而必使之入一十八地之下而后已”的话里可知，竟然有人要杀掉圣叹！不仅杀掉，还要将他打入十八层地狱！简直是深仇大恨，不共戴天啊！我读圣叹的著作，并没有觉得有什么特别不能接受、触犯众怒的地方呀！实在不可理解。

实际上，确实有人要杀金圣叹，归庄就是一个。归庄号玄恭，看来也有崇拜老庄的意思。他和金圣叹差不多同龄；家乡相距不远：一个属长洲，一个属昆山；也是个多才多艺、言行奇特的人。按说应当和金圣叹志趣相近，却不料他对圣叹恨之入骨，曾公开对金圣叹的弟子说：“回去告诉你老师，就说有个叫归玄恭的，发誓一定要杀了他。”后来金圣叹被清政府冤杀，归玄恭又公开说：“杀得好！大快人心！只是罪名不够准确。”言下之意，如果让他来杀，就名副其实了。圣叹死后，归庄看到圣叹著作“流毒”天下，觉得不能饶恕，必须肃清，特意写了篇《诛邪鬼》。从题目就知道，他是把金圣叹当作“邪鬼”来深恶痛绝的。文章上来就说：

> 苏州有金圣叹者，其人贪戾放僻，不知有礼义廉耻，又粗有文笔，足以济其邪恶。

随后便历数金圣叹的种种“邪恶”：

> （金圣叹）尝批评《水浒传》，名之曰《第五才子书》。镂板精好，盛行于世。余见之曰：“是倡乱之书也。”未几，又批

> 评《西厢记》行世，名曰《第七才子书》。余见之曰："是诲淫之书也。"又以《左传》《史记》《庄子》《离骚》杜诗与前二书并列为七才子。以小说、传奇跻之于经、史、子、集，固已失伦；乃其惑人心、坏风俗、乱学术，其罪不可胜诛矣！有圣王者出，此必诛而不以听者也。

倡乱、诲淫、惑人心、坏风俗、乱学术，每一条都是罪大恶极、死有余辜的，所以归庄说"其罪不可胜诛"。不过，归庄说《第七才子书》、"七才子"，并不准确。感觉他似乎对金圣叹的著作情况并不很清楚。还没搞清楚就这样要杀要诛的，未免太过分。看他给圣叹定的罪名，用当今的话说，就是扣帽子、打棍子、上纲上线，隐然要借助官府的力量来置圣叹于死地，未免太阴险。

归庄又说：

> 至考其（金圣叹）生平，则尝奸有服之妇人；诱美少年为生徒，而鬻之于巨室为奴。有富人素与交好，乙酉之乱，以三千金托之，相与谋密藏之。其人既去，则尽发而用之。事定来索，佯为疑怪，略无惭色。苏州人述其邪淫之事尤多。[①]

如果说前面主要是从政治上给圣叹定罪，那么这里主要是从道德上给圣叹定罪："邪淫"，用现在话说就是"生活作风"有严重问题。所举每一条，都是违背礼义廉耻的，因而也是禽兽不如的。不过，归庄虽然说是"考"，但从"苏州人述其邪淫之事尤多"来看，他所列举的圣叹"邪淫"事例，似乎都是得自"苏州人"的传闻，未必实有其事、符合实情。但经归庄这样写成白纸黑字、广为传播，便有"坐实"的作用，从而引起社会各界尤其是文人圈里，对金圣叹的人品更加嗤之以鼻。

总而言之，在归庄那里，金圣叹是个"邪鬼"，是罪该万死、死有

---

① 详见归庄《诛邪鬼》。《汇编》第10页。

余辜的。所以他直接加个“诛”字，倒也立场鲜明。历史上文人相轻的事情不少，一般不过是争名夺利，大不了骂几句脏话，甚至老拳相向；像归庄对金圣叹这样必欲杀之而后快的，确实很罕见！其实他俩并没有什么直接的恩怨冲突。当然，在后来的各种“运动”中，尤其是“史无前例”的时代，类似的情况就司空见惯了。然则归庄对金圣叹的所作所为，倒像是给后世文人间的相互迫害开了先河、树了范例似的。三百多年后的今天读来，仍能感到杀气腾腾、阴风嗖嗖。

大白兄说得很好！也很吓人！石萌说：这正是让我困惑的地方。你们看：在金昌、徐增、廖燕、刘献廷笔下，金圣叹出神入圣，好得出奇，也好得怪异；但归庄的笔下，金圣叹贪淫邪恶，坏得出奇，也坏得怪异。两个（或两方）金圣叹截然对立，但都很“奇怪”，怎么会出现这种情况呢？我们究竟应该相信哪个呀？石萌有些急躁起来。

田老师微笑道：你们讲得很好嘛！才开始就抓住了要害，这个头起得好！来来，让我们共饮一杯！

学生们欢呼响应，一饮而尽。

田老师环视大家，说：石萌、大白提出的问题很值得探讨，各位有何高见？

“我觉得，”说话的是文艺学博士生柳新雨，他的口头禅是“我觉得”，所以一听就知道是他。他说：我觉得，这些情况可以概括为“极端奇怪”现象。这种现象，是金圣叹言说和叙事中一直存在的复调变奏，贯穿古今。而反面的亦即“贬斥”的旋律长期居于主流的、统治性的地位。到了现代，鲁迅就是一个代表。

柳新雨拿出笔记本电脑，继续说：鲁迅多次提到金圣叹，影响最大的，要数《谈金圣叹》，我给大家念一下：

> 讲起清朝的文字狱来，也有人拉上金圣叹，其实是很不合适的。他的“哭庙”，用近事来比例，和前年《新月》上的引据三民主义以自辩，并无不同，但不特捞不到教授而且至于杀头，则是因为他早被官绅们认为坏货了的缘故。就事论

> 事，倒是冤枉的。
>
> 清中叶以后的他的名声，也有些冤枉。他抬起小说传奇来，和《左传》《杜诗》并列，实不过拾了袁宏道辈的唾余；而且经他一批，原作的诚实之处，往往化为笑谈，布局行文，也都被硬拖到八股的作法上。这余荫，就使有一批人，堕入了对于《红楼梦》之类，总在寻求伏线，挑剔破绽的泥塘。
>
> 自称得到古本，乱改《西厢》字句的案子且不说罢，单是截去《水浒》的后小半，梦想有一个“嵇叔夜”来杀尽宋江们，也就昏庸得可以。虽说因为痛恨流寇的缘故，但他是究竟近于官绅的，他到底想不到小百姓的对于流寇，只痛恨着一半：不在于“寇”，而在于“流”。
>
> 百姓固然怕流寇，也很怕“流官”……宋江据有山寨，虽打家劫舍，而劫富济贫，金圣叹却道应该在童贯高俅辈的爪牙之前，一个个俯首受缚，他们想不懂。所以《水浒传》纵然成了断尾巴蜻蜓，乡下人却还要看《武松独手擒方腊》这些戏。[①]

我觉得，看上去似乎轻描淡写，实际上鲁迅几乎把金圣叹给全部否定了。你看，开始说金圣叹的被杀是“冤枉”的，好像是为圣叹鸣冤叫屈，其实是把金圣叹的“哭庙”排除在“清朝的文字狱”之外，亦即否认金圣叹之死有“反清”的正面意义；不仅如此，反而还有迎合、借助清廷的意思。接着鲁迅说金圣叹评点的“名声”也是“冤枉”的，实际上是否定了金圣叹在文学评点上成就，认为他抬高小说戏曲的地位，是拾人唾余；将原作的诚实化为笑谈——这是指思想内容方面；生搬硬套八股文作法——这是指艺术形式方面；其“余荫”使很多人堕入“总在寻求伏线，挑剔破绽的泥塘”——这是指对后世的影响……你看，鲁迅虽然“宽恕”了金圣叹的谎称“古本”、乱改字句等小节，却揪住“大恶”不放，说金圣叹截去《水浒传》后半部分，梦想杀尽宋江们，实属“昏

① 《鲁迅全集》第四卷，第924页，人民文学出版社2005年版。

庸”；并作出金圣叹“究竟近于官绅”“到底想不到小百姓”的结论。

鲁迅在《“论语一年”》中，也说到金圣叹：

> 我不爱“幽默”，并且以为这是只有爱开圆桌会议的国民才闹得出来的玩意儿，在中国，却连意译也办不到。我们有唐伯虎，有徐文长；还有最有名的金圣叹，“杀头，至痛也，而圣叹以无意得之，大奇！”虽然不知道这是真话，是笑话；是事实，还是谣言。但总之：一来，是声明了圣叹并非反抗的叛徒；二来，是将屠户的凶残，使大家化为一笑，收场大吉。我们只有这样的东西，和“幽默”是并无什么瓜葛的。[①]

这里再次申明金圣叹不是“叛徒”，亦即没有反清的意思；进而指出圣叹之死，还造成极其严重的反面作用和效果——“将屠户的凶残，使大家化为一笑，收场大吉”。亦即淡化了凶手的血腥残暴，帮了凶手及清廷的忙——既娱乐了“屠户”，又麻痹了民众。

我觉得，鲁迅虽然承认金圣叹的评点“字句亦小有佳处”[②]，但这与他所指斥的金圣叹的“大恶”相比，犹如杯水车薪，微不足道。我甚至觉得，鲁迅是很不喜欢金圣叹的，在他看来，金圣叹简直是罪大恶极。

鲁迅是什么人呀？大家都很清楚。所以我觉得，正是由于这样的特殊地位，鲁迅对金圣叹的论断，虽然是以杂文的形式“漫谈”出来的，但其威力，是无与伦比的。也就是说，金圣叹在现当代，主要是作为一个负面形象，受到强烈的责骂和批判，很大程度上与鲁迅的论断有关。

当然，最极端的，还是二十世纪七十年代的“评《水浒》”运动。这场运动虽然持续时间不长，但动员之广泛、来势之猛烈以及批判之彻底，都是空前绝后的。当时批判文章之多，可谓铺天盖地，但大都是“大批判”写法，没有科学的考证、分析和说理，而是直接判断、定

---

① 《鲁迅全集》第四卷，第 582 页。

② 鲁迅《中国小说史略》。《鲁迅全集》第九卷，第 291 页。

性定论，充斥着政治话语，掺杂着指斥和辱骂。例如署名“柏青”[①]的《评金圣叹腰斩〈水浒〉》一文，开头就说：“深入剖析金圣叹腰斩《水浒》的反动实质，是《水浒》评论中不可缺少的内容。”文中说：“金圣叹腰斩《水浒》，决不意味着他和《水浒》作者在根本立场上有什么不同。他们在仇视农民革命这一点上是完全一致的。但是，他们在对付农民起义的策略上，却有不同的主张。《水浒》作者主张在对农民起义进行镇压的同时，着重采取‘挖心战’的策略，妄图用‘招抚’这把软刀子消灭农民革命。……金圣叹认为，只要上了梁山，无论是自觉的还是被迫的，是真造反还是假造反，是同朝廷对抗到底还是‘暂居水泊，专等朝廷招安’，都是‘好乱之徒’，必须斩尽杀绝。即便是对投降派头子宋江，也不能赦免。”又说：“金圣叹在这个斗争关头腰斩《水浒》，正是适应了明朝封建统治者策略变化的需要，反映了面临灭顶之灾的反动统治阶级的疯狂性。”又说：“金圣叹出身于没落的地主家庭，顽固坚持反动立场，极端仇视农民革命。”最后总结说：

> 长期以来，在评价金批《水浒》中出现的这些错误观点，以及在《水浒》的出版和评论工作中存在的许多问题，都不是偶然的。对金圣叹腰斩《水浒》的不同看法，归根结底，反映了对《水浒》本身的根本评价问题。有些人之所以美化甚至歌颂《水浒》所宣扬的投降主义路线，极力吹捧金圣叹腰斩后的七十一回本《水浒》，就是因为他们离开了马克思主义阶级斗争的观点和阶级分析的方法，抹煞了地主阶级与农民阶级两个阶级、坚持起义与投降叛变两条路线的原则界限，掉进了阶级调和论的泥坑。[②]

大家有没有感觉得，其激烈程度，更甚于归庄的《诛邪鬼》！在这

---

① “柏青”系当时御用写作班子“北京大学、清华大学大批判组”的笔名，其笔名不一，如“梁效”，也很有名。

② 柏青《评金圣叹腰斩〈水浒〉》。《北京大学学报》1975 年第 5 期。

样的话语体系中，金圣叹不仅一无是处，而且罪该万死、死有余辜。

这可以说是极端“金黑”的代表。

在一片喊杀声中，有一个人，我觉得，很了不起！这个人就是张国光（2008年去世，生前是湖北大学教授）。他在“文革”前，就公开发表文章为金圣叹辩护，称金圣叹是“封建文化的贰臣”“封建政权的叛逆”；认为金圣叹所参加的“哭庙”活动“是中国历史上少见的‘秀才造反’”。金圣叹评点的《水浒传》强化了原书的“革命主题”，“美化了宋江形象”，其中的“反动批文”是“革命思想的保护色”；并呼吁“应重视金批《水浒》对农民革命的积极影响”。[①]为此遭受围攻和批判。“文革”过后，他又率先发表《两种〈水浒〉，两个宋江》《我国杰出的启蒙思想家金圣叹》等论文，呼吁为金圣叹“翻案”，还倡导建立“金圣叹学”。他在一系列论著中，称赞金圣叹是“我国杰出的启蒙思想家”，“远非启蒙思想家顾炎武、黄宗羲、王夫之等人所及，而他的唯物主义思想更是王夫之的前导”。[②]又称“金圣叹是我国文化史上一位百科全书式人物。他之所以成为杰出的文学批评家，首先由于他是一位卓越的思想家”。金圣叹的文学批评，“特别是他关于小说戏曲创作评论的成就，更可以说是在封建社会前无古人而又后无来者”[③]，“亦远非刘勰所及”。[④]我觉得，在当时的政治气候和学术环境下，敢于公开发表这样的言论，不仅需要独到的见识，还需要过人的勇气，非常不容易！我们可以说张国光是金圣叹的勇敢捍卫者，也是狂热的推崇者，竭力的鼓吹者，在他的话语系统中，金圣叹是杰出的、伟大的、完美的，也

---

① 张国光《金圣叹是封建反动文人吗？——与公盾同志商榷》。原载《新建设》1964年4月号，署名“张绪荣”，后收入《〈水浒〉与金圣叹研究》，中州书画社1981年版。

② 张国光《我国杰出的启蒙思想家金圣叹》。原载《江汉论坛》创刊号，1979年5月，后收入《〈水浒〉与金圣叹研究》。

③ 张国光《金圣叹关于艺术规律的理论初探》。原为1980年中国古代文学理论学会学术讨论会论文，后收入《〈水浒〉与金圣叹研究》。

④ 张国光《金圣叹小说理论的纲领——〈读《第五才子书》法〉评述》。原载《武汉师范学院学报》1983年第1期，后收入《金圣叹学创论》，中州古籍出版社，1993年版。

是登峰造极的。

我觉得，对金圣叹认识的两极对立，从古至今一直存在。但古代的两极对立，主要呈现为民间性的，对立双方大致旗鼓相当；而现当代的两极对立，有着很深的政治背景，“负极”占据绝对的压倒性优势。不过，好像不大注意金圣叹的“奇怪”了。

我觉得，你讲得非常好！李大白学着柳新雨的口吻说：不过，你说现代人不大注意金圣叹的“奇怪”，我倒有点不同看法。鲁迅的《谈金圣叹》上来就说“讲起清朝的文字狱来，也有人拉上金圣叹”。清朝的文字狱，本身就很“奇怪”。断章取义、捕风捉影、附会罗织，千奇百怪；尤其是杀人如麻，造成大量的千古奇冤。那么，人们为什么会在讲清朝文字狱时拉上金圣叹呢？主要是因为金圣叹名气很大，而他名气大的原因，又跟他一向的特别是坐牢、受刑时的“奇怪”表现有关。鲁迅在《“论语一年”》里不是引用了金圣叹的“杀头，至痛也，而圣叹以无意得之，大奇”一段话吗？鲁迅还特别加上“有名的”定语，可见他也是很“好奇”的。

还有一个人是不能不提的，这就是胡适。他在九十多年前就发表了有名的《〈水浒传〉考证》，其中说道：

> 金圣叹是十七世纪的一个大怪杰，他能在那个时代大胆宣言，说《水浒》与《史记》《国策》有同等的文学价值，说施耐庵、董解元与庄周、屈原、司马迁、杜甫在文学史上占同等的位置，说“天下之文章无有出《水浒》右者，天下之格物君子无有出施耐庵右者！”这是何等眼光！何等胆气！……这种见解，在今日还要吓倒许多老先生与少先生，何况三百年前呢？[①]

① 曹伯言编《胡适学术文集》第668-669页。中华书局1998年版。按：编者注云：“本文脱稿于1920年7月27日，收入东亚图书馆1921年版《胡适文存》一集卷三，又收入实业印书馆1942年出版《中国章回小说考证》。”实际上胡适此文原是作为汪原放新式标点《水浒传》的前言于1920年8月由上海亚东图书馆排印出版。

胡适虽然赞扬金圣叹的文学评点，却称他是个“大怪杰”。胡适在当时的权威性和影响力，应该不在鲁迅之下，甚或有过之。从此金圣叹“大怪杰”的印象，就深入人心了。

胡适还说：“金圣叹用了当时‘选家’评文的眼光来逐句批评《水浒》，遂把一部《水浒》凌迟碎砍，成了一部‘十七世纪眉批夹注的白话文范！’”又说：“这种机械的文评正是八股选家的流毒，读了不但没有益处，并且养成一种八股式的文学观念，是很有害的。”又说金批中“这种无中生有的主观见解，真正冤枉煞古人！圣叹常骂三家村学究不懂得‘作史笔法’，却不知圣叹正为懂得作史笔法太多，所以他的迂腐比三家村学究的更可厌！”这都是很严厉的指责，反映出胡适（对金圣叹的评论）本身就存在着明显的“矛盾”。

实际上，胡适发表这些论断，要比鲁迅《谈金圣叹》早十多年。我甚至认为，现代学界对于金圣叹的褒与贬，都与胡适有莫大关系；就连鲁迅有关金圣叹的言论，也在很大程度上受了胡适的影响，只不过取舍有些异趣罢了。大致说来，胡适对金圣叹的指责，鲁迅基本上都接受了；而胡适对金圣叹的称赞，鲁迅大都没有接受，甚至是反对的。于是便形成明显差别：胡适褒多贬少，鲁迅褒少贬多。

大白兄概括得真好！说话的女生名叫陶然，是攻读现代文学的博士生，说话轻声慢语：我补充一点吧。最近我看到有材料说，胡适后来对自己早年（关于金圣叹）的指责有很大的修正。上世纪五十年代，他在一次演讲中说：金圣叹评《水浒》（包括砍去后半部分）是“以文学的眼光”，“又有文学的天才”，“这是文学的革命，思想的革命，是文学史上大革命的宣言”。“他把《水浒》批得很好”，“金圣叹的《水浒》，打倒一切《水浒》”。六十年代，他又在书信中说：“最后又得到十七世纪文学怪杰金圣叹的大删削与细修改，方可得到那部三百年人人爱赏的七十一回本《水浒传》。”“（金圣叹）真是有绝顶高明的文学见地的天才，批评家的大本领，真使那部伟大的小说格外显出精彩！”“这真是‘点铁成金’的大本领！”“是《水浒传》的最大幸运！”晚年又说：“金圣叹是一位有眼光的人，一位有文学革命思想的文学批评家。他就能指出《水浒传》是一部足与最上品古典文学平起平坐的杰作，在文学上足与两大史学名著《左传》和《史记》媲美。这部七十一回本——通称'贯华堂本'，便是他校评付刻的。这部七十一回本后来甚为流行。在这部书里，每一回都有金圣叹的批语。他对一些精彩的字句，也分别有其批语，这些批语都十分精彩。""至十七世纪（经过金圣叹一批），乃又被缩成七十一回本，在文学内容上说，这七十一回本实在比其他各种版本要高明得很多。"[①]不过，胡适 1949 年就离开大陆了，由于长期隔绝，他对内地的影响应该是比较就有限的。

我也来补充一点吧。覃慧敏说：刚才说到大批判，其实在"文革"之前就有了。例如何满子（原名孙承勋）的《论金圣叹评改〈水浒传〉》一书，出版于 1954 年，可以说是金圣叹评论史上的"名著"，这书上来就说：

> 金圣叹评改《水浒传》，将原书作了许多恶意的歪曲，居心叵测地作了不少窜改，加了许多反动的评语，蒙西子以不洁，深重地荼毒了这部具有高度的思想性和艺术价值的古典巨著。虽然由于他删去了后半部，精简了内容，使之便于推广，且其"字句亦小有佳处"（鲁迅先生语），论者认为亦不无功绩；但与其附丽于原作的反动思想所产生的有害影响相较，功过实远远不能相抵。[②]

认为金圣叹对《水浒传》的"评改"（请注意，不是"评点"），"过"远远大于"功"，毒害深重。这里使用了"恶意的歪曲""居心叵测""反动""荼毒"等词语，肃杀之气隐隐而来，可谓是大批判的先声。

对，它们实质上属于同样的话语体系。李大白说。

---

① 参见《胡适对金圣叹和"金本"的态度摇摆不定》。转引自《jlw9798 的博客》（http://blog.sina.com.cn/u/2619595711），2012 年 4 月 1 日。

② 何满子《论金圣叹评改〈水浒传〉》。上海出版公司 1954 年版。

覃慧敏接着说：书中还说“金圣叹怀着罪恶的企图”窜改《水浒传》，并列举其三大“毒害”，称金圣叹是“封建统治阶级的又一种代言人”，是“一个死心塌地、不计得失地为统治阶级效忠的人”，是一个“宿命观的虚无主义者”，“在思想方法上，金圣叹是个诡辩论者”，在性格和人生态度上，“由破落户到清客，由狂悖愤世到放荡不检，由厌世到游戏人间。将人生作戏看，将生活作戏演，真戏假作，假戏真做，一个人生的票友。他的人生态度，便是如此”。在艺术上，金圣叹是一个“形式主义者”。“经过他批注、删节、窜改过的《水浒传》，如果我们原原本本的接受，那就不是如周作人所说的‘吃白木耳和汤同咽’，而是吃糖和毒药同咽了”。该书最后说：“鲁迅先生对金圣叹是否定的。他评金本《水浒传》，只说了‘惟字句亦小有佳处’一语，别无一字之赞。其高见卓识，实在令人钦服。当写完本篇时，不禁对这位‘中国文化革命的主将’兴起由衷的崇敬和感念。”[①]经过这样的论述，不仅根本否定了金圣叹的文学——对《水浒传》的评点，也根本否定了金圣叹的思想和人格。把他定性为“反动的”“封建阶级”，属于“敌人”，如何对待，也就不言而喻了。

田老师一直专注地听着大家的发言，此时点点头说：这一点补充很重要！但还应注意，何书并不是孤立的现象。从上世纪五十年代到“文革”前夕，这段时间，有关金圣叹的讨论持续不断，而且形成不小的热点，自然是以否定性意见居主流。如冯雪峰、聂绀弩、何心（陆澹安）、李希凡、（郑）公盾等人，纷纷著文。他们大都身居要职，占据优势的地位、资源和话语权，所以他们的意见很有权威性和代表性。其中又以公盾的一系列言论尤为激烈。刚才说到的张国光，则代表着另一种声音，但很微弱。他的《金圣叹是封建反动文人吗？》，有个副标题：《与公盾同志商榷》，发表于 1964 年的《新建设》4 月号，署名“张绪荣”。就是针对公盾的《不要美化封建反动文人——谈评价金圣叹的两个问题》

① 详见何满子《论金圣叹评改〈水浒传〉》。

（发表于 1963 年的《新建设》第 7 期[①]）一文而发。公盾的文章先说“金圣叹对《水浒》批改中所表现的反动思想”；接着谈“关于‘哭庙案’及其他”；《尾语》部分摘录胡适、鲁迅对金圣叹的评论，然后说：“这说明不同的人物从不同的阶级立场看金圣叹，也说明金圣叹这个反动批评家在我国历史上到底为谁所欢迎，为谁所唾弃。”

随后又引用伟大领袖“要善于运用阶级分析的方法来观察和研究问题”的教导，认为“金圣叹把一部反对封建官府、颂扬农民起义的充满战斗性的《水浒》，作了完全违反原作精神的评价，这说明了他的评点的‘出色’反动之处，也说明了为什么金圣叹为封建反动统治者与反动文人所赏识……”然后表示：“对像金圣叹这样封建时代的反动的文学评论家所遗留下来的文学评论方面的遗产，更要严格加以批判。盲目地赞扬金圣叹关于我国古典文学的评点文字，对于像金圣叹这样的封建反动文人加以美化，其结果就要使人们受到封建反动思想的毒害。”该文最后说：

> 金圣叹对《水浒》的评点文字，是我国古典文学批评中的一棵“毒草”。古典文学研究者有责任对广大读者指出它们是毒草。但是我们不怕“毒草”。“毒草”是可以肥田的。认真研究金圣叹对《水浒》评点文字中所表现的那种挖空心思窜改和歪曲进步文学的伎俩，这对于我们深入了解文学艺术思想领域中表现的尖锐的阶级斗争，对于深入了解历史上反动统治阶级如何运用文艺批评这一武器来宣扬和传播反动思想，为反动政治服务，也是有用处的。

这样的观点和表达方式，与后来的大批判文章相比，是毫不逊色的。在受到张国光的“商榷”之后，公盾随即又发表了《再论不要美

---

① 原载《新建设》1963 年第 7 期，收入《〈水浒传〉论文集》（宁夏人民出版社 1983 年版）时，正标题改为《不要美化金圣叹》，内容上调整、删改较多，颇失原貌。

化封建反动文人——评〈金圣叹是封建反动文人吗?〉》(《历史研究》1965年第5期)一文,予以回应——其实是强硬反击,态度和语气更加严厉,在强化了原来观点的同时,又引用革命领袖关于阶级斗争的论述,并联系现实意识形态领域的斗争,进行上纲上线、定性定论。

田老师说到这里,问柳新雨:你那里有这篇文章吗?

应该有,我找一下。柳新雨答道,不一会儿说:找到了。

田老师说:那时的文章,现在看来都是"古董"了。不知何故,后来似乎集体性地选择"忽略"了;一般学术史、研究综述之类,都略而不提,以至现在的年轻人很少了解,甚至不相信天地间竟然曾经有过这样的"奇文"!"奇文共欣赏"嘛,新雨你就给大家读读吧。

柳新雨应声好,便读起来:

> 对金圣叹的颂扬,实质上就是对封建反动思想的颂扬,这是与我国正在开展着的思想文化战线上的革命背道而驰的。所以,我们认为张绪荣先生的尽情美化金圣叹,把金圣叹看作"封建文化的贰臣""封建政权的叛逆"的各种论调是错误的,是要严正地加以批判的。

柳新雨惊叹道:真厉害啊!作者直接点名道姓,将他和张绪荣(国光)的分歧,说成是"无产阶级的历史唯物主义与资产阶级的历史唯心主义的根本分歧和斗争",是"社会主义社会意识形态领域内无产阶级思想与资产阶级思想的斗争"。指责对方"实质上正是欣赏金圣叹所宣扬的那一套封建阶级的东西",是"资产阶级在一定气候下就要兴风作浪、向无产阶级进攻",是"从我国封建时代历史文化遗产中找'援兵',运用封建历史文化遗产作为向社会主义文化思想进攻的武器"。最后明确表示要"坚决反对","严正批判"。太"威武"了!这就是传说中的"扣帽子""打棍子"吧?

有人在窃笑。

田老师说:现在看来好笑,可在当时,这些"罪名"中的任何一条,都足以置对方于死地，何况是诸“罪”并犯？这种“扣帽子”“打棍子”可不是“传说中的”，而是实实在在发生过的；而且这还只是“文革”之前的“奇文”，到了“文革”期间，就更加无“奇”不有了。有关那段时间的凶狂和悲惨回忆很多，有兴趣的同学可以找来看看。

陶然说：“两极对立”只是特别突出的现象，但并不是全部情况，也有一些比较“中性”的言论，可能是由于不够“奇怪”，很少公诸于世。另外，“两极对立”也是在不断发展变化的，特别最近二三十年来，相对客观的评价越来越多，对以往的极端和偏颇有所反思，特别是“当事人”的自我反思。如刚才说到的何满子，上世纪八十年代初期，又发表《金圣叹的生平、人生态度和文学观》一文（《中华文史论丛》1983年第2辑），虽然有为自己先前言论辩护的用意，虽然仍很吝于给金圣叹很高评价，但毕竟更多了肯定，学术性也有所增强。这种知错改过的态度，也是很可贵的。据说他晚年还有“愧悔”，就他那本《论金圣叹评改〈水浒传〉》写了一段“题跋”：

> 此书为我早年涂鸦之作。当时在强调阶级斗争的机械的意识形态氛围下，缺乏不投时好的觉悟，率尔议论，思之常感愧恧。深盼其能绝迹于人世为幸。不意李辉兄竟觅得一本，重读之不胜汗颜，非仅通常“愧少作”而已。但此为既成事实，只能深自任咎也。[①]

写这段话时他已经八十六岁（2009年去世）。在表示愧悔的同时，也说到早年的“涂鸦”过错，与“当时在强调阶级斗争的机械的意识形态氛围下”有关，意谓不能完全归咎于个人。但我们也可以说，不能完全归咎于外部环境。毕竟在同样的环境下，更多的人并没有那么做。所以我们看一个人，不仅要看他（她）做了什么，还要看他（她）不做什

---

① 李辉《何满子点评金圣叹（藏与跋）》。《人民日报》2011年1月23日第8版。按：文后落款为：“〇四年六月何满子识。”

么。从这个意义上说，何满子的“愧悔”是很可贵的，但又是有保留的。

确实难能可贵！田老师说：所谓说的容易做的难，如此高龄能够坦然面对早年的过失，公开忏悔，可不是一般人能够做到的！不得不佩服此老敢作敢当，乃真豪杰也！我们既要学习这种精神，知错就改；又要引为借鉴，提高自身的学术修养和应对环境的能力，尽可能少乃至不留下“愧悔”的事情。

学生们点头称是。陶然接着说：与此同时，致力于“正常化”研究金圣叹的学者也越来越多。“正常化”其实就是学术化——以学术精神和科学方法，研究金圣叹的为人为文，因有特殊的历史和现实背景，又呈现出两大趋势和特点：一是“矫枉”，但不过正。例如，很多学者赞赏张国光为金圣叹所作的辩护和翻案，但并不完全接受他对金圣叹的过高评价。二是“复原”，重现真相。例如陈潜之的《论金圣叹的人格》（《学术月刊》1985 年第 7 期），率先提出从“人格”上复原金圣叹的真实面貌。文章最后说：

> 金圣叹不是什么神鬼狐妖或别的怪异之物，而是一个正常的人，是十七世纪中国江南苏州城里一个怀才不遇充满“妄想”的穷秀才。

这个论断现在看来未免有些简单，但其拨乱发正、回归“根本”、走向“正常”的意识和努力，是很明显的，在当时很有代表性。

还有老师上次说到的陆林，不仅整理了《金圣叹全集》，还做了大量的考证，特别是在金圣叹的交游方面，是继陈登原《金圣叹传》（上海商务印书馆 1935 年版）之后，在金圣叹史实研究方面实绩最为突出的学者。此外还有严云受的《金圣叹事迹系年》（《文史》第二十九辑，1988 年）、谭帆的《金圣叹与中国戏曲批评》（华东师范大学出版社 1992 年）、徐朔方的《金圣叹年谱》（浙江古籍出版，1993 年）、陈洪的《金圣叹传论》（天津人民出版社 1996 年版，最近人民文学出版社又出了增订本，改名《金圣叹传》，人民文学出版社 2012 年）、吴正岚的《金圣叹评传》(南京大学出版社 2006 年)、[美]王靖宇的《金圣叹的生平及其文学批评》(谈蓓芳译，上海古籍出版社 2004 年)、吴子林的《经典再生产——金圣叹小说评点的文化透视》(北京大学出版社 2009 年)等，各有创获，在更加接近金圣叹真实面貌的同时，也显示出研究“正常化”的努力趋势。当然，这是就总体趋势而言的；在局部上，“两极对立”的情况并没有完全消失，而且有了新的表现，有时甚至变本加厉。

李大白说：我认为“两极对立”，实质上是“神圣化”与“邪魔化”的极端表现；除此以外，还存着“轻鄙化”的情况。如清人董含说：

> 吴人有金圣叹者，著《才子书》，杀青列书肆中。凡《左》《孟》《史》《汉》，下及传奇小说，俱有评语，其言夸诞不经，谐辞俚句，连篇累牍，纵其胸臆，以之评经史，恐未有当也。即以《西厢》一书言之，昔之谈词者曰：“元词家一百八十七人，王实甫如花间美人，自是绝调。”其品题不过如是而已。乃圣叹恣一己之私见，本无所解，自谓别出手眼，寻章摘句，琐碎割裂，观其前所列八十余条，谓“自有天地，即有此妙文，上可追配《风》《雅》，贯串《马》《庄》”。或证之以禅语，或拟之于制作，忽而吴歌，忽而经典，杂乱不伦。且曰：“读圣叹所批《西厢记》，是圣叹文字，不是《西厢》文字。”直欲窃为己有，噫，可谓迂而愚矣！其终以笔舌贾祸也，宜哉！乃有脱胎于此，而得盛名获厚利者，实为识者所鄙也。[①]

自己看不起金圣叹的评点，还鄙视他人对金圣叹的推崇和效法。

又如，全祖望说：“圣叹小才耳，学无根柢。”[②]还有刚才说到的鲁迅，只承认金圣叹的评点“小有佳处”；至今仍有很多人认为，金圣叹的评点是套用八股文法，有割裂、琐碎、附会、庸俗等毛病，反而给原

① 《三冈识略》卷九《才子书》。《汇编》第 14 页。

② 《鲒埼亭集》卷二十八《刘继庄传》。《汇编》第 19 页。

作造成许多负面的影响。从而对金圣叹抱有不同程度的轻视甚至鄙视的态度。

还有一种极端，可以称之为“游戏化”。覃慧敏说：有位名叫金清美的，写过一篇《金圣叹》，很有意思。让我找一下。覃慧敏的手指在手机屏幕上滑动几下，说：找到了！我给大家念念：

吾宗圣叹先生，绝世聪明，过目成诵。然放诞不羁，视青紫如儿戏，入泮未几，旋以六等被黜。第二年，仍以冠军获隽，如是者非一度矣。

既而学使者法公海岁试苏郡，先生信笔直挥，顷刻脱稿，即以呈公。公展阅，见文体诡异，佶屈聱牙，微哂曰：

“好秀才，姑退。”

先生揖而进曰：“禀问大宗师，生员出署回寓道中，设遇美夫人，观者是乎？不观者是乎？”

公亦不怒，徐应曰：“一看，君子；再看，小人。”

先生又揖曰：“谨奉教。”

乃昂然出，意中以为必又列六等也。

明日，公坐堂上，独判先生为四等，即日发落，将重施夏楚。广文以其名士，为之缓颊，公弗许；士子数十人亦同声吁请，公愈怒，立召先生至。先生始惧，惶悚伏地，众亦知其不免。

公一见，颜色忽霁，命左右曳起，曰：

“余在京师，慕子名久矣。昨见奇构，诚知天才，然国家名器，岂宜玩弄？牢骚之气，君子贵有以养之。子能痛改前辙，余之愿也。余岂真忍以子殿多士耶？”

因于袖中出全榜，而弁冕实先生名。于是先生感悔，伏地大哭曰：

“士得一知己，可以不恨。某虽不敏，请事斯语矣！”

自此，公遂与先生为莫逆交。

后数岁，先生以哭庙被收，弃市之日，做家信托狱卒寄妻子。临刑，大呼曰：“杀头，至痛也！灭族，至惨也！圣叹无意得此，呜呼哀哉！然而快哉！”遂引颈受戮。

狱卒以信呈官，官疑其必有谤语，启缄视之，上书曰：“字付大儿看，盐菜与黄豆同吃，大有胡桃滋味。此法一传，我无遗憾矣！”

官大笑曰：“金先生死且侮人。”[①]

覃慧敏念完，接着说：这位金清美，自称是金圣叹的宗人，却对其祖先金圣叹不太严肃，似乎专挑一些游戏、好玩的片段来给圣叹写传。一则说金圣叹恃才放诞，拿功名（科举入仕）作游戏；二则说金圣叹挑逗考官，是拿考试为游戏；三则说金圣叹临刑大呼“呜呼哀哉！然而快哉！”拿生命为游戏；最后说金圣叹家书“死且侮人”云云，是死后还要游戏，经他这么一写，金圣叹“游戏人生”的形象便跃然纸上了。

岂止纸上，简直是深入人心，不可磨灭！柳新雨附和说：最早引证这条材料的，大概是孟森的《金圣叹考》，收入《心史丛刊二集》，初版于民国六年（1917），应该是第一篇系统考证金圣叹事迹的专文，其实主要是辑录有关金圣叹的“轶事”材料，多属野史笔记之类。孟森是著名的清史学家，此文又是以考证为题，因而影响很大。此后很多人尤其是学者，谈论金圣叹的事迹，大都取材于此。比如文中采录了王应奎《柳南随笔》关于金圣叹的记载，其中有“闻圣叹将死，大叹诧曰：‘断头，至痛也；籍家，至惨也！而圣叹以不意得之，大奇！’于是一笑受刑。”[②]我推测，鲁迅的“还有最有名的金圣叹，‘杀头，至痛也，而圣叹以无意得之，大奇！’虽然不知道这是真话，是笑话；是事实，还是谣言。但总之：一来，是声明了圣叹并非反抗的叛徒；二来，是将屠户的凶残，使大家化为一笑，收场大吉”[③]的论断，可能就是根据《柳南

① 《豁意轩录闻》之《金圣叹》。《汇编》第 30 页。

② 《柳南随笔》卷三。《汇编》第 23 页。

③ 《鲁迅全集》第四卷，第 582 页。

随笔》的记载，也可能是根据《金圣叹考》。这样一来，“将屠户的凶残，使大家化为一笑”，便成为金圣叹最“搞笑”的“段子”了。

谢谢柳兄支持！覃慧敏说：我在网上看到一幅金圣叹被杀头的漫画。于是把漫画给大家传阅。

接着说：这漫画上还配有文字：“割头，痛事也；饮酒，快事也；割头而先饮酒，痛快痛快！——金圣叹。”可谓是对“将屠户的凶残，使大家化为一笑”的新演义。其实，金圣叹何曾说过这样的话?！但读者这样解读，画者这样漫画，既无可如何，也“事出有因”。原因就在于很多人乐于从“好玩儿”“有趣”的角度去解读和对待金圣叹。民国八年（1919），出现一本名叫《金圣叹轶事》的小册子，编者杨保同自称是在上海卧病期间，“读各家笔记，多有涉及圣叹事者，益狂喜，不啻见圣叹也。于是乃就榻前，随笔录之，约得若干则：或则仅摘原文，或则略加按语，或则博取诸家之书，以证其是非；或则至列诸人之说，以存其异同。金圣叹一生行事，庶几尽于是已”。[①]其实是有关金圣叹的记载及传闻的大杂烩，其关注点在“轶事”上，与孟森《金圣叹考》有些相似。所不同的是，孟考是据实引录，明言出处，略加按语，不失原貌，影响主要在知识界；而杨书是将摘编、描述、议论、评价等糅合在一起，语言通俗，力求趣味，把金圣叹的“游戏”部分加以集中、放大，影响也更为广泛。后来何满子索性给金圣叹加上“票友人生”的定论：

> 由破落户到清客，由狂悖愤世到放荡不检，由厌世到游戏人间，将人生作戏看，将生活作戏演，真戏假做，假戏真做，一个人生的票友。他的人生态度，便是如此。[②]

可见“游戏化”地对待金圣叹，也是由来已久的“传统”；而且不断地有所继承、发扬和创新。特别是在网络时代，各种“戏说”“大话”

① 《〈金圣叹轶事〉序》。《金圣叹轶事》第1页。两友轩民国八年（1919）版。

② 详见《论金圣叹评改〈水浒传〉》第38-51页。

之类，花样翻新，层出不穷……

是的，是的。石萌附和说：我看到有本写金圣叹的书，书名叫《我是一个妙人：圣世雅痞金圣叹》；还有《独唱团》中有一篇小说，篇名叫《好疼的金圣叹》，皆可谓别出心裁，耸人听闻啊！

李大白说：如此看来，有关金圣叹的言说，存在着神圣化、邪魔化、游戏化、轻鄙化，还有正常化，这“五化”情况，这五种力量如同“五马分尸”，将金圣叹拉往不同方向。除了“正常化”，其他“四化”都具有不同程度的异常性和极端性，它们之间既有对立，也有交织。所谓“好事不出门，坏事传千里”，“坏事”往往更具新闻性；“游戏”则更具娱乐性，都是人们“喜闻乐见”的。经过这样的长期作用，就使得金圣叹的形象发生严重变形，甚至形成言说的传统和惯性：自觉或不自觉地从“异常”的视角认识和言说金圣叹，有时连正常化的言说也不得不“借助”某些异常的元素。所谓积重难返，要想使金圣叹的言说及研究趋于“正常”，实在是很艰巨的事情。

是啊！陶然说：就像孟森在《金圣叹考》开头所说的那样：“圣叹之为人，具见于所批诸书之内，只有文人好奇，并无神怪之迹。然世以神怪奉之圣叹，殊不自今日始。”①意思是说，从圣叹的著作中看不出他有什么“神怪”的；但世人偏要将他奉为“神怪”，有什么办法呢？鲁迅在谈到金圣叹被杀原因时说：“则是因为他早被官绅们认为坏货了的缘故。”被认为是“坏货”，又有什么办法呢？

对！是这样的。田老师说：不论是“神怪”还是“坏货”，圣叹都是被动的，或者说有人要他这样或那样。为什么？这是很值得思考的问题。至于金圣叹究竟是异常的还是正常的？这须要我们通过自己的阅读理解来寻找答案。也许有人会说：苍蝇不叮无缝的蛋，想必金圣叹有这样那样的“污点”。但我们作为学者，是不能这样想问题的，因为这是先验的、想当然的，不合逻辑，也不合学理。所谓一切要靠证据说话，证据在哪里？当然是在金圣叹的著作以及相关的文献材料中。前者可称

---

①《心史丛刊》第181页。中华书局2006年版。

为“内证”，后者可称为“外证”。已有的研究和言说，主要是从外证着眼，这当然是很重要的；但内证也很重要，有时可能更加重要！这方面还没得到充分的重视和利用，是大有可为的，我期待并相信你们能够作出新的解读。

这时女招待端来一盆元宵，说：这是我们老板免费送给大家的，祝各位元宵节快乐！万事如意！

学生们欢呼道谢！

吃完元宵，田老师说：味道很好，可谓锦上添花、曲终奏雅。那我们就同此一杯吧！

庄言知道，在田老师的“酒文化”里，“同此一杯”就是一起干杯、圆满结束的意思，便起身对同学们说：时候不早了，我们共同祝福老师吧！

田老师也举杯祝福大家。师生举杯共饮，尽欢而散。

出了才子酒楼，忽见银盘似的明月高挂天空，田老师赞叹道：大好月光！随口吟唱道：

三元天上转鸿钧，卐字栏前奏圣人。鸩鹊当楼灯市正，鸳鸯放队看行春……

# 第一章

# 老实人揭秘金家难 小女子解说玉带钩

云浮山不高，却大有来历，据说它是昆仑余脉。连绵数十百里，蜿蜒起伏，郁郁葱葱，常有云雾缭绕。南安大学便坐落在一个“U”形山谷中，有人戏称是“山窝窝”。这个窝窝可不小，不仅有一所大学，还有一泊天然湖水，传说是仙女遗下的镜子，故名镜仙湖。大学和湖相距不远，被喻为巨龙的两只眼睛，其实更像是睡美人怀里的一对玉乳。可不是吗？一边养育着莘莘学子，一边滋润着葱葱林木，当然还有鱼虾草虫之类。学校挨山的一侧，有很多上山的小路，曲折错综，加之林深草密，不熟悉的人很容易迷路。

田老师对这里早已了如指掌，还自己探索出一条“密道”，名之曰“野径”，那是一条若隐若现、忽高忽低的羊肠小道。他觉得这条道走起来出汗透彻，别有情趣，还可以放声吼叫或高歌一曲。途中有几处山泉，可以喝一喝，洗一洗，或者接一些带回家，泡起茶来口感极佳。羊肠小道的终点是个梅园，园子一角有个茶舍，只供应茶水和“寒食”，如水果点心之类，掩映在梅竹林中，甚是幽静。田老师走到这里会坐下来，喝点茶，聊聊天。梅园外面有两条小道：向左通往镜仙湖，那里可以观鱼，也可以垂钓，有时还可以游泳；向右是下山路。远处的高峰上有座寺院，唤作云浮寺，时有钟声悠扬地飘过来。

田老师上山的时间并不固定，忙时少些，闲时多些。有时一个人，有时和学生一起。学生中，要数庄言跟他的时间最长，从读本科到现在，差不多小十年了。在路上山间讲的东西倒比课堂上还要多。一进山林，师生之间便愈加亲切自然，无拘无束，几乎无话不谈，不觉之中，师生都有了几分“山林气”。

元宵节过后，便是二月二，俗称“龙抬头”，田老师一早就换上“行头”直奔野径，如同鸟入林，虎归山，通身爽快，脚下轻盈，不多时便来到梅园。时候尚早，茶舍还没开门，园子里只有风动鸟鸣，不见人影。田老师便在石台边坐下，取出包里的杯子来喝茶休息。

稍顷，听到梅林里有人语声，循声望去，正是庄言、石萌他们几个。学生们也看到了田老师，打着招呼便聚拢过来，围着田老师说这说那，话题很快就说到金圣叹身上来。

石萌问：老师，元宵节晚上，出了才子酒楼，您吟唱的是什么诗？

柳新雨接过说：好像是金圣叹的《上元词》吧。

是的。田老师说：在《沉吟楼诗选》中，有两篇《上元词》，这一篇题下注云：“拟唐崔液。”这个崔液，大家可能不是很熟悉，但他有个哥哥叫崔湜，他的祖父叫崔仁师，大家应该是知道的。崔仁师为官以仁恕著称，经学造诣深厚，在唐太宗时期，官至中书侍郎，参知机务。崔湜是个美男子，很早就才名远扬，和弟弟崔液、崔涤以及从兄崔涖，都官居清要，因而崔家自比王、谢。崔湜对人说：咱家的门第、出身、官职，可谓天下第一，我还要继续向上攀升。于是不择手段地攫取权位和利益，先是投靠张易之、韦后，后来依附太平公主，传说还和上官婉儿私通，又与皇帝搞同性恋，甚至连妻子、女儿都“奉献”出来。后来虽然爬到很高的位置，但最终还是获罪流放，被赐死于中途。

崔液字润甫，小名海子。进士及第，据说还是状元，自然是擅长文学的。哥哥崔湜经常在人前称赞说：“海子，那可是咱家的灵龟啊！”崔液做过监察御史、吏部员外郎等，闻知崔湜获罪，便连夜逃亡，隐藏在郢州，改名换姓，躲过一劫。后来遇到大赦，却在返回途中病死。[①]

崔液留传下来的作品很少，其中有《上元夜》七绝六首。《沉吟楼诗选》中的两篇拟作，一篇题为《上元词之一》，诗云："四海光明万岁轮，六街箫管太平人。□□□□家家酒，天子恭惟日日新。"中间缺了四个字，但题旨和风格都与另一篇《上元词》相似，我怀疑它们原来可能是在一起的，收入《诗选》时被分开了。《上元词》共二首（《诗选》称"章"），另一首是："宝马王孙坠绿鞭，璇闺艳妾露春妍。寻云寻雨灯为证，何处光中不可怜。"这首诗还有一个值得注意的地方，就是后面有一段"附记"，说：

> 此非道人语。既满目如此，生理逼侧，略开绮语，以乐情抱。昔陶潜自言：时制文章自娱，颇示其志。身此词，岂非先神庙末年耶？处士不幸，丁晋宋之间；身亦适遭变革，欲哭不敢，诗即何罪？不能寄他人，将独与同志者一见也。[②]

从口吻上看，似出自圣叹本人。前一层大意是说：我是个学道之人，不应该说（写）这样过于绮艳的话（诗）；但是身处如此艰难的世道，也只能说点"荤话"聊以解愁而已，就像当年陶渊明说的，写点文章自娱自乐，其实是有所寄托的。后一层说的就是寄托。所谓"晋宋之间""变革"，可能是暗示明清易代。因此这诗便有影射现实的用意，隐含着易代之痛和故国之思。

原来是这样。当时只觉得老师唱得好听，没想到还有这么深刻的寓意。覃慧敏转而又对庄言说：师兄那晚好像一直没发言，为什么？该不是有什么秘密吧。

庄言是个老实人，有些腼腆地说：是有点秘密，只是拿不准，所以不敢乱说。

---

① 详见刘昫《旧唐书》卷七十四《崔仁师传》及所附崔湜、崔液传。中华书局点校本1975年版。

② 《诗选》第62–63页。

啊！有了新发现？石萌立刻欢呼起来，催促道：快说快说。

李大白也催促说：还犹豫啥，又不是正式的学术报告！

田老师也鼓励说：说说吧，亦“各言其志”耳。

那好吧！我也正想请老师和同学指教呢。庄言说：如果所言属实，确实是个天大秘密！迄今好像还没有人注意到，更没有专门的研究。我自己也有点不敢相信，如此重大的秘密，怎么会让我这个初学者发现了呢？所以既惊讶，又疑惑；既兴奋，又顾虑。令人不解的是，如此重大的秘密，金圣叹自己从来没有明言过，也没有文献记载提及——也可能是我见闻有限。金圣叹身为文人，终生以文为业，又特别在意传名不朽，却没有为自己和家人写下任何传记性的文字——也可能写了，没有流传下来。如果确有其事，他又只字不提，那其中必然另有缘故。带着这些疑问，我反复研读金圣叹的诗文，发现圣叹使用了很多曲折、隐蔽、影射、回避等手法，既想透露，又不愿或不敢明言，似乎有“难言之隐”……

哎呀，你快说吧，还卖什么关子！都急死人了！石萌有些急不可待。

庄言倒不急，想了想说：大约在金圣叹八岁前后，金家突然遭遇大祸，在这场大祸中，金圣叹的父母双双遇难，金圣叹和弟妹们也随即离散，同时死难和离散的，还有金家的其他人员……我们姑且称此为“家难”，这在金圣叹的《念舍弟》诗中有所透露，诗云：

> 记得同君八岁时，一双童子好威仪。
> 拈书弄笔三时懒，扑蝶寻虫百事宜。
> 一自爷娘为异物，至今兄弟并差池。
> 前朝略续游仙梦，此后相思知不知？①

“舍弟”，是指自己的弟弟。“念”是思念、挂念，也有忆念的意思。从这个题目可以看出，金圣叹和这个弟弟分离已久，而且相距很远，不能很快相聚。那么他们是何时分离的？又是因何分离的？答案在诗中。

---

①《诗选》第104页。

诗的第一句就很特别："记得"是追忆之词，"同君"是我（圣叹）和你（舍弟）。金圣叹是在唤起自己也是唤起弟弟，追忆过去。

圣叹和这个弟弟关系非同一般。"同君"和"八岁时"相连，意味着他和这个弟弟都是八岁。兄弟同岁，很容易让人想到他们孪生（双胞胎），但也有学者认为"或一正出一庶出，或两皆庶出"[①]，亦即是出生于同一年的同父异母兄弟。其实也有可能是同父同母而同一年出生的，亦即民间常说的"一个年头一个年尾"，但我认为孪生兄弟的可能性更大。不论属于哪种情况，都是很特别的情况，这似乎预示着金圣叹初到人世，就与众不同。

既然称"舍弟"，金圣叹自然就是哥哥了，而且很可能是金家的长子，这位舍弟自然就是二弟了。两人的年龄相差甚微，可以用小时或分钟来计算。有人认为圣叹《讹传境哥被掳》《喜见境哥》诗中的"境哥"是他的"兄"，我想可能误会了。古人（今人也是）一般不会在格律严谨的诗中称自己的兄长为"哥"的，例如金昌，圣叹在诗中就称他"家兄"。古人倒是经常在称呼小孩时带个"哥"字，如称"小哥儿"。《水浒传》里给武大郎报信的卖梨子的郓哥，大家想必都很熟悉吧。金圣叹还有一首《境、智二童子》诗，我怀疑这个"境"童子，可能就是"境哥"，应该是圣叹的晚辈。

孪生的兄弟（或姐妹）大都相貌酷似，形影不离，也比非孪生的兄弟更加心灵相通，情投意合。圣叹下句说"一双童子好威仪"，"一双"让人想见兄弟俩一模一样。"威仪"是指形象，包括气质、神情、做派、礼节、装束及其给人的感染等。"好"，既是别人对兄弟俩的赞叹，也是兄弟俩的自我感觉。令人想见兄弟俩同时出现于某种场合，知书达礼，举止有度，气质非凡，引来啧啧称叹：好一对齐整的童子！

古人常用"玉树"来比喻子弟的佳美，如杜甫《题柏大兄弟山居屋壁》诗说："叔父朱门贵，郎君玉树高。山居精典籍，文雅涉风骚。"一句赞美门第，一句赞美子弟，一句称其居室，一句称其修养。而子弟的

---

① 陆林《金圣叹年谱简编》。《金集》陆《附录一》，第12页。

佳美又往往和家道密切相关，郁达夫小说《迟桂花》中说："可是我那年老的母亲，却仍是雄心未死，还在想我结一头亲，生下几个玉树芝兰来，好重振重振我们的这已经坠落了很久的家声。"所以人们看到如此"好威仪"的一对童子，自然会问：是谁家的？玉树是何等的高贵，有一株已是非常难得了，金家同时有两株，怎能不让人艳羡呢！而玉树的高贵，一方面是由于天质，一方面是由于雕琢，由此又可以想见金家的门第和教养，也是非同寻常的。

"好威仪"，还给人礼仪庄重、场面正规、气氛严肃的感觉，与"八岁""一双"联系起来，我想应该与某个特别重要的场合有关。在中国古代，男孩八岁是个很重要的人生节点，有条件的人家会举行"成童礼"，成童礼往往与"拜师礼"相联系。朱熹说："人生八岁，则自王公以下，至于庶人之子弟，皆入小学，而教之以洒扫、应对、进退之节，礼乐、射御、书数之文。"①圣叹兄弟的"好威仪"，或许就与此有关。

总之，"好威仪"就像是一幅珍贵的老照片，深深地刻印在圣叹兄弟的脑海里，成为他们追忆时浮现的第一个画面。只要一个人一提起，另一个人立刻就会产生响应和共鸣，所以圣叹要特别点出来。

接下来写兄弟俩当初在一起时的生活情状："拈书弄笔三时懒"，是说读书学习，小孩子大都"懒"于此事；每天"三时"都要读书写字，也确实会让小孩子厌倦偷懒，由此也可见出金家教育的严格。"扑蝶寻虫百事宜"，是说玩耍游戏，这当然是小孩子最相"宜"的事情。扑蝶寻虫的地点，应该是在自家的花园里吧；而"百事宜"亦即事事相宜，无不相宜，这也很像是孪生兄弟之间的投合与默契。

金圣叹后来回忆说：

曾记幼年有一诗："营营共营营，情性易为工。留湿生萤火，张灯诱小虫。笑啼兼饮食，来往自西东。不觉闲风月，

---

① 朱熹《大学章句序》。《四书章句集注》第1页。中华书局1983年版。

居然头白翁。”[①]

诗中所写，应该也是在此期间。可以想见，圣叹如此这般的时候，身边还有一个“舍弟”，其实是兄弟俩的如此这般。

这样的生活情状，是不是有点像鲁迅笔下的“三味书屋”和“百草园”啊！这里有朗朗书声，有鸟语虫鸣；有小孩子的偷懒、顽皮、恶作剧；也有家长和先生的夸赞、训斥、打骂；有欢笑，也有哭泣……一切都在痴然沉醉、浑然不觉之中流逝，成为过去。老大孤苦的时候回想起来，那是多么美好的一段时光啊！

所谓“好景不长”，就在圣叹兄弟痴然浑然的时候，大难降临了。

古人说人死是化为异物，圣叹说“一自爷娘为异物”，显然是指父母的死亡。“差池”原是指出了差错，不齐不顺，圣叹说“至今兄弟并差池”，则是指兄弟从此离散，至今未能团聚。

父母死亡，兄弟离散，无疑是天大的祸难！

这场大难发生在圣叹兄弟八岁那年，以金圣叹生于明神宗万历三十六年（1608）推算，正当万历四十三年（1615）。

圣叹父母的死亡，无疑是非正常死亡；圣叹兄弟的离散，也是迫不得已的离散。从“一自爷娘为异物，至今兄弟并差池”这两句诗的内容和句法来看，圣叹父母应是同时死亡，儿子八岁，父母的年龄应在三十岁左右。如此年轻，子女——圣叹除了这个弟弟，至少还有一弟一妹——如此佳美，家境如此优裕，夫妻俩没理由同时自杀；若是生病，也不会如此巧合。就算是同时自杀或病故，年幼的孩子们也不必随即离散……因此我推测，金家的这场大难，不是天灾，而是人祸。圣叹父母是被害致死，圣叹兄弟是被迫逃亡。也就是说，金家的这场大难，是人为制造的，有人杀害了圣叹的父母，并威胁到圣叹兄弟的生存。

此诗的最后两句“前朝略续游仙梦，此后相思知不知？”是说前天梦见了二弟，醒来后更加思念。常言道：日有所思，夜有所梦。梦见亲

---

① 《金评杜诗》卷二《萧八明府实处觅桃栽》。《金集》贰，第698页。

人，是由于思念之甚。正所谓“梦里不知身是客，一晌贪欢”，在梦里与亲人相聚，犹如借酒浇愁、望梅止渴，梦醒后更加不堪忍受。圣叹问二弟知否？是明知故问，即便是非孪生兄弟，也会有类似感受，更何况是孪生兄弟呢！这就是说，圣叹的所思所感，也是二弟的所感所思。圣叹一笔写两人，一切都是相互的，也是加倍的。这越发证明当初的离散是迫不得已的。

庄言说到这里停顿下来，看看大家，似在征求意见。

嗯，是这样。田老师说：你的分析和推断都与诗意相符，看来金家确曾遭遇大难，这是一个重要发现，不过还有待进一步证实。

庄言点头说：目前还没有看到直接的外证材料，只是从圣叹的诗文中寻找内证。

如能找到过硬的外证材料，当然是求之不得的。田老师说：话说回来，如果有这样的材料，恐怕也轮不到你来发现了。内证虽然不是那么“强硬”，但也留下更多更大的思考和推测的空间。

现在最关键的是找到凶手，查明原因。石萌说。

是啊！但这也是最难最苦的事情，目前只能作一些推测。庄言接着说：当然可以作多种推测，相对而言，这一种情况可能性更大，就是当地的“官绅”和“盗贼”勾结，制造了金家的祸难。

“当地”是指金圣叹的家乡，也就是金墅。金圣叹的籍贯，说法不一。圣叹在给嵇永仁的一封信中说：

> 弟年五十有三矣！自前冬一病百日，通身竟成颓唐……弟自端午之日，收束残破数十余本，深入金墅太湖之滨三小女草屋中，对影兀兀，力疾先理唐人七律六百余章，付诸剞劂，行就竣矣。[①]

嵇永仁，字匡侯，号抱犊山农，常熟人。他比金圣叹小近三十岁，

---

① 详见《金集》陆《金圣叹文辑轶》，第970页。

但关系很好。这封信后来被用作为嵇永仁诗集《葭秋堂诗》的“序”，得以完整地保存下来，其中透露出很多重要信息，如信中所说的“唐人七律六百余章”，是指后来印行的《贯华堂选批唐才子诗甲集七言律》（即《金评唐诗》），圣叹在此书的自序中说：“顺治十七年春二月八之日，儿子雍强欲予粗说唐诗七言律体。予不能辞，既受其请矣；至夏四月望之日，前后通计所说过诗可得满六百首……”[①]圣叹生于万历三十六年（1608）就是由此推出的。[②]有学者认为“太湖之滨金墅镇之草屋，乃圣叹乡下故居，冠以‘三小女’，可见其对幼女法筵的喜爱。之所以此际圣叹居金墅，是因修葺城中居所，才暂时与小女一起搬至乡下旧居的”。[③]其“事”可商，但其“地”亦即金墅是金圣叹的故乡老家，大抵是可信的。

庄兄，不好意思，我想插句话。柳新雨说。

好呀，请讲。庄言说。

柳新雨说：你说其事可商，我也有些怀疑。我觉得“三小女”不可能是金法筵。圣叹确实很喜爱金法筵，但圣叹写此信时，她只有十来岁[④]，圣叹不大可能一个人带她到乡下故居居住；而且金圣叹来故居是为了赶工写书，又年老体弱、大病初愈，自己尚需别人照顾，哪有工夫和能力照顾她？所以我觉得这个“三小女”，可能是圣叹另一个比法筵大一些的女儿。

我同意你的推测。庄言说：把“三小女”当作法筵，可能是受《吴江沈氏诗录》中金法筵小传的影响，小传说：

> 硕人名法筵，六书公配，吴县诸生圣叹公人瑞（一名采）季女也。七岁能诗，圣叹爱之，为赋“左家娇女惜余春”之句，于归后遂以“惜春”名其轩。纺绩之余，辄事吟咏，有

---

① 《金集》壹，第 91 页。

② 参见陆林《金圣叹佚作辑考订补》，《明清小说研究》2014 年第 3 期。

③ 参见陆林《金圣叹籍贯吴县说献疑》，《学术研究》2012 年 9 期。

④ 金法筵生年，参见陆林《金圣叹史实研究》第 91 页。

《惜春轩稿》一卷。词意老成，时有道气，惜零落，仅存十一。[①]

这里说法筵是圣叹的“季女”。“季”在古代可以作“三”，也可以作“末”。若为前者，便与“三小女”相合了，但目前并没有看到可以证明法筵确为圣叹“三小女”的材料。金圣叹在《春感八首》的第五首中说：“实有五丝来补衮，敢将八口仰垂衣。”[②]此诗也写于顺治十七年（1660），如果这里的“八口”是实指，圣叹就可能有六个孩子。其中已知的，除了法筵，还有金雍（字释弓）、释颜（名不详）两个男孩，其余可能都是女孩。如果法筵最小，按全部子女排行，应为第六；如仅按女儿排行，应为第四。金圣叹还有一首题为《病中见诸女玩月便呼推窗一望有怀贯华》的七言绝句：“当时五鼓月明中，孰省繁霜与北风。今夜一庭如积水，关窗塞户两衰翁。”[③]诗题中称“诸女”，可见不止一个女儿，至少应在三个以上，与四个女儿的推测相合。所以这个“三小女”应该不是法筵，很可能是释弓、释颜之后的那个女儿。已知释弓是长子，释颜可能是次子，那么这个女儿，若按所有子女排行，她是老三；若只按女孩排行，她就是大女儿。这一年金雍二十八岁，正常情况下，“三小女”应在二十岁以上。她是可以照顾老父亲的。这样一来，也就不必解释为圣叹从城里带着女儿来“故居”，而可能是圣叹只身来到家在金墅的“三小女”家，赶做他的书。

嗯，这样就更加合情合理了，我觉得。柳新雨说：好了，你接着说吧！

庄言继续说：说到金墅，自然就涉及金圣叹的籍贯问题。圣叹的籍贯，笼统地说，是苏州。但苏州很大，具体是苏州的什么地方？有的说是吴县，有的说是长洲，还有说是吴中、吴趋或吴门的，很难严格判断

---

① 《吴江沈氏诗录》卷十一《闺秀》之《金硕人八首》。按：此系范建明先生当年抄录寄示，所据版本不详。

② 《诗选》第121页。

③ 《诗选》第83页。

谁对谁错。大抵吴中、吴趋、吴门，是就吴地而言的，是大概范围，可以不论；分歧主要在于是吴县还是长洲？我认为这个问题既要通融地看，又要分别地看。

通融地看，是从大局着眼，看二者相“同”的一面。历史上“吴”是更早更大的概念。大约公元前十二世纪，商朝的周部落首领太王古公亶父，有三个儿子：老大太伯，老二仲雍，老三季历。季历就是后来的周文王姬昌的父亲：“老大、老二都心知三弟贤明，父亲有意传位给他。”于是便悄悄远走“让贤”了。他们来到当时还很蛮荒的梅里（今江苏无锡），过着“文身断发”的生活，自称其地为“句吴”。兄弟俩给当地带来了先进的文化和技术，为民众造福祛病，兴利除弊，受到民众的感戴和拥护，纷纷前来归服，于是句吴便发展壮大起来。后来周文王立老大为吴太伯，成为吴国的创始人。[①]孔子曾赞叹：“泰（太）伯，其可谓至德也已矣！三以天下让，民无得而称焉。”[②]意思是说，太伯的德行真是无与伦比啊！再三把天子之位让他人，民众对他的赞美实在是无以言表！太伯死后，仲雍继位，至十九世孙寿梦（前620—前561）时，吴国强大起来，开始称王。到了吴王阖闾时期（前514—前496），吴国更加强盛，成为春秋五霸之一。阖闾派专诸刺杀吴王僚的事，大家都很熟悉。他因此登上王位。他因筑建“阖闾大城”（即吴国都城苏州）而名扬天下。后来吴国陷入与楚国、越国之间的恩怨情仇，最后家破国亡，留下许多充满传奇色彩的故事。秦灭六国一统天下，以吴越一带为会稽郡，置吴县，东汉顺帝时分置吴郡，三国时为吴国，晋宋时复为吴郡，与吴兴、丹阳合称“三吴”直到唐代，苏州的名称和建制才稳定下来。[③]可见“吴”有着悠久的历史和深厚的传统，对生长在这里的人们起着潜移默化的作用。

长洲县，其主体原是吴县的“长洲苑”，一个紧邻太湖的天然大园

---

① 参见司马迁《史记》卷三十一《吴太伯世家第一》。中华书局标点本1993年版。

② 程树德《论语集释》卷十五《泰伯》上。中华书局1990年版。

③ 详见杜佑《通典》卷一百八十二《州郡》十二。中华书局王文锦等点校本1988年版。

林，据说吴王阖闾经常来此游猎。唐代武则天万岁通天元年（696），将此地从吴县分出来，独立为县。《长洲县志》说："吴郡以国名，吴邑以郡名，故吴首。然地理、人民、财赋，长洲最大，今曰'长吴'云。旧有全吴里，治在郡城东，又云割吴县北境以置。或迁徙不常也。"[①]意思是说，吴郡是因吴国而得名，吴县又因吴郡而得名，从这个意义上说，"吴"（县）在前；但长洲（县）的面积、人口、物产等，都远远超过吴县，所以又有"长吴"的说法。长洲县的治所在吴郡城（苏州）的东部（与吴县治所相距不远），但它的政区是从吴县的北境划割出去的，后来与吴县合而分，分而合，变化不定。

正是由于两县之间有着如此深厚复杂的背景关系，使得吴县在人们的心目中"大"于长洲县，在表述时，"吴县"往往可以和"吴"相互代指，但"长洲"却不能。因而一般说吴县可以包含长洲，但说长洲却不能包含吴县。所以，如果从吴县包含长洲的意义上说，那么称金圣叹是吴县人便有两种可能：吴县人或长洲人；如果从长洲不包含吴县意义上说，那么称金圣叹是长洲人就只能是长洲人。因此宽泛地说金圣叹是吴县人，也是可以的；但要严格地说，金圣叹应当是长洲人，当然这是指原籍。

所谓分别地看，是说从变动性上，看二者之间不同的一面。金圣叹的一生，并不是自始至终都居住在一个地方，中间有过迁徙变动，最重要的一次就是家难后的离散，他后来长期住在苏州城里，其家庭住址应该属于吴县。金圣叹文集中，有一卷《西城风俗记》，记述他和几位友人参禅悟道的活动与谈话。有人以此证明金圣叹居住在长洲，因为长洲在苏州偏西一带。我认为这可能是误会，因为从长洲县县境上看，确实是在苏州西北，吴县略偏东南；但从县治上看，却正相反，吴县的治所偏西北，长洲的治所偏东南。《长洲县志》载："县治，附郡城东，本吴之长洲苑。自唐万岁通天元年始置为县，于城东西画境分治，而长洲得

① 张德夫修，皇甫汸等纂《（隆庆）长洲县志》卷一《地理志》。据《苏州地方志网》（http：//www.dfzb.suzhou.gov.cn）。按：下引苏州方志材料而未加注明者均据此。

其东偏焉。”[①]也就是说，就县治在苏州城里的位置而言，长洲在东，吴县在西。因此《西城风俗记》的“西城”应属吴县。

有记载提到金圣叹的具体居住地点在“憩桥巷”——传说这是吴王出征时小憩之处。清人吴翌凤《东斋脞语》说：“张氏世居吾里乐桥之南，金圣叹居憩桥巷，相去不数武，素相得也。”[②]据方志记载，苏州有东憩桥巷和西憩桥巷，实际上可能是一个巷子分为东、西，横跨吴县、长洲两县。圣叹家应该在吴县这边，亦即西憩桥巷。寒假期间，我到苏州寻访，在朋友的引导下找到了憩桥巷旧址。但巷子早已面目全非，不复旧观了。其时细雨迷蒙，屋檐下残存的“憩桥巷 ×× 号”的门牌尚隐约可辨。不远处的水泥路灯柱子上，竟然标有“三山街”的字样，让我有些惊异。因为金圣叹最后被杀害的地点就在三山街，不过那是江宁（今南京）的三山街，没想到苏州也有个三山街。如果圣叹确实住在三山街，不知他临刑时会作何感想？

这次去苏州，我还和朋友一起去寻访了金墅。据当地“方志办”的张先生介绍，金墅并没有金圣叹的遗迹，当地人很多连金圣叹的名字都不知道。不过，他提到有传说金圣叹的妹妹或女儿嫁在金墅——我想会不会就是那位“三小女”？

金墅现在属于通安镇，通安这地方在商代的时候属于“句吴”，后来吴、越、楚等国都曾管辖过这里。秦朝设置吴县以后，便隶属吴县。唐朝的万岁通天元年（696），割划吴县部分地区设置长洲县，通安便从此属于长洲了。晚清民国时期，这里曾称彭华乡或畯西乡。二〇〇一年划归苏州市相城区，二〇〇二年又划归苏州高新技术开发区，属于苏州新城区的一部分。

通安境内（及相邻地区）水网密布，山峦众多。有包括金墅村在内的六个村落紧靠太湖。主要河港有浒光运河、金墅港、前溪港、龙塘港、华山港等，内河有二十多条。山丘有阳山、华山、鸡笼山、树山、

① 《长洲县志》卷五《县治》。

② 吴翌凤《东斋脞语》。《汇编》第 26 页。

金芝岭、恩古山、平王山、严山等，其中最高的阳山海拔约三百四十米，因四面山势若飞，又名“四飞山”；又因云蒸霞蔚，而名“蒸山”；又因“诸峰内附”，而名“万安山”，还有“秦余杭山”“白墡山”等名。徐崧、张大纯所著《百城烟水》说：“东为抱阳，西为万安，南为秦余杭，北为四飞。”绵亘于京杭大运河与太湖之间，群峰叠嶂，林泉丰美。鸟兽聚栖，强人出没。

金墅在古代交通十分便利。元、明时期，这里有驿站、驿道，浏览观光、走马射箭、传递文书等，甚为便利。当时驿道宽度能五马并行。从苏州往西南，经浒关镇、通安镇，直至金墅街。金墅西临太湖，有天然良港金墅港，与浒光运河、京杭运河、西太湖贯通。

金墅在古代还有一个远近闻名的寺庙——莲华寺，始建于唐神龙二年（706），距今一千三百多年了。原先规模很大，光寺内建筑就有五千多间。有“敕建唐代流芳”几个大字的横额。山门内有玉带河，河上有青石拱桥。最为奇特的是，只要在桥一端拍弹桥栏杆，另一端的桥栏杆就会发出叮当之声，酷似琵琶，因而也称“琵琶桥”。寺院两侧有果园三十多亩，寺田百余亩。寺内有大雄宝殿、地藏殿以及荷花池等建筑。可惜，全都毁于“史无前例”之中，除了两棵银杏树幸存，其余一片废墟。最近二十年来，当地人民开始捐款重建，香火逐渐恢复。[①]

我和朋友一路打听，终于找到了莲华寺，老远就看到“古莲华寺”四个大字。寺内正做法事，大殿里满是僧人和信众，唱诵跪拜，井然有序。我们也随之上香烛礼拜。出了寺院，见不远处有一所金墅小学，朋友玩笑说：不会是金圣叹的母校吧？又走不远，发现还有一座“金堂庵”，只是大门锁闭，荒凉无人。

返程时，我们估计了一下距离，从苏州城里到金墅，大约二十公里。

这就是金墅的大致情况，一个美丽的江南水乡，不仅有着交织的河湖港汊，连绵的峰峦叠嶂，还有丰富的物产和悠久的文化，仿佛镶嵌在太湖东岸的一粒珍珠，与明灯一样的苏州交相辉映，这是一般乡村集镇

---

① 详见《通安镇志》之《乡镇村志》。

所不能比拟的。

这里既然叫金墅，想必姓金的人家很多，金圣叹出生在这里，也显得很“合适”。不过，他只在这里生活到八岁，就因家难而离开了，从此再也没有回到这里长期居住。

师兄，好像有点扯远了吧！覃慧敏有些焦急地催促说：还是赶紧说说家难吧！

好好！其实也不是很远，一会儿你就知道，这金墅与圣叹的家难关系也很密切哩。庄言应道：要探索家难的原因，当然应从主要受害人金圣叹的父亲——就简称“金父”吧——说起。遗憾的是，关于金父的材料，几乎空白，找不到任何文献记载。但我在阅读金圣叹的过程中，越来越强烈地感觉到，金父可能是得罪了当地“官绅”之类的权势人物，遭到后者的暗算，勾结“盗贼”之类的湖匪山寇，突然洗劫了金家。

我的这种感觉，也是有一些缘由的。常言道，有其父必有其子，那么反过来，也可以由其子想见其父。我们从金圣叹身上，可以约略窥见金父是怎样一个人物，大概也有圣叹那样的特立独行、恃才傲物、嫉恶如仇、仗义执言之类性格特点。

大家都知道，明代后期，政治与社会可谓病入膏肓，上自朝廷下至乡村，无不腐坏至极，邪恶当道。金圣叹曾说：

> 自官箴既坠，而肉食者多：民废田业，官亦不知；民学游手，官亦不知；民多饥馁，官亦不知；民渐行劫，官亦不知。如是，即不免至于盗贼蜂起也。而问其城郭，官又不知；问其兵甲，官又不知；问其粮草，官又不知；问其马匹，官又不知。嗟乎！既已一无所知，而又欺其君曰：吾知某州。夫尔知某州何事者哉？[①]

地方长官的“一无所知”，用现在的话说，就是严重渎职，毫无作

① 《金评水浒》卷二《宋史纲》。《金集》叁，第24–25页。

为，致使地方上百业俱废，盗贼蜂起，民不聊生。这还不是最严重的，更有甚者：

> 若夫官知某州，则实何事不知者乎？关节，则知通也；权要，则知跪也；催科，则知加耗也；对簿，则知罚赎也；民户殷富，则知波连以逮之也；吏胥狡狯，则知心膂以托之也。其所不知者，诚一无所知；乃其所知者，且无一而不知也。嗟乎！嗟乎！一无所知，仅不可以为官；若无一不知，不且俨然为盗乎哉！诚安得张叔夜其人，以击宋江之余力而遍击之也！

这是说地方长官“无所不知”：精通所有以权谋私、贪污腐败的门道伎俩，当地的邪恶黑暗也就可想而知了。

圣叹的这些话虽然是就“宋史”而发，但无疑是有其现实的背景和针对的。因此我想，金墅的情况也不会好到哪里去。金父这样的人，面对当地这样的现实，是不会保持沉默、坐视不管的；即便他沉默不言，也早被当道者视为异类，加以猜疑和排斥。如果他对当道者有所揭露和和行动，必然会遭到对方的忌恨和打击。当双方矛盾冲突激化到不共戴天的程度，就会采用极端手段，设法除掉对方。当然，被除掉的，总是弱势的一方。鲁迅说金圣叹的被杀，是因为他“早被官绅们认为坏货了”。[①]金父之死，应该也是类似的原因。

“官绅”杀人，一般是不会亲自下手的，尤其不会明目张胆地杀害正义人士。因为那样做会给自己带来诸多不利，也会被人传说和记载下来，从而恶名远扬、遗臭万年。而使用阴谋诡计借刀杀人，正是官绅的拿手好戏。他们所借的“刀”，有冠冕堂皇的法律，也有隐秘莫测的恶黑势力，尤其是在政治昏暗、吏治败坏的时期，黑白两道往往密切“合作”，互惠互利。正如鲁迅所说，“盗贼”是“流寇”，“官绅”是“坐寇”，他们本是一丘之貉，很容易一拍即合。金墅一带的自然环境，很像是水

---

① 详见鲁迅《谈金圣叹》。

泊梁山，也是“盗贼”出没的好地方。金父的特立独行、嫉恶如仇，很容易成为“坐寇”的目标；而金家的优裕境况，也会成为“流寇”的目标。二者联手实施打劫，是完全有可能的。

或许正是由于暗杀，才使得金家的如此大难不为人知；又因对方过于强大且残暴，没有人敢于公开抗争和声言，甚至连受害者亲属，如金圣叹、金昌还有其他亲友，或只字不提，或欲言又止，讳莫如深。能够在如此大的范围内、如此长的时间里对金家保持如此强大的威胁力，似乎也只有黑白两道联手才能做到。

我的这种推测，可以从金圣叹的《忆舍弟》诗中得到一点参证。此诗说：

> 舍弟西风里，流离数口家。
> 近闻栖水泊，托庇在天涯。
> 火食何由得，儿童那不哗？
> 何须逢盗贼，多恐化虫沙。[①]

这首诗题目和前面所说的《念舍弟》，仅有一字之差，“舍弟”应为同一个人——二弟；“忆”“念”其实也是一个意思，因此这两首诗既相互联系，也可以相互补充和说明。

诗题既然用“忆”字，说明此时仍未和二弟相聚；但诗中说“近闻”，可知圣叹一直在打听二弟的情况，最近才得到一些消息：在寒冬到来之际，二弟一家仍在颠沛流离之中，近日才投靠在“水泊”“天涯”的亲友处。当初离散时，二弟才八岁，如今已有“数口”之家了。想其年纪，应该三十多岁——或许正与父母遇害时的年纪相同，算来兄弟离散已有二十多年了。寄人篱下的二弟一家，眼下的生存状况如何？饥寒交迫，危在旦夕，甚至还有“盗贼”的威胁。

这首诗可以看作《念舍弟》的续篇，既透露了二弟的近况，也证

---

① 《诗选》第 22–23 页。

实了当初兄弟离散确有其事。“水泊”“天涯”，应该就是太湖一带，或许还有水泊梁山之类的隐喻。特别是“何须逢盗贼，多恐化虫沙”两句，表明“盗贼”确实存在，并且时刻威胁着二弟一家的生命。圣叹为什么会有这种担忧？一般的“盗贼”只图财而不害命，二弟一家饥寒如此，既没有什么钱财可图，又何必害他们的性命呢？因此我怀疑，圣叹说的“盗贼”莫非有其特指？意在暗示当初的家难与“盗贼”有关？抑或当初“官绅”勾结“盗贼”洗劫金家时，原是要连同圣叹兄弟一起杀害，所幸圣叹兄弟逃走及时，躲过了那场劫难。但对方并不甘心，仍四处追查圣叹兄弟的下落，企图斩草除根。圣叹逃到苏州城里，相对安全一些；二弟流落水泊天涯，时刻处于危险之中。二弟一直没能定居下来，或许不仅仅是因饥寒交迫，还因为要躲避追杀……

听上去，还是合乎情理的，我是相信的。覃慧敏说：可是，如果确实如此的话，那金圣叹一家真的是太悲惨了！

是啊！没想到金圣叹那么小就遭遇这么大的不幸！陶然感叹道：以前从来没人这样说过。

庄兄眼光独到，发三百年未发之覆，佩服！佩服！柳新雨说：关于金父，我可以提供一点参证。

庄言谦谢道：哪里哪里，猜测而已，柳兄过奖，愿闻其详。

柳新雨说：金圣叹在《金评水浒》的《序三》中说到：

> 又窥见大人彻夜吟诵，其意乐甚，殊不知其何所得乐？又不知尽天下书当有几许？其中皆何所言，不雷同耶？如是之事，总未能明于心。明年十一岁，身体时时有小病。病作，辄得告假出塾。吾既不好弄，大人又禁不许弄，仍以书为消息而已。①

过去大都以为这个“大人”就是金圣叹的父亲，如果属实，这可是

① 《金评水浒》卷首《序三》。《金集》叁，第19页。

目前所见关于金父的唯一直接材料；但我觉得这个“大人”不是金父，具体情况稍后再说。我倒是觉得《金评水浒》的另一篇序，很可能与金父有关。此序题目较长：《贯华堂所藏古本〈水浒传〉前自有序一篇今录之》，序文最后署：“东都施耐庵序。”学者公认这是金圣叹假托施耐庵之名而写的“伪序”。序中有段话很值得注意：

> 舍下薄田不多，多种秫米，身不能饮，吾友来需饮也。舍下门临大河，嘉树有荫，为吾友行立蹲坐处也。舍下执炊爨、理盘槅者，仅老婢四人；其余凡畜童子大小十有余人，便于驰走迎送、传接简贴也。舍下童婢稍闲，便课其缚帚织席。缚帚所以扫地，织席供吾友坐也。吾友毕来，当得十有六人。然而毕来之日为少；非甚风雨，而尽不来之日亦少，大率日以六七人来为常矣。吾友来，亦不便饮酒，欲饮则饮，欲止先止，各随其心，不以酒为乐，以谈为乐也。吾友谈不及朝廷，非但安分，亦以路遥，传闻为多。传闻之言无实，无实即唐丧唾津矣。亦不及人过失者，天下之人本无过失，不应吾诋诬之也。所发之言，不求惊人，人亦不惊；未尝不欲人解，而人卒亦不能解者，事在性情之际，世人多忙，未曾尝闻也。吾友既皆绣淡通阔之士，其所发明，四方可遇。①

这里叙述“吾”的生活情状，从假托对象上说，这个“吾”是“施耐庵”；但是既然是假托，就不是真的，因而“施耐庵”名下应该另有其人。这个人是谁呢？从假托主体上说，应该是金圣叹；但问题是：金圣叹自己说，他评点《水浒传》时才十二岁（见《金评水浒·序三》），而“伪序”中的“吾”显然是位成年人，不可能是金圣叹自身。另外，金圣叹八岁就离开家乡，长期生活在苏州城里，而“伪序”所描绘的生活环境明显是乡下而非城里，不可能是金圣叹的真实生活场景。所以我认为这里的“吾”，

---

①《金集》叁，第38–39页。

可能是金圣叹的父亲；即使不完全是，也在很大程度上是。或者说“吾”主要是以金父为原型，其中也糅合了金圣叹的志趣和想象，因而这篇“伪序”曲折地反映了金圣叹早年（家难前）的家庭生活环境以及金父的为人状态。因此不妨把“伪序”当作金家及金父的“小传”来看。

先来看看金家。门临大河，嘉树有荫，多么优美的环境！树下可供朋友们行立蹲坐，多么宽敞的庭院！一派乡居风情，但显然不是普通农家。

家中“薄田不多”，显然是谦词，其实是说不少。“多种秫米”，只为了酿酒，可知金家的衣食用度另有来源，不指望这些“薄田”。酿酒主要不是供自己饮用，而是为了招待朋友，何等襟怀和风度！金家平均每天有七八个朋友来，想想看，得饮多少酒？这些人不能光饮酒呀，还要有佐酒的菜肴，还要有其他饮食，每天如此，该有多大的排场和花费啊！搁在一般人家，每天来一个客人都受不了。

来者为客，还需要有人伺候。伺候他们的，有老婢四人：“执炊爨、理盘槅”，看来是专管厨房事务的；童子十余人，是专管驰走迎送、传接简贴的。这些老婢和童子加起来就有二十人了。那么金家的其他事务呢，一应的日常起居、生活供给、送往迎来、看家护院等等，需要多少奴仆呀？这样推算起来，金家主仆总数应在百口以上，实在不是一般的小户人家。偌大一个家庭，常年的花费需要多少？金家的经济实力也就不难想象了。

金父是个怎样的人呢？他既不从事生产劳动，也不做官或经商，镇日里只与友人饮酒清谈。这样的生活，不仅要有相当坚实的物质基础，还要有相当深厚的文化修养，更要有不同流俗的人格情操。正所谓冰冻三尺非一日之寒，这些物质的、文化的条件，都不是短期内所能具备的，必须经过长期的积累、传承和陶养。由此可以推想，金家祖上应该是来历匪浅的。

观其友，知其人。金父的朋友，都是“绣淡通阔之士”。什么是绣淡通阔？大致说来，绣，是锦心绣口，文情并茂；淡，是淡泊名利，不同流俗；通，是学识渊博，见解通达；阔，是性格旷放，不拘小节。总之他们是一群率性任心、超凡脱俗的文士。他们在一起随意饮酒，却并不以饮酒为乐趣、为目的，而是为了谈论。以谈论为乐，也不是什么人都能做到的。

他们的谈论有“三不”：一是不谈朝廷，亦即不涉及高层政治。圣叹的解释是“非但安分，亦以路遥，传闻为多。传闻之言无实，无实即唐丧唾津矣”。似乎暗示：谈论这类话题有风险，会被戴上不安分、散布流言乃至造谣惑众的罪名，而不非仅仅“唐丧唾津”那么简单。二是不谈人过。圣叹的解释是：“天下之人本无过失，不应吾诋诬之也。”似乎暗示：只要臧否人物，就会被戴上诋毁君子、诬陷好人的罪名。

我觉得以上“二不”都是正话反说、话里有话。其实这些可能正是他们最为关心的经常性话题，因此招致种种指责，甚至得罪某当事人。因此我们可以进一步推想：他们谈论朝廷，得罪的是朝廷当局——高层的权势人物；谈论人过，得罪的是“地方”当局——身边的权势人物。得罪这些人，其后果可想而知。因此所谓“传闻”“无实”“诋诬”云云，应该就是对方指责金父及其友人的“罪名”：造谣惑众、犯上作乱。于是惩罚也就不远了。按照这样的解读，其三不求惊人，其实是“语不惊人死不休”，暗示他们每每有惊人之论。什么样的谈论才会“惊人”？我想不会只是风花雪月，必然有振聋发聩甚至离经叛道的尖锐言论，其后果也就不言而喻了。

圣叹最后说，金父他们希望得到别人的理解，但终究还是没人能够理解。这一方面是因为他们的谈论“事在性情之际”——思想学说很微妙；另一方面是因为“世人多忙，未曾尝闻也”——不合于流俗。不过他们自己还是很自信的：“其所发明，四方可遇”，这是说他们在很多问题上有新见解、新发现。我觉得这是在暗示他们属于“新”的学术流派，其宗旨和精要就在于“性情之际”，也可以说是“性情之学”，具有普遍的意义和价值。可惜不被世人理解和接受，反而遭遇冷漠和轻蔑。

金父及其朋友，就是这样的一群“异类”文人，不仅为地方权势人物所不容，也为士林所孤立，也为世俗大众所疏远，“倒霉”是迟早的事情。

更值得注意的是，他们聚会的地点在金家，聚拢在金父的周围，也就是说，金父是这个“性情”学派的领导者、组织者和代表者，金家是这个群体活动的基地和总部。而在敌对方看来，金父便是“罪魁祸首”；金家就是“犯罪窝点”。所谓首恶必办，擒贼擒王，斩草除根，金家已是在劫难逃了。

新雨兄，你的假设虽然很大胆，但令人信服！李大白说：据我所知，此前还从未有人如此解读这篇“伪序”，你也是发人所未发啊！让我有茅塞顿开、拨云见日之快！这样一来，不仅对金家和金父的认识不再是一片空白，还可以给庄言兄的推测以有力的支持和补充。

我也有同感。陶然说：二位兄的解说，也与鲁迅“早被官绅们认为坏货了”的论断相合，鲁迅虽然是就金圣叹被杀而发，但我看也很适用于金父。另外，我也有一点小小的补充。

什么小小的？快说呀！石萌急忙问。

陶然说：我是小女子，容易被小事物吸引。我注意到，金圣叹提到几个小物件很有意思。先说玉带钩吧。《金评水浒》第五十六回前评中说：

> 吾有一玉钩，其质青黑，制作朴略，天下之弄物，无有更贱于此钩者。自周岁时，吾先王母系吾带上，无日不在带上，犹五官之第六，十指之一枝也。无端渡河坠于中流，至今如缺一官，如隳一指也。[①]

这枚看似普通的玉钩，经常被人用来作为金圣叹家境一般的证据。我倒不这么认为，其实，金圣叹说它“朴略”跟说“薄田”差不多，都是故作谦虚、低调的表达而已。

关于带钩，我查阅了一些资料，据专家——不好意思，我也言必

① 《金评水浒》第五十六回《徐宁教使钩镰枪　宋江大破连环马》。《金集》肆，第1018页。按：《金评水浒》（还有其他著作）正文之前的评语，过去多称“总评”，本书统称“前评”。

称“专家”了，不过我说的是真正的专家，不是“砖家”啊！——据专家的说法：古代的“玉钩”，种类繁多，用途不一。主要有带钩和佩钩两大类，带钩一般用于男性束扎腰带。管仲射中小白（齐桓公）的那一箭，就是被带钩挡住的；佩钩多用于女性佩挂饰物。带钩的形制，大小不一，主要由钩首、钩体和钩钮三个部分组成。钩首与钩体的连接部位为钩颈，与钩首相对的另一端为钩尾。钩体的正面为钩面，大都有纹饰或铭文。钩体的反面为钩背，背上作钮，钮由钮柱与钩体相连接。带钩的质地，有铜、铁、金、银、玉、石等，以铜、铁居多，玉带钩的实用性不及前者，但文化艺术价值更高。[①]明清时期的玉带钩，制作工艺很高，大都造型优美，玲珑剔透。有方牌形、方体形、曲棒形、琵琶形等等，而以琵琶形为主流。钩首多为龙头形，还有禽首、羊首和马首等等。宋以后的玉带钩，玩赏重于实用，更具艺术性。明清时代并不流行使用带钩束带，但出土与传世的玉带钩却比较多，说明上流社会有这样的偏好，精美的玉带钩也就自然成了身份的一个象征。连帝王都有这样的喜好，富贵人家也就有理由当作时尚追求了，这也是明清两朝玉带钩流布很广的一个原因。[②]

这么说来，圣叹的这枚玉带钩，不仅显示出金家的“偏好”，还意味着金家的非同寻常；虽然不一定达到“帝王”的高度，但属于“上流社会”，还是有可能的。

让我特别感兴趣的，是圣叹的这枚玉带钩的来历。圣叹自述是“周岁”时祖母给他佩戴的，这里面一定有“故事”。因为刚满周岁的男婴，是没有必要使用带钩的；而且周岁时发生的事情，就算圣叹聪慧过人，也是很难记忆清晰的。所以我猜想，“周岁佩钩”的情节，应该是后来祖母或家长告诉他的，或者干脆就是他杜撰的，不论哪种情况，圣叹把这个情节写进书里，都是“别有用心”的。

我还猜想，圣叹“周岁佩钩”，可能与“抓周儿”有关。中国民间

---

① 参见王仁湘《善自约束：古代带钩与带扣》。上海古籍出版社 2012 年版。

② 参见王仁湘《出土玉带钩散论》，《文物》2006 年第 5 期。

普遍注重男孩的周岁生日，有条件的人家，会举行隆重的仪式，除了庆祝家族新生命的诞生、成长，还有寄托家族期望，光耀门楣、继往开来等意思。庆典上一般有两个重要节目：一是祭拜祖先，一是预测未来，因此“抓周儿”也被称为小孩儿的“盛礼”。

“抓周儿”的仪式，一般在上午举行。摆放的东西，男孩多为印章、书本、笔、墨、纸、砚、算盘、钱币、账册、首饰、花朵、胭脂、吃食、玩具等；女孩多为灶具（如铲子、勺子）、缝纫用具（如剪子、尺子）、刺绣用具（如绣线、花样子）等，摆放什么，家长是有选择性的。然后根据小孩抓取到手的东西，来预测他将来的性格、志趣、前途等。大家想必都记得，贾宝玉因为抓的是脂粉，把他的老爹气得半死，失望至极。宝玉后来果然沉浸在脂粉堆里，不思进取。仿佛证明“抓周儿”很灵验；其实这不过是小说家言，我是不大相信的。因此怪罪宝玉，那真是冤枉死宝宝了。谁让你把脂粉放在那里的？那东西花花绿绿，又香气诱人，宝宝能不喜欢吗？

所以“抓周儿”不过是家长的价值取向的一种寄托和体现罢了，当然也有一定的娱乐色彩。在金圣叹那个时代，人们还是很看重甚至是很迷信的。所以我想，圣叹“周岁佩钩”，可能是金家老太太——圣叹祖母——特意把玉钩摆放在那里，让小圣叹来抓。顺便说一下，那个时候可能还没有“圣叹”这个称号，有记载说他本名“采”，我们应该叫他“阿采”才是。不过为了表达方便，称他“圣叹”也是可以的。

阿采抓到的是玉带钩，老太太应该是非常高兴的，于是便亲手给他佩戴上。当然，“周岁佩钩”也可能与“抓周儿”无关。无论如何，都应该与老太太关系密切。我们不免要问：为何是老太太给小圣叹佩戴玉钩而不是老爷、太太亦即圣叹的父母呢？你可以说是因为老太太地位尊贵，又特别喜爱大孙子；但我猜可能还有更直接的原因，就是圣叹从小就是由祖母抚养的，这主要是考虑到他和二弟是孪生，母亲或者照料不过来，或者老太太很喜欢，就主动或被动地“分担”了抚养的责任。当然，老太太不必躬亲其事，自有乳娘之类的下人去做，就像贾宝玉小时候那样。

我们还要问：老太太的玉钩又是从哪里来的？当然你可以说是街上买来的，但是我更倾向于是金家的原有，甚至是家传的老物件儿。而且玉带钩既然是男人用物，那么这个“男人”很可能是圣叹的祖父。根据专家所说：带钩是“上流社会有这样的偏好”“精美的玉带钩也就自然成了身份的一个象征”，上自帝王，下至一般富贵人家，“都有这样的喜好”和“时尚追求”。可以推想，圣叹的祖上或者他的爷爷，很可能是“上流社会”“富贵人家”，有着非同寻常的社会地位和文化背景，这枚玉带钩就是一个体现和象征。

老太太给小圣叹佩戴玉钩，意味着很多。当她把家族的期望寄托在这个大孙子身上的时候，似乎也透露出她对儿子亦即金父的失望，这或许是由于金父的性格志趣与老太太的期待不相符合。根据刚才两位师兄的分析和推测，金父是个“绣淡通阔”的性情，近于老庄道家一派；祖母对他失望，也就意味着他对圣叹的期望，属于孔孟儒家一派，亦即注重伦理道德、功名富贵、社会地位等等。那么从儒家的价值观念看，到了金父这里，金家已经衰落了；所以老太太很着急，早早地给小圣叹戴上玉钩，热切地期望他赶快长大成人，复兴家道。

又据专家说，带钩（连同所系之带）还有“束修”之意。古代男子有束修之礼，通过佩系腰带的仪式，表明从此进入“束带修饰”的人生阶段，要自觉约束自己的言行举止；同时也有拜师问道、接受更高教育的意思。也有人说“束带”和“冠礼”含义相似，或者就是后者的一部分。[①]“冠”与“带”合为“冠带”，象征着高尚的政治地位和文化修养；带的下垂部分称为“绅”，与“搢”（官员上朝时把“笏”插在腰带间）构成“搢绅”，指仕宦、儒者、乡绅等。[②]屈原《离骚》说“矫菌桂以纫蕙兮，索胡绳之缅缅”，王逸注说：“纫索胡绳，令之泽好，以善自约束，终无懈倦也。”是说用香草胡绳佩系腰带，是为了陶冶美好性情，时刻注意自我约束和修养，达成高尚的品格情操。孙中山颁布的民主法

---

① 参见王仁湘《善自约束：古代带钩与带扣》第220-222页。

②《善自约束：古代带钩与带扣》第222-223页。

令中，也有“保国存家，匹夫有责；束修自好，百姓与能”[①]的话。其实中国文化中，一直有“美玉比德”的传统，如赞美某人温润如玉，某人冰清玉洁，某人玉树临风，还有守身如玉、冰心玉壶、宁为玉碎不为瓦全……诸如此类，很多很多。因而人们相信佩玉可以使人性情温和，心地纯洁，品德高尚，举止得宜，成为人格完美的“君子”。这些，应该也在老太太的期望和寄托之中的。

我还听说，佩玉在危难时刻会“舍身救主”，替主人承受灾祸。佩玉身上有几道裂痕，就表明替主人牺牲了几次。所以，老太太给圣叹佩钩，也有希望玉钩保佑大孙子逢凶化吉、遇难成祥，一生平安的用意。

总之，“周岁佩钩”意味着很多很多。但是圣叹后来的人生，想必会让老太太大失所望、倍感伤心的。圣叹既没能振兴家道，也没能一生平安，最后获罪受刑，身败名裂……当然这是从一般世俗价值观念来说的。

哎呀，陶姐你太厉害啦！从一个小东西看出这么多大道理！石萌赞叹道：还有啥小东西？

我是乱说的，不一定对啊！陶然说：金圣叹还提到：

> 吾幼见陈思镜背八字，顺逆伸缩，皆成二句，叹以为妙。稍长，读苏氏织锦回文，而后知天下又有如是化工肖物之才也。幼见希夷方圆二图，参伍错综，悉有定象，以为大奇。稍长，闻诸葛八阵图法，而后知天下又有如是纵横神变之道也……[②]

根据刚才庄兄的推断，金圣叹八岁逃离家乡，我想这里的“幼”，应该是指他八岁以前，亦即圣叹所见“陈思镜”和“希夷方圆二图”，应是在金墅的时候，说明这两件宝物为金家所原有。

陈思镜的“陈思”，是指曹植。大家都知道他是曹操的儿子，曹丕

---

① 《善自约束：古代带钩与带扣》第223页。

② 《金评水浒》第四十七回《一丈青单捉王矮虎　宋公明二打祝家庄》前评。《金集》肆，第866页。

的弟弟，被封为陈王，死后谥号为“思”，所以又称为“陈思王”，简称“陈思”。这面镜子既然称作陈思镜，就应该是曹植用过的镜子。曹植生活在汉献帝初平三年（192）至魏明帝太和六年（232）之间，下距圣叹八岁（1615年）一千四百多年，可见金家这面镜子是何等的珍贵。镜子背面的八个字，“顺逆伸缩，皆成二句”，不知道究竟是哪八个字，也不知道是如何排列的，大概是圆环式吧。《四库全书总目》说：“《艺文类聚》载：曹植镜铭八字，回环读之，无不成文。”[①]看来真有曹植镜。《回文类聚》的编者是南宋人桑世昌（陆游的外甥），遗憾的是桑氏也没有记录下这八个字。

这面陈思镜自然是珍贵异常的，如果放在眼下的文物市场上，一定会拍出天价来；即使是在当时，也应是价值不菲的。金家怎么会有这面镜子？我们现在不得而知。在古文中，镜子往往别有意味。唐太宗的名言：“以铜为镜，可以正衣冠；以古为镜，可以知兴替；以人为镜，可以明得失。”镜子其实反映着照镜之人，因此这面镜子也可以看作是金家主人的反映和象征。金圣叹好像是顺口提到这面镜子，实际上是有意无意地透露金家的某些信息，令读者去想象金家的渊源、背景以及境况等。

陈思镜的关键在于“陈思”。曹植是个含义丰富的人物形象，最突出的，当然是他无与伦比的天才。钟嵘说他的诗“其源出于国风。骨气奇高，词彩华茂。情兼雅怨，体被文质，粲溢今古，卓尔不群”。感叹道：“嗟乎！陈思之于文章也，譬人伦之有周孔，鳞羽之有龙凤，音乐之有琴笙，女工之有黼黻。俾尔怀铅吮墨者，抱篇章而景慕，映余晖以自烛。”[②]就是说曹植的文学才华，堪称极致，无人能及，就像人类中的周（公）孔（子），自然界的龙凤；其他文人只有仰慕的份儿，要么效法学习，要么自惭形秽。谢灵运说：如果说天下的才华共有一石的话，那么曹植一人独占八斗，我谢灵运占有一斗，剩下的一斗由天下人去分吧。谢灵运

① 《四库全书》集部八（桑世昌）《回文类聚》提要。《文渊阁〈四库全书〉电子版》，上海人民出版社、迪志文化出版公司1999年版。按：下引《四库全书》均据此本，简称“《四库》电子版”。

② 陈延杰《诗品注》卷上《陈思王植》，第13–14页。人民文学出版社1958年版。

是多么自负的人呀，竟然说出这样的话，愈加显得曹植高不可攀。王士祯说汉魏到明清二千年间的“仙才”只有三个人，第一个就是曹植，另外两个，一个是李白，一个是苏轼。这些无非说明曹植的才华是无与伦比的。

可是如此高才的曹植，又有“戮力上国，流惠下民，建永世之业，留金石之功”的抱负，却在现实中屡受挫折。先是失去父王的宠信，后又遭到皇兄的猜忌，继而又被皇侄（曹叡）冷落，在忧愁、悲伤、痛苦和恐惧中郁郁而终。曹植在政治上失败，人们往往归咎于他的性情，时人说他“天性仁孝，发于自然，聪明智达，其殆庶几”。[①]史家说他“性简易，不治威仪。舆马服饰，不尚华丽……而植任性而行，不自雕励，饮酒不节……”[②]文中子（王通）则称赞说：“君子哉，思王也！其文深以典。”[③]今人说他“从青少年时代起，就抱着建功立业的雄心壮志……又深受时代风气熏陶，养成了一种放纵不羁的性格，对世俗礼教采取蔑视的态度。这种拯世济民的理想和恃才傲物的性格贯彻在他一生的思想和行动中，并且成了他作品的基本精神”。[④]“曹植失败的原因在于他‘任性而行’，渐失父宠；曹丕‘御之以术’倒在其次。他主要败于自己的性格作风。曹植作为一位天才文人，性格热情外向，作风简易放达。”[⑤]看来是“性情”惹的祸。

曹植让人津津乐道的，除了八斗才、七步诗，还有他的“甄妃情”及其惊艳千古的《洛神赋》：“翩若惊鸿，婉若游龙，荣曜秋菊，华茂春松。髣髴兮若轻云之蔽月；飘飖兮若流风之回雪。远而望之，皎若太阳升朝霞；迫而察之，灼若芙蕖出渌波。秾纤得衷，修短合度。肩若削成，腰如约素。延颈秀项，皓质呈露。芳泽无加，铅华弗御。云髻峨峨，修

---

① 陈寿《三国志》卷十九《陈思王曹植传》注引《魏略》，第 561 页。中华书局陈乃乾点校本 1959 年版。

② 《三国志》卷十九《陈思王曹植传》。第 557 页。

③ 《文中子》卷三《事君篇》，第 1314 页。上海古籍出版社《二十二子》本 1986 年版。

④ 张炯等《中华文学通史》第一卷，第 248 页。华艺出版社 1997 年版。

⑤ 徐公持《魏晋文学史》第 56 页。中国社会科学出版社 1999 年版。

眉联娟。丹唇外朗，皓齿内鲜。明眸善睐，靥辅承权。瑰姿艳逸，仪静体闲。柔情绰态，媚于语言……”[①]在现实中，他们相隔河汉；而在文学中，他们凝为经典，永不分离。

因此，我猜想，这面“陈思镜”及其所镌回文，应该是曹植性情、才学和爱情的集中体现。此外，还可注意的是，曹植也曾写到镜子。在他的《七启》中，假设一位“玄微子”和一位“镜机子”，前者“隐居大荒之庭，飞遁离俗，澄神定灵；轻禄傲贵，与物无营；耽虚好静，羡此永生。独驰思于天云之际，无物象而能倾”，是老庄一样的隐者。镜机子则是另一类人，前去说服玄微子时说：

> 予闻君子不遁俗而遗名，智士不背世而灭勋。今吾子弃道艺之华，遗仁义之英，耗精神乎虚廓，废人事之纪经。譬若画形于无象，造响于无声。未之思乎，何所规之不通也？

玄微子予以反驳。镜机子随后连续用肴馔之妙、容饰之妙、羽猎之妙、宫馆之妙、声色之妙来打动玄微子，皆未奏效。当说到游侠节义时，玄微子才有所动容；说到战国四公子飞仁扬义时，玄微子便跃跃欲试了。但还担心妨碍他的“大道”，最后，镜机子说：“世有圣宰，翼帝霸世。同量乾坤，等曜日月，玄化参神，与灵合契。惠泽播于黎苗，威灵震乎无外。超隆平于殷周，踵羲皇而齐泰。显朝惟清，王道遐均，民望如草，我泽如春。河滨无洗耳之士，乔岳无巢居之民。是以俊乂来仕，观国之光，举不遗才，进各异方。赞典礼于辟雍，讲文德于明堂，正流俗之华说，综孔氏之旧章。散乐移风，国富民康。神应休臻，屡获嘉禅。故甘露纷而晨降，景星宵而舒光。观游龙于神渊，聆鸣凤于高冈。此霸道之至隆，而雍熙之盛际。然主上犹尚以沈恩之未广，惧声教之未厉，采英奇于仄陋，宣皇明于岩穴，此宁子商歌之秋，而吕望所以

① 萧统编、李善注《文选》卷十九曹子建《洛神赋》，第897页。上海古籍出版社1986年版。

投纶而逝也。吾子为太和之民，不欲仕陶唐之世乎？”

> 于是玄微子攘袂而兴曰：“伟哉言乎，近者吾子。所述华淫，欲以厉我，只搅予心。至闻天下穆清，明君莅国，览盈虚之正义，知顽素之迷惑。今予廓尔，身轻若飞，愿反初服，从子而归。”①

有人认为曹植此文有配合曹操《求贤令》、为当时政治服务的用意，我倒是觉得不妨把玄微子和镜机子看成是曹植人格的两面：一面向往世外，抱道隐居，追求身心自由和永恒；另一面向往入世，追求世俗功名和享乐。前者被说服的过程，其实是与后者相互冲突和妥协的过程；“玄微”服从了“镜机”，意味着入世的曹植暂时战胜了出世的曹植；或者说孔孟的曹植暂时压倒了老庄的曹植。李善注释“镜机”说：“镜照机彻也。”我理解，曹植用这只镜子，既照彻了自己的两面，乃至全体。

我们现在当然无法确知“陈思镜”是在怎样的意义上体现曹植，也无法确知金家是在什么意义上珍藏和使用陈思镜，也不能确知金圣叹记述陈思镜的意图，但这至少透露和反映出金家、金父以及圣叹，对曹植其人其文的仰慕和认同，他们之间应该有相似和相通之处。

再来看“希夷方圆二图”。“希夷”，就是名震古今的陈抟老祖，自号扶摇子，是个集隐士、道士、学术大师于一身的奇人。他活了将近一百二十岁（871–989），这样的长寿，本身就足以令人惊奇神往。更神奇的是他的事迹和道术。他很小便熟读经史，遍阅百家。先是走科举入仕的道路，未能成功，却成全了另一种精彩人生——隐居修道。他在武当山隐居二十多年，后来索性做了道士，精究《易经》和养生、观相、方药等道术，成为无所不通的“神仙”。著有《先天图》《太极图》《无极图》《易龙图序》《正易心法》《指玄篇》《赤松子八戒录》《入室还丹诗》《阴真君还丹歌注》《人伦风鉴》等，还有《三峰寓言》《高阳集》《钓

---

① 详见《文选》卷三十四，第 1576–1593 页。

潭集》及诗词数百余首。他将古代的象数之学、黄老思想、道教修炼、儒家义理、佛教禅观等融会贯通，自成体系，是继老子、张道陵之后道家又一位祖师级的人物。

陈抟虽然身在方外，却有济世安邦之心，也通晓王霸之道，在唐末五代天下大乱、风云变幻的时期，他对世事时局洞若观火，并且和多位君主保持良好关系，很受礼重；但他只是心忧天下，毫无功名利禄之心，多次谢绝高官厚禄。据说后唐明宗（李嗣源）曾下“手诏”让他做官，并赐给他“清虚处士”的称号，还有几个美女，但他只留下一首“感谢”诗便悄然而去。后周世宗（柴荣）召他入京，问求养生之术，他却劝说周世宗以天下苍生为念。宋太祖（赵匡胤）在成为皇帝以前就和他交往亲密，称帝后屡次迎请他入朝，许给他优厚的待遇，他也不动心，以“九重天诏，休教丹凤衔来；一片野心，已被白云留住”的对联表明态度。太祖只得放他还山，赐号“希夷先生”。“希夷”出自《道德经》，意思是视而不见，听而不闻。宋太宗赵匡义也曾想让陈抟为官，陈抟只告诉他四个字：“远近轻重。”意思是远招贤士，近去佞臣，轻赋万民，重赏三军。

陈抟为人超凡脱俗，神秘奇妙，又率性潇洒，不乏幽默与诙谐。据说他的“睡功”异常了得，连《宋史》本传都有记载，说他经常一睡百余日不起，被称为“高卧”。又有传说，他的这种功法得自日月池中五条神龙的传授。他曾对着皇帝唱道：“臣爱睡，臣爱睡。不卧毡，不盖被。片石枕头，蓑衣复地。震雷掣电鬼神惊，臣当其时正酣睡。闲思张良，闷想范蠡，说甚孟德，休言刘备。三四君子，只是争些闲气，争如臣向青山顶头，白云堆里，展开眉头，解放肚皮，但一觉睡。管甚玉兔东升，红轮西坠。”因而被尊为“睡仙”。还有传说，他去世前两年，就让弟子在山谷中凿石为室，以便他在那里憩息。石室完成后，陈抟亲手撰写墓表，说自己“已于今月二十二日化形于莲花峰下张超谷中”。后来果然“如期而卒”，死后七日，还有体温；洞口有五色云，弥月不散……

金圣叹所说的“希夷方圆二图”，可能就是《先天方圆图》。此图据说是由麻衣和尚传授给陈抟的。麻衣和尚是著名的“麻衣相法”发明者，有人说他是外国人，有人说他是中国人，他本身就是一个传说纷纭的神奇人物，再加上陈抟的神奇，更是神奇莫测。麻衣的《先天方圆图》从何而来？不清楚；他传授的是具体的图还是陈抟根据他的学说自己绘制的图？也不清楚。又据说，陈抟的《先天方圆图》也是秘密传授下来的，连经学大师朱熹都没有见到过原图，直到明朝初期才流入人间，但是否为陈抟的原图也不确定。至于图里所包含的“先天”机密，一般人更是云里雾里、茫然不解了。

我对这些可以说是一窍不通的，不过还是想作几点推测：首先，“希夷方圆二图”很稀奇，物以稀为贵，不是那么容易得到的，也不是普通百姓所能拥有和欣赏的。金家能有这样的稀世宝物，可见其综合实力——诸如经济的、文化的、学术的、社会的、历史的——非同小可。其次呢，“希夷方圆二图”的来源很神秘，知者甚少，甚至私相授受，金家持有此图，或许与某个道教流派或道家大师有关。如果是这样，那么金家就不是一般意义上的书香门第，而是有着深厚道学渊源的文化世家。再次，“希夷方圆二图”高深玄妙，金家谁在把玩这张图呢？金父的可能性最大。这么说来，金父就不只是一个道家文化的爱好者，而是道学精深的“法师”级人物。最后，陈抟曾说：“易学，意、言、象、数，四者不可缺一。其理具见于圣人之经，不烦文字解说，止有一图，谓《先天方圆图》也。以寓阴阳消长之说，与卦之生变图，并非创意所作，孔子《系辞》述之明矣。”[①]可知《先天方圆图》乃是圣人“易学”的精髓，这又透露金家特别是金父是一位学有师承的易学专家，其父既精通陈抟的学术，自然也会仰慕和效法陈抟的为人。由此我们又可以想见金父的为人，应该与陈抟有相似之处。刚才说到陈抟超然世外，潜心道术，决不入仕为官，但他并没有忘怀天下，而是以其特有的方式关怀天下，属于“山中宰相”那种类型，对于社会的作用和意义，甚至比亲

---

① 参见苏国圣《〈先天图〉与先天易学》。《奇准易髓－苏国圣的博客》（http://blog.sina.com.cn/zhonghuayisui），2011年4月14日。

身入仕做官还要大。他的性格也有两面（双重）性：一边隐居悟道，幽默诙谐；一边与统治者关系密切。他的决不入仕，既有修身养性、探究学术的追求；也有避免伤害、保全性命的用意。总之陈抟的性格、道行、操守乃至寿考，都可能是金父效法和追求的榜样。

呀！没想到小女子有大智慧，我平时怎么没看出来呢？真是有眼不识泰山啊！李大白赞同道：这些小物件，以前很少留心。经陶妹这么点破，让我大有豁然开朗之感。可以说，金圣叹看上去似是随口说到、信笔写到这些小东西，其实都是特有用意的，仿佛在丛林中留下的标记，让读者有迹可循，得以进一步追索金家的渊源、背景、历史、性格和命运。由此我又想到金圣叹著有《通宗易论》《语录纂》《随手通》等，都有说易的内容；尤其是《通宗易论》，前边有一个《先师大哉至哉结制解制图》，也许就脱胎于陈抟的《先天方圆图》，也未可知。又想起金昌所说的，跟圣叹学易“二十年不能尽其事”，圣叹也自号“大易学人”，这些足见圣叹易学造诣之高！现在看来，都不奇怪，因为圣叹的易学既有师授又有家传，且悟性过人，自非一般学者所能望其项背。

士别三日，当刮目相看！田老师欣然道：大家好学深思，有如此收获，可喜可贺！虽然推测居多，但大都合乎情理，并且有一定的根据和逻辑，基本可信。其实，古人的诗文，大都是“有为”而作，因而有所寓意和寄托，解读的空间也就很大，但也很难读懂读透，需要不断地去体味思考，想象和推测是必不可少的。况且文学本来就是充满虚构和想象的，我们在阅读时当然也是可以而且必须伴有想象和推测。就连自然科学也离不开想象和猜测，否则就不会有爱因斯坦了。所以我们既不要以为有了猜想就不可靠，也不要以为自己的推测绝无问题。所谓“诗无达诂”，文学解读既有无限性，又有不确定性。

田老师喝了口茶，继续说：刚才庄言对圣叹《念舍弟》的解读很好，但还可以进一步思考。诗中说“前朝略续游仙梦”，游仙梦，可以是梦的泛指，也可能有所特指。《开元天宝遗事》记载：“龟兹国进奉枕一枚，其色如玛瑙，温温如玉，其制作甚朴素。若枕之，则十洲三岛，四海五湖，尽在梦中所见，帝因立名为‘游仙枕’，后赐与杨国忠。”[1]圣叹可能是化用这个典故，意谓梦中和二弟一起游历十洲三岛、四海五湖；同时可能还暗示圣叹和二弟曾有一起“游仙”的梦想，那时他们都还是孩童，而“游仙”又是充满道家和道教色彩梦想，由此又可窥知圣叹兄弟从小所受的教育的文化倾向。另外，洲、岛、湖、海，都和水有关系，与《忆舍弟》前面所说的“水泊”“天涯”相合，这又透露出圣叹写此诗时，大概已经知道二弟的处境和位置，二弟一直在漂泊不定中。

还有一点值得注意：圣叹诗中所说的“好威仪”，庄言解释为礼仪庄重，是可以的。但也可能有特指。圣叹在《同升妙泛舟访粟仲于东城僧舍不值怅然即返》诗中说：“野水接连处，高僧止静时。到门窥草树，满望睹威仪。一院晚花落，诸天中食饥。终然不得见，与子复何之。”又在《夜与无动语因及德辅云叶》诗中说：“父老江东尽，星辰此室多。威仪成梵纲，咳唾入伽陀。尚有无双士，应居第一科。思之不得见，回首指明河。”又在《闻圣寿寺遭骄兵所躏》诗中说：“精舍传闻驻虎貔，僧从定起失威仪。刹竿系马风幡落，斋磬无声鸟雀饥。等观未嫌罗刹丑，清规可奈梵天悲。远公踢倒莲花漏，深入庐山是此时。”又在《看梅思知止先生》诗中说：“腊月梅花生事微，威仪全与世情违。高僧忍冻还来看，蝴蝶游魂不向飞。绕屋欲栽三十树，落英留作十三徽。持将弹遍千年调，那管人间识曲稀。”可见圣叹很在意“威仪”，而且都与佛教有关。

杜甫有一首《与李十二白同寻范十隐居》诗，中有“入门高兴发，侍立小童清”两句，金圣叹评点说：“‘入门兴发’，言新到人躁气未除；‘侍立小童’，言住山人威仪闲雅，只十字便活画出少年跳踯，叫呼天地何物；一旦蓦然入有道室中，亲见彼家奴婢如法，器钵无声，而后流汗满背，几至坐立不得，始喟然叹人固不可以一日不学也。嗟乎，岂不晚哉！”[2]又在评点杜诗《谒真谛寺禅师》“兰若山高处，烟霞嶂几重。冻泉依细石，晴雪落长松”时说：“‘冻泉’‘晴雪’，虽复即景，然禅师

① 王仁裕《开元天宝遗事》卷上《游仙枕》，第 68 页。上海古籍出版社《开元天宝遗事十种》，丁如明辑校本 1985 年版。

② 《金评杜诗》。《金集》贰，第 620 页。

威仪，尽此十字矣。”[1]这应该就是圣叹心目中的“好威仪”，具有“闲雅”、“如法”、肃静、高洁之类的气质、形象和境界，而这些确实与“学”有关，具有这样“威仪”的人，或者是道人，或者是禅师。这样联系起，就可以想测，圣叹兄弟可能从小就接受了比较正规的宗教（特别是道教）式的教养和训练，这与刚才大家分析的金家和金父的学术文化倾向，也是一致的，可以相互参证和补充。

刚才柳新雨推测金圣叹的“伪序”中有金父的原型，很大胆，也很有想象力！不妨先作此假设，然后来小心求证——证实或证伪。其实“伪序”中还有不少微妙的地方，很值得玩味，也可资参证。如其中说到“舍下薄田不多，多种秫米”，种秫米是为了做酒（自饮或招待朋友），这可能是实情；但也有化用陶渊明典故的可能。《宋书》本传记陶渊明：“亲老家贫，起为州祭酒，不堪吏职，少日，自解归。……执事者闻之，以为彭泽令。……公田悉令吏种秫稻，妻子固请种粳，乃使二顷五十亩种秫，五十亩种粳。郡遣督邮至，县吏白应束带见之，潜叹曰：‘我不能为五斗米折腰向乡里小人。’即日解印绶去职，赋《归去来》。”[2]金圣叹化用这个典故，意在暗示“吾”（金父）是一个陶渊明式的人物，也寄情于酒，不愿向“乡里小人”折腰，抱道自高，不合流俗。这个“乡里小人”便与庄言所推测的“地方官绅”相合。于是又可推测，金父不仅有陶渊明一样的人格志趣，也有陶渊明一样的生存哲学和方式，是一个抱道隐居的高士。他的遇害，确与“乡里小人”有关。

“伪序”中还说到“吾”的朋友“大率日以六七人来为常”，这可能是实情，也可能是别有寓意的虚构。让人很容易联想到“竹林七贤”。竹林七贤，大家都很熟悉，嵇康、阮籍、山涛、向秀、刘伶、王戎及阮咸七个人，经常聚会于竹林——地点在今河南辉县、修武一带，超然世外，畅饮纵谈。然则根据陈寅恪先生的说法，是先有“七贤”之称，后来才加上“竹林”之号的。“七贤”之称，出自《论语》的“作者七人”。

---

① 《金评杜诗》。《金集》贰，第791页。

② 沈约《宋书》卷九十三《陶潜传》，第2287页。中华书局点校本1974年版。

《论语·宪问》记:“子曰:‘贤者辟世,其次辟地,其次辟色,其次辟言。’子曰:‘作者七人矣。’”[①]孔子的意思是说:“贤能的人,要能够善自规避:最好是彻底远离险恶的世俗社会,亦即隐居世外;如果不能,那也要远离不适合生存的地方;实在不行,也要争取远离那些居心叵测的人。据我(孔子)所知,已经有七个人做到这样了。至于哪七个人,孔子没有明言,后人说法不一:有的说是伯夷、叔齐、虞仲、夷逸、朱张、柳下惠、少连——这是就孔子以前的人而言的;有的说是长沮、桀溺、丈人、石门、荷蒉、仪封人、楚狂接舆——这是就孔子同时的人而言的。其实不必拘泥于谁谁,也不必拘泥于“七人”,关键在于领会孔子教导的要旨:贤能的人,首先要能够避开危险,保全自身。由于“贤”的程度不同,能够做到的“避”的对象和境界也不同——“避世”最彻底,当然也是最难的,只有大贤才能做得到。“竹林”,一般认为是指嵇康居处附近的竹子林,陈寅恪则认为是从佛教“竹林精舍”而来,相传是迦兰陀归佛后为如来说法的场所。在中国人看来,这也是一种“贤者避世”,而且更有学术内涵和精神象征。说明了这些,再来理解“竹林七贤”,认识便会与前不同。

竹林七贤身处魏晋之际的乱世,既忧患性命安危,又追求身心解放,于是相聚而为世外之游,“肆意酣畅”。思想学说上,崇尚老庄;人生态度上,“越名教而任自然”;日常言行上,好清谈,喜饮酒,佯狂放纵,率性不羁。当然,这些是就竹林七贤作为一个群体的主要倾向而言的,实际上各人的情形和命运不尽相同。其中嵇康、阮籍更具代表性。阮籍年纪最大,但嵇康更有领袖意味。《三国志》本传说他:“文辞壮丽,好言老庄,而尚奇任侠。”[②]《世说新语》说:“嵇康身长七尺八寸,风姿特秀。见者叹曰:‘萧萧肃肃,爽朗清举。’或云:‘肃肃如松下风,高而徐引。’山公曰:‘嵇叔夜之为人也,岩岩若孤松之独立;其醉也,傀俄

① 《论语集释》卷三十《宪问》下,第1026页。

② 《三国志》卷二十一《魏书》之《王粲传》附《嵇康传》,第605页。

若玉山之将崩。'" [1]这些记述和评论主要是持赞赏的态度，实际上竹林七贤在当时和后世，都遭到不少批评，甚至攻击。例如："(阮)籍性至孝，居丧虽不率常礼，而毁几灭性。然为文俗之士何曾等深所仇疾。大将军司马昭爱其通伟，而不加害也。" [2]阮籍这样一个至孝之人，竟受到"文俗之士"何曾的"仇疾"。何曾可不是一般的文俗之士，在曹氏和司马氏两朝都官居高位，在司马昭、司马炎时期更是位居丞相、三公。此人不仅在司马昭面前说阮籍的坏话，还曾指着鼻子训斥阮籍："卿恣情任性，败俗之人也！今忠贤执政，综核名实，若卿之徒，何可长也！" [3]以至有人认为，魏晋时期士人的放诞狂傲、背越伦礼，都与阮籍的恶劣影响有关。其实，阮籍之所以没有遭到司马氏的迫害，主要不是由于司马昭的"爱"，而是由于他的"至慎"——极其谨慎。连司马昭都一再称叹："天下之至慎者，其唯阮嗣宗乎！每与之言，言及玄远，而未尝评论时事，臧否人物，可谓至慎乎！" [4]这大概就是孔子所说的"避色"。

阮籍的这一点，是嵇康做不到的。嵇康相貌出众，才学冠世，文学、玄学、音乐无不精通。他曾跟随高隐孙登游学三年，临别时恳请孙登赠言，孙登说："子识火乎？生而有光，而不用其光，果然在于用光。人生有才，而不用其才，果然在于用才。故用光在乎得薪，所以保其曜；用才在乎识物，所以全其年。今子才多识寡，难乎免于今之世矣！子无多求。" [5]孙登预见到嵇康将不容于世，又很难改变性情操守，所以长时间默然不语，在嵇康的恳切要求下，才不得已给了他这样的提示。要嵇康慎用才华，保全根本，清心寡欲，避免祸难。后来嵇康果然被人

---

① 余嘉锡《世说新语笺疏》下卷上《容止》第十四，第609页，中华书局周祖谟整理本1983年版。

② 《世说新语笺疏》下卷上《任诞》第二十三，刘孝标注引干宝《魏氏春秋》，第728页。

③ 《世说新语笺疏》下卷上《任诞》第二十三，刘孝标注引干宝《晋纪》，第728页。

④ 《世说新语笺疏》上卷上《德行》第一，刘孝标注引李康《家戒》，第17-18页。

⑤ 《世说新语笺疏》下卷上《栖逸》第十八，刘孝标注引《魏氏春秋》，第649-650页。

构陷，惨遭杀害，并没能达到孔子所说的“贤者”境界。杀害嵇康的直接凶手是司马氏，更深层的原因则是嵇康与黑暗政治和丑恶世俗之间的冲突。他在狱中写诗说：“欲寡其过，谤议沸腾。性不伤物，频致怨憎。昔惭柳下，今愧孙登。内负宿心，外赧良朋。”[①]后悔啊！但是为时已晚。

余嘉锡有一段评论，很值得玩味：

> 嵇、阮虽以放诞鸣高，然皆狭中不能容物。如康之箕踞不礼钟会（见《简傲篇》），与山涛绝交书自言“不喜俗人，刚肠疾恶，轻肆直言，遇事辄发”。又《幽愤诗》曰“惟此褊心，显明臧否”。皆足见其刚直任性，不合时宜。籍虽至慎，口无臧否（见《德行篇》）。然能为青白眼，见凡俗之士，辄以白眼对之（见《简傲篇》注）。则亦孤僻，好与俗忤。特因畏祸，能衔默不言耳。康卒掇杀身之祸。籍亦仅为司马昭之狎客，苟全性命而已。（山）涛一见司马师，便以吕望比之，尤见赏于（司马）昭，委以腹心之任，摇尾于奸雄之前，为之功狗。是固能以柔媚处世者，宜其自以为度量胜嵇、阮，必当作三公也。呜呼！观于竹林诸人之事，则人之生当乱世而欲身名俱泰，岂不难哉！然士苟能不以富贵为心，则固有辟人辟世，处进退存亡而不失其正者。虽不为山涛，岂无自全之道也欤？[②]

余氏鄙视和批判山涛的“功狗”行径，对嵇康、阮籍也颇有微词，认为他们心胸都不够阔达，过于孤僻刚直、任性傲慢；只是从苟全性命上看，阮籍要比嵇康稍微“好”一些。余氏把三个人“一锅烩”，以为他们都有失其“正”，都与“富贵为心”有关，如果不是这样，即便身

---

① 详见《三国志》卷二十一《嵇康传》。

② 《世说新语笺疏》下卷上《贤媛》第十九笺疏，第680–681页。

处乱世，也能够避世、避人，进退存亡而不失其正。

余氏矫正世风、激扬士行的用心固然是好的，但其议论未免有些理想化和简单化。在极端黑暗、邪恶横行的环境里，正人君子的存在本身就是一个“错误”，乃至“罪过”。且不说坚持正义，就是不与恶黑势力同流合污，也是很难做到的；更不要说什么“身名俱泰”了，那是完全不可能的，否则就不会有孔子的“三避”之说了。避之不及，就惨遭祸难。从根本上说，嵇康、阮籍的“过度”表现，其实是其人格性情的自然流露，只是在世俗恶黑势力那里，才被视为异类。他们的“过度”，既是为了自我保护，也是为了反抗世俗，是有正义性的，我们应该对他们深怀敬意和同情。

啊，有点扯远了，还是回到“伪序”上来吧。田老师说：弄明了这些典故之后，就会发现金父及其友人与竹林七贤有着惊人的相似！或者说，金圣叹其实是将“舍下”亦即金家比作“竹林”；将金父及其友人比作“七贤”。他们的“绣淡通阔”，就如同七贤的“放诞任性”；他们在金家饮酒聚谈，就如同七贤在竹林“肆意酣畅”；他们“谈不及朝廷”，“亦不及人过失者”，就如同阮籍的“未尝评论时事”，“(口不)臧否人物”；他们的“事在性情之际”，亦如同阮籍的“言及玄远”，“恣情任性”……这样说来，金父在这个小群体中的地位，很像是竹林七贤中的嵇康；而金父的遭遇，也和嵇康相似。

老师您这一席话，让我深受震动和启发。李大白说：这不仅可以有力地支持庄兄关于金父死因的推测，还引导我们向着更为广阔而深远的空间探寻。

石萌说：是啊是啊！我发现，金圣叹特意假托施耐庵之名写作这篇“伪序”，并将它放在所评《水浒传》卷首，其实是用曲折的手法，“故意”隐藏并透露一些蛛丝马迹，等待“有心人”来破解。今天终于等到了这样的“有心人”！

柳新雨说：这样看来，金圣叹的家世、身世都非常神秘。我觉得金父及其友人，即使是在大都市里，也是很特殊、很异类的，却出现在金墅乡下，显得格外“刺眼”。因此我怀疑他们尤其是金家，很可能并不是当地的“土著”，而是为了“避”什么，来到这里的；我甚至怀疑金家原本并不姓金，而是来到金墅后改换或冒用金姓的。

你这个怀疑也很大胆啊！石萌说：不过，我确实看到有记载说金圣叹原本不姓金，而是姓张。虽然已有学者力辩其说不可信，但“事出有因”啊，或许另有隐情呢。

还有，金父他们究竟要逃避什么呢？陶然问。

这个就更加神秘莫测了。庄言说。

大家一时无语。

我来把金圣叹的家难情景“还原”一下吧！李大白说：万历四十三年的某个夏夜，长洲县金墅镇的上空，黑云密布，雷声隐隐；大地干燥，空气闷热，一场暴风雨就要到来。八岁的圣叹，正依偎在祖母的身边，听她讲故事。在中院的一间屋子里，他那孪生的弟弟已经入睡。他的父亲，此时还在客厅里和几位友人饮酒谈论，时而义愤填膺，时而呵呵大笑，时而窃窃私语……

突然一道闪电，接着是一阵炸雷，接着是狂风大作，暴雨倾盆。风雨雷电之中，忽听有人大喊：“有盗贼！”“有盗贼！”随即前后院惊惶起来，“盗贼来了！”“盗贼来了！”喊声一片。

金父立刻熄灭了灯烛，先命家丁守住大门小门；又派人去后院、中院保护老太太、太太和孩子们，准备转移。然后安排友人隐藏或躲避，自己则操起兵刃，准备迎敌。不愿意隐藏躲避的友人，也各操武器，准备和金父并肩作战。

说话间，大门已被撞开，有几个盗贼冲了进来，还有几个盗贼翻墙进来。金父和友人们便冲上去，与盗贼战作一处，呐喊之声、兵刃击打之声、哀号哭泣之声，混作一团。

金父眼见大势已去，命令家人护送老太太、太太和少爷，赶紧分路逃走。

最终金父和友人们寡不敌众，纷纷战死；圣叹的母亲逃走不及，也被杀害。

盗贼将金家洗劫一空，扬长而去……

# 第二章

# 眷属凋伤情重驴马 池塘春草感怀弟兄

梅园别后，阴雨缠绵，接连几天都不能上山。学生们见不到田老师，不免有些郁闷焦躁。特别是覃慧敏，那天庄言揭破金圣叹的家难，给了她很大的震撼和启发。这么大的事件，过去竟然没有人发现，这是出乎她的意料的。庄言提到的那些金圣叹作品，她也曾读到过，为什么自己没能留心、没有发现呢？可见自己读书还是不够仔细。更重要的是，她对幼年金圣叹的命运格外关切起来，因而这几天把自己关在宿舍里，没日没夜地读书思考，哪儿也不去，连饭都不怎么正常吃。同学们还以为她生病了，纷纷前来看她。听她一说，大家也有同感。李大白说：要不咱们去找田老师说说吧，别把覃妹妹憋出病来！于是大家打着雨伞，往田老师家走来。

田老师住在离学校不远的一个名叫“抱山居”的小区里。说是小区，其实很大，外边有大山环抱，里面还有几个小山丘，流水曲折，竹木掩映，甚是幽静。田老师的居室就在靠近山脚溪边的一楼，门前有个小园子，种着些花木蔬菜，很有些农家风味儿。

庄言和覃慧敏早已熟门熟路，引着大家很快来到田老师门前。老远就听到一阵阵由陶埙吹出的乐曲，呜咽婉转，如泣如诉。几个人不觉驻足谛听，接着又传出田老师的吟诵：

江水流春不当春，江花江草故愁人。
开头捩舵汝何往，击鼓鸣铙皆不伦。
巫峡啼猿真迸血，楚天朝雨最通神。
老夫欲寄精诚去，凭仗高风达紫宸。[①]

声音深沉沙哑，时而如泣如诉，时而如怨如怒，最后高亢激烈，又充满苍凉，仿佛是腾格尔与刀郎的和声。

学生们还是头一次听到田老师这样的吟诵，不免有些惊讶和意外，有人说像戏曲，有的说像摇滚乐，有的说是杜甫诗，有的说是乐府诗。覃慧敏说：应该是金圣叹的“拟杜诗”：《愁》。

噢，是你们哪，快进屋吧！田老师听到学生们在说话，便开门招呼大家。

田老师的居室不大，满屋子都是书，连客厅都当作书房了。没有一般人家的沙发茶几之类，而是放着一张藤编小圆桌，围着几把藤椅。田老师一边让大家坐下，一边娴熟地泡着茶，不一会儿便茶香弥漫。

啊，好香！什么茶呀？石萌问。

田老师待大家品味一杯后，说：碧螺春，来自金圣叹的家乡。

啥名字？石萌没听明白，又问一遍。

田老师说：啊，叫碧螺春。碧海青天的“碧”，田螺的“螺”，春天的“春”。

这个名字很好听。石萌说：也有点儿奇怪。

是有点儿。田老师说：关于这个名字，民间有很多说法，一说是当初有个尼姑喝了此茶后赞叹道：香得“吓煞人”，于是人们就称这茶叫“吓煞人香”，其实可能是“香煞人”，如同说“真香”“香得要死”。后来康熙皇帝下江南，喝了之后，觉得茶很好，但名字不够雅训，于是就赐名“碧

① 《诗选》第124页。

螺春”。又有记载说此茶因产于洞庭东山的碧螺峰而得名，比较可信一些。还有传说，有个叫“碧螺”的渔家少女，与一个渔家青年相恋，太湖恶龙要强行霸占碧螺，青年与恶龙大战七天七夜，赶走恶龙，自己也受伤昏迷。碧螺便采这种茶树叶子泡茶给青年喝，在她的精心照顾下，青年终于恢复了健康，少女却精疲力竭，香消玉殒……于是人们就称这茶为碧螺。

很感人！石萌说：也很哀婉。现在喝起来，味道似乎有些不一样了。

李大白说：为什么要“安排”少女死去呢？为什么不能让她和那青年幸福地生活在一起呢？

石萌说：不是谁“安排”的，而是那个现实决定了的。那恶龙其实代表着太湖上的湖匪恶霸，少女同情青年，就得罪了他们，结果可想而知。

哎，有道理。柳新雨说：你这么一说，倒让我联想到金圣叹的幼年家难。我觉得，金墅镇上的邪恶势力就像是“太湖恶龙”，圣叹父母就像是渔家男女，双方的搏斗，原因和结局虽然不尽相同，但性质是一样的，都是善恶之间的斗争。

覃慧敏说：我同意。渔家青年的勇敢，少女的善良，美好的爱情，还有不幸的结局，都很感人；但少女死后，青年后来怎样？也是令人关切的问题。就像金圣叹，那么小就遭遇家破人亡，身心的创伤无疑是极其深重的，他将如何生活下去呢？

是啊！李大白说：父母双亡、兄弟离散，这样的打击，连成年人都受不了，更何况是一个八岁小孩！

实际情况可能比这还严重！覃慧敏说：我这几天一直在关注家难对金圣叹所造成的身心伤害，发现金圣叹很少直接表达，往往是借题发挥，写得曲折隐晦，似有难言的苦衷。因而越读越感觉情况复杂，深不可测，又欲罢不能。我认为这些隐秘只有联系家难才能得到较好的解释，而这种解释又可以证明和补充家难的情况。

《水浒传》第四十八回《解珍解宝双越狱　孙立孙新大劫牢》，写登州猎户解珍、解宝兄弟俩，在山上射中一只大虫（老虎），那大虫中了毒箭，滚下山，落到毛太公的后园里。兄弟俩去索要，却被毛太公的儿子毛仲义夜里偷偷送到州里请赏去了，又怕解氏兄弟不能善罢甘休，便带了几个做公的回来捉拿解珍、解宝。本州的六案孔目王正恰是毛太公的女婿，把解珍、解宝痛打一顿，定了个罪名，关押大牢。小牢子乐和是本州孙提辖（立）的小舅子，而孙提辖又是解氏兄弟的表哥，解氏兄弟又有个表姐人称母大虫顾大嫂，她的丈夫正是孙提辖的弟弟孙新，而解氏兄弟的母亲又是孙氏兄弟的姑妈。哎呀，他们的亲戚关系很复杂，我也搞不清楚，总之乐和替解氏兄弟送信给顾大嫂，要她设法搭救。顾大嫂夫妇商量，这事必须孙提辖出马才能办成，于是派人去请孙提辖。怕他不来，顾大嫂特别吩咐道："只说我病重临危，有几句紧要的话，须是便来，只有一番相见嘱咐。"

金圣叹在这个地方写道：

> 我年虽幼，而眷属凋伤，独为至多。骤读此言，不觉泪下。[①]

虽然字数不多，却令人为之动容。"我虽年幼"，说明写这话时，金圣叹是在幼年。在《金评水浒·序三》中，金圣叹说他十一岁时读到《水浒传》，便异常喜爱，如痴如醉。"十二岁便得贯华堂所藏古本，吾日夜手钞，谬自评释，历四五六七八月，而其事方竣，即今此本是已。"[②]由此可知这里的"幼"应该不超过十二岁。

"眷属"指亲属，也可以指夫妻，金圣叹既然是在年幼，当然不会是指夫妻，而是指亲属。

"凋伤"，原来是指草木在寒风的摧残下枯萎凋落，这里是说亲属遭遇摧残，有的死亡，有的离散。

"不觉泪下"，说明金圣叹与所凋伤的眷属感情极为深挚，对他们的凋伤极为悲痛，可知所凋伤的，应该是圣叹最亲爱的人。

"独为至多"，是说眷属凋伤之后，圣叹非常孤独，经常一个人沉浸

---

① 《金评水浒》第四十八回《解珍解宝双越狱　孙立孙新大劫牢》。《金集》肆，第889页。

② 《金评水浒》卷首《序三》。《金集》叁，第20–21页。

在失去亲人的悲伤之中……

如此说来，金圣叹在十二岁以前，就失去了最亲爱的眷属，孤苦伶仃。这和《念舍弟》所说的八岁时父母双亡、兄弟离散，正相吻合。而且“眷属”有多数的意味，圣叹失去的可能不止父母、兄弟，还有其他亲人。这就更加让人相信金圣叹家一定发生了重大变故，似乎只有用庄师兄所说的家难才可以解释。

《水浒传》第五十回《插翅虎枷打白秀英　美髯公误失小衙内》，写唱院本的白秀英上台念出四句“定场诗”：“新鸟啾啾旧鸟归，老羊羸瘦小羊肥。人生衣食真难事，不及鸳鸯处处飞。”金圣叹评点说：

> 第一句言子望母，第二句言母念子，天下岂有无母之人哉，读之能不泪下也！①

又一次“泪下”，这次说得更明确，就是母子关系。那么，“天下岂有无母之人哉”，必是有感而发。也就是说，此时的金圣叹，也是一个“无母之人”！所以才会为之泪下。

其实，人家白秀英这四句诗，并没有“无母”的意思。有人甚至认为连这四句诗都有可能是金圣叹自撰的。不论哪种情况，都说明金圣叹是“借题发挥”，或者说是借他人之酒浇自己块垒；对“无母之人”表达感叹和同情，其实是在寄托自己对母亲的怀念，为自己的孤独无母而悲伤。

后来白秀英因赏钱事激怒了雷横，被雷横一顿痛打。不料这戏子是知县的相好，知县要为白秀英出气，便派人把雷横抓起来，当厅责打，戴枷示众。雷横的老娘来送饭，金圣叹评点说：

> “新鸟啾啾”“老羊羸瘦”之言，又验矣。②

---

① 《金评水浒》第五十回《插翅虎枷打白秀英　美髯公误失小衙内》。《金集》肆，第916页。

② 《金评水浒》第五十回《插翅虎枷打白秀英　美髯公误失小衙内》。《金集》肆，第919页。

仍念念不忘“无母之人”，再次为之悲伤流泪，透露出圣叹的内心，伤痛至深。

后来白秀英又当众辱骂雷横母亲，被雷横一枷打得脑浆迸流，雷横也因杀人罪下了大牢。管牢的节级是美髯公朱仝，雷横母亲来牢里送饭，哭着哀告朱仝道:“老身年纪六旬之上，眼睁睁地只看着这个孩儿!望烦节级哥哥，看日常间弟兄面上，可怜见我这个孩儿，看觑，看觑！”

金圣叹在这里评点说：

> 绝世妙文，绝世奇文，读之乃觉《陈情表》不及其沉痛，天下岂有无母之人哉，读之其能不泪下也！[①]

又一次说到“无母之人”，又一次为之“泪下”！

其实，此时雷横的母亲还健在，还不能说是“无母之人”，更与《陈情表》没什么关系。我开始对此感到有些疑讶，后来想想，觉得金圣叹不仅要表达“无母之人”深切悲痛，还“故意”提到《陈情表》，可能是为了表达他对祖母的深厚感情。

大家都知道,《陈情表》是西晋李密的千古名作，原是向晋武帝（司马炎）陈情，说自己因要照顾年迈的祖母而不能应召去朝中做官。文中说他从小就很不幸，遭遇凶难，出生才六个月，父亲就去世了；四岁时，母亲又被迫改嫁，他成了孤儿，由祖母刘氏一手拉扯大。又体弱多病，直到九岁还不会行走。孤苦伶仃，无依无靠……如果没有祖母，他活不下来；如今祖母九十六岁，如果离开他，也活不下去……《陈情表》表达的是李密对祖母的感情，跟雷横和雷母的情况并不相同，而且李密并非“无母”。那么金圣叹为何“忽然”想到《陈情表》了呢?

其实也不是“忽然”，金圣叹在评点《郑伯克段于鄢》时，也提到

---

① 《金评水浒》第五十回《插翅虎枷打白秀英　美髯公误失小衙内》。《金集》肆，第920页。

过《陈情表》，他说：

> （“小人有母皆”）五字，字字绝妙！五字，便写尽孺慕之乐！五字，字字历入庄公耳根！五字，在（颍）考叔口中，只如一声小鸟；在（郑）庄公耳中，便如百叫清猿，便令寸心一时迸碎！五字，吾读之，亦欲洒出泪来，何况当时说者、听者？五字，不知左氏何法炼成，便觉“锦心绣口”四字，亦赞他不著！五字，吾剔灯思之，三更不能尽其妙，只得且睡，留与世间绝世聪明人，明日共思之。
>
> 读书人都会说《陈情表》“臣无祖母”四句好，却偏不会说者五个字好。一篇《陈情表》，只就者五个字化出来，然而其间繁简雅俗，真乃不啻河汉，人都不得知。
>
> 夫天下岂有无母之人哉！天下之人，岂有不与母皆之日哉！封颍谷耳，莫小于此，而得君升斗，与母乐之；此时即使与我全郑，而欲夺吾母不使得皆，吾宁有负吾母赴东海而死耳，岂能为犹狗之行，轻置吾母而以得郑国为乐！①

这是借颍考叔和郑庄公的对话，发自己的感慨——为“无母之人”，也为祖母，圣叹又一次洒泪，又一次寸心迸碎！越发让人感到事出有因。

圣叹为什么会如此再三地表达对母亲和祖母的“沉痛”感情呢？这让我想到上次大家谈到的圣叹家难以及圣叹从小由祖母抚养的问题。金圣叹在这里，使用曲折隐晦的手法告诉读者，此时此刻——他写这些评点文字的时候，正是个“无母之人”，而且连抚养他疼爱他的祖母，也已不在人世了。

金圣叹的祖母死于何时？因为何故？我推测，可能也与家难有关。就是说，在家难中死去的不止是金圣叹的父母，还有他的祖母，也许还有其他人。虽然我们现在还没有直接的证据，但在金圣叹留下的文字

---

① 《唱经堂左传释》之《郑伯克段于鄢》，《金集》伍，第20页。

里，还是有所流露的。

上次陶姐对“玉钩”的解说非常好，我感到，玉钩除了透露金家的背景和地位之外，可能还有别的寓意。

金圣叹说到玉钩，是在《水浒传》第五十六回的前评中。这回写呼延灼，本是大宋开国功臣河东呼延赞的嫡派子孙，使用两条钢鞭，有万夫不当之勇，手下多有精兵勇将，受高太尉保举，率军去征剿梁山。道君皇帝（宋徽宗赵佶）见他仪表非俗，心中欢喜，特地赐他一匹踢雪乌骓马——“那马浑身墨锭似黑，四蹄雪练价白，因此名为‘踢雪乌骓’”。呼延灼武艺高强，又有宝马良驹，特别是有独门绝技“连环马”战法，因而连战连捷。后来宋江派人赚取徐宁上山，将祖传的“钩镰枪正法”传授给梁山军士，遂大破呼延灼的连环马。呼延灼奋力苦战，幸赖宝马神勇，才得以逃脱。呼延灼不敢回京，独自骑着那匹踢雪乌骓马逃难在路。又身无分文，只得把束腰金带卖了来作盘缠。在路边的一个村酒店里，呼延灼叫来酒保，赏与他酒肉吃，吩咐道：“我是朝廷军官，为因收捕梁山泊失利，待往青州投慕容知府。你好生与我喂养这匹马——是今上御赐的，名为‘踢雪乌骓马’，明日我重重赏你。”岂料当夜三更，那马被人偷去了……

金圣叹评论道：

> 吾读呼延爱马之文，而不觉垂泪浩叹。何也？夫呼延爱马，则非为其出自殊恩也，亦非为其神骏可惜也，又非为其藉此恢复也。
>
> 夫天下之感，莫深于同患难；而人生之情，莫重于周旋久。盖同患难，则曾有生死一处之许；而周旋久，则真有性情如一之谊也。是何论亲之与疏，是何论人之与畜，是何论有情之与无情！
>
> 吾有一苍头，自幼在乡塾，便相随不舍。虽天下之騃，无有更甚于此苍头也者，然天下之爱吾，则无有更过于此苍头者也，而不虞其死也。

> 吾友有一苍头，自与吾友往还，便与之风晨雨夜，同行共住，虽天下之骙，又无有更甚于此苍头也者。然天下之知吾，则又无有更过于此苍头者也，而不虞其去也。
>
> 吾有一玉钩，其质青黑，制作朴略，天下之弄物，无有更贱于此钩者。自周岁时，吾先王母系吾带上，无日不在带上，犹五官之第六，十指之一枝也。无端渡河坠于中流，至今如缺一官，如臕一指也。
>
> 然是三者，犹有其物也。吾数岁时，在乡塾中临窗诵书，每至薄暮，书完日落，窗光苍然，如是者几年如一日也。吾至今暮窗欲暗，犹疑身在旧塾也。
>
> 夫学道之人，则又何感何情之与有？然而天下之人之言感言情者，则吾得而知之矣。吾盖深恶天下之人之言感言情，无不有为为之，故特于呼延爱马，表而出之也。[①]

这段文字，实在是太精彩了！不过我们现在还顾不上欣赏它的精彩，赶紧来看另一段文字：

> 某尝言：人生难得是相知，而难而尤难更是相守，此言岂不韪哉！如妻妾与友生，以知我而守我，此请不复具论。世则别有未必知我而终守我，此真使我无可奈何之至者也！如长须苍头，如缺齿青衣，如下泽病马，如篱落瘦犬，彼于主人，则岂解其眼光乃看何处，心头乃抱何事者？而相随以来，无理不共，饥寒迫蹙，永无间然。一信十年廿年，直于我乎归老，纵复严被驱遣，亦别无路可去。嗟乎，嗟乎！身为窭人，自不能救，余粒曾几？感此相依，惭愧固不待言，恩义如何可报？今日忽然读到此诗，真是一片至情至理，更无论太上、

① 《金评水浒》第五十六回《徐宁教使钩镰枪　宋江大破连环马》。《金集》肆，第1018页。

其次，总是欲不如是而有不得，切勿谓高人之多事也。[①]

这是金圣叹评论唐人李洞《毙驴》诗中的一段话。《毙驴》的全文是："蹇驴秋毙瘗荒田，忍把敲吟旧竹鞭。三尺桐轻背残月，一条藤瘦卓寒烟。通吴白浪宽围国，倚蜀青山峭到天。如画海门擕肘望，阿谁教买钓鱼船。"[②]"李洞毙驴"恰好和"呼延爱马"相映照，也相关联。不论是在文字上还是在思想感情上，都相似相通。但是要知道，金圣叹写"李洞毙驴"时，已经五十多岁了，上距写"呼延爱马"，约四十年！二者如此相似相通，说明圣叹一直耿耿于怀、念念不忘；不仅要说出来，而且说一次还不够。特别是论"李洞毙驴"，开头就说"某尝言"——就是以前说过。这个"尝言"，应该就是指"呼延爱马"吧。圣叹从少年到晚年，持续反复地如此表白，越发让人感到事出有因，绝非偶然。

表面上看，圣叹的这两段文字都是要表达他的"感情论"，为了证明这样的"感情论"，他才列举相关的事例及人物。但在我看来，金圣叹更像是为了记述这些人物和事件，才提出他的"感情论"的；或者说，他对这些人物、事件、感情，都很看重，"故意"借助文学评点来作追怀和纪念。同时，冠以"感情论"，可以使人物和事件"普遍化"，从而达到既抽象又具体、既透露又掩饰的微妙效果。

我敢肯定，这两段文字不仅有着同样的"感情论"，而且有着同样的故事"背景"，而且都与圣叹的早年经历密切相关。

大家注意：如果圣叹说"吾读呼延爱马之文，而不觉垂泪浩叹……"时确为十二岁，那么我们不禁要问：如此少年，怎么会有如此沉痛的感慨？其间必有重大缘故。但是圣叹并没有立刻作出回答，而是笔锋一转，就"感情"问题大发议论。他认为只有"同患难""周旋久"才是至高无上的感情，而且是"生死一处之许"的同患难，"有性情如一之谊"的周旋久。这样的感情便超越了亲与疏、人与畜、有情与无情，是

① 《金评唐诗》卷八上。《金集》壹，第529—530页。

② 《金评唐诗》卷八上。《金集》壹，第529—530页。

任何世俗的感情——也就是圣叹所鄙视的“无不有为为之”的，亦即有利益计较的感情——所不能比拟的。我理解，这实质上是性情与性情之间、生命与生命之间的相互契合与拥有，如同一体，不能分开。

这种至高无上的感情，如果没有“周旋久”“同患难”的实际经历，是不会产生的；如果没有亲身的体验，也是不会有如此深刻认识的。这就意味着，圣叹在十二岁以前，已经与“谁”有过“生死一处之许”“性情如一之谊”，“周旋久”“同患难”的亲身经历。这个“谁”，可以是人，可以是畜，也可以是无生命之物，甚至可以是某种“情境”。

那么这个“谁”又是谁呢？答案在金圣叹所举的例证中。

先说圣叹的祖母吧。上次陶姐从“周岁佩钩”中，分析出金圣叹的家世背景以及他和祖母的关系，我感觉还可以进一步发掘。金圣叹举出玉钩，为的是证明他的“感情论”，可是玉钩是个无生命的物件，怎么可能与圣叹“周旋久”“同患难”呢？所以我想，玉钩背后一定有“人”；这个人就是他的祖母。在联系刚才说到的李密和祖母的关系，更让人感到，金圣叹说玉钩是周岁时祖母给他佩戴的，从此便不离不弃，其实是暗示他和祖母的关系极为亲密，感情极为深厚。在这里，玉钩便有了特别的象征意义：象征着祖母对圣叹的慈爱，也象征着圣叹对祖母的感怀。于是玉钩和祖母便有了某种同构和互代关系。因此当圣叹说他和玉钩“周旋久”“同患难”时，就等于说祖母和他“周旋久”“同患难”；同理，当圣叹说玉钩“无端渡河坠于中流”时，也就暗示了祖母和玉钩一样，离开了，消失了，亦即死去了。

什么原因？金圣叹说是“无端”，显然是此地无银三百两，故意回避。试想：年幼的圣叹怎么会“无端”渡河？又怎么会“无端”坠落玉钩？其实圣叹在“感情论”中已经点出来了，就是“周旋久”“同患难”。所以我推测：“周旋久”是指渡河以前；“同患难”是指渡河坠钩，而渡河又是因为家难。

渡河与家难密切相关。记得上次大白兄“还原”家难场景时，曾说金父命人护送祖母和小圣叹逃往外地，这是合乎情理的；我还想进一步推测：他们逃亡的方向是苏州——因为圣叹后来长期生活在这里；走的是水路——据庄师兄说，金墅一带水路便捷，有太湖，有运河，走水路是很有可能的；或许他们所渡的“河”，就是运河，也说不定。

圣叹说坠钩是在“中流”。我想：河水本来就湍急，中流更是水深浪大，加之狂风暴雨，又是在黑夜，他们扶老携幼，后面可能还有追杀，惊恐仓皇、悲痛紧张，船翻落水，也是有可能的。落水后，护送的老仆奋力施救，当他将小圣叹抱到对岸，再返身入水去寻老太太，哪里还有踪影？此时他自己也精疲力尽，被急流吞噬……

圣叹从昏迷中醒来，发现祖母、仆人都不在了；摸摸身上，衣服湿透，衣带和玉钩也不见了。他既害怕又悲痛，浑身颤抖，不禁放声大哭……

后来，圣叹每次穿衣束带，都会想到失去的带钩，想到死去的祖母，想到祖母的慈祥的神情和温暖的爱抚……每当此时，圣叹便悲从中来，泪流不止。

呀——没想到圣叹的玉钩，还有一段如此悲惨的故事啊！石萌说：那位老仆是谁？从哪里来的？

覃慧敏说：这位老仆，可能就是圣叹所说的“吾有一苍头”。苍头，就是仆人的意思。圣叹说这个苍头“自幼在乡塾，便相随不舍”。意思是说，从圣叹上乡塾时，就和他形影不离了，那自然是为了服侍和保护小主人（圣叹）。能够获得这样的委任，一定是得到了老主人——老太太、金父、金母——的信任，又得到了小主人的喜欢，所以我推测，这位苍头一定非常老诚可靠，在金家的时间较长。金圣叹在《麂驴》诗评中提到的“长须苍头”，可能就是他，因此我们不妨称他“老苍头”或“老仆”。

圣叹说“虽天下之骙，无有更甚于此苍头也者”。骙，有憨厚朴实的意思。在圣叹心目中，老苍头是天下最忠厚的人，也是天下最爱他的人。这里的“爱”，不同于父母之爱，也不同于祖母之爱，应该是传说中的“义仆”式的爱，老仆人对于小主人的全心全意、不惜一切的忠诚与爱护。

圣叹说老苍头“不虞其死也！”跟说玉钩“无端”（坠河）一样，这里的“不虞”显然也是故意掩饰回避之词。但“不虞”还有出乎意料、事发突然、没有防备等意味。在这个语境中，又和“无端”形成互文，意思相近，“背景”也是相通的。所以我才推想，老苍头是在渡河时，为了救出圣叹和老太太，献出了生命。

石萌叹惜道：如此说来，在这场家难中，圣叹不仅失去了父母，还失去了祖母，还失去了义仆，还失去了玉钩……这都是他的最亲最爱呀！一下子全没了，难怪他那么悲痛欲绝、一往情深！

可能还不止于此。陶然说：圣叹所说的缺齿青衣、下泽病马、篱落瘦犬……这些也都属于他的“感情”对象。将这些联系起来，可以感到家难对金家的打击是全方位的、毁灭性的，圣叹所遭受的伤害和损失，比我们推测和想象的还要惨重！一个八岁的小孩，怎么能够承受得了啊……陶然说着，竟有些泣不成声了。

石萌说：圣叹还提到“吾友有一苍头，自与吾友往还，便与之风晨雨夜，同行共住，虽天下之骙，又无有更甚于此苍头也者。然天下之知吾，则又无有更过于此苍头者也，而不虞其去也”。这个苍头又是谁呢？

这个我还没有想好，感觉应该是家难以后的事。覃慧敏说：我还是先把“呼延爱马”说完吧。金圣叹接着说：“吾数岁时，在乡塾中临窗诵书，每至薄暮，书完日落，窗光苍然，如是者几年如一日也。吾至今暮窗欲暗，犹疑身在旧塾也。”大家可能已经注意到，圣叹分明是在告诉读者，他说这话时“身”已经不在“旧塾”中了。这可以说是金圣叹很小就离开家乡的“铁证”，证明我们关于圣叹兄弟离散、逃往外地的推测是可信的。

“旧塾”的事，一会再说；现在来说“孤儿”圣叹。失去了父母、祖母、兄弟和老仆，八岁的圣叹，就成了真正的孤儿。让我惊讶的是，圣叹确有一首《孤儿吟》：

孤儿非嫂生，安望尝嫂羹？自不勤梳沐，乃欲头创平？唾涕面上绘，虮虱衣外行。爷娘忍心死，诚哉累阿兄。

野狐无仁义，中宵入鸡棚。嫂惊鸡乱叫，楼上捶床声。
兄嫂一齐骂，鸡死汝亦并。孤儿眼迷离，梦娘裁花绷。[①]

此诗写一个孤儿，爷娘死后，只得跟兄嫂生活。兄嫂待他自然不能和爷娘相比，尤其是嫂子，好吃的东西不给他吃，也不给他梳头洗澡，还经常骂他，使得孤儿伤痕累累，整天涕泪满面，虮虱满身。夜里，又累又冷的孤儿正在熟睡中，突然鸡窝乱叫，是野狐来偷鸡。兄嫂又惊又急，一边捶床一边责骂孤儿：还不快去看看，就会挺尸！要是有一只鸡被咬死，你也别想活了！孤儿赶紧爬起来奔向鸡窝，心惊胆战地赶走野狐……虽然兄嫂待他不好，但孤儿不敢有任何怨言，还要说：对不起，给兄嫂添累赘了。他的满腹苦水，只能在梦中向娘诉说……这首诗似乎从来没有人注意。金圣叹既然是长子，自然上面不会有兄嫂，也就不会跟兄嫂生活。但是圣叹为何要写这样的诗呢？想必也是有感而发吧！因为他也是一个从小失去爷娘的孤儿。当然，这首诗也可能是袭用汉乐府旧题《孤儿行》[②]，但在内容和形式上都有所“创新”，在这种新和旧的交织掩映下，造成欲言又止、耐人寻味的效果。老师说古人写诗往往“有所为”，圣叹是不会无缘无故写下这样一首诗的。就像班固说汉乐府是“感于哀乐，缘事而发”[③]那样。就算金圣叹写的不是自己，其中也应该有他自己的影子。我们可以从这里想象到圣叹成为孤儿后的某些状况。

在金圣叹离散的亲属中，除了前面说到的二弟，还有一个三弟。他的《十六日三弟岸先手札并诗率答二绝》诗说：

---

① 《诗选》第 48 页。

② 参见郭茂倩《乐府诗集》卷三十八《孤儿行》，第 567 页。中华书局 1979 年版。按：题下署“古辞”；小序云：“《孤子生行》，一名《孤儿行》。”

③ 班固《汉书》卷三十《艺文志》云：“自孝武立乐府而采歌谣，于是有代赵之讴，秦楚之风，皆感于哀乐，缘事而发，亦可以观风俗，知薄厚云。”第 1756 页。中华书局标点本 1962 年版。

贫僧永与舍亲违，年老身孤心事微。
昨夜夜寒寒杀后，蜜蜂蝴蝶满堂飞。

髫珣超群又绝伦，大哥三弟更奇人。
人家只道我家富，这样贫来未是贫。[①]

从诗中的“舍亲”“大哥”“三弟”“我家”等来看，这位三弟当是圣叹的亲弟弟，“岸先”是他的名。《金评唐诗》卷首有金雍所编的《鱼庭闻贯》，收录了金圣叹和亲友谈论唐诗的书札之类，其中有一通下注释云：“与家叔若水及舍弟释颜。”[②]“家叔”即金雍的叔叔，亦即圣叹的弟弟；“若水”，从古人名、字关系来看，可与“岸先”相配；有记载说圣叹一字“若采”，也与“若水”相合，显示他们是兄弟关系。那么这位三弟应该是名岸先，字若水。

顺便说一下，有人说金雍是圣叹的独子，显然是不对的。金雍（字释弓）既然称释颜为“舍弟”，说明圣叹不止一个儿子；而且释颜和释弓，也正合兄弟取字；只是现在还不知道释颜的名是什么。传说，有人说圣叹，你这个“圣叹”有什么讲究？圣叹回答：“《论语》有两‘喟然叹曰’，在颜渊为叹圣，在与点则为圣叹。予其为点之流亚欤？”[③]这个说法是否属实，尚有争议。我倒是觉得圣叹两个儿子的名字，似乎都与《论语》有关。孔子有个弟子姓冉名雍字仲弓，孔子曾称赞说：“雍也，可使南面。”（《论语·雍也》）金雍字释弓，应该就是由此而来。颜渊曾喟然叹曰：“仰之弥高，钻之弥坚，瞻之在前，忽焉在后。夫子循循然善诱人，博我以文，约我以礼，欲罢不能，既竭吾才。如有所立卓尔。虽欲从之，末由也已。”（《论语·子罕》），这就是所谓“叹圣”；孔子则称赞说：“贤哉回也！一箪食，一瓢饮，在陋巷，人不堪其忧，回也不改其乐。”又称：“回也好学，不迁怒，不贰过。”（《论语·雍也》）释颜的“颜”，

---

① 《诗选》第78–78页。
② 详见《金集》壹，第123页。
③ 廖燕《金圣叹先生传》。《汇编》第15页。

可能是取自颜渊，那么释颜的名，也许就是“回”或“渊”。至于“释”，可能与佛有关吧。我想，或许是有人将圣叹给儿子取名字的用典，误记到圣叹身上了。

还是回来说这首诗吧。覃慧敏接着说：这诗有一个很明显的特别之处，就是把时间、人物、事件等全都标在题目中，看上去不免有些啰嗦，其实是圣叹的有意为之，意在表达他当时的特别心情——是那种亲兄弟长久失散，忽然得到音讯而且可以通话时的激动、迫切，有千言万语要说，却又不知从何说起是好。想想看，当初兄弟离散时，圣叹才八岁，三弟应该只有五六岁；如今圣叹已经“年老”——姑且按五十岁计吧，他们兄弟离散也有四十多年了！在这四十多年里，圣叹肯定也会像对二弟一样，多方打听三弟的下落，但是每次的结果都是失望，一点消息都没有。在经历了无数次的失望之后，圣叹终于绝望了。如今忽然接到三弟的亲笔书信，还有诗作，圣叹该是怎样的惊喜和激动啊！想必这些年三弟也在不断寻找大哥，也是一次次失望而近乎绝望。近日终于获知大哥还健在，其惊喜和激动之情可想而知！看来是三弟由于某种原因还不能立刻前来相聚，只好托人给大哥捎来信和诗，里面都说了些啥？我想除了人之常情以外，还应该有不为人知的“秘密”。可能是来人急着赶路吧，圣叹虽有千言万语要跟三弟说，但仓促之间，只能“率答二绝”，让来人带回。这个日子、这件事，对于金氏兄弟来说太重要也太特别了，所以金圣叹要像写日记一样，把它牢记在诗题中。

再看诗的内容，果然有“秘密”。前一绝，上来就说“贫僧永与舍亲违，年老身孤心事微”，绝望而又绝望。让我惊讶的是，圣叹竟然自称“贫僧”，难道他已出家为僧了？是在什么时候？一个“永”字，透露时间已经很久了。僧人是要断绝世俗情感和欲念的，何况又是“永”呢！所以“永与舍亲违”，一方面是客观上，和“舍亲”长久失散；另一方面是主观上，自觉断绝对“舍亲”的思念之情。而这些又都与长期得不到家人亲眷的信息有关。想想也是，这四十多年，不仅时间漫长，而且正值兵荒马乱的明清易代之际，能够存活下来，都是不容易的事情。所以在圣叹的心里，也许早已就有某种不祥之感：以为这辈子都不会再见到三弟了。

人到晚年，容易心灰意冷，所以圣叹说“年老”，其实是暗示自己早已没有什么奢望和幻想；年老而又“身孤”，则是暗示自己久已习惯了孤独，习惯了没有亲人的日子，不会幻想有意外喜讯。应该提醒的是，金圣叹晚年妻儿老小一家七八口人，不应该称“身孤”，所以我理解此处的“身孤”，是就“舍亲”或者说是圣叹小时候的家人而言的。因为诗是写给三弟的，自然会说到自从祖母、爷娘遇难后，我们兄弟都成了孤儿、离散他乡等等；另外，在“心”亦即感情上，圣叹也是孤独的。这种内心的孤苦，既不便跟别人说，说了别人也不能理解。哀莫大于心死，圣叹早已“心事微”了，几乎彻底绝望。但是“微”还有微妙、隐微的意思，说明圣叹并非真的彻底绝望，只是由于种种原因，不得不把这种“心事”隐藏起来，这反而愈加显得思念的沉痛和盼望的殷切。而且圣叹称“舍亲”，意谓“永违”的不止三弟一人；称“永违”，又透露他确曾有过永别的预感。话说到这个份儿上，让人觉得其间必有重大隐情。

接下来两句是写得到三弟信和诗之后的反应。“昨夜夜寒寒杀后”——如此寒冷的夜晚，圣叹不能入眠，不只是因为激动，还有浮想联翩。“蜜蜂蝴蝶满堂飞”——圣叹仿佛穿越了：他的“灵魂”从此刻置身的佛堂，回到了故乡自家的厅堂；眼前昏暗的烛光，化作当年金家的“百草园”和“三味书屋”……圣叹和祖母、父母、弟妹还有老苍头等家人在一起，沉浸于欢乐美好时光……蜜蜂蝴蝶，令人想起《念舍弟》诗中的“扑蝶寻虫百事宜”，想必当初和圣叹一起扑蝶寻虫的，除了二弟，还有三弟这个“跟屁虫”。

我还要提醒一下：“寒杀”不仅是说非常寒冷，还和佛教典故有关。据说有僧问洞山良价禅师：“寒暑到来时如何回避？”禅师回答：“何不向无寒暑处去？”僧又问：“如何是无寒暑处？”禅师说：“寒时寒杀阇黎，热时热杀阇黎。”这是一个禅门“公案”，可能是隐喻事物到了极端便是解脱吧，也就是俗话所说的“以毒攻毒”。圣叹化用这个典故，意味：既然不能超脱世俗情感，那就索性沉浸其中；沉浸到了极致，自然就会超脱。想见圣叹此时此刻，已经“破罐子破摔”，已经撤去“贫僧”的外衣，完全陶醉在旧家和亲情的海洋里……

后一绝主要是说金家兄弟。“髯珣超群又绝伦，大哥三弟更奇人。”这里的“大哥”，自然是圣叹自指——这是圣叹确为金家长子的铁证。“髯珣”是指郗超和王珣，这两人都以奇特超绝著称。《世说新语》说：“王珣、郗超并有奇才，为大司马（桓温）所眷拔。珣为主簿，超为记室参军。超为人多须，珣状短小。于时荆州为之语曰：‘髯参军，短主簿。能令公喜，能令公怒。’”刘孝标注说：“《续晋阳秋》曰：‘超有才能，珣有器望，并为温所暱。’”[①]这两个人，不仅才能出众，而且形象上各有特点，对比鲜明：郗超是美髯公，王珣是矮个子。圣叹显然把自己和三弟比作郗超和王珣了——由此可知，圣叹应该是一个胡须茂密的形象，可是我所见到的金圣叹画像，要么没有胡须，要么胡须稀疏，是后人的误会，还是另有根据？不清楚。

更加耐人寻味的是最后两句：“人家只道我家富，这样贫来未是贫。”这里的“我家”，当然是指圣叹的旧家，亦即家难发生前、圣叹兄弟还在一起时的金家。这两句诗我琢磨了很久，发现上句“人家只道我家富”可能是运用“影射”或“谜语”的手法，来隐含一个“金”字。由于姓金，别人就说他家很“富”——这可谓是圣叹姓金的“石证”，虽然没有“铁证”那么硬，也是很坚强的。其实和更有钱的人家比起来，金家是很“贫”的，这可以从下句中窥知。

下句化用了“南北阮”的典故。据《世说新语》载：

> 阮仲容（咸）、步兵（籍）居道南，诸阮居道北。北阮皆富，南阮贫。七月七日，北阮盛晒衣，皆纱罗锦绮。仲容以竿挂大布犊鼻裈于中庭，人或怪之，答曰：“未能免俗，聊复

---

① 《世说新语笺疏》下卷上《宠礼》第二十二，第723页。按：房玄龄《晋书》卷七十五《王湛传》附《王坦之传》曰：“坦之字文度。弱冠与郗超俱有重名，时人为之语曰：‘盛德绝伦郗嘉宾，江东独步王文度。’嘉宾，超小字也。”第1964页。中华书局标点本1974年版。

尔耳。”[①]

阮籍、阮咸，住在路南，人称“南阮”；住在路北的阮姓，人称“北阮”。北阮都是权贵富豪，晒出来的衣服都是绫罗绸缎，摆阔炫富；南阮虽然清贫，却也不甘示弱，把自家的粗布大裤衩亮了出来，还说是“未能免俗”。意谓：你们北阮想用恶俗（炫富）来羞辱我们南阮（清贫），那么好吧，我们回应。真是“不以为耻，反以为荣”，看看究竟是谁羞谁！实际上，南阮大都是才学出众、个性独特的名士，他们虽然在物质财富上相对清贫，但在文化和声誉上，却是非常富有的。按照中国古代的传统价值观，物质上的富贵并不值得炫耀，甚至与卑鄙、肮脏、罪恶分不开，所谓“为富不仁”，遭人指骂；与此相反，物质上的贫寒，往往与高洁、正直、清廉密切相关，受人称赞。《晋书》说：“（阮）咸任达不拘，与叔父籍为竹林之游，当世礼法者讥其所为……”[②]可见南阮与北阮的对立，不只是由于“贫”“富”，还与“当世礼法”相关，实际上是清高独立与污浊虚伪的对立，是“君子”与“小人”的对立，也可以说是真善美与假恶丑之间的对立。不用说，在现实的和世俗的社会里，“贫”是斗不过“富”的，南阮是斗不过北阮的，但可以保持精神文化上的自信和优越。

说明了这个典故，再来看圣叹此诗，我不禁有些惊讶：难道“金”姓也有“南”“北”之分？如果真的有，那么圣叹家无疑属于“南金”，是清贫、高尚、正直、真美善的“君子”一方；与之对立的是“北金”，是富豪、权贵、庸俗、假恶丑的“小人”一方。双方的矛盾冲突是必然的。这让我想到庄师兄的推测：圣叹的家难是由地方恶黑势力制造的，这恶黑势力莫非就是“北金”？我又想到柳兄的分析：金父是阮籍、嵇康之类的人物——圣叹以南阮自居，简直就是“不打自招”啊！如此说来，作为南金领袖的金父以及作为南金中心的金家，必然成为北金的眼

---

① 《世说新语笺疏》卷下上《任诞》二十三，第732–733页。

② 《晋书》卷四十九《阮籍传》附《阮咸传》，第1362页。按：省略部分与上引《世说新语》略同。

中钉、肉中刺，一定要设法除掉而后快。因此我进一步推测：圣叹的家难，不仅是由“官绅”——地方恶黑势力——阴谋制造的，而且这恶黑势力的代表，还与金家同姓！

更令我震惊的是，这个“隐秘”竟然在《金评水浒》中得到了佐证。《水浒传》第三十二回“宋江夜看小鳌山　花荣大闹清风寨”，写这清风寨原来是花荣主管，近日却来了个名叫刘高的做正知寨，花荣只是个副知寨。宋江因为杀了阎婆惜，投到花荣这里躲避，正月十五元宵节晚上出来游玩，却被刘知寨婆娘认出。这妇人完全不念宋江救她（前些时她被王矮虎掳去做压寨夫人，宋江说情放了）的大恩，反而唆使刘知寨把宋江抓来，打得皮开肉绽，锁在那里，准备明日解上州里去。花荣听说，急忙修书给刘知寨，谎称宋江姓刘，是自己的亲戚，请他放人。刘高看了大怒，把书信扯得粉碎，大骂道：“花荣这厮无礼！你是朝廷命官，如何却与强贼通同，也来瞒我。这贼已招是郓城县张三，你却如何写济州刘丈！俺须不是你侮弄的。你写他姓刘，是和我同姓，恁的我便放了他？”花荣见文的不行，干脆直接动武，亲自带上三五十名军汉，把宋江救了回来。花荣对宋江解释道：“小弟寻思，只想他是读书人，须念同姓之亲，因此写了刘丈；不想他直恁没些人情。如今既已救了来家，且却又理会。”金圣叹在这里批点说：

> 花知寨差矣！越是读书人，越把同姓痛恶；越是同姓，越为读书人痛恶耳！读至此处，我将听普天下慨叹之声！[①]

很明显，金圣叹说这话时情绪非常强烈，内心非常沉痛，言辞也非常愤激。不了解情况的人，也许觉得有些“小题大作”，刘知寨如此对待宋江，虽然过于粗暴，但也并不是什么大奸大恶，圣叹似乎有些反应过度；就文论文地说，圣叹这段话既不合乎一般事实，也不合乎通常情

---

① 详见《金评水浒》第三十二回《宋江夜看小鳌山　花荣大闹清风寨》。《金集》叁，第596–608页。

理，难道“读书人”之间、“同姓”之间，是天然“痛恶”的吗？不过，如果联系刚才说到的南北阮和南北金，就知道圣叹其实是有感而发、别有所指的。圣叹的“过激”反应，应是由于刘高这个“读书人”对“同姓”的忘恩负义、心狠手辣，让圣叹联想到自家的遭遇，于是才“借题发挥”，对“同姓”“读书人”大发感慨和愤懑。这就进一步透露，制造圣叹家难的罪魁祸首，不仅与圣叹“同姓”，而且是个“读书人”——当地的一个“文官”。

噢！覃妹真是抽丝剥笋，层层逼近啊！李大白说：原来圣叹的家难，是由于以金父为代表的南金与以“读书人”为代表的北金之间的冲突造成的。“深恶痛绝”，既表明双方的对立已经到了极点，不共戴天；也暗示冲突已经爆发，南金失败。而且遭难的应该不止圣叹一家，还有其他南金成员及其友人。

那——那个北金的代表，姑且称他“金官”吧，究竟是谁呢？石萌问。

覃慧敏说：现在还不清楚，想必也是刘知寨一类的人吧。来看《水浒传》的描写：

> 花荣（对宋江）道：“兄长不知：不是小弟说口，这清风寨是青州紧要去处，若还是小弟独自在这里守把时，远近强人怎敢把青州搅得粉碎。近日除将这个穷酸饿醋来做个正知寨：这厮又是文官，又不识字。自从到任，只把乡间些少上户诈骗，朝廷法度，无所不坏。小弟是个武官副知寨，每每被这厮呕气，恨不得杀了这滥污禽兽。兄长却如何救了这厮的妇人？打紧这婆娘极不贤，只是调拨他丈夫行不仁的事，残害良民，贪图贿赂。正好叫那贱人受些玷辱。兄长错救了这等不才的人。”

这厮是个文官，却不识字，不是很荒唐吗？说明他之所以能够来这里做知寨，要么是上头有人，要么是特会钻营。这种人做了知寨，当然不会为民造福，只会一门心思贪赃枉法，欺压百姓；同时必然要排挤像花荣这样的贤能之士。这种人往往会有这么个“极不贤”的婆娘，两人一丘之貉，残害良民。金圣叹在此处批点说：

> 贪图贿赂，未有不残害良民者；残害良民以图贿赂，未有不奉其婆娘者；婆娘既识贿赂滋味，未有不调拨丈夫多行不仁者。借花荣口中，写得如秦镜相似。

这个“秦镜”，不仅照出了刘知寨的原形，也照出了普天下地方邪恶势力的原形；同时也反映出圣叹所说的那个“同姓”“读书人”！由此我们可以推知，圣叹的家乡金墅，大约也像清风寨一样，有一个长官“金高”，自称“读书人”，却不识字；专门贪赃枉法，残害贤良，欺压百姓。以他为首的“北金”对以金父为首的“南金”深恶痛绝，后者也对前者深恶痛绝。双方势不两立，不断斗争，最后激化、升级，南金遭到北金的残暴血洗。不难看出，金父他们和金官一伙的斗争，乃是正义与邪恶、光明与黑暗之间的斗争；金家付出了牺牲，应该得到表彰，得到赞扬……

好了！这就是我这些天来的所读所思，在心里憋得慌，今天终于说出来，痛快多了！不当之处，请大家指教啊！覃慧敏长吁一口气，仿佛卸下一个沉重的包袱。

收获不小嘛！田老师称赞道：金家的人地下有知、在天有灵，一定会对你身怀感激的！因为以前从来没人如此全面而细致地揭示其人其事；我们也要感谢你啊，你把我们的讨论向着更广更深推进了一大步。

就是！就是！石萌兴奋地说：看来“闭关”真管用，我也要向你学习！

是啊！是啊！其他同学也跟着称赞起来。

柳新雨说：你提到圣叹还有一个妹妹，能不能说得具体点？

噢，我只了解一点情况，还不能确定，所以就没讲。覃慧敏说：圣叹有一首《外甥七日》诗，诗云：

乱离存舍妹，艰苦得添丁。
敝宅人常说，啼声我既听。
四郊方斩馘，七日尔生灵。
造物真轻忽，翻欢作泪零。[①]

这是圣叹为外甥诞生七天而作，外甥的母亲，自然就是圣叹的妹妹。让我拿不准的是这首诗写于何时？有学者认为诗中的“乱离”“斩馘”是指顺治二年乙酉（1645）的清兵南下[②]。我想“乱离存舍妹”也可能是追叙以前，意谓：当初遭遇乱离——亦即家难，金家的兄弟都外出逃难，只有这个妹妹幸存下来——留在老家。下句“艰苦得添丁”，则是说经历了许多艰辛苦难，如今新生了一个男孩儿。接下来说孩子刚满七天，就赶上清兵打到苏州一带，到处杀人放火。最后圣叹指责老天爷：你也太马虎草率了吧！让孩子一出生就处于死亡的威胁之中，又让我们这些本该为新生命欢喜的人们反而泪流不止……

庄言接过来说：不论“乱离”是不是指家难，圣叹有个“舍妹”存活下来，是可以确定的。这样我们就可以知道，圣叹应该有两个弟弟一个妹妹。假定她比圣叹小五岁，那么家难发生时，她应该只有两三岁；到了顺治二年亦即生此男孩儿时，她大约三十二岁。估计她不止一个孩子，这个新生儿可能是她的第一个男孩儿。这诗给人的感觉，好像孩子的父亲亦即圣叹的妹婿并不在他们母子身边，也许已经不在人世了吧？所以圣叹更为他们母子哀怜悲痛！

师兄说的有道理！覃慧敏说：我之所以说“乱离”可能与家难有关，还应为诗中的“敝宅人常说，啼声我既听”两句。“敝宅”，从字面上看，是指破旧的房屋，亦即小妹现在居住的地方；但是“敝宅”也经常用来

---

① 《诗选》第 21 页。

② 徐朔方《金圣叹年谱》系此诗于本年，并引褚人获《坚瓠补集》云：“顺治乙酉五月，王师下江南，吾苏帖然顺从。六月十三，忽有湖寇揭竿，杀安抚黄家鼒。城中鼎沸，举家出避。赖大兵继至，得以宁定。”

指自家的住宅，就好像说“寒舍”一样，还可以指先人留下的老屋，如同说“敝庐”。[①]因此我推想，当初家难发生时，小妹尚在孩提，又是女娃儿，可能被乳娘隐藏起来，得以幸免。家难过后，乳娘带着她继续住在金家的老屋，甚至对外谎称是自己的孩子，一直把她抚养成人，结婚成家。

不过，这两句诗总让我觉得有些怪怪的：“敝宅人常说”，透露出圣叹对老宅以及住在老宅里的小妹母子的情况，非常关心；但他所知道的情况，却是经常从别人那里听“说”来的；“啼声我既听”，透露圣叹距离老宅和小妹母子并不很远，他却没能亲自到跟前看望他们。这些都是为什么呢？我的解释是：由于金官一伙的威胁仍在，圣叹不敢公然贸然回到家乡去看望住在老宅里的妹妹一家，只能从别人那里打听情况；这次妹妹生了个男孩儿，是特大喜事，圣叹曾冒险偷偷回去，但还是没敢进去和小妹母子相见。

嗯，嗯，柳新雨点点头，说：越发隐秘莫测了。

李大白说：我有一个小疑问：刚才你说圣叹把自己和三弟比作美髯公郗超和矮个子王珣，可是他们兄弟离散四十多年未见面，当初离散时圣叹八岁，三弟才五六岁，怎么可能有胡须呢？

呀！这个嘛——覃慧敏一时语塞，想了想说：这个问题我还真的没注意。不过，也是可以解释的。有可能是三弟在信和诗中，说到自己个头不高，又听说圣叹胡须很长……

还有一种可能。陶然解围似的，说：圣叹是在追忆当初他和三弟一起玩的游戏，圣叹戴着或画着假胡须，扮成美髯公郗超；三弟个子小，正好假扮王珣……

呵呵呵！田老师大笑起来，说：你们俩可以入“捷悟”门了！倒也

---

① 如孔颖达《礼记正义》卷十《檀弓》下云：哀公使人吊蒉尚，遇诸道。辟于路，画宫而受吊焉。曾子曰：“蒉尚不如杞梁之妻之知礼也。齐庄公袭莒于夺，杞梁死焉。其妻迎其柩于路，而哭之哀。庄公使人吊之，对曰：君之臣不免于罪，则将肆诸市朝而妻妾执；君之臣免于罪，则有先人之敝庐在，君无所辱命。”第1312页。中华书局《十三经注疏》本1980年版。以下《十三经注疏》均用此本。

合乎情理。不过，他们为什么要这样假扮呢？

游戏呗，好玩呀！石萌说：小孩子，哪里会想许多呀！就像李商隐《骄儿诗》说的："或谑张飞胡，或笑邓艾吃"……

此话不无道理。田老师说：不过，圣叹写这诗时，他和三弟都老了，可不是小孩子啊！会不会有什么原因和寓意？

我觉得，可能与金氏兄弟从小所受的家教有关吧。柳新雨说：金父经常给圣叹兄弟讲郗超和王珣的故事，遂使金氏兄弟对郗超、王珣印象深刻，产生喜爱和崇拜，进而引为榜样，经常谈及或假扮。

那么，金父为何要经常给圣叹兄弟讲郗超和王珣的故事呢？田老师又问。

自然是为了教育圣叹兄弟。柳新雨说：郗超和王珣，皆非凡人。郗超的祖父郗鉴，是东晋开国大臣，官至太尉；父亲郗愔，官至平北将军、徐兖二州刺史；姑妈是"书圣"王羲之的夫人。《晋书》说郗超："少卓荦不羁，有旷世之度。交游士林，每存胜拔。善谈论，义理精微。"[①]可知他青少年时代就性格豪放，超群不俗，长于谈论——自然是当日盛行的"清谈"，对于义理的辨析尤其精微独到。

王珣在后世的名气比郗超还要大，主要是三希堂"神物"之一《伯远帖》出自他的手笔，据说这可是现存唯一东晋人的真迹。他是书圣王羲之的远房侄子，但王珣自己的家世，也非常了得。他的祖父就是赫赫有名的王导，辅佐晋元帝（司马睿）南渡，建立东晋，官拜骠骑大将军、丞相、太傅，封爵武冈侯。他与从兄王敦一起，分掌国家内外大政，形成"王与马，共天下"的格局，被比作当世霍光，为东晋第一名臣。他的父亲王洽，官至中领军，诏拜中书令，十次上书辞让不受。王珣很早就美名远扬，被普遍看好。史载："（王珣）弱冠与陈郡谢玄为桓温掾，俱为温所敬重，尝谓之曰：'谢掾年四十，必拥旄杖节；王掾当作黑头公，皆未易才也。'"[②]"黑头公"，是说头发还很黑（年少）就已位至三公了。

---

① 《晋书》卷六十七《郗鉴传》附《郗超传》，第1802页。

② 《晋书》卷六十五《王导传》附《王珣传》，第1756页。

另一个说法是："王东亭（珣）为桓宣武（温）主簿，既承藉，有美誉，公甚欲其人地为一府之望。初，见谢失仪，而神色自若。坐上宾客即相贬笑。公曰：'不然，观其情貌，必自不凡。吾当试之。'后因月朝阁下伏，公于内走马直出突之，左右皆宕仆，而王不动。名价于是大重，咸云'是公辅器也'。"[①]在权倾天下的桓温面前有失礼仪，却能神色自若；面对突然冲出的战马，却能镇定不动，用现在的话说是个"大心脏"，难怪桓温说他有宰相之器。

我觉得郗超、王珣虽然相貌上差异很大，但在性格、才学、功业及人生等方面，却有很多相似之处：郗超以"超绝"而闻名天下，性格更加豪放不羁，信奉佛教，精于玄谈，向往山林隐逸，有浓郁的出世情怀；王珣以"器度"著称，性格沉稳干练，通晓经史，长于文章，有更强的入世意识。总之，两个人都出类拔萃，超越流俗；既能不失个性，又独立不羁；既功成名就，又明哲保身……二人都堪称"成功"和"完美"。

这种"完美"是令人向往、值得效法的。从前面大家关于金父的分析和推测中可以看到，金父在性格、志趣、作风等方面，与郗超、王珣有些相似，却没有二人的功业和人生。也就是说，他虽然心向往之，实际上却没能做到，甚至适得其反。家难的发生，就是证明。

常听人说：家长自己做不到的，往往寄托在儿女身上。我觉得金父可能也是这样，他意识到自己的"缺失"甚至"危机"，便把希望寄托在儿子身上，教导圣叹和三弟向郗超、王珣学习，将来能够"成功"和"完美"——这是从"正面"考虑；同时又能够不伤性情，善自保全——这是从"负面"考虑。

实际上呢，在圣叹身上，确实可以看到一些郗超的影子，如早慧敏悟，率性任情，卓尔不羁，信奉佛教，善谈义理，向往隐逸，等等。特别是那个传说：金圣叹一个月里挥霍掉朋友的三千金，还说"此物在君家，适增守财奴名，吾已为君遣之矣！"[②]如果确有其事，就有可能是

① 《世说新语》中卷上《雅量》，第 377–378 页。

② 廖燕《金圣叹先生传》。《汇编》第 15 页。

受了郗超散钱的启发；如果并无此事，则意味编造这个传说的人，认为圣叹也有郗超那样的意识和作风。当然，金圣叹的人生尤其是最后的结局，证明他远没有达到郗超那样的“成功”和“完美”，不知是天生的差距还是学习得不够？

至于三弟和王珣之间有多少相似之处？现在还不清楚。但圣叹既然这么写，一定是有原因的，想必三弟也有“绝伦”的一面。

新雨兄的解释符合情理，我基本同意。李大白说：不过，如果认为金父有意识让圣叹学习（成为）郗超，三弟学习（成为）王珣，则未免有些刻板了。实际的情况可能是，金父经常拿郗超、王珣教导儿子，但圣叹和三弟一个“喜欢”郗超，一个“喜欢”王珣。也就是说，金父并没有刻意区别对待，是圣叹兄弟所取不同。另外，我们还可以从两个人的关系上来思考问题，我注意到，郗超、王珣曾共事一主（桓温），相互补充，相辅相成。那么金圣叹自比郗超，把三弟比作王珣，或者说金父希望儿子成为郗超、王珣那样的人，或许也有（让他俩）相互帮助、共同“成功”和“完美”的用意。

大白兄想得很全面也很细致。柳新雨说：如此说来，金氏父子可能还有更大的“野心”。

这个嘛……李大白有些迟疑。

石萌接过来说：我发现，金父拿这两个人物教育儿子，圣叹兄弟以这样的人物为榜样，这种眼界，这种自负，这种期许，真的很“高大上”啊！

呵呵……萌妹连网络用语都上了呀！李大白笑着说：如此高大上，也透露出金家的“背景”和“野心”非同一般。

是啊！我也在想，金氏父子为什么会对这两个人物如此感兴趣呢？石萌说：但是现在还没想出好的解释。无论如何，在金家的文化背景长廊里，除了有曹植、竹林七贤、陶渊明、陈希夷等人物外，现在又加进了郗超、王珣。我想他们的出现不会是偶然的，这意味着金氏兄弟从小接受的“家学”相当全面而高级，同时又有浓郁的“魏晋风度”。

这时陶然问覃慧敏：哎，你刚才说圣叹小妹家难时幸存下来，由乳娘抚养成人。这个推测很有想象力，不过，小妹为何婚后还住在金家的老宅里呢？

这个问题嘛……覃慧敏想了一下说：可以作几种推测：一是在家“招婿”，因而婚后仍住在金家；二是丈夫不在了，她不得不回到娘家生活。在那个兵荒马乱的年月，这种可能性是很大的，如被抓壮丁，或者逃亡，或者死难，都有可能。

后一种推测，可能性较大。庄言说：圣叹诗中“敝宅人常说，啼声我既听”，或许与杞梁妻的典故有关。春秋时，齐国大臣杞梁在袭击莒国的战役中阵亡，在把尸体运回家的途中，齐庄公派人去行吊唁之礼。杞梁的妻子说：“怎么可以在半道上举行如此大礼呢？杞梁作为臣子，如果有罪，国君可以将他陈尸示众，也可以将他的妻妾抓起来；如果杞梁无罪，那么我们家尚有先人的老屋，虽然破旧，还是可以举行吊唁之礼的。你们这么做，恕我不能接受。”[①]假如圣叹确系化用这个典故，那就意味着小妹的丈夫战死不久，这个小男孩儿成了“遗腹子”。一出生就没了父亲，怎能不让圣叹这个大舅倍感悲哀！所以这“啼声”不只是外甥的啼哭，也有小妹的抽泣——为孩子，为丈夫，也为自己。

师兄这个解释非常重要！覃慧敏说：使得这首诗更加别有意味，震撼人心。

还有一个神秘人物，很值得注意。庄言说。

谁？大家异口同声，向庄言投去期待的目光。

庄言说：金圣叹有一首《痴叔》诗，写得朦胧隐晦，不易索解；但非常重要，很可能与家难有关。诗云：

> 吾家痴叔未知名，壁上题诗我暗惊。
> 应是池塘无限草，春来夜夜梦中生。[②]

---

① 《礼记正义》卷十《檀弓》下载：“齐庄公袭莒于夺，杞梁死焉。其妻迎其柩于路，而哭之哀。庄公使人吊之，对曰：君之臣不免于罪，则将肆诸市朝，而妻妾执；君之臣免于罪，则有先人之敝庐在，君无所辱命。”

② 《诗选》第 54 页。

前两句疑问重重：这位“痴叔”既是“吾家”的，圣叹怎么会“未知名”呢？当然，“未知名”也可以理解为“痴叔”名气不大，但在这里，似乎没有这个意思。他既然是个“痴”人，又怎么还能“题诗”呢？一个痴子写的诗，圣叹为什么要“暗惊”？至于痴叔的诗题于何处？写了些什么内容？都是疑问。当然，更为重要的是，痴叔是谁？他为什么会“痴”？圣叹没有回答，因为读者一眼就能看出痴叔不是真的痴。那么问题又来了：既然不痴，圣叹为什么要说他痴呢？或者说，此人为何要故意假装痴人呢？这是问题的关键。

对于这个关键问题，圣叹也没有直接回答，而是用一个意味深长的梦境来隐约其事，让读者自己去猜想和寻味。而这个梦境又是化用“池塘春草”的典故，变得愈加曲折而微妙。“池塘春草”，就是大家熟知的“池塘生春草，园柳变鸣禽”，出自谢灵运的《登池上楼》诗，我看到许多关于这两句的解释，大都脱离全诗，因而不能令人满意。全诗是：

潜虬媚幽姿，飞鸿响远音。
薄霄愧云浮，栖川怍渊沈。
进德智所拙，退耕力不任。
徇禄反穷海，卧痾对空林。
倾耳聆波澜，举目眺岖嵚。
初景革绪风，新阳改故阴。
池塘生春草，园柳变鸣禽。
祁祁伤豳歌，萋萋感楚吟。
索居易永久，离群难处心。
持操岂独古，无闷征在今。[①]

这首诗对于破解《痴叔》之谜以及圣叹家难至关重要，须要多说几

---

① 《文选》卷二十二《登池上楼》，第1039-1040页。按：题下注云：“永嘉郡池上楼。”

句。先说一个背景“故事”，钟嵘《诗品》云：

> 《谢氏家录》云：康乐（灵运）每对惠连，辄得佳语。后在永嘉西堂，思诗竟日不就。寤寐间，忽见惠连，即成“池塘生春草……”故尝云：“此语有神助，非吾语也。”[①]

人们往往以为谢灵运得到谢惠连“神助”的，只是“池塘生春草，园柳变鸣禽”这两句，于是叹赏不置。如宋人说：“春草池塘一句子，惊天动地至今传。”[②]元好问说：“池塘春草谢家春，万古千秋五字新。”[③]但是在我看来，不仅这两句，自此而下的整个后半篇，都应是谢惠连“神助”的结果。有人仅根据这两句诗，认为这是一首清新愉悦、充满“喜感”的诗，其实我感觉诗中隐含着深深的愁苦、忧虑和畏惧，为此，有必要对谢灵运和谢惠连的基本情况及二人关系简要介绍一下。

说来有趣，大家都知道“东床坦腹”的故事吧，那位坦腹者是王羲之，选他做女婿的人，正是郗超的祖父郗鉴，而谢灵运的母亲，是王羲之的外孙女，因而谢灵运是王羲之的重外孙，

该管郗超叫表老爷——这也可作为金家崇拜郗超的一个参证。当然，谢灵运自己的门第也是不差的。他的祖父，就是大名鼎鼎的谢玄，早年做过大司马桓温的部将，淝水之战时，任前锋都督。后来率军北伐，回朝后被任命为都督徐、兖、青、司、冀、幽、并七州军事，封康乐县公。谢灵运的父亲谢瑍，虽然“生而不慧”，但仍以父荫，官拜秘书郎，袭爵康乐公。

我的家乡有句老话：“一代强一代瓤。”意思是说如果上一代很优秀，下一代就会很一般；反过来说，则是“一代瓤一代强”。从天分上说，

---

① 陈延杰《诗品注》卷中《宋法曹参军谢惠连》，第 31 页。人民文学出版社 1958 年版。

② 魏庆之《诗人玉屑》卷一《吴思道学诗》，第 8 页。上海古籍出版社王仲闻校勘本 1978 年版。

③ 元好问《遗山集》卷十一《论诗三十首》。《文渊阁〈四库全书〉电子版》。

谢灵运堪称超强。还记得他那“天下才共一石，曹子建独得八斗，我得一斗，自古及今共享一斗”的名言吗？表面上是自谦不及曹植，其实等于说没有了曹植，他就是天下第一，其自负如此！但他并非吹嘘，《宋书》说“灵运少好学，博览群书，文章之美，江左莫逮”[1]。江南号称人文荟萃，在南朝，江南第一也就等于天下第一了。

谢灵运出生不久父亲即去世，爷爷担心宝贝孙子不好养活，便把他送到钱塘道士杜明那里，直到十五岁才回到国都建康（南京），因而小名“客儿”。爷爷谢玄和叔父谢混对谢灵运喜爱有加，不到二十岁，就让他袭封康乐公，食邑二千户。“性奢豪，车服鲜丽，衣裳器物，多改旧制。世共宗之，咸称谢康乐也。”

谢灵运和陶渊明差不多同时，也不幸赶上了晋宋易代。在东晋时，他做过黄门侍郎、世子左卫率，因擅杀门生而被免官。到了（刘）宋朝，他的爵位被降级为侯，食邑被削减到五百户，虽然也给他散骑常侍、太子左卫率等官职，但只有虚名，没有实权。谢灵运又“性褊激，多愆礼度”。又“自谓才能宜参权要，既不见知，常怀愤愤”。后来卷入政治斗争，被放外任永嘉太守，实际是贬官。灵运愈感不得志，“遂肆意游遨，遍历诸县，动逾旬朔，理人听讼，不复关怀”。不久索性称疾去职，亲近苦劝不从。回到老家，更加“纵放为娱，有终焉之志”。宋文帝即位后，任命灵运为秘书监，灵运反复推辞，未获允许，只好就任。但是文帝只是欣赏他的才艺，并不打算重用他。“灵运意不平，多称疾不朝直。穿池植援，种竹树堇，驱课公役，无复期度。出郭游行，或一日百六七十里，经旬不归，既无表闻，又不请急，上不欲伤大臣，讽旨令自解。灵运乃上表陈疾，上赐假东归。”回到老家，有祖父留下的丰厚家资，供他尽情挥霍享乐：“奴僮既众，义故门生数百，凿山浚湖，功役无已。”著名的“谢公屐”就是这个时候发明的。他曾指使数百人伐树开路，从始宁直到临海，吓得临海太守王琇以为是山贼来了。灵运还要王琇接着干，被王琇拒绝。灵运在会稽也有众多门徒，搞得县邑不得

---

① 《宋书》卷六十七《谢灵运传》，第 1743 页。中华书局点校本 1974 年版。

安宁。会稽太守孟颛是个虔诚的佛教徒，灵运却嘲讽说：你这种没有慧业的文人，成佛一定会在我后头的，但生天（死亡）会在我前面。孟颛从此怀恨在心。后来因决湖为田与孟颛发生冲突，孟颛遂向朝廷告发灵运有“异志”。灵运感到事态严重，亲自赶到京城去解释。皇帝虽然没有治他的罪，却把他调往临川任内史。在临川又惹出官司，朝廷派人来抓捕灵运，灵运“兴兵叛逸，遂有逆志”。还写诗说：“韩亡子房奋，秦帝鲁连耻。本自江海人，忠义感君子。”等于宣告了自己的谋反，有司遂以反叛罪论处灵运死刑。皇帝念及灵运祖上功德，免其死罪，流放广州。最后还是被人告发密谋途中叛逃而获刑弃市。

谢惠连是谢灵运的族弟，他的父亲谢方明官至礼部尚书、会稽太守。祖父谢翀，官至中书侍郎，为孙恩所杀。他的伯祖父吴兴太守谢邈，也是死于盗贼之手。当时谢方明正在谢邈身边任职，曾劝他暂时躲避，谢邈不听，遂遇难。方明后来率领谢邈的门生义故，将勾结盗贼害死谢邈的人“悉禽而手刃之”。[①]为了逃避孙恩的追杀，谢方明带着家人仓皇出逃，“流离险厄，屯苦备经，而贞立之操，在约无改”。史称“方明严恪，善自居遇，虽处暗室，未尝有惰容。无他伎能，自然有雅韵”。但谢惠连的事迹，留下来的很少。《宋书》说他：“幼而聪敏，年十岁，能属文，族兄灵运深相知赏。”曾和一个名叫杜德灵的会稽小吏相“爱”，因在居父忧期间赠给他五言诗十余首，受到严厉处罚，被关了禁闭。后来经人说情，才被放出来。其后做过司徒彭城王刘义康的法曹参军。义康改葬古冢时，让他作祭文，“其文甚美”。所作《雪赋》，“亦以高丽见奇”。死时才二十七岁，“既早亡，且轻薄多尤累，故官位不显”。[②]钟嵘说：“小谢才思富捷，恨其兰玉夙凋，故长辔未骋。《秋怀》《捣衣》之作，虽复灵运锐思，亦何以加焉。又工为绮丽歌谣，风人第一。”[③]“风人第一”，是极高的评价。

谢灵运对谢惠连极为“知赏”：

---

① 《宋书》卷五十三《谢方明传》，第1522页。

② 《宋书》卷五十三《谢方明传》附《谢惠连传》，第1525页。

③ 陈延杰《诗品注》卷中《宋法曹参军谢惠连》，第31页。

> 灵运既东还，与族弟惠连、东海何长瑜、颍川荀雍、泰山羊璿之，以文章赏会，共为山泽之游，时人谓之四友。惠连幼有才悟，而轻薄不为父方明所知。灵运去永嘉还始宁，时方明为会稽郡。灵运尝自始宁至会稽造方明，过视惠连，大相知赏。时长瑜教惠连读书，亦在郡内，灵运又以为绝伦，谓方明曰："阿连才悟如此，而尊作常儿遇之。何长瑜当今仲宣，而饴以下客之食。尊既不能礼贤，宜以长瑜还灵运。"灵运载之而去。①

真是爱屋及乌，因为知赏之极，灵运连同惠连的老师也一并"索要"，车载回家。所谓没有无缘无故的爱，谢灵运是惠连的族兄，比他长二十二岁，极其自负，而且早已名满天下，怎么会对这位小弟如此深相知赏呢？其中必有原因，而且还不止一端。除了家族背景、亲缘关系的密切之外，最主要的还在于性格、才情、志趣、处境等方面的相近、相同和相知。

两个人都是少年颖悟，博学高才，工于诗文，这是不用说的；值得注意的是，谢灵运"性奢豪，车服鲜丽，衣裳器物，多改旧制""性褊激，多愆礼度""自谓才能宜参权要，既不见知，常怀愤愤""肆意游遨""纵放为娱"……由恃才自负，到言行极端，到凌傲他人，结怨长官，进而违法犯科，遭致杀身之祸。他的不幸命运，一方面是外部环境的逼迫，一方面是自身性格使然，这两个方面的矛盾冲突，决定了他势必经常处于苦闷、彷徨、愤激和忧惧之中。

谢惠连的性格言行虽然记载不多，但从一句"轻薄多尤累"足以窥知他的现实处境，甚至连亲生父亲都不能"知"他，自然也是不容于礼法，饱受嫉妒、嘲讽和指责的。尤其是他和杜德灵的相"爱"，更是冒天下之大不韪！王夫之说："人之能为大不韪者，非其能无所惧也，唯

---

① 《宋书》卷六七《谢灵运传》第1174–1175页。

其能无所耻也。”谢惠连的这种行为，自然会被认为是“无耻”之尤的。什么人才能够做到既无所畏惧又没有廉耻呢？没有人能够真正的做到，就算他（她）表面上可以若无其事，内心也不会真的无惧无耻，因为人毕竟是生活在现实中的。这就是说，谢惠连长期处于忧惧的环境和耻辱的心境之中，他最后的死因虽然还不清楚，但年仅二十七岁，显然不是正常死亡。

说到环境和心境，还应注意的是，陈郡谢氏作为东晋的高门贵族，在晋末宋初的激烈动荡中，势力急剧衰落，面临种种危机：一方面是政治集团之间的斗争，另一方面是孙恩卢循等盗贼的威胁。尤其是入宋以后，刘宋帝王对谢氏既拉拢利用，又猜疑排斥，甚至残酷打击和迫害。在各种矛盾冲突中，谢氏家族多人被害而死，谢惠连家族甚至在孙恩之乱中“合门遇祸”。在这样的环境下，他的心境更是雪上加霜。

这些相同和相似的因素，使得灵运和惠连一见倾心，相互知赏。灵运称叹“阿连才悟如此，而尊作常儿遇之！”“才”是指才华、艺能，“悟”是指悟性、见识，可知灵运之所以知赏惠连，不光是因为他才华出类拔萃，还在于他智慧超乎常人，我认为灵运主要是因为后者才如此叹服惠连的。这透露出灵运一定是有重大困惑，从惠连那里得到了启示，才会如此“屈尊”折服。

说明了这些，再来看灵运的《登池上楼》诗，就比较好理解了。此诗写于任永嘉太守期间，前面说了，灵运是被排挤出都来做永嘉太守的，当时他不仅身体有病，心情很差，处境也很糟糕，甚至还有性命之忧。诗的前半部分就是写这种苦况。

前四句写潜虬和飞鸿，俯仰之间，顾影自怜，相互比喻，透露出心情极为复杂和困惑。他一方面为自己能够像飞鸿、虬龙一样高飞深潜而庆幸，另一方面又为未能潜得更深、飞得更远而愧悔。灵运原是以人中龙凤自许的，不甘寂寞，有志作为，现在却要幽潜远飞，显然是情非所愿、心有不甘的。然而他之所以屈从于这样的现实，则是由于斗争失败，不得不远走避害。在此过程中，灵运的身心想必承受着巨大的压力和忧患，这应该是他生“病”的深层原因。这样的心理状态，当然不会是登楼之后才有，而是长期存在的，尤其生病之后，更加严重，他正是在这样复杂而困惑的心境下登楼的，试图从中获得解决之道。

这种复杂而困惑的心情还在继续，接下来四句，“进德”出自《易经》:“君子进德修业，欲及时也。”本来是说“君子”应当及时修养“德”和“业”，有用于现实的社会人生。但灵运落到如此境况，不得不承认自己太“拙”了。“退耕”出自《尸子》:“为令尹而不喜，退耕而不忧，此孙叔敖之德也。”灵运化用这个典故，意在说明自己既没有躬耕的本领，也没能达到“不忧”的境界，却又不能坦然接受无官为农的卑微生活，便只好“徇禄”——为了禄位来到这海角天涯做官……这些体会和思考显得更加具体，也更加现实，但问题并没有解决。因为“徇禄”就不能深隐高飞；不能深隐高飞，就很难避免祸害；不能避免祸害，他的身心病痛就不能痊愈……

带着这样的身心来到城楼，远处隐隐传来大海的波涛之声，眼前的山峦也像波浪起伏，拂面的春风已有些暖意，初升的阳光照进阴冷的角落里……严冬将去，但还没有真正离去；春天将来，但还没有真正到来。

《谢氏家录》所说的“神助”情节，就出现在这个节骨眼儿上：灵运写不下去了，苦思冥想，无计可施。忽然在梦中见到了惠连，于是便有了“池塘生春草”……很多人对这个情节表示怀疑，我认为就事实而言，它当然是不足为信的；但《谢氏家录》的这个记载以及钟嵘的引述，应该是可信的。我的意思是说，谢灵运（或其亲近者）确实“杜撰”了这个神奇的故事，那他为什么要杜撰呢？难道是为了证明自己的才思不行了吗？当然不是，是为了证明谢惠连才思在他之上吗？也不全是。我感觉他似乎想透露什么，又要掩饰什么，那他究竟想透露和掩饰什么呢？

还有，谢灵运得到惠连神助的是“池塘生春草”这一句，还是更多？《谢氏家录》没有明说，由于古人行文没有现代这样的标点符号，我们无法断定“即成‘池塘生春草’”之后是句号还是省略号。而且谢灵运本人的话也很微妙，他只是说“此语有神助，非吾语也”。也没有明确是否为“池塘生春草”这一句，尤其是“神助”，很值得玩味。“神”可以指神灵、灵感，也可以指精神、思想，是和具体的“形”或“物”

相对的。惠连不是神灵，那么他的神助，就应该是精神上、思想上的。也就是说，谢灵运从惠连那里得到的帮助，不是具体的哪句话，而是精神和心境方面的，这与前面所说灵运叹服惠连的“悟”是相合的。

究竟如何？只有他俩清楚，无奈他们早已作古，我们只能作些推测。我想实际情况可能是这样的：谢灵运写不下去，不是因为诗才不够或情思枯竭，而是由于找不到解决现实和心灵困惑的办法，精神上无法作出选择，诗自然也就写不下去。就在他困苦无计的时候，惠连出现了，灵运从惠连那里得到了重要的开导和启悟，找到了解决困惑的办法，身心为之一振，诗思也就豁然畅通了。不仅一口气续完了全诗，还有“池塘生春草，园柳变鸣禽”这样的神来之笔。

啊，庄兄，我觉得，你的解释极有新意！柳新雨说：你的推测，也可以从谢氏兄弟关系上得到参证。据《谢灵运传》记载，他对惠连的“大相知赏”正是在任永嘉太守期间（当时虽然“称疾去职”，但并没有被正式罢官），灵运还称赞说：“阿连才悟如此！”这说明他俩一定有过深度交谈，因为只有充分交流和理解，才能成为志同道合、相互欣赏的知己。所以灵运所要透露和掩饰的，可能就是他与惠连的会面、深谈以及受到的启发。

是这样的。庄言继续说：这样看来“池塘生春草，园柳变鸣禽”便很有暗示性和象征性了。“池塘”已经不全是永嘉的池塘，或者说是永嘉池塘和谢家池塘的迭映；同样，永嘉的“园柳”中也化入了谢家的园柳。“生春草”不只是眼前实际生长的春草，还是诗人新生的活力与希望；“变鸣禽”也不只是鸟儿叫声有所不同，也是诗人的心境和情调发生了转变。

接下来的诗句，便是对这种新生和转变的展开。“祁祁伤豳歌，萋萋感楚吟”，上句化用《诗经》“春日迟迟，采蘩祁祁，女心伤悲，殆及公子同归”[①]的典故，灵运自比女子，思有所归；但又不得实现，所以

---

① 孔颖达《毛诗正义》卷八《七月》云：“伤悲，感事苦也。春女悲，秋士悲，感其物化也。殆，始；及，与也。豳公子躬率其民，同时出，同时归也。”郑笺云：“春，女感阳气而思男；秋，士感阴气而思女，是其物化，所以悲也。悲则始有与公子同归之志，欲嫁焉。女感事苦而生此志，是谓《豳风》。”第 389 页，中华书局《十三经注疏》本 1980 年版。

为之伤悲。下句化用《楚辞》"王孙游兮不归，春草生兮萋萋"[①]的典故，暗示"外面"处境险恶，有亟切归来的心情。

"索居易永久"，一般解释为离群索居容易感到日子长久，虽然也说得通，但似乎有所未达。其实"索居"也是有典故的，《礼记·檀弓》载："子夏丧其子而丧其明，曾子吊之，曰：'吾闻之也，朋友丧明则哭之。'曾子哭，子夏亦哭，曰：'天乎！予之无罪也！'曾子怒，曰：'商，女何无罪也？吾与女事夫子于洙泗之间，退而老于西河之上，使西河之民，疑女于夫子，尔罪一也。丧尔亲，使民未有闻焉，尔罪二也。丧尔子，丧尔明，尔罪三也。而曰女何无罪与？'子夏投其杖而拜，曰：'吾过矣！吾过矣！吾离群而索居，亦已久矣！'"[②]曾子批评子夏不应该过度沉浸在自己的狭隘生活和情感中，子夏承认自己不对，并将其归因于离群索居太久。灵运化用这个典故，是说自己长期远离亲友，过度沉浸于自己的狭小格局中。"离群难处心"，李善解释说："《谷梁传》曰：郑伯之处心积虑，成于杀也。"[③]意思是说郑伯处心积虑要除掉自己的弟弟（太叔段）。灵运化用这个典故，也是在暗示自己的处境凶险，有退避全身的用意。

"持操岂独古"，一般认为是说要保持节操，其实这是灵运对"持操"的困惑和疑问。李善注引《庄子》说："罔两责景曰：'曩子行，今子起，何其无持操与？'"但《庄子》的原文是："罔两问景曰：'曩子行，今子止；曩子坐，今子起，何其无特操与？'景曰：'吾有待而然者邪？吾所待又有待而然者邪？恶识所以然？恶识所以不然？'"[④]李善略去的恰恰是关键的部分："罔两"指责"影子"变化不定，没有操持；影子回答说："是因为我有'待'？还是因为我所'待'又有'待'？我怎么知道会是这样？我又怎么知道不会是这样？"灵运化用这个典故，意思是说高尚独立的节操固然应该保持，但是如何保持？自古至今都是一个问题，

① 王逸《楚辞章句》卷十二《招隐士》。《文渊阁〈四库全书〉电子版》。

② 《礼记正义》卷七《檀弓》上，第1282页。

③ 《文选》卷二十二《诗》乙，第1040页。

④ 郭象《庄子注》卷一《齐物论》。《文渊阁〈四库全书〉电子版》。

自己也不知道该如何还是不该如何？

最后的“无闷征在今”，一般解释为没有苦闷，也是不够准确的。“无闷”典出《周易·大过》,《大过》整体上是“巽下兑上”之象，卦辞说：“栋桡。利有攸往，亨。”象辞说：“泽灭木，大过。君子以独立不惧，遁世无闷。”[①]大意是：祸患已成，栋梁弯曲，水淹树木，力不能支，德不堪任。君子在这个时候，应当守节不屈，隐居求安。灵运化用这个典故，是在告诫自己（当然也是暗示读者），目前的处境就像《大过》所说的那样，敌方的力量过于强大，自己处境艰险，应当效法古人，退避自保。

这样看来，自“池塘生春草”而下，灵运主要表达了两方面意思：一是对自己的处境有了清醒的认识；二是对如何应对眼前的处境有了明确的选择。然而这种认识和选择，似乎不像是灵运的一贯性格和作为，他是那么的狂傲、褊激、肆意、纵放，怎么会突然变得如此冷静、理性、低调甚至畏缩了呢？倒是很像是惠连的性格和作为，惠连《秋怀》诗说：“平生无志意，少小婴忧患。如何乘苦心，矧复值秋晏。……夷险难豫谋，倚伏昧前算。虽好相如达，不同长卿慢。颇悦郑生偃，无取白衣宦。未知古人心，且从性所玩。宾至可命觞，朋来当染翰。高台骤登践，清浅时陵乱。颓魄不再圆，倾羲无两旦。金石终销毁，丹青暂雕焕。各勉玄发欢，无贻白首叹。因歌遂成赋，聊用布亲串。”[②]

他从少小以来的“忧患”之中，悟出了人生的“智慧”，就是夷险难料，祸福倚伏；人生苦短，良辰易逝，应当进退适当，及时行乐。惠连的这种态度和选择，被认为是“以中行自任”[③]。所谓“中行”，就是孔子所谓“不得中行而与之，必也狂狷乎？狂者进取，狷者有所不为也”。[④]朱子说：“狂者，志极高而行不掩；狷者，知未及而守有余。盖圣

---

① 孔颖达《周易正义》卷三《大过》，第 41 页。中华书局《十三经注疏》本 1980 年版。

② 《文选》卷二十三《秋怀》（谢惠连），第 1078–1079 页。

③ 吴淇《六朝选诗定论》卷十四，第 391 页。广陵书社汪俊、黄进德点校本 2009 年版。

④ 《论语集释》卷二十七《子路》下，第 931 页。

人本欲得中道之人而教之，然既不可得，而徒得谨厚之人，则未必能自振拔而有为也。故不若得此狂狷之人，犹可因其志节，而激厉裁抑之，以进于道，非与其终于此而已也。”[①]可知狂狷或过或不及，是不得已而为之，而“中道”最合圣人之道。谢惠连能够有此“中行”意识，足见他的体悟确实达到很高的境界，而灵运的作风类似狂狷，“中行”正是他所缺乏的。值得注意的是，惠连说他要把这种体悟告诉亲友，这亲友之中，应该就有谢灵运吧。

说到这里，情况已经很明朗：谢灵运的转变与新生，与谢惠连密切相关。我们可以想见，灵运在苦闷困惑之际，与惠连有一番交谈，惠连用他的体悟为灵运排忧解难，又用古今的事例加以开导，还可能为灵运占得“大过”卦，并为之推究解说，给出启示……只是谢灵运没能做到，最终还是没能避免祸难。

如此说来，“池塘春草”是一个以“梦”为寄托涉及“家族兄弟”的典故，包含着多层含义和隐喻：表层是“池塘生春草，园柳变鸣禽”诗句的警策和家园景色的美妙，敏锐地捕捉到早春的物候变化及其带来的新鲜感觉，令人耳目一新，心动神往；进而是家族兄弟的情谊深厚和才情超绝，两个天才诗人“合作”创造出这一千古名句；进而是梦境的神奇，兄弟俩竟然能够在梦中相遇作诗，尤其是大名鼎鼎的族兄竟然需要从族弟那里得到“神助”；进而是家族兄弟的命运与处境，他们有着高贵的政治文化背景，经历了衰落和磨难，正面临复杂险恶的生存困境，前途凶多吉少，既要获得解脱，又要避祸全身……由这些元素交织融合，构成“池塘春草”的典型意境，其中弥漫着失落、困苦、忧患、恐惧、兄弟之情、故园之思，当然还有梦得佳句的惊喜，多种多样的思绪和情感，绝不只是“小清新”那么简单。

现在来看圣叹的《痴叔》诗：圣叹几乎完全套用“池塘生春草”的成句，似乎是要特意凸显这个典故；又在前边加了“应是”两个字，进一步提醒读者，并“坐实”了这个典故。就是说，痴叔也有类似谢氏兄

---

① 《四书章句集注》之《论语集注》卷七《子路》第十三，第 147 页。

弟那样的感情和关系。那么，痴叔也应该有一位谢灵运那样的族兄——不用说，这个人就是金圣叹的父亲！金圣叹把父亲和痴叔比作谢灵运和谢惠连，又在“草”字前面加上“无限”二字，在“梦”字前面加上“夜夜”二字，这样“应是池塘无限草，春来夜夜梦中生”，就显得金氏兄弟之间的关系比谢氏兄弟还要深情知赏，这就意味着金氏兄弟的遭遇比谢氏兄弟还要严酷，亦即金父的遭遇比谢灵运还要惨烈。这样的遭遇，只有家难足以当之。因此可以推知，圣叹此诗写于家难发生之后，此时圣叹的父母已经遇难，兄弟也已离散。根据覃师妹的推测，死于家难的还有圣叹的祖母和老苍头，同时也可隐约透露金父的遇害可能有官府因素。

到了这里，此诗前两句留下的种种疑问便有了答案。原来痴叔并不痴，不仅不痴，而且悟性极高，堪比谢惠连，所以我们以后应该称他“金叔”；金父则是谢灵运那样的人物，兄弟俩感情深厚，相互知赏和支持，金父在遭遇凶险的时候，金叔给予了有力的帮助。我甚至觉得，圣叹写金叔，很大程度上是为了透露金父；或者说是明写金叔，暗写金父。

那么，堪比惠连的金叔，为何变“痴”了呢？答案还要从金父那里去找。金父既然堪比谢灵运，那么金父的性格和命运应该与灵运有相似之处。就是说，金父的遇害，与他的恃才放诞、褊躁激愤有关。这与我们前面所分析的金父因性情“异类”、言行极端而遭到邪恶势力的深恶痛绝，最终被阴谋杀害的推测，也是一致的，二者可以相互补充、相互参证。金叔既然与金父关系如此亲密，自然也在邪恶势力的深恶痛绝、阴谋加害的名单上。金叔悟性高，侥幸逃脱。但是邪恶势力的威慑还在，甚至可能还有追杀。为了避免祸害，金叔不得不变异姓名，佯装痴呆，隐忍苟活下来。但是他对邪恶势力的愤恨，对死难亲友的悼念，还有对正义的坚持等，都使他难以忍受，忍无可忍，便时有发作，做出醉酒题诗之类的事情来。这就是圣叹说“我家痴叔不知名，壁上题诗我暗惊”的隐秘所在。

覃慧敏见庄言说得口干，便往他杯里续了热水，说：还是师兄读得细致，看得深刻，发现了金叔这个神秘而重要的人物。

陶然说：庄兄的一席话，让我想到老师说的崔液。崔液算不上很有名的诗人，很多人可能压根儿就没听说过。我看到圣叹一再模拟崔液的上元诗，也觉得很奇怪，现在我有些明白了，也许是因为崔液也有改姓换名、隐藏避祸的经历吧！如果是这样，那么圣叹《上元词》附记中的“神庙”就可能是指明神宗万历皇帝；神庙末年也就是万历后期，正与金圣叹家难发生的时间相近。那么圣叹所说的“处士不幸，丁晋宋之间，身亦适遭变革，欲哭不敢，诗即何罪？不能寄他人，将独与同志者一见也”，便与痴叔的题诗很相似。这里的“晋宋之间”“适遭变革”，会不会是指家难呢？我还不敢确定，提出来请大家注意。

啊，陶妹这也是一个发现啊！柳新雨说：崔液、崔湜也是兄弟关系，也是哥哥遇难。看来圣叹的《上元词》确有重大隐情。

陶然说：这样金家的文化背景画廊里，又增加了四个人物：谢氏兄弟和崔氏兄弟，他们与曹植、竹林七贤、陶渊明、陈希夷、郗超、王珣等一起，越发让人觉得金家高深隐秘、非同寻常。

是啊，我也有同感。李大白说：不是随便什么人都可以自比谢氏兄弟、崔氏兄弟的。而且，谢氏兄弟在性格特点、文化倾向上与前面几个人既相似又有所不同，更加丰富了圣叹的“家学”内容。金圣叹将其父比作谢灵运，说明金父的为人处世有“狂狷”风格，这在现实中必然遭到嫉恨和迫害，他的家破人亡，应当与此有关。而痴叔像谢惠连那样“中行”，实际上是隐忍，所以能够幸存下来。金父大概意识到自己的不够“完美”，所以才会希望圣叹兄弟能像郗超、王珣那样，有一个“完美”的性格和人生。家长自己做不到的，往往希望子女能够做到，从古到今，大抵如此。

石萌说：哎呀，你们的谈话，真的让我脑洞大开啊！没想到圣叹还有个痴叔，竟然到了改名换姓、装疯卖傻的地步，可见当时的威胁到了多么可怕的地步！一个改名换姓、装疯卖傻的人，他的生活该有多么艰难，他的内心该有多么痛苦！但他之所以不死，绝不是为了苟活，一定是有所坚守和期待的。从圣叹所说的“无限草”“夜夜梦”中能够感到，金叔的长夜无眠、隐忍苟活，不只是因为恐惧和悲痛，还有愤怒和仇恨、复仇和新生。圣叹的“暗惊”，不只是因为痴叔的诗写得好，更是因为诗中透露出来的“秘密”，这种秘密会给痴叔本人及其亲友带来大祸，所以圣叹才会暗暗心惊。也许痴叔的诗中有“谋反”之类的“异志”吧！

啊！这么严重？陶然惊讶道：这个推测是不是太大胆了？在金墅这个小地方，怎么可能呢？

是很大胆。庄言说：但也不是没有可能。可不要小看金墅这个地方，它离苏州很近，苏州在明清时期，可是江南重镇，是仅次于首都和“陪都”的政治文化中心，与“陪都”南京近在咫尺，有着千丝万缕的联系，什么样的事情都有可能发生。大家都知道《水浒传》的“水浒”两个字出自《诗经》的“率西水浒，至于岐下”。《毛传》说水浒即“水崖”。[①]就是山深水远的边缘地带。既然“梁山泊”能够出现如此声势浩大的“贼寇”，那么金墅依山傍湖，还有长洲苑，条件也不比梁山泊差呀。还有给明朝统治致命打击的李自成、张献忠的“流寇”，不也是出自穷乡僻壤吗？就连中国革命，也是从井冈山、延安走向胜利的呀。所以不要小看小地方，某种意义上说，越是偏僻的小地方，这种可能性就越大。

唔，你们说得非常好！田老师说：发现了许多新情况，也提出不少新问题。金圣叹还有一首非常重要的诗，大家似乎还没注意到啊。

哪一首？学生们纷纷摇头。

田老师说：这首诗的题目为《元日怀西音》，其诗云：

> 同学分飞泪满巾，那堪白首又青春。
> 柳条弄色底天意，梅蕊发枝尤不伦。
> 郑巷难忘饮酒叔，沩山终为立锥人。
> 何当暂出池塘梦，来视岁寒还在身。[②]

---

① 《毛诗正义》卷十六《绵》，第510页。

② 《诗选》第112页。

这个“西音”是谁？不清楚，也从来没人提起过，但看起来和圣叹的关系非同一般。

“元日”是农历的大年初一，也就是现在的春节。春节这一天，一般都是很忙碌的，圣叹早早起来，不是张罗过节，而是深情怀念西音，并为他赋诗，这本身已透露二人的情谊不同一般。春节是个阖家团聚的节日，同时还有一个重要节目，就是祭奠祖先，实际上是和死去的家人团聚。圣叹在这样的日子里怀念西音并为之赋诗，又透露出他和西音很可能是同一家族。再联系诗中的“池塘梦”典故，可以推知这位西音，应该是圣叹的家族兄弟，“西音”想必是他的字或号。

圣叹上来就称“同学”。“同学”一般是指在同一学校读书的同伴，也可指共同治学或修道的人；在明末清初的江南，还经常用来指称同一“社”“盟”中人，据说是黄宗羲、沈寿民、陆符最先这么使用的。《柳南随笔》记：“自前明崇祯初，至本朝顺治末，东南社事甚盛，士人往来投刺，无不称‘社’‘盟’者。后忽改称‘同学’，其名较雅，而实自黄太冲始之。太冲《题张鲁山后贫交行》云：‘谁向中流问一壶，少陵有意属吾徒。社盟谁变称同学，惭愧弇州记《不觚》。’自注云：‘同学之称，余与沈眉生、陆文虎始也。’”[①]据此可知，圣叹和西音，可能既是从小一起学习的同窗，又是后来一起学佛（或道）的同道，还可能是同社成员亦即同志——不是现在流行的那种意思啊。这么说来，圣叹和西音，便是自家兄弟加同学加同志加朋友，还可以加上“发小”，有着亲近的血缘，又有共同的信仰和志向，是相互理解和支持的知己。

这种关系在下面的诗句中逐步展开，圣叹开始追忆：“分飞”即离散，而且不止一两个人；由下句“白首”可知，他们的离散已经很久了，如今圣叹已经满头白发，想必西音也是，算来他们的离散已有几十年了！

他们为什么会“分飞”？又为什么几十年不得相聚？后面会说到，而此处的“泪满巾”，已先透露他们离散时非常悲伤，暗示有重大不幸

---

① 王应奎《柳南续笔》卷二《刺称同学》，第 171–172 页。《柳南随笔·柳南续笔》，中华书局王彬、严英俊点校本 1983 年版。

的事件发生。什么样的重大不幸会迫使他们满含眼泪地离散呢？圣叹暂且不说，而是笔锋一转，描写眼下的情景："柳条弄色底天意，梅蕊发枝尤不伦。"元日还有些寒冷，"柳条"就已经"弄色"起来，"梅蕊"也"发枝"起来。这种"不正常"现象，暗示世事的变异无常，小人的得意忘形！由末句可知，圣叹、西音，是与柳条、梅蕊完全不同的人，属于岁寒不凋的"松柏"。或者说，圣叹、西音是君子一方，柳条、梅蕊是小人一方，双方的矛盾冲突也就可想而知了。然而柳条原本就是软弱的，它的变异反常尚可用"天意"来辩解开脱，但梅蕊这种原本清高孤傲之物，也如此变异反常，就更加令人痛恨，不可原谅！所以圣叹直接斥其"尤不伦！"我们不妨认为：柳条、梅蕊代表两种人：一类是没有节操的小人，他们原本就是圣叹、西音的敌人；一类是变节者，他们原本是清高的盟友，后来变成了敌人。这里面隐含多少复杂而微妙的人事变换，真的是一言难尽。

接下来的"郑巷难忘饮酒叔"尤为关键，这是化用"郑叔"典故，《诗经·叔于田》云：

> 叔于田，巷无居人。岂无居人，不如叔也——洵美且仁。
> 叔于狩，巷无饮酒。岂无饮酒，不如叔也——洵美且好。
> 叔适野，巷无服马。岂无服马，不如叔也——洵美且武。[①]

诗前"小序"说："《叔于田》，刺庄公也。叔处于京，缮甲治兵，以出于田，国人说而归之。"读过《左传·郑伯克段于鄢》的人都知道，"庄公"就是郑伯；"叔"就是太叔段，我们可以称他"郑叔"。据说郑伯是"寤生"——不是顺产而是倒产，这让他的母亲姜氏既痛苦又惊疑，从此便不喜欢他，而把所有的爱都给了他弟弟郑叔，甚至想让郑叔继承王位。郑伯怀恨在心，后来郑伯继位，姜氏便要他把制（在今河南荥阳市西北）这个险要的地方封给郑叔，被郑伯一口回绝了。姜氏不甘心，

---

① 《毛诗正义》卷四《叔于田》，第 337 页。

又要他把京（在今河南荥阳市东南）封给郑叔，郑伯虽然不情愿，但也只好答应。郑叔到了京地不久，便要求兼管西鄙、北鄙两个地方，后来索性据为己有。有人提醒郑伯，不能任由郑叔扩张，宜早作处理。郑伯却说：让他多行不义必自毙吧。后来郑伯听说郑叔“完聚，缮甲兵，具卒乘，将袭郑”，准备攻打郑伯，与姜氏里应外合夺取王位，便发兵讨伐郑叔。郑叔便逃往鄢（今河南鄢陵），郑伯又亲率大军攻鄢；郑叔只得逃亡到卫国的共地（今河南卫辉）。与此同时，郑伯又把姜氏抓起来，监禁在城颍（今河南临颍），发誓“不及黄泉，无相见也！”后来受到颍考叔的感动，有所悔悟，才母子相见如初。

这个故事大家都很熟悉，在《左传》的叙事里，这是一个国君哥哥镇压叛乱弟弟的事件，作者在文中说：之所以把这个事件称作“郑伯克段于鄢”，是因为“段不弟，故不言弟；如二君，故曰‘克’；称‘郑伯’，讥失教也。谓之郑志，不言出奔，难之也”[①]。这是站在郑伯的立场上，批评郑叔和姜氏有失本分。

不过《诗经·叔于田》是把郑叔作为正面形象来歌颂的，说他：为人好，没谁比他更仁爱；饮酒好，没人比他更义气；打猎好，没人比他更英武……是个有仁有义，英俊潇洒，武艺高强的年轻公子，深受人们的爱戴和称赞，难怪姜氏要那么宠爱他。《诗经》中还有一首《大叔于田》，主要是写郑叔的畋猎，小序说：“刺庄公也。叔多才而好勇，不义而得众也。”[②]多才而好勇，与《叔于田》相一致；但“不义而得众”，便有些矛盾，“不义”或许是“仁义”的讹误吧。总而言之，《诗经》对郑叔不仅赞美有加，还有辩护的意思：你看，郑叔的缮甲兵、具卒乘，都是为了畋猎，没有谋反的意思嘛！就算他有些过分，郑伯作为兄长，应该教训劝诫，怎么可以故意下套置亲弟弟于死地呢？太过阴险狠毒了吧！

金圣叹说“郑巷难忘饮酒叔”，显然是采用《叔于田》中的说法。就是说，圣叹是站在郑叔一边的。耐人寻味的是，金圣叹还不止一次评

---

① 孔颖达《春秋左传正义》卷二《隐公元年》，第 1714 页。

② 《毛诗正义》卷四《大叔于田》，第 337 页。

点过郑伯，在《金集》中，仅《郑伯克段于鄢》就有两篇：一篇在《唱经堂左传释》中，另一篇在《天下才子必读书》里，此外《周郑始怨》《庄公戒饬守臣》等，也都有对郑伯的评点。特别是《唱经堂左传释》中的《郑伯克段于鄢》，圣叹的评点极为精细透彻，富于感情。特别是在评点中，圣叹又一次为“天下无母之人”而悲叹，并又一次提到《陈情表》。所以我推测，圣叹评点本文的时间、原因和意图等，应与评点《水浒传》相近或相同。就是说，圣叹评点《郑伯克段于鄢》，与其父母、祖母的死难有关；或者说，圣叹的家难与“郑伯克段”有着某种相似性。

我们不妨来看几段圣叹的评点文字：原文写：

> 及庄公即位，为之请制。公曰：“制，严邑也，虢叔死焉，他邑唯命。请京，使居之。”谓之“京城太叔”。

圣叹在此处评点说：

> ……庄公才即位，姜氏便请制，写出老妪眼光射定，刻不能待。姜氏才请制，（庄）公便接口，将“制”字一顿，写出孽子机警迅疾，狭路不容。读之真使人遍身不乐……“使居之”三字，写尽庄公面目不善；“谓之京城太叔”六字，写出姜氏满心欢喜。母子之仇，至此日而成矣。

原文写：

> （祭仲）对曰：“姜氏何厌之有？？不如早为之所，无使滋蔓。蔓，难图也；蔓，草，犹不可除，况君之宠弟乎！”公曰：“多行不义，必自毙，子姑待之！”

圣叹评点说：

“无使滋蔓”，“不如早为之所”，自是处宠弟正论。乃庄公则正欲其滋蔓而后毙之，以见杀之有名，曰“彼自毙也”。嗟乎！他日伐诸京，又伐诸鄢，为是段自毙，为是公毙段？“自”之一字，何其为心阴毒碜刻之至于斯也！

原文写：

公曰：“无庸，将自及。”太叔又收贰以为己邑，至于廪延。子封曰：“可矣。厚将得众。”公曰：“不义不暱，厚将崩。”太叔完聚，缮甲兵，具卒乘，将袭郑。夫人将启之。公闻其期，曰：“可矣！”

圣叹评点说：

……前“无庸”“自及”之语，出口入耳之际，封已稔公之计，故至此径将“可矣”二字直投入来。乃他人愈急，公即愈缓。所以然者，看他“不暱”二字，便明明已有人于太叔之侧，风吹草动，无不备悉，不劳又有第二人为我著急也。下“缮甲兵，具卒乘”，是实有其事者；若“将袭郑”“将启之”，是尚无其形者。只看左氏连用二“将”字，便是天大疑狱也。二“将”字句，下便紧接“公闻其期”句，可见平日已先布置奸细于太叔之侧，其事益明。……今试思“可矣”竟是何等语？嗤嗤太叔，久为机上之肉，读之真令人遍身不乐也！人家骨肉有嫌，动托外人侦伺。夫受托则恒思有功于其间，岂肯复毫不增加哉？“将袭”“将启”，特书二“将”字，以明太叔与姜氏之冤，为万世之鉴戒也。问曰：“将袭”“将启”，则太叔与姜氏诚冤，若“缮甲兵，具卒乘”，此即反形已著，岂复有冤乎？答曰：是亦冤也。夫“缮甲兵，具卒乘”，而又“将

> 袭”“将启”之实也者，是即反也；若使无之，则吾乌知其缮且具者之非聊以固吾围也？他日读《诗》至两《叔于田》之章，而后知其甲兵卒乘，亦为狩猎之事而已，夫而后哀太叔真冤，直是无处可诉。乃孔子于《春秋》，既书郑伯克段之文；于《诗》，复留国人爱段之咏，然后知圣人之恶郑伯，盖有如此之甚。援两经以明太叔之不反，而太叔之冤大白。白太叔之冤者，非欲反狱庄公；吾亦深恶姜氏之生二子而不能养，而无端参差，几杀其一，为万世之鉴戒也。孔子之恶郑伯，恶其无以长一国也；吾之恶姜氏，恶其无以长一家也。①

圣叹的立场和态度，既鲜明，又彻底：对郑伯，圣叹断定他衔恨已久，处心积虑，必欲置郑叔于死地，可谓“阴毒碜刻”，因而大加揭露和痛斥；对姜氏，圣叹严厉指责其失养失教，是造成矛盾的总根源；对郑叔，圣叹则认为他是清白无辜的，极力为其辩解冤情。尤其值得注意的是，圣叹的评点，感情色彩很强，不仅言辞激烈，还直言自己的感受——“遍身不乐”，还联系自己的遭遇——感怀母亲和祖母。这些不能不让人想到他是有感而发，他的遭遇，主要是家难，与“郑伯克段”有着某种类似性。圣叹还说郑叔身边早有郑伯安插的奸细，而奸细必然会迎合郑伯，夸大实情，这是原文中没有的情节，属于圣叹的“创造”。圣叹又将《郑伯克段于鄢》和《诗经》的两首《叔于田》相比较，并说这体现了圣人（孔子）对郑伯的“恶”；而圣叹不仅“恶”郑伯——恶其未能当好一国之主，还深“恶”姜氏——恶其未能当好一家之主。这些“微言大义”，都是圣叹的“借题发挥”。

其实金圣叹不止一次使用“郑叔”典故，又多次评点“郑伯克段”，可以说是“耿耿于怀”。这不会是偶然巧合，必然有着特殊的原因。大家发现没有：西音和“郑叔”“郑伯”有关，西音又和圣叹关系密切，因而圣叹也和“郑叔”“郑伯”有关；由此可以推测，西音和圣叹两人，

① 《唱经堂左传释》之《郑伯克段于鄢》。《金集》伍，第8-13页。

乃至他们两家，可能都与类似“郑伯克段”的事件有关，而能够和“郑伯克段”相当的事件，似乎也只有圣叹的家难……从诗歌用典的类比和影射关系来说，与“郑叔”“郑伯”对应的是“金叔”“金伯”，那么，金叔、金伯又是谁呢？

按说圣叹此诗是为西音而作，西音应该是金叔；但是，前面说过，圣叹和西音既是兄弟、同学和同志，又是知己朋友，两人年龄相近，辈分相同，称“叔”似有不妥；而且圣叹也没有为“伯”的可能。所以应该考虑金叔可能另有其人，这个人必须和西音、圣叹关系极其亲密，既与当年的“分飞”相关，又是圣叹的“叔”辈；这要联系下句“沩山终为立锥人”来看。

据佛典记载：智闲（香严）禅师向沩山禅师（灵佑）请求开悟，沩山让他自己去体会。后来智闲在南阳种菜，偶然于瓦片击竹声中得到悟道，便作偈云：“一击忘所知，更不假修持。动容扬古路，不堕悄然机。处处无踪迹，声色外威仪。诸方达道者，咸言上上机。”沩山知道后很高兴，便让弟子仰山（慧寂）前去考察验证。仰山去了便问智闲：“闻师弟发明大事，你试说看。”香严把偈语念诵一遍，仰山说：“此是夙习记持而成，若有正悟，别更说看。”智闲又颂曰：“去年贫，未是贫；今年贫，始是贫；去年贫，犹有立锥之地；今年贫，锥也无。”仰山又说：“如来禅许师弟会，祖师禅未梦见在。”智闲复颂道：“我有一机，瞬目视伊。若人不会，别唤沙弥。”仰山便回来报告沩山：“闲师弟会祖师禅了。”[①]圣叹化用这个典故，是说西音后来学佛得道，成为智闲那样的高僧。同时“沩山终为立锥人”紧接着“郑巷难忘饮酒叔”而下，不仅句式上形成前后关系，而且也隐含着事件线索，暗示西音是“郑叔”的后人，他的佛学成就足可告慰前人。因此可以推测，金叔乃是西音的父

① 普济《五灯会元》卷九《沩仰宗》之《香严智闲禅师》载：“（智闲）师又成颂曰：‘去年贫，未是贫；今年贫，始是贫；去年贫，犹有立锥之地；今年贫，锥也无。’仰（仰山慧寂）曰：‘如来禅许师弟会，祖师禅未梦见也。’”师复又颂曰：‘我有一机，瞬目视伊。若人不会，别唤沙弥。’仰乃报沩山，曰：‘且喜闲师弟会祖师禅也。’”第537页。中华书局苏渊雷点校本1984年版。

亲，圣叹写此诗时，他已不在人世，所以圣叹说“难忘饮酒叔”。

如果这个推测属实，那么，尾联的“池塘梦”便有着双重喻意：一重是金叔和金父的族兄弟关系，金父为族兄；另一重是西音和圣叹的族兄弟关系。从“何当暂出池塘梦，来视岁寒还在身”来看，似乎圣叹是将西音比作谢惠连，那么他自己便是谢灵运，是西音的族兄。

“岁寒还在身”也是双关语，就节候而言，元日还很寒冷，自己又年老多病；就情志而言，则是化用孔子“岁寒然后知松柏之后凋也”的典故。庄子说：“天寒既至，霜雪既降，吾是以知松柏之茂也。陈蔡之隘，于丘其幸乎？”黄侃说：“此欲明君子德性与小人异也，故以松柏匹于君子，众木偶乎小人矣。”朱熹集注引范氏语：“小人之在治世，或于君子无异，惟临利害、遇事变，然后君子之所守可见也。”又引蔡氏语：“士穷见节义，世乱识忠臣，欲学者必周于德。”[①]总之是以“松柏”比喻仁人志士，虽遭遇常人不堪忍受的变故磨难，仍能坚守道义和节操。圣叹把自己比作松柏，也就等于说自己是遭受过变故磨难而节操不改的仁人志士。这实际上是和西音相互知解和激励，两个人有着共同的艰难经历、志节操守和道德修养——圣叹称赞西音是高僧，其实圣叹自己的佛学造诣也是非常高的。这便与开头的“同学”“分飞”形成呼应与绾合，并与前面的“柳”“梅”形成对比。

呀！原来是这样！我真的没有注意，也没想到啊！石萌惊呼道：这么说来，西音应该属于南金的人喽？

柳新雨说：我倒是觉得，《痴叔》里的金叔与《元日怀西音》里的金叔，都是化用池塘春草典故，会不会是一个人呢？

覃慧敏说：不论西音是谁，都是金圣叹眷属中的一员。

田老师接着说：这个问题比较复杂，很难完全确定。刚才说了，《元日怀西音》的池塘春草典故，涉及两家两代人：圣叹和西音是族兄弟；金父和金叔也是族兄弟。但是，我们还要注意其中“郑伯克段”的典故，刚才庄言说到：金圣叹一再评点“郑伯克段于鄢”，尤其是在《唱经堂

① 详见《论语集释》卷十八《子罕》下，第623-625页。

左传释》中的评点，圣叹的介入程度很大，文字繁复，感情强烈，态度也很明朗，给人感觉似有重要的隐含和寄托。如在“五月，辛丑，太叔出奔共”下，圣叹解释说：

日之者，难之也。难之也者，公以车二百乘，伐诸京，又伐诸鄢，太叔即岂得有奔共之日哉？五月辛丑，几几乎不免也！此句，经不书。

圣叹认为，“五月，辛丑，太叔出奔共”这句话，在“经”的原文里是没有的，是后人加上去的。圣叹的根据何在？不得而知，也可能是圣叹故意这么说的。那他为何要这样说呢？我们来看这句话和圣叹评语的“要害”在哪里：一是标出时间：五月，辛丑日；二是记录事件，太叔出奔，幸免于难；三是同情太叔，指责庄公——因为在圣叹看来，实无处可奔。大家想想，这些是不是与圣叹的家难有着某种相似性啊？会不会是圣叹的“别有用心”啊？

是很相似。李大白说：莫非那场家难也是发生在五月辛丑？而家难的制造者就是金伯？

我觉得，应该是圣叹的“别有用心”。柳新雨说。

石萌说：这样一来，“同姓”“读书人”“南金”“北金”“眷属凋伤”、金父、金叔、金伯等等，便都可以串联起来了。

李大白说：根据这些新情况，我再把圣叹的家难“还原”一下吧：

原来这金墅镇的金姓，以老街为界，分为南金和北金。北金那边，多为官绅和富豪，在地方上强横跋扈、作威作福；南金这边，多为正直文士，家境比较清贫，属弱势群体，双方的矛盾对立由来已久。

北金的金伯，凭着祖上的余荫，成为当地官绅的老大，镇上的主宰。他表面上是个读书人，满口仁义道德，其实阴险狡诈，无恶不作。不仅残酷欺压百姓，对南金也无情无义，毫不手软。在家里，金伯从小就不受母亲喜欢，因而对母亲以及备受母亲宠爱的弟弟金叔，又怨恨又嫉妒；金叔不仅才华出众，而且英武仁义，深受人们的爱戴和拥护，这让金伯觉得金叔是个很大的威胁和隐患，一直想找机会进行报复和打击。

金叔虽然家在北金，但和南金的人交往密切，尤其是与金父深相知赏，情逾手足。他们和几个志同道合者结成“南金七贤”，与北金针锋相对，对金伯的不仁不义，予以揭露和抵制，或直言不讳，或冷嘲热讽。这让金伯既恼怒又忌惮，以至深恶痛绝，处心积虑要除掉他们。后来有人向金伯诬告，说金父、金叔正在暗中联络同道、壮大实力，准备把金伯赶下台，夺取当地的统治权和话语权。金伯感到事态严重，一方面严加防备，一方面找来湖匪山贼的头领密谋，尽快对南金采取行动。

就在金圣叹八岁那年的五月，一个风雨交加的深夜，金伯勾结的盗贼对南金实施了突袭，南金惨败，金父在混战中遇难，金母也被杀害。圣叹兄弟，分头逃往外地避难。

圣叹和祖母由老苍头护送逃往苏州，不料在途中渡河时，遭遇风浪，惊慌之下，小船翻覆，三人落水。圣叹被老苍头奋力救上岸，祖母和老苍头却被急流卷走，再也没能回来。圣叹心爱的玉带钩，也失落河中。

圣叹的二弟一直流落在水泊天涯，三弟则下落不明。

圣叹的小妹，被乳母当作自己的孩子保护下来，并抚养长大。

事发时，金叔正在圣叹家，与金父并肩作战，无奈寡不敌众，眼见大势已去，便突围而走，逃到外地。后来变易姓名，佯装痴呆，隐忍度日。

南金的其他子弟，也纷纷出逃避难。金叔的儿子逃出后隐身佛门，法号西音，后来成为一名高僧……

# 第三章

# 姑苏城孤儿投亲 寒山寺少年受戒

李大白话音未落，突然门铃响了，石萌跑去打开门，就听一个男人声音说：这是田野先生家吧？石萌有些迟疑，田老师早已跃起，欢呼道：嗨！原来是你啊！便孩童般地迎了上去，给来人一个拥抱。

来人是个七尺大汉，方面阔耳，大光头，络腮胡子，已然白多黑少。衣裤宽大，背着一个双肩包，很容易让人想到鲁智深。他朝田老师头上看了又看，瓮声瓮气地说：啊，全白了！见到屋里有几个年轻人，又说：高朋满座嘛，没有打扰你们吧？

没有没有！我们在闲聊。田老师一边引来人入座，一边介绍说：这几个是研究生；这位是范启明先生，我的老哥们儿，你们就叫他范老师吧！

范老师好！学生们齐道。

不敢当，不敢当！范启明说：这年头，“老师”可是个敏感词儿。哈哈……

范启明一边大笑，一边坐下。田老师给他斟上茶。范启明品了一口，点头说：不错，上好的碧螺春。

啊，多年不见，茶道精进啊！田老师惊讶道。

范启明谦虚说：碰巧喜欢而已。

学生们见田老师故人相逢，便欲告辞；又被范启明的气场吸引，不忍离去。这时只见范启明从背包里取出一个纸包，对田老师说：看我给你带啥来了？

啥东西？田老师看着范启明一层一层地拆开包纸，露出一个坛式酒瓶，欢喜道：啊，是酒！

范启明说：这可不是一般的酒，正宗老窖杏花香！

田老师立刻两眼放光，满脸欢喜，连说：太好了！太好了！这是客从远方来，遗我杏花香啊！又对学生们说：清明、细雨、故人、杏花酒，凑一块儿了，难得难得！你们陪范老师喝茶说话，我去弄几个下酒菜，咱们一醉方休啊！

学生们满口答应！

范启明说：很久没有品尝你的厨艺了！又问：阿织呢？

阿织就是林芝，是田老师的妻子。以前在北方时，朋友们说他俩是男耕女织，就叫她阿织。

退休了，到美帝那边看孙子去了。田老师说。

噢，好嘛！这下我们又可以"彻夜谈"了。

田老师的厨艺属于无师自通那种，虽不是很专业，但也别具风味。尤其是下酒凉菜，在朋友中颇有口碑。果然用不多时，餐桌上就琳琅满目、香气四溢了。

田老师招呼大家"入席"，开壶倾酒，举杯畅饮起来。

果然是好酒！田老师赞美道，问范启明：哪儿搞来的？

嗨，说来话长。范启明说：你离开不久，我就查出胃癌，先是很崩溃，到处求医问药，时刻不得安宁。自己不胜其烦，亲友也不胜其累。见多了，想开了，我便索性离婚离家，外出漫游。真的是"漫游"，没有目的，没有日程，想走就走，想留就留。遇见好地方就住下来；住烦了，继续走。途中遇到一位山西女子，跟我一样，也是患了绝症，不愿在家等死，出来漫游。我们同病相怜，就结伴而行，一起漫游三年多，感觉身体和精神越来越好，到医院一检查，所有指标竟然全都正常了！

我俩也因此成了真正的患难旅伴、生死之交。她邀请我到她家去玩，她老爹会酿酒，把我当成他女儿的救命恩人，先是想让我留下和他一起经营酒坊，被我婉拒。于是便用祖传秘方，专为我做了这坛“杏花明”。

噢！原来还有这么一段故事！田老师感叹道：不知道这些年你经历了这么多，差点儿……

是啊！是啊！范启明说：不说了，都过去了。大自然是最好的医院，上帝是最好的医生！来，感谢自然！感谢上帝！

大家一齐响应，举杯同饮。

范老师，您经历很惊险，很传奇！覃慧敏说：也很浪漫，我猜“杏花”该是那位女子的名字吧？

这个女娃好聪慧！范启明说：是的，“杏花”确实是她的小名，不过当地叫“杏花”的很多。

田老师口中念念有词：遇杏则明，逢花则生……你们俩是命中注定的组合，关系非同一般啊！

你是说结为夫妇吧！没有，我们虽然关系很好，但纯粹是患难之交，情同兄妹。范启明说：不过，她说到了“那边”，就会永远和我在一起。

田老师点点头，若有所思。

你怎么样？这些年，还好吧？范启明问。

田老师说：你有杏花村，我有桃花源，虽然没你那么惊险浪漫，倒也安静自在。现在退休了，更加不知有汉、无论魏晋了！

如此甚好！此中有真意。范启明说，又问：退休了，怎么还在上课？

田老师说：不是上课，我们只是自发地在一起聊聊。

噢，都聊些啥？范启明又问。

金圣叹。石萌脱口而出。

金圣叹？范启明两眼放光说：是个有意思的话题。

田老师对学生们说：你们大概不知道，范老师当年可是出版界有名的学者型编辑，经他“点拨”的作者，不少人成了教授、博导，还有名家、大师哩！我那本关于金圣叹的小册子，就是他帮我出版的。他对金圣叹情有独钟，今天正好可以听听他的高见。

哇！太好啦！学生们兴奋地鼓起掌来。

范启明对学生们说：田老师言过其实了。不过，我确实很关注金圣叹。一看到田老师的书稿，就被吸引住了。在编辑出版过程中，我们相互交流、商讨，也有争论。书还没出来，我们就成了“桃园三结义”了，哈哈……一晃三十多年了，如今又回到金圣叹的话题上，很有些轮回感啊！

范启明看了看田老师，又问：为何要“重读”金圣叹？

田老师感叹道：唉！无聊无聊，闲着没事，就找个话头来聊聊呗。

范启明点点头，说：亦可谓不为无益之事，何以遣有生之年！

两人相视一笑。田老师对学生说：把我们已经聊过的问题，给范老师报告一下吧。

柳新雨应声好，便将此事的缘起以及目前的进展，简要地说了一遍。范启明很专注地听着，时而点头，时而沉思。待柳新雨说完，拍案道：太好了！你们很有创意和收获嘛！有些问题是我一直思考而未得其解的，被你们“聊”开了，佩服佩服！来，我敬大家一杯！

田老师说：主要是他们年轻人，感觉敏锐，没有负担，又很少成见，加之用心专注，就好像戴上了夜视镜，可以看到许多被黑暗遮蔽了的东西。不过，我们只是闲聊，图个口耳之快，不足以言学术，也不足登大雅之堂的。

范启明嘿嘿笑道：我有一个谬论，最好的学问，不在高头讲章里，也不在冥思苦想里，而是在酒酣耳热、放言无忌之中……只可惜大都随风而散，没能保留下来。

不是谬论，而是明言！田老师赞许道：那我们就聊起来吧！谁先来？

我来吧！陶然应道，正要发言，范启明说：酒酣耳热和放言无忌相得益彰，我提议，要发言的人，先自饮一杯；讲得好，奖励一杯；讲得不好，惩罚一杯，如何？

大家齐说好！

陶然很爽快地自饮一杯，然后说：关于圣叹家难前后的情况，还有一些蛛丝马迹值得注意：一是入学。金圣叹在“呼延爱马”那段文字中说到：

> 吾有一苍头，自幼在乡塾，便相随不舍……
>
> 吾数岁时，在乡塾中临窗诵书，每至薄暮，书完日落，窗光苍然，如是者几年如一日也。吾至今暮窗欲暗，犹疑身在旧塾也。[①]

圣叹在这里两次提到入“乡塾”的情况。

在《金评水浒》的《序三》中，圣叹也说到入“乡塾”的情况：

> 吾年十岁，方入乡塾，随例读《大学》《中庸》《论语》《孟子》等书，意惛如也。每与同塾儿窃作是语：不知习此将何为者？……明年十一岁，身体时时有小病。病作，辄得告假出塾。[②]

大家看这两段话说到的乡塾情况，是不是有些问题呀？很明显，在前一段文字中，圣叹说他“自幼”在乡塾，又说是在“数岁时”。“幼”虽然不是一个确切的岁数，但应该不会超过十岁，“数岁”也应该在十岁以内。而且中间还有“几年如一日”。这就是说，圣叹自幼入乡塾时才“数岁”，在这个乡塾中过了“几年”，那么他入塾时可能只有五六岁。但他为什么又在后一段文字中说“吾年十岁，方入乡塾”呢？

比较合理的解释是：金圣叹先后两次“入塾”，第一次是在“数岁”时，第二次是在“十岁”时。

其实，圣叹说“吾至今暮窗欲暗，犹疑身在旧塾也”。分明是告诉读者，他曾经在“旧塾”读书，而“今”，是说写这段话时，其“身”

---

① 《金评水浒》第五十六回《徐宁教使钩镰枪　宋江大破连环马》。《金集》肆，第1018页。

② 《金评水浒》卷首《序三》。《金集》叁，第19页。

已不在旧塾，应该是在“新塾”了。

圣叹为什么会两次入塾？我想这与他的家难有关，在时间上也大致吻合。家难发生时，圣叹八岁，往前推“几年”——假定三年，那么他入“旧塾”时应在五岁，这便与“数岁”相合。家难发生后，圣叹逃到苏州投靠亲戚，经历如此惨重的身心创伤，他需要有一个调养身心、适应环境、物色学校的过程，十岁以前的两年“空白”可能就是因为这些；他“十岁入塾”应该是进入当地的乡塾，亦即“新塾”。

这样我们便知道，圣叹前一次入塾约在五岁；后一次入塾是在十岁。前一次入塾，比一般儿童要早，说明圣叹是个聪明早慧的读书种子；后一次入塾，比一般儿童要迟，其中肯定有重要原因，但能够入塾读书，说明他此时已经安居下来，并且得到很好的照顾和培养。

庄言兄说金圣叹的家乡在长洲金墅，那么他的“旧塾”也应在那里；后来圣叹长期居住在苏州，那么他的“新塾”就应该在苏州（吴县）。

从圣叹在塾中的读书状况上，也可以旁证他所就读的不是一个塾校：在“旧塾”时，有老苍头相随不舍，专门负责接送、陪伴和保护圣叹，很有些金家大少爷的气派。虽然那时圣叹年龄很小，读书却非常投入：他坐在靠窗的位置，或大声朗读，或默默背诵，或体味沉思，一坐就是大半天，经常要到太阳落山，薄暮爬上窗户，才肯离开。不像别的孩子，跑来跑去，瞎打胡闹，或是偷奸耍滑，跟老师斗智斗勇。而且圣叹这样的读书状态是几年如一日的，足见他是多么的全情投入，勤奋好学。他对“旧塾”，也感情深厚，以至离开多年，每当暮色苍茫、窗光将暗之时，仍有身在“旧塾”的幻觉。

旧式的乡塾教育，往往比较简单枯燥，塾师既严厉又古板，学童呢，大都贪玩好动，不愿意读书，也不喜欢乡塾，甚至深恶痛绝，发誓永远不要回到那里。但是金圣叹却非同一般，读起书来是那么的专心致志，孜孜不倦，对乡塾是那么的充满眷恋和怀念。有人可能会说他是天生爱学习，但感觉还应有其他原因，稍后再说。

可是圣叹在“新塾”里的情状却截然相反：他只是被动地按照要求跟着读《大学》《中庸》《论语》《孟子》等书，就是我们小时候老师经常批评的“唱仰脸歌”那种，仰着脸在那背书，心思完全不在书上。昏昏如也，一副懒散厌倦、很不情愿的样子。甚至还和塾中的小孩一起怀疑这些书究竟有什么用！进而就以生病为由，经常请假，不去上学。当然，圣叹经常生病应该是真的，不是装病。

不管怎么说，圣叹在“新塾”的学习状态是不怎么好的：对所学的东西既不熟悉，也不理解，更没有兴趣。又因经常生病请假，断断续续，自然对“新塾”也没什么好感。这虽是一般孩童在乡塾中的常见情况，但在圣叹这里却是反常的，和在“旧塾”的状态，形成强烈对比，反差极大。

面对如此强烈的对比和反差，读者不免要问：圣叹在“旧塾”学习状态那么好，又那么喜爱和眷恋，那他为什么要离开呢？这个问题，我想也是圣叹想暗示给读者的。实际上，圣叹在“旧塾”中的读书状态以及他对“旧塾”的感情，间接地、曲折地透露出那时他的家庭境况，以及他对家庭和家乡的感情，还有不得不离开的原因。也就是说，那个阶段，圣叹的家境是宽裕的，生活是正常的，一切都很“静好”，让他（后来）深情眷恋。越是如此，越能说明圣叹的离开故乡、离开“旧塾”是迫不得已的，必然有着不可抗拒的原因，发生了重要的事件，而能够符合这种条件的，看来也只有家难了，而且二者在时间上又很吻合；而且圣叹是将离开“旧塾”与失去老苍头、失去玉带钩（及其所暗示的）、失去祖母，放在一起叙述，并用来证实他的“感情论”的。实际上是把“旧塾”拟人化了，成为他生命中“周旋久”“同患难”、生死相依的重要对象。因此几乎可以断定，圣叹离开“旧塾”是由于发生了家难；反过来说，圣叹离开“旧塾”这件事，也是家难发生的一个重要证据。

另一个问题是：圣叹在“新塾”中的状态为什么如此差？原因可能很多，有些是可想而知的。想想看，一个八岁的孩子，突然遭遇了父母被害，兄弟离散，逃难途中失去祖母、忠仆及心爱之物，从锦衣玉食人家的大少爷，一下子成为一无所有、寄人篱下的孤儿，仿佛一夜之间从天堂坠入地狱，这种打击和创伤，是任何极端的言辞都不足以表达的。即使是成年人，也难以承受，年仅八岁的圣叹怎么能够受得了啊！所以我想他的“病”，不只是身体上的，还有心灵上的；不是入“新塾”以后才有的，而是此前就很严重。

完全有可能！李大白说：我想当时的情况可能是，圣叹被老苍头救上岸时，已处于昏迷状态。待他醒来时，发现祖母和老苍头都不在身边，就号啕大哭。一位好心的过路人，将他送到亲戚家。一到亲戚家，圣叹就高烧不止，大病不起。亲戚家少不得为他请医抓药，治病调养。如此差不多两年，才逐渐好转，但从此落下病根，身体虚弱，性格敏感，时常发病。尽管如此，眼见圣叹已经十岁，不能再耽误学业了，亲戚家便送圣叹去入乡塾，虽然不能正常学习，但总比在家待着要好些。看来亲戚对圣叹还是很负责的。经常生病的小孩，往往对周围的事物提不起兴致，更没有精神去念那些枯燥的文章。况且圣叹刚从故乡来到异地，对这里的一切还不大熟悉，包括环境、同学、老师等。陌生感会加重孤独感，孤独感又会加重身心病情，于是形成恶性循环。

大白兄虽然是推测，却也很合情理。陶然接着说：圣叹在“新塾”里念的是“四书”，是那个时代科举考试的基本教材，这说明亲戚送圣叹入“新塾”是有意要他学习“举业”、准备走科举仕途的。虽然“四书”是举业的必读之书，举业是仕途的必由之路，但对于小孩子来说，是很难理解和接受的。所以我想，圣叹在“旧塾”之所以学习状态极好，除了家境、环境及健康等因素外，还可能与所学的东西有关，那时的教学内容应是启蒙性的，和“四书”有所不同，更加生动有趣。

圣叹在“新塾”中虽然学习状态不好，但亲戚和他本人并没有完全放弃。很多迹象显示，圣叹逐渐适应了学习，并且产生了浓厚兴趣，还受到老师的赞赏和表扬。举几个例子：

圣叹在评点《西厢记》中说：“古之人有言曰：《国风》好色而不淫……则吾十岁初受《毛诗》，乡塾之师早既言之，吾亦岂未之闻，亦岂闻之而遽忘之？”[①]“十岁”正是他第二次入塾的时间，看来他在“新塾”里，除了学习“四书”，还应该有“五经”，《毛诗》便是他入“新塾”

① 《金评西厢》卷七《酬简》。《金集》贰，第1039–1040页。

后“初受”的“五经”之一。

在评点周延儒《微服而过宋》一文时，圣叹说:“吾十来岁便读此文，众云‘妙耳，妙耳’，亦何曾知其妙处在何所？”①“十来岁”当然是在入“新塾”之后。圣叹后来选评了许多“四书文”，显示出他在这方面很有兴趣和造诣，并不像很多人说的那样，鄙视和嘲弄这类东西。

在评点陈际泰《孔子有见行可之仕》一文时，圣叹说：“学者徒知先生大笔，岂知先生乃有如此轻笔耶？只是素面朝天，却占断千姿百媚。人间粉黛，真成粪土矣！圣叹幼时读之，殆不下万遍也。”②“万遍”显然是夸张，但可见圣叹对此文的喜爱和推崇，由此也可看出此时圣叹在学习上已经非常勤奋和投入了。

在评点万应隆《修其祖庙》时，圣叹说：“昔者王遂东先生谓吾言：‘看花宜白袷，踏雪宜艳妆。’吾尔时甫十五岁，便识此语是古人笔墨秘诀。因持以遍相《左》《策》《史》《汉》等书，无不大验也。逮于蔚宗《后汉书》以降，则已不能多得。因又入谘先生，先生笑曰：‘小子休矣！尽能是，即不必与子说。’今只如此题，若摭拾‘祖庙’字样，何止累牍不了？看他只是题外写来，早已极尽奇胜。洵乎遂东先生不负我！”③才满十五岁，就能领会“古人笔墨秘诀”，并举一反三，推广应用，自然会博得老师的赏识。而且，圣叹“遍相”《左传》等历史经典，说明他此时读书的范围已经很广，不限于四书五经了。

很好！范启明称赞陶然说：你的观察和分析都很细致。圣叹提到的这位王遂东，就是赫赫有名的王思任，字季重，遂东是他的号，山阴（今绍兴）人，算起来要比金圣叹年长二十多岁。他的诗文和书法都很有名，人格更令人难忘，他的名言“吾越乃报仇雪耻之国，非藏垢纳污之地”，可谓妇孺皆知。那是顺治二年亦即南明弘光元年（1645），清兵攻破南京，宰相马士英想逃往浙江，王思任致书马士英，严词指责，其中就有这两句话。鲁王监国绍兴时，王思任官居礼部尚书。绍兴沦陷

---

① 《小题才子书》卷六《孟子》周延儒《微服而过宋》。《金集》陆，第756页。
② 《小题才子书》卷六《孟子》陈际泰《孔子有见行可之仕》。《金集》陆，第763页。
③ 《小题才子书》卷四《中庸》万应隆《修其祖庙》。《金集》陆，第702页。

后，他不剃发，不入城，绝食而亡，是令人敬重的忠臣节士。王思任还有一个号叫谑庵，平时他诙谐幽默，喜欢饮酒调笑，不大热心仕途。张岱特意为他作了一篇《王谑庵先生传》，都收入中学课本里了。其中说“先生初县令，意轻五斗，儿视督邮，偃蹇宦途，三仕三黜……聪明绝世，出言灵巧，与人谐谑，矢口放言，略无忌惮”。钱谦益说他“有俊才，居官通脱自放，不事名检。性好谑浪，居恒与狎客纵酒，谑笑大噱。遇达官大吏，疏放绝倒，不能自禁。好以诙谐为文……为诗，才情烂漫，无复持择，入鬼入魔，恶道岔出……此皆胡钉铰、张打油之所不为也。季重颇负时名，自建旗鼓，钟谭之外，又一旁派也”。[①]由此可见，王遂东是个天真烂漫、放纵不羁的特立独行之人。往往越是这样的人，越能在关键时刻大放异彩！那些平时道貌岸然的人，关键时刻往往一塌糊涂。有师如此，圣叹后来的为人为文不同流俗，也就不奇怪了。

是的是的！柳新雨说：鲁迅曾经引用过这两句话，所以很多人都知道王思任这个名字，想不到竟然是金圣叹的老师。而且从圣叹和老师之间的亲密随和来看，他们的关系非同一般，很有性情相投、忘年之交的感觉。

范启明说：金圣叹确有乃师之风，并且也得到了老师的真传。王思任评点过汤显祖的《牡丹亭》，还说过：“火可画风不可描，冰可镂空不可斡。盖神君气母别有追似之手，庸工不与耳！古今高才，莫高于《易》，易者，象也；象也者，像也。其次则五经递广之，此外能言其所像人亦不多。左丘明、宋玉、蒙庄、司马子长、陶渊明、老杜、大苏、罗贯中、王实甫，我明王元美、徐文长、汤若士而已。”[②]金圣叹很推崇汤显祖和《牡丹亭》，他的“六才子书”的创意和评点，特别是评点《西厢记》《水浒传》，显然与王思任的教导和影响有关，甚至直接受到王思任的启发。可以说王思任是对圣叹早年影响最大的人物——

① 钱谦益《列朝诗集小传》丁集中《王佥事思任》，第574--575页。上海古籍出版社2008年版。

② 贺复征《文章辨体汇选》卷三百二十七王思任《批点玉茗堂〈牡丹亭〉词叙》。《文渊阁〈四库全书〉电子版》。

家族人物另当别论，很值得注意。不过，这是另一个话题。陶然，你继续说吧！

嗯！陶然接着说：圣叹十一岁那年，又遇上重大变故，这次虽然不像家难那样惨烈，但对圣叹的人生，特别是其心灵的影响，同样是极其重要、难以估量的，我甚至认为是转折性和决定性的。圣叹说：

> 吾既不好弄，大人又禁不许弄，仍以书为消息而已。吾最初得见者，是《妙法莲华经》。次之，则见屈子《离骚》。次之，则见太史公《史记》。次之，则见俗本《水浒传》。是皆十一岁病中之创获也。《离骚》苦多生字，好之而不甚解，记其一句两句吟唱而已。《法华经》《史记》解处为多，然而胆未坚刚，终亦不能常读。其无晨无夜不在怀抱者，吾于《水浒传》可谓无间然矣……吾既喜读《水浒》，十二岁便得贯华堂所藏古本，吾日夜手钞，谬自评释，历四五六七八月，而其事方竣，即今此本是已。[①]

真是祸福相依、得失相伴啊！想想当时的圣叹，身心多病，厌倦学习，怀疑举业，逃避塾校，在那样一个以科举为唯一前途的时代，他这就等于“废”了，后果远比现在放弃“高考”还要严重！可以说人生陷入了绝境。

是偶然还是天意？让圣叹在茫茫黑夜中看到了光明，在沉溺深渊时抓住了浮木，竟然绝境逢生了！

这位“大人”是谁？以前都说是圣叹的父亲，但我以为不大可能，因为圣叹的父母三年前就遇难了。我猜此人很可能就是圣叹所投靠的亲戚。他对圣叹“禁不许弄”，可能是考虑到圣叹体弱多病，不宜剧烈玩耍；又让圣叹“以书为消息”，是怕他烦闷无聊，病情加重或憋出新病，这些“书”在当时都是“儿童不宜”。能够感到“大人”对圣叹很爱护

---

① 《金评水浒》卷首《序三》，《金集》叁，第 19–21 页。

也很宽容；更重要的是，碰巧他家藏书极丰，还有这么多“儿童不宜”的书籍。正是这样的特定环境和特定人物，为圣叹的“创获”提供了条件。

细分起来，圣叹的创获有两个阶段：第一阶段是十一岁那年，最先获见的是《妙法莲华经》（亦即《法华经》），继而是屈原的《离骚》，继而是司马迁的《史记》，继而是“俗本”《水浒传》。这些“奇书”，在今天得来全不费工夫，但在圣叹的时代，特别是对于儿童来说，则是踏破铁鞋无觅处，很难得到。不光是因为书费很贵，更重要的是因为“儿童不宜”“不登大雅”，不是“正业”（科举用书），甚至有“离经叛道”的嫌疑，有的则属禁止之列。所以我们不能简单地把它们看成是几本“闲书”，它们实际上构成了举业之外的另一个世界，金圣叹就像时空穿越一样，忽然由那个沉闷绝望的世俗世界，闯入这个新鲜生动的奇异空间，立刻被震惊、被迷醉了！于是他那超凡脱俗的生命本性被激活了，迅速与这个奇异空间产生交流和共鸣，进而完全沉浸在这个世界里。

第二阶段是十二岁时，圣叹爱上了这个奇异空间中的“水浒王国”，并将这里作为自己的精神家园，全情全力地抄写和评点《水浒传》。这是他评点生涯的处女作，也是金圣叹之所以成为金圣叹的关键性著作。

关于这个问题，须要专门讨论，我现在要说的是，圣叹在十二岁前后，还有其他创获。在《金评西厢》中，圣叹说：

> 记得圣叹幼年初读《西厢》时，见“他不俫人待怎生”之七字，悄然废书而卧者三四日。此真活人于此可死，死人于此可活；悟人于此又迷，迷人于此又悟者也。不知此日圣叹是死是活，是迷是悟，总之悄然一卧，至三四日，不茶不饭，不言不语，如石沉海，如火灭尽者，皆此七字勾魂摄魄之气力也。先师徐叔良先生见而惊问，圣叹当时恃爱不讳，便直告之。先师不惟不嗔，乃反叹曰：“孺子异日，真是世间读书种子！”此又不知先师是何道理也。[①]

① 《金评西厢》卷四《酬韵》。《金集》贰，第926页。

又说:“记圣叹幼时，初读《西厢》，惊睹此七字，曾焚香拜伏于地，不敢起立焉。”[①]又说:“吾幼读《会真记》，至后半改过之文，几欲拔刀而起。不图此却翻成异样奇妙，真乃咄咄怪事。”[②]几处都说他初读《西厢记》是在幼年，有学者将其系于十二岁[③]，是有可能的。这一年的八月以前，金圣叹的全副身心都在《水浒传》的抄写和评点上，其后便有空闲阅读其他书籍，这个过程，或许要延续到十三岁。他读《西厢记》读得死去活来、忽迷忽悟，好几天不吃不喝、不言不语，失魂落魄的状态，自然是由于他的聪慧敏悟和深情投入，但看起来很像是青春期苦闷。一般男孩在这个年龄也该进入青春期了，何况圣叹原本就“早熟”，恰好又得到《西厢记》的感化，在男女之情上有了觉悟和启蒙，也是很正常的。

记得金昌曾说:“唱经在舞象之年，便醉心斯集，因有《沉吟楼借杜诗》。《庄》《屈》《龙门》而下，列之为《第四才子》。每于亲友家，素所往还酒食游戏者，辄置一部，以便批阅。”[④]所谓“斯集”，是指杜甫诗集。“舞象”，通常是指男子十五岁。《沉吟楼借杜诗》，是金圣叹的诗歌作品，是否有专集刊行，现已不得而知，在《沉吟楼诗选》中，有少量的保存。这说明，圣叹在十五岁前后，又痴迷于杜诗了，而且并不满足于阅读、评点，还心模手仿，创作诗歌。我们都知道，杜诗的博大精深、沉郁顿挫，即使阅历丰富的成年人也很难读懂的，圣叹小小年纪就如此着迷，着实令人惊讶！

更值得注意的是，此时圣叹的“才子书”构成和排序已经明朗，《庄子》《屈原〈离骚〉》《龙门〈史记〉》《杜诗》依次为《第一才子书》《第二才子书》《第三才子书》《第四才子书》，加上《第五才子书水浒传》《第六才子书西厢记》，恰好满足“六才子书”之数。这说明圣叹十五

---

① 《金评西厢》卷四《闹斋》。《金集》贰，第 930 页。

② 《金评西厢》卷七《酬简》。《金集》贰，第 1045 页。

③ 参见陆林《金圣叹年谱简编》。《金集》陆，第 14–16 页。

④ 金昌《叙第四才子书》。《汇编》第 57 页。

岁时，“六才子书”的评点计划就明确了，并且着手实施（《第五才子书》已经完成）。

这些情况表明，从十一岁开始，圣叹不断有所“创获”，这不仅意味着他读书范围的丰富和扩大，更意味着他人生志趣的拓展和转移。他把全副身心都投入到这些“奇书”上，当然也就没有兴趣和精力去顾及举业，实际上是放弃了（在当时）科举仕进的正常道路，走上了文学评点的“异常”道路。这种背道而驰，决定了他的现实生活方式和内容，也决定了他的精神生活方式和内容。

所以我认为，八岁时的家难，是圣叹人生的第一次剧烈转折，使他一下子由一个健康幸福的正常儿童，突然成为孤苦伶仃、寄人篱下、身心伤病的“异常”儿童；十一岁时的创获奇书，是又一次重大转折，使他误入“歧途”、不务“正业”，进一步远离正常的亦即世俗的社会人生。两次转折的合力，将圣叹推向“异常”的道路，越走越远……

陶姐讲得太好了！应该奖励一杯。石萌说。

田老师说：我们也应该向她表示祝贺和感谢！就共饮一杯吧！

大家齐说好，共饮一杯后，柳新雨又主动自饮一杯，说：这期间还有一件事，我觉得也很重要，就是受戒学佛。

前面说到圣叹曾自称“贫僧”，他还经常称自己是“学道之人”。所谓“学道”，主要是指学佛。他在评点《西厢记》时说：“圣叹自幼学佛，而往往如汤惠休绮语未除。”[①]又在给友人的信中说：“弟固不肖无似，然自幼受得菩萨大戒，读过《梵网心地一品》。”[②]可知圣叹不仅自幼就学佛，而且不是一般的“业余爱好”，而是正规受戒的佛徒。我觉得，这不是一桩小事，而是关系到他一生身心的大事。

圣叹受戒是在什么时候？我推测，应该是在十一二岁时。因为他在评论“呼延爱马”时（十二岁），就说自己是“学道之人”了；又说自己十一岁时才初次见到《妙法莲华经》，因“胆未坚刚，终亦不能常读”。

---

① 《金评西厢》卷七《酬简》。《金集》贰，第1052—1053页。

② 《金评唐诗》卷首金雍《鱼庭闻贯》。《金集》壹，第107页。按：这通书札后小注云：“与邵兰雪点。”

这说明他此时还没有受戒，因为一个受戒的佛徒是不可能没见过《妙法莲华经》的，也是不会“不能常读”的。实际的情形可能是：圣叹逃到苏州城里的亲戚（即陶姐推测的“大人”）家后，就大病一场，多亏“大人”救治及时，才逐渐好转，但小圣叹仍然身体虚弱，情绪低落，小病不断，经常出现神经质一样的敏感反应。郎中说这是家难刺激留下的后遗症，没什么好办法，只能慢慢恢复，还要看他自己的造化。“大人”无奈之下，想到民间有舍身佛寺祈求保佑的风俗，于是便决定送圣叹去寺里受戒。

“受戒”又称纳戒，可以在家受戒，也可以出家受戒；可以从师受戒，也可以依誓受戒。有“七众”的分别：优婆塞、优婆夷，属在家受戒者；沙弥、沙弥尼、式叉摩那、比丘、比丘尼，是出家受戒者，不同情况所受的戒律不尽相同。

圣叹受的是“菩萨戒”，又称大乘戒、心地戒，须要修持大乘菩萨道戒律，如《梵网经》《瑜伽师地论》等所说之三聚净戒、十重禁戒、四十八轻戒等。圣叹说“自幼受得菩萨大戒，读过《梵网心地一品》”，正与此相合，可知他确是受过菩萨戒。

据说受持菩萨戒有五种好处：十方诸佛愍念守护；临命终时正见心欢喜；所生之处与诸菩萨为友；功德多聚，戒度成就；今世后世性戒福慧圆满。“大人”让圣叹受戒，不一定会考虑这么多，当时的迫切祈望是保佑圣叹消除病患，尽快恢复健康。当然这样也可以让圣叹得到僧师的教导、寺院的庇护，免除诸多世俗的困扰，或许将来还能避免一些赋税徭役之类。因为从当时圣叹的状态看来，今后能否自食其力都很难说。

受戒有一套庄严而复杂的仪式，一般包括请师、礼三宝、乞戒、受四不坏信、忏悔三世罪、发四弘誓愿、问遮、请圣、正授戒体、宣说戒相、赞戒劝持、回向等。这些仪式在局外人看来，好像演戏；但受戒者身处其中，身心所受到的“震慑”是很强烈的。我曾经参观过一个宗教仪式，作为旁观者，都有惊心动魄的感觉。我想圣叹当时才十来岁，在受戒过程中被震撼、被感化的程度一定更加强烈。从此他便皈依佛门，必须自觉履行誓愿，按照教义戒律去思想和行事。而念经参禅、修身悟道，便成为他的日常功课。这是“专业”性的学佛，不是业余爱好。

菩萨戒的戒规很多，通常有“十重四十八轻”：“十重”即十种重大禁戒，即刚才戒师宣说的十条戒相，不论是自行还是教唆他人，都是必须严加禁止的。“四十八轻”是相对轻一些的禁戒，诸如不敬师友戒、饮酒戒、食肉戒、食五辛戒……[①]这么多戒条，我听起来都头晕，仅记住名目都不容易，更不要说去实行了。这些还只是从消极方面着眼的，要求断绝一切诸恶，即“不做”什么，属于“三聚净戒”中的“摄律仪戒”部分；此外还有“摄善法戒”和“摄众生戒”，前者是总摄一切诸善功德，要修行一切善事；后者又称“饶益有情戒”，要由己及人，广度无量无边一切众生，使无一众生不度。这二者其实都不是“戒”，而是从积极的方面，要求信徒努力去“做”。要做到其中的一部分，已是很难的了，而要三者都做到，更是难上加难。

所以我觉得，圣叹的受戒，直接目的可能是为了身心健康；但是一旦受戒，便等于正式加入了“组织”，有了确定的场所、仪式、师父以及明确的精神信仰和言行规范，从此他就不是一般的“俗人”了！虽然幼年圣叹未必能够完全理解、彻底实行，但这对他当时及以后的人生，无疑是有深刻而重要的影响的。

石萌说：这么说来，金圣叹在十一二岁以前，就有三次转折了，陶姐所说的两次，还有新雨兄所说的这次受戒。

李大白说：这一次主要是“精神”上的，也可以纳入第二次。而且

---

① “四十八轻”包括：不敬师友戒、饮酒戒、食肉戒、食五辛戒、不教悔罪戒、不供给请法戒、懈怠不听法戒、背大向小戒、不看病戒、畜杀众生具戒、国使戒、贩卖戒、谤毁戒、放火烧戒、僻教戒、为利倒说戒、恃势乞求戒、无解作师戒、两舌戒、不行放救戒、嗔打报仇戒、憍慢不请法戒、憍慢僻说戒、不习学佛戒、不善知众戒、独受利养戒、受别请戒、别请僧戒、邪命自活戒、不敬好时戒、不行救赎戒、损害众生戒、邪业觉观戒、暂念小乘戒、不发愿戒、不发誓戒、冒难游行戒、乖尊卑次序戒、不修福慧戒、拣择受戒、为利作师戒、为恶人说戒、无惭受施戒、不供养经典戒、不化众生戒、说法不如法戒、非法制限戒、破法戒。参见智顗《菩萨戒义疏》。《大正新修大藏经》（简称大正藏）第 40 册第 1811 号。《大藏经在线阅读全文检索》（http：//www3.fosss.org/DZZJian/Search.asp）

受戒和没受戒确实大不一样。在我们家乡不少人信佛，正式受戒的倒不多。他们信仰佛教，有的是为了自身治病，有的是为了保佑子孙，有的是为了摆脱苦难烦恼，有的是为了积福来世，有的是为了寻求心灵慰藉，目的不尽相同，但一旦信仰起来，简直就像换了个人似的。在“俗人”看来，他们不免有些狂热，甚至怪异。我想金圣叹受戒后，也会和以前大不一样。别的且不说，就“圣叹”这个名字，就是以前所没有的，而是受戒后才启用的。

是的。柳新雨说：关于“圣叹”的来历，我们上次谈到过，有人说是取自孔子对曾点“言志”的“喟然叹曰”。曾点的“志”，大家都很熟悉：“暮春者，春服既成，冠者五六人，童子六七人，浴乎沂，风乎舞雩，咏而归。”孔子赞赏道：“吾与点也！”虽然金圣叹的为人为文与此颇为相合，但要说“圣叹”二字即由此而来，则不免有附会之嫌。实际上，圣叹自己说得很明白——《金评唐诗》自序的落款为：“大《易》学人金人瑞法名圣叹述撰。”[①]明明是说“圣叹”为其“法名”。所谓法名，就是在“法界”的名字，就像文人的笔名用于文学界一样。法名又称戒名，是由戒师为皈依弟子命名的。推想起来，圣叹受戒时，戒师见他小小年纪就饱经磨难，体弱多病，却颖悟异常，不免感叹唏嘘，于是便摩着他的头顶说：就送你一个“叹”字，你属“圣”字辈，法名就叫“圣叹”吧！

于是，“金圣叹”，就这样横空出世了。

所以我觉得，严格地说，在此之前，是没有也不能称“金圣叹”的；“金”是他的俗姓，加在法名之前，也有些不伦不类，似乎称“释圣叹”更合适些。不过，既然“金圣叹”这个称呼已经“约定成俗”，我们也只好“入乡随俗”了。

在金圣叹的“朋友圈”中，属于“圣”字辈的还有不少。如金昌，在为金圣叹的“才子书”所写“小引”中，称圣叹是其“弟行”，落款为：“同学瞿斋法记圣瑗书。”[②]这个表述很有代表性：“圣瑗”是金昌的“法

---

① 《金集》壹，第 94 页。

② 金昌《才子书小引》。《汇编》第 56 页。

记”，亦即法号；圣叹既是他的“弟行”，又是他的“同学”，可知他们属于同一辈分；而且金昌也是受过戒的，甚至有可能是和圣叹一起受的戒，二人有着共同的法师。

在《沉吟楼诗选》中，有圣叹为“圣默”“圣月”等人写的诗，他们应该也是圣叹的佛门同辈。

还有，金圣叹的好友韩住，名“圣住”；徐增，名“圣行”。还有，云在法师，名“圣力”；开云法师，名“圣诵”；童真法师，名“圣首”；庄严法师，名“圣文”;解脱法师，名“圣供”……学者认为:“包括圣叹、徐增在内的八人，很可能是一位高僧所赐法名。”[①]这样他们就是同一个法师门下的师兄弟了。不过，我觉得他们可以是同辈，倒不一定是同一个授戒法师。就像我们这些研究生，一届的同学很多，但导师也不止一个。

在佛门，法名之外还有法号，据说只有师长才可以称其法名，一般人只能叫其法号。因此我觉得，金圣叹还应该有个法号，而“唱经”便有这种可能。与圣叹同时的人，如徐增，一口一个“唱经”，甚至称“唱经子”;金昌也称圣叹“唱经”;刘献廷则称“唱经先生”。学者一般认为“唱经”是金圣叹的堂号或斋名，我倒是觉得，很可能是先有“唱经”这个法号，然后才被用作斋名或堂号的。

我同意。石萌说：受戒学佛，无疑是圣叹人生中的重要事情。要说能够知道圣叹的授戒法师和受戒地点就更好了。

这个嘛……柳新雨说：现在还不清楚。

李大白说：我倒是发现了一点线索。

有线索？快说，快说呀！石萌催促道。

别急，听我慢慢道来。李大白自饮一杯，说：我注意到，金圣叹有一首题为《天雨法师生日》的诗，是这样写的：

寒山钟里学安禅，弹指春风四十年。

① 《金圣叹史实研究》第64页。

一夜宝华天际雨，两行道树雨余天。
匡庐旧制莲花漏，鄂渚新传虾菜船。
解脱毗尼总无异，问师何路觅金仙。[①]

这是一首拜寿诗，寿星是一位法师，“天雨”应该是他的法号。圣叹称“天雨法师”，是对他的尊敬，同时也显示对方是圣叹的尊长者。

首联，上句“寒山钟里学安禅”，不是写法师，而是说自己。这个“寒山”应该就是妇孺皆知的“姑苏城外寒山寺”的寒山了——当然你也可以说是寒冷的山，即便如此，也应包括寒山寺；既然寒山寺近在咫尺，我们为什么要“舍近求远”呢？“钟”自然是指寺院的钟声，也进一步交待确实是寒山寺。“安禅”，就是打坐，是佛家静坐修行的基本功夫。关键在一个“学”字：学，意味着以前不会；学安禅，说明是学佛之初，须从参禅的基本功做起。这显然不可能是就天雨法师而言的，只能是圣叹自指——追忆最初学佛的情况，自然是跟着天雨法师学佛。

所以下句“弹指春风四十年”，也就很好理解了。“春风”，经常用于上对下的关系场合，比喻恩泽、慈祥、教化等，如家长对子女，师傅对弟子。所谓桃李春风、春风化雨等便是，而颔联上句正是顺着此意使用“化雨”典故，可知此处的“春风”确实是法师对徒弟的教导。“弹指”是佛家用语，比喻时间短暂，和“春风”联系起来，正与“法师”的名义相合。不用说天雨法师便是春风化雨之人，而有幸感受其春风化雨的，自然就是圣叹了。

由此可知，这位天雨法师，应该就是圣叹的授戒法师之一；当年受戒的地点，在寒山寺。算来已有“四十年”了！假定圣叹受戒时为十二岁，那么圣叹写此诗时，已经年过半百；又假定受戒时天雨法师四十岁左右，那么此时应该八十岁上下，或许这个生日正是他的八十大寿，也说不定。圣叹作为受戒弟子，献诗拜寿，那是必须的。

接下来两句便紧扣“天雨”加以发挥：“一夜宝华天际雨”，宝华就

① 《诗选》第116页。

是曼陀罗花，佛经说："尔时世尊，四众围绕，供养恭敬，尊重，赞叹。为诸菩萨说大乘经，名无量义，教菩萨法，佛所护念。佛说此经已，结跏趺坐，入于无量义处三昧，身心不动。是时天雨曼陀罗华、摩诃曼陀罗华、曼殊沙华、摩诃曼殊沙华，而散佛上及诸大众，普佛世界，六种震动。"[①]这是以佛祖说法天雨宝华，来比喻天雨法师说法之精妙，同时也交待了"天雨"这个法号的来历。而底下听法的"四众"之中，当然也有圣叹的身影。徐增说："至甲申春，同圣默见圣叹于慧庆寺西房，听其说法，快如利刃，转如风轮，泻如悬河，尚惴惴焉，心神恍惚，若魔之中人也。"[②]廖燕也说："（圣叹）于所居贯华堂设高座，召徒讲经，经名《圣自觉三昧》。稿本自携自阅，秘不示人。每升座开讲，声音宏亮，顾盼伟然。凡一切经史子集，笺疏训诂，与夫释道内外诸典，以及稗官野史，九彝八蛮之所纪载，无不供其齿颊，纵横颠倒，一以贯之，毫无剩义。座下缁白四众，顶礼膜拜，叹未曾有。"[③]看来圣叹讲经说法的功夫也是非常了得的，不愧是天雨法师的门徒，得到了乃师的真传。而圣叹这句诗，也有感戴天雨法师对自己的开悟教导之意。

"两行道树雨余天"，"道树"即菩提树，相传释迦牟尼坐在此树下七天七夜，战胜各种邪恶诱惑，终于得道成佛，因而此树被称为道树。是佛家的吉树、圣树，而"菩提"又有觉悟、智慧的意思。所以这句是以佛祖菩提树下得道成佛，来比喻天雨法师的教导，使很多信徒获得了觉悟和感化，圣叹自然也是身在其中的，因此这句同样具有感戴天雨法师的意思。

接下来颈联上句："匡庐旧制莲花漏"，匡庐即佛教名山庐山，据说高僧慧远曾在庐山修行，"初，慧远以山中不知更漏，乃取铜叶制器，状如莲花，置盆水之上，底孔漏水，半之则沈，每昼夜十二沈，为行道之节，虽冬夏短长，云阴月黑，亦无差也"。[④]圣叹显然是将天雨法师比

---

① 《妙法莲华经》卷一《序品》。《大正藏》第9册，第262号。

② 《送三耳生见唱经子序》。《汇编》第5–6页。

③ 廖燕《金圣叹先生传》。《汇编》第14页。

④ 李肇《唐国史补》卷中，第38–39页。上海古籍出版社1957年版。

作慧远，似乎还暗示他也曾在庐山修行。慧远是道安的上座弟子，精严般若之学，并兼倡阿毗昙、戒律和禅法，在庐山修行时，与刘遗民等人结成“白莲社”，专修“净土”之法，被称为净土宗的初祖。圣叹以慧远比天雨，足见天雨的佛学造诣和地位之高。

下句“鄂渚新传虾菜船”，虾菜，指鱼虾之类的菜肴。杜甫《赠韦七赞善》诗云：“乡里衣冠不乏贤，杜陵韦曲未央前。尔家最近魁三象，时论同归尺五天。北走关山开雨雪，南游花柳塞云烟。洞庭春色悲公子，鰕菜忘归范蠡船。”[①]鰕菜，即虾菜，圣叹谙熟杜诗，可能是化用其意，其中兼用范蠡的典故，据《史记》记载：范蠡帮助越王大败吴国、一雪前耻之后，乃喟然而叹曰：我有七分谋略，五分为越国所用，而取得成功；余下的二分，要用于我自身了。于是变官服为白衣，携美女西施，泛一叶扁舟，遨游于五湖七十二峰之间。后来经商致富，人称陶朱公，被誉为“忠以为国，智以保身，商以致富，成名天下”的理想人物。[②]但圣叹此句还与“鄂渚”相关。鄂渚相传为现在武昌的黄鹤山，当初楚王母弟鄂君子皙，泛舟于湖上，越女为之操舟，并为之歌唱道：“今夕何夕，搴舟中流，今日何日兮，得与王子同舟。蒙羞被好兮，不訾诟耻，心几烦而不绝兮，知得王子。山有木兮木有枝，心悦君兮君不知。”鄂君大为感动，遂与大夫庄辛牵手共渡。[③]圣叹一句之中化用多个典故，使其内涵丰富复杂起来，也更加隐曲含蓄，不易把握。但从“旧制”和“新传”的对应关系来看，我推测天雨法师近期可能有“鄂渚”之行；而这次远行，或许还有特殊追求。同时也透露，天雨法师原来（出家前）的家世，应该是很不一般的，不仅政治地位显赫，财富方面也是很强大的，这又使天雨法师多了几分神秘感。

最后两句“解脱毗尼总无异，问师何路觅金仙”。圣叹直接用一“师”字，你可以说是一般“法师”的简称，但我也可以认为是专称本师（自

---

① 仇兆鳌《杜诗详注》卷二十二《赠韦七赞善》，第 2064–2065 页。中华书局 1979 年版。

② 参见《史记》卷一百二十九《货殖列传》，第 3257 页。中华书局点校本 1993 年版。

③ 刘向《说苑》卷十一《善说》。《文渊阁〈四库全书〉电子版》。

已授戒法师）的。佛教称摆脱烦恼业障复归自在为“解脱”，也指涅槃、圆寂之类超越生死的境界。“毗尼”又作“毗奈耶”，是“律”的意思。“金仙”就是佛祖。圣叹似有劝说天雨法师无须远行之意：既然内心觉悟和守持戒律都可以达到成佛的境界，吾师就不必到外边去寻求金仙了。这两句既补充交待了天雨法师打算远行的目的，也体现出圣叹对本师的关切。或许圣叹见天雨法师年事已高，还执意远游，才故意这么说的。天雨法师有没有接受圣叹的劝说不得而知，但圣叹的一片爱护之心，天雨法师应该是很受用的。这是徒弟对师父的报答，也是圣叹献给师父生日的最好礼物。

太好了！这也是重要发现啊！石萌高兴地鼓起掌来，对李大白说：怪不得有人说你粗中有细，果然名不虚传。

李大白佯装生气道：你这是夸我，还是贬我呀！

当然是夸你啦！诚心诚意，佩服佩服！石萌说：来，我敬你一杯！

哪里哪里！谢谢鼓励！李大白说：我也敬你一杯！

柳新雨说：呵呵，好一幅“相敬如宾”图啊！

其他几个同学会心地笑起来，石萌和李大白都有些不好意思。田老师和范启明见了，心里也明白了大概。田老师因说：你们讲的都非常好！而且相互之间，有所补充和发明，可喜可贺！来，我们共饮一杯吧！

学生们一阵欢呼，大家举杯畅饮。

范启明说：家难、创获、受戒，可以说是金圣叹早年人生的三大事件，关系到金圣叹的现实生活、心灵生活和精神生活，因而是全面的转折。但并不是说转折之后就和其他生活彻底断绝了：他虽然成了孤儿，寄居异乡，但仍有一定的家庭和社会生活，只不过这个家庭是“大人”之家，这个社会是他乡的社会而已。他虽然痴迷“文学”，但并未放弃儒家经典，甚至对举业也并非一概排斥；他虽然受戒佛门，但对儒学、道家乃至道教，也怀有兴趣。所以我们既要看到他的转变，又不能看得过于绝对。其实转折也是转机：生活环境的改变，使圣叹得以及时离开原来那个悲伤之地，得到很好的治疗和爱护，否则他的命运不堪设想；接连的“创获”，使他得以从身心病痛和举业昏沉中解脱出来，获得了慰藉和快乐；受戒学佛，使他信仰上有了皈依，使他的精神充实起来。这些“契机”和条件，共同把金圣叹从死亡的边缘挽救过来，说是获得新生，也不为过。我很赞同刚才几位同学说的，金圣叹之所以能够成为金圣叹，上述转机具有决定作用和关键意义。

范老师的话很有启发性。庄言说：金圣叹能够获得新生，应该感谢一个人。

谁？石萌赶紧问，又说：你这个老实人，啥时候学会卖关子了！

没有啊，是你太心急了。庄言说：这个人不是别人，就是那位“大人”。

唏——这还用说呀！石萌说：此人收留了圣叹，又给他延医治病，又送他入塾读书，还为他张罗受戒，还让他创获那些“奇书”，当然是圣叹的大恩人啦！如果没有此人，不知道圣叹会悲惨到何等程度！

是啊！你说得没错，但你知道此人是谁吗？庄言问。

这个倒不清楚，反正不是圣叹父亲。石萌说：看来你已经知道了？那就快说吧！

庄言自饮一杯后，缓缓说道：这个人可是让我好找啊！众里寻他千百度，就在我近乎绝望、准备放弃的时候，突然眼前一亮，发现他就在灯火阑珊处。

哎呀！还说不卖关子呢？石萌有些焦急地说：我现在发现你这个人其实并不老实。

大家都笑了，庄言也笑着说：我是说这么个重要人物，以前从来没有引起注意，当我经过踏破铁鞋无觅处之后，忽然有了发现，心情是非常激动而庆幸的，益发相信功夫不负有心人这句老话。

行啦，师兄，你再不说，石萌就要急哭啦！覃慧敏也催促道。

庄言说：这个“灯火阑珊处”，就是圣叹的《寿诗二章》，全文是这样的：

天上岁星呼曼倩，人间酒户说青莲。
莫疑曼倩金门隐，直学青莲市上眠。
庄载汉阴辞子贡，佛言谢客让陶潜。

家姑私贮三千榼，供尔尚书六十年。

久著我家贤宅相，重为姻党太亲家。
怜予冉冉孤生竹，托尔绵绵五色瓜。
月殿不逢丹桂树，玉田重种碧桃花。
从兹万岁千春去，促坐相陪酌紫霞。①

刚才大白兄是从《天雨法师生日》诗中发现了圣叹授戒法师和受戒寺院的，这让我既高兴又惊讶，高兴的是，这个难题终于让大白兄破解了；惊讶的是，谜底竟然藏在一首生日诗中！《寿诗二章》更是如此，隐藏着更多的重要秘密。

先说题目，我注意到，同样是拜寿诗，写给天雨法师的，是一篇七律，题目显示“天雨法师”，并有“生日”二字；没有提到拜寿，可能是因为身在佛门吧。而这一篇，由两首七律构成，题目仅写“寿诗二章”，这在圣叹诗作中是很少见的，足见圣叹的郑重其事，对寿星极为尊敬，而且关系极为亲近。

第一首的前六句，用一连串的典故，来显示和赞美寿星，突出他的性格特征，并暗示他的身份地位。这位寿星可不是一般人物，我们来一睹他的风采吧：

“天上岁星呼曼倩”，曼倩是东方朔的字，传说东方朔在临死之前，对身边人说：世间只有太王公知道我是谁。东方朔死后，汉武帝便召太王公来问：“你了解东方朔吗？”太王公回答：“不了解。”汉武帝又问：“那你有什么能耐？”太王公说：“没什么能耐，只是懂一点星象历法而已。”汉武帝说：“那好，你就说说星象吧！”太王公于是闭上眼睛，过一会儿睁开说：“其他星宿都在，唯独少了岁星十八年了，不过现在已经归位了。”汉武帝仰天长叹道：“东方朔啊东方朔，你在我身边十八年，我竟然不知道你是岁星下凡！”大家知道，汉武帝特别喜好神仙，为此怅恨

---

① 《诗选》第134页。

良久。[1]

东方朔的人间生活，充满传奇色彩。他凭借上书自荐入朝为官，曾任太中大夫等职。在政治上，他很有抱负和才干，多次上书进言政治得失和治国方略。文学上造诣很高，是辞赋大家。汉武帝虽然和他很亲近，但只把他当作俳优玩物，并不重用。他自然心知肚明，便用诙谐滑稽来娱乐武帝，观察颜色，伺机进谏。司马迁记载：有人对东方朔说："人皆以先生为狂。"东方朔回答说："如朔等，所谓避世于朝廷间者也，古之人，乃避世于深山中。"东方朔经常酒酣而歌："陆沉于俗，避世金马门。宫殿中可以避世全身。何必深山之中，蒿庐之下？"金马门是朝廷的官署大门，因门旁有铜马而得名。[2]班固曾说："刘向言，少时数问长老贤人通于事及朔时者，皆曰朔口谐倡辩，不能持论，喜为庸人诵说，故令后世多传闻者。而扬雄亦以为朔言不纯师，行不纯德，其流风遗书蔑如也。然朔名过实者，以其诙达多端，不名一行，应谐似优，不穷似智，正谏似直，秽德似隐。非夷齐而是柳下惠。戒其子以上容：'首阳为拙，柱下为工；饱食安步，以仕易农；依隐玩世，诡及不逢。'其滑稽之雄乎！朔之诙谐，逢占射覆，其事浮浅，行于众庶，童儿牧竖莫不眩耀。而后世好事者因取奇言怪语附着之朔，故详录焉。"[3]

有关东方朔的传说和评论很多，褒贬不一，但大体说来，他是一个神奇化的人物，高才博学，智慧过人，佯狂纵酒，诙谐滑稽。既能身居朝廷，亲近皇帝，又能和世俗打成一片，保全身家，有所建树，死后成仙上天。因而广受人们的喜爱、称道和效法。当然看似容易，其实是很难做到的；越是做不到，人们对他越是崇拜、向往。

圣叹直接称呼寿星为曼倩，不用说二者之间必定有着相同和相似之处，或者说寿星是东方朔一样的人——不仅是在性格、才华、学识等方面，可能还有身世经历方面，大约寿星也曾避世于朝廷吧。

"人间酒户说青莲"，圣叹又把寿星比作李白。李白《答湖州迦叶司

---

① 李昉《太平广记》卷六《神仙》六《东方朔》，第 41 页。中华书局 1961 年版。

② 《史记》卷一百二十六《滑稽列传》，第 3205 页。

③ 《汉书》卷六十五《东方朔列传》，第 2873-2874 页。中华书局标点本 1962 年版。

马问白是何人》诗自称:“青莲居士谪仙人，酒肆藏名三十春。湖州司马何须问，金粟如来是后身。”[①]李白的性格和才华是无须多说的，其中有几个要素:诗人、谪仙、佛身、爱酒、狂放等，也广受人们的喜爱和传诵，想必寿星也具有这些性情和特点。

“莫疑曼倩金门隐，直学青莲市上眠”，是对前两句的强调和深化，东方朔避世金马门，“李白一斗诗百篇，长安市上酒家眠。天子呼来不上船，自称臣是酒中仙”[②]。但李白终因“非廊庙器”而被玄宗“赐金放还”。所以这两句进一步突出了“隐”和“醉”，加上“莫疑”“直学”，圣叹似乎在特别暗示:寿星确曾像东方朔那样避世朝廷（在朝任官），后来索性像李白那样醉眠市上（辞官还乡）了。

“庄载汉阴辞子贡”，典出《庄子》，据说:子贡路过汉阴时，见一丈人（老者）正在浇地，他先是挖一条隧道通到井下，用陶瓮灌满水，抱出来浇地，完了再去灌。一次又一次，费了很大劲，也没浇多少。子贡对他说:“有械于此，一日浸百畦，用力甚寡而见功多，夫子不欲乎？”丈人仰脸看了看子贡，问:“你说怎么搞？”子贡说:“有一种叫槔的机械装置，既省力气，抽水还多，你这点儿地，很快就浇完啦。”老者很不高兴，却笑笑说:“我的老师曾告诉过我:‘有机械者必有机事，有机事者必有机心。’人一有机心，就不会单纯；不单纯就会神智不定；神智不定就不能合乎大道。你说的那种东西，我不是不知道，但羞于那么做。”子贡面红语塞，很是尴尬。[③]一看就知道这位汉阴丈人是个高人，信奉的是老庄道家哲学，崇尚纯朴自然。这么说来，寿星又是汉阴丈人式的人物。

“佛言谢客让陶潜”，刚才大白兄解说《天雨法师生日》时已经提及，慧远在庐山创建白莲社时，有十八贤者，据说“（慧远）法师送客，

---

① 《李太白全集》卷十九《答湖州迦叶司马问白是何人》，第876页。中华书局王琦注本1977年版。

② 《杜诗详注》卷二，第83页。

③ 详见郭庆藩《庄子集释》卷五上《天地》第十二，第433–436页。中华书局《新编诸子集成》王孝渔点校本1961年版。

常以虎溪为限，最厚陶潜、陆修靖，偶送两客，不觉过溪。然陶忘怀得失，晋宋间一人耳；修靖后得道度世，两人固非入社者，皆善法师。而谢灵运恃才傲物，尝求入社，法师以心杂止之，灵运不恨也。为凿二池，种白莲，后名其社云”。[①]意思是说，在慧远心目中，陶渊明的境界远比谢灵运高，不用说这种境界是佛性的，而圣叹显然是把寿星比作陶渊明了。

如此说来，这位寿星兼具了东方朔、李白、汉阴丈人、陶渊明的性格特征，这四个人哪一个不是超凡脱俗、难以企及的？得其一点便足以笑傲当世、流芳千古，而这位寿星竟是四者的合体，该是怎样的人物啊！

这么了不起的人物，圣叹跟他究竟是什么关系？直到尾联才揭晓谜底："家姑私贮三千榼，供尔尚书六十年。""家姑"，是称自己父亲的姐妹，亦即亲姑妈。"私贮"，指体己钱或私房钱。"三千榼"，极言美酒之多。上句是说：我姑妈用自己的私房钱为您（寿星）备下三千坛美酒。下句的"尔"，自然是指寿星。姑妈用私房钱备下三千榼美酒，专供他享用，不用说，他俩是夫妇关系。原来这位寿星，乃是圣叹的姑父！"六十年"，应该是他们结缡以来的时间，以结缡时二十岁计，寿星此时应为八十岁。原来圣叹这两首诗，是专为拜贺姑父八十大寿而作！

还应注意的是，"尚书"可能是一语双关：一方面是化用李琎的典故，就是杜甫《饮中八仙歌》所写的"汝阳三斗始朝天，道逢曲车口流涎，恨不移封向酒泉"的汝阳王，据说他不仅豪饮，而且善酿。"取云梦石甃泛春渠以蓄酒，作金银龟鱼浮沉其中，为酌酒具，自称'酿王兼曲部尚书。'"[②]饮酒、酿酒、蓄酒，都堪称天下第一。由此可知，圣叹这位姑父，不仅酒的造诣非常了得，还有非同寻常的身份背景。联系前面几句，这里的"尚书"，可能还暗示寿星曾经官居要职，至今人们还尊称他"尚书"。

至此，圣叹与寿星夫妇的姑侄关系已经明朗，但这只是他们的部

---

① 晁补之《鸡肋集》卷三十《白莲社图记》。《文渊阁〈四库全书〉电子版》。

② 冯贽《云仙杂记》卷二《泛春渠》。《文渊阁〈四库全书〉电子版》。

分关系，远非全部关系，亦非最重要的关系——皆隐含在第二章中，不过，在分析第二章之前，我想先说几句：大家知道，古人的婚姻，讲求门当户对。圣叹有姑父如此，可以想见圣叹姑母的娘家，亦即圣叹祖父、父亲时期的金家，该是怎样的门第？圣叹姑母仅“私贮”就能让姑父备酒三千榼，供他六十年之饮，这不仅体现了姑父姑母的夫唱妇随、琴瑟和谐，还可以想见圣叹姑母是何等的贤惠、豪爽和放达！颇有名士风度，绝非“小家碧玉”，进而可以想见圣叹祖辈的气度和教养。姑母的“私贮”——可能是她陪嫁的一部分——就如此丰厚，又可以想见当年金家的经济实力，绝非寻常百姓可比……然而，动用“私贮”来为供酒，似乎又透露姑母婚后婆家的状况有些不济了，这可能是由于姑父的“辞官归隐”吧，像陶渊明那样。

庄兄，你说的这些情况确实非常重要，不仅发现了圣叹的姑父母，还为圣叹的家世家境提供了参证。可是，这位寿星姑父与“大人”有什么关系呢？石萌问。

这正是问题的关键。庄言说：答案在第二首。第二首上来就说：“久著我家贤宅相。”“我家”，自然是指圣叹的金家。“贤宅相”，是对外甥的美称。由此可知，圣叹的这位寿星姑父，原来是金家的外甥——圣叹祖父的外甥；那么寿星的母亲，就是圣叹的姑祖母，亦即老姑奶奶；寿星与圣叹的父亲原是表兄弟，圣叹应该管他叫表叔；而寿星和夫人（圣叹姑母），原本是表兄妹（或表姐弟）。这样说来，寿星的父亲，娶的是金家小姐；寿星娶的又是金家小姐，这样便是两代表亲为婚，所以圣叹下句说“重为姻党”。而“久著”，不仅是说寿星的贤名久为人知，也是说人们早就知道寿星是金家的外甥。两家关系之亲密，确实非同一般。

而且，两家的亲密关系，还不止于此。下句“重为姻党”之后，紧接着还有“太亲家”三个字。“太亲家”，是指亲家的父母。圣叹称寿星太亲家，表明圣叹与寿星的子女是亲家，亦即姑父母的孙子女与圣叹的子女结为婚姻。如此说来，便是“三重姻党”了。至于圣叹的哪个子女与寿星的哪个孙子女为婚，稍后再说，我们继续来看两家的关系。

圣叹接着又说："怜予冉冉孤生竹。"一望便知，这是用古诗《冉冉孤生竹》的成句，原文大家都很熟悉：

冉冉孤生竹，结根泰山阿。
与君为新婚，菟丝附女萝。
菟丝生有时，夫妇会有宜。
千里远结婚，悠悠隔山陂。
思君令人老，轩车来何迟？
伤彼蕙兰花，含英扬光辉。
过时而不采，将随秋草萎。
君亮执高节，贱妾亦何为？[①]

这是以女子的口吻，诉说与男子约为婚姻，对方却未能及时迎娶，因而哀怨无奈之情。李善注释说："竹根结于山阿，喻妇人托身于君子也。"那么诗中的"冉冉孤生竹"便是比喻女子，而"泰山"则是比喻君子。孤弱的竹子能够结根于泰山，自然是有了坚实的依靠，得以成长。圣叹借用此诗原句，并且明确称"予"（我），显然是要告诉读者：我就是那冉冉孤生竹，得以托身于"泰山"。这个泰山，就是下句的"尔"，亦即寿星姑父。他是"怜"的主体，而被"怜"的人，就是圣叹。因此这句诗的实际意思是：多亏姑父您怜悯我的弱小孤苦（收养了我），使我有了泰山般的依靠。

啊，庄兄，你的分析很准确，也很重要。李大白插话说：圣叹变得弱小孤苦，必然是在家难之后。根据你的解说，再联系我们以前关于家难的探讨，现在可以进一步推知：圣叹八岁那年，父母遇害，祖母带着圣叹出逃避难，途中不幸落水身亡，圣叹成为真正的孤儿。他们所要投靠的人，正是苏州城里的圣叹姑妈，亦即圣叹祖母的女儿。在当时的情况下，他们只能投靠这样的亲戚；也只有这样的亲戚，才会收留他们。因为

---

① 《文选》卷二十九《杂诗》上《古诗一十九首》，第 1346 页。

他们不只是为了避难，还要常住下来，老的要养老送终，小的要教养成人……不仅要冒着极大的危险，还要承受极大的负担。无论多么大的危险和负担，都是义不容辞的。因为那不是别人，从祖母的角度说，是带着孙子投奔女儿；从姑妈的角度说，收留的是自己的母亲和侄子。

覃慧敏说：这下"大人"也明朗了：原来送圣叹入塾（第二次），为圣叹张罗受戒，不许圣叹淘气，允许圣叹看"奇书"的那个"大人"，正是这位寿星姑父。

是这样的。庄言继续说：下句"托尔绵绵五色瓜"，也是化用典故，而且不止一个。《史记》载：汉高祖刘邦诛杀淮阴侯韩信之后，立刻派使者来拜萧何为相国，增加封地五千户，增加一名都尉和五百名护卫。很多人都来向萧何道喜祝贺；召（邵）平却来哀吊。那萧何是何等聪明的人呀，赶紧把召平请到密室，敬问其故。召平说："貌似好事，其实危险迫在眉睫。"萧何问："此话怎讲？"召平说："现在皇上率军在外，朝中一切大事都由你处置。你没有战功，却给你增加封地和侍卫。分明是皇上对你不放心，怕你像韩信那样心怀不轨。所以这可不是奖赏你，而是……"萧何立刻醒悟，忙说："为之奈何？"召平说："辞让所有封赏，不仅如此，最后把你全部家财都捐献出来，支持前线。这样才能让龙颜大悦，消除怀疑。"萧何连忙称谢，一转眼，却不见召平踪影。

这位召平，据说原是秦朝的贵族，封爵东陵侯。秦都被攻破后，他隐姓埋名，身着布衣，假装成老百姓，在长安城东种瓜。由于他种的瓜既好看又美味，被人称作"东陵瓜"。[①]一说召平所种的瓜五颜六色，又被称作"五色瓜"。[②]

召平无疑是一位比萧何还要智慧的高人，而且有着不俗的身份背景。圣叹化用此典，似在暗示寿星也有召平那样的智慧和身世。五色瓜，则是召平智慧和劳动的结晶，也可以说是他人格和生命的象征与延续。因而经常被用来比喻其人子孙众多，且教养优良、才能出众。圣叹

---

① 参见《史记》卷五十三《萧相国世家》，第 2017 页；

② 详见欧阳询《艺文类聚》卷八十七《果部》下《瓜》，第 1503 页。上海古籍出版社 1999 年版。

说“托尔绵绵五色瓜”，“尔”指寿星，“绵绵五色瓜”则指寿星的子孙；“托”，则是指圣叹托身于寿星的子孙行列。联系上一句，其大意是：您怜悯我的孤弱，让我托身于您的膝下，您待我（和孩子）就像对待自己的儿孙一样。从这个意义上说，寿星无异于圣叹的养父，圣叹则如同寿星的养子。

接下来，“月殿不逢丹桂树，玉田重种碧桃花”。古人常用蟾宫折桂来比喻科举及第，因而上句圣叹是说自己没能金榜题名、仕宦发达，言下之意，没法儿用世俗的名利之类来报答寿星的大恩大德。那么，圣叹能用什么来报答呢？答案在下句。

“玉田”是化用典故。传说有个名叫杨伯雍的，是个大孝子。他将父母安葬在无终山上，便以山为家，住在那里陪伴父母。山高八十里，吃水要到很远的地方挑。他把挑来的水烧成茶汤，放在路口，免费供人饮用，如此多年。某日，一个过路者饮用后，送给他一筐石子，交待说：找一处又高又平的地方，将这些石子种下，将来会长出美玉来，能帮你娶到贤惠的媳妇。杨孝子依言而行，果然不出数年，有玉子生出石上。这时山下有一姓徐大户，女儿美貌贤惠，远近求婚者络绎不绝，全都吃了闭门羹。杨孝子听说，便来一试。徐家听说他是个住在山顶的穷光蛋，便大加嘲笑，戏言道：“只要你能拿来一双白璧作聘礼，就答允婚事。”杨孝子立刻回到山上，一下子拿来五双白璧。徐家又惊又喜，马上把女儿嫁给了他。天子听说此事，甚感奇异，便把杨孝子作为典型广为宣传，还给他种玉的地方赐名叫“玉田”，还赐给他大夫的官职。①

碧桃也是有典故的。一说：汉武帝时，外国进献一个小矮人，武帝觉得奇怪，就召东方朔来问。矮人一见，就指着东方朔说：“这是个坏孩子，西王母种的仙桃，三千年才结一次果，被这孩子偷吃过三次！”后来西王母来人间和武帝幽会，带来七个仙桃，自己吃了两个，给武帝五个。汉武帝吃完把桃核留下。西王母问：“留此何用？”武帝说：“此桃好美味，我想种几棵。”西王母笑道：“傻瓜，这是仙桃，在天上三千

---

① 干宝《搜神记》卷十一，第 78–79 页。辽宁教育出版社 1997 年版。

年才结一次果子，凡间下土怎么能种呢！”[①]另一说：当年老子西游，拜见太真王母，王母用碧桃和紫梨招待老子。

圣叹化用这些典故，主要是表达感恩戴德之情；同时碧桃献寿，也渲染了此诗的主题。尤其是东方朔偷桃的故事，正与开头的“天上岁星”相应和，既巧妙贴切，又亲切风趣。

结尾的“从兹万岁千春去，促坐相陪酌紫霞”，又化用曼都故事。据说曼都好道学仙，离家三年方回，家人他问学到了什么？他说自己不知道当初是怎么离开家的，好像是睡着了，有几个仙人，带着他来到月亮上边。月亮上朦胧幽暗，不辨东西。仙人给他一杯流霞，喝下去后，几个月都不饿。[②]曼都因此也被认为是个“谪仙”。圣叹化用这个典故，又有所创新：不仅将寿星比作仙人，而且永远留在天国。这两句的大意是：您（寿星）将长生不老，我当永远追随。跟您一起修道游仙，酌饮流霞，徜徉于永恒的自由天国。再次表达了对寿星的颂美、祝福、感戴和报效之情，同时也显示圣叹和寿星之间，不仅亲缘深厚，而且志趣相投，可谓是志同道合的忘年交……

庄言话音刚落，众人一片惊叹。陶然连说：想不到，真的没想到，圣叹竟有如此遭遇，和“大人”的关系竟如此复杂。

石萌说：怪不得他对圣叹那么好，原来是几代姻缘、亲上加亲啊！

哎，师兄！你说这位寿星，会不会还是圣叹的岳父？覃慧敏说。

这个嘛——庄言犹豫了一下，说：我也想过，但还不能确定。

你也太真敢想了吧！石萌说：如果是那样，那他们的关系也忒复杂了，简直令人头晕！

覃慧敏说：我只是有些怀疑，大概是直觉吧。

李大白说：女性的直觉，往往很准。你就说说呗。

覃慧敏说：你看啊，金圣叹把自己比作“冉冉孤生竹”，又称寿星是“泰山”。刚才师兄已经说了，古诗《冉冉孤生竹》原本就有婚姻关

---

① 详见欧阳洵《艺文类聚》卷八十六《果部》上《桃》，第 1468 页。

② 黄晖《论衡校释》卷七《道虚篇》，第 325 页。中华书局 1990 年版。

系的隐喻，而“泰山”也经常被用来代指老丈人，这不就意味着寿星是圣叹的岳父吗？

还有，圣叹说“托尔绵绵五色瓜”，师兄的解释固然有道理，但也可以理解为：寿星把自己的“五色瓜”亦即女儿托付给圣叹呀，这样圣叹就是寿星的女婿了。这样，上句的“怜”字就有怜爱意思。两句的大意是说：您（寿星）既垂怜收养我，又将爱女许我为妻。

另外，“玉田”的典故，也含有婚姻的情节。杨孝子的玉田乃至妻子，都是神仙所赐——奖赏他的笃孝和仁义。圣叹把寿星比作神仙，则意味着自己的一切包括居住、妻子等，都是寿星所赐——赏识他的敏慧与勤奋。

还有最后两句所体现的亲密而深厚的情谊。

所有这些，都让我感觉圣叹和寿星的关系，似乎还不止师兄所说的那些，我疑心他们还有一层“翁婿”关系。

啊！听起来好像也有些道理呦。石萌说：这样一来，圣叹和寿星可就是“三重姻党”了。

可能还不止“三重”吧！李大白说：庄兄刚才说圣叹的子女和寿星的孙子女有婚姻，是怎么回事？

庄言应道：是这样的。在金雍所编《鱼庭闻贯》中，有一通书札后小注说：“答内父韩孙鹤俊。”[①]书札是圣叹写的，小注是金雍加的，因此这个“内父”自然是金雍的岳父。也就是说，这位韩俊（字孙鹤）便是金圣叹的亲家；那么，圣叹的太亲家，应该就是韩俊的父母。

噢——如此说来，这位寿星姑父，就是韩俊的父亲喽！李大白恍然大悟。

虽然还不能完全确定，但可能性极大。庄言说：前面我们谈到，金圣叹有两个儿子、三四个女儿，因而他的亲家就不止一个。圣叹子女的婚姻关系，目前知道的，除了金雍和韩家，还有法筵的婆家是吴江沈氏。但从圣叹长期居住在苏州以及《寿诗二章》的内容来推测，这位太

① 《金评唐诗》卷首《鱼庭闻贯》。《金集》壹，第 105 页。

亲家（即寿星）当非吴江沈氏，而是金雍岳父韩俊的父亲，我们姑且称他韩老先生吧。

有意思的是，《鱼庭闻贯》中还有一通书札后小注云："答韩贯华嗣昌。"又有一通后小注云："与韩贯华。"[①]熟悉金圣叹的人没有不知道韩贯华这个名字的。圣叹在评点《西厢记》时说："吾闻《周礼》：岁终，掌梦之官献梦于王。夫梦可以掌，又可以献，此岂非《西厢》第十六章立言之志也哉？而岂乐广、卫玠扶病清谈之所得通其故也乎？知圣叹此解者，比丘圣默大师、总持大师、居士贯华先生韩住、道树先生王伊，既为同学，法得备书也。"[②]可知韩贯华单名一个"住"，"嗣昌"是他的字，"贯华"是他的号。跟据古人取名的惯例，韩住和韩俊正属兄弟[③]，亦即韩住也是韩老先生的儿子。由此可知，圣叹与韩住，不仅同学，还是表兄弟；圣叹与韩俊，不仅是表兄弟，还是儿女亲家；如果慧敏师妹推测的（圣叹是韩老先生的女婿）属实，那么韩氏兄弟还是圣叹的大（小）舅子。

在圣叹的交游中，韩贯华可谓是知名度最高者之一，因为圣叹经常提到他，而且充满敬重。但以前人们并不知道他和圣叹还有如此亲密、复杂的关系。韩住有个法名叫"圣住"，圣叹既称他"居士"，又称他"同学"，我推测，他俩应是一起受戒学佛的。圣叹投靠到韩家以后，韩老先生视若己出。两个孩子年龄相近，皆有悟性，适于学佛；圣叹体弱多病，也需要佛法的庇佑，于是便送他们一起去佛门受戒，因此他俩应该有着共同的戒师。

从圣叹对韩住的敬重来看，韩住应该稍长于圣叹，佛学造诣很高。徐增有诗赞道：

> 先生心似吠琉璃，狮吼盛来满不遗。

① 分别见《金评唐诗》卷首《鱼庭闻贯》。《金集》壹，第101页、第108页。

② 《金评西厢》卷七《惊梦》前评。《金集》贰，第1083页。

③ 陆林说："（韩俊）与韩住当为兄弟行——取名皆以'亻'为旁。"详见《金圣叹史实研究》第70页。

一线贯成万花朵，大千世界更无疑。[①]

“吠琉璃”为佛家“七宝”之一，是产于须弥山的青色宝石，坚固而莹澈。由此可见韩住佛心之坚纯。“狮吼”即狮子吼，比喻佛菩萨说法时震慑一切外道邪说的神威，也泛指说经传法。又可见韩住守持和传布佛法的神勇。“一线贯成万花朵”意谓韩住能够提纲挈领佛法精华，同时也隐寓韩住的“贯华”之号。“大千世界更无疑”是说韩住的功德广大、信徒众多。

在金圣叹《沉吟楼诗选》中，有三首以“贯华”为题，其《病中承贯华先生遗旨酒糟鱼各一器寄谢》云：

悠悠罢弹铗，顿顿食无鱼。
卧病烦同学，提携过草庐。
加餐倍珍重，醉后默踌躇。
冥报成何语，相敦自有初。[②]

首联的“弹铗”“食无鱼”，化用冯谖客孟尝君典故，大家都很熟悉，我就不多说了。[③]

圣叹化用这个典故，显然是把韩住比作孟尝君，把自己比作冯谖，从而隐喻二者有“主—客”关系。然而圣叹与韩住年龄相近，又是同学，不大可能是韩住的门客；因而圣叹所寄食的主人，应为韩住的父亲，亦即寿星姑父韩老先生。

有道理。这就进一步证实，圣叹确曾有过“寄人篱下”的经历。柳新雨说：不过，圣叹此诗是写给韩贯华的，怎么会是指韩老先生呢？

---

① 《韩贯华圣住》，见《九诰堂集》之《诗》之六，第 161 页。上海古籍出版社 2010 年版。

② 《诗选》第 20 页。

③ 详见诸祖耿《战国策集注汇考》卷十一《齐》四，第 591 页。江苏古籍出版社 1985 年版。

应该是因为韩住是长子吧，可以代表韩家。庄言说：圣叹诗中说“罢弹铗”，是指寄食生活结束，离开韩家，独立生活；“悠悠”，谓岁月很长。可知圣叹寄食韩家是很久以前的事。由眼前的“顿顿食无鱼”可知，圣叹离开韩家后，长期生活清贫，又经常生病，所以非常怀念在韩家“待若上宾”的日子；好在现在仍可经常得到韩家的照顾，韩住这次送来“旨酒糟鱼”，便是例证。当然，韩住送来的，不光是吃的喝的，还有精神上的慰藉和勉励。所以圣叹借用陶渊明“冥报”的典故，来表达感激之情。

陶渊明《乞食》云：“饥来驱我去，不知竟何之。行行至斯里，叩门拙言辞。主人解余意，遗赠岂虚来。谈谐终日夕，觞至辄倾杯。情欣新知欢，言咏遂赋诗。感子漂母惠，愧我非韩才。衔戢知何谢，冥报以相贻。”①圣叹自比陶渊明，惭愧自己今生不能报答主人的恩德情义，心里想说只能下辈子报答了，可是他和韩住的关系，远比陶渊明和“主人”的关系更亲近，亲近到连“冥报”之类的话都不能说，也不必说。

而且最后一句“相敦自有初”，用《诗经》“靡不有初，鲜克有终”②的典故，一方面是说，我们两人（家）的亲缘情谊源远流长，相互帮助是应当的；另一方面是说，这种亲缘情谊还会一直保持下去，暗示希望继续得到韩住的帮助。只有对关系极亲近的人，才会说出这样的话。

圣叹的《贯华先生病寓寒斋予亦苦痁不已》诗说：

客有维摩诘，身非妙吉祥。
高秋同得病，清昼坐敷床。
用乳新开禁，消香未有方。
众生满眼是，何以济茫茫。③

---

① 袁行霈《陶渊明集笺注》卷二《乞食一首》，第105页。中华书局2003年版。

② 《毛诗正义》卷十八《大雅》之《荡》：“天生烝民，其命匪谌。靡不有初，鲜克有终。”第552页。中华书局《十三经注疏》本。

③ 《诗选》第21页。

“客”和“身”，一指贯华，一指自己；“有维摩诘”和“非妙吉祥”是互文，意思是说两个人都是佛门信徒，却不能保持身体健康，同时病倒了。然而生病的韩住却住在生病的圣叹的“寒斋”里，真正是同病相怜，又足见其亲如一家、情同手足——实际上他们不仅是亲表兄弟，还曾长期兄弟般地生活在一家。二人虽在病中，仍一起探讨佛学，关怀众生，思考拯救世道人心，确实是志同道合的同学。

圣叹还有一首《病中见诸女玩月便呼推窗一望有怀贯华》诗：

当时五鼓月明中，孰省繁霜与北风。
今夜一庭如积水，关窗塞户两衰翁。①

“当时”应该是早年吧，两个人在“五鼓月明中”做什么呢？只有他们两个人知道，从“孰省繁霜与北风”看来，似乎是在做着不知时光短暂和人世艰辛的少年美梦。如今两人都已衰老，想必梦想早已破灭。这里再次显示圣叹和韩住的情谊非同一般，似乎还有不足为外人道的秘密。

至于韩俊，圣叹虽很少提及，但两人之间的情谊同样非常亲厚。《沉吟楼诗选》中有两首是以“孙鹤”为题的，一首长题为《人日孙鹤携酒过看予新选唐人律诗率其二子来予二婿亦适至》，其诗说：

亭下垂怜白未玄，床头割爱圣兼贤。
五星恰聚黄昏后，三雅横飞红烛前。
范叔一寒方至此，陶公冥报正茫然。
抱琴明日君来否，烂醉如今我欲眠。②

“人日”是农历的大年初七，古代也称“人胜节”，相传当初女娲创世，先造出鸡、狗、猪、羊、牛、马，第七天造人，因而这一天是人类

① 《诗选》第 83 页。
② 《诗选》第 112 页。

的共同生日。古人于此日有戴“人胜”（头饰）的习俗，文人往往登高赋诗，有祈求一年平安吉祥的用意。

诗题中说到“新选唐人律诗”，可知是在顺治十七年（1660）。圣叹在《金评唐诗》的序中说：“顺治十七年春二月八日，儿子雍强欲予粗说唐诗七言律体。予不能辞，既受其请矣。”又说：“至夏四月望之日，前后通计所说过诗，可得满六百首。”[①]金雍《鱼庭闻贯》也说：“雍既于今年二月吉日，力请家先生上下快说唐人七言律体，得五百九十五首……”[②]又在《金评唐诗》卷末记道：“顺治十七年，四月十八日，说唐人七言律诗竟。男雍释弓笔受并补注。”[③]也就是圣叹被杀害的前一年，这年他五十三岁。金雍生于明崇祯五年（1632），此时二十九岁，应该已经结婚成家，圣叹和韩俊早已成为亲家。和韩俊一起来看圣叹的，还有韩俊的两个儿子以及圣叹的两个女婿，共五人，所以诗中说“五星恰聚黄昏后”。

此诗首联上句，是化用扬雄（字子云）的典故，班固《汉书·扬雄传》记载：“哀帝时，丁、傅、董贤用事，诸附离之者或起家至二千石。时雄方草《太玄》，有以自守，泊如也。或嘲雄以玄尚白，而雄解之，号曰《解嘲》。”颜师古注说：“玄，黑色也。言雄作之不成，其色犹白，故无禄位也。”[④]圣叹又把自己比作扬雄，把自己正在评点的唐诗比作扬雄的《太玄》，虽然尚无禄位，但仍不失自信。

下句“床头割爱圣兼贤”，鲍照《行路难》诗说：“人生苦多欢乐少，意气敷腴在盛年。且愿得志数相就，床头恒有沽酒钱。”[⑤]圣叹所说的“床头”即是指沽酒钱。《西京杂记》载：“邹阳为《酒赋》，其词曰：‘清

---

① 《金评唐诗》卷首。《金集》壹，第91页。

② 《金评唐诗》卷首。《金集》壹，第95页。

③ 《金评唐诗》卷八下。《金集》壹，第597页。

④ 《汉书》卷八十七下《扬雄传》，第3565–3566页。

⑤ 钱仲联《鲍参军集注》卷四《拟行路难十八首》（之五），第230页。上海古籍出版社1980年版。

者为酒，浊者为醴；清者圣明，浊者顽骏。'"[①]《三国志·徐邈传》载："魏国初建，为尚书郎。时科禁酒，而邈私饮至于沉醉。校事赵达问以曹事，邈曰：'中圣人。'达白之太祖，太祖甚怒。度辽将军鲜于辅进曰：'平日醉客谓酒清者为圣人，浊者为贤人。邈性修谨，偶醉言耳。'竟坐得免刑。"[②]一说："（魏）太祖（曹操）时禁酒而人窃饮之，故难言酒。以白酒为贤者，清酒为圣人。"[③]不过圣叹所说的"圣""贤"，既是指酒，也有指人的意思，意谓韩俊一行非同凡俗，正好与陋室主人相映成趣。

接下来是写大家欢聚，秉烛畅饮。圣叹不觉已有醉意，情动于衷，便诉说起来：先是自比范雎。范雎字叔，战国时期魏国人，用现在的话说，是著名的政治家、军事家。但他早年家境贫寒，先是在魏国的中大夫须贾门下做事，被须贾诬告于魏相，受尽折磨和羞辱，差点儿被害死。侥幸逃脱后来到秦国，改名换姓为张禄，得到秦昭王的信任，官至丞相。秦国准备攻打魏国，魏国派须贾为使节前来说服秦国罢兵。范雎故意穿着破衣烂衫来见须贾，须贾一见惊问："范叔别来无恙吧？"范雎说："还好。"须贾笑道："范叔该不是有话要说吧？"范雎说："哪敢！小人当初得罪魏相，逃亡在此，哪里还敢乱说呀！"须贾又问："那你来找我有何事？"范雎神色可怜地说："在下现在这里给人打工……"须贾看他面有饥色，便让人给范雎弄些酒饭来吃了；又见他穿得破烂，感叹道："范叔一寒如此啊！"叫人拿来一件棉袍送给范雎。后来须贾去拜见秦相张禄，发现此人正是范雎，于是请罪求饶。范雎说："你确实罪恶累累，死有余辜！但你能给我酒饭和棉袍，说明还是念旧情的，我为此免你一死。"[④]

范叔是一个靠自己的努力摆脱贫寒，功成名就，而且有恩必报的人，圣叹以范叔自比，透露他此时仍未自甘贫寒，还有雄心壮志。但接

---

① 刘歆撰、晋洪辑《西京杂记》卷四。《文渊阁〈四库全书〉电子版》。

② 《三国志》卷二十七《魏书》之《徐邈传》，第 739 页。

③ 《艺文类聚》卷七十二《食物部》之《酒》，第 1247 页。按：此条承邓小军先生指教，谨志感谢。

④ 详见《史记》卷七十九《范雎蔡泽列传》，第 2401–2413 页。

着又说“陶公冥报正茫然。抱琴明日君来否，烂醉如今我欲眠”。“冥报”的典故大家都知道了，又据记载：“(陶)潜不解音声，而畜素琴一张，无弦，每有酒适，辄抚弄以寄其意。贵贱造之者，有酒辄设，潜若先醉，便语客：‘我醉欲眠，卿可去。’其真率如此。”[①]李白也说：“两人对酌山花开，一杯一杯复一杯。我醉欲眠卿且去，明朝有意抱琴来。”[②]所谓兴尽悲来，圣叹刚才还觉得自己是范雎，立刻又意识到那是不可能的，甚至连陶渊明的“冥报”都很难说出口。索性称醉欲眠，让韩俊等今晚且去，明日再来，其率真可爱确如陶潜、李白。

圣叹对韩氏兄弟都用了“冥报”典故，可见他们之间的关系和情谊是“一视同仁”的。不过其间似乎又有些微的差别：圣叹视韩住如兄长，更多些敬重，主要是精神上的志同道合；视韩俊如发小，更多些喜爱。主要是性情上的气味相投，这在其《孙鹤生日试作长歌赠之》诗中有所表达。[③]全诗长达三百五十字，主要写韩俊，同时也涉及圣叹本人及其他友人。由于篇幅很长，我就不详细解读了，只说几点和圣叹关系较为密切的问题：

诗中提到“只今君年已四十”，可知这是韩俊四十岁生日，估计此时他们已经成为亲家。圣叹为韩俊的生日作如此长歌，足见二人的情谊非同一般。圣叹对韩俊的人品才学极口赞赏，对其坎壈不遇满怀同情，显得二人在性情、志趣、作风等方面高度投合，惺惺相惜。

诗中说“一巷来往无人嗔，张灯高论果无鬼”，可知圣叹和韩俊(还有其他几个友人)居处很近，经常聚会，纵酒放谈，是一个风格独特的小群体。

圣叹笔下的韩俊，博学能文，胸怀大志，有廊庙器。早年饱读群书，但并不满足，曾漫游东海、直北(京城)，但因性情放纵不羁，不能与世俗同流合污，遂鄙弃功名，归来隐居。但并没有躬耕田园，而是张灯高论，纵酒无忌。酒量既大，每饮必醉。韩俊的醉生梦死，自然是

---

① 《宋书》卷九十三《隐逸列传》，第2288页。

② 王琦注《李太白全集》卷二十三《山中与幽人对酌》，第1074页。

③ 《诗选》第149页。

因内心的苦闷，而内心苦闷，则是由于愤世嫉俗，忧患天下。总的看来，韩俊是阮籍、陶潜、李白之类的人物，颇有乃父韩老先生的风采。

说到韩老先生，圣叹此诗的前两句“醉白先生古大臣，醉白季子无与伦”尤其值得注意：上句显然是指韩俊的父亲，亦即韩老先生；“醉白先生”可能是他的自号，也可能是别人对他的称谓，或者是圣叹对他的称谓，无论如何，这个称号应与北宋名臣韩琦有关。苏轼《醉白堂记》说：

> 故魏国忠献韩公作堂于私第之池上，名之曰“醉白”，取乐天《池上》之诗，以为醉白堂之歌，意若有羡于乐天而不及者。天下之士，闻而疑之，以为公既已无愧于伊、周矣，而犹有羡于乐天，何哉？①

韩琦是北宋名相，在政治上、军事上卓有建树，史载：“（韩）琦蚤有盛名，识量英伟，临事喜愠不见于色，论者以重厚比周勃，政事比姚崇。”“琦天资朴忠，折节下士，无贱贵，礼之如一。尤以奖拔人才为急，傥公论所与，虽意所不悦，亦收用之，故得人为多。选饬群司，皆使奉法循理。其所建请，第顾义所在，无适莫心。……与富弼齐名，号称贤相，人谓之‘富韩’云。”“琦相三朝，立二帝，厥功大矣。当治平危疑之际，两宫几成嫌隙，琦处之裕如，卒安社稷，人服其量。欧阳修称其‘临大事，决大议，垂绅正笏，不动声色，措天下于泰山之安，可谓社稷之臣’。岂不信哉！”韩琦死后，神宗亲为撰写碑文，称他：“两朝顾命，定策元勋。”②看来韩老先生号称“醉白”，不只是说他善饮常醉，还兼有李白、白居易和韩琦的寓意。李白意味着“谪仙”，白居易意味着“乐天”，韩琦意味着“贤相”，集三者于一身，这位韩老先生

---

① 《苏轼文集》卷十一《记》之《醉白堂记》，第 344 页。中华书局孔凡礼点校本 1986 年版。

② 详见脱脱《宋史》卷三百一十二《韩琦传》，第 10229-10232 页。中华书局点校本 1985 年版。

是何等人物，也就可想而知了。所以我推测他应该有着非凡的背景和经历。有学者说他“为一清廉大僚。疑即万历年间的礼部左侍郎韩世能”[①]。也有人说他是韩雍的后裔。[②]虽然尚缺乏确切的证据，但都与上述情况有一定的符合。

圣叹为韩俊作贺寿诗，却从其父韩老先生写起，可谓用心良苦。这透露韩俊、圣叹与韩老先生的关系既很亲密又很特殊。由下句“醉白季子无与伦”，可知韩俊是韩老先生的小儿子。小儿子往往也是父母最宠爱的孩子，何况韩俊又是那么的无与伦比。无与伦比，不光是说在韩氏兄弟中，也是说他在当世出类拔萃、无出其右；同时还有最“酷似”韩老先生的意思，这一点，刚才已经涉及，就不多说了。这样一个无与伦比的韩俊，难怪圣叹会如此激赏。圣叹如此激赏的韩俊，年届四十还郁郁不得志，难怪圣叹要报以强烈的同情和不平了。

石萌好像是在自言自语：要不怎么说没有无缘无故的爱呢！我原来只知道金圣叹和韩贯华关系特别亲密，却不知道他和韩俊的关系更加亲密。这是两家儿女的缘分，也是两家大人的缘分。要不然，韩俊那么高傲豪阔，怎么能把女儿嫁给那么贫寒卑微的圣叹之子呢？

李大白说：是啊，我以前只是感觉韩氏父子不是一般人物，却不知道他们和金圣叹有这么亲密而又复杂的关系。这样一来，很多疑问都比较容易理解了。例如，有人说金圣叹本来姓张，后来改姓金；也有人说他本来姓金，后来改姓张。有人说他本名喟，又名人瑞；也有人说他本名采，字若采，后来改名人瑞。有人说他是长洲人，有人说他是吴县人……先不管这些说法究竟谁对谁错，不妨想想，为什么会有这样的分歧呢？所谓事出有因，即便是捕风捉影，毕竟是有风有影啊！如果刚才大家的解说和推测属实，那么圣叹从老家乡下来到苏州城里，这是属籍

---

① 陈洪《金圣叹传》（增订版），第121页。人民文学出版社2012年版。

② 陆林说：“就圣叹亲家而言，韩俊之父应是十六世纪下半叶生人，故不可能是韩世能。……明代长洲清廉大吏，除了韩世能，稍早还有韩雍（1426–1482），官至都察院右都御史，生三子：韩文、韩敦、韩敞，或许是他们的后裔。”《金圣叹史实研究》第169页。

和住所上的变易；圣叹是为逃亡而投靠韩家的，到韩家后又第二次入塾，按说是会改名换姓的，即使不换姓，改名换字的可能性是很大的。

覃慧敏说：前面提到，记得金圣叹在评论“呼延爱马”时说过：“吾友有一苍头，自与吾友往还，便与之风晨雨夜，同行共住，虽天下之骙，又无有更甚于此苍头也者。然天下之知吾，则又无有更过于此苍头者也，而不虞其去也。”[①]我开始怀疑，圣叹怎么会和友人的苍头如此关系密切、一往情深呢？现在我想，这个苍头——姑且称他“小苍头”吧，应该原来是服侍韩氏兄弟的，圣叹来到韩家后，便“送给”圣叹使唤了。从此他们“风晨雨夜，同行共住”。后来小苍头因故离开了，究竟因何“故”，圣叹仍是用“不虞”避而不谈。根据圣叹评点《水浒传》的时间，小苍头的离开时间当在圣叹十三岁以前，算来他跟随圣叹约有四年，可以说是圣叹来到韩家后最为形影不离的人了。

这个解释很有新意啊！柳新雨说：我觉得，“贯华堂”的问题也可以得到新的解释。“贯华”，有人说是韩住的法号，有人说是韩住的堂号，也有人认为是韩氏兄弟共同的堂号，还有人认为是金圣叹的堂号，因为圣叹的很多书上都标有“贯华堂”的名号，如《贯华堂第五才子书施耐庵水浒传》《贯华堂第六才子书王实甫西厢记》《贯华堂评选杜诗》《贯华堂选批唐才子诗》等等。值得注意的是，在《沉吟楼诗选》的卷末，附有一个《唱经堂遗书目录》，分“外书”和“内书”。“外书”部分有《第一才子书庄子》（七篇是经外篇集篇分配未竟）、《第二才子书离骚》（亦有经传未竟）、《第三才子书史记》（未竟）、《第四才子书杜诗》《第五才子书》《第六才子书》《批左传》《才子古文》《唐才子诗》《程墨才子》《小题才子》《集批未竟书》《诗文全集》等（括号内为原注文）。刚才说过，“唱经堂”是圣叹的法号兼堂号，这个“遗书目录”只有“唱经堂”，没有“贯华堂”，可以肯定后者不是圣叹的堂号。那么圣叹著作为什么要打上“贯华堂”名号呢？学者的最新解释是：圣叹的很多著作

---

① 《金评水浒》第五十六回《徐宁教使钩镰枪　宋江大破连环马》前评。《金集》肆，第1018页。

是由韩住帮助刊印的，因而"'贯华堂'乃是一个与刊刻者有关的字号，与著述者金圣叹没有直接关系"[①]。现在我觉得，这个判断还是不够准确的。根据我们最新发现的情况，由于圣叹八岁就来到韩家，并长期生活在一起，又与韩家有着如此亲密而复杂的关系，他实际上已是韩家的一员，与姑父母的子女无异。因此，不能说他和贯华堂没有直接关系，在物权上，他固然不是贯华堂的主人；但在使用上，和韩家人并没有多大差别。

我觉得，韩住虽是贯华堂主人，但并不是唯一的主人，也不是最早的主人。为什么这样说呢？因为金圣叹自述"十二岁便得贯华堂古本，吾日夜手钞，谬自评释……"[②]由此可知贯华堂早就有了。当时圣叹十二岁，韩住的年龄应该差不多，一个十来岁的孩子，是不大可能独自拥有贯华堂的。所以我觉得，贯华堂应该是韩家原来就有的，很可能是韩家祖上留下来的，它的第一个主人，最迟也应该是韩老先生——我们可以称他"老堂主"。韩住长大后，便接替他成为新一任贯华堂主——可称"少堂主"。这也透露韩住很可能是韩家的长子，韩俊不大可能与韩住同为少堂主。也就是说，只有韩住可以称韩贯华，但"贯华"原本并不是韩住的堂号，更不是韩住的法号，它的来源须追溯到韩住的上辈。

嗯，有道理。覃慧敏说：圣叹既然从小就生活在韩家，自然不是外人，经常出入贯华堂，能够看到贯华堂的"古本"，一点也不奇怪。后来他长大了、独立了，便有了自己的"唱经堂"，他的"遗书"自然应该冠以"唱经堂"的名号。但公开刻行的著作标名"贯华堂"，可能是因为韩家帮助刊行，也可能是因为圣叹使用的"底本"是贯华堂所有，这样看来，贯华堂既有藏书楼的性质，又有书坊的性质。

李大白说："贯华"这个名号应该与佛教有关。传说佛祖说法，感动天神散落各色香花，因而"花"比喻佛教的精妙义理。《妙法莲华经》

---

① 《金圣叹史实研究》第74页。

② 《金评水浒》卷首《序三》。《金集》叁，第20页。

说："佛赴缘作散花、贯花两说。"[①]《法华义疏》说："问：何故诸经有长行与偈？答：长行与偈，略明十体五例。言十体者，龙树《十地》《毗婆沙》云：一者随国法不同。如震旦有序、铭之文，天竺有散华、贯华之说也。二者好乐为异。彼论云，或有乐长行，或有乐偈颂，或有乐杂说庄严章句者，所好各不同，我随而不舍……"[②]可知"散华"和"贯华"源自"天竺"，类似于中土有"序"和"铭"。

大致说来，"贯花"与"散花"都是佛经及说法的表达形式，前者是偈颂，相对整齐押韵，如诗体；后者相对宽松自由，如散文。二者都是比喻性的说法："贯花"就像用一根红线将其"花"贯穿起来，亦即以诗体的形式将佛经的妙理精义概括地表达出来；"散花"则如拆开包裹，将"花"铺展散开，亦即用散体的形式来陈说情节道理。《宋高僧传》记载："释灵幽，不知何许人也。僻静淳直，诵习惟勤。偶疾暴终，杳归冥府。引之见王，问：'修何业？'答曰：'贫道素持金刚般若，已有年矣。'王合掌屡称'善哉！'俾令讽诵，幽吮唇播舌，章段分明。念毕，王曰：'未尽善矣，何耶？勘少一节文，何贯华之线断乎？师寿命虽尽，且放还人间十年，要劝一切人受持斯典，如其真本，即在濠州钟离寺石碑上。'如是已经七日而苏。幽遂奏奉敕令写此经真本，添其句读，在'无法可说，是名说法'之后是也。"[③]

贯华堂既取名于佛教，又有贯通精妙之意，因而它的性质和功能也应该与佛教有关。所以我认为它不仅藏书、刻书，可能还是读经说法的场所。圣叹说他十一岁的"创获"中有《妙法莲华经》，想必就是贯华堂所藏。廖燕说："（圣叹）于所居贯华堂设高座，召徒讲经，经名《圣自觉三昧》。稿本自携自阅，秘不示人。每升座开讲，声音宏亮，顾盼伟然。凡一切经史子集，笺疏训诂，与夫释道内外诸典，以及稗官野

---

① 智𫖮《妙法莲华经文句》卷第一上《序品第一》。《大正藏》，第1718号第34册第1页。

② 吉藏《法华义疏》卷第二《序品》之二。《大正藏》，第1721号第34册第451页。

③ 赞宁《宋高僧传》卷第二十五《唐上都大温国寺灵幽传》。《大正藏》，第2061号第50册第709页。

史，九彝八蛮之所纪载，无不供其齿颊，纵横颠倒，一以贯之，毫无剩义。座下缁白四众，顶礼膜拜，叹未曾有。先生则抚掌自豪，虽向时讲学者闻之攒眉浩叹，不顾也。”又说：“鼎革后，绝意仕进，更名人瑞，字圣叹。除朋从谈笑外，惟兀坐贯华堂中，读书著述为务。”[①]看见圣叹经常在这里讲学论道。廖氏似乎想用“一以贯之”来暗示“贯华”的含义，未必准确，但也不妨作为参考。

圣叹的《圣自觉三昧》，是从“凡一切经史子集，笺疏训诂，与夫释道内外诸典，以及稗官野史，九彝八蛮之所纪载”的解说中提炼出来的，这似乎又意味着贯华堂还是从事研究和著述的场所；听众和读者中，自然应有韩家的子弟。圣叹的评点著作，经常说到子弟应该如何读书之类的问题，因此贯华堂还应该有教授生徒的功能。

哇，好全面啊！李大白感叹道：如此说来，贯华堂简直就是一个“综合”的私家设施，具有传教、讲学、藏书、刻书、研究和教育等多方面功能，从“（圣叹）声音宏亮，顾盼伟然”以及“座下缁白四众，顶礼膜拜”等情况来推测，贯华堂的场地空间应该很大，透露出韩家在当地具有相当的经济实力和文化影响。

呀！太好了！覃慧敏兴奋地说：这下另一个疑难问题也好解释啦。

什么疑难问题？石萌问。

覃慧敏说：就是金法筵和贯华堂的关系呀。法筵是圣叹的小女儿，她有一首《悼二侄女》诗说：

> 贯华堂畔长青苔，寂守孀闺扃不开。
> 梁燕旧时曾作伴，不胜哀怨一飞来。[②]

陆林先生认为：“圣叹有一子三女，子为金雍，季女名法筵。故法筵所撰《悼二侄女》诗，所悼者必为金雍次女（侄女指兄弟之女）。”[③]

---

① 廖燕《金圣叹先生传》。《汇编》第15页。

② 《吴江沈氏诗录》卷十一《金硕人八首》。

③ 陆林《金圣叹史实研究》第70页。

但是根据我们前面的解说，圣叹不止一个儿子，也不止三个女儿，因而不能说金雍是“独子”。金雍既然不是独子，那么法筵所说的“二侄女”也就不一定“必是金雍次女”。就算是金雍的“次女”，她的“孀闺”为什么会在“贯华堂畔”？徐朔方先生则说：“圣叹所居名贯华堂，廖燕记之于身后，圣叹季女《悼二侄女》诗亦云‘贯华堂畔长青苔’，无可怀疑。圣叹有诗《贯华（韩住）先生病寓寒斋，予亦苦疟不已》，不得据此否定贯华堂为其斋名也。”[①]既认定贯华堂是圣叹的“斋名”，那么“二侄女”就是回娘家孀居，似乎“合乎情理”。更早一些的，邓之诚先生的解释是：“二侄女”原本“为人瑞孙女之适韩者”[②]。意思是说金雍的这个女儿嫁给了韩家，所以回到韩家的“贯华堂畔”来孀居。陆林又认为“金二小姐亦有非嫁韩家的可能”，并推测：金圣叹于顺治十八年（1661）因“哭庙案”被杀，家产籍没入官，妻子流放宁古塔。当时“苏州城内的金家房产已荡然无存，年幼的二小姐被托付给韩俊。其成人后，外祖父为其择嫁，不幸丈夫早逝，因种种原因夫家难居，只得退居韩家。至于‘贯华堂’，可能是韩氏兄弟共有之堂号（如未分爨，此为常见现象），悼诗中‘长青苔’‘扃不开’始有可能。就已知文献来看，不知此种解释于情于理，是否差强人意”。[③]意思是此“二侄女”从小由其外公韩俊抚养，长大后出嫁，丈夫去世后，又回到外祖父这里孀居。

现在看来，这些说法都是推测之辞，既没有明确的证据，又显得迂回牵强，更重要的是，都与法筵的诗意不合。我认为，法筵的诗题是《悼二侄女》，从后两句“梁燕旧时曾作伴，不胜哀怨一飞来”可知，其实涉及两个侄女，她们“旧时”相伴，如今一个不幸早亡，一个“飞来”孀居。因此诗题的“悼”，兼有悼亡死者和哀怜寡居的双重含义。并非如陆林先生所说的那样，只是哀悼“金二小姐”一个人；若是悼亡“金二小姐”一个人，她人都死了，又怎么能“飞来”呢？所以只有兼

---

① 徐朔方《徐朔方集》第五卷，第 782 页。浙江古籍出版社 1993 年版。

② 邓之诚《清诗纪事初编》卷三甲编上《金人瑞》，第 338 页。中华书局上海编辑所 1965 年版。

③ 详见《金圣叹史实研究》第 70 页。

“悼”两个侄女，才能解释得通。我推测：法筵的这两个侄女当初（未嫁时）的闺房就在“贯华堂畔”，并且经常到贯华堂来听讲、看书或玩耍；如今一人早亡，一人丧夫，后者仍旧回到“贯华堂畔”寡居。法筵作为亲姑母，自然是看在眼里，痛在心里，倍加哀伤怜悯！这正是此诗的“特别”之处，也是其选入《诗录》的主要原因。以上各家之所以会作出不准确的推测，关键就在于不了解圣叹和韩家的特殊关系。现在我们知道，圣叹家和韩贯华家其实就是一家，圣叹的孙女回到“贯华堂畔”孀居，其实就是回到娘家孀居，既合情合理，又简单直接，根本就不是因为“适韩”，何况也太不可能两人都嫁给韩家又都丧夫回来寡居。另外，法筵写此诗时，圣叹已遇害多年，韩氏兄弟即便在世，也都已老，不可能还未“分爨”，也不可能“共有”贯华堂。目前尚未见有称韩俊为“贯华”的材料，而圣叹及其亲友所称之“贯华”“贯华先生”，都是指韩住，如徐增《怀感诗》就称“韩贯华圣住”。[①]

柳新雨说：我觉得，这样解说，更加合情合理，直截了当。而且也不必再为贯华堂和唱经堂的关系而纠结。以前人读《鱼庭闻惯》，见其中（评诗字条所贴处）一会儿是“寒家壁间柱上”，一会儿是“唱经堂东柱上”，一会儿是“贯华堂东柱”，有点晕头转向，搞不清唱经堂、贯华堂是什么关系，现在知道，二者实为一家，贴在哪里都是可以的。

范启明一直很专注地听着，这时颇为感慨地说：陶渊明曾说“闻多素心人，乐与数晨夕”。我今天可谓与素心人说圣叹了！特别是你们年轻人的谈论，能够如此心平气和，自然真诚，眼光独到，是非常难得的。谈出来的东西，有很多是我以前未曾闻见、未曾注意的，是你们的新发明和新发现。其中虽然有不少推测和想象成分，但大都是以圣叹诗文为根据，合乎情理，令人信服！

感觉到后生可畏了吧！田老师笑着说：我们就是不知老之将至喽。

两位老师也给我们很多引导和启示。学生们说。

田老师说：我们就不要互相吹捧了，来，共同干一杯吧！

---

① 徐增《久诰堂集》之《诗》之六，第161页。

范启明一饮而尽，颇有感触地说：听着你们的谈论，让我想了很多。为什么你们的很多发现，以前没人注意呢？我想这大概与你们的“素心”有关。用金圣叹的话说，就是心地澄明，物来毕照。常听人说现在的研究生水平大不如前，今天听了你们的谈论，证明其说不足信。我感到你们的水平，比同样年龄阶段的我们要好得多，野夫兄想必也有同感吧！

完全同意！田老师说：我们那时虽然学习很刻苦，但主客观的局限太多，现在看当年写的东西，常感汗颜！

范启明说：这大概也是“一代有一代学术”吧！

其实，我们也有很多局限。庄言说。

哈哈！我们这是要曲终奏雅吗？田老师笑道：好了！时候不早了，范老师一路劳顿，也该早点休息了。我们同此一杯吧！

“同此一杯”后，学生们道别而去。范启明了无睡意，田老师说：看来又要作“彻夜谈”了！两人会心地笑起来。

当年在北方，他们经常和友人放谈纵论，通宵无倦。那时候年轻，热情高涨，精力旺盛，思想也很活跃，仿佛每个人都有说不完的话，源源不断的奇思妙想，当然还有干不完的活儿。每天紧张而兴奋地忙这忙那，虽然辛苦劳累、收入低微，但日子过得充实痛快。喝着廉价酒，抽着便宜烟，骑着除了铃子不响到处都响的自行车，在小城里窜来窜去，参加各种会议、座谈之类，满脑子想的都是重大深沉的问题，时常因创意新奇或争辩激烈或义愤填膺或一往情深，有时被别人感动，有时被自己感动，不能自已……三十多年过去了，那些事湮灭无痕，那些人散的散，变的变，老的老，死的死。如今两人灯下相对，一个银发萧萧，一个胡须花白……

是不是有点恍然若梦？

岂止，简直是恍如隔世……

# 第四章

# 平生志业托水浒 满怀心曲付儿郎

潇潇春雨，连绵多日，给久别重逢的故人提供了充分的时间，也营造了浓郁的氛围。这几天，田野和范启明在一起，说了很多话，也喝了不少酒。有时各看各的书，各想各的事儿，或者各睡各的觉。随心所欲，动静自然，彼此不动声色地感受着友谊。

田野睁开眼睛，满屋子阳光灿烂，叫声好天，便一跃而起，正要叫范启明赶紧起床上山去，发现他已经站在窗前，对着园子发呆。

这时庄言来电话，问老师可要上山？他们几个都准备好了。田野告诉他上，到清风亭会合。

两人匆匆吃了点早餐，背上行囊，便出门上路。沿着野径，边走边聊。不多时，便看到庄言他们已在清风亭，正向这边招手。范启明看这亭子，依山面湖，湖面清波粼粼，烂银耀眼。远处有几只小船，渔人的吆喝隐约可闻。湖边山石高低，竹木掩映。不禁赞叹道：好一片水泊！

怎么听着有些梁山好汉的感觉！田野笑道：该不是想在这里占山为王吧！

学生们都笑了。

范启明笑道：你还别说，还真让我想起一幕场景。于是模仿着说书人声腔道：这阮小五慌忙去桥边解了小船，跳在舱里，捉了桦楫一划，三只船厮并着。划了一歇，三只船撑到水亭下荷花荡中。三只船都缆了，扶吴学究上了岸，入酒店里来，都到水阁内拣一副红油桌凳。阮小二便道：“先生，休怪我三个弟兄粗俗，请教授上座。”

范启明边说边向田野做了个请上座的姿势，田老师笑道：果然有些意思！好吧，我就做回吴学究！又招呼大家也坐下来。

范启明不坐，继续模仿道：四个人坐定了，叫酒保打一桶酒来。店小二把四只大盏子摆开，铺下四双箸，放了四盘菜蔬，打一桶酒放在桌子上。阮小七道：“有甚么下酒？”小二哥道：“新宰得一头黄牛，花糕也似好肥肉！”阮小二道：“大块切十斤来！”

几个学生听得入神，都鼓起掌来。

田老师说：可惜现在没有酒肉啊！便吩咐庄言去旁边茶楼要两壶开水和几个茶杯来，从包里取出自带的茶叶，一边冲泡一边对范启明说：看来今天只能以茶代酒喽！

如此也好！范启明说。

田老师斟上第一道茶，品了一口，对学生们说：范老师说的是《水浒传》第十四回《吴学究说三阮撞筹　公孙胜应七星聚义》里的一段，吴用要拉三阮入伙，去谋取“一套富贵”（生辰纲）。当时阮小七有一句话，让金圣叹大为感动，记得吧？

记得记得。覃慧敏应道：“人生一世，草生一秋！”

正是。田老师说：金圣叹发挥道——

> 阮氏之言曰：“人生一世，草生一秋。”嗟乎，意尽乎言矣！
>
> 夫人生世间，以七十年为大凡，亦可谓至暂也。乃此七十年也者，又夜居其半，日仅居其半焉。抑又不宁惟是而已，在十五岁以前，蒙无所识知，则犹掷之也。至于五十岁以后，耳目渐废，腰髋不遂，则亦不如掷之也。中间仅仅三十五年，而风雨占之，疾病占之，忧虑占之，饥寒又占之，然则如阮氏所谓论秤秤金银，成套穿衣服，大碗吃酒，大块

吃肉者，亦有几日乎耶！而又况乎有终其身曾不得一日也者！故作者特于三阮名姓，深致叹焉：曰“立地太岁”，曰“活阎罗”，中间则曰“短命二郎”。

嗟乎！生死迅疾，人命无常，富贵难求，从吾所好，则不著书，其又何以为活也？[①]

人的一世和草的一秋同样短暂，算起来真的没几天好日子。生死迅疾，命运无常。世俗中人，想的是富贵荣华，才不枉为此生，谈何容易？圣叹的选择是从吾所好，著书为活。我们今天能够在此聚会，也可谓是人生难得的快活时光了！

确是一番精彩议论！范启明说：圣叹的这番“生命感叹”，我以前读，觉得很励志；后来读，觉得很无奈；现在，感觉很洒脱……

石萌问：金圣叹所说的“著书”，是指评点《水浒传》吗？

是，田老师点点头，又摇摇头，说：但不只是。

石萌又问：圣叹说他评点《水浒传》是在十二岁时，可他这话，不像是十二岁小孩能说出来的，倒像是饱经沧桑的老人。

柳新雨说：这个疑问我也有，不过后来想通了。我觉得，《金评水浒》中虽然有很多看似老成的文字，但不能因此就怀疑他十二岁评点《水浒传》。虽然神童不常见，毕竟还是有的。且不说老子幼年预言祸福，项橐七岁为孔子所师，甘罗十二岁拜相，蔡文姬六岁解琴之类传说；唐代取士科目中，就有“神童”一科，专门选拔十二岁以下儿童。那可是要出仕为官的呀，可知当时“早熟”的神童不在少数。还有，骆宾王七岁写出《咏鹅》，李贺六岁写出《高轩过》，都是有文献记载的。特别是跟圣叹差不多同时的夏完淳（1631 — 1647），五岁通经史，七岁能诗文，九岁便有《代乳集》问世，十四岁参加抗清，任鲁王监国的中书舍人。事败被捕，就义时年仅十六岁，留下《南冠草》《续幸存录》《别

---

① 《金评水浒》第十四回《吴学究说三阮撞筹　公孙胜应七星聚义》前评。《金集》叁，第274–275页。

云间》等作品。以金圣叹的聪明早慧，十二岁评点《水浒传》，并非没有可能。

《红楼梦》里宝玉、黛玉他们，年龄也都不大。覃慧敏说。

是呀。陶然说：金圣叹有一首幼年时写的诗："营营共营营，情性易为工。留湿生萤火，张灯诱小虫。笑啼兼饮食，来往自西东。不觉闲风月，居然头白翁。"他自己后来说："此时思之，真为可笑：既念生子孙，方思广园圃。如此妄想，便足一生。我既生子，子又生孙。后来不知何人，俱同此一副妄想。"[①]他那么小，就"妄想"那么多，确实很"早熟"。

柳新雨说：我觉得，圣叹的"少年老成"不是世俗所说的城府很深、精明练达，而是对人生的悲欢离合、生老病死感觉敏锐、体悟深刻，超过一般儿童，就连很多成人也是不及他的。当然，圣叹的"早熟"并非只凭天赋，还与他过早地经历了非常的不幸有关。但是要说《金评水浒》中的文字全部都是圣叹十二岁时写的，我觉得，也不大可能。最明显的，就是《序三》的落款："皇帝崇祯十四年二月十五日"，即公元一六四一年，此时圣叹已经三十四岁，至少这篇序文不是十二岁之作。

还有，金圣叹评点《水浒传》时的背景和"情境"，也很值得注意。他当时是在姑父母家生活，受到姑父母的养育和监护。我觉得，姑父母之所以"纵容"他痴迷于这种"不务正业"的事情，可能是考虑到圣叹体弱多病，不能像一般小孩那样苦攻"举业"；也可能是因为发现小圣叹是个"读书种子"，有评论文章的天分。说不定姑父韩老先生还会从旁指点，表兄弟韩住、韩俊以及其他"同学"也可能参与进来，大家一起讨论品评，这样评语中的思想感情就"少长咸集"了。所以我觉得，我们现在看到的《金评水浒》，大部分是圣叹十二岁时完成的；但从整体上说，既非全部出于十二岁，也非全部出于圣叹一人。

按照圣叹自己的说法，他是一边"手钞"，一边"评释"的。这既涉及《水浒传》的原文，也涉及《水浒传》的内容。特别是其中的"夹评"，是不方便后来添加的，应该是手钞的时候就写进去的。而"前

---

① 《金评杜诗》卷二《萧八明府实处觅桃栽》。《金集》贰，第 698–699 页。

评”“眉批”以及卷首的序文、读法等，可能有些是后来陆续增加的。

问题是，金圣叹为什么会对《水浒传》那么狂热痴迷？石萌不解地问，日夜抱读，还手钞评释。不会只是因为“好看”吧？

这个问题就复杂了，不是那么容易说清楚的。柳新雨说，我觉得，“好看”肯定是一个重要因素。别说是十来岁少年，就是成年人，也会觉得小说戏曲远比四书五经之类好看得多；何况《水浒传》确是奇书。我觉得，在“四大名著”中，《水浒传》是最好看的，但是，“好看”肯定不是金圣叹手钞评释《水浒传》的唯一原因。就拿刚才提到的“生命感叹”来说，圣叹是把评点《水浒传》当作“著书”来对待的；而著书又是为了“为活”，珍惜并享受有限的生命时光，以对抗人生的短暂。

也可以说是追求生命的意义和价值。田老师说，但生命的意义和价值不是单一的，而是多个方面、多个层次的。《金评水浒》全部完成，金圣叹已三十多岁，可以说是他前半生经历、感情和体悟的熔铸而成，也是其知识、意志和才华的集中展现。有个体追求，也有群体关怀；有文化使命，也有现实考虑，说是他前期生命的“结晶”，也不过分。

庄言说：老师谈到前期，让我想起金圣叹有一段话，特别“惊心动魄”——

> 为儿子时，蚩蚩然，只谓前亦不往，后亦不来，独有此身，常在世间。予读《兰亭序》，亦了不知佳定在何处。殆于三十四五岁许，始乃无端感触，忽地惊心：前此犹是童稚蓬心，后此便已衰白相逼，中间壮岁一段，竟全然失去不见。夫而后咄嗟弥日，渐入忽忽不乐苦境。[①]

中间壮岁一段全然失去不见，这怎么可能？什么意思？我理解圣叹这么说，是在强调也是怀念他“三十四五岁许”以前的“童稚蓬心”，亦即积极向上的生命状态；同时也是在悲叹其后的“衰白相逼”；并且隐

① 《金评杜诗》卷二《三绝句》。《金集》贰，第705–706页。

去中间一段的“无端感触，忽地惊心”。而圣叹从“青年”状态一下子进入“老年”状态，两个阶段，是非常清楚的。

有意思的是，圣叹的前一阶段正与《序三》的落款时间（三十四岁）相一致，老师所言极是，《金评水浒》确是圣叹前半生的结晶。

还值得注意的是，圣叹三十七岁那年，发生了震惊天下的大变局：李自成攻入北京，做了皇帝；崇祯帝吊死煤山，明朝灭亡；旋即李自成兵败山海关，惊慌逃窜；吴三桂引清兵入关，定鼎中原……金圣叹的中间“失去”一段，正当其时。他说“无端感触，忽地惊心”——“忽地惊心”是真话，“无端感触”是隐言。我想，圣叹在这样的时刻“推出”自己所评释的《水浒传》，不会是偶然巧合，除了个人因素，一定还有更广大的现实考虑。

《金评水浒》正文前面有几篇东西，我最初读《金评水浒》时，是直奔正文而去的，对这几篇东西并未留意——可能很多读者开始都会像我这样；但看了正文之后，再回过头来看这几篇东西，才发现它们非常特别，也非常重要。如果读《金评水浒》而不读这几篇东西，那就无异于买椟还珠了；有个成语叫画龙点睛，这几篇东西，就是《金评水浒》这条神龙的首脑和眼睛。

我也有同感。覃慧敏说：老师经常教导我们读书要先读懂头尾，可是我经常会忽略头尾，看来也不大懂。师兄就给我们讲讲吧！

好吧！我的认识还很肤浅，说出来，请大家指教。庄言说：以我有限的阅读经验，很少有人给自己的书写三四篇序文的。《金评水浒》卷首有《序一》《序二》《序三》，三序合为卷一；随后是《宋史纲》《宋史目》，其实是圣叹对于这两种书中有关记载的评论；随后是《读第五才子书法》，简称“读法”；随后还有托名施耐庵的“原序”，亦即“伪序”，单独作为卷四。这些文字和安排，都是前所未见的，很有创意和寓意。

这七篇文字各有侧重，与正文相互配合，构成统一整体，具有提要传神的作用，是圣叹才学、思想、感情及用心的集中体现，因而也是了解圣叹其人其书的重要“法门”。

《序一》近四千字。这么长的自序，在古代也是不多见的。我认为这是圣叹前半生道德文章的精要表达，甚至可以说是他人生志业的公开宣言。序文的内容深奥精微，很难读懂，好像从来也没人认真解说过。因其非常重要，我试着说说大义。

序文上来就开宗明义并追根溯源，提出“书契”的制作是“圣人所以同民心而出治道”的论断。这里面包含两个归属：一是将“书契”的制作归于“圣人”；一是将圣人及其制作归于“同民心而出治道”。前者确定圣人是唯一具有著书权力和使命的人，后者确定“同民心而出治道”是圣人（及其著作）的唯一目的。

“同民心”与“出治道”，是圣叹志业的核心和目标，具有至关重要的意义。“同民心”是道德性情上的，属于“精神”层面；“出治道”是现实政治上的，属于“实行”层面，二者密切配合、相辅相成。为什么要把权力和使命只赋予圣人？圣叹的解释是：“（他们）皆在圣人之位而又有其德者也。在圣人之位，则有其权；有圣人之德，则知其故。有其权而知其故，则得作而作，亦不得不作而作也。”圣叹只说圣人有位有权、有德有识（知其故），因而必须作；并没有说明圣人何以为圣人，因为在他看来，圣人的权力和使命的合法性、合理性、合情性都是先天的，这个前提无须也不容置疑。这等于宣告：圣人之外，所有的作者都是非法的；圣人著作之外，所有的著作都是非法的。真可谓喝断千古，惊世骇俗！而圣叹尊圣卫道的立场，及其坚决彻底的态度，也表达得十分明确。

圣叹所说的圣人著作其实就是“六经”，可见圣叹的尊圣其实就是崇儒。圣叹先说四经：“是故《易》者，导之使为善也；《礼》者，坊（通“防”）之不为恶也；《书》者，纵以尽天运之变；《诗》者，衡以会人情之通也。故《易》之为书，行也；《礼》之为书，止也；《书》之为书，可畏；《诗》之为书，可乐也。故曰《易》圆而《礼》方，《书》久而《诗》大。又曰《易》不赏而民劝，《礼》不怒而民避，《书》为庙外之几筵，《诗》为未朝之明堂也。”“导之”“坊之”的“之”，主要是指“民”；而“导”“坊”的主体当然就是“圣人”。圣叹认为：《易》可以引导民众为善，主要作用在于“行”，其机制和效果是“圆”的，可以使民众主动去做好事;《礼》可以规范民众不会作恶，主要作用在于“止”，其机制和效果是“方”的，可以使民众自觉不做坏事;《书》是纵向的，体现天道时运的演变，可使民众敬畏，随时随地能够感受到先王的神明;《诗》是横向的，能够感通各类人群的性情，使其愉悦，随时随地能够感受到今王的美政。这四经原理不同，作用互有侧重，其功效可以相互配合和补充，从而达成共同目标。这便是“同民心而出治道”。

圣叹认为这四经不可或缺，也不可替代:“若有《易》而可以无《书》也者，则不复为《书》也；有《易》有《书》而可以无《诗》也者，则不复为《诗》也；有《易》有《书》有《诗》而可以无《礼》也者，则不复为《礼》也。有圣人之德，则知其故；知其故，则知《易》与《书》与《诗》与《礼》各有其一故，而不可以或废也。有圣人之德而又在圣人之位，则有其权；有其权，而后作《易》，之后又欲作《书》，又欲作《诗》，又欲作《礼》，咸得奋笔而遂为之，而人不得而议其罪也。”圣叹再次强调圣人有“德”，因为有德，所以能知其“故”，再加上在其位，有其权，便当仁不让、奋笔作书了。

有一个人例外，那就是孔子。孔子虽然没有那样的“位”，也就没有那样的“权”，但他有圣人的“德”，有德就能知其“故”；知其故就有资格和义务作书，于是他便作了一部《春秋》；但他自知本不应该作，只是不得已而为之，所以又说:“知我者，其惟《春秋》乎？罪我者，其惟《春秋》乎？”

为何要这样说呢？圣叹的解释是:“知我惟《春秋》者,《春秋》一书，以天自处学《易》，以事系日学《书》，罗列与国学《诗》，扬善禁恶学《礼》：皆所谓有其德而知其故，知其故而不能已于作，不能已于作而遂兼四经之长，以合为一书，则是未尝作也。”看上去这是圣叹为孔子而作的巧妙“开脱”，实际上是说《春秋》是五经的高度概括和集中体现。这是从孔子作《春秋》的正面效果来说的。

圣叹又解释说:“罪我惟《春秋》者，古者非天子不考文，自仲尼以庶人作《春秋》，而后世巧言之徒，无不纷纷以作。纷纷以作既久，庞言无所不有；君读之而旁皇于上，民读之而惑乱于下，势必至于拉杂燔烧，祸连六经。夫仲尼非不知者，而终不已于作，是则仲尼所为引罪自悲者也。”尽管孔子是出于不得已的好心，但他毕竟还是有“罪”的。这是从孔子作《春秋》的反面效果来说的。

但圣叹极力为孔子辩护，认为罪不在孔子，而在那些“非圣人而作书”者。“非圣人而作书，其书破道；非天子而作书，其书破治。破道与治，是横议也。横议，则乌得不烧？横议之人，则乌得不诛？”正是从这个意义上，圣叹认为秦始皇烧书是对的——这是惊世骇俗的言论！秦始皇的过错只在于把“圣经”也一块儿烧掉了。汉初帝王大求遗书，反而为祸更烈于秦皇烧书，这等于是“纵天下之人作书”——这也是惊世骇俗的言论！二者的罪过都是不能原谅的，因为一旦放纵天下人作书，后果便不堪设想：满天下都是“叛教犯令”之书，于是“积渐至于今日，祸且不可复言。民不知偷，读诸家之书则无不偷也；民不知淫，读诸家之书则无不淫也；民不知诈，读诸家之书则无不诈也；民不知乱，读诸家之书则无不乱也。夫吾向所谓非圣人而作书，其书破道，非天子而作书，其书破治者，不过忧其附会经义，示民以杂；测量治术，示民以明。示民以杂，民则难信；示民以明，民则难治”。总之是坏民心而破治道，怎么办？圣叹痛心疾首道：

> 呜呼！君子之至于斯也，听之则不可，禁之则不能，其又将以何法治之与哉？

金圣叹提出一个高明的策略：

> 吾闻之，圣人之作书也以德，古人之作书也以才。知圣人之作书以德，则知六经皆圣人之糟粕，读者贵乎神而明之，而不得栉比字句，以为从事于经学也。知古人之作书以才，则知诸家皆鼓舞其菁华，览者急须搴裳去之，而不得掮拾齿牙以为谭言之微中也。

既然圣人作书凭的是“德”，如果能把圣人的大德表明天下，就可以让那些并非圣人而从事“经学”的人自惭形秽，赶紧罢手；既然（圣人以外）古人作书是为了驰骋才华，如果能把古人的顶尖才华发扬出来，就可以让其他人自愧不如，落荒而去，这样就可以从根本上解决问题。

金圣叹的这个策略，可以概括为“表圣人之德，扬古人之才”。那么谁来做？谁能肩负起如此伟大的事业呢？当然只有金圣叹自己了：

> 然圣人之德，实非夫人之能事；非夫人之能事，则非予小子今日之所敢及也。彼古人之才，或犹夫人之能事；犹夫人之能事，则庶几予小子不揣之所得及也。

“予小子”貌似谦虚，实则极其自负，如同说“当今之世，舍我其谁！”圣叹说不敢涉及圣人之德，也是谦辞，实际上他最想做的正是弘扬圣人的道德。至于扬古人之才，圣叹真的是当仁不让了，而且有着充分的自信和把握。因为他是最了解古人的才能的：

> 夫古人之才也者，世不相延，人不相及。庄周有庄周之才，屈平有屈平之才，马迁有马迁之才，杜甫有杜甫之才，降而至于施耐庵有施耐庵之才，董解元有董解元之才。

这可以称作金圣叹的“人才论”——古人的“人”。他首先断定，古人的“才”都是独特的，即便是父、祖也是不能遗传给子、孙的，其他人之间，更是没法学去的。照此说来，一般人只能趁早死心，不要去做才子梦了。圣叹提到庄子、屈原、司马迁、杜甫、施耐庵、董解元，这六个人可不是随便列举的，他们是圣叹挑选出来的六个顶尖人才，相当于今人所说的“天王巨星”，抬出这六个人，为的是压倒古往今来、天下四方所有自以为有才的人。大家注意到没有？这六个人恰好就是金圣叹“六才子书”的（原文）作者（其中董解元应该作王实甫），金圣叹能够评点这六个人的书，他的才能也就不言而喻了。

圣叹又说：

> 才之为言，材也。凌云蔽日之姿，其初本于破核分荚；于破核分荚之时，具有凌云蔽日之势；于凌云蔽日之时，不出破核分荚之势，此所谓“材”之说也。

为什么说才是“世不相延，人不相及”的呢？因为“才”即“材”。“材”指材质，这里有天赋的意思。先天的，也是根本性的、决定性的。这种伟大的才能，如同凌云蔽日的参天大树，早在萌芽之时就已经注定了。也就是说，如果你是天生的人才，将来必然会有巨大的成就；那些有巨大成就的人，是因为他（她）是天生的人才；如果你不是这样的人才，再怎么努力也是白搭。这就是所谓的“天才”。

圣叹又说：

> 又才之为言，裁也。有全锦在手，无全锦在目；无全衣在目，有全衣在心。见其领，知其袖；见其襟，知其帔也。夫领则非袖，而襟则非帔，然左右相就，前后相合，离然各异，而宛然共成者，此所谓“裁”之说也。

才在文学上主要体现在“裁”上。“裁”指裁剪制衣，圣叹其实是说“心裁”：手里拿的明明是一幅全锦，但眼睛看到的却不是全锦；眼睛虽然没有看到全衣，心里却早已有了全衣。这是“全体”上的有无关系。还要能够见到这一部分，就能知道那一部分；见到任何一部分，都能知道其他部分。这是局部之间的“正面”关系。还要能够见了这一部分，就知道不是那一部分；见了任何一部分，能够知道不是其他部分。这是局部之间的“负面”关系。最后，要能够让局部之间巧妙而自然地配合来，共同形成有机的全体。这是局部与整体之间的运用关系。

既“离然各异”又“宛然共成者”，大概就是我们经常说的既“精彩纷呈”又“天衣无缝”吧。这可不是一般人所能做得到的，所以圣叹说：

> 今天下之人，徒知有才者始能构思，而不知古人用才乃绕乎构思以后；徒知有人者始能立局，而不知古人用才乃绕乎立局以后；徒知有才者始能琢句，而不知古人用才乃绕乎琢句以后；徒知有才者始能安字，而不知古人用才乃绕乎安字以后：此苟且与慎重之辩也。

构思、立局、琢句、安字，是著书的主要程序和方法，“今人”通常以为要先有才然后才能做好这些，但圣叹认为“古人”可不是这样的，他们都是在这些东西确定之后才充分施展其才能的。前者是“苟且”，后者是“慎重”。苟且是说“此其人，外未尝矜式于珠玉，内未尝经营于惨淡，隤然放笔，自以为是，而不知彼之所为才，实非古人之所为才，正是无法于手而又无耻于心之事也”。慎重是说“此其人，笔有左右，墨有正反；用左笔不安换右笔，用右笔不安换左笔；用正墨不现换反墨；用反墨不现换正墨；心之所至，手亦至焉；心之所不至，手亦至焉；心之所不至，手亦不至焉。心之所至手亦至焉者，文章之圣境也；心之所不至手亦至焉者，文章之神境也；心之所不至手亦不至焉者，文章之化境也。夫文章至于心手皆不至，则是其纸上无字、无句、无局、无思者也。而独能令千万世下人之读吾文者，其心头眼底乃窅窅有思，乃摇摇有局，乃铿铿有句，而烨烨有字，则是其提笔临纸之时，才以绕其前，才以绕其后，而非陡然卒然之事也”。

真是愈说愈玄妙，愈说愈神奇。“心手皆不至”，是怎样一种状态啊？“无字、无句、无局、无思”，又是怎样一种文章啊？听着都糊涂，想都想不明白，更不要说能够做到了！当然，这只有才子才能如此。圣叹所说的三个境界，最低的也是“圣境”，这岂是一般人所能企及的？“神境”“化境”，更是做梦也想不到的。圣叹这么说，固然有让一般人自愧不如、望而却步的用意；但他并非自神其说，大言欺世。文学创作中，确实存在这样的境界，只是很难做到罢了。

所以圣叹又说：

故依世人之所谓才，则是文成于易者，才子也；依古人之所谓才，则必文成于难者，才子也。依文成于易之说，则是迅疾挥扫，神气扬扬者，才子也。依文成于难之说，则必心绝气尽，面犹死人者，才子也。故若庄周、屈平、马迁、杜甫，以及施耐庵、董解元之书，是皆所谓心绝气尽，面犹死人，然后其才前后缭绕，得成一书者也。庄周、屈平、马迁、杜甫，其妙如彼，不复具论。若夫施耐庵之书，而亦必至于心尽气绝，面犹死人，而后其才前后缭绕，始得成书，夫而后知古人作书，其非苟且也者。

别以为是才子就很容易写出好文章！那是一般人对才子的想象或误解。其实才子是“文成于难”的，而且越是才子，越是难上加难。目标定得高而又高，功夫下得精益求精。“六才子”就是代表，他们为文，直到“心绝气尽，面犹死人”，然后才能完成！实际上是用全副生命投入其中，耗尽所有心血写出旷世奇文。

圣叹说：那些天分不如才子，神奇不如才子，投入不如才子的人，还要写东写西，真是不自量力啊！他们都是些什么人呀？又能写出什么好东西来？这样的人和书，连被诛被烧的资格都不够！

最后，圣叹公开宣言：

夫身为庶人，无力以禁天下之人作书，而忽取牧猪奴手中之一编，条分而节解之，而反能令未作之书不敢复作，已作之书一旦尽废，是则圣叹廓清天下之功，为更奇于秦人之火。故于其首篇，叙述古今经书兴废之大略如此。虽不敢自谓斯文之功臣，亦庶几封关之丸泥也。

圣叹的意思很明确，态度也很坚决：禁书！但是怎样才能切实有效地禁书呢？圣叹又提出一个高明的策略：评书。即选择那些影响最大的

"古人"之书，细加评点，将其"才"充分揭示出来，这样便可以让"未作之书不敢复作，已作之书一旦尽废"。只有这样，才可以"廓清天下"。说实话，这个策略是够"阴险"的，其实是"以毒攻毒"，更准确地说"诱人中毒"。圣叹说他只是个"庶人"，其实是暗示自己也是孔子那样有德无位的圣人，他这么做也是万不得已。圣叹又说他这么做的功绩"更奇于秦人之火"，其实是暗示他所评点的《水浒传》堪比孔子《春秋》。

至此，圣叹可谓"德才兼备"了。归根结底，圣叹表圣人之德，是为了树立自己的德；扬古人之才，是为了展示自己的才，都是为了"同民心而出治道"。

庄兄的解说太好了！李大白击节称赞道：如此说来，金圣叹评释《水浒传》，就是要效法孔子作《春秋》，《金评水浒》就是圣叹的《春秋》。圣叹说：《春秋》以天自处学《易》，以事系日学《书》，罗列与国学《诗》，扬善禁恶学《礼》，兼四经之长合为一书。那么《金评水浒》也应该兼有此四长。

是这样的。庄言说：这样一来，圣叹是个什么人，或者说圣叹想成为什么样的人，也就很清楚了：原来他是要兼"圣人"和"古人"于一身！既要做孔子之后的又一个圣人，又要做六才子之后的又一个才子。以一身而兼圣人和才子，圣叹是何等的自负！又是何等的志业！——这就是三十四岁以前的金圣叹！

哎呀，庄兄，你不仅点出了《金评水浒》的"眼睛"，也点出了金圣叹的"眼睛"！覃慧敏激动地说：这篇序文，我原以为是老生常谈，文字上又回环缠绕，让人如入迷宫，所以没有耐心细读；经庄兄这么一说，真是豁然开朗啊！佩服佩服！惭愧惭愧！

柳新雨也说：金圣叹如此认识《春秋》和"四经"关系，很有新意，我以前从未见过；也从来没有见过像金圣叹这样评价秦皇焚书和汉帝求书的；也没有见过像金圣叹这样的"人才论"，更没有见过如此看待《水浒传》的……都可谓是前所未闻的惊人之论！即便放在今天，也会让很多人瞠目结舌的。

陶然说：我以前只觉得金圣叹的最大贡献，就是把《水浒传》《西厢记》这种不登大雅的俗文学抬高到与《史记》《杜诗》同等地位；现在我觉得，这样的认识远远不够！圣叹只是把《水浒传》和《史记》相提并论；而把自己所评释的《水浒传》与孔子作《春秋》相提并论，甚至超过《春秋》。也就是说,《金评水浒》是“经”，金圣叹则是“圣人”，甚至比圣人还有过之，因为他同时还是“才子”。

是啊是啊！李大白说:我以前对“才子”的理解，就像圣叹所说的，以为“迅疾挥扫，神气扬扬者”就是才子；以为才子就是风流倜傥、不拘小节，甚至还要有些“绯闻”，现在知道，那都不是真正的“才子”。

石萌若有所悟地说:怪不得徐增称圣叹为“唱经子”，又说“末法将兴，先生出世。千圣微言，晰如掌示。是为前知，斯文在兹……文昌有厄，先生当之。仲尼心伤，释迦掩泣。麟生徒然，凤死何急……天上天下，浩浩苍苍。千秋万年，先生不亡”。以前我以为这不过是徐增对金圣叹的“偏爱”，吹捧太过了；现在看来，这些赞美都是有根有据的，并没有过分溢美。

范启明像喝酒一样，将杯中茶一饮而尽，说:这篇序文的文字也非常好！你看，书的名字是《第五才子书施耐庵水浒传》，而《水浒传》又是众所周知的通俗小说，在当时是不登大雅之堂的，而且还遭非议，甚至禁毁。给这样的书作序，是很不好写的。金圣叹从圣人与圣经说起，既唤起读者的惊异和注意，又隐然形成比喻，告诉读者这是一本怎样的书，为何要作这样的书。接着写“古人”，实际上是告诉读者此书为什么称“才子书”——“才子书”既是指施耐庵等“六才子”所作的书（原书），更是指金圣叹所评释的这部书，是今人才子（金圣叹）和古人才子的“一体化”。同时，圣叹举出六个才子，也就等于解释了为何称作“第五”。既然称才子书，那么什么是“才”？“才子”是谁?便是题中应有之义，也是读者所关心和追问的问题，所以圣叹要用很大篇幅来作说明。最后回到主题，回到本书，再次强调评释《水浒传》的宗旨和意义。这样由远及近，入内出外，彼此呼应，虚实相生。圣叹说才子为文是才绕前后，心手不至，无字无句，无局无思……那种奇妙的境界，不用到书中去找，这篇序文就是很好的体现啊。圣叹真是才子，此序真是才子之文啊!

果然是“老编(辑)”啊!田老师赞同道:看得精准,说得到位!

过奖过奖!范启明谦虚说:我做过编辑,看的序文比较多,也经常自己动手写序文,知道一些“苦衷”,确实很不好写!

是这样,尤其是对于《水浒传》这种书。田老师说:不过,《序一》好像并没有说尽“题中应有之义”。还有一个重要问题,金圣叹必须作出回答,这就是“忠义”问题。因此,仅有一篇序文是不够的。

范启明说:准确地讲,“忠义”是题中没有而必须交待的问题。

两位老师说得是!庄言说:在金圣叹评点《水浒传》之前,已经出现了多种带有评论的《水浒传》,如“天都外臣”(汪道昆)序本《水浒传》(一百回)、“大涤余人”识语本《忠义水浒传》(一百回)、“李卓吾先生批评”本《忠义水浒传》(一百回,容与堂刊本)、“钟伯敬先生批评”本《忠义水浒传》(一百回)、“京本增补校正全像”本《忠义水浒志传评林》,此外还有《温陵郑大郁序本水浒传》(一百十五回)以及《李卓吾评忠义水浒全传》(一百二十回,袁无涯刻本)等等。[1]尤其是容与堂本《忠义水浒传》和袁无涯本《忠义水浒全传》最为流行,这两种本子都冠以“忠义”二字,而且都带有号称出自李卓吾(贽)之手的评语。有记载说:

> 李(卓吾)有门人,携(李评《水浒》)至吴中,吴士人袁无涯、冯犹龙(梦龙)等,酷嗜李氏之学,奉为蓍蔡,见而爱之,相与校对再三,删削讹谬,附以余所示《杂志》《遗事》,精书妙刻,费凡不资,开卷琅然,心目沁爽,即此刻也。[2]

这里提到的袁无涯是有名的书坊主,冯梦龙则是通俗文学大家,二人与金圣叹差不多同时,而且同住在苏州,其《水浒传》的刊刻也是在

① 详见孙楷第《中国通俗小说书目》(修订本),作家出版社 1957 年版。

② 许自昌《樗斋漫录》,引自朱一玄、刘毓忱《水浒传资料汇编》第 217 页,百花文艺出版社 1981 年版。

苏州，这个刻本应该就是《忠义水浒全传》。

袁无涯本卷首有署名李贽的《读〈忠义水浒全传〉序》、署名杨定见的《〈忠义水浒全传〉小引》《宋鉴》摘录、《宣和遗事》摘录、《出像评点忠义水浒全书发凡》（据说是袁无涯作）、《水浒忠义一百八人出身》等。容与堂本除了有李卓吾的序文外，还有《梁山泊一百单八人优劣》、怀林的《批评〈水浒传〉述语》《〈水浒传〉一百回文字优劣》《又论〈水浒传〉文字》等。学者多认为金圣叹评点《水浒传》所用的“底本”，就是袁无涯本，也有人认为金圣叹也参考了容与堂本及其他刻本。

李卓吾的序文和评点，一直被怀疑是他人的伪托，但在没有定论之前，习惯上还用他的名义。特别是他的这篇序文（简称李序），影响很大，有必要先介绍一下。

李序上来就说：

> 太史公曰：《说难》《孤愤》，圣贤发愤之所作也。由此观之，古之圣贤不愤则不作矣。不愤而作，譬如不寒而颤，不病而呻吟也。虽作，何观乎？①

这是先定性，引司马迁话，认为《水浒传》是作者“发愤”之作，其实是将《水浒传》与《史记》相提并论。

接着又说：

> 《水浒传》者，发愤之所作也。盖自宋室不竞，冠履倒施，大贤处下，不肖处上，驯致夷狄处上，中原处下，一时君相，犹然处堂燕雀，纳币称臣，甘心屈膝于犬羊已矣！施、罗二公，身在元，心在宋，虽生元日，实愤宋事也。是故愤二帝之北狩，则称大破辽以泄其愤；愤南渡之苟安，则称灭方

① 详见《读〈忠义水浒全传〉序》，陈曦钟等《水浒传会评本》卷首，第28-29页，北京大学出版社1981年版。

> 腊以泄其愤。敢问泄愤者谁乎？则前日啸聚水浒之强人也！欲不谓之忠义不可也，是故施、罗二公传《水浒》，而复以“忠义”名其传焉。夫“忠义”何以归于《水浒》也，其故可知也；夫《水浒》之众，何以一一皆忠义也，所以致之者可知也。

这是定义，认为《水浒传》作者（李贽以为是施耐庵、罗贯中两人）之所以发愤著书，主要是有感于大贤与不肖颠倒，中国和夷狄颠倒，皇帝大臣安于享乐，甘心屈服于夷狄，因而写征辽、征方腊以泄其愤。而征辽、征方腊的，正是曾经啸聚水浒的梁山好汉，所以称他们为“忠义”。李贽还特别称赞“未有忠义如宋公明者也！今观一百单八人者，同功同过，同死同生，其忠义之心，犹之乎宋公明也。独宋公明者，身居水浒之中，心在朝廷之上，一意招安，专图报国，卒至于犯大难，成大功，服毒自缢，同死而不辞。则忠义之烈也，真足以服一百单八人者之心，故能结义梁山，为一百单八人之主耳”。这样就把“忠义”的冠冕牢牢地加在宋江等人头上了。

李序又说：

> 《传》，其可无作欤？《传》，其可不读欤？故有国者不可以不读，一读此传，则“忠义”不在水浒，而皆在于君侧矣；贤宰相不可以不读，一读此传，则“忠义”不在水浒，而皆在于朝廷矣；兵部掌军国之枢，督府专阃外之寄，是又不可以不读也，苟一日而读此传，则“忠义”不在水浒，而皆为干城心腹之选矣。否则，不在朝廷，不在君侧，不在干城心腹，呜呼在？在《水浒》。

这是定功：认为读《忠义水浒全传》有很重要的功效：君主读此，忠义（之人）便在君主身边；宰相读此，忠义便在朝廷；将军读此，忠义便在战场；督府读此，忠义便遍布各地。如果一天不读，忠义便不在这些地方，而在“水浒”了。李贽认为“忠义”是作者的用心和主旨所在，“若夫好事者资其谭柄，用兵者借其谋画，要以各见所长云耳，乌睹所谓忠义者哉！”很多人只是技术性地效仿和利用此书，根本没有抓住其中的精要：“忠义。”

李卓吾的序文和评语，以及其他流行本中的评论，自然逃不过金圣叹的眼睛，特别是李氏的论断，引起圣叹的强烈反应。在很多重要问题上，圣叹和李氏大异其趣，甚至针锋相对。从刚才所谈《序一》中可以看到，金圣叹对《水浒传》的定性、定论、定功都与李贽明显不同，两人更关键的差异是一个热烈肯定“忠义”，一个坚决否定“忠义”。

金圣叹的《序二》，就是专为这个问题而发的。圣叹上来就说：“观物者审名，论人者辨志。”[①]开宗明义，直指要害。圣叹就是要通过审视书“名”来辨别作者的“志”。什么书名？当然是冠以“忠义”二字的书名。金圣叹认为“忠义”二字绝不可能是原有的，施耐庵当初写完这部书，所定的书名就是《水浒传》。而圣叹自称评释所用的底本就是这种没有“忠义”的“古本”，很多人对此表示怀疑，我倒是觉得圣叹用的不一定是“古本”，但施耐庵的原书标题可能真的没有“忠义”二字。

圣叹的辩论和证明，是从“水浒”两个字开始的。他解释说：“施耐庵传宋江，而题其书曰《水浒》，恶之至，迸之至，不与同中国也！”意思是说，施耐庵用“水浒”两个字，本身意味着他对宋江等人是深恶痛绝的，是要把他们排斥在“中国”之外。等于是判罪流放，哪里还有什么“忠义”可言！

圣叹认为“而后世不知何等好乱之徒，乃谬加以‘忠义’之目”。亦即“忠义”二字是后来加上去的，是有犯上作乱的用心的，当然是错误的，是不能容忍的。圣叹强烈质疑道：“呜呼！忠义而在‘水浒’乎哉？”亦即“忠义”和“水浒”根本就是尖锐冲突、冰火不容的：

忠者，事上之盛节也；义者，使下之大经也。忠以事其上，义以使其下，斯宰相之材也。忠者，与人之大道也；义

---

① 《金评水浒》卷一《序二》。《金集》叁，第17–18页。

者，处己之善物也。忠以与乎人，义以处乎己，则圣贤之徒也。若夫耐庵所云“水浒”也者，王土之滨则有水，又在水外则曰浒，远之也。远之也者，天下之凶物，天下之所共击也；天下之恶物，天下之所共弃也。若使忠义而在水浒，忠义为天下之凶物、恶物乎哉！且水浒有忠义，国家无忠义耶？夫君则犹是君也，臣则犹是臣也，夫何至于国而无忠义？此虽恶其臣之辞，而已难乎为吾之君解也。父则犹是父也，子则犹是子也，夫何至于家而无忠义？此虽恶其子之辞，而已难乎为吾之父解也！

忠义是用来“事上”“使下”的，能够以忠义事上使下，便是宰相之材；忠义又是用来“与人”“处己”的，能够以忠义与人处己，便是圣贤之徒。施耐庵将宋江等人斥逐到“水浒”，就是要表明他们是天下凶恶之物，人所共弃，人所共击！如果说忠义在水浒，那将以忠义为何物？又将置君父于何地？换言之，即使加“忠义”是为了表达对不忠之臣、不义之子的愤恨，但这无异于归罪于其君、其父，这本身就是不忠不义，岂不自相矛盾？所以圣叹说“故夫以忠义予‘水浒’者，斯人必有怼其君父之心，不可以不察也”。怨恨君父，距离犯上作乱就不远了，岂能容忍？

圣叹认为：宋江等一百八人，“其幼，皆豺狼虎豹之姿也；其壮，皆杀人夺货之行也；其后，皆敲朴劓刖之余也；其卒，皆揭竿斩木之贼也”。都是祸害，必须铲除：“有王者作，比而诛之，则千人亦快，万人亦快者也！”现在倒好，竟然让他们幸免于（宋朝）斧锧（诛戮），必将引起成千上万人起来效仿。施耐庵有鉴于此，才奋笔作传并取名《水浒传》，意思是：就算一百八人侥幸逃脱诛戮，但不能让他们逃脱身后的“放逐”，要让他们作为“罪人”永遭唾弃——这正是作者的“君子之志”。而妄加“忠义”，就等于赞美、鼓励他们为非作歹、犯上作乱。所以圣叹说：

豺狼虎豹，而有祥麟威凤之目；杀人夺货，而有伯夷、颜

> 渊之誉；劓刖之余，而有上流清节之荣；揭竿斩木，而有忠顺不失之称，既已名实牴牾，是非乖错，至于如此之极，然则几乎其不胥天下后世之人，而惟宋江等一百八人，以为高山景行，其心向往者哉！

如此说来，给《水浒传》加上“忠义”，简直与宋江赚人上梁山、吴用拉人做强盗无异。于是“无恶不归朝廷，无美不归绿林，已为盗者读之而自豪，未为盗者读之而为盗也”。而耐庵之作水浒的本意，却是要“备书其外之权诈，备书其内之凶恶，所以诛前人既死之心者，所以防后人未然之心也”。可见加不加“忠义”事关重大，二者尖锐对立，不可调和，也不能含糊。

圣叹最后说：

> 呜呼！名者，物之表也；志者，人之表也。名之不辨，吾以疑其书也；志之不端，吾以疑其人也。削“忠义”而仍“水浒”者，所以存耐庵之书其事小，所以存耐庵之志其事大。虽在稗官，有当世之忧焉。后世之恭慎君子，苟能明吾之志，庶几不易吾言矣哉！

这段话很有意思：经过前面的审“名”辨“志”，孰是孰非已经很清楚了；忽然笔锋一转，矛头直指“其书”“其人”。你可以说这是泛指所有给水浒冠以“忠义”的人和书，但我总觉得圣叹似乎还有更具体的指向，仿佛他面前就放着李卓吾评点的《忠义水浒全传》，他审辨良久，然后抓起笔来，饱蘸浓墨，在那书名的“忠义”两个字上，狠狠画下一个大大的“×”；然后对着“李卓吾”说：我这样做，不只是为了保存施耐庵书原貌，更是为了突出施耐庵的初衷！别看这是一部通俗小说，它对现实的作用、对后世的影响，是无法估量的。我这么做的良苦用心，你能理解吗？我坚信，会有人理解并赞同的。

实际上，“当世之忧”正是金圣叹评释《水浒传》的“要害”所在，他不过是借施耐庵的“书”与“志”来实现自己的“书”与“志”而已。施耐庵原书及其初衷是否真的如此，倒是次要的了。而所谓“当世之忧”，用现在的话说，就是“现实关怀”，实际上就是《序一》所说的“同民心而出治道”。

原来如此！李大白说：这样一来，《序一》和《序二》就连贯起来了。不过，我感觉圣叹似乎是既使用了人家的底本，又参考了人家的评论，结果却对人家口诛笔伐，还有所删改，是不是有点不厚道啊？

谈不上厚道不厚道吧！庄言说：只是认识和用意不同而已。其实，金圣叹在具体评释时，很多地方与李贽并不矛盾。比如以《水浒传》比《史记》，以李逵为可爱，以宋江为虚伪，以吴用为权谋等等，这说明金圣叹对李贽的评论还是有所接受的。甚至可以说，圣叹评释《水浒传》的一个重要原因，是因为受到李贽评论的“刺激”。

田老师说：其实李贽也罢，圣叹也好，他们评点《水浒传》，都不是单纯为了（今人所说的）“文学”欣赏；施耐庵写《水浒传》也不只是为了“文学”游戏，他们都是“别有用心”，只是用心不尽相同而已。当然，他们的用心，都是有其现实背景的，因而主要是为了解决“当世”问题，这就是圣叹所说的“志”。既然醉翁之意不在酒，也就没有必要过多纠缠于酒的优劣真伪了。

“酒”还是要讲究的。范启明说：以前的假酒能喝死人，现在有“真假酒”和“假真酒”之说，一般不会喝死人；很多人之所以情愿喝假酒，是因为假酒更“适合”他们。其实不光是酒，人们每天消费的东西，无不充斥着“假”，从物质到精神，但由于“适合”，便以假乱真，进而以假代真。《金评水浒》几乎完全压倒甚至取代了其他版本，就是因为它更“适合”。不过，金圣叹的这壶“假酒”可是比真酒还要浓烈好喝啊！所以大家品享起来，津津有味。呵呵呵……

是这样的。柳新雨说：我觉得金圣叹的评释要比李卓吾高出许多。李卓吾把《水浒传》看成是作者个人的“发愤”之作，就比较局限；又从“夷狄”关系上来谈论“忠义”，也跟《水浒传》的主题对不上；更重要的是，称赞宋江一伙“盗贼”为“忠义”，不论是于情于理、于公于私，都是值得怀疑的。我觉得，“忠义”可能真的不是《水浒传》作者（施耐庵）的本意，而是后人愤极所加。就像我们看美国的西部片、警匪片，往往以贪官污吏作为反面人物，他们利用权势为非作歹，逼得身处弱势的“英雄”忍无可忍，起而反抗，最后取得胜利。我们看了都觉得很“过瘾”、很“解气”。但是这些大片一般不会触及最高层，最后还要回到正常的秩序上来。我的意思是说，“发愤”虽然可以理解，但不一定符合事实，也不能违背常理。

金圣叹则把作者提到“圣人”的高度，把《水浒传》提到“圣经”的高度，不仅心忧天下，而且关怀后世，并与古圣先贤相联系，兼顾“民心”和“治道”的统一，境界更高了，也更具普遍性。他对“忠义”的理解，也显得更合乎情理。记得老师说过，古人作诗大都是“有所为”的，我觉得古人作文，包括写小说，也是这样的。施耐庵写这么大一部书，不可能没有“想法”，而古代文人最常有、最高级的“想法”就是成为圣贤。所谓不想当将军的士兵不是好士兵，不想做圣贤的文人也不是好文人。

还有。我觉得，一个正常社会，是不能靠“水浒”那样的“忠义”来维持的。如果大家都这样“忠义”，那天下将会是什么样子？“革命无罪、造反有理”，那是站在革命者、造反者的立场上说的。如果肯定和支持这样的“忠义”，又将怎样面对古人、今人和后人呢？难道自古以来崇高美好的“忠义”就是这样的吗？难道要人们生活在“水浒”一样的世界里吗？更重要的是，生活在当下的人们，该怎样选择呢？难道都要上梁山、入水浒吗？就是水浒中人，也是无法长期那样生活下去的。你想想，他们年轻力壮时可以这样生活，但他们大部分没有妻子，岂不是要断子绝孙？就算有了妻子，难道要世世代代在水泊梁山生活下去？哪个正常的朝廷能容忍呢？所以宋江谋求“招安”，确实是为他们的长远生存着想，但是哪个正常朝廷能允许这种“阴谋”得逞呢？所以圣叹明确表示：坚决不能既赦免他们罪行，又给他们官爵，还让他们享有“忠义”的荣誉，流芳千古。否则，让普天下“好人”怎么办？圣叹不仅大声疾呼，还亲自动手，设计制造了一个“梁山泊英雄惊噩梦”的大结局，将他们全都除掉。虽然狠了点儿，但倒也是一个彻底解决的好办法。

你前面讲的都很好，我赞同。李大白说：但是宋江等人被逼上梁山，起而反抗，是针对贪官污吏乃至昏君奸相的，后者属于邪恶势力，而宋江等人才是正义的。难不成要任由贪官污吏邪恶下去？

柳新雨马上说：贪官污吏确实邪恶，宋江等人的反抗也确实具有正义性，但他们的反抗方式就未必妥当了。比较而言，金圣叹的“同民心而出治道”，才是既治标又治本的好办法，如果从上到下，都能按照圣叹的办法去做，那就天下太平了。

但是，这个方案能行得通吗？李大白仍有些困惑不解。

覃慧敏说：这似乎是个悖论：承认“忠义”在水浒，就等于鼓励“盗贼”杀人放火、犯上作乱；承认“忠义”在朝廷，就等于鼓励昏君奸臣无恶不作、杀戮忠良，总之都是要杀人的。金圣叹主张表德扬才、改良治道，但他要把宋江等人斩尽杀绝，也很暴力、很残忍，也不符合圣人之道。用现代眼光看，无论你多么正义，也不能作为滥杀的理由，况且这样做也不能达到真正的天下太平。而且，谁都说自己是正义的，对方是邪恶的，谁来判断？谁来授权？一将功成万骨枯，面对无数鲜活生命、累累白骨，那些所谓的正义、成功、荣耀之类，又在哪里呢？这真是个永恒的难题……

嗬，你们年轻人就是思想活跃啊！田老师见覃慧敏越说越激动，就接过来说：这个难题早晚必定会解决的，我相信。联合国等世界性组织机构，就是为此而设立的啊。就像治病，古代的很多不治之症，在现代根本不算什么；今人的很多不治之症，将来也会不在话下的。施耐庵、李卓吾、金圣叹以及其他评论者，他们的时代、环境、立场、学识、心态、意志等情形不一，我们只能“具体情况具体分析”，不可一概而论。金圣叹面临的问题，跟施耐庵（及其《水浒传》）有相似之处：礼崩乐坏，政治昏暗，邪恶横行，“盗贼”满地，外敌环伺，民生艰难，世道人心败坏到了极点，天下国家岌岌可危。作为一个从小读圣贤书、立志做圣贤的文人，金圣叹是不能坐视不管的，至于他管不管得了，那是另外的问题。

见大家沉默不语，田老师接着说：记得陈寅恪说过："凡一种文化值衰落之时，为此文化所化之人，必感苦痛，其表现此文化之程量愈宏，则其所受之苦痛亦愈甚；迨既达极深之度，殆非出于自杀无以求一己之心安而义尽也。吾中国文化之定义，具于《白虎通》三纲六纪之说，其意义为抽象理想最高之境，犹希腊柏拉图所谓 Idea 者。若以君臣之纲言之，君为李煜亦期之以刘秀；以朋友之纪言之，友为郦寄亦待之以鲍叔。其所殉之道，与所成之仁，均为抽象理想之通性，而非具体之一人一事。"[①]他是就王国维的自杀而言的，王国维的死因当时议论纷纷，或谓忧惧时局，或谓受排挤，或谓被逼债，或谓厌世，或谓悲观思想、精神苦闷等。较为主流的说法是"殉清"，但很多人认为清廷（包括末代皇帝溥仪）当时已经一塌糊涂，并不值得为之"殉节"。陈寅恪却力排众议，认为王国维是殉"文化"，是殉一种高尚理念。这是因为王国维已经是一个被中国文化"所化之人"，当这种文化衰落之时，这种"文化人"必然极其痛苦，到了不堪忍受的程度，就会选择自杀"以求一己之心安而义尽"。这种文化的核心是"三纲六纪"，其精义（精神原则）是抽象的，必须以具体人事为依托，如皇帝、朋友、政权、制度等，于是皇帝、朋友等便成为这种抽象意义的代表。于是，即便皇帝是李后主（昏君），文化人也要将其当作刘秀（明主）来对待；即便朋友像郦寄（卖友），文化人也要将其当作鲍叔（信义）来对待。所以王国维是殉"道"成"仁"，是不可以执着于具体的人和事来评论的。这种为抽象精神而献身的壮举，只有"文化"程度极高的人才能做到，也只有"文化"程度极高的人才能理解，所以尽管陈寅恪大声疾呼、极力辩说，仍有很多人不能接受。

金圣叹评释《水浒传》，与此有相似之处。圣叹自比圣人，说明他的"文化"程度是极高的；他也处于文化衰落、天下危亡的时代，他虽然没有选择自杀来殉这种文化，但他是用另一种方式来殉的，这就是评

---

① 《王观堂先生挽词并序》。《陈寅恪集》之《诗集》，第 12–13 页。生活·读书·新知三联书店 2009 年版。

释《水浒传》。因此，我们也要把金圣叹的言行理解为是对这种文化的普遍理念的忠诚，不能局限于具体的某人某事。

老师的话发人深省。柳新雨说：我总觉得金圣叹和王国维还是很不一样的。王国维学术造诣精深，做过“南书房行走”，对皇帝感情很深；但金圣叹只是一介庶人、文章评点者……

范启明说：金圣叹和王国维是有些不同，但是，我们不能以世俗身份来判定一个人的“文化”程度，而且，现实生活中跟皇帝亲近的人，未必就是最忠诚的人，庶人也可以是“文化人”。一般说来，古代文人是不会突破“忠君”这条红线的，何况还有“爱民”？所以金圣叹有这样的立场观点并不奇怪。过去“评水浒”运动中，给《水浒传》（包括金圣叹）定的最大罪状，就是“只反贪官，不反皇帝”，其实这在古代太正常不过了！那时“反皇帝”是大逆不道，不仅要掉脑袋，还要祸连九族，世代不得翻身。不要说施耐庵、金圣叹这样的文化人不会反皇帝，就是宋江之类“盗贼”，也不会这么做的。只有不在其中的“局外人”，特别是千百年以后的今人，才会“站着说话不腰疼”，要求古人“反皇帝”；若是换了他们自己，别说反皇帝，恐怕连贪官也是不敢反的。所以我同意柳新雨的说法，金圣叹“同民心而出治道”的方案，更加合乎情理、切实可行。不过，我对所谓李卓吾序，是有些怀疑的，以他的性情学识，不应如此，他人伪托的可能性很大。

范老师说的是一般情况。庄言说：但金圣叹是非同一般的，他在《宋史纲》《宋史目》中，好像就突破了“红线”。

所谓《宋史纲》，其实是圣叹对史书“淮南盗宋江掠京东诸郡，知海州张叔夜击降之”这句话所作的“史臣断曰”，是以“史臣”的立场，来加以论断。圣叹从这条记载中看出宋江（等人）已经被赦免：“赦罪者，天子之大恩；定罪者，君子之大法。宋江掠京东诸郡，其罪应死，此书‘降’而不书‘诛’，则是当时已赦之也。”[①]但是该不该赦免呢？圣叹没有立即回答，而是先追问宋江等人落草为盗的原因：

---

① 金圣叹的《宋史纲》《宋史目》见《金集》叁，第 23-27 页，下引不注。

> 盖盗之初，非生而为盗也。父兄失教于前，饥寒驱迫于后，而其才与其力，又不堪以郁郁让人，于是无端入草，一啸群聚，始而夺货，既而称兵，皆有之也。

圣叹列出三条：父母教育的缺失、物质生活的困难、才力过人又不甘现状，这些确实是很重要的原因，但是并不是最重要、最根本的原因。圣叹进一步追问：

> 然其实谁致之失教，谁致之饥寒，谁致之有才与力而不得自见？

是啊，这才是问题的关键，也是读者所关心的问题。圣叹的回答很让人意外：

> “万方有罪，罪在朕躬。”成汤所云，不其然乎？

“罪”在最高层，甚至在“朕”一个人身上！成汤是推翻夏朝建立商朝的圣明君主，他曾对诸侯训话，大意是说：夏朝之所以灭亡，是因为它的君主道德败坏，作威作福，虐待天下百姓。天下百姓不堪忍受他的毒害，齐向上天下土的神明申诉，于是上天降灾于夏，向天下昭示夏王的罪恶，所以我奉天意旨，不敢赦免夏王的罪恶，必须严惩。我要和我的大臣们一起尽心尽力，请求上天庇佑天下民众，让你们过上太平美满的生活。凡你们各方诸侯，都要按照我的要求，不得违法乱纪，不得奢侈荒淫；只要安分守己，上天自然会降福于你们。如果你们有美德善行，我会表扬奖励；如果是我违法犯罪，我也不敢宽恕自己，因为我们的所作所为，上天都一清二楚。如果天下出了问题，那罪过都在我一个人身上，只须惩罚我一个人，我不会把责任推给你们！只要我们精诚团结，必然会长治久安！

这番训话，保存在《尚书·汤诰》里，其中一段原文是："尔有善，朕弗敢蔽；罪当朕躬，弗敢自赦，惟简在上帝之心。其尔万方有罪，在予一人；予一人有罪，无以尔万方。"[①]《论语》里也有一段记载说："(汤)曰：'予小子履，敢用玄牡，敢昭告于皇皇后帝：有罪不敢赦。帝臣不蔽，简在帝心。朕躬有罪，无以万方；万方有罪，罪在朕躬。'"[②]圣叹应该是据《论语》直接引用。

只要了解"万方有罪，罪在朕躬"的出处背景，就知道圣叹这么说是何等的"恶毒"！何等的大胆！又是何等的卓识！他把矛头直接指向"朕"，把所有的罪过都归结在最高统治者一人身上。"朕"应当把所有罪责都承担下来，不要推卸，然后请求上天的宽恕和天下的谅解；进而与天下诸侯臣民一起努力，挽救"困穷"的局面，重建政治秩序和美好生活。

"万方有罪，罪在朕躬"这样的话，只能"朕"自己说，臣下谁敢这么说呀？圣叹只是个庶人，竟敢如此想、如此公开地说（写），简直就是大逆不道、犯上作乱！所以我认为他其实已经突破了"红线"，这在古代文人中，是非常少见、难能可贵的！

随后，圣叹笔锋一转，反问道："孰非赏之亦不窃者？"意思是：严刑重罚尚且为盗不止，若是大加奖赏，谁能不争相为盗呢？

圣叹又问："而上既陷之，上又刑之；仁人在位，而罔民可为，即岂称代天牧民之意哉？"意思是：等他们（民众）成为盗贼了，你统治者再来治罪，能算是仁慈爱民吗？这样的人又怎能代表上天治理天下呢？

一连串的反问，尖锐、激烈，切中要害。

接着圣叹又把矛头指向"君子"：

> 故夫降之而不诛，为天子之大恩，处盗之善法也；若在君子，则又必不可不大正其罪，而书之曰"盗"者，君子非不知

---

① 孔颖达《尚书正义》卷八《汤诰》第三，第162页。《十三经注疏》本。

② 《论语集释》卷三十九《尧曰》，第1350页。

盗之初，非生而为盗，与夫既赦以后之乐与更始，亦不复为盗也。君子以为：天子之职，在养万民；养万民者，爱民之命，虽蜎飞蠕动，动关上帝生物之心。君子之职，在教万民；教万民者，爱民之心，惟一朝一夕，必谨履霜为冰之惧。

这里的“君子”是指具备深厚儒家文化修养的人，也指具有相当职位的官员，如朝廷宰相、地方长官之类。圣叹的意思是：天子皇恩浩荡，对盗贼可以招安不杀；但君子即使明知他们做盗贼有情可原、可以弃恶从善，也必须公示他们为“盗”的罪名。这是因为天子的职责，是养育万民，必须珍爱万民的生命，因为上天是珍爱一切生命的；而君子的职责，是教化万民，必须有一颗爱民之心，每时每刻都要谨慎防止他们受到伤害。

因此，如果已经为盗的人能够不再为盗，那要归功于天子对他们的挽救；如果前人为盗后人不再为盗，那要归功于君子对他们的警示。所以，宋江等人虽然受了招安，仍必须称之为“盗”，这是继承《春秋》的谨严笔法，申明大义，用以惩戒过去，防患未然，端正人心，辅助王化。然而，如此重大深刻的寓意，后世竟然没人领会，还要给宋江写外史（即《水浒传》），还有冠之以“忠义”之名，并且称叹不置！这在圣叹看来，无异于大逆不道，犯上作乱。于是他大声疾呼：

呜呼！彼何人斯，毋乃有乱逆之心矣夫?!

接着，圣叹又就张叔夜“知海州”大发议论：

张叔夜之击宋江而降之也，《宋史》大书之曰“知海州”者何？予之也。何予乎张叔夜？予其真能知海州者也。何也？盖君子食君之食，受君之命，分君之地，牧君之民，则曰知某州。知之为言，司其事也。老者未安，尔知其安；少者未育，尔知其育；饥者未食，尔知树畜；寒者未衣，尔知蚕桑；

> 劳者未息，尔知息之；病者未愈，尔知愈之；愚者未教，尔知教之；贤者未举，尔知举之。夫如是，然后谓之“不废厥职”“三年报政”，而其君劳之，锡之以燕享，赠之以歌诗，处之以不次，延之以黄阁。盖知州真为天子股肱心膂之臣，非苟且而已也。

这是从正面说的。“予”是肯定、赞许，这是称赞张叔夜，同时也是圣叹在发表自己的为政理念：作为地方长官，为民父母，必须“知”自己的定位、职责和使命。你处于皇帝和人民之间，享受皇帝的丰厚待遇，就必须完成皇帝交给你的职责：为人们谋幸福。如果老者未安，少者未育，这是养育上出了问题，事关种族延续；饥者未食，寒者未衣，这是物质上出了问题，事关人民生存；劳者未息，病者未愈，这是保障上出了问题，事关社会发展；愚者未教，贤者未举，这是人才上出了问题，事关文明进步……这些问题必须解决，解决得好，你就是个称职的官员，理应得到皇帝的赏拔；如果做不到，诸如：

> 自官箴既坠，而肉食者多：民废田业，官亦不知；民学游手，官亦不知；民多饥馁，官亦不知；民渐行劫，官亦不知。如是，即不免至于盗贼蜂起也。而问其城郭，官又不知；问其兵甲，官又不知；问其粮草，官又不知；问其马匹，官又不知。嗟乎！既已一无所知，而又欺其君曰：“吾知某州。”夫尔知某州何事者哉？《宋史》于张叔夜击降宋江，而独大书“知海州”者，重予之也。

这是从反面说的。“官箴”即为官的宗旨和准则。官箴既坠，意味着国家官吏队伍已经腐败堕落，于是出现官员一无所“知”的局面，而且还欺上瞒下，大言不惭地说自己“知”某地，尤为可恶！

圣叹说，以上这些，自己还是出于宽厚之心而笔下留情的，更有甚者：

若夫官知某州，则实何事不知者乎？关节，则知通也；权要，则知跪也；催科，则知加耗也；对簿，则知罚赎也；民户殷富，则知波连以逮之也；吏胥狡狯，则知心膂以托之也。其所不知者，诚一无所知；乃其所知者，且无一而不知也。嗟乎！嗟乎！一无所知，仅不可以为官；若无一不知，不且俨然为盗乎哉！诚安得张叔夜其人，以击宋江之余力而遍击之也！

这是从负面说的。“一无所知”，就是民间所谓的好事不做；“无一不知”，就是坏事做绝，简直比盗贼为害更甚！圣叹多么希望有张叔夜这样的人出来，像击杀宋江等人一样，把这帮戴着乌纱帽的“盗贼”斩尽杀绝！忽然想起鲁迅曾说贪官污吏是“坐寇”，比“流寇”还可恶，其实这种认识圣叹已经有了。

圣叹的《宋史目》，也是“史臣断曰”，针对的是史书“宋江起为盗，以三十六人横行河朔，转掠十郡，官军莫敢婴其锋。知亳州侯蒙上书，言江才必有大过人者，不若赦之，使讨方腊以自赎。帝命蒙知东平府，未赴而卒；又命张叔夜知海州。江将至海州，叔夜使间者觇所向。江径趋海滨，劫巨舟十余，载卤（掳）获。叔夜募死士得千人，设伏近城，而出轻兵，距海诱之战，先匿壮卒海旁，伺兵合，举火焚其舟。贼闻之，皆无斗志。伏兵乘之，擒其副贼，江乃降”的一段记载。

圣叹的总体判断是：“观此而知天下之事无不可为，而特无为事之人。”所谓事在人为，没有做不到的事，关键在于有没有做事的人。而言外之意，在张叔夜之前，朝廷皆用非其人；而圣叹是个怎样的人，也就不言而喻了。

圣叹先说张叔夜为何能够成功，而此前的十郡官军为何都失败了？当初，宋江等人起于河朔，转掠十郡，而十郡官军莫之敢婴。其时正是“饥兽可缚，野火可扑”的好时机，但有人敢说敢做吗？没有！于是眼看着宋江发展壮大，所向披靡。后来朝廷任用张叔夜，终于大获成功。这个张叔夜与前面的十郡长官有什么不同吗？没有！并非他拿的工资比十郡长官多，受的待遇比十郡长官好。此时的宋江和以前有什么不同吗？也没有！并非他攻打十郡时英勇无畏，对阵张叔夜时就胆怯投降。那么究竟是什么原因使得宋江由战无不胜到缴械投降呢？原因就在于：那十郡之长官，心里想的只有老婆、孩子、家财、官位，都顾虑重重，贪生怕死，让宋江有机可乘；而张叔夜正相反，置个人利益甚至身家性命于不顾，恪尽为臣职守，终于大获成功。

圣叹感叹道：

> 呜呼！史书叔夜募死士得千人，夫岂知叔夜固为第一死士乎哉！……岂不矫矫社稷之臣也乎！

只要军队长官不惜身家性命，又能尽心尽力，就没有战胜不了的敌人，问题就这么简单！圣叹的感叹，既是为没有这样的人才，也是为没人像他这样看得透彻。

接着圣叹又说侯蒙：侯蒙建言朝廷赦免宋江并让他去镇压方腊，此有八大失误：以皇皇大宋，不能奈何一贼，说好听点儿是“赦”是“赎”，其实是服软求和，尊严扫地。此其一。杀人者罪当偿命，造反者罪当灭族，法有明文。宋江杀人造反，却得到赦免，使国法形同虚设。此其二。方腊犯上作乱，理应由官军征讨，怎么能指望盗贼？反而暴露出军中无人。此其三。利用盗贼去征讨盗贼，看上去是“妙计”，殊不知盗贼并非傻瓜，不仅会嘲笑此计拙劣，还可能将计就计，联手行动，后果将更加糟糕。此其四。杀敌立功，本是天下豪杰引以为荣的事，现在却把这个光荣而艰巨的任务让给盗贼了，这让天下豪杰情何以堪？此其五。养兵千日用兵一时，为皇帝排忧解难，为国家平叛杀敌，本来就是将士的职责义务，现在当用不用，反而会让将士们自感惭愧，摧折士气。此其六。如此大罪尚能获得赦免，从此谁还会畏罪守法？天下还怎么治理？此其七。如果是出于重视人才，那么为何不在他们为盗之前就举荐任用？如此颠倒错乱，让宰相、大臣（包括侯蒙自己）有何脸面？此其八。一个建言而有八大失误，侯蒙之类的水平能力也就可想而知了！

所以圣叹又感叹：

> 呜呼！君子一言以为智，一言以为不智。如侯蒙其人者，亦幸而遂死耳；脱真得知东平，恶知其不大败公事，为世僇笑者哉！

世人耻笑，圣叹自然更要耻笑。圣叹耻笑侯蒙“不智”，自然是深信自己智慧过人。确实，圣叹能够从侯蒙的一个进言中看出八大失误，足见他料事的全面、认识的敏锐。假如他有机会被重用，一定会比侯蒙高明得多，至少不会犯这样的低级错误。

李大白说：这样看来，《宋史纲》《宋史目》也是非常重要的文字，其思想观点与《序一》《序二》相一致，但显得更加强烈、更加激进，在突破“红线”的同时，还对当时的官场、军队的腐败加以尖锐的揭露和批判。从中还可以看出金圣叹在政治上、军事上的思想、谋略和才能，圣叹是非常自负和自信的，其文韬武略远不在张叔夜之下，如果有机会得以施展，圣叹也会成为“矫矫社稷之臣”。

嗯！金圣叹确实非常自负自信！石萌说：他既要做圣人，又要做古人（才子），还要做社稷大臣，在文化上、文学上、政治上、军事上，都想有过人的建树，这大概就是他所说的“童稚蓬心”吧！只可惜，他好像一生都没获得施展的机会。

柳新雨说：庄兄，我同意你关于金圣叹突破“红线”的说法，但也不能对他评价过高，好像在他之前也有人说过类似的话，如天都外臣说：“夷考当时，上有秕政，下有菜色。而蔡京、童贯、高俅之徒，壅蔽主聪，操弄神器，卒使宋室之元气索然，厌厌不振，以就夷虏之手。此诚窃国之大盗也。有王者作，何者当诛？彼不得沾一命为县官出死力，而此则析圭儋爵，拖紫纡青。道君为国，一至于此，北辕之辱，固自贻哉！”[①]这不也是把责任追究到大臣乃至皇帝身上吗？我看他对当时政治黑暗、官场腐败、社会矛盾的概括，也和金圣叹说的差不多。

---

① 天都外臣《水浒传序》。《水浒传资料汇编》第188页。

柳兄的提醒很好，也及时！庄言说：天都外臣的这段话我也注意到了。前面说过，金圣叹对《水浒传》的评论，有很多是与前人针锋相对的，也有很多是与前人一致或者相近的，这说明他对前人有广泛的了解和扬弃。同时圣叹确有很强的“标新立异”意识，特别是在一些大是大非、核心关键的问题上，总是力求提出自己独到的见识，这应该与他的自信和追求有关。另外，天都外臣是归咎于道君皇帝这个具体的人，因为是道君早已作古，这样归咎没有多大现实风险；但圣叹是归罪于“朕”，是普遍的泛指，也包括当今皇上和大臣，这样风险就更大了，因而更须要胆识。

还有，在圣叹以前，称道水浒为“忠义”的人很多，几乎是异口同声、公认如此，只有金圣叹坚决反对，公开辩驳，可谓中流砥柱。所以“桐庵老人”（王望如）说：“……近见《续文献通考·经籍志》中，亦列《水浒》，且以‘忠义’命之，又不可使闻于邻国。试问：此百八人者，始而夺货，继而杀人，为王法所必诛，为天理所不贷，所谓‘忠义’者如是，天下之人不尽为盗不止？岂作者之意哉？吴门金圣叹反而正之，列以‘第五才子’，为其文章妙天下也；其作者示戒之苦心，犹未阐扬殆尽。余则补其所未逮，曰：《水浒》百八人，非忠义皆可为忠义。是子舆氏祖述孔子性相近之论，而创为性善之意也夫。”[①]王望如赞赏圣叹的“反正”之功，并有所补充，实际上是修正其过于激进的部分。

是否可以这样理解？石萌说：总体而言，金圣叹的这几篇东西，集中代表了他的“志”；分别而言，《序一》主要是“德－才”之志，要成为“圣人＋才子”，这种最高的也是终极的目标；《序二》主要是“当世之忧”，要成为“君子”；《宋史纲》代表他的为政理念和才能，要成为张叔夜那样的好官；《宋史目》代表他的军事智略，要成为“社稷之臣”……这样整合起来，可以看到金圣叹的“志”还是很全面的。不过这仅仅是就他评释《水浒》而言的，暂不涉及其他方面。

萌妹的概括很好啊！李大白称赞说：这叫庄兄画龙，萌妹点睛！哈

---

① 王仕云（望如）《第五才子水浒序》。《水浒传资料汇编》第351页。

哈哈！

石萌有些不好意思说：我只是觉得头绪很多，试着理一理，哪里比得上你的“还原”啊！

看看，他俩又“相敬如宾”啦！柳新雨坏笑着说，大家也都会心地笑起来。

不过，我觉得，它们也有不般配的地方。柳新雨又说。大家以为他是指石萌和李大白俩，不免面露不解和吃惊。柳新雨见状，补充说：别紧张，我说的是金圣叹这几篇东西，特别是他序文，思想倾向有些不一致。刚才老师用王国维的“文化”现象比喻金圣叹，从大家谈论的《序一》《序二》及《宋史纲》《宋史目》的情况来看，圣叹的思想、立场、主张和追求，是非常儒家化的。但是我们以前谈到，金圣叹的“家学”属于魏晋玄学式的，是以《周易》《老子》《庄子》之学为主要内容的。圣叹从小生活在这样的家学环境中，后来又受戒学佛，直到入“新塾”、评释《水浒》时（十二岁），还没有对四书五经真正发生兴趣，怎么会有如此强烈的儒学倾向呢？而且，我觉得在金圣叹（对《水浒传》）的评论中，也有许多不统一的地方，甚至相互矛盾，这些如何解释？

我也注意到了这些情况。覃慧敏说：就连《金评水浒》卷首的七篇文字，也存在着明显不一致的地方，比如《序三》，开头说：

> 施耐庵《水浒》正传七十卷，又楔子一卷，原序一篇亦作一卷，共七十二卷。今与汝释弓。序曰……

当时长子金雍才十岁，圣叹便把自己所评释的《水浒传》交付给他，并说了下面一番话。因此这里的“序曰”之“序”，和严格意义上的书序有所不同，有些像唐人的“赠序”，文字上比较口语化，情绪也很亲切平和，不像刚才谈到的那几篇激烈尖锐。

圣叹都跟儿子交待些啥？等会儿再说，这里须要先谈谈“正传七十卷，又楔子一卷，原序一篇亦作一卷，共七十二卷”。

圣叹的这个说法很值得注意：这就是说，金圣叹交给金雍的这部书，总共只有七十二卷：七十卷正文，一卷楔子，一卷（施耐庵）“原序”。不仅没有我们现在看到的《序一》《序二》《宋史纲》《宋史目》《读第五才子书法》，而且也没有这篇《序三》。我们姑且称这个七十二卷本为“示儿本”。

那么这几篇“多”出来的东西是什么时候加上去的呢？当然是在《序三》之后，但似乎并不是同时一起加上去的。最早加上去的，应该是这篇《序三》，根据落款，是在崇祯十四年（1641）二月十五日。但它当时肯定不叫“序三”，因为那时还没有《序一》《序二》。这是父亲写给儿子的，我们姑且称它为“父序”。这篇“父序”可能是圣叹手写的，也可能是他口述，由金雍记录整理的，在“示儿本”之外，单独存放的。

这样看来，“崇祯十四年二月十五日”，只是圣叹完成“父序”的时间，不一定是《金评水浒》出版的时间，甚至也不一定是圣叹把书交给儿子的时间。很多人把这个日期当作“《第五才子书》”卷首所有文字完成的时间，甚至当作全书出版的时间，是未必准确的。《金评水浒》的最终出版时间，必然是在卷首七篇东西凑齐之后，至于中间隔了多长时间，现在还不清楚。这就意味着，“示儿本”不是刻印本，而是手写本。

我认为七篇文字中，托名施耐庵的“原序”完成得最早。早到什么时候？现在也不清楚，但肯定是在“父序”之前，也在圣叹把书送给金雍之前。但严格说来，“父序”才是以金圣叹名义而写的第一篇序文。

接着圣叹便追忆自己十岁入塾，读“四书”惛如厌倦，经常生病告假，“创获”诸多奇书，痴迷《水浒传》，由日夜抱读到手钞评释等情况，这其实是给儿子讲自己和《水浒传》结缘的经过，引出为何要抄评此书，又为何要把此书送给儿子。

这些虽然是题中应有之义，但还是有其微妙原因的。要知道《水浒传》可不是一般的书，金圣叹的评释也不同于一般的闲谈。实际上，在当时《水浒传》是一部“儿童不宜”的书，那时儿童的“正业”是念好四书五经，进而科举入仕，进而升官发财。而读《水浒传》这类“杂书”属于“不务正业”。同时《水浒传》又是一部敏感的书，其中不仅有大量阴谋诡计、好狠斗勇的描写，还有“诲盗”之嫌，会毒害儿童的身心健康，甚至坏了心术，误入歧途，走上犯上作乱的不归路。所以一般人家是严禁子弟接触这类书籍的，但金圣叹不仅不加禁止，反而主动把书送给儿子，这无异于“诱导”儿子往“邪路”上走。这是非同一般的反常之举，所以圣叹必须向儿子（也是向世人）说明原委和用意。

圣叹接着说：

> 吾每见今世之父兄，类不许其子弟读一切书，亦未尝引之见于一切大人先生，此皆大错。夫儿子十岁，神智生矣，不纵其读一切书，且有他好，又不使之列于大人先生之间，是驱之与婢仆为伍也。

所谓“一切书”，其实是指“正业”之外的各种杂书，特别是小说、戏曲之类的通俗文学。“一切大人先生”，应是指父亲、老师之外的其他文化人士。当时一般人家，既不让孩子读这些书，也不让孩子接触这些人，封闭了孩子的眼界和心灵，所谓“两耳不闻窗外事，一心只读圣贤书”，类似于现在的中小学应试教育。圣叹认为这是大错特错的！

圣叹说这话，是有言外之意的：他很庆幸自己儿时没有遭受这样的封闭，因而有了很多“创获”。这当然应该感谢他的姑父母，给了他充分的自由，“放任”他看一切书，还让他出见一切大人先生，也不强逼他死读“举业”，圣叹因此过着与一般儿童很不一样的生活，他的所见所闻、所思所想，自然也就迥异于“常儿”了。

圣叹接着说：

> 汝昔五岁时，吾即容汝出坐一隅，今年始十岁，便以此书相授者，非过有所宠爱，或者教汝之道当如是也。吾犹自记十一岁读《水浒》后，便有于书无所不窥之势。吾实何曾得见一书，心知其然，则有之耳。然就今思之，诚不谬矣。

由于亲身体会到这种开放式教育的好处，认识到这种教育是正确的，因而他对自己孩子的教育也与众不同，甚至比自己小时候更加开放自由：金雍才五岁时，圣叹就让他坐在旁边，听圣叹和大人先生们谈古论今。是不是早了点？金雍这么小，能听懂吗？或许圣叹并不在乎他懂不懂，重在参与嘛，让儿子感觉自己像个“大人”。

这样的家教氛围，自然会促进金雍更加早熟，刚到十岁，便“神智生矣”。圣叹觉得是时候了，便郑重地把自己手钞评释的《水浒传》交付给儿子。

如此说来，这部“示儿本”《水浒传》，可不是一般儿童读物，它是圣叹的教子书，也可以说是家学教材。

为什么说“是时候了”呢？因为金雍已经“神智生矣”，也就是民间所说的“懂事儿了”。一般男孩子真正懂事儿要到十五岁左右。在古代，男孩子十五岁“自天子之元子、众子，以至公、卿、大夫、元士之嫡子，与凡民之俊秀，皆入大学，而教之以穷理、正心、修己、治人之道”。[①]入“大学”不是学习一般的知识，而是学习儒家的“三纲八目”——明明德，亲民，止于至善，以及格物、致知、诚意、正心、修身、齐家、治国、平天下等等，就是学做“君子”乃至“圣贤”。不用说这是确立人格和人生的关键阶段。金雍颖悟早熟，估计十岁就差不多了。在如此关键的时候，圣叹把这部书交给儿子，其实是要将其作为他的“大学”教材。这种做法，不要说在当时，就是在今天，也是一般人难以理解和接受的。

但是金圣叹自有其理由，他接着说：

> 天下之文章，无有出《水浒》右者；天下之格物君子，无有出施耐庵先生右者。学者诚能澄怀格物，发皇文章，岂不一代文物之林？

不是要学习“格物”吗？那好，天下没有比《水浒传》更好的格

---

① 《四书章句集注》之《大学章句序》。

物教材了；你不是要学做“君子”吗？那好，天下没有比施耐庵更好的格物君子了！只要能够真正领会掌握施耐庵《水浒传》的格物“法门”，就能够写出冠绝当世的好文章，成为出类拔萃的君子。

为什么说施耐庵最会格物，《水浒传》是最好的文章呢？圣叹接着说：

> 《水浒》所叙，叙一百八人，人有其性情，人有其气质，人有其形状，人有其声口。夫以一手而画数面，则将有兄弟之形；一口而吹数声，斯不免再映也。施耐庵以一心所运，而一百八人各自入妙者，无他，十年格物而一朝物格，斯以一笔而写百千万人，固不以为难也。

如果真有一个名字叫“施耐庵”的人，如果他真的写了这部《水浒传》，那他绝对是天神一样的人。别的且不说，就说《水浒传》里的人物，仅天罡、地煞就有一百单八个之多；此外还有其他各色人等。我曾尝试写过短篇小说，光是给人物取个姓名就很伤脑筋，所以不能不拜服施耐庵，你看他写那么多人物，个个性格鲜明，活灵活现；笔墨不多，却能传神写照。我认为这是他最绝的地方，也是最难做到的地方。

施耐庵是如何做到的？我想所有读者都会提出这样的问题，圣叹的回答是：没别的，就一条：“十年格物”然后便“一朝物格”了。

“格物”原是儒家的修身概念，圣叹用来解说《水浒》，后人便把它视为圣叹文学理论的重要命题。其实它不只是“文学理论”，也是金圣叹重要的思想学说。学者对此解说不一，我理解：格物其实是往复不断的认知和实践过程：即通过探究和体会事物，达到对事物的认识和感悟，然后自觉作出善恶识别和选择——当然是弃恶从善，从而使人的性情品格变得愈加完善美好。这样既能完善人格修养，也能提高对事物——如人物性格——的理解和把握。长期坚持下去，就能达到大彻大悟、得心应手的境界。写什么、写多少，都不在话下。

那么，如何“格物”呢？圣叹直截了当地说：

格物亦有法，汝应知之。格物之法，以忠恕为门。

这就是家学的厉害之处！父子私相授受，直接出示“法门”，毫无保留。那么什么是“忠恕”呢？圣叹解释说：

何谓忠？天下因缘生法，故忠不必学而至于忠，天下自然，无法不忠。火亦忠，眼亦忠，故吾之见忠、钟忠、耳忠，故闻无不忠。吾既忠，则人亦忠，盗贼亦忠，犬鼠亦忠。盗贼犬鼠无不忠者，所谓恕也。夫然后物格，夫然后能尽人之性，而可以赞化育、参天地。

“忠恕”是儒学概念，“因缘生法”是佛学概念，圣叹将二者糅合起来，大意是说要排除一切成见和干扰，从事物内外部各种联系上，自然真诚地体悟前因后果，并应用于实践。圣叹举例说：

今世之人，吾知之，是先不知因缘生法；不知因缘生法，则不知忠；不知忠，乌知恕哉？是人生二子而不能自解也，谓其妻曰：“眉犹眉也，目犹目也，鼻犹鼻，口犹口，而大儿非小儿，小儿非大儿者，何故？”而不自知实与其妻亲造作之也。夫不知子，问之妻。夫妻因缘，是生其子。天下之忠，无有过于夫妻之事者；天下之忠，无有过于其子之面者。审知其理，而睹天下人之面，察天下夫妻之事，彼万面不同，岂不甚宜哉！

这个事例虽然生动贴切，但年仅十岁的金雍能否理解？我是有些怀疑的，如果他能理解，那他真的很早熟。

圣叹继续说：

> 忠恕，量万物之斗斛也。因缘生法，裁世界之刀尺也。施耐庵左手握如是斗斛，右手持如是刀尺，而仅乃叙一百八人之性情、气质、形状、声口者，是犹小试其端也。

“斗斛”是容器，也是量器，既容纳万物，也衡量万物；“刀尺”是工具，也是标准，既判断世界，也取舍世界。忠恕和因缘生法，就好比这两样东西，施耐庵就是凭着这两样东西，才把一百单八将写得如此栩栩如生的。而且，这不过是小试牛刀，那么更大的是什么呢？“万物”和“世界”。圣叹不光是要儿子学会写人，还要学会观察和把握一切事物，学会如何做人，如何适应社会，如何处理人生问题。

圣叹随后又说文法：

> 若其文章，字有字法，句有句法，章有章法，部有部法，又何异哉！吾既喜读《水浒》，十二岁便得贯华堂所藏古本，吾日夜手钞，谬自评释，历四五六七八月，而其事方竣，即今此本是已。如此者，非吾有读《水浒》之法，若《水浒》固自为读一切书之法矣。

请注意：圣叹说的是“手钞”和“评释”，而世人或说是“评点”，或说是“批评”，我感觉都不如圣叹自己说的准确。他对《水浒传》所做的工作，主要是“手钞”和“评释”，前者是抄写《水浒传》的原文（包括“删改”“腰斩”之类），后者是对原文加以解释、阐发和评说。所以，虽然我们可以习惯性地说圣叹是“评点”或“批评”，但不要忘了其中还有“手钞”。

圣叹自称评释《水浒传》是在十二岁，也许有人会认为他是吹牛，我觉得大体还是可信的。除因他的聪明早慧，还因为他这话是说给儿子听的，父亲对儿子，是不大可能说谎的，何况圣叹刚说过要“忠恕”呢。万一将来儿子知道老爸是说谎，岂不尴尬？所以我相信，圣叹在十一二岁时，不仅通读了《水浒传》，而且还阅读了很多评论，从中获得了激发和启示，又不满于各种“俗本”和“谬论”，于是立志廓清，找来“古本”，手钞评释起来。以他少年的热情和精力，还有请假在家的充裕时间，加上姑父母的宽容和支持，半年之内完成其事（初稿），是完全有可能的。

圣叹所说的“《水浒》固自为读一切书之法”之“法”，其实都是他“读”出来的，而“忠恕”和“因缘生法”，更是其独得之秘。至于实际上如何操作，想必圣叹还会有更具体的“面授机宜”，外人就无从知晓了。

随后，圣叹转而说功效：

> 吾旧闻有人言：庄生之文放浪，《史记》之文雄奇。始亦以之为然，至是忽哑然其笑。古今之人，以瞽语瞽，真可谓一无所知，徒令小儿肠痛耳！夫庄生之文，何尝放浪？《史记》之文，何尝雄奇？彼殆不知庄生之所云，而徒见其忽言化鱼，忽言解牛，寻之不得其端，则以为放浪；徒见《史记》所记皆刘项争斗之事，其他又不出于杀人报仇、捐金重义为多，则以为雄奇也。若诚以吾读《水浒》之法读之，正可谓庄生之文精严，《史记》之文亦精严。不宁惟是而已，盖天下之书，诚欲藏之名山，传之后人，即无有不精严者。

功效非常神奇，可以眼光独到，超越古今。庄子的放浪、司马迁的雄奇，是古来公认的，金圣叹原本也是相信的，但读了《水浒传》，他对此产生了怀疑，进而嘲笑并驳斥。他把“古今之人”一概骂倒，说他们是瞎子对瞎子说话，只能让读书儿郎想破脑袋也不明白。因为他们只是看到《庄子》和《史记》的表面皮毛，如果按照圣叹的读法来读，读出来的是“精严”，而且所有“藏之名山，传之后人”的著作，没有哪个是不“精严”的！

圣叹解释说：

> 何谓之“精严”？字有字法，句有句法，章有章法，部有部法是也。夫以庄生之文杂之《史记》，不似《史记》；以《史记》之文杂之庄生，不似庄生者，庄生意思欲言圣人之道，《史记》摅其怨愤而已。其志不同，不相为谋，有固然者，毋足怪也。

字、句、章、部，一切皆有“法”，这就是精严。当然这是就《庄子》《史记》《水浒传》之类而言的。但更深层次的精严，是造成《史记》之所以为《史记》、《庄子》之所以为《庄子》的“秘诀”，就是作者之“志”，作者之“志”也就是为文之“道”。

圣叹又说：“若复置其中之所论，而直取其文心，则惟庄生能作《史记》，惟子长能作《庄子》。”意思是：“志”在文章中，主要是由“所论”亦即思想观点来呈现的，但决定因素还在于作者的“文心”，如果从“文心”上说，那么庄子也能写出《史记》，司马迁也能写出《庄子》，因为他们的“文心”是相同的。这么说来，“文心”似乎又比“志”更加深层，更具根本性。

这样说来，字、句、章、部（方法）只是形式上的精严，“志”是思想感情上的精严，“文心”则是人格上的精严。这些都是圣叹“读”出来的，所以他说：“吾读《水浒》而知之矣。”

圣叹又说：

> 夫文章小道，必有可观；吾党斐然，尚须裁夺，古来至圣大贤，无不以其笔墨为身光耀。

《论语·子张》记载：“子夏曰：‘虽小道，必有可观者焉，致远恐泥，是以君子不为也。’”《论语·公冶长》记载：“子在陈曰：‘归与，归与！吾党之小人狂简，斐然成章，不知所以裁之。’”圣叹的表述，并不完全符合《论语》的字面意思，却很合乎圣人的“微旨”——言外深意。至于“古来至圣大贤，无不以其笔墨为身光耀”，则是圣叹的引申，是圣叹的微旨。大意是说，不要小看作文章，作文章必须有深意，即使你很有文才，也要慎重对待；因为文章不仅关系到个人荣誉，还关系到世道人心，所以古来圣贤都是慎之又慎、精益求精的。

圣叹举例说：

> 只如《论语》一书，岂非仲尼之微言，洁净之篇节？然而善论道者论道，善论文者论文。吾尝观其制作，又何其甚妙也！《学而》一章，三唱“不亦”；“叹觚”之篇，有四“觚”字，余者一“不”、两“哉”而已。“质胜文则野，文胜质则史”，其文交互而成。“知之者不如好之者，好之者不如乐之者”，其法传接而出。“山”“水”“动”“静”“乐”“寿”，譬禁树之对生；“子路问闻斯行”，如晨鼓之频发。其他不可悉数，约略皆佳构也。

这些都是“佳构”，不只是因为它们的“篇节”优美，更是因为其中的“微言”精妙，是“文”与“道”的统一。就拿三唱“不亦”来说吧，这是《论语》的开篇第一段：“子曰：‘学而时习之，不亦说乎？有朋自远方来，不亦乐乎？人不知而不愠，不亦君子乎？’”文辞好，音节好，意思也好；但孔子说这话的深层含义是什么？我理解，孔子是在启示学生：独处时，应该以自觉学习为享受；有人和你志同道合，固然值得欣喜；但受到别人误解，也不必心生不满。这样坚持下去，便不难成为一个谦谦君子。这其实是一种修行，如果能把这样的修行推广到人生的所有方面，那该是怎样的境界呀？离圣贤也就不远了吧！

“质胜文则野，文胜质则史”出自《论语·雍也》，后面还有一句：“文质彬彬，然后君子。”简洁、隽永、优美，如同歌咏。你可以用来说文章，也可以用来说为人，甚至可以用来说政治、社会、万事万物。所谓“文质彬彬，尽善尽美”，凡事都能做到“文”与“质”的适当统一，那又是何等境界呀？也许只有圣贤才能做到吧！

“知之者不如好之者，好之者不如乐之”出自《论语·雍也》，字面意思是：了解它不如爱好它，爱好它不如享受它。我觉得孔子所说的“乐”，是包括“知”和“好”的。能够做到既了解又爱好又享受，那又是何等的境界啊，简直像神仙一样了！

别看圣叹寥寥数语，仿佛信手拈来，实际上是各有深意的。所以圣叹又说：

> 彼《庄子》《史记》，各以其书独步万年；万年之人，莫不叹其何处得来。若自吾观之，彼亦岂能有其多才者乎？皆不过以此数章引而伸之，触类而长之者也。

关键不在于才之多少，而在于“引而伸之”“触类而长之”。其奥妙就在“法”与“志”的统一。这个奥妙，不仅存在于《论语》的上述章节中，也存在于任何章节中。只要掌握了这个奥妙，就不难达到《庄子》《史记》那样的成就——因为它们的奥妙是相同的。

所以圣叹又说：

> 《水浒》所叙，叙一百八人，其人不出绿林，其事不出劫杀，失教丧心，诚不可训。然而吾独欲略其形迹，伸其神理者，盖此书七十回、数十万言，可谓多矣！而举其神理，正如《论语》之一节两节，浏然以清，湛然以明，轩然以轻，濯然以新，彼岂非《庄子》《史记》之流哉！不然，何以有此？如必欲苛其形迹，则夫十五《国风》，淫污居半；《春秋》所书，弑夺十九。不闻恶神奸而弃禹鼎，憎《梼杌》而诛倚相，此理至明，亦易晓矣。

这是总而言之，给金雍点明：为父交给你这部书，主要不是让你学习其中的“事”，而是要你略去“行迹”，领会“神理”。也就是说，要透过书中的人物情节等具体表象，深入掌握其中的精微。这些精微是相通的，放之四海而皆准的。就像《论语》，哪怕只是一节两节，只要掌握了其中的精微，便可以无往而不胜。反过来说，如果仅仅盯着行迹不放，不仅无益，反而有害。那样的话，《国风》便成了诲淫之诗，《春秋》便成了诲盗之书，难道要把孔子杀掉，把经典烧掉吗？《水浒传》也是如此，不能因噎废食一样，因为其中有些微瑕疵而把整块璧玉都抛弃了……可怜天下父母心啊！金圣叹对儿子可谓“用心良苦”：他想让金雍从自己的书中，体悟最精髓的文心，掌握最奇妙的文法，“文”与“道”并修，最终达到出神入化的境界——成为孔子、庄子、司马迁、施耐庵之类的“圣贤 + 才子”。

圣叹最后说：

> 嗟乎！人生十岁，耳目渐吐，如日在东，光明发挥。如此书，吾即欲禁汝不见，亦岂可得？今知不可相禁，而反出其旧所批释，脱然授之于手也。夫固以为《水浒》之文精严，读之即得读一切书之法也。汝真能善得此法，而明年经业既毕，便以之遍读天下之书，其易果如破竹也者，夫而后叹施耐庵《水浒传》真为文章之总持。不然，而犹如常儿之泛览者而已，是不惟负施耐庵，亦殊负吾。汝试思之，吾如之何其不郁郁哉！

刚才我说金圣叹用心良苦，看来他的确是有“苦衷”的，不然他为什么要深深长叹呢？眼见儿子十岁，比自己十岁时更加聪慧，也更加健康，像早晨的太阳，光芒四射，正是蓬勃向上、饥渴汲取的年华。像《水浒传》这样的奇书，怎能逃过他的眼睛？但是市面上的《水浒传》，五花八门，良莠不齐。与其让他怀着犯罪心理偷看有害的东西，莫如让他光明正大汲取优良的东西，这样也便于交流和指导。于是圣叹决定：亲手把自己的评释本《水浒传》送给儿子，并特意写下这篇“父序”，传授经验和秘诀，提示精髓和微妙。后来公开出版时，圣叹觉得这番话对广大读者尤其是青少年读者也很适用，于是便放了进去，题为“序三”。这就是事情的大致经过，至于金雍当时能不能理解，理解的程度如何，那就不好说了。

李大白对覃慧敏说：你这样一梳理，如同拨开云雾见天日，让人神清目朗。打个比方，在当时，金圣叹将《水浒传》送给儿子，就好比现在的父母送给刚满十岁的孩子一盘“很黄很暴力”的录像带，是何等的“大胆”和“意外”啊！他如果不作一些“处理”和“提示”，不要说孩子很难正确对待，天下后世的读者也很难理解啊！

是啊是啊！石萌接过说：所以我想，金圣叹评释的《水浒传》，应该有好多个本子：“示儿本”虽然比较早，但不是最早的，因为圣叹不会把自己十二岁时手钞评释的《水浒传》原样送给儿子，必然要作一些“处理”，那篇“伪序”就是一例。这就意味着在“示儿本”之前，还有一个未经处理的“原稿本”——这个本子没有“伪序”，只有七十一卷。后来圣叹加了“伪序”，送给儿子——可称“伪序本”，七十二卷；但圣叹所写的“父序”，是与“伪序本”一起交给儿子的还是分开交给儿子的？如果是前者，那么这个“伪序本”又可称作“示儿本”或“父序本”，但比单纯的“伪序本”多了一卷“父序”，即七十三卷。后来准备公开出版，圣叹又作了些“处理”，包括增加《序一》《序二》《宋史纲》《宋史目》《读法》，以及将“父序”改作《序三》等，变成通行的以及我们现在看到的这个样子，可称为“通行本”，共七十五卷。

这样看来，从“原稿本”到“示儿本”，中间经过二十多年；再到“通行本”，中间又经过若干时间。在此期间，圣叹可能作过多次处理。因此可以说“通行本”是一个不断加工完善的结果。这样就比较容易理解其中的“不一致”问题了。在此过程中，时代在变，世道在变，圣叹也在变——由十二岁少年，变成十岁少年的父亲；由“童稚蓬心”，变成“衰白相逼”……一切都在迅疾变化，甚至是激烈巨变，有些“不一致”，是难免的，也是可以理解的。

柳新雨说：我觉得，还有一个变化，也应该考虑进去，就是读者不同了。“示儿本”是给儿子看的，而“通行本”是给大众看的。所谓内外有别，圣叹在说“父序”那番话时，心里想的是儿子，而在说《序一》《序二》那些话时，心里想的是天下、后世和今上、来王等等，其立场、视角、目的乃至心情、口吻等等，都会有所不同，但其主体思想、核心观念等，是不会有实质性改变的，我觉得。

没错！李大白说：圣叹在《序一》《序二》《宋史纲》《宋史目》中的情绪那么激烈，态度那么坚决，不仅彻底否定了宋江等人的“忠义”，还恨不得把他们斩尽杀绝。而在文本上，他不仅“腰斩”了《水浒传》，还“设计”将宋江等人一起杀死。这个“大结局”和上述几篇文字的旨趣是一致的，所以我怀疑，它们可能是圣叹一起“处理”的。但在“父序”里，圣叹就平和多了，而且没有涉及“民心”“治道”“忠义”等大是大非、生死存亡的问题，甚至说“吾独欲略其形迹，伸其神理”，亦即不去计较宋江等人的具体的“盗贼”行为，而专注于一般的精神气质和艺术方法之类。常言道：英雄气短，儿女情长，面对儿子，金圣叹变得“温柔”多了。

还有一事，我不大明白。石萌说：“示儿本”既然是给儿子看的，金圣叹为何还要冒充施耐庵作一篇“伪序”放在前面呢？还特别对儿子说：“原序一篇，亦作一卷。”这明明是作假、撒谎吗？

是啊，我也不大明白。李大白说。

你俩真有意思，一唱一和。柳新雨佯装责怪说。

大家笑起来。

庄言说：这个问题有些复杂微妙，所谓解铃还须系铃人，应该到“伪序”中寻求解释。一般说来，自己辛辛苦苦写出了东西却署上别人的名字，总是有其“苦衷”和“用心”的。我们前面谈到，“伪序”中的“舍下”“吾”及“吾友”，有金家、金父及其友人的原型，也有圣叹的影子，圣叹是用曲折隐蔽的手法来为其作传，并表达自己的志趣。圣叹之所以要这么做，则与家难有关。也就是说，圣叹既要为其树碑立传，特别是要让儿子知道这些情况，又要避免自己和家人受到敌对势力的加害，于是不得不像痴叔那样，使出“隐姓埋名”的狡狯把戏。

“伪序”的后半部分，圣叹主要是说自己和本书，他说：

> 然而（吾及友人）每日言毕即休，无人记录。有时亦思

> 集成一书，用赠后人，而至今阙如者：名心既尽，其心多懒，一；微言求乐，著书心苦，二；身死之后，无能读人，三；今年所作，明年必悔，四也。

这是说虽欲“集成一书”，但并未付诸实施；随即却说：

> 是《水浒传》七十一卷，则吾友散后，灯下戏墨为多；风雨甚，无人来之时半之。然而经营于心，久而成习，不必伸纸执笔，然后发挥。盖薄暮篱落之下，五更卧被之中，垂首拈带，睇目观物之际，皆有所遇矣。

这是说已经“集成一书”了，二者看起来自相矛盾。

这种自相矛盾，其实是用“此地无银三百两”的手法，起到“欲盖弥彰”的效果。事实可能是：这部七十一卷《水浒传》，是由金圣叹和友人共同完成的，他们“每日”都在一起谈论《水浒传》，虽然没人记录，但圣叹都记在心里了。友人散去，圣叹便一个人“灯下戏墨”；或者利用天气恶劣友人不能来的空隙，苦心“经营”其书。如此非止一日，达到烂熟于心的程度。然后才引纸摇笔，发挥成文。圣叹的写作，非常专注，倾心投入：“薄暮篱落之下”，是指一天到晚；“五更卧被之中”，是指一夜到亮；“垂首拈带”，是指坐卧之际；“睇目观物”，是指行动之中……总之，每时每刻，都念念不忘。“皆有所遇”是说随时随地都会有所发明和发现。这种状态，与他所说的“才子”著书“必至于心尽气绝，面犹死人，而后其才前后缭绕，始得成书”，是不是很相似啊！由此可证知，圣叹所说的“才子”确实包括自己，是他的经验之谈，可谓之“隐身说法”。

如此说来，圣叹便是主创者和执笔者，友人则是参与者。那么他们为什么要谈论并且集成一书呢？圣叹没有正面回答，而是通过解释为何“至今阙如”来隐喻：“名心既尽，其心多懒”，其实是说不为名利，没有俗念；“微言求乐，著书心苦”，其实是说用心良苦，有所寄托；“身死之后，无能读人”，其实是说知音难觅，只好留待后人；“今年所作，明年必悔”，其实是说及时致用，不容错过。总而言之，圣叹是要把自己和友人的“良苦用心”表达出来，有用于天下后世。

哎，庄兄。石萌说：圣叹自称评释《水浒传》是在十二岁，他那时会有这么多朋友，每天都来谈论吗？

庄言说：我也曾考虑到这个问题。我推测：一种可能是圣叹当时确有几个谈得来的朋友，如韩氏兄弟、王氏兄弟及金昌等人；另一种可能是圣叹参考了大人的经验，这“大人”包括他的父亲、痴叔、姑父母以及老师等；我甚至怀疑，圣叹也许在“创获”《水浒传》之前，就从金父或韩老先生或王思任老师那里听到过关于水浒故事的谈论，又或许金父和金叔他们有类似“水浒”的谋划。另外，圣叹虽然自称评释是在十二岁，但把书交给儿子的时候——姑且按崇祯十四年计，他已经三十四岁了。也就是说，圣叹十二岁到三十四岁之间，都有写作“伪序”的可能，我们不能过分执着于“十二岁”。还有，“伪序”既然是伪托，其中自然会有“托词”，我们又不必看得过于“认真”。

噢，有些道理，但好像还不是那么令人信服。石萌说：你继续说吧！

庄言点点头，继续说：金圣叹又云：

> 或若问：言既已未尝集为一书，云何独有此传？则岂非此传成之无名，不成无损，一；心闲试弄，舒卷自恣，二；无贤无愚，无不能读，三；文章得失，小不足悔，四也。

又一次使用“欲盖弥彰”的手法，其实是说：此书并不是无足轻重的闲散之书，而是有重大意义的著作。由于著者置个人得失于度外，书中的表达更为自由大胆。又因其微言大义是依托历史故事和通俗小说的形式，更为广大民众所喜闻乐见，因而其社会效果和历史影响也会更加重大而深远……能够达到这样的目的，便是著者最大的心愿；至于那些误解和非议，都是微不足道、不必在意的。

圣叹最后说：

> 呜呼哀哉！吾生有涯，吾乌乎知后人之读吾书者谓何？但取今日以示吾友，吾友读之而乐，斯亦足耳！且未知吾之后身读之谓何，亦未知吾之后身得读此书者乎？吾又安所用其眷念哉！

这里有三层意思：表面上说“吾乌乎知后人之读吾书者谓何？”，其实是说相信后人能够读懂自己的书，这是一层；接下来圣叹说作此书是为了“以示吾友”及“吾友读之而乐”，这是实话，他是要给友人一个交待和回报；但说“斯亦足耳”，就未必全是实话了，他何尝不想让更多的人受惠于此书，何尝不想让自己和友人为更多的人所理解？这又是一层；最后一层最堪玩味：圣叹连用两次“吾之后身”，当是指自己的儿孙。圣叹先说“未知吾之后身读之谓何”，意思是说不知道自己的儿孙将怎样看待自己作的这部书；继而又说“未知吾之后身得读此书者乎？”竟担心自己的儿孙看不到自己作的这部书！显然，圣叹作这部书有传示儿孙的用意，他希望儿孙能够看到这部书，能够读懂这部书——读懂其中的来龙去脉、苦心孤诣。

总之，“伪序”后半部分主要是交待其书著作过程和目的，虽说是圣叹一人署名，实为多人的合作。圣叹作此书，既是为友人、为后代，也为自己、为先人。它暗示读者，这是一部有着多方面寄托和隐喻的书，不可像对待其他闲杂书籍那样掉以轻心，也不可将其与其他人评点的《水浒传》相提并论。如果有人发现篇序所署“施耐庵”之名是假的，那便正中圣叹的“下怀”，聪明的读者一定会悟出其中的真真假假、虚虚实实。

其实，“伪序”给人印象最深的是开头的一段话。田老师吟诵道：

> 人生三十而未娶，不应更娶；四十而未仕，不应更仕；五十不应为家；六十不应出游。何以言之？用违其时，事易尽也。朝日初出，苍苍凉凉，澡头面，裹巾帻，进盘飧，嚼杨

木。诸事甫毕，起问可中？中已久矣。中前如此，中后可知。一日如此，三万六千日何有。以此思忧，竟何所得乐矣？每怪人言：某甲于今若干岁。夫若干者，积而有之之谓。今其岁积在何许？可取而数之否？可见已往之吾，悉已变灭。不宁如是，吾书至此句，此句以前已疾变灭，是以可痛也！

然后不无感慨地说：这种人生短暂、时不我与、美人迟暮的哀痛，你们年轻人是很难体会的，也不是一般人能理解的，只有圣叹这样悟性极高且经历惨痛的人，才说得出这样的话来啊！

大家默默点头，一阵唏嘘。

我又联想到另一个问题。柳新雨说：我觉得，金圣叹从十一岁初读《水浒传》，到十二岁手钞评释《水浒传》，如痴如醉，全力以赴，可能还有更为具体、切实的用心；刚才谈到的那些目的，倒可能是后来添加进去的，因为当时一个十二岁的孩子，是不大可能想得那么多、那么深远的。再考虑到圣叹的体弱多病，如此“狂热”既不利于身心健康，也不利于正常学业。因此，如果没有特殊原因，姑父母也不会容忍他如此“沉迷”下去。

究竟是什么特殊原因呀？石萌问。

这个特殊原因，就是家难。柳新雨说：我觉得，是家难的深重创痛，一直折磨着圣叹，悲伤、愤怒、仇恨、恐惧、孤独，使他困苦不堪却又无法解脱，几乎崩溃。就在这危急时刻，突然与《水浒传》不期而遇，书中的人物和情节，与自家的遭遇有很多相似。父母的死难，祖母的慈爱，兄弟的深情，仆人的忠诚，朋友的义气，失路者的孤苦伶仃，还有黑邪恶势力的猖狂得意，“同姓读书人”的阴险狡诈，受迫害者的隐忍与反抗……所有这些，都可以在《水浒传》中找影子和寄托，得到伸张和宣泄……于是圣叹如获至宝，不顾一切地日夜抱读，进而手钞评释。他像换了一个人似的，情绪激动，精神亢奋，不知疲倦，时而掩卷恸哭，时而怒发冲冠，时而沉吟思索，时而仰天大笑……姑父母开始很担心，后来发现圣叹的身体和精神神奇地好转了，又见他的评释确有可观，于是便任他作为，还给予鼓励和指点。这样前后约两年，随着评释的完成，圣叹的身心也大体痊愈，终于度过了家难危机。

可不是咋的！石萌惊讶道：怪不得书中只要遇到父母死亡、兄弟离合、朋友聚散、主仆恩义等情节，圣叹都要一再致意，感慨系之。或深表同情，或大发议论，或直接表态，或借题发挥。而遇到贪官污吏、邪恶势力、虚伪文人、杀人放火之类，则咬牙切齿，严加指责。或冷嘲热讽，甚至破口大骂。其感情之强烈，往往令人误以为是他小题大做、反应过度，或是故意夸张渲染，引人注意。经柳兄这么一说，我觉得合情合理，是可以理解和接受的。

覃慧敏说：如此看来，金圣叹是把《水浒传》当作虚拟的现实社会甚至是其家乡金墅镇了。在这个虚拟世界里，宣泄他的爱恨情仇，实现他的志业抱负。因此，金圣叹对《水浒传》的评释，可以说是"有我"的评释。书中有意无意地留下的蛛丝马迹，就成为我们寻绎其家世身世、解读其人其文的重要线索。

范启明说：你们讲得很好！不过，金圣叹的评释（《水浒》），原因、动机、寄托和追求，应该是多方面的。我们既要充分考虑各种因素，又要注意不能求之过深，解读过度。还应注意，《金评水浒》全文上百万字，这样一部大书，从写作到出版，就是在今天，都是一件不容易的事情，更不要说是当时如此贫寒的金圣叹了。所以我想，此书的评释和出版，除了大家谈到的诸多因素之外，应该还有"市场"因素。大家注意到《读第五才子书法》的标题了吗？既称"第五才子书"，说明这些读法是为"通行本"而写的，应该是此前的"原稿本""示儿本""父序本"等所没有的。在《读法》中，圣叹多次提到"人家子弟""子弟"，如谓："吾最恨人家子弟，凡遇读书，都不理会文字，只记得若干事迹，便算读过一部书了。虽《国策》《史记》都作事迹搬过去，何况《水浒传》。"又如："旧时《水浒传》，子弟读了，便晓得许多闲事。此本虽是点阅得粗略，子弟读了，便晓得许多文法；不惟晓得《水浒传》中有许多文法，他便将《国策》《史记》等书，中间但有若干文法，也都看得出来。旧时子弟读《国策》《史记》等书，都只看了闲事，煞是好笑。"又如："《水浒传》到底只是小说，子弟极要看，及至看了时，却凭空使他胸中添了若干文法。”又如：“人家子弟只是胸中有了这些文法，他便《国策》《史记》等书都不肯释手看，《水浒传》有功于子弟不少。”诸如此类，是不是有点“广告”意味儿？圣叹为什么要反复强调“子弟”“文法”呢？可能是因为“通行本”的印行，主要是面向“人家子弟”的，用现在的话说就是：读者群体，主要定位在青少年；功能定位，主要在“文法”；效益定位，则是经济效益和社会效益并重，实际上前者更重要一些。而着眼于提高青少年的阅读和写作水平，便于“举业”搭上了关系，类似于现在的“教辅”“教参”一样。图书出版界早就有一个“王道”：瞄准父母的口袋才能赚大钱——实际上就是占有中小学生图书市场，才能有好的效益。你们看，现在什么书卖得最火、最赚钱？对，当然是跟教育、考试关系密切的教材之类了。所以很多人不约而同地写教材，或者千方百计把自己的书“列入”教材。所以金圣叹把原来给自己儿子当教材的《金评水浒》推向社会，变为广大青少年的教材，必然有其经济效益考虑。大家想想看，金圣叹离开韩家独立生活，特别是成家生子之后，既没有先人遗产，又没有稳定收入，其家境的贫寒，可想而知——顺便说一下，圣叹比金雍大二十四岁，估计他大约二十二岁左右结婚成家，独立生活。他记载说自己中过秀才，但未必可靠。就算中了秀才，也只能免除一些徭役赋税，享受一定的生活补贴，但很有限。长子金雍十岁时，圣叹应该有三四个孩子，一家五六口人，生活负担还是很重的。因此圣叹一生寒微，家贫如洗，一直没能摆脱衣食之忧，还得经常接受亲友的接济。《金评水浒》的“销量”应该是不错的，这样既可以给圣叹带来一些收入“补贴家用”，也可以给相关有功人员一些报酬。

田老师说：“老编”的提示非常重要！这样就比较容易理解为什么金圣叹早就有“六才子书”计划，而最先出版、实际上也是真正完成的，只有《第五才子书》《第六才子书》？一个很重要的原因，就是这两部书的经济效益和社会效益比其他几种要好得多，作者和书商都愿意优先安排。后来圣叹又评点许多四书文、历史散文之类，都是“计划外”的，可能也有这方面的考虑，他最终没能如愿完成“六才子书”计划，也应与此有关。就像我们当年，为了“补贴家用”，不得不放下原来的学术研究计划，而去写一些稿费报酬更好一些的东西。上世纪后期的“(白话)翻译热”“辞典热”“传记热”等等，也与此有关，我们都身历其事。甚至哪个稿费多就先干哪个，群经诸子、二十五史、唐诗宋词，几乎“翻”了个遍，甚至有人把古代的白话文学再翻成现代白话，被戏称为“翻两番”或“翻番”……说白了，就是为了赚点“菜篮子”钱，因为那时候大家真的太困难了！

确实是这样。范启明说：田野还写文章说批评“翻番”现象，可见其内心是多么的辛酸和无奈！不过，我们还是尽可能做到“雅俗共赏”，社会效益也是不错的。

田老师说：报酬只是一方面，同时我们也觉得这是普及经典，是有益当代、功在千秋的事业。为此即使耽误些研究，赶得很辛苦，也是值得的。感觉很充实，甚至有豪迈、壮烈之感……

这时有钟声隐隐传来。范启明随即合掌念道：“阿弥陀佛！闻钟声，烦恼轻；智慧长，菩提生；离地狱，出火坑；愿成佛，度众生。”

田老师有些惊讶，问：什么时候皈依了？

啊，我只是想到了“闻钟偈”。范启明说，又问：附近有寺院？

是的，有，有座云浮寺。学生们说。

田老师说：要不，咱们去看看？

范启明眼睛一亮，说：正合吾意！

# 第五章

# 沕师示现阴阳界 美女魂归无叶堂

田老师一行沿着山路向上走，不多时，便望见树木掩映中的云浮寺。

他们先到寺前的素心馆吃了点斋饭，正坐着闲聊，就见一个僧人来到近前，对田老师施礼说：方丈请施主寺里叙话。

田老师还礼道：有劳法师！

于是大家便跟随僧人进了寺里，先到大雄宝殿拜了拜，然后僧人便引领大家来到方丈室，说：请各位稍候，方丈马上就到。说完便出去了。

如此礼遇，是何因缘？范启明有些惊讶地问。

田老师笑笑说：稍安勿躁，一会儿就知道了。

说话间，就听一声佛号：阿弥陀佛！只见一位老僧已飘然来到室中，正朝着范启明微笑。

田老师对着范启明说：看看谁来了？

范启明迟疑一下，立刻惊喜叫道：呀，是老金！怎么会是你啊？

正是在下！老僧眉开眼笑，给了范启明一个拥抱。

田老师和学生们也笑着鼓起掌来。

老僧说：早知大驾光临，未能远迎，罪过罪过！

范启明如梦初醒，朝田老师说：好嘛，原来你们都瞒着我啊！

田老师和老僧相视大笑。

范启明对老僧说：跟做梦似的，快说说，怎么回事儿？

田老师说：是这样的——

原来这位老僧俗姓金，名利民。曾是北方某报纸主编，经常以“金刚”的笔名发表文章，与“野夫”“启明”一起，被称作“三剑客”。后来金刚因文贾祸，被迫去国离乡。在海外遇到一位高僧，遂拜师学佛，削发为僧，法名“无言”。后来回国，在云浮寺修行，几年前竟做了方丈。

田老师又把范启明这些年的情况跟方丈说了，然后感慨道：当年形影不离，忽而天各一方，忽又共处一室，真是出乎意料，匪夷所思啊！

还差点儿阴阳相隔了呢！范启明说：不过，也不是完全出乎意料，他当初使用“金刚”笔名时，我就说他与佛有因缘。

对了，刚才我们还在说因缘生法呢。石萌说。

唔，因缘生法？方丈问：因何说到？

是这样的，李大白将上午大家谈论的话题简单介绍一遍。方丈边听边点头。

田老师对学生说：方丈不仅是金圣叹的本家，也是研究金圣叹的专家。当初我写金圣叹，他给了我很多指点，你们今天正可向法师请教啊！

惭愧惭愧！那时轻狂无知，信口开河。方丈道：后来随着对金圣叹了解渐多，越发感到当年在很多问题上似是而非。你们今天的谈论，很有新意。

李大白随即问道：法师怎么看？

方丈手捋胡须，沉思一下说：就金圣叹评释《水浒传》而言，他确实兼具多重身份：既是一位拜读者，又是一位评论者；既是一位救世的圣贤，又是一位教子的父亲；还是一位历史记述者和现实的隐喻者……但同时还应注意到，他既是一个儒生，又是一个受戒学佛的居士，还有浓厚的道家文化背景。在评释中，这些身份灵活运用，随事显现，就像佛菩萨为教化众生而示现出各种形象，圣叹也是在用各种形象来“教化”读者。但他最初评释时才十二岁，虽已入塾，但儒学的濡染尚不深，故其常住“法身”主要是持戒佛子，精神信仰已经正式皈依佛门。从这个意义上说，他的评释《水浒传》以及后来的其他评点，也是戒行的一种体现。

噢……这一层我们尚未意识到。田老师说：愿闻其详。

方丈道：圣叹受的是大乘菩萨戒，其根本在于断除对众生的损害，修持对众生的饶益，总之是要有慈悲心和菩提心，做有益于众生的事，从而获得解脱和智慧，圆满成佛。所以修身弘教，化度众生，是受戒者必须坚持履行的。故圣叹于受戒不久就评释《水浒传》，并非偶然。施耐庵所描写的水浒世界，其实是现实社会的变化形态；圣叹的评释，正可将二者联系起来，加以解说和拯救，从而实现其上弘下化的宗旨。所以他在评释中自称是“学道之人”，自觉用佛教的立场和思想来理解事物，阐明意义。因此可以说，圣叹评释《水浒传》的最初动因之一，就是戒持修行，以及佛学实践。佛学实践是终生的功课，圣叹终生以评点为志愿，也不是偶然的。他将二者很好地结合起来，非常有效地弘扬了佛法，也使自己的修行境界得到进升。

慧眼啊！范启明说：我们过去都拿俗眼去看，今天你打开了认识金圣叹的新空间。

也不能说是“新”空间。方丈说：其实这个空间一直存在，并且和其他空间息息相通，交织重叠，只是人们缺乏自觉的意识。刚才这位同学说，你们根据圣叹的自述：“殆于三十四五岁许，始乃无端感触，忽地惊心：前此犹是童稚蓬心，后此便已衰白相逼，中间壮岁一段，竟全然失去不见！夫而后咄嗟弥日，渐入忽忽不乐苦境。”——将他的人生分为前后期，认为前期积极向上，后期消极颓唐，这自然是很明显、很可信的，不过，还应该透过表面看他的真心。

“真心？”大家有些不解。

方丈说：各位可能知道，世尊释迦牟尼悟道成佛，是在三十五岁。圣叹说自己“殆三十四五岁许”如何如何，是不是有些“巧合”啊？要知道，此时圣叹正式受戒学佛已经二十多年，他这么说，应该是别有深意的，透露他内在的修行觉悟，进入了新的境界，人生有了本质转变。释迦牟尼成佛后，专心于弘扬真理，普度众生，创立佛、法、僧三宝具备的佛教。圣叹大约也从三十四五岁起，确立了类似的志向和目标。因此不能说他完全转入消极，其实能够觉悟到自己以前的“妄想”，就意味着他“现在”处于更高的境界，并且有着更高的追求。

方丈接着说：佛家谓人生有“八苦”：生苦、老苦、病苦、死苦、爱别离苦、怨憎会苦、求不得苦、五阴炽盛苦。圣叹所自己“渐入忽忽不乐苦境”，当与此有关。但不只是“渐入”，还有“渐出”；不只是自身，还有众生。所以圣叹的这次转变，意味着较前更加彻底地根除世俗欲念，将全副身心用于传道弘法，救世度人。

这么说来，圣叹在三十四岁前后，将自己所评释的《水浒传》交给儿子，进而刻行于世，也不是偶然。覃慧敏说。

看似偶然，实则不然。方丈道。

李大白问：那么是否可以说，《第五才子书》是圣叹的“悟道”之书？

方丈点点头，说：可以这么说，但主要还是传道弘法。

石萌问：金圣叹为何会有这样的转变？

不外乎经历和修行。田老师说：圣叹八岁时眷属凋伤，父亲、母亲、祖母和义仆，接连遇难，这是“死苦”；随即成为孤儿，不得不逃亡异乡，寄人篱下，独立生活后终生贫寒，这是“生苦”；自来韩家后即身心多病，终生未愈，这是“病苦”；三十多岁便就衰白相逼，这是“老苦”；很小就兄弟离散，长久不得相聚，这是“爱别离苦”；对“北金”的深仇大恨，对“读书人”的嫉恶如仇，这是“怨憎会苦”；梦想建功立业、垂名不朽，这是“求不得苦”；满怀痴心妄想，终日被色受想行识困扰煎熬，这是“五阴炽盛苦”……圣叹的这些苦，较之常人更加深重，因而身心感受也更加强烈，加之天资颖慧，经过长期的佛法修行，终于获得觉悟。

特别是爱。范启明说：圣叹此时长子十岁，对夫妻之爱、父子之爱也有了亲身体验。这种爱最让人心苦，也最能使人觉悟。

说得好！方丈道：促成圣叹觉悟和转变的因素固然很多，但主要可分两类：一类是正面的感知和启示，一类是负面的感知和启示。相对而言，负面的作用更大、更深刻，效果也更显著。所以越是痛心疾首、绝望幻灭，越能看破红尘、大彻大悟。

大家纷纷点头称是。范启明问：法师可否结合事证，为我们开说一二？

方丈想了想，问：各位知道“泐师”吗？

有人点头，有人摇头。

方丈说：“泐师”或称“泐大师”，与金圣叹的关系，神秘复杂。前人语焉不详，最近才由学者揭明真相[①]，但仍有待发之覆。

这话须从钱谦益说起。钱谦益（1582—1664），字受之，号牧斋、蒙叟，也称虞山先生。他身历明朝、南明（弘光）和清朝，曾任礼部侍郎和礼部尚书，故也称钱宗伯。他博学能文，声名早著。特别是在明末清初，是政治文化上的风云人物，也是文坛领袖，当然也是有名的“贰臣”。关于他的评价，众说纷纭，我们可以暂置勿论。值得注意的是，钱氏比金圣叹年长二十七岁，却比圣叹晚死四年。传说他与圣叹为舅甥关系，有学者认为金圣叹从多种途径“沾溉”钱氏的学术思想。[②]正是由于钱氏的《天台泐法师灵异记》[③]，使得金圣叹和泐法师的事情广为人知。

此记起首便说：

> 天台泐法师者何？慈月官陈夫人也。

这里的“天台”，不只是地名，还指佛教的天台宗。此宗的祖师智𫖮（538—597）常住于天台山，其主要经典为《妙法莲华经》《大智度论》《大般涅槃经》等，故也称“法华宗”。这里的“慈月宫”，指冥间的寺庵。这两句是说：这位号称泐法师的人，原是天台宗的法师，又是慈月宫的陈夫人。这是怎么回事呢？钱氏解释说：

> 夫人陈氏之女，殁堕鬼神道，不昧宿因，以台事示现，而冯（凭）于乩以告也。

① 参见陆林《金圣叹史实研究》。

② 详见吴正岚《金圣叹评传》第167-190页。南京大学出版社2006年版。

③ 钱谦益《牧斋初学集》卷四十三，第1123-1126页。上海古籍出版社2009年版。

这位陈夫人，原是姓陈人家的女儿，死后进入鬼神世界，通晓前世因缘，于是凭借扶乩这个“平台”（台事）和乩语这种方式，来向问事者显示相关情况。

“乩”，大家可能见过或听说过，也称卟，是一种占卜问疑的形式。由人操作特制道具来进行，称为扶乩，或称扶卟、扶箕、扶鸾、请仙等等，做法大同小异。比较常见的是在细沙（或灰土）盘上置一架构，悬垂一支“乩笔”，操作者施法，请来神鬼，提出问题，神鬼便用乩笔把回答“写”在沙盘上。写出来的东西，有说话，有散文，有韵文，如诗歌之类。这种形式起源古老，至今民间仍经常可见。用无神论的观点看，这是迷信，甚至是骗局，不免过于绝对。其实这是一种涉及生者和死者、现实和超现实、身心与灵魂、医疗与文化等多个层面和空间的综合性活动，也可以说是“服务”，是由涉事各方共同演出的“人鬼情未了”。通常由“客”（事主）方向扶乩者（一般称“法师”）提出请求，要见某人（死去亲友）的灵魂；法师接受请求，作法请来灵魂，并帮助事主与灵魂实现交流，或见面，或交谈，或文字沟通。灵魂一般是附在法师身上的，因而看上去就是法师，其实是法师的“扮演”。参与扶乩的人往往不止一个，很像是一个“戏班子”，有主演，有配角，还有其他相关工作人员。

钱氏所记的这次扶乩活动，事主应该是“陈氏之女”的在世亲人；主演法师便是泐师，祂[①]是“另一个”圣叹；请来的鬼神，则是陈氏之女的魂灵，亦即鬼神世界的慈月宫陈夫人。她在乩盘上写了些什么？

> 乩之言曰：“余吴门饮马里陈氏女也。年十七，从母之横塘桥，上有紫衫纱帽者，执如意以招之，归而病卒，泰昌改元庚申之腊也。其归神之地曰‘上方’，侯曰‘永宁’，官曰

① 因泐师具有多重性，为了便于区分，涉及泐师的第三人称用“祂”；以下凡涉及类似“超人”的第三人称同此。

> ‘慈月’。其职司则总理东南诸路，如古节镇，病则以药，鬼则以符，祈年逐厉，忏罪度冥，则以笺以表。以天启丁卯五月，降于金氏之乩，今九年矣。”
>
> 问其宿因，则曰：“故天台之弟子智朗，堕女人身，生于王宫，以业缘故，转堕神道；以神道故，得通宿命；再受本师记莂，俾以鬼神身说法也。”
>
> 问本师记莂云何？则曰：“大师以宿昔因缘，亲降慈月宫，为诸神设法。吴人尚鬼好杀，故现鬼道救杀业。善巧方便，渐次接引，归于台事而已。其示现以十二年为期，后四年而大显，时节因缘，皆大师所指授也。”

看来乩盘上先后出现三通（次）文字：第一通是陈夫人自述：先是自报家门，其实是向事主确认请来的就是苏州城饮马里死去的陈氏女子（神灵）。然后说明死因：十七岁那年，跟着母亲去横塘桥，看到有个穿着紫色长衫，头戴纱帽，手拿如意的人（神鬼），向她招手，回来后就暴病而死。当时正是明光宗（朱常洛）改元泰昌（庚申，1620）那年的腊月。然后介绍死后的情况：她的灵魂来到神界一个叫作“上方”的地方，被任命为“永宁”侯，住在“慈月宫”。永宁侯的具体职责是总理东南一带的事务，就像人间的地方军政长官。主要工作是治病救人、安抚鬼魂、祈福年成、惩办恶鬼、忏悔罪孽、化度冥界等，所使用的材料和手段，有药、符、笺、表等。最后说降乩的时间和乩主：“天启丁卯”即明熹宗（朱由校）天启七年（1627），“金氏”就是金圣叹，这年圣叹二十岁；从那次降乩至“今”（钱氏写此记时）已经九年了，亦即此记写于崇祯八年（1635），这年圣叹二十八岁。

第二通是回答事主提出的“宿因”问题：陈夫人的前身，是天台宗祖师智顗的门徒智朗，智朗死后转世为女身，出生于王宫；此女死后转入神道，遂能通晓宿命；于是得到本师（智顗）的收录指教（记莂），以鬼神的身份来显示说法。

第三通是回答“本师记莂云何”的问题：大师（智顗）鉴于上述因缘，

亲自降临慈月宫，为诸神设法。针对吴人尚鬼好杀的特点，大师便现身鬼道来拯救吴人好杀的罪过。又根据诸神提出的问题，随机解答，循循善诱，最终归于台事。这种显示以十二年为一个周期，距离下次显示还有四年。有关时节和因缘的问题，都是大师亲自传授的。

钱氏接着记道：

乩所冯（凭）者金生采，相与信受奉行者戴生、顾生、魏生，皆于台有宿因者也。

“金生采”，就是金圣叹（本名采）；戴生、顾生、魏生，应是戴之杰、顾君猷、魏德辅，圣叹诗文中多次提及。所谓“乩所冯者金生采”，是说上述乩语都是陈夫人（灵魂）凭借金圣叹之手写出来的。可见这次扶乩，圣叹是“主演”，他一个人要同时“扮演”多个角色：

一、生人：被神鬼凭附之前圣叹本人（金采）；
二、死者：得病而死的饮马里陈氏之女；
三、鬼神：慈月宫陈夫人；
四、高僧：慈月夫人的前身智朗；
五、大师：为慈月记莂的天台祖师智顗；
六、法师：慈月接受记莂后成为泐师。

这六个角色其实也是六重角色，其中最重要的是第一、第五和第六这三个（重）角色。在当时的人们特别是事主的心目中，平时状态下的金采，就是一个平常人，或者说是一个信奉佛教的金圣叹居士；但一旦进入扶乩活动，圣叹就变成泐大师了，这个泐大师，就是天台祖师智顗的化身，因此金圣叹、泐大师和智顗是合而为一的，在扶乩活动中，事主尊称圣叹为泐大师；圣叹则代表智顗来发言。随着活动的增加和影响的扩大，即使不是在扶乩活动中，人们也把圣叹当作泐大师了。至于第二、第三、第四这三个（重）角色，可以随着对象的不同而临时变化，但就这次扶乩而言，也可以称圣叹为陈氏女、慈月(宫)陈夫人、智朗。

钱氏的这篇记载，不仅是金圣叹从事扶乩活动的最早确证，还大大提高了“泐法师”的知名度。有人根据其中“天启丁卯(七年)”的记载，推定圣叹开始扶乩是在二十岁，实际上应该更早。其实天启七年(1627)只是圣叹这次扶乩的时间，他这次扶乩应该是应事主的请求；而事主之所以会请求圣叹扶乩，想必是因为当时圣叹的扶乩已经颇有名声——连大名鼎鼎的钱谦益都深信不疑，专为作记，也是一个证明。而圣叹从学习扶乩，到组织扶乩，再到赢得人们的信任和请求，是需要一定的时间和过程的。所以圣叹的最初扶乩，必然是在二十岁以前。这次扶乩是在陈氏女死后九年举行，似乎又透露圣叹的初次扶乩不会早于泰昌元年(1620)，即十三岁时。而圣叹的受戒学佛是在十一二岁时，其间或许有些联系。

圣叹为何要学习和从事扶乩呢？这自然是大家都很好奇和关心的问题。这不仅是因为扶乩本身就很神秘奇异，引人关注，还因为人们对这样的“装神弄鬼”活动看法不一，很多人将其视为怪力乱神、旁门左道，君子不为，佛门对此也是持谨慎态度的。那么金圣叹作为一个受戒居士，为何要这么做呢？钱谦益作为一个文坛大家，为何要为圣叹作此记录呢？我们可以从钱氏对圣叹扶乩的辩护中得到一些答案：

有人质疑：乩语所说的慈月之事可靠吗？还是骗人的呢？钱氏果断回答：可靠！随即从法运法门上，来说明当时处于“正法衰熄，魔外盛行”的时期，其现状是“禅病”深重，邪魔横行，欺天罔人。当此之时，慈月以人天眼，正知见，勇敢地站出来，用“教药”治疗“禅病”，这不仅是阐教、显教，更是疗禅、护禅。我们这些世俗中人，对慈月的举动不能护持，只有惭愧赞叹的份儿，又怎能加以怀疑呢！而且慈月妙达三乘，博通外典，不仅能够阐明教义的精微，而且文辞优美，令人喜闻乐见，感化至深。此可谓第一层辩护。

又有人质疑：既然说是为了示现台事，可因何又说到人间的祸福？钱氏辩护说：这是因为现在到处可见“邪祀”——用动物血肉祭祀鬼神，以求消除疾苦，慈月痛恨在心，便用符方来治疗疾苦；看到很多人因杀人而死后下地狱，慈月便用忏罪度冥来加以劝勉；世人因符疗见效，便进而求财、求子、求寿、求功名，尤其荒唐，但考虑到这也有方便台事的一面，而后者正是慈月最感急迫的大事，因而不得不作一定的宽容。但是，世人哪里理解慈月的这番苦心，反而心生怨恨，甚至加以诽谤，这正是慈月最为悲伤无奈的事情。此可谓第二层辩护。

又有人质疑：智朗本是天台宗祖师智𫖮的高足弟子，是听受遗嘱的弟子之一，怎么会堕落如此？钱氏回答说：老师会去世，朋友会死亡，一切都在迅疾变迁之中。不要说很多比丘作恶放纵，就连第九罗汉憍梵钵提尊者，也曾因小过受到佛祖惩罚变为牛身，智朗变为女身又有什么好怪异的呢？后来虽然转入鬼道，但因此得知宿命，明了宿因，正如塞翁失马，反而有得。这不正是他平生持戒修行的结果吗？这就好比把金子镕入泥中，终究会闪亮发光的，所以慈月的事迹，具有重要的鞭策意义。此可谓第三层辩护。

又有人质疑说：犯了淫昏之罪的鬼魂，是不能成为神而享受祭祀的，慈月淫昏却归于神界，这又作何解释？钱氏答道：鬼神的待遇确实不同，有威德者可以享受很好的待遇。慈月能够成为上方之神，住在宫殿里，说明她生前做了有益的事情，并且有着深厚的宿因，因而不能将其等同于普通人。况且高僧如岳神，神通如阎罗，乃至四生六道，天龙夜叉，都可以不断修行，为何慈月不可以呢？而且这也是弘扬佛法、广施教化的一种方式。或许这正是慈月宿昔强大的愿力，使其变异化身，来调伏众生，亦未可知，所以不能轻易就作否定的判断。此可谓第四层辩护。

又有人质疑：智𫖮大师早已不在人世了，怎样证实慈月的说法呢？钱氏答道：佛法原本是不灭的，灭去的只是肉身。况且佛典记载：智𫖮大师圆寂后，还曾振锡披衣，犹如平昔。凡经七现，重降山寺，一还佛垄。语弟子曰："案行故业，各安隐耶。"举众皆见，悲敬言问，良久而隐。只要能够悟得佛法，便可在刹那之间获得永恒。你如果能够参透"一心三观"之义，就会知道佛法无时无处不在，就不会再为慈月的今昔和智𫖮的去住问题所困扰了。此可谓第五层辩护。

钱氏的这篇《天台泐法师灵异记》记事与辩论相辅相成，实写与虚写相得益彰，虽然没有一笔正面描写金圣叹，但金圣叹的形象已被渲染烘托出来，这就是“三位一体”的泐法师，于是金圣叹便成为天台高僧智顗和美丽少女慈月夫人相融合的化身，三者可以相互变换和代言，越发令人倍感神奇高妙，隐秘莫测，油然而生景仰拜服之心。不能不佩服钱氏确实是文章大家，出手不凡。钱氏的这种叙事手法和形象结构很特殊，虽然增强了文学魅力，但对金圣叹的真相也造成一定的错乱和掩映，让读者有神秘莫测、眼花缭乱之感。钱氏这么做，自然是“别有用心”的，但是“欲盖弥彰”还是“欲彰弥盖”有时候又是很难说的。

田老师对方丈说：钱谦益这篇《灵异记》，很多人提到过，但是往往只注意前边的记事部分，而忽略后边的“辩护”部分，今天是我头一次听到如此“完美”的解说，方知两个部分都很重要，后半部分尤为重要，而且其中也隐含着圣叹的事迹。然则钱氏此文的主旨，就是要为慈月（圣叹）作辩护和宣传。

是这样的。方丈赞同道：前面“记事”部分，如同介绍“谜面”，提出问题，引起读者注意和思考；后面“辩护”部分，如同揭示“谜底”，向读者讲明答案和旨归。

石萌说：这篇文章，我曾读过，也看了一些参考资料，但仍像进了迷宫一样，搞不清楚东南西北。现在有些明白了，特别是方丈对六个角色的辨析，让我很受启发。不过，我还有一事不明，就是金圣叹所假托的“智者”“陈夫人”，都有根据和来源的，但“泐师”这个称号，不知有何根据？好像迄今还没有人作出解释。我想不会是无缘无故、随随便便取了这个名号吧。

当然不会。李大白说：我查过资料，圣叹这个“泐师”，很可能与元末明初的高僧“宗泐”有关。宗泐（1318–1391）俗姓陈，原籍温州乐清，从小父母早亡，为临海周家收养，遂改姓周。八岁在天宁寺出家为僧，二十四岁到杭州净慈寺，师从大欣笑隐，受具足戒。大欣死后，回故里隐居。元朝末年，应杭州僧众请求，任中天竺万寿永祚寺住持。明朝初年，明太祖征召高僧，先是让他住持天界寺，后来又让他蓄发为官，被宗泐婉拒。太祖尊重他的选择，还作《免官说》送给他。洪武十一年（1378）宗泐奉命出使西域，跋涉流沙，翻越葱岭，遍访西域佛国。经时五年，往返行程十四万里，历尽艰辛，堪比大唐玄奘。带回《庄严宝王》《文殊》《真空名义》等佛经，还把此前死于斯里兰卡的出使僧人觉原慧昙的遗衣也带回国。宗泐归国后被任命为僧录右善世，仍住持天界寺。后奉诏入朝，制作《赞佛乐章》，成为明代国家佛教法会的献佛歌曲。太祖对他十分礼重，曾赐诗说："泐翁此去问谁禅，朝夕常思在月前。"宗泐答诗说："奉诏归来第一禅，礼官引拜玉阶前。恩光更觉今朝重，圣量都忘旧日愆。凤阁钟声催晓旭，龙池柳色弄晴烟。有怀报效暂无地，智水频浇道种田。"他深受太祖信任，作为宗教领袖，宗泐主要致力于讲经说法，修建寺院，维护佛教；还经常上朝议政，与太祖诗文唱和；特别是他将僧道衍（姚广孝）推荐给燕王（明成祖朱棣），是辅佐其完成"靖难之役"、开创"永乐盛世"的重要人物。因权臣所忌，曾被牵进"胡惟庸案"，是唯一获得太祖赦免的人。曾一度住持水西寺，又回台州住持觉慈寺；洪武十九年（1386），受诏住持天界寺。宗泐精研佛学，博通百家，被誉为"于内圣外王之略，无不毕备"。长于诗文，工于书法，太祖常呼其"泐秀才"。"所为文词，禅机渊味，发人幽省"，"晚岁禅悦时发，吟兴常见"，是明初最著名的僧人之一。著有《全室集》《全室外集》《西游集》。还曾参与注释《心经》《金刚经》《楞伽经》等，颁行天下。①这样一位"国初"名僧，与天台宗又有深厚的渊源，而且也是从小父母双亡、受戒学佛，圣叹"借用"其名号，是有可能的。

柳新雨赞同道：如果是这样，圣叹的"三位一体"，含义就更加丰富了。我觉得，泐法师、慈月夫人和金圣叹，你中有我、我中有你。既然泐法师、慈月夫人在很大程度上代表着金圣叹，那么他们的思想言行也就在很大程度上等于金圣叹的思想言行。于是我们就可通过角色置换，来探寻相关事情的来龙去脉。

是个好主意。田老师说：具体情况呢？

柳新雨说：首先，我觉得，由陈氏女变成慈月夫人再变成泐法师的过程，也就是陈氏女变成金圣叹的过程。这里面的关键环节，一是陈氏

---

① 参见何孝荣《元末明初名僧宗泐事迹考》。《江西社会科学》2012 年 12 期。

女与“紫衫纱帽”者的相遇，后者以如意招前者，前者归而病卒，这是陈氏女由生人变为鬼神的关键一步，意味着她的灵魂和金圣叹灵魂的“化合”。所以我觉得，那位紫衫纱帽人，可能就是金圣叹的化身，这透露出在泰昌元年的时候，圣叹可能已经掌握阴阳变幻、招人魂灵的法术了。或者是他巧妙地利用陈氏女病卒这个契机，自称被其魂灵所附，遂具有各种超常的法力，也说不定。

其次，陈氏女变为鬼神，先是被安置在“上方”，任命为永宁侯，住持在慈月宫，总理东南诸路，如古节镇；病则以药，鬼则以符，祈年逐厉，忏罪度冥，则以笺以表……这些也都可以归属于金圣叹，或者说，金圣叹先是以陈氏女之神亦即“慈月夫人”的名义，从事法事活动，其主要手段是药物、符箓、笺表等，主要“职责”是负责东南一带的管理。这透露出圣叹当时意在掌控这一区域的宗教话语权，或者说是占有这里的“精神市场”，成为“总理”式的人物，其愿力不可谓不大。但是，药物为巫医所用，符箓为道教所用，笺表则为世俗所用，虽然很全面但也很驳杂，既可以吸引广泛的信众，也容易引起不同信仰者的非议。

最后，是后来慈月夫人受到天台智颛大师的记莂亦即收录授戒，变成“泐法师”，这透露出圣叹此时自觉皈依天台佛宗，以智颛、智朗为先师和旗号，从而变得“单纯”起来，其号召力更加强大，影响也更为深广。值得注意的是，文中提到“吴人尚鬼好杀，故现鬼道救杀业”。并说这话是智颛大师亲自降临慈月宫设法时的指示。吴人是不是真的“好杀”？我不太清楚；但“好鬼”是很突出的，那么圣叹“现鬼道救杀业”，还要打着智颛大师的旗号，或许是别有隐情的。我们知道圣叹的父母很可能就是被人谋杀的，他把救杀业作为重要的义务，或许与此有关。

哎呀，这种角色置换很有意思！覃慧敏说：这说明金圣叹成为泐法师是有一个过程的。我刚才还纳闷，为何陈氏女死后八年，金圣叹才有这次扶乩活动？经你这么一说，就好理解了。原来圣叹在受戒后便开始学习和参与法事活动，起初主要是宣讲佛经，解说教义，虽然有了一些影响，但很不够；后来便利用陈氏女病卒的机会，诡称被其灵魂附体，将自己“鬼化”，从而具有了种种超乎常人的特异功能。这样虽然能够引来不少人的好奇和迷信，但效果还是不够理想，毕竟“鬼”在民众的心目中还是不够美好，也不够高级。于是圣叹便将陈氏女（其实是他自己）“神化”，成为慈月夫人，这下效果果然好了很多，但还不够“正宗”和神圣，于是圣叹又把慈月夫人（亦即自己）“大师化”，成为泐大师。经过这样一次次一层层的“化妆”，圣叹便成为天台智颤的化身了，神圣、超妙，无所不知，无所不能；又有些奇异，有些诡秘，还有些“桃色”，从而具备了令人顶礼膜拜、狂热追随的所有要素，一个集精神导师和迷信偶像于一身的“泐大师”，就这样横空出世了！果然轰动一时，举世瞩目，连钱谦益这样的官员、学者兼文豪，也五体投地，一般群众就更不在话下了。

是的是的。石萌说：钱氏记文最后说：

> 乩告我曰：“明公为我作传以耀于世，亦道人习气未除也。”余曰：“唯！唯！”作《天台泐法师灵异记》。

很清楚，这是应金圣叹的请求而作。但金圣叹不是直接请求，而是假借慈月的乩语，要求钱氏为其“作传以耀于世”，钱氏立即唯唯从命。所谓“为我作传以耀于世”，其实就是利用钱氏的地位和影响，为金圣叹作广告宣传。

覃慧敏说：不错！同时也有回应质疑、伸张支持的用意。钱氏文中提到的那些质疑，也透露出圣叹当时的确承受很大的压力，迫切需要这样的支持。

我觉得，乩语中“亦道人习气未除也”很有意思。柳新雨说：树碑立传、扬名天下，并非佛门宗旨，这里的“道人习气”，可能与道家或道教有关。但此时的慈月已经是泐法师了，怎么还有未除的“道人习气”呢？这就等于承认圣叹此前的法事活动，不纯是佛教性的，或许正如我们过去推测的那样，圣叹有过修习“道人”的经历。

覃慧敏说：还有，钱氏还说明，圣叹扶乩时，钱氏也在现场。这样当时在现场的至少有五人：金圣叹及其三个助手，加上钱谦益；按说还应该有事主，亦即死者陈氏女的亲属。但从乩语所回答的问题来看，完全没有涉及死者的家庭、亲情等内容，似乎没有亲属在场。如果真是这样，那么就可能是圣叹等人的自发扶乩，这又有点儿不合常理，会不会是圣叹为了"自神其说"而举行这次扶乩？或者实际上并未扶乩，或者虽扶乩但现场并未出现那些乩语，钱氏的记文只是根据圣叹的讲述？

你们的怀疑够大胆的啊！李大白说：要真是这样，他们就有"合谋"之嫌了。不过，我还是相信实际举行了的，只是钱氏根据文章的旨趣需要，略去了亲属而已。刚才方丈说"欲盖弥彰"和"欲彰弥盖"，很有启发性。钱氏的辩护以及他说的那些质疑，透露出很多信息。例如：第一层辩护，回应的是"慈月之事，子以为信乎？诬乎"的质疑。这说明当时有人对金圣叹的"装神弄鬼"是持怀疑乃至否定态度的，认为他是在愚弄民众，欺世盗名。钱氏的辩护，只是说圣叹处于末法时代，不得不采取这样的变通方式，并没有提供其可信的证据。这是"避实就虚"的辩论方法，只就原因和目的说话，不谈具体做法，似乎又默认了这种质疑。不仅如此，钱氏还说圣叹"妙达三乘，博通外典。微词奥义，尽般若之笙簧；绮句名章，总伽陀之鼓吹。紫微、右英诸真，与杨、许相酬问者，犹不敢窥其藩落，而况神君、紫姑之流乎？故曰信也"。钱氏的本意是说圣叹的学识渊博，道行精深，说起法来巧舌如簧，文采斐然。但这并不能必然得出"信也"的结论，还会给人驳杂不纯、花言巧语的印象，所谓美言不信，适得其反。

第二层辩护，是回应"为台事示现，是矣；其兼言祸福，奈何"的质疑，钱氏这次采用的是"顺水推舟"的辩论方法：先承认圣叹确实说了很多"祸福"问题，但这是不得已，是为了弘扬教义不得不顺应民心的权变做法。这样的解释能否令人心服口服呢？我看不一定，但我们由此可知圣叹在从事这类活动时，往往联系世间的生死名利等问题，来吸引听众，宣扬其学说，以达到教化的目的。

第三层辩护，是针对"（智）朗为天台高足弟子，末后亲受嘱累，何以堕落乃尔"的质疑的。我也觉得圣叹的这种做法不是很妥当：既要借助智朗的名义，又说智朗犯戒堕落，而且并没有事实根据，严格说来，甚至有“欺师灭祖”之嫌。而钱氏的辩护呢，则有“王顾左右而言他”之妙，他只是说事物不断变化，一切皆有可能；多高明的修为也有接续提高的必要；是金子总会发光的；甚至还说这么做有鞭策的效果……未免有些强词夺理了。这说明时人对圣叹“诬蔑”智朗的做法是反感的。

第四层辩护，是针对“淫昏之鬼，不在祀典。慈月之归神于此奈何”的质疑的。这是最让我疑惑的地方，因为前面“记事”部分并没有慈月“淫昏”的内容，怎么就忽然冒出“淫昏”来了呢？“淫昏”是指昏庸淫靡，这可是非常严重的指责。可是钱氏并没有正面反驳，仍然采用顺水推舟、避实就虚的方法，似乎是说神鬼也是可以“淫昏”的，关键在于有没有“威德”；慈月的“淫昏”可能是因其生前做了有利于生人的事情，应该受此福报，或许这是她用另一种方式来调伏众生。这样的辩护也有默认的意思，但表面上还振振有词，文过饰非，简直有些“厚颜无耻”了。根据刚才所说的“三位一体”的结构原理，说慈月“淫昏”其实就是说圣叹“淫昏”，莫非圣叹确有“淫昏”之事？他的“淫昏”是否与陈氏女有关？越想越觉得问题严重。

第五层辩护，是回应“智者之入灭久矣，慈月之说法，将使谁证之”的质疑的。这确实是个根本性问题，圣叹自称是天台宗祖师智顗的化身，佛教界会作何反应？天台宗会作何反应？学者、文人以及广大民众又会作何反应？不用说会遭到各界的怀疑和不满：你凭什么以智顗自居？有什么证据？钱氏（以及圣叹）当然拿不出直接的证据，只能说佛法不灭，大师不死，智顗之言和慈月之旨是相通的，无处不在，所以你们就不要怀疑了。

凡此种种，给我的感觉是，钱氏虽然极力为圣叹辩护，并大加赞美和鼓吹，但并不是很有说服力，很难让人心悦诚服。而且还有“负作用”，让人觉得圣叹的言行，确实存在很多问题，已经引起怀疑和指责。而钱氏的这篇记文，也有与圣叹“合谋”的意味。总之，一方面，借助钱氏的名人、权威效应以及扶乩的“神奇”魅力，使圣叹更加神化，更加知名；另一方面，也暴露出很多问题，使得圣叹更加复杂，更加可疑。

哎呀，我想起来了！石萌惊呼道：我们以前谈到徐增的《唱经子赞》，称金圣叹是“末法将兴，先生出世。千圣微言，晰如掌示。是为前知，斯文在兹……”简直把圣叹比作孔子和佛祖，推崇备至；钱氏此记其实也有类似的意思，或者说是徐氏之赞是受了钱氏之记的影响，是其旨趣的另一种表达。我看到有学者说，徐增是钱谦益的门生，又是金圣叹的好友，二人都受到钱氏的影响，但从这些情况看来，钱氏、徐氏显然也受到了金圣叹的影响，而且受影响的程度还不小咧。

不仅如此。李大白说：廖燕说金圣叹“每升座开讲，声音宏亮，顾盼伟然。凡一切经史子集，笺疏训诂，与夫释道内外诸典，以及稗官野史，九彝八蛮之所纪载，无不供其齿颊，纵横颠倒，一以贯之，毫无剩义。座下缁白四众，顶礼膜拜，叹未曾有”。这样的说法，可能也是从钱氏的记文中“演义”出来的。

石萌又说：那么归庄说金圣叹“其人贪戾放僻，不知有礼义廉耻，又粗有文笔，足以济其邪恶……乃其惑人心、坏风俗、乱学术，其罪不可胜诛矣！”又说圣叹“尝奸有服之妇人；诱美少年为生徒，而鬻之于巨室为奴；有富人素与交好，乙酉之乱，以三千金托之，相与谋密藏之，其人既去，则尽发而用之。事定来索，佯为疑怪，略无惭色。苏州人述其邪淫之事尤多……”这些似乎又可以和圣叹的“淫昏”对上号，就算归庄说得有些过头，但不会全是凭空捏造吧。

啊哈！你俩又一唱一随啦！柳新雨说。

本来就是嘛！李大白佯装生气说：开玩笑也不分个场合，知道这是什么地方吗？

柳新雨赶紧合十说：罪过！罪过！

大家都笑起来。

方丈说：金圣叹扶乩确有其事，除了钱氏的记文，还有记载说：“大师降乩，自言吴门陈氏女子，未嫁死，为神妃，主慈月宫。后为天台智者授记，号泐子。今年乙亥，降吴门金生家，为人言休咎，悉验。能诗文立就，皆秀丽有法，多警策语。赠宗伯一诗，辞意郑重，书法遒古。谈时务，切中时弊，又以功名相劝。请为立传，表白台事。订五月十三日降宗伯家，为先太淑人主法事，资冥福。宗伯为和其诗，广至十章。余继和如数，以赠师，并呈宗伯云。”[①]这里的“余”为苏先，是当时人。他的这段话可以作为圣叹扶乩的参证，还可以丰富其细节。这里提到金圣叹、钱谦益赠诗与和诗，钱氏《仙坛唱和诗十首》小序说：

> 慈月夫人，前身为智者大师高弟，降乩于吴门，示余曰：“明公前身，庐山慧远也。从湛寂光中来，自忘之耳。”用洪武韵作长句见赠，期待郑重。且嘱余曰：“求椽笔作传一首，以耀于世，亦道人习气未除也。”余为作《泐师灵异记》，并和其诗十首。师示现因缘，全为台事，现鬼神身，护持正法，故当有天眼证明，非余之戏论也。

将这两段文字和钱氏记文相参，可以看出有三次扶乩：一次是天启七年（丁卯，1627）；一次是崇祯八年（乙亥，1635），这两次是实际举行了的，都是在金圣叹家；还有一次是预定于“五月十三日”举行，地点在钱谦益家。第二次降乩时，钱氏是在场的，慈月（圣叹）还说为钱氏点明了“前身”，并作长诗赠给钱氏，请求他为之“作传”；还预订到钱家为其“先太淑人主法事”。看来钱氏的《灵异记》及和诗都是写于第二次降乩之后。但钱氏记文的记事部分，好像只涉及第一次降乩，辩护部分则有第二次降乩的内容，却没有说到和诗的事。

金圣叹的赠诗，现在已经见不到了，但钱氏的和诗及小序保存下来了；再参考苏先的记述，可知圣叹的扶乩和赠诗，在“现鬼神身，护持正法”的同时，还“谈时务，切中时弊，又以功名相劝”。实际上是称赞、鼓励钱氏在佛学和功名上都有所作为，大概是由于钱氏此际正遭受排挤而赋闲在家，心情苦闷而又复杂。金圣叹这么做这么说，既有安慰和开导的用意，也有投合和结好的意思。[②]当然，圣叹还有一个目的，

---

① 苏先《苏子后集》卷五《次韵钱宗伯和泐大师降乩诗十首》，转引自《金圣叹史实研究》第106页。

② 参见陈洪《钱谦益与金圣叹“仙坛唱和”透视》，《南开大学学报》1993年第6期。

就是让钱氏为其“作传”；而作传的目的，于私而言，是为了抬高声望，回击非议；于公而言，是为了弘扬佛教，护持正法。

方丈果然法眼如炬，年轻人也才思敏捷，可敬可佩！范启明说：从古到今，各种“大师”层出不穷，他们中确实有很多人天赋异禀、道德高尚，所作所为，也确有弘扬教义、救世救人的动机和功效；但也不可否认，弄虚作假、欺世盗名、损人利已，甚至伤天害理之辈，也是层出不穷的。金圣叹的“装神弄鬼”，固然有钱谦益所说的那些高尚追求，但也不能说没有其他方面的考虑。现实地说，他先要能够维持生计，然后才能去传教弘法。金圣叹虽然受过戒，但他并没出家，还身在红尘，过着俗世生活。他有妻子儿女，一家数口要吃要喝。他不能像正式僧侣那样靠“化缘”来生存，他没有官禄和“外快”，他也不能长期依赖亲友的接济，他必须靠自己来解决生存问题。那么，在那个时代，他又能靠什么手段来解决呢？

刚才大家谈论时，我推算了一下：天启七年（1627），也就是圣叹第一次以慈月夫人名义降乩的那年，他二十岁；崇祯八年，也就是他第二次以慈月夫人名义降乩那年，他二十八岁（1635）；圣叹二十五岁时长子金雍出生。就是说，在这十年间，圣叹由一个单身青年，到结婚成家，到成为几个孩子的父亲，生存压力越来越大。所谓开门七件事，柴米油盐酱醋茶，这些都是“小开销”；还有住房、医疗、教育、婚嫁等“大开销”……圣叹从小体弱多病，一直读书习文，只能以“文”来谋生。在他那个时代，以他那样身份的，他能从事怎样的“文”呢？出仕当官？不愿走或走不通；坐馆教书，曾做过，但很不够；剩下的，似乎也只有“卖文”了。所以，如果说圣叹早期的文学活动，“生计”上的考虑还不是很多的话；那么成年后的文学活动，“生计”考虑便成为一个重要因素了。

好在天无绝人之路。上帝给你关闭了一扇窗，就会给你打开另一扇窗。陶然说：圣叹虽然命运坎坷，但天赋异禀——过人的文学才华，还有“贵人扶持”——韩家的支持和帮助，特别是贯华堂，不仅藏书丰富，还是讲经、教学和书籍刊行的场所。于是圣叹凭着自己的生花妙笔，使自身和全家得以生存下来，还留下许多精神财富。

范启明说：圣叹还有一个“绝活儿”，就是“易学”！我基本同意大家对于圣叹家学的推测，实际上易学乃是圣叹家学的根核，他的父祖，在这方面应该是造诣不凡的，圣叹自然得天独厚。而精通易学的人，一般也很精通老庄道家及道教；圣叹又自幼学佛，入塾习儒，可谓三教兼通，而易学实在是他“压箱底儿”的绝学。

当然，易学博大精深，可以在不同层面上运用。在日常生活中，特别是民间，主要是用于占卜休咎，预知吉凶，推究前后，从而化解和避免人生的种种“祸”，而获得人生的种种“福”。而扶乩其实就是占卜，只不过方式比较独特，融入了一些道教的法术。在操作上，更多依赖扶乩者的随机应变，临场发挥。较之一般占卜，扶乩的难度更大，要知道，像钱谦益这样博学能文的官绅和文士，可不是那么好忽悠的，如果没有过人的学识和才能，是不可能赢得他们的信任和拜服的。

由此也可以想见金圣叹扶乩本领多么高超，我们甚至可以说，金圣叹把易学、道学、佛学、儒学和文学融会贯通，并与实际操作结合起来，形成了具有金氏特色的“法事”体系。刚才有同学提到廖燕说金圣叹：“每升座开讲，声音宏亮，顾盼伟然。凡一切经史子集，笺疏训诂，与夫释道内外诸典，以及稗官野史，九彝八蛮之所纪载，无不供其齿颊，纵横颠倒，一以贯之，毫无剩义。座下缁白四众，顶礼膜拜，叹未曾有。”这当然是了解圣叹讲经说法的重要材料。不过，还有两句话也很重要，就是廖燕说圣叹所讲的“经名《圣自觉三昧》，稿本自携自阅，秘不示人”。所谓“圣自觉三昧”，就是金圣叹贯通百家自成体系的独家之秘，而且已经被视为“经”了，因而可以称作是圣叹的“经学”。

圣叹的法事包罗广泛，在范围上，东南一带都归他“总理”。在内容上，有讲经说法、谈古论今、说文解惑等，从精神上加以引导；有解说功名富贵、子嗣寿考、垂名不朽等，从功利上加以激励；还有治病开药、驱邪纳吉、祈福弥祸、忏悔超度等，从实际上解决问题，用现在的话说，就是全方位“服务”大众。从圣叹终生贫寒、经常有衣食之忧来看，他并没有利用法事谋取过多利益，更没有利用这种特长去勾结官府，助纣为虐，这是难能可贵的。

唔，你这是把金圣叹还原到人间了！田老师说：这种情况还可以向前后延伸。向前可以追溯至圣叹二十岁以前，向后可以延续到二十八岁以后。也可以说，圣叹前半生有两大人生“战场”，一个在纸上世界，一个在现实世界。前者是文章评点，后者是传教弘法，二者相互交织、相互配合，也相互辉映，共同充实着金圣叹的人生。在此过程中，金圣叹接触的人形形色色，遇到的事各式各样，面对的问题五花八门，因而人们对他的认识和态度也分歧不一，甚至截然对立。人们对他有误解，有疑问，或者他确实有出格的言行，这些都不足为怪，因为这本来就不是常人能理解的，更是常人难以做到的。

是啊！石萌说：金圣叹很像现在的大明星，本身就与众不同，那些“蜜”呀“黑”呀，又很狂热，“蜜”的人，如痴如醉，献出一切也在所不惜；“黑”的人，咬牙切齿，斩尽杀绝也不解恨。对立双方由争论、吵架，到相互辱骂，到动手打架……不断升级，有时会闹到头破血流。所以，徐增和归庄，一个属于“金蜜”，一个属于“金黑”，极端对立。但他们越是极端对立，越能说明金圣叹的“星气”超高超强，从这个意义上说，金圣叹是非常成功的。

善哉！善哉！方丈微笑说：严格说来，金圣叹有些行为，并不合乎佛门的规范，但圣叹是在家居士，又体弱多病，故可稍予从权和放宽。例如，有人说他饮酒吃肉，这在佛门是严禁的，但圣叹身在俗间，若是为了治病，且心地慈悲，利益众生，也是可以方便行事的。圣叹虽然在持戒上不是十分的严格，但在佛法修行上非常精进，加之天赋异禀，心性澄明，又遭遇非常变故，能感人所不能感，悟人所不能悟，因而佛学造诣很高，不是一般浅尝辄止、道听途说者可比的。譬如讲经说法，可谓是佛教的第一要务，以“辩才无碍”为至高境界。这个“无碍”，包括事无碍、理无碍、辞无碍、义无碍乃至事事无碍。既能契合诸佛经典和祖师言论，又能让众生喜闻乐见、深入心田，所谓天花乱坠、顽石点头。也就是所谓“上契诸佛之理，下契众生之机”。圣叹能够讲得“缁白四众，顶礼膜拜”，可见其说法的境界是多么高了。

刚才说到圣叹的“圣自觉三昧”，此说出自圣叹的《圣人千案》第二十五《他心案》[1]，案情是这样的：

西天大耳三藏到京，云得他心通，帝命南阳慧忠国师试验。三藏才见师，便礼拜，立于右边。

师问云："汝得他心通耶？"

对云："不敢。"

师云："汝道老僧只今在甚么处？"

云："和尚是一国之师，何得却去西川看竞渡？"

良久再问："汝道老僧只今在甚么处？"

云："和尚是一国之师，何得却在天津桥上看弄猴孙？"

师良久复问："汝道老僧只今在甚么处？"

藏罔测。

师叱云："这野狐精，他心通在甚么处！"

所谓"圣人千案"，是圣叹选取历代"圣人"（亦即高僧大德）"垂机接物"的故事编为"公案"，如同法官考问死囚，医生治疗笃疾，以便学者参究，破除障碍，获得觉悟。

圣叹解说道：我曾经举摩醯首罗尊天的例子，此天尊两眉间还有一只竖着的眼睛，能够悉知"四天下"（佛教所谓东名弗婆提、西名拘邪尼、南名阎浮提、北名郁单越，不妨理解为普天下）七日七夜所下的微尘一样的细雨点数，问同学这是什么道理？当时的同学、兄弟，纷纷解说，不下百十来条，虽然各得其妙，但我眼也不眨。何故？四天下微尘雨，可不是一点两点。佛经上说："一切圣人，咸有六通。"即天眼通、天耳通、他心通、宿命通、神足通、漏尽通。先师曾说："诸天诸仙，为漏未尽，通不具足；一切圣人，漏尽既久，一时具足六种神通。"那么，我们这些学士，要想具足诸通，就必须先学会漏尽通。譬如南阳慧忠国师考试大耳三藏一案，究竟应该如何理解？有人说：前两番，国

① 《唱经堂圣人千案》之《他心案第二十五》。《金集》陆，第944—946页。

师还将心托境，三藏便有处捉摸；后一番，国师只剩清净本心，三藏便无处寻找了。又有人说：前两番，国师在渡头桥上，三藏便如俊鹞得兔，一下抓住；后一番，国师只在他鼻头眼底，三藏便家贼难防，看不到了。这样的理解，就算符合当时国师、三藏的心眼，但距离漏尽通还是很远的，须知真正具备他心通的人，他在西天还未出发时，早已将满大唐国里人，一一如像在镜，了如指掌了。显然圣叹的见解，远在诸人之上，而不在慧忠之下，其禅学境界之高，可见一斑。

圣叹的境界因何如此之高？因为他已经具备了诸般神通。他说：

> 以何为证？常记古人有诗："岁岁江南三月暮，鹧鸪声里百花香。"试问这诗，遥遥百千万劫，此是说那一岁？江南茫茫，幅员千里，今欲说那一县之那一村？三月是那一日？暮是那一刻？那一只鹧鸪？那一树什么花？那一朵香？那个人闻？汝又从何知之？只消一问，直得无言可对，无理可伸。虽然，不可谓天下无岁岁，岁岁无江南，岁岁江南无三月，三月无日日之暮，暮暮无鹧鸪声，村村无树，树树无花，花花不香也。

圣叹又说："昔者圣叹亦有一诗：'何处谁人玉笛声，黄昏吹起彻三更。沙场半夜无穷泪，未到天明便散营。'"

当时金雍年纪还很小，说：老爸这诗太好了！只是有个字有点儿问题。圣叹问是哪个字？金雍说：既然用了"何处""谁人"，说明您连地点、人物都不清楚，怎么可能知道那笛子一定是玉的呢？圣叹说：问得好！你这话若是专就诗来说，可谓是独具法眼；但是你老爸我哪有心情作诗来着？于是解释说：

> "何处"者，不知其处，然少不得是一处；"谁人"者，不知其人，然少不得是一人。假使无此处，便无以着此人；无此人，便无从闻此笛。今只据吹笛是实，便信其处其人，须宛

然自在。若云我实不见者，夫天下大矣，今亦幸因笛声，便提起有此一处，与此一人。至于彼无笛声处，处处人人，有甚么限？彼既不以卿不见而不在，卿又何劳见之而始安？卿既不以不见一一而不安，奈何又以不见此一而不遂？又况不见者，今夜吹笛之人；实在者，今夜笛吹之声。乃此笛声，正复无据。试听工尺五六以上四合，迅疾变灭，喻如暴雨，汝纵欲据，何处可据？是不独汝。彼沙场人，从黄昏彻三更，肠在腹中，转若车轮；泪在面上，滚如豆子；一到天明，分投各还乡里。当此之时，处处歧路，各有归人；一一归人，不知火伴。因而仰天发悲，昨夜犹共住一笛声中，今日已杳无的据。殊不知火伴何足道，只据自己。腹中车轮肠，面上豆子泪，又何曾前后彼彼互知来？只是不因不知，而肠遂缺此一转，泪遂缺此一滴耳。既自己为证，便可安心放下。处处歧路，定有归人，不用我知，犹如我今到此处，彼一一人，悉不用知也。

金雍又问："这些又和用'玉'字有什么关系呢？"圣叹说："我亦安知其是竹笛铁笛，只是彼自有彼之笛，我自用我之玉。人生并处天地之间，岂有我是奴儿婢子，应伺候他竹笛铁笛来？他若责我：'我实吹竹笛，汝何得错用"玉"字者？'我便责他：'我已用"玉"字，汝何得错处竹笛？'总之，一刻一刻，了不相借。我已一时用作'玉'字，便是既往不咎，于今纵改得十成，在方才济甚么事。此谓之'圣自觉三昧'。"

圣叹接着说：我的这个圣自觉三昧，就如同摩醯首罗那只竖眼，也就是天眼、天耳、他心、宿命、神足、漏尽皆通。你年纪虽然很小，但这个道理不可不知。慧忠国师这一案，其实讲的就是这个道理。可笑那位大耳三藏，来唐代的京城干什么？你说有他心通，世上谁人没有他心通？唐帝也可笑，还让国师考试干什么？整个大唐都是真的他心通，大耳三藏的他心通当然也不会是假的。你看他一见慧忠，就知道这是一国之师，赶紧礼拜，立于右边；一问，马上回答："不敢！"这时皇帝就应该赶紧向国师拜三拜，为何？为他供养国师这么多年，没想到他果然具备他心通呀！圣叹此话当然是有些嘲笑之意的，实际上，他心通是对事物普遍性的感悟，是不能执着于具体表象的；一旦执着于具体表象，也就不是他心通了。所以圣叹说："可怜这个事，只许老胡知，不许老胡会；又只许老胡会，不许老胡知。《涅槃经·圣行品》后半偈'生灭灭已，寂灭为乐'云云。"

圣叹确是悟性过人，善于说经啊！方丈感慨道：其实诸如此类的实例很多，我举此例，意在说明，我们对金圣叹的佛学，也是不可以过于执着于具体表象的，主要还是要看他的心怀和造诣。

刚才启明兄说圣叹兼通三教、灵活运用，实在是卓识！圣叹一生弘教护法，可谓不遗余力，但他的"教"与"法"，不只是佛学，还有儒学和道学及其他，可以说他是兼取诸家之说，熔铸成自家之道，并身体力行，勤奋不懈。而法事活动与文章评点，又是他弘道与践行的主要方式，二者相辅相成，只是适用对象、场合及侧重点有所不同罢了。

方丈又对学生们说：刚才大家谈到圣叹扶乩，现在已知圣叹先后在自家及钱谦益、叶绍袁、姚希孟、戴汝义等人家里多次扶乩，尤其是在叶家的扶乩，幸有事主的记载，比较完整地保存了过程和细节，想必各位也是知道的。

陶然说：知道一点儿。金圣叹扶乩叶家的事，确实过程复杂，情节曲折，令人感叹。以前鲜为人知，近来由于学者的考证，才逐渐显露出来。[①]

那你就给大家说说吧！田老师道。

好！陶然应道：我看了些相关的研究，还特意网购了叶绍袁的《午梦堂集》来读，但还是不大懂，就试着说说吧，不对的地方，请大家指正。

首先要介绍一下叶绍袁（1589–1648）。此人字仲韶，号粟庵，晚

① 参见《金圣叹史实研究》第96–115页。

号天寥道人，吴江汾湖人。天启五年（1625）进士及第，官至工部主事，后来辞官归隐。叶氏本是文章世家，叶绍袁也很早就博学能文。他的妻子沈宜修，字宛君，也是吴江人，是著名的才女，不仅诗文出众，还擅长绘画书法。这对才貌双全的伉俪，共生八个儿子、五个女儿，个个才貌非凡，本来是一个书香文雅的美满之家，岂料不幸接踵而至：先是崇祯五年（1632）十月十一日，三女儿叶小鸾突然病死，年仅十七岁，而且距离出嫁只差五天；接着，大女儿叶纨纨（字昭齐），为小鸾哀伤过度，也于当年除夕前几天去世，年仅二十三岁；不久，二儿子叶世偁（字声期）因应举失利，于崇祯八年（1635）二月抑郁而终，死时还不到十八岁。这年的三月，叶绍袁的老母亲，不堪悲伤，也与世长辞；同年四月，八儿子叶世儴夭折，年仅五岁。沈宜修不堪如此沉重的打击，于同年九月呕血而死，时年四十六岁。

死亡的阴影笼罩着叶家，叶绍袁悲痛欲绝，这是不必说的；但这样的接连非正常死亡，又是极其罕见的，叶绍袁既悲伤恐惧，又疑惑不解，于是想到求救于泐师。

据叶绍袁记载：崇祯八年四月，“八儿儴患惊风痫疾，内人遣俗往求泐公”[①]。世俗是叶绍袁的三儿子，沈宜修派他去请“泐公”，自然是叶沈夫妻俩商量好了的。但泐公这次并没有亲自来到叶家，只是告知：“不但儴不生也，君家雁行还要凋伤，亟须以黄绢画准提菩萨像，朝夕礼拜，持诵准提咒不辍，庶可保耳。”叶家随即一一照做，但不久沈宜修还是病死了。

这位泐公，就是金圣叹。因为叶绍袁在《续窈闻》中说：“吴门泐庵大师，陈隋宿德也。亲受天台智者大师止观之教，历千余年，堕神趣中，现女人身，能以佛法行冥事，钱宗伯《灵异记》详矣。”[②]所说情况与钱氏所记完全吻合，或许叶绍袁正是从钱谦益那里了解到泐大师的。冥事，就是阴间的事务。看来圣叹不仅会扶乩，还会“以佛法行冥事”。

① 叶绍袁《午梦堂集》附录一《谱传类》之《天寥年谱别记》，第895页。中华书局冀勤辑校本1998年版。

② 《午梦堂集》之《续窈闻》，第518页。

叶绍袁记述道——

那是崇祯八年六月初九，我家早就摆设好香花幡幢，恭候泐师銮驾的到来。中午时分，遥见一位女史（文秘人员）先行而来，她通知说：“（泐）师要到傍晚时分才能驾临。”我们都大气不敢出，屏住呼吸，恭敬等候。良久，泐师终于出现，他一下神坛，就对我说：“我已见过散花女史，她说你有《彤奁》文集两卷，可以借给我看一下吗？”

我赶紧拜谢说：“只怕有渎圣灵，哪里敢说是借啊。”便把文集呈上。

泐师很快翻阅一遍，问道：“你这是想垂名不朽吗？”

我赶紧长跪，哭道：“三年前，两个女儿先后离世，我实在是悲伤欲绝，念其平日风雅遗致，便把亲友哀悼纪念的文字收集起来，名为《彤奁续些》，不过私慰哀情罢了，哪里敢想不朽啊！大师这么一问，让我更加凄怆。倘能得到大师的一言半句，为之增光添彩，我们家的死者生者都感激不尽！”

大师说：“如果你不嫌荒陋，我就写几句序言吧。”于是摇笔落纸，一挥而就：

吴汾诸叶，叶叶交光。中秀双姝，犹余清丽。惊才凌乎谢雪，逸藻媲于班风。湘涛晨卷，新文与旭彩齐晖；金穗宵垂，细慧同夜钟较静。裁繁花于皓腕，剪秋月为冰心。莲舄能飞，翠妩皆语。一则天末凤楼，爰随萧史；一则春塘鸳睡，未许山阴。真连璧之倾城，洵多珠之聚掌。影闳金闺，或惟母认；名镂紫腕，不许人知。岂期赋楼虽有碧儿，侍案复须玉史。妹初奔月，姊亦凌波。嗟乎伤哉，天邪人也！

观遗挂之在壁，疑魂影之犹来。痛猿泪之下三，哀雁字之失二。左思赋娇，不堪更读；中郎绝调，今复谁传。于是检厥遗文，花花卸泪；吟其手泽，燕燕窥窗。或崔徽真在卷中，即夫人俨临殿外。授之梨氏，用告邦人。观其瑶情慧质，洵天遣以暂来；知夫雾骨烟姿，定人留而不住。东家有女，请莫效颦；南史若来，幸为编传。遂于忏除绮语之余，有此不揣揄扬之赘。弁诸册首，留作新谭。天台无叶泐子智朗槃谈撰。[①]

真是精言丽彩，应接不暇。便是沈约、谢灵运、庾信、徐陵复生，也要自叹不如啊！

眼见天色已晚，大师便回驾休息。

第二天早上，大师一到，就命人拿来纸笔，转眼间画成四幅画，分别是牡丹、芙渠、菊花、水仙，墨韵飞舞，生色映人。我将画挂在佛像前边，当作天女曼陀华来供奉，观者纷纷惊叹不可思议，功德无量。

我又跪请大师说："家母去世后，在下日夜悲痛思念，不知她老人家现在可好？"

大师说："老人家早已投胎转世获得新生了，但尘海茫茫，你既不能前往，即便找到了也不会相认的。她仍生在富贵之家，你可以欣慰了！"

我又叩问亡儿世偁的情况，大师说："世偁的前身，生在云间，已经与一顾氏女子订好婚姻，婚期将近，女子突然亡故，世偁因而悟出世法无常，便出家为僧了。后来世偁经常梦见那女子前来相见，醒来后便邪心萌动，犯了戒规，转世到叶家。"

大师说："她俩的事情，有点奇特：三世以前就结下因缘，原来都是女身，世偁姓奚，顾氏姓杨，都是武水人，还是表姊妹。两人相互爱慕，发誓终生同居不嫁。但两家父母不答应，分别给她们选婿定亲，但两人却不约而同地在同一天剪发为尼了。两家父母无奈，只得建立梵舍，让她们在一起居住，每日精参内典，勤求佛法，可谓如愿以偿。可是好景不长，其中一女先死了，临终时对另一女说：'我生生世世必不舍你，但下辈子若为兄弟，不免各自有家室；若为姊妹，也须各自嫁人，不如我们两人世世都做夫妻。'已经三世了，但修行多年，不能破戒，徒有夫妻之名，未有夫妻之实。今晚我当给她们重新授记，揭开此结。"

我又问亡女纨纨的前世因缘，如今怎样？

大师说："这可是天下少有的痴人痴事，原本是个茂才文士，却发

---

① 《彤奁双叶题辞》。《午梦堂集》之《彤奁续些》，第673页。

愿要做女人，虔心信奉观音大士，并将自己的修行功德转施于他人，以求成为香闺丽质，并且擅长文艺。观音应允了她的愿望，但并没有为她安排。所以此女虽然修洁自好，端庄素雅，但新婚之后，却拒绝夫妻生活，担心受到污染，坚决要终生保持处子之身，其痴傻既可笑又可爱。如今已被我收留在无叶堂，法名智转，法字珠轮。我担心她受不了刺激，今天故意没有带她来。”所谓“无叶堂”，乃是大师在冥界的堂号，取《法华经》无枝叶而纯真实之义。专门收录那些生时灵慧，死有夙根的女性灵魂，令其修习四仪密缔，然后前往西方，等待注册来生。所谓天台道路，光明灼然，与地狱幽途相比，真可谓天上人间之别。据说大师无叶堂中已有弟子三十余人，此外还有多名侍女，如纨香、梵叶、嬿娘、闲惜、提袂、娥儿等，她们都住在慈月宫。

我又问亡女小鸾的情况如何？大师说：“她已在月府做侍书女了。”我问：“月府就是传说中的‘广寒官’吗？”大师说：“非也，本来就不是一个地方。”我问：“小鸾因何过错被贬谪到人间？”大师说：“游戏而已。”我问：“为什么偏偏把她贬到我家？”大师说：“虽说是神仙的游戏，也是有选择的，必须选择像你这种清廉正派的人家，还因为她曾经与你有过相会。”我问：“何时相会的？”

大师看看我，说：“你前生为宋朝的秦太虚（观），再往前是西汉的梅福。琼章（小鸾）和你相会时，名字叫松德，再往前是战国时的鲁仲连。你的妻子原是秦太虚的夫人，苏子美（舜钦）的小女，再往前是汉代蔡经的妹妹，也曾与琼章一会。你家的眷属都来历奇特，但不容易查考清楚。”

我问：“那，小鸾现在哪里？”大师说：“在缑山仙府。”我问：“就是王子乔修行成仙的中州嵩高山吗？”大师说：“不是，在尘世之外，月府之中。”我问：“小鸾现在用什么名字？”大师说：“寒簧。”我问：“那以后是不是一直就用寒簧这个名字？”大师说：“不是的，还叫叶小鸾。”

我又问：“小鸾和她那订婚未嫁的张姓夫婿有缘分吗？”大师说：“也就一面之缘。张郎的前身姓郑，是浙中一公卿子弟；他本来也是信奉佛法的，少年高才，曾发誓要修成玉京女史。正巧寒簧在其楼下读书，闻听此言，便于花架之中一现仙女天身。郑生见了，大为惊诧。这是天顺二年（1458）三月初三日的事情。张郎由于当时没能看清寒簧的模样，悒悒难忘，便寻到人间，于是才有这段缘分。”

我又问：“既然有缘，为何他俩没能终为夫妻？”大师说：“寒簧当时不过是偶闻书生狂言，不觉心动失笑，才一现身，随即便后悔不已，她是绝对不愿谪入凡间，去行男女之事的。但上界为了惩罚她的一笑现身，还是把她贬到人间。因而才会有未嫁而亡的事情发生。”

我悲泣不止，恳请大师施展神通道法，招他们的灵魂来家相见。大师说：“他们的魂灵都在仙府，是招不得的，而且相隔蓬山弱海，路途遥远，来不了的。”

我又再三恳请。到了午后，大师忽然说：“已派使者去请琼娘（小鸾），已经上路，夜晚可到。”

入夜不久，大师说：“琼娘已到。”随即便让琼娘礼佛，拜祖母灵位。然后对琼娘说：“作首诗吧，看看雅韵如何。”

这时就听琼娘说：“不敢，不敢！”

大师说：“但作无妨。”

琼娘便作诗道：“身非巫女惯行云，肯对三星蹴绛裙。清映声中轻脱去，瑶天笙鹤两行分。”

大师听后，对琼娘说：“你母亲对你思念深切。”又对我说：“快引她去见夫人吧！”

我问：“如何引导？”

大师说：“香灯。”

于是我便随香灯进入中庭，琼娘见母亲出来，便作诗呈父母，诗云：“帷风瑟瑟女归来，万福尊前且节哀。”才说两句，便泣不成声了。我问小鸾：“有什么话要跟父母说吗？”小鸾说：“没有。”我问：“你想父母吗？”小鸾说：“时常思念。”我问：“现在能认识吗？”小鸾说：“认得人，但不认得房，引我去闺房吧。”看来她还没来得及到自己旧时的闺房，或许是因为旧时闺房已经有所改动了。

小鸾又作诗道：“汾干素屋不多间，半庇生人半庇棺。黄鹤飞时犹合哭，令威回日更何欢？”念完诗，便写出“红于”两个字。红于是小鸾生前的侍女。

我问：“要叫红于来吗？”小鸾说：“我也很思念她啊！”于是我便叫红于拿着灯，引小鸾去她原来的卧房。我则与妻子隔空相对，号泣不已，悲恸酸楚，几欲断肠。

不一会儿，琼娘回来。我问：“你既已成了神仙，还记得死时的光景？是何人带你去的？”琼娘说：“菩萨有变易生死，众生有分段生死，女儿我还在分段之中，死去时，只见有童子面如美玉，目如明珠；前面有紫金幢、赤珊瑚节作引导；有大红流苏装饰的台阁；还有青猊驾桥，赤虬骖乘，黄云盖顶，青云捧足，红云开路，白云护身。那时只有无上的愉悦，没有丝毫的痛苦。”

我问：“今晚是怎么来的？”琼娘说：“也是乘云飞来的。”我问：“在那边可曾见过祖母？”琼娘说：“未曾见。”我又问：“可曾见过大姐昭齐？”琼娘说：“没见过，大概也在无叶堂吧。”我问：“你是怎么知道的？”琼娘说：“刚才泐师告诉我的。”

我又问：“见到二弟（世偁）了吗？”琼娘说：“见到了，就在门外，八弟（世儴）也在那里。”我问：“八弟幼小，有人抱着吗？”琼娘说：“二哥正拉着呢。”

当晚大师还为偁儿作焰口佛事，所以偁儿、儴儿都回来了。

问答之间，大师说：“无明缘行，行缘识，识缘名色，名色缘六人；六人缘触，触缘受，受缘爱，爱缘取；取缘有，有缘生；生缘老、死、忧、悲、苦、恼，请注意听，我将为你详细讲说。”

然后停乩，良久，又启动。大师道：“奇哉！奇哉！不错！不错！第一要割爱。”又说：“菩萨的妙在于从空出假，你的妙悟想必是天生的。”

琼娘随即作诗道：“弱水安能制毒龙，竿头一转拜师功。从今别却芙蓉主，永侍猊床沐下风。”

大师说：“岂敢，岂敢！”

琼娘说：“琼娘甘愿从大师授记，不去仙府。”

大师说：“既愿皈依，必须受戒。受戒之前，必须先审戒。我要逐一审问，你要如实回答。”随即问道：“汝曾犯杀否？”琼娘回答：“曾犯。”大师问：“犯情如何？”琼娘答：“曾呼小玉除花虱，也遣轻纨坏蝶衣。”问：“曾犯盗否？”答：“曾犯——不知新绿谁家树，怪底清箫何处声。”问：“曾犯淫否？”答：“曾犯——晚镜偷窥眉曲曲，春裙亲绣鸟双双。”

大师又审四口恶业，问道：“曾妄言否？”琼娘答：“曾犯——自谓前生欢喜地，诡云今坐辩才天。”问：“曾绮语否？”答：“曾犯——团香制就夫人字，镂雪装成幼妇辞。”问：“曾两舌否？”答：“曾犯——对月意添愁喜句，拈花评出短长谣。”问：“曾恶口否？”答：“曾犯——生怕帘开讥燕子，为怜花谢骂东风。”

大师又审意三恶业，问道：“曾犯贪否？”琼娘答：“曾犯——经营缃帙成千轴，辛苦鸾花满一庭。”问：“曾犯嗔否？”答：“曾犯——怪他道蕴敲枯砚，薄彼崔徽扑玉钗。”问：“曾犯痴否？”答：“曾犯——勉弃珠环收汉玉，戏捐粉盒葬花魂。”

大师问罢，不禁赞叹道：“真是天才绝伦！这些妙悟才情，六朝以下，包括温庭筠、李商隐这些大家，血竭髯枯，沉吟多天才能写出来的诗句，没想到你在受戒之际，随口而出，怎能不让你父母爱死哭杀啊！不过，你实际上只犯了一条绮语罪，其他都不算。”

于是大师给琼娘授戒，说：“你的戒名就叫智断吧！”

琼娘问：“‘智’是什么意思？”大师说：“有道种智，了知一切诸法别相；一切智，了知一切诸法总相；一切种智，通达总相与别相。”

琼娘又问：“‘断’是什么意思？”大师说：“断尘沙惑，断无明惑。有三智应修，三惑应断。菩萨有智德断、德智断，这是菩萨的二德。”

琼娘说：“菩萨以无所得故而得，应以无所断故而断。”

大师惊叹道：“真可谓迥绝无际啊！哪里是一般神仙所能达到的。”

于是又为琼娘取字曰“绝际”，后在无叶堂中都称为“绝子”，也称“绝禅师”。

以上六月初十的扶乩概况。

内人（沈宜修）因悲哀过度，病重不治，于（崇祯八年）九月五日奄然去世，我的悲痛伤心，难以言表。自冬及春，不断求救于大师，大师只是书信往返，并不亲临。

直到崇祯九年（1636）的四月二十六日，才又一次驾临我家，并给我重要昭示。

大师到达之前，一早便先派遣慈月官人曹文容送来大师信函，其中说到："即日接来信，知诸君在汾干，甚快事，此约已久，拟赴之。直至今夕，天下事无大无细，洵皆因缘哉！午后，不肖当过，幸少俟我，本堂今日修普贤观未成，诸公当约明日振锡还家耳。午后，某独到也，某稽首。"信中所说的"诸公""振锡"，是指宛君（沈宜修）和两个女儿。

午后，大师驾到，下车便问："太虚别来无恙？一直很惦念你啊！"

我赶紧拜谢致敬，问："亡妇沈氏，已在无叶堂了吧？大师授她什么法名？"

大师说："法名智顶，法字醯眼。佛经说摩醯首罗天王头上多一只眼睛，能知悉大千世界微尘雨的点数，即取此义。如今正教她持首楞严咒，以断情缘。绝子（即绝际，小鸾）真是天上天下第一奇才，锦心绣口，铁面剑眉，佛法中不可多得啊！醯子将协助我树立新幢，珠子（即珠轮，纨纨）则为母亲奏音乐，她也是个奇杰。明日我将带她们三个一起来。至于你们父子之间，就不必像今日这样设供了，只要有些水和花，略尽端午节之欢就可以了。以前你们是世缘，如今已成法眷。看绝子日吐珠玑，惊天动地，也是世外之乐啊。但届时千万不要提及家事，因为醯眼的哀愁刚好一些，怕再勾起她的伤心。至于绝子，你不必担心，就是给她无数的乱丝，她也能一手清理；就是用热水浇她的头顶，也能开出一朵朵青莲花了，你有多大的悲哀愁苦，都不妨对她以实相告。"说完，大师便上车返回了。

第二天一早，大师便引领三人一起来到，来了就开始联句作诗：

灵辰敞新霁，密壶升名香（泐师）。
神风动瑶天（宛君），道气弥曲廊（昭齐）。
憨燕惊我归（宛），疏花露我床（琼章）。
宿蛛罥我钗（宛），飘埃沽我裳（昭）。

绣花生匣锁（宛），虫鼠游裙箱（琼）。
遗挂了非我（宛），檀佛因专房（琼）。
新荷为谁绿（昭），朱曦惨无光（宛）。
君子知我来，清涕流纵横（宛。叶黄）。
舅氏知我来，不复成趋跄（昭。时沈君晦在也）。
兄弟知我来，众情合一怆（琼。叶平声）。
婢仆知我来，洒扫东西忙（宛）。
请君置家业，观我敷道场，须弥已如砥（师），黑海飞尘扬（琼）。
月亦沉昆仑（师），日不居扶桑（琼）。
帝释辞交珠（师），迦文掩师幢（琼）。
万法会有尽（师），一切皆无常（琼）。
独有芬陀华，久久延奇芳。
灵光顶上摇（师），慈云寰中翔（琼）。
断三而得三（师），遮双即照双（琼）。
父兄亦众生，母女成法王（师）。
感应今日交（宛），围绕后时长（昭）。
思之当欢踊（琼），何为又彷徨（师）。①

联句之后，宛君问我："一别至今，明幽遂隔，虽云学道，岂便忘情。身中无病否？"我说："病倒是没有，只是思君深切。你是怎么到无叶堂的？"宛君说："在大师的引导下，先来阴间郡上（官府），在那里对簿完毕，就去无叶堂了。"我问："对簿是因为有罪吗？"宛君说："有罪——子女太多，负担太重。所幸大师略施法力，都给免除了。"

我又问："我给你的经书和忏悔文都送达了吗？"宛君说："送到了，很起作用。这让我知道，在世的人，一定要勤力修行冥福，特别是初死的时候，尤为重要。"

---

① 以上诗句后括号内为原小字注文。

我问:“你初死时，看到了什么？”宛君说:“刚出门时，心里想，我往何处去呢？好多人都是从哪里来的呢？听到室内号叫不绝，我才如梦方醒，噢——莫非我已经死了？想回去问问，可驾车人不让，只许从车里回望一下家门，真是恋恋难舍啊。刹那间，便进入茫茫银海，什么也看不见，只有摇船的声音隐隐传来。不一会儿就到了郡上，从西面台阶进入留宾室。”

我问:“你有什么话要说吗？你在那边还缺什么东西？我给你（焚烧）寄去。”宛君说:“没什么要说的，也不需要什么东西，只是放心不下你。官场险恶，早归为佳。我是不能陪你偕隐了，但你要早作孤隐的准备。”

我说:“想你想得很苦，奈何？”宛君说:“生时同苦，苦在一地；死后同苦，苦在相望。”

我问:“几个儿子都见到了吗？”宛君说:“都见到了。”我问:“有什么要嘱咐他们的话？”宛君说:“他们都读书守分，有志有节，我很放心，只是不能看到他们成家立业，最是感伤。”

我问:“你现在穿的是什么衣服，是道装还是闺装？”宛君说:“闺装，外套戒衣。”

我问:“什么样子的？”宛君说:“我是红色上衣，天蓝色戒衣。昭齐是绿色上衣，紫色戒衣。琼章是鹅黄上衣，水碧色戒衣。”

我问:“衣从何来？”宛君说:“心身所到，随处自有。”又说:“两个儿子是白色衣服。”

我问:“正想问你两个儿子的情况，听说在大师的外宫，能常见吗？”宛君说:“经常可见，但都是远远地望见在院子的角上，今日他们也来家了，所以能够见面说话。平时琼章和他们有书信往来，每次见信，都恸哭不已。主管问:‘何人在哭？’世偁说:‘要生西方人的在哭。’”

大师说:“我送人托生，不止一次。但世偁一则眷恋母亲和姐姐，一则为了听我说法，坚决不去。我便教他念佛，将来直达西方，反而直截便利。”

我问:“偁儿既然也回来了，他有什么话要说吗？”琼章说:“不必问他了，他现在一心念佛，别去挑他动心。”

我便问昭齐："你有话说吗？"昭齐说："孩儿还能说什么呢！一念之误，遂至如此。幸好遇上大师，正如塞翁失马。虽然结婚七年，其实并没有夫妻之实。"

我问："你是怎么到无叶堂的？"昭齐说："偶尔游行虚空，为逻卒所捉，被解入上方宫，幸被大师收留授戒。"

我问："既然受戒学佛，就不会有什么烦恼了。"昭齐说："只是旧恨难消啊！"

大师说："恨在哪里？拿出来给我看看！"昭齐说："虽然消去不少，但根蒂还在啊。"大师说："根蒂能发芽，须极力搜寻清楚。"

我问琼章："在缑山时，作诗了吗？"琼章说："世法无常，会归灭尽，如石火水沫，我岂能被它摇动？何况《返生香》（琼章文集）已经刻行，就像石灰囊，已留一迹了，岂可到处留迹？"

这时大师说时候不早了，赶紧道别吧。

宛君对我说："为道爱身，省愁念佛，珍重！珍重！"

琼章对我说："父亲还要眼明手快，情种愁苗，乃是入狱根本，一刀割绝，立地清凉。孩儿告辞了。"

忽然之间，宛君和孩子们便消失不见了。

我问大师："他们走后的情况如何？"大师说："醽子一提起来就泪水奔流，头都抬不起来；珠子也哭泣不止；只有绝子，微笑劝慰。世偁还算平静。"

我问："醽子如此，今日反给她增加负担了，怎么办？"大师说："还须由她自己日复一日，道心精进。"

大师又说："诸位今日只是暂时告别，清秋时节可以重聚，就算是世外清缘吧，约在桂子开花时，最迟也不过菊谢之际。"

我说："小鸾死时未能留下画像，大师能给画一幅吗？"大师说："这个很难做到。"于是题词道：

是邪非邪？立而俟之，风何肃穆其开帏。是邪非邪？就而听之，声瑟瑟其如有闻。步而来者谁邪？就而问之，泪阑干其不分明。瞥然而见者去邪！怪而寻之，仅梅影之在窗。

落款云：

丙子（崇祯九年）夏日，写绝子小影不得，拟李夫人体叹之。

陶然说到这里，想了想，又补充说：叶绍袁最后还特别记道：

师有《瑶期外纪》，云："轩辕时，王屋山小有清灵之洞，真人侍女名成璈，即琼章最初前身也。"《纪》甚详，未完。俟刻《征仙录》。

后来又在《琼花镜》中说：

昔吴门泐公，以神道设教，探抽冥赜，参验人区。云琼章今在缑山仙府，前身为月府侍书，名寒簧，最初则轩辕时王屋山小有清虚之洞真人侍女，名成璈，许为撰《瑶期外纪》（一字瑶期），而久之不果，是乙亥夏也。越今壬午，方士朱生，其说又异于此。大约泐公神气霞举，襟想高上，选其在世外者言之，不屑拾记尘寰往来，故寥寥旷邈千载。其为琼章别劫芙蓉之语，此又优孟、漆园，不必信也。[①]

"瑶期"是叶小鸾的字，看来圣叹的《瑶期外纪》，原是专为叶小鸾而作，可能没有完成，或者完成了没有给叶绍袁看，后来就佚失不见了。

以上就是金圣叹到叶家扶乩的简要情况。实际上，泐师在叶家所做的法事，祂和叶绍袁的关系，还不止这些。如：崇祯八年八月，沈宜修

① 《午梦堂集》之《琼花镜》，第735页。

病重的时候，叶绍袁曾“遣儿辈往求泐公，泐公不能致力，儿归已瞑目矣”[①]。沈宜修有一首《呈泐大师》：“碌碌浮沉无息机，生涯回首总云非。劬劳未报肠空断，儿女相牵泪暗挥。幻境亦知难解脱，虚花不定更依违。迷途仰望垂哀悯，愿指慈航鉴所祈。”[②]应该就是这时候写的。泐公虽然没能亲临叶家施救，却给他们写了一封信：

世法之必轮转，神仙误认为游戏，取苦果为乐事，哀哉！寔感于斯，盖其来也，一笑成因；其去也，爱尽即灭。来则翩翩以降；去则纷纷星散。二爱之蔽障，斯其先征已。今兹之变，故其所也。是故学仙终不如学佛，仙是有尽漏身，佛是常住法身。若仙人，不过朝蓬壶，暮弱海，往来瞬息耳，岂惟夫人？明公亦应早自着脚。仙人情重，情重结业，业结伤性，性伤失佛，失佛大事，死又不足言也。明公固宜俯念鄙言，早学佛事，今后再入仙班，别无握柄。人生百年，喻如转烛，不可又忽忽也。观二三年光景何如哉？不尽可见大概耶？[③]

同年十月，沈宜修去世后，泐师又来信说：

世法无常，电光石火，最后一着，惟有自性称陀。夫人来自蓬瀛，非以下女子，一念好事，遂堕五浊。今日是火聚中一服清凉散也。惟使君秋心之士，得无以爱根缠杀佛根耶？大海茫茫，坏舟失舵，深为可虑。勉旃学佛，暂别永聚可图也。不然，一别永别，如之何得重晤哉？[④]

崇祯九年（1636），叶绍袁还与泐公有约会，八月，和弟弟叶绍

---

① 《午梦堂集》之《谱传类》之《叶天寥自撰年谱》，第852页。

② 《午梦堂集》之《鹂吹》，第82页。

③ 《午梦堂集》之《谱传类》之《叶天寥自撰年谱》，第852页。

④ 《午梦堂集》之《谱传类》之《叶天寥自撰年谱》，第852页。

颙（字季若）一起等候泐公，泐公赠给叶绍袁两句话："秦世身为鲁高士，汉朝我识梅仙人。"[①]

真是太离奇、太可怕了！听得我心惊胆战的！石萌一边捂着胸口一边说：叶家孩子个个才貌绝伦，却接连夭折；泐大师是那么神秘莫测，无所不能……太不可思议了！

神奇确实很神奇！李大白说：这样的神奇，一方面来自圣叹及其助手的"表演"；另一方来自叶绍袁的记述，若追究起来，还与钱谦益的宣传密不可分。你看，崇祯八年四月，叶家就求救于泐师了，可知泐师在此之前已经名气很大。叶绍袁说：

> 吴门泐大师，陈隋宿德也。亲受天台智者大师止观之教，历千余年，堕神趣中，现女人身，能以佛法行冥事，钱宗伯《灵异记》详矣。

这表明叶绍袁对泐师的了解和信赖，缘于钱氏的《灵异记》，甚至他对圣叹扶乩过程的记述，也可能是受钱氏记文的"启发"。可以说，叶家请求金圣叹扶乩，正是金圣叹请求钱谦益作传所收到的效果之一。实际上，钱氏为了"推重"泐师，不仅为其作传，还有实际行动。我注意到，叶家崇祯八年四月的这次请求，泐师并没有亲临叶家，可能与祂"订五月十三日降宗伯家，为先太淑人主法事，资冥福"有关，连钱谦益都请泐师来家为其母做法事，这在当时当地的影响，是非常大的，叶绍袁对泐师的崇信，就是一个证明。由此可见"名人效应"是多么厉害！这种情况，现在也很普遍，但凡自称"大师""神医"之类的人，大都会在显眼的地方，摆上几张他（她）和"名人""要人"的合影、题字之类，而且总是日程很满，很难挂上号。这样便先从精神上"慑服"那些病重乱投医的人，一旦崇拜（或迷信）建立起来，接下来的事情就好办了。看来这一招也是古已有之的。钱谦益这么做，可能是真心信奉，

---

① 《午梦堂集》之《谱传类》之《叶天寥自撰年谱》，第 854 页。

也可能是有意“配合”，或许二者皆有，我总觉得有些“合谋”造神之嫌。

泐师虽然很神奇，但还是可以看出些“精心安排”的痕迹。泐师前后两次降临叶家，第一次是崇祯八年六月上旬，从初九至初十共两天，是为（已故）叶纨纨、叶小鸾、叶世偁及叶老太太做法事；第二次是崇祯九年四月，从四月二十六至二十七，也是两天，是为（已故）沈宜修以及几个儿女做法事。

两次降临前，都派人先到叶家下通知，第一次是“女史傅”，第二次是曹文容。用现在的话说就是先派“秘书”之类的人来“打前站”，除了告知泐师的行程和安排以外，还应该有别的使命，诸如观察（事主家）各方面情况，了解有关信息，提出相关要求，等等，然后回去报告给泐师。看来“打前站”在泐师法事活动是一个很重要的环节，这样既可以侦查情况，也可以有所预备，还可以显得很“排场”，渲染隆重和神秘氛围。

泐师做法事的场面确实很隆重，除了事主家要“恭设香花幡幢”，进行一番布置以外，泐师这边，从叶氏的“銮驭”“降跸”“翠华之驾”“羽葆葩轩、顿辔蒿室”等表述来看，泐师应该是乘车驾来的，不仅有车有马，还有车夫，加上助手、秘书等，便组成一个不小的阵容，令人一看就知道来者气派不小，法术想必了得，非一般巫婆神汉可比。

泐师做法事很有艺术性，也很能抓住事主的心理。第一次降临叶家时，没等事主（叶绍袁）说话，就先说已经从“散花女史”那里得知叶家有《彤奁》集，要“借”来看看。上来就让事主出乎意料，措手不及，自然是更加信服。泐师翻了一下后便质问：是不是想“不朽”啊？有批评和指责之意。这又让事主大出意外，诚惶诚恐，于是赶紧下跪表白，并哭着请求泐师为其作序。这时泐师并不谦让，文不加点，一挥而就，一篇洋洋洒洒的序文就出来了。事主虽然文才过人，也看得目瞪口呆。

泐师这三招犹如“三板斧”：提出看文集，显示出大师无所不知。叶绍袁编《彤奁续些》本来是为了寄托哀思，但也不免有传之后世的用心。但以亲人的不幸死亡来邀取文名，即使不是有意的，也容易引起非议，所以内心难免有些不安。没想到大师早已知道，而且上来就击中要害，于惶恐的同时又多了几分负罪感。又见大师挥笔作序，才思非凡，更加惊为神人，自惭形秽。泐师这三板斧确实厉害，叶绍袁便彻底“震慑”，原来的那点犹疑和自负早已荡然无存，只有五体投地、深信不疑了。

泐师这三板斧只是“下马威”，看到事主被彻底震慑后，立刻就起驾而去，并不久留，不给事主多说的机会，越发高深莫测，令人充满悬念和期待。

第二天一大早，泐师又出奇招，仍不多说，而是要来纸笔，当众挥毫作画，一口气画了四幅，“生色映人，墨韵飞舞”，令围观者啧啧称奇，赞叹不已。

事主会是什么反应？不用说，除了慑服，就是无限崇拜，彻底迷信。于是扑通一下，长跪在地，恳请大师指点。

这时大师才就叶绍袁提出的问题，一一作了解答；叶绍袁又请求大师施法招魂，但遭到拒绝，于是上午的活动结束，悬念仍在。

下午，大师忽然表示已经派人去请琼娘（小鸾魂灵）了，事主闻言，喜出望外，翘首以待。直到夜里，琼娘果然降临，并与大师、叶绍袁进行一番问答，大师还现场为琼娘“授记”。

至此，第一次法事结束。这次法事，使得叶绍袁对泐师的崇拜和信赖达到极致。不久，沈宜修病逝，叶绍袁更加悲痛无助，频繁与泐师通信，请求泐师再次来做法事。

泐师第二次来叶家，可谓“故伎重演”：先让曹文容带来书信，告知事主，泐师很忙，今天不能来，明日午后即到，并且约定与沈宜修、纨纨和小鸾（魂灵）“诸公”一起“振锡还家”。这更让叶绍袁喜出望外，感激不尽。第二天午后，大师果然降临，先称叶绍袁为“秦太虚”，然后回答他关于沈宜修的问题，随即“回銮”。次日一早，泐师便引领三人同来，来了就开始联句；然后进行问答；最后叶绍袁请大师给小鸾留照，大师先是拒绝，然后主动为小鸾“题词”。至此，第二次法事结束。

泐师的法术固然很神奇，但事主（还有很多读者等）之所以深信不疑，主要因为他是泐师，是天台智者化身，又是慈月宫陈夫人，只要你相信这些神秘身份，自然也就会相信泐师的法术。如果将泐师“还原”

成普通人，亦即世俗中的金圣叹，那么这一系列的法事言行，就显得真真假假，虚虚实实，其人为的痕迹就显然可见了。金圣叹毕竟是个肉眼凡胎，就算他才智过人，也是无法完成那些超自然的奇迹的。至于他现场所作的长篇大论、连续不断的诗句，以及多幅绘画，如果没有事先的准备，光靠临时即兴发挥，恐怕也是难以做到的。

嗯嗯。石萌若有所悟，仍有所不解地说：如果圣叹真是智者化身，把鬼魂引来和生人见面说话，或许是可能的；但圣叹作为凡胎肉身，能够做到这些，岂不更令人惊讶！他究竟是怎么做到的呢？那些对话、文章、诗句和绘画，难道都是用扶乩的方式完成的吗？这小小的乩盘，怎么可能完成这些呢？我实在是想象不出来。

柳新雨说：我觉得，说圣叹在叶家的活动都是扶乩，并不准确，说法事更合适些，其中可能包括扶乩，但不只有扶乩，还应该有其他法术。如泐师和叶绍袁的书信往来，应该是真实的，跟普通人之间的通信一样，严格地说，不属于法事范围。又如泐师在叶家给《彤奁》集写序，用笔墨绘画，也应该是真实的，虽然属于法事范围，但这是金圣叹的现场表演，并不是以神灵的名义用乩笔在乩盘上搞出来的。

至于请来神灵和生人见面、说话、作诗等，我觉得可能是金圣叹及其助手一起搞的“表演”，类似于民间的“请神”（或称“下神”“过阴”）。我老家乡下，这类活动至今仍很多。大都是谁家突然有人死亡，特别是非正常亡故，事主极其悲伤思念，想和死者（鬼魂）见面或通话，就会请“神仙”（巫婆之类）来家或到神仙指定的地方，作法请神，把死者招来，或替事主到阴曹地府神界天国去见死者。作法的时间通常在夜晚，也有在大白天，但环境必须幽暗清净。届时树幡挂幢，点烛烧香，还要使用一些道具，如帐幔、镜子、文具等。通常一次只请一个灵魂来，附体在神仙身上，于是神仙就变成了死者——以死者的身份、声音、口吻自说自话，或与事主对话交流。在此过程中，被附体的神仙处于“失常”状态，如疯疯癫癫，浑身痉挛，两眼呆滞，念念有词或者有说有笑，有哭有唱，场面既神秘又恐怖。请神结束后，神仙恢复原状，和平时一样，对当时的言行毫无记忆。事主往往会对人说，确实活灵活现，见到了死者，跟活着时一样；交谈的内容涉及很多外人不知的秘密。诸如此类，这样一传十十传百，相信的人越来越多，神仙也就越来越出名，“生意”也就越来越火了。

不过，像泐师这样，能够一次请来多个灵魂，现场既能对话又能作诗，对话的内容既很丰富又很奇妙，而且在整个过程中，泐师都没有“失常”状态，实在是前所未闻，不可思议。我觉得，金圣叹一个人是不大可能扮演这么多角色（叶家死者）的，当是由多名助手配合完成的。叶绍袁不是提到泐师有“无叶堂”吗，说其中已收有三十多个女子，此外慈月宫还收有纨香、梵叶、嬿娘、闲惜、提袂、娥儿等女子。这几十个女子都是死后成为神灵的，但在泐师做法事时，要由真人来“扮演”，如第一次来叶家的女史傅，第二次来叶家的曹文容，都是真人真事，都被“神化”为泐师的神界弟子。

我觉得，现实生活中，金圣叹的法事团队应该很庞大，其中有不少是女性。他们平时在一起念经事佛，一旦接到做法事邀请，便会根据事主要求及相关情况，进行策划和排练，包括创作脚本、设计情节，安排角色以及服装道具等等，真的就像是一个戏班子。只有事先准备充分了，到时候才能表演得浑然天成，不会穿帮露馅。所以我同意大白兄的推断，不止是有人为的痕迹问题，整个都是人为的编排和表演。

陶然说：即使从人为创作和表演方面上看，金圣叹也是够神奇的！当然，还有他的那些同伴和助手。不过叶绍袁的作用也是不能忽略的，由于他的详细生动的记述，金圣叹的法事活动才得以如此完整地保留下来。而且叶氏的绘声绘色、添枝加叶，使得他的记述很有文学魅力。我在想，叶氏记述中大量的原文——包括泐师的诗文以及其他灵魂的诗文，很可能是有“底本”的，否则，当时不具备现代这样的录音录像条件，仅凭记忆，是很难如此完整细致的。但是叶氏从哪里得到“底本”的？不可能是金圣叹给他吧。所以我怀疑，叶氏之所以能记述得如此周详，除了因他记忆过人，还应该有他“创作”的成分。叶绍袁这个人有很强的垂名不朽情结，又对自己的妻儿感情极深，努力想把他们描写得很完美，以此来冲淡和抵消夭亡的不幸，因而在记述中作一些“创作”，是有可能的。

完全有可能！柳新雨说：我看到有人把叶绍袁所记述的泐师在法事活动中的诗文，归在金圣叹名下，算作金圣叹的“佚文”，我觉得这是不大合适的。因为现在还不能确定叶氏的记述完全是实录，当然也不能说它完全是创作，如果一定要确定这些诗文的“著作权”的话，不如说是叶绍袁和金圣叹共有比较合适。

我还有一点感想。覃慧敏说：金圣叹一再到叶家做法事，而且特别投入，也特别卖力，这固然与叶绍袁的诚恳请求有关，但我总觉得有些异样。有些“节目”，如作画、题词，还有第一次带琼娘回家等，并非出于事主的要求，而是圣叹的主动“加演”。圣叹为什么这么“情有独钟”呢？

我也有同感。陶然说：感觉确实和以前有些不同。以前圣叹扶乩或做法事，有治病救人、驱邪纳吉、祈福弥祸等内容，但这两次在叶家几乎没有。特别是崇祯八年四月，叶家请泐师来给世儴看病，泐师拒绝了；八月沈宜修病重时又来请泐师，也拒绝了，对叶家人的生病和死亡也没什么帮助。为什么泐师“见死不救”呢？我想可能是圣叹已经预感到不能挽救，或者他来叶家的主要目的并不是治病救人，而在于收录亡灵，纳入自己的旗下，以便进一步开展法事，可能还有其他考虑。从泐师的法事活动的需要来看，叶家的死者（亡灵）如沈宜修、叶纨纨、叶小鸾等，不仅才貌双全，而且在世时都美名远扬，很能增强泐师法事的号召力和影响力，这或许就是泐师对叶家“情有独钟”的原因吧。叶小鸾死后，其母沈宜修为她写了一篇《季女琼章传》。

方丈说：不仅如此，叶小鸾有一篇《蕉窗夜记》，还有叶小纨在小鸾、纨纨死后所写的杂剧《鸳鸯梦》，其情节、场景和意境，与泐师在叶家的说法颇为相似，很可能受了泐师说法的影响。

啊！受到圣叹影响？石萌惊讶道：那是什么时候？

方丈说：现在还不知道确切的时间，当然是在叶家姊妹的生前。你们注意到没有？泐师在叶家做法事，其中的几个角色，除了叶绍袁，其他都是泐师及其助手扮演的。他们的言谈和诗文，涉及许多死者（神灵）生前的事情，有些很私密，是外人不可能知道的。那么泐师及其助手怎么知道的呢？有人可能会说：那是因为泐师神通广大呀。不错，泐师作为神灵，可以洞悉前后，这是说得过去的；但是要知道，脱去泐师及其助手的神秘外衣，其实就是金圣叹及其弟子。他们虽然会一些法术，但毕竟都是凡人，是不可能洞悉前后的。因此，合情合理的解释是：金圣叹及其弟子，对死者生前的情况早有了解，甚至与她们有过接触。

例如，在法事中，昭齐（神灵）对父亲（叶绍袁）说："至于琴瑟七年，实未尝伉俪也。"意思是说，她婚后与丈夫虽有夫妻之名，但未行夫妻之事。这可是外人不可能知道的个人隐私，但叶绍袁应该是知道的——否则就可能"穿帮""露馅"，而说这话的"昭齐"其实是泐师的助手扮演的。这说明，泐师亦即圣叹，事先是知道这个隐私的。他是怎么知道的？除非叶纨纨生前亲口告诉他。可知圣叹不仅在纨纨生前与她有过接触，而且谈话非常深入。

又如，在法事中，叶绍袁问泐师，寒簧（小鸾神灵）既然和张郎有缘，为什么没能最终结为夫妻（以了此情缘）？泐师说："（寒簧）断不愿谪人间行鄙亵事。"其实叶小鸾订婚很早，她如果认为结婚是"鄙亵事"而不愿意，她可以及早拒绝；直到婚期前六日父亲催逼时，仍没有反抗的表示。这是为什么？况且，小鸾是不是这样认为的，其父母应该早就知道，泐师这么说，如果不合实情，也是会"穿帮""露馅"。这又说明，泐师事先是知道小鸾这种态度的。

特别是法事中的"审戒"一幕，小鸾承认自己"曾犯"很多戒规，诸如："曾呼小玉除花虱，也遣轻纨坏蝶衣"（犯杀）；"不知新绿谁家树，怪底清箫何处声"（犯盗）；"晚镜偷窥眉曲曲，春裙亲绣鸟双双"（犯淫）；"自谓前生欢喜地，诡云今坐辩才天"（犯妄言）；"团香制就夫人字，镂雪装成幼妇辞"（犯绮语）；"对月意添愁喜句，拈花评出短长谣"（犯两舌）；"生怕帘开讥燕子，为怜花谢骂东风"（犯恶口）；"经营缃帙成千轴，辛苦鸾花满一庭"（犯贪）；"怪他道蕴敲枯砚，薄彼崔徽扑玉钗"（犯嗔）；"勉弃珠环收汉玉，戏捐粉盒葬花魂"（犯痴）。这些多属女孩子闺中私密，泐师亦即圣叹是如何知道的？而且了解得如此具体细致？想必在（小鸾）生前就有过深入的交流。

呀！原来如此啊！覃慧敏惊呼道：怪不得泐师刚到叶家，只看一眼《彤奁》集，便一挥而就写出那么长那么好的题词来，显然也是由于此前早就对叶氏姊妹的文才了如指掌，甚至曾亲眼看过她们的诗文作品。

而且，我觉得，泐师的字里行间，流露出对叶氏姊妹很深的爱慕和惋惜之情。柳新雨说：感觉他们的关系确实非同一般。

石萌有些不解地说：可是，叶家姊妹都是大家闺秀，金圣叹一个大男人，怎么可能和她们如此亲密地接触呀？要知道那个时代的男女交往，可不像现在这么容易啊！

这可能与“性别变化”有关。李大白说：开始我很不解，为什么叶小纨杂剧的主角是三个男人，而剧名叫作《鸳鸯梦》呢？鸳鸯一般比喻男女情侣，这三个主角即使按照原来在天上的身份，也都是女性，不应该称为“鸳鸯”啊。虽然沈自征在《小序》中说这是“本苏子卿（武）‘昔为鸳与鸯’之句”，兄弟或姊妹之间也可以称作鸳鸯，但还是觉得有些怪怪的。听了大家的谈论，特别是方丈说三个男主角其实就是叶氏三姊妹的“化身”，使我茅塞顿开，原来这是作者故意运用“性别变化”的手法，将真相隐蔽起来。

这个手法，可能也是从泐师那里学来的。金圣叹走上“神坛”（扶乩，做法事）之初，就是以女性身份——慈月宫陈夫人——出现的。这个陈夫人，“本身”是苏州饮马里陈氏女子，死时才十七岁。饮马里和金圣叹的住所应该相距不远，圣叹可能在她生前就知道她，认识她，甚至有过接触。圣叹之所以要变化为女性形象，直接的目的就是为了便于跟不同的人尤其是跟女性接触和交流。这样可以避开女男授受不亲的传统界限，也可以消除女性的心理障碍。当然圣叹还有其他“变化”身份：如智者的身份，可以令人更加信仰；泐师的身份，可以让人倍感神奇。泐师从天启元年（1621）为陈氏女扶乩，到崇祯八年（1635）为钱谦益母亲做法事，经过十多年，泐师的神奇早已广为人知；同时叶家母女姊妹的才貌也闻名遐迩，这就使泐师了解叶氏姊妹和叶氏姊妹了解泐师成为可能。沈宜修派儿子去请泐师，还给祂写诗，就是一个证明，证明她不仅了解泐师，而且关系并不生疏，她想让祂到家里来，当面请教治病及有关问题。

尤其值得注意的是，沈宜修还有一首七绝诗，题为《病中上泐大师》，诗题下有“乙亥八月绝笔”[①]几个小字注。乙亥即崇祯八年，诗云：“四大幻身终有灭，茫茫业海正深时。一灵若向三生石，无叶堂中愿永随。”显然，沈氏生前就已经知道泐大师及其无叶堂了，这透露出她可能见过泐大师，并听祂讲说四大皆空、业海茫茫、三生石、无叶堂等情形，“无叶堂中愿永随”，透露出她已被泐师记莂为弟子，成为无叶堂中的一员，她表示心甘情愿永远追随泐师。这首诗可以说是泐师在沈氏生前就与她有过深入交谈的重要证据，也可以间接证明祂与叶氏姊妹也有过接触，并施加影响。也就是说，金圣叹是以泐师称号、智者的名义、女性的身份来与叶家母女姊妹接触的，这样既可以消除障碍和戒备，又可以增加信赖和敬仰，所以他们之间的交流或者说圣叹对她们施加的影响，才会如此深入。

泐师接触叶家诸女的原因很多，笼统地说，是为了传教弘法；更具体地说，是想“收录”她们。因为她们才貌双全，远近闻名，如果能够把她们收归门下，无疑会极大提高祂的知名度和影响力。前面说到，泐师收留女子（神灵）的地方有慈月宫和无叶堂，根据叶绍袁的解释：“无叶堂者，（泐）师于冥中建设，取法华无枝叶而纯真实之义。凡女人生具灵慧，夙有根因，即度脱其魂于此。教修四仪密谛，注生西方，所云天台一路，光明灼然，非幽途比也。俱称弟子，有三十余人，别有女侍，名纨香、梵叶、嬿娘、闲惜、提袂、娥儿……甚多，自在慈月。”

这说明泐师对这些女子的性格才情早有了解，然后才择优录取。泐师所收录的这些冥界女子，在法事中大都由其女性助手来扮演。出离法事回到现实中，泐师便恢复为圣叹本身，可知他平时是很注意物色“生具灵慧，夙有根因”的女子并收录为弟子的。

要让这些女子信从说教，自愿皈依，并不是容易的事情，因为她们

---

① 《午梦堂集》之《鹂吹》，第120页。

不仅都很灵慧，还有学识，更有家族的保护。所以泐师必须有接近她们的办法，有足以打动她们的说教和法术，还要有人协助配合。圣叹通过泐师、智者、陈夫人等身份，得以接近她们；通过讲经说法、治疗疾苦、驱邪祈福等法术，赢得她们的信赖；又通过慈月宫、无叶堂等美妙“仙境”，给她们以梦想。总之是要让她们彻底觉悟、誓愿坚定，主动自觉地进入泐师的“彀”中。叶家母女都为这一个美丽的“神话”而着迷。叶小鸾《蕉窗夜记》中的情节，可能源自泐师的精心设计；两位芭蕉精灵，可能是泐师派去的女助手；她们的谈话和吟诗，则是泐师说教的另一种表达；连同叶小鸾《壬申春夜梦中作五首》及叶小纨《鸳鸯梦》所描绘的世外仙境，也都是泐师“梦想国”的曲折反映……

当然，这些女子之所以甘愿皈依而且誓死不渝，不只是由于泐师的说教和诱导，还因为现实的险恶、世俗的污浊、家庭的禁锢、情感的孤苦、精神的空虚以及身心病患等等，使她们对俗世产生厌恶和恐惧，向往单纯、洁净、自由、美好的世外生活。尤其是对于这些妙龄男女来说，最关心也最困扰他们的，是两性感情问题：留在世俗生活里，得不到真正的爱情；要进入神仙境界，又不能有实质的两性关系。这是个悖论，仿佛永远无法解决，但泐师提供了独特的解决之道，就像祂对叶世偁姻缘所作的解释那样：

偁之前身，生于云间。已聘一女，将婚而死。因悟世法无常，遂出离家俗，为高行律师。女于梦中，时往视之，觉而邪心萌动，动即堕戒，遂至于此。然此事甚奇，因缘在三世以前，本皆女也。偁为奚氏，顾为杨氏，俱武水人，中表姊妹，以才色相慕悦，誓同居不嫁。六七年所，父母终不能成其志，为各选婿。二女不相期约，俱于一日剪发成尼。父母亦无可奈何，遂创立梵舍，听其同处，精参内典，勤求佛法，可云美矣。后一女先卒，终时谓其一云：我生生世世必不舍汝，然我计之，为兄弟则各有室，为姊妹则各有家，不若迭为夫妇可耳。然而数载薰修，人天证明，不容破戒，于今三世矣。

三世俱定盟为夫妇，愿力也；三世究竟不成夫妇，戒力也。①

姊妹之间“迭为夫妇”，其实是把爱情婚姻“同性化”和“无性化”，只有夫妇的形式，而没有夫妻的实质。这样便成全了修行的“愿力”和“戒力”，既可以永远厮守，又可以保持“纯洁”，可谓两全其美。

这种“同性化”和“无性化”，是泐师为陷入上述悖论的男女开出的“对症”之药，是解决爱情困境的有效途径。实际上，男女之间的真正爱情，尤其是初恋的小儿女之间，往往是高度纯洁的，双方相互爱慕，希望永远在一起，并没有肉体上的占有欲望，甚至视此为不洁，类似于人们常说的所谓“精神恋爱”。但在世俗社会里，婚姻是由家长包办的，男女双方通常没有爱情可言，他们既不满这种婚姻，又无法抗拒家长，于是离俗出家便成为获得身心自由、实现美好爱情的可行途径，虽然这也很艰难。泐师为那些女子描绘的，正是这种可以和爱慕的人永远在一起，自由自在的美妙境界，因而很容易感化她们，于是山盟海誓，共同出家，皈依佛门（泐师）。

泐师还提到（世偁前身）父母无可奈何，只好同意她们的选择，还为其创立梵舍，让她们一起学佛，一起生活。这实际上是家长对子女以死抗争的妥协，虽然不如彻底出家那么自由，仍不失为解决上述困境的一个有效途径。

如此看来，叶氏三姊妹的誓约和《鸳鸯梦》中三个人的誓约，都是上述解决途径的具体践行，只不过一个是在现实中，一个是在戏剧里，戏里戏外，其实是一回事。当然，他（她）们的誓约，并不只是为了爱情和友谊。

庄言说：金圣叹与叶家母女早有接触，这个推测合乎情理，是可信的。从现实条件上看，也是有可能的。大家知道，金圣叹与吴江沈氏的关系非同一般，学者认为，金圣叹的法事活动，极有可能与沈氏之交

① 《午梦堂集》之《续窈闻》，第519页。

“互为波澜、相互推助”。[①]吴江沈氏为文学世家，万历年间，一门五兄弟璟、瓒、琦、珫、珣相继考中进士，号称“沈氏五凤”，其中沈珫官至山东东昌知府、兖东道按察副使。叶小鸾的母亲沈宜修，便是沈珫的长女。沈珫有十一个儿子，自曾、自继、自征、自炳、自然比较有名，叶小鸾出生后不久即送给沈自征抚养。

与金圣叹交往比较密切的沈氏人物，有沈永辰（1616–1674），字子拱，号来止，是沈自曾的儿子；沈永启（1621–1699），字方思，号旋轮，是沈自继的儿子；沈永卿（1638–1716），字鸿章，是沈自征的长子；沈永荪（1624–1680），字湘芄，号左轮，是沈自炳的长子；沈永筠（1632–1686），字松年，号岷来，是沈自炳的次子；沈世楙（1619–1685），字旃美，号默斋，是沈琦长孙永迪的儿子。其中沈永启是金圣叹的弟子，沈世楙与圣叹是儿女亲家。

上述“永”字辈诸人，都是叶小鸾的表哥或表弟，其中沈永辰和小鸾同龄，沈永启比小鸾小五岁，小鸾死时，沈永筠出生不久，沈永卿还没有出生。小鸾自幼在舅舅家长大，十岁才回到叶家，她应该和沈永辰、沈永启、沈世楙比较熟悉。

金圣叹比沈永启年长十三岁（比叶小鸾年长八岁），既是沈永启的老师，便应与其父辈比较熟悉。有记载说：“（沈）方思颖慧，读书了了大义。稍长，游同郡金采之门，相与潜究性命奥窔。逾月而学进，采异之，故又更其名曰圣说，号旋轮，则皆金采所命也。”这里的“稍长”不详具体年龄，学者认为沈永启“师从金氏约在崇祯十四年（1641）前后，时圣叹三十四岁、永启二十一岁”。似乎有些晚，应该更早一些。

沈永启拜金圣叹为师，一起“潜究性命奥窔”，看来不像是举业之类儒家经典，而是佛、道之学。圣叹看到永启颖悟异常、进步神速，便为他更名赐号：以“圣说”为法名，以“旋轮”为法号，这意味着永启可能受戒了，而且与圣叹属同辈，亦师亦友，足见圣叹对永启的器重。旋轮既有佛教轮回之义，也可能与法事活动有关。看来永启也属于“生具灵慧，夙

---

① 《金圣叹史实研究》第101页。有关吴江沈氏的情况，参见该书第265–279页。

有根因”之类的青少年，被金圣叹看中而收录门下，其情形与叶小鸾（神灵）被泐师收入无叶堂类似，只不过一个是在生前，一个是在死后。

金圣叹既与吴江沈氏交往密切，又是沈永启的老师，自然会经常来吴江。永启既然皈依圣叹为弟子，自然要协助乃师传教弘道，参与圣叹的法事活动。永启和叶小鸾关系亲近，叶小鸾又是那么佛性异常、颖悟过人，那么圣叹便有可能通过永启或其他沈氏关系接近叶小鸾，叶小鸾也有可能通过永启或其他沈氏关系接近圣叹。

值得注意的是，叶小鸾十四岁时，曾随母亲回过舅家。离开时，沈自征赠小鸾诗云:“南国无双应自贵，北方独立讵为惭。飞去广寒身似许，比来玉帐貌如甘。”虽然沈宜修说这些“皆非儿（小鸾）意中所悦也”，但由此可知，此时小鸾已出落成绝世佳人，宛若飞仙嫦娥。沈自征还记道:“比见则汝（小鸾）已长立成人，规旋矩折，神姿不凡；玉秀花明，光采耀目，余不复能识认。因问汝曰:‘尚忆少时，同汝妗雪夜乏炉，以瓦甓贮火，诵《毛诗》二南否？’汝应曰:‘忆之。’因呜咽失声，终席无一寒暄语，但低首掩涕，余固知汝慧性之特异于人也。”[①]神姿、玉秀、光彩、慧性，可见他眼里的小鸾不仅美貌绝伦，而且气质非凡。

这样的小鸾，正是“生具灵慧，夙有根因”的女子，完全符合泐师“度脱”的条件，怎能逃过泐师的法眼；而当时的泐师也已声名大振，小鸾也应有所耳闻，乃至神往。所以我认为，圣叹在小鸾生前与她有过间接或直接的接触，并施加说教和影响，是有可能的。类似的情况，也可能发生在叶纨纨、叶小纨身上。甚至可以说，叶小鸾的死与泐师亦即金圣叹不无关系。

哎呀！石萌惊讶道:我怎么有些越听越害怕了？

阿弥陀佛！方丈说:这个问题比较复杂……

这时知客僧匆匆走来，报告说有重要人物驾到。方丈起身，对田老师说:我去一下，你们先去用晚膳，稍事休息，回来再说。

说罢，便随知客僧匆匆离开。

---

① 《祭甥女琼章文》。《午梦堂集》之《返生香》，第364页。

# 第六章

# 闻声感心泪洒今古 如梦似幻情寄西厢

方丈走后，田老师一行用了晚膳。入夜时分，又见那位知客僧前来，说是方丈请大家到藏经阁叙话。众人便跟着知客僧来到后院的藏经阁，循阶而上，来到读经室，见方丈已在此等候，笑着迎上来说：今晚换个地方说话，更上一层楼。

范启明环视这读经室，整洁素雅，居高临下，视野极为开阔。山风时来，满室都是草木的清馨，荡胸涤肺。不禁赞叹道：是个读书论道的好地方。

你要是喜欢，就在这里住下。方丈说：阁里的藏书尽你看。

那太好了！范启明说：我还从来没有在寺院里读过书呢。清闲自在，少了多少尘间烦扰。

田老师笑道：如今哪有清闲自在的地方呦！哪儿都有难念的经，不信你问问方丈。

阿弥陀佛！方丈说：寺院自古就不是清闲之地，每日的功课排得满满的，比大学里还要紧张哩——这当然是寺院的职分所在，是正常情况。近些年，来寺里的人激增，有拜佛的，有求神的，还有游览的，尤其是节假日，车水马龙，水泄不通。此外，地方上的很多活动，也要寺里参加，还要经常接待重要人物、特殊客人……

啊！这么忙呀？没想到，真的没想到！范启明说：这些要人、名人来干嘛？

干啥的都有，方丈说：祈福、算命的居多。

知道了，现在世风日下，私欲膨胀，法网高悬，好人坏人都缺乏幸福感、安全感。范启明说：不过，也不能把和尚当作算命先生呀！

唉！方丈叹气道：现在的人啊，只要见到穿僧衣或道袍的，就以为是会算命的，可谓是病急乱投医。

范启明笑道：这么说，你真的会算命？

这也是个悖论：完全绝俗，就无法生存；过于近俗，就违背本义。田老师说：自古如此，分寸火候不好掌握啊！也难为你了。

阿弥陀佛！境由心生，心远地自偏嘛。方丈说：也可以说是一种修炼。

哇！《贯华堂第六才子书西厢记》！好精美的抄本。这边三位老人正说着，忽听那边有人惊叫起来。

方丈说：拿过来给二位看看吧！

学生将书捧到灯下，大家围上了观看。纸墨抄工，俱甚精美，古淡清奇，令人爱不释手。

啊！原来是方丈的墨宝！庄言赞同道。

什么宝不宝的。方丈说：抄经是功课，也是修行。本阁的藏书，大都是由僧人抄录的。

石萌问：这种香艳之书，寺院也收藏啊？

方丈说：金圣叹的全部著作，本阁皆有抄本。不过，《金评西厢》在我们这里，可不是香艳之书。

那是什么？不会也当作“经”吧？石萌又问。

方丈点点头，说：差不多吧。

覃慧敏问：法师刚才说《金评水浒》是圣叹悟道之书，那么，您是不是认为《金评西厢》也是圣叹悟道之书？

方丈又点头说:是的。大家知道，圣叹的著作，分“圣叹内书”和“圣叹外书”，其实都是悟道之书，只是形式、重点和境界有所不同而已。

庄言若有所悟，说：《金评水浒》和《金评西厢》，一个属于小说，一个属于戏曲；一个重在世道，一个重在感情；一个代表前期，一个代表后期。无名氏《辛丑纪闻》说：“（金圣叹）岁甲申，批《水浒传》；丙申，批《西厢记》；亥子间，方从事于杜诗，未卒业而难作，天下惜之。”[①] 丙申即顺治十三年（1656），其时圣叹四十九岁。圣叹在评点中说：“吾友斫山先生……今与圣叹并复垂老，两人相怜如一日也。”[②]可证圣叹此时已经“垂老”。徐增说：“刻王实甫《西厢》，应坊间请，止两月，皆从饮酒之隙诸子迫促而成者也。”[③]圣叹自己还说到：“《世说新语》云：《庄子·逍遥游》一篇，旧是难处。开春无事，不自揣度，私与陈子瑞躬，风雨联床，香炉酒杯，纵心纵意，处得一上。自今以后，普天下锦绣才子，同声相应，领异拔新，我二人便做支公、许史去也。”[④]这样看来，《金评西厢》可能是在顺治十三年春季的前两个月里完成的。

柳新雨说：我疑心《辛丑纪闻》所说的“丙申”未必准确，因为它说圣叹评释《水浒传》是在“甲申”（崇祯十七年，顺治元年，1644），就是错误的。而且，《金评西厢》中也有不少与“垂老”不合的地方，如圣叹说：“记得圣叹幼年初读《西厢》时，见‘他不偢人待怎生’之七字，悄然废书而卧者三四日。此真活人于此可死，死人于此可活，悟人于此又迷，迷人于此又悟者也！不知此日圣叹是死是活，是迷是悟，总之悄然一卧，至三四日，不茶不饭，不言不语，如石沉海，如火灭尽者，皆此七字勾魂摄魄之气力也。先师徐叔良先生见而惊问，圣叹当时恃爱不讳，便直告之。先师不惟不嗔，乃反叹曰：‘孺子异日真是世间读书种子！’此又不知先师是何道理也。”[⑤]又说：“记圣叹幼时初读《西

---

① 无名氏《辛丑纪闻》。《汇编》第74页。

② 《金评西厢》卷六《闹简》。《金集》贰，第1005页。参见徐朔方《金圣叹年谱》顺治十三年条，《徐朔方集》第735页。

③ 徐增《〈天下才子必读书〉序》。《汇编》第58页。

④ 《金评西厢》卷二《读〈第六才子书西厢记〉法》，《金集》贰，第855页。

⑤ 《金评西厢》卷三《酬韵》。《金集》贰，第926页。

厢》，惊睹此七字，曾焚香拜伏于地，不敢起立焉。”[①]又说：“吾幼读《会真记》，至后半改过之文，几欲拔刀而起，不图此却翻成异样奇妙，真乃咄咄怪事。”[②]可见圣叹幼年就多次读《西厢记》了。

特别是在《金评西厢》的“读法”中，圣叹说：“子弟至十四五岁，如日在东，何书不见？必无独不见《西厢记》之事。今若不急将圣叹此本与读，便是真被他偷看了《西厢记》也。他若得读圣叹《西厢记》，他分明读了《庄子》《史记》。”[③]又说：“儿子五六岁了，必须教其识字……直到解得布一句为一章时，然后与他《西厢记》读。”[④]这里的“子弟”如果是指金雍等人的话，那么最迟在金雍十四岁时，圣叹便让他读自己评点的《西厢记》了。金雍十四岁时，圣叹才三十九岁，好像不能说“垂老”吧。所以我怀疑，会不会是《辛丑纪闻》的作者把“丙戌”（顺治三年，1646）误作“丙申”了？或者将三十九岁误作四十九岁而推算为“丙申”了？

也可能两个时间都不误。范启明说：据说在《第六才子书西厢记》的原刻本中，有“顺治丙申四月初三日辰时搁笔”一行字。[⑤]如果这行字确实出自圣叹手笔，或者确实是就《金评西厢》而言的，那么“丙申”就不误。不过，在《金评西厢》卷首圣叹所作《序二》中，有“我比日所批之《西厢记》”[⑥]这样的话。比日即近来，也可以理解为前不久。所以我认为：《金评西厢》大概也和《金评水浒》类似，是一个不断从事的过程，最初的接触，是在幼年，也是如痴如醉；后来钞写、评点，不断充实丰富，大约四十岁以前完成初稿，五十岁以前修订完善，交付刊刻。但就整体而言，《金评西厢》当属圣叹“后期”著作，其中所反映

---

① 《金评西厢》卷四《闹斋》。《金集》贰，第930页。

② 《金评西厢》卷七《酬简》。《金集》贰，第1054页。

③ 《金评西厢》卷二《读〈第六才子书西厢记〉法》。《金集》贰，第856页。

④ 《金评西厢》卷二《读〈第六才子书西厢记〉法》。《金集》贰，第860页。

⑤ 参见陆林《金圣叹史实研究》第154页，注云据周锡山《贯华堂第六才子书西厢记》（万卷出版公司2009年）扉页书影。

⑥ 《金评西厢》卷一《序二曰留赠后人》。《金集》贰，第853页。

的，则是其五十岁以前的人生状况。

田老师说：从评语上可以看出金圣叹评点《西厢记》的人生状态跟评点《水浒传》时明显不同。《金评西厢》的格调更加悲观、无奈，但也更加本真、自我，因而也更加洒脱、放达，自由自在。说实话，我更喜欢《金评西厢》中的金圣叹。

我也是！我也是！学生们纷纷应道。

覃慧敏说：我之所以更喜欢《金评西厢》，是因为圣叹的评点更加亲切可爱，文字也更加美妙绝伦！同时还有某种隐秘和微妙。

唔，那你就说说吧！田老师说。

我试试吧！覃慧敏说：看上去《金评西厢》和《金评水浒》基本一样，都称"圣叹外书"。正文前面也有几篇文字，依次为：卷一《序一曰恸哭古人》（简称《序一》）、《序二曰留赠后人》（简称《序二》）；卷二《读〈第六才子书西厢记〉法》（简称《读法》）；卷三《会真记》（包括元稹《会真记》传奇以及相关诗文）。这三卷文字的性质和作用，与《金评水浒》的前三卷几乎完全一样，只是《金评水浒》"多"了卷四（亦即《伪序》）。但二者最大的不同，是《金评水浒》把七十回以后的部分全部删去，亦即所谓"腰斩"了；而《金评西厢》却保留了"《续》"作四章。圣叹虽然说它"不知出何人之手"，并大加斥责，以为反面典型，但还是把它保留下来了，使《西厢记》得以"完整"，并有一个"大团圆"的结局。可以明显感到，保留这个尾巴，圣叹是极不情愿的；但他不仅把它抄录下来，还细加评点，可见圣叹此时变得"宽容"多了，不再像评释《水浒传》时那么嫉恶如仇、不共戴天了。不仅如此，圣叹在评点这个尾巴时，还不乏称赞之词，如在【搅筝琶】后评论道："此一段更精妙绝人，又沉着，又悲凉，又顿挫，又爽宕，便使《西厢》为之，亦不复毫厘得过也。古人真有奇绝处，不可埋没！"①又可见圣叹的态度也较以前更加客观、全面了。这些或许都和他的"垂老"有关吧。

当然更具实质性的，是评点旨趣的变化，这集中体现在《金评西厢》

---

① 《金评西厢》卷八《衣锦荣归》，《金集》贰，第1116页。

的两篇序文上。说实话，我开始读这两篇序文时，感觉就像绕口令，几乎被“绕”晕了；后来平心静气、反复品读，才觉得真是绝妙奇文，是最让我难忘的序文，没有之一。确实是个“才子”，不可多得！

这两篇序文最醒目的地方就是标题：序一题为《恸哭古人》，序二题为《留赠后人》。先不说它的“震撼”作用，单标题本身就很特别——附加题目的古人自序，是很罕见的，反正我以前没见过。

在我看来，这两篇序文其实是一篇文字，分别独立，固然双美；合而为一，也堪称完璧，就像一个双面镜。而金圣叹与古人、后人，就像是三个好朋友，他一边挎一个，将三者的生命联系起来，一起穿越时空。这是要有博大深邃的心灵宇宙才能做得到！

圣叹的博大深邃来自“觉悟”，他在《序一》中一再称“我自深悟”“我既了悟”，这与方丈所说《金评西厢》是悟道之书，正相符合。因而这两篇序文其实都可以说是悟道文，是觉悟之后的心灵表白。

方丈很认真地点着头。

覃慧敏继续说：《序一》上来就以设问，直入正题：

> 或问于圣叹曰：《西厢记》何为而批之刻之也？圣叹悄然动容，起立而对曰：嗟乎！我亦不知其然！然而于我心则诚不能自已也。①

是啊，为什么要批点、刊刻《西厢记》？这是所有读者（还有很多未读者）都关心的问题，也是自序必须回答的问题。令人意外的是，圣叹却说：啊啊，我也不知道为什么呀！圣叹真的不知道吗？当然不是，“我心则诚不能自已”，便是答案。

圣叹说“我亦不知其然”，其实是回避、否定所有外在的、世俗的原因，想必作这方面原因推测的人不在少数；圣叹说“我心则诚不能自

---

① 《金评西厢》卷一《序一曰恸哭古人》，《金集》贰，第 847 页。按：《序一》《序二》见本书第 847–853 页，下引其文，均见于此，不再注出。

已”，其实是承认、确定只有内在的、心灵的原因，这是一般外人所不能理解的，这便是他的觉悟。

须要注意的是，这个开头其实是领起并贯注两篇序文的，不只是为了“恸哭古人”，也是为了“留赠后人”。

圣叹说这话时，“悄然动容，起立而对”，可见他不是开玩笑，不是游戏笔墨，他是认真严肃的，因为事关重大，非同寻常。圣叹的思绪进入宇宙洪荒：

> 今夫浩荡大劫，自初迄今，我则不知其有几万万年月也。几万万年月，皆如水逝云卷，风驰电掣，无不尽去，而至于今年今月而暂有我。此暂有之我，又未尝不水逝云卷、风驰电掣而疾去也，然而幸而犹尚暂有于此。

佛家把宇宙一成一毁称为一劫，有小劫、中劫、大劫。一大劫为两百六十八亿八千万年。有一种比喻说：就像一个长宽高都是十六公里的大仓库，里面装满了芥子粒。每过一百年，只相当于丢掉一粒芥子，直到丢完所有芥子，一个劫的时间还没有完。那么一大劫该是多少时间？真的不可想象！不是人类时间所能计算的。圣叹说“我则不知其有几万万年月”，并不夸张。

时间如此，空间亦然，都是人类无法理解的无限大。在这无限之中，人类则是无法理解的无限小，而个体生命的渺小更是无法想象的。

在这无限之中，所有的一切都迅疾出现，迅疾消失，而“我”的存在是多么的短暂和幸运啊！那么，如此短暂而幸运的我，该怎样活着？圣叹说：

> 幸而犹尚暂有于此，则我将以何等消遣而消遣之？我比者亦尝欲有所为，既而思之，且未论我之果得为与不得为，亦未论为之果得成与不得成；就使为之而果得为，乃至为之而果得成，是其所为与所成，则有不水逝云卷、风驰电掣而尽

> 去耶？夫未为之而欲为，既为之而尽去，我甚矣！叹欲有所为之无益也。然则我殆无所欲为也？夫我诚无所欲为，则又何不疾作水逝云卷、风驰电掣，顷刻尽去，而又自以犹尚暂有为大幸甚也？甚矣，我之无法而作消遣也。

应该充分利用这短暂而幸运的存在来“消遣”。为什么选择消遣？因为“有所为”的幻灭：首先是没有机会去有所为；就算有机会，也未必有所成；就算有所成，还不是一样迅疾而去？所以欲有所为本身就是虚幻的。那么就应该无所欲为吗？如果是这样，迅疾逝去好了，又何必短暂而幸运地存在着呢？

真的没办法，只能消遣，这消遣，其实是生命的无奈。既然生命的消逝毁灭是普遍的、永恒的，那么这种无奈也是普遍的、永恒的，自古如此，永远如此。于是圣叹想到古人：“细思我今日之如是无奈，彼古之人独不曾先我而如是无奈哉？我今日所坐之地，古之人其先坐之；我今日所立之地，古之人先立之者，不可以数计矣。夫古之人之坐于斯、立于斯，必犹如我之今日也。而今日已徒见有我，不见古人，彼古人之在时，岂不默然知之？然而又自知其无奈，故遂不复言之也？”古人不言，但圣叹不能不言；因为他既相同于古人，又不同于古人。

圣叹要追究：是谁把我们置于如此无奈的境地？除了天公地母（造物主），还能有谁？所以圣叹责问道：

> 此真不得不致憾于天地也，何其甚不仁也！既已生我，便应永在；脱不能尔，便应勿生。如之何本无有我，我又未尝哀哀然丐之曰“尔必生我”，而无端而忽然生我？无端而忽然生者，又正是我；无端而忽然生一正是之我，又不容之少住。无端而忽然生之，又不容少住者，又最能闻声感心，多有悲凉。嗟乎，嗟乎！我真不知何处为九原？云何起古人？如使真有九原，真起古人，岂不同此一副眼泪，同欲失声大哭乎哉！

圣叹有多重理由责问天地：您为什么生我？我可从来没有哀求您一定要生我啊！此其一。您既然生我，为什么又让我迅疾逝去？您既不能让我长久存在，就不应该生我。此其二。您无端生我也就罢了，让我迅疾逝去也就罢了，可您为什么又让我有一颗最敏感的心灵，最能感知生命的悲凉？此其三。圣叹其实是说，自己是非同常人的“才子”，而他所说的“古人”，则是已经逝去的“才子”，所以他们是“同一副眼泪”，“同欲失声大哭”。

“最能闻声感心，多有悲凉”，是圣叹的自我体认，也是他的过人之处。圣叹的“才识”也不让于古人：

> 乃古人则且有大过于我十倍之才与识矣，彼谓天地非有不仁，天地亦真无奈也。欲其无生，或非天地；既为天地，安得不生？夫天地之不得不生，是则诚然有之；而遂谓天地乃适生我，此岂理之当哉？天地之生此芸芸也，天地殊不能知其为谁也；芸芸之被天地生也，芸芸亦皆不必自知其为谁也。必谓天地今日所生之是我，则夫天地明日所生之固非我也。然而天地明日所生，又各各自以为我，则是天地反当茫然，不知其罪之果谁属也。

圣叹说古人的“才识”大过他十倍，不过是谦虚之词，因为接下来的话，其实是圣叹替古人的代言，体现的正是圣叹的才识。如果说上文指责天地“不仁”还不算新奇的话，毕竟老子说过：“天地不仁，以万物为刍狗”；那么这里说天地“无奈”，实在是惊人之语！无所不能的天地，怎么会无奈呢？原来“生”是天地的大德，也是天地的义务，如果不生，便不能为天地，所以天地不得不生。但是天地所生甚多，搞不清生的是谁，芸芸众生也搞不清自己是谁。倒是众生误以为今日所生是我或明日所生是我，反把责任推给天地。这么说来，天地不仅无奈，而且很冤枉。

且不管天地是否清楚生我，反正我只能听天由命、任其所生；既然天地不让我久驻，我也只能任其迅疾逝去。出生和逝去我都只能听之任之，那么在这生与去的短暂幸存中，即使无法作消遣，也要努力随意作消遣。问题是怎样消遣？

> 得如诸葛公之躬耕南阳，苟全性命，可也，此一消遣法也；既而又因感激三顾，许人驱驰，食少事烦，至死方已，亦可也，亦一消遣法也。或如陶先生之不愿折腰，飘然归来，可也，亦一消遣法也；既而又为三旬九食，饥寒所驱，叩门无辞，至图冥报，亦可也，又一消遣法也。天子约为婚姻，百官出其门下，堂上建牙吹角，堂后品竹弹丝，可也，又一消遣法也；日中麻麦一餐，树下冰霜一宿，说经四万八千，度人恒河沙数，可也，又一消遣法也。

圣叹举出六种消遣法，其实是三种两面（极）对立而统一的人格类型。前两人诸葛亮、陶渊明，是众所周知的；后一人圣叹虽未点名，疑有所指，如宗泐、姚广孝之类的人物，兼有大臣和高僧的双重身份。不论这三种人格类型的原型是谁，都是非常了不起的人物。他们所取得的成就，皆非常人所能及。而他们的任何一种消遣法，也都不是我们平时所说的消遣，都须要付出艰苦的努力。这固然可以看出金圣叹的“口是心非”，但他如果真是把这些当作消遣，又可见他是何等的自负和自信！然而越是自负自信的人，越容易失落无奈，陷于悲凉和绝望。

然而圣叹为何要选择如此高难度的消遣呢？

> 我固非我也：未生已前，非我也；既去已后，又非我也。然则今虽犹尚暂在，实非我也。既已非我，我欲云何？抑既已非我，我何不云何？且我而犹望其是我也，我决不可以有少误；我而既已决非我矣，我如之何不听其或误，乃至或大误耶？误而欲以非我者为我，此固误也，然而非我者则自误也，非我之误也。又误而欲以此我，作诸郑重，极尽宝护，至于

> 不免呻吟啼哭，此固大误也，然而非我者则自大误也，非我之大误也。又误而至欲以此我，穷思极虑，长留痕迹，千秋万世，传道不歇，此固大误之大误也，然而总之：非我者则自大误大误也，非我之大误大误也。

虽然意识到“我固非我”，却不忍放弃，还指望他“是我”，所以不能白白耽误了这短暂的人生。然而以“非我”求成于“是我”，这本来就是一个错误；但这是制造“非我”的人的错误，不是“我”的错误；我的大误，在于我把自己短暂的生命看得过于郑重和宝贵，以至于为之呻吟、啼哭，我的大误之大误，在于我要用这短暂的生命穷思极虑，以期“长留痕迹，千秋万世，传道不歇”。但总归这不是我的大误之大误，而是非我的大误之大误。

然则我固非我，说到底都是一个误，既然如此：

> 于是而以非我者之日月，误而任我之唐丧，可也；以非我者之才情，误而供我之挥霍，可也；以非我者之左手，误为我摩非我者之腹，以非我者之右手，误为我拈非我者之须，可也。非我者撰之，我吟之；非我者吟之，我听之；非我者听之，我足之蹈之，手之舞之；非我者足蹈之、手舞之，我思有以不朽之，皆可也。

那就索性错误下去：让我来任意唐丧非我的日月，任意挥霍非我的才情；让非我和我之间相互服务、相互配合：让非我用左手来为我抚摩非我的肚皮——以助其学识；让非我用右手来为我拈捋非我的胡须——以助其思考；非我和我，一个撰写，一个吟咏；一个吟咏，一个倾听；一个倾听，一个舞蹈；一个舞蹈，一个谋划着如何至于不朽……这其实是说“立言”，古人所谓可以至于不朽的“三立”之一（另为立德、立功）。

圣叹接着说：既然生命短暂，无非错误，那我就享受这暂且时光吧！不要问这纸墨笔砚为何物，也不要问此身在何处，此日为何日，此蜂为何蜂，此蚁为何蚁，只要今日天清日朗、窗明几净、笔良砚精、心撰手写，蜂蚁来伴，这便是奇缘，这便是极乐。然而这一切都会迅疾作古，我的奇缘和极乐，后人未必能够知道；但我知道后人，也是因为无奈与生命的迅疾不得已才拿我的文字来作消遣的；后人读我的文字即使不是出于无奈，不是用作消遣，但他们最终还是要无奈于生命的迅疾逝去——这是我早就感悟到了的。

> 我自深悟：夫误亦消遣法也，不误亦消遣法也，不误不妨仍误亦消遣法也，是以如是其刻苦也。刻苦也者，欲其精妙也；欲其精妙也者，我之孟浪也；我之孟浪也者，我既了悟也；我既了悟也者，我本无谓也；我本无谓也者，仍即我之消遣也。

这就是圣叹的觉悟：弥合了误与不误，也就等于弥合了我与非我；有了消遣，也就等于有了存在，也就等于克服了生命的短暂，获得了永恒。为此，必须刻苦，以求精妙，而精妙其实也是我的孟浪；我的孟浪，正是我的了悟。多么奇妙的了悟啊，有几个人能够理解呢？所以圣叹说：“我安计后人之知有我与不知有我也？”对于了悟者来说，别人的知与不知，已不重要。圣叹只是感慨：

> 嗟乎！是则古人十倍于我之才识也，我欲恸哭之，我又不知其为谁也，我是以与之批之刻之也。我与之批之刻之，以代恸哭之也。夫我之恸哭古人，则非恸哭古人，此又一我之消遣法也。

后人未必会为我恸哭，但我必须为古人恸哭！因为这位古人——《西厢记》作者——的才识胜我十倍，却不为后人（我）所知。我不仅要为他恸哭，还有为他评点刊刻。然则我的恸哭古人，其实是我的一种消遣法。

这就是圣叹为什么要恸哭古人，亦即为什么要评点刊刻《西厢记》

的回答。但在我看来，他其实是在恸哭自己。

覃慧敏说到这里停了下来，室内很安静，大家似乎还没有从圣叹的“恸哭古人”中回过神来。

我觉得……柳新雨正要发言，田老师说：要不让她把《留赠后人》一起说说，然后我们再来谈论。

也好！柳新雨说。

覃慧敏喝了口茶水，清了清嗓子，继续说：其实圣叹在《恸哭古人》中已经涉及“后人”了，所以我前边讲两篇序文其实是一体的，圣叹也说古人和后人“皆同”：

> 前乎我者为古人，后乎我者为后人。古人之与后人，则皆同乎？曰：皆同。古之人不见我，后之人亦不见我。我既已皆不见，则皆属无亲。是以谓之皆同也。

“我”和古人、后人双方互不相见，皆属“无亲”，从这个意义上说，我与古人、与后人的关系，是相同的。无亲一般理解为没有偏爱，在佛教中，是指持心平等，以同样的慈悲心怀对待一切众生，不分亲疏远近。我认为圣叹在这里主要是说古人、我、后人三者之间没有什么直接联系。

“直接联系”也可以说是表面的、有形的联系，亦即圣叹所谓“见”。但是，如果从内在的、无形的联系上说，就不是“皆同”了：

> 然而我又忽然念之：古之人不见我矣，我乃无日而不思之；后之人亦不见我，我则殊未尝或一思之也。观于我之无日不思古人，则知后之人之思我必也；观于我之殊未尝或一思及后人，则知古之人之不我思，此其明验也。如是，则古人与后人又不皆同。盖古之人，非惟不见，又复不思，是则真可谓之无亲。若夫后之人之虽不见我，而大思我，其不见我，非后人之罪也，不可奈何也。若其大思我，此真后人之情也，

如之何其谓之无亲也？是不可以无所赠之，而我则将如之何其赠之？

就“思”而言，尽管古人不见我，但我无日不思古人；虽然后人也不见我，但我从来不思后人，这便是不同。由我无日不思古人，可知后人必然思我；由我从来不思后人，可知古人也从来不思我，这又是不同。如此说来，古人于我，既不见又不思，是真正的无亲；但后人于我，虽然不见却大有思，于是圣叹大为谅解——后人不见我不是后人的罪过，后人也无可奈何呀；大为自责——如此大思于我，怎么能说后人无亲呢？大为感动——后人太有情意了啊！于是圣叹为歉意、谢意和爱意所激励，决心要给后人一些馈赠。

赠什么呢？圣叹为此，煞费苦心：

后之人必好读书，读书者必仗光明。光明者，照耀其书所以得读者也。我请得为光明，以照耀其书而以为赠之。则如日月，天既有之，而我又不能以其身为之膏油也。可奈何！

后之人既好读书，读书者必好友生。友生者，忽然而来，忽然而去；忽然而不来，忽然而不去。此读书而喜，则此读之，令彼听之；此读书而疑，则彼读之，令此听之。既而并读之，并听之；既而并坐不读，又大欢笑之者也。我请得为友生，并坐、并读、并听、并笑，而以为赠之。则如我之在时，后人既未及来，至于后人来时，我又不复还在也。可奈何！

后之人既好读书，又好友生，则必好彼名山大河、奇树妙花。名山大河、奇树妙花者，其胸中所读之万卷之书之副本也。于读书之时，如入名山，如泛大河，如对奇树，如拈妙花焉。于入名山、泛大河、对奇树、拈妙花之时，如又读其胸中之书焉。后之人既好读书，又好友生，则必好于好香、好茶、好酒、好药。好香、好茶、好酒、好药者，读书之暇，随意消息，用以宣导沉滞、发越清明、鼓荡中和、补助荣华之必资也。我请得化身百亿，既为名山大河、奇树妙花，又为好香、好茶、好酒、好药，而以为赠之。则如我自化身于后人之前，而后人乃初不知此之为我之所化也。可奈何！

后之人既好读书，必又好其知心青衣。知心青衣者，所以霜晨雨夜，侍立于侧；异身同室，并兴齐住者也。我请得转我后身便为知心青衣，霜晨雨夜，侍立于侧，而以为赠之。则如可以鼠肝，又可以虫臂。伟哉造化，且不知彼将我其奚适也。可奈何！

显然，圣叹所谓的“后人”，并不是泛指所有后来的人，而是有范围的，大体限于爱好读书的人，而且是爱好光明、爱好友生、爱好名山大河奇树妙花、爱好好香好茶好酒好药、爱好知心青衣的读书人。直白地说，就是像我（金圣叹）一样的读书人，因为我只能想到这些，说明这些也是我的爱好。

我多想以这些后人的最爱来赠予后人啊！

我愿化为光明，可是我毕竟不能身为膏油，无法以光明相赠；

我愿作为友生，可是我不能与后人同时，无法以友生相赠；

我愿化作名山大河、奇树妙花、好香、好茶、好酒、好药，可是我不能让后人知道这些是我的化身，也无法以此相赠；

我愿转世为青衣，可是我不知造化会把我变成何物，我也无法以青衣相赠。

我知道后人的最爱，我也有这些最爱，我也心甘情愿献出我的最爱，可是后人无法获得我的馈赠，这实在是令我与后人都无可奈何的事情！

没关系，聪明智慧的圣叹，终于想到了好办法。什么好办法？圣叹却要先卖个关子：

无已，则请有说于此：择世间之一物，其力必能至于后世者；择世间之一物，其力必能至于后世，而世至今犹未能以知之者；择世间之一物，其力必能至于后世，而世至今犹未能以知之，而我适能尽智竭力，丝毫可以得当于其间者。

圣叹要赠给后人一件东西，这个东西必须具备三个条件：它必须有足够的魅力，可以征服后人；它必须未为人知，可以启示后人；它必须适合我发挥才智、融入生命，这样便可替代我陪伴后人。什么东西能够具备这三个条件呢？

> 夫世间之一物，其力必能至于后世者，则必书也；夫世间之书，其力必能至于后世，而世至今犹未能以知之者，则必书中之《西厢记》也；夫世间之书，其力必能至于后世，而世至今犹未能以知之，而我适能尽智竭力，丝毫可以得当于其间者，则必我比日所批之《西厢记》也。

说来说去，最后还是我（圣叹所批点）的《西厢记》才完全具备这三个条件，那么就以此馈赠后人吧！

不过，《西厢记》（原文）毕竟是古人的书，拿古人的书赠予后人，多少有点“借花献佛”的意思，所以圣叹补充说：“夫我比日所批之《西厢记》，我则真为后之人思我，而我无以赠之，故不得已而出于斯也。”又说：

> 我真不知作《西厢记》者之初心，其果如是，其果不如是也。设其果如是，谓之今日始见《西厢记》，可；设其果不如是，谓之前日久见《西厢记》，今日又别见圣叹《西厢记》，可。总之，我自欲与后人少作周旋，我实何曾为彼古人致其矻矻之力也哉！

“如是”，是说《西厢记》作者原本也有感激后人之思而写书赠予后人。如果是这样，那么后人看到金圣叹的《西厢记》也就等于看到原作者的《西厢记》，亦即此书是王实甫和金圣叹共同馈赠给后人的；如果不是这样，那么后人等于看到两种《西厢记》，一种是没有生命“馈赠”的《西厢记》，一种是有生命“馈赠”的《西厢记》，后者便是金圣叹评点的《西厢记》。

总之，金圣叹评点《西厢记》，只是为了和后人多待一会儿；只有和后人待在一起，他的生命才能够存在下去，所以他说“我实何曾为彼古人致其矻矻之力也哉！”

啊，太好了！石萌赞叹道：这么“绕”人的文章，被你说得这么明白，佩服，佩服！说实话，我看了好多次，都没能真正看进去。

覃慧敏说：我的理解还很肤浅，请老师同学多多指教。哎，新雨兄刚才想说啥来着？

啊，其实你已经说到了。柳新雨应道：我觉得，金圣叹恸哭的不只是古人，也包括他自己；他留赠的不只是后人，也包括他自己。因为他在心灵上，亦即精神生命上，是把自己和古人、后人联系起来，甚至等同起来的。所以我觉得，他是把自己生命中最美好的东西化入《西厢记》，并把它留给自己生命中最珍爱的人们。这些人们也包括当时还在世者——他们既是将和圣叹一起作古的人，也是圣叹（以为）一旦逝去便成为后人的人。因此我觉得这两篇序文不只是“序”书，同时也是金圣叹对自己生命的感悟和交待，写得很深情，也很凄婉，也很悲壮！

阿弥陀佛！二位可谓是圣叹的知音，看来圣叹的序文没有白作啊！方丈说：其实“恸哭”也罢，“留赠”也罢，都不过是表象，不过是圣叹的借题发挥，用以表达其觉悟。然而序文只是觉悟的一种结果，觉悟却须从经验中获得。一般说来，觉悟越透彻，其经历也就越“惨痛”，大彻大悟之人，必然经历过大喜大悲之事。圣叹虽然没有向读者展示他的经历过程，但我们可以从他的觉悟中“逆见”他的经历。

噢……庄言若有所悟：如此说来，圣叹恸哭古人，其实是恸哭过去的那个“我”，这是否意味着，在他心中，原来的那个金圣叹已经迅疾逝去？其实是原来的生命追求的幻灭。他原来追求的是什么呢？我们以前谈到，圣叹曾说：“为儿子时，蚩蚩然，只谓前亦不往，后亦不来，独有此身，常在世间。”[①]就像现代伟人所说的“自信人生二百年，会当击水三千里”一样，有着无限的生命力和雄心。可是到了三十四五岁时，“始乃无端感触，忽地惊心”，感觉“前此犹是童稚蓬心，后此便已衰白相逼，中间壮岁一段，竟全然失去不见！夫而后咄嗟弥日，渐入忽忽不乐苦境”。由“童稚蓬心”到“衰白相逼”，这大概就是方丈所说的经历吧。

方丈说:金圣叹的雄心，也就是佛家所说的“妄想”。圣叹曾说:“无量劫来，生死相续，无贤无愚，俱为妄想骗过。”所有人都有妄想，但所有人都被妄想骗过，无贤无愚，概莫能外。如汉高祖刘邦见了秦皇帝的威仪感叹道：大丈夫当如此！岂非一肚皮妄想？后来当了皇帝，置酒庆寿，问他老爹：我和二哥哪个厉害？当时心满意足，不过当日妄想的圆成。还有陈胜，当初说“苟富贵，无相忘”时，妄想和刘邦一样；后来人称其宫室沉沉，不过是妄想略现而已。还有阮籍那句“世无英雄，遂使竖子成名”的千古之叹，与前两人也是一副肚肠、一副眼泪；后来身不遇时，默默而终，不过妄想消灭而已。这三个人，或为帝王，或为草窃，或为酒徒，事迹不同，但妄想是一样的。圣叹又谈到自己：

> 因忆为儿嬉戏时，老人见之，漫无文理，不知其心中无量经营，无边筹画，并非卒然徒然之事也：羊车竹马，意中分明国王迎门拥彗，县令负弩前驱；尘饭途羹，意中分明盛馔变色，莱羹必祭；桐飞剪笏，榆落收钱，意中分明恭已垂裳，绕床阿堵。其为妄想，与前三人有何分别？曾记幼年有一诗：“营营共营营，情性易为工。留湿生萤火，张灯诱小虫。笑啼兼饮食，来往自西东。不觉闲风月，居然头白翁。”此时思之真为可笑。“既念生子孙，方思广园圃。”如此妄想，便足一生。我既生子，子又生孙。后来不知何人，俱同此一副妄想。[②]

---

① 《金评杜诗》卷二《三绝句》。《金集》贰，第705–706页。

② 详见《金评杜诗》卷二《萧八明府实处觅桃栽》等五首。《金集》贰，第698页。

这也是一段觉悟之言，所言之事都是过去的经历。由此可见，圣叹在孩童时代就有很多很大的“妄想”，居然想做刘邦、陈胜、阮籍、陶渊明那样的人，可谓狂妄之极！

越是狂妄，越容易毁灭，毁灭后越痛苦空虚！圣叹还说：

> 即我当时，自谓挺拔，立登要路，一样闻鸡起舞。无奈许身太愚，为计太拙，直欲返俗唐、虞，次躬稷、契。[①]

立志要让社会像尧舜时代那样太平美好，让自己成为稷、契那样的贤能大臣，这也是“痴心妄想”。但是“老大无成，世既弃我，我亦弃世，颓然放废，形为槁木心成灰”，这也是妄想消灭。

妄想的消灭，可不是单纯的理想问题，也是具体的现实问题：

> 纵横失计，妻子堪羞，衣里嫌身，人前短气。夜中千思万算，左计不成，右计不就，耿耿不寐。及到晓来，仰视屋梁，欲起无味，反复沉沉睡去，致令早起绝少。夫高眠者，小人之所甘，而君子之所悲也。

这既是残酷的现实经历，也是痛苦的心灵经历。圣叹想起宋朝张俊和老卒的故事：循王张俊问老卒为何整日昏睡？老卒说：无事可干，只好睡觉。张俊得知老卒长于贸易，便给他五百万金，让他去试试。老卒玩乐百日，忽然消失了。一年以后，飘然归来，带回十倍的利润。原来他是带着船队，去海外做生意去了。圣叹感叹自己已经昏睡二十年，他所期待的张俊那样的人并没有出现。

圣叹还说道：

---

① 《金评杜诗》卷二《早起》。《金集》贰，第702页。

为儿时，自负大才，不胜侘傺，恰似自古迄今，止我一人是大才，止我一人独沉屈者。后来颇颇见有此事，始悟古来淹杀豪杰，万万千千，知有何限！青史所纪，磊磊百十得时肆志人，若取来与淹杀者比较，乌知谁强谁弱？嗟哉痛乎！此先生《黄鱼》诗所以始之以“日见”二字，哭杀天下才子也！①

自信是大才，而且自信自古迄今只自己一人是大才，而且自信只有自己一人不会沉屈，这又是何等的狂妄！不幸的是，圣叹还是沉屈了，经多见广之后，终于悟出：古来被埋没的豪杰何止亿万！那些名垂青史的功成者，未必就强于那些被埋没者。所以，杜甫“哭杀天下才子”，其实杜甫是哭杀自己；圣叹解说杜甫“哭杀天下才子”，其实也是哭杀自己，这也是“恸哭古人”。

庄言说：圣叹的这些话，和《恸哭古人》中所说的“得如诸葛公之躬耕南阳，苟全性命，可也，此一消遣法也；既而又因感激三顾，许人驱驰，食少事烦，至死方已，亦可也，亦一消遣法也。或如陶先生之不愿折腰，飘然归来，可也，亦一消遣法也；既而又为三旬九食，饥寒所驱，叩门无辞，至图冥报，亦可也，又一消遣法也。天子约为婚姻，百官出其门下，堂上建牙吹角，堂后品竹弹丝，可也，又一消遣法也；日中麻麦一餐，树下冰霜一宿，说经四万八千，度人恒河沙数，可也，又一消遣法也”，非常相似，用圣叹的话说，真是同“一副肚肠，一副眼泪”啊！这些“消遣”既是圣叹的“妄想”及其“消灭”的曲折反映，也是他现实和心灵遭遇的隐性表达。

范启明说：圣叹自称“妄想”，是觉悟之后的自嘲式说法，在其未觉悟之前，可是他实实在在的理想啊。圣叹曾说：

语云：“太上立德，其次立功，其次立言。”何谓立德？

① 《金评杜诗》卷二《黄鱼》。《金集》贰，第769页。

如黄帝、尧、舜，禹、汤、文、武，周公、孔子，以其至德，参天赞化，俾万万世，食福无厌，此立德也。何谓立功？如禹平水土，后稷布谷，燧人火化，神农尝药，乃至身护一城，力庇一乡，智造一器，工信一艺，传之后世，利用不绝，此立功也。何谓立言？如周公制《风》《雅》，孔子作《春秋》,《风》《雅》为昌明和怿之言,《春秋》为刚强苦切之言。降而至于数千年来，巨公大家，摅胸奋笔，国信其书，家受其说；又降而至于荒村老翁，曲巷童妾，单词居要，一字利人，口口相受，称道不歇，此立言也。夫言与功、德，事虽递下，乃信其寿世，同名曰“立”。由此论之，然则言非小道，实有可观。文王既没，身在于兹，必恐不免，不可以不察也。[①]

说得很具体、很清楚。立德、立功、立言，便是圣叹的理想。不用说，他原来的最高理想是立德，要做皇帝、尧、舜、禹、汤、周文王、周武王、周公、孔子之类的圣人，以其至高无上的道德，参天赞化，福泽万世。当这些实现无望时，他便退而求其次，追求立功；又实现无望时，再退而求其次，追求立言。圣叹以批点《西厢记》为“消遣”，说明他此时已把追求确定在立言上。这意味着他的立德、立功的理想已经宣告破灭，就连立言，也在似梦非梦之间。这便是他此时的觉悟，也是他“恸哭”的根本原因。

原来如此！李大白点头说：怪不得金圣叹在评点《水浒传》时，那么坚决地维护“圣人之德”，把《水浒传》当作圣经来对待，原来他是要借此达到自己的立德目的；他那么热情地扬“古人之才”，原来是要达到自己的立言目的；那么，他的广行“法事”，主要是为了立功。看来金圣叹原本是要“三不朽”兼顾并立的，只是后来“觉悟”了，知道立德、立功已无可能，才把目标调整到立言上来。

① 《金评西厢》卷七《惊梦》。《金集》贰，第1079页。

是的，“调整”这个提法很好！庄言说：圣叹的调整，既有主动的因素，也有被动的因素。《金评水浒》的刊行，约在圣叹三十四五岁时，接近崇祯末年。圣叹有一首长诗，题为《赠顾君猷》，很值得注意，诗中说到：

> 今年甲申方初春，雨雪净洗街道新。西城由来好风俗，清筵法众无四邻。圣叹端坐秉双轮，风雷辊掷孰敢亲？譬如强秦负函谷，六国欲战犹逡巡。善来顾子独微笑，三十六齿烂如银。谓我了不异人意，何用多言摇精神？手持顾子三太息，奈何于此生悲辛。圣学久传至今在，我尔独赖为其薪。呜呼！只今天下大乱殊未已，我终欲尔持人伦。[①]

这位顾君猷，是圣叹做法事（扶乩）的助手之一，圣叹称他“顾子”，可见对他是很敬重的。此诗上来就说：“舒公持论真奇绝，浩荡东吴云无人。昨日忽然称顾子，四座答迟便欲嗔。顾子何所似？飞者为凤走者麟。其学何所似？处不过士出大臣。胸中何所有？上下四方罗星辰。口中何所论？动以事天静事民。”简直是无所不知，无所不能，堪称人中龙凤。随后（所引诗的前半部分）圣叹自述说经的情状：手持双轮（转经轮），声如风雷。顾盼豪雄，闻者慑服。唯独顾子微笑，谓圣叹所说没什么新意，徒费精神。圣叹拉着他的手，感叹道：不要为此悲辛！圣人之学久已失传，我们要努力继承发扬。现在天下大乱，我们终究还是要坚守人伦的。“人伦”是指儒家的伦理道德，诸如君臣、师生、父子、兄弟、朋友等关系的规范。这里透露，圣叹此时“说经”主要是儒家“圣学”，与过去常说的佛、易、老庄之学大异其趣，比较“一般”，所以遭到顾子的哂笑。但是圣叹的这种转变，也是出于无奈，一方面是圣学失传，一方面是天下大乱。甲申，即崇祯十七年（1644）。这一年发生的巨变众所周知：先是李自成率“盗贼”攻陷京城（三月），崇祯皇帝自

---

① 《诗选》第153–154页。

缢煤山；接着是吴三桂引清兵入关（四月），中华大地惨遭铁蹄蹂躏……圣叹写此诗时，尚在初春，明朝还没有最后灭亡，圣叹要顾君猷和他一起持人伦，显然还想为挽救圣学失传与天下大乱做最后的努力。这一年圣叹三十七岁。

有意思的是，目前所知金圣叹的最后一次扶乩活动，也是在崇祯十七年。①这如果不是巧合的话，那么就意味着圣叹对“法事”也做了“调整”，或者说基本放弃了“立功”的追求。

到了评点《西厢记》时，圣叹的重点几乎完全“调整”到立言上，而且是以佛学为根据和指归，以“梦”为最终结局。他认为《西厢记》应该终剧于“惊梦”，并对“梦”情有独钟，长篇大论。这里不能全文引述，其结尾部分说：

> 吾闻周礼：岁终，掌梦之官，献梦于王。夫梦可以掌，又可以献，此岂非《西厢》第十六章立言之志也哉？而岂乐广、卫玠扶病清淡之所得通其故也乎？知圣叹此解者，比丘圣默大师、总持大师、居士贯华先生韩住、道树先生王伊，既为同学，法得备书也。②

又在文中评点说：

> 何处得有《西厢》一十五章所谓惊艳、借厢、酬韵、闹斋、寺警、请宴、赖婚、听琴、前候、闹简、赖简、后候、酬简、拷艳、哭宴等事哉？自归于佛：当愿众生，体解大道，发无上心；自归于法：当愿众生，深入经藏，智慧如海；自归于僧：当愿众生，统理大众，一切无碍。③

---

① 参见《金圣叹史实研究》第142–143页。

② 《金评西厢》卷七《惊梦》。《金集》贰，第1083页。

③ 《金评西厢》卷七《惊梦》。《金集》贰，第1089页。

又在最后评点说：

> 自此言作《西厢记》之故也，为一部十六章之结，不止结《惊梦》一章也。于是《西厢记》已毕。①

圣叹不仅把“梦”说成《西厢记》的“立言之志”，还将其视为“作《西厢记》之故”，也就是说，原因和追求都在于“梦”，最终归结于佛法僧“三宝”。《西厢记》作者原来是否作此想，不得而知，但这确实是金圣叹评点《西厢记》时始终一贯的主旨。

李大白说：金圣叹“调整”的幅度很大，几乎完全放弃了“三立”中的前二“立”。不用说他的调整是缘于他的觉悟，他的觉悟既有主观原因，也有客观原因，其中最重要的，无疑是那场“天崩地解”般的巨变——明清易代。用顾炎武的话说，就是既“亡国”又“亡天下”，是从物质到精神的全体性灭亡。这场毁灭性的巨变，让金圣叹原本就很艰难的人生变得更加艰难，原本就悲凉的心灵变得更加悲凉，原本就很绝望的精神变得更加绝望，欲生不能，求死不得，于是只能“大彻大悟”，急剧转变。

“只能”“转变”，用得也很好！柳新雨说：我觉得，金圣叹的觉悟其实也是他的自觉选择。就像他所说的那样：择世间之一物，其力必能至于后世者，世至今犹未能以知之者，我适能尽智竭力丝毫可以得当于其间者，只有《西厢记》。这个选择包含了圣叹对古人的评价、对今人的了解、对后人的预想，更包含对自己的体认——这些也属于他觉悟的范畴。其中对自己的体认是最重要的：他之所以放弃立德、立功而选择立言，也是体认的结果，亦即他意识到已经不宜也不能实行前二者了。他说《西厢记》是他“适能尽智竭力丝毫可以得当于其间者”，说白了就是愿意并且自信能够把《西厢记》说清说透，这又是因为他自认“最能闻声感心，多有悲凉”，亦即比任何人都更加感觉敏锐、感情细腻。

---

① 《金评西厢》。《金集》贰，第1090页。

也就是说，《西厢记》既是最适合他评点的书，他也是最适合评点《西厢记》的人。因此《金评西厢》也包含着金圣叹情感上的觉悟，根据刚才方丈的提示，我们也可以从中“逆见”金圣叹的感情经历。

是啊，是啊！石萌说：我认为金圣叹之所以选择《西厢记》来评点，又作为礼物馈赠后人，主要原因还是出于“感情”考虑。所谓感情，主要指男女之情。而且，我一直觉得金圣叹在感情上有“问题”……

别笑嘛！石萌继续说：我的意思是说，金圣叹的感情问题，好像从来没有人关心过，更没有专门的研究著作，是一大片空白地带。我敢说，金圣叹一生，他所爱的女人和爱他的女人，都不止一个。想想看，他那么多才多艺，又那么风趣幽默，又那么敏感多情，还有，他身边又有那么多的女人，怎么能不被人爱又不会爱上别人呢？

圣叹在《留赠后人》说：“知心青衣者，所以霜晨雨夜，侍立于侧；异身同室，并兴齐住者也。”这应该是他的经验之谈，可见他和这位青衣的关系是多么的亲密，已经到“知心”的程度了。

这位青衣，也许就是“李洞蹇驴”中的那位“青衣”，我们不妨重温一下圣叹的那段话：

> 某尝言：人生难得是相知，而难而尤难更是相守。此言岂不韪哉！如妻妾与友生，以知我而守我，此请不复具论。世则别有未必知我而终守我，此真使我无可奈何之至者也！如长须苍头，如缺齿青衣，如下泽病马，如篱落瘦犬，彼于主人，则岂解其眼光乃看何处，心头乃抱何事者？而相随以来，无理不共，饥寒迫蹙，永无间然。一信十年廿年，直于我乎归老，纵复严被驱遣，亦别无路可去。嗟乎，嗟乎！身为寠人，自不能救；余粒曾几，感此相依，惭愧固不待言，恩义如何可报？①

① 《金评唐诗》卷八上李洞《蹇驴》。《金集》壹，第529页。

多么深切的感情！多么真挚的表白啊！根据庄兄的推测，老苍头在圣叹八岁时就死于家难了，那么圣叹这番感慨，便主要是为青衣而发。这位青衣应该是圣叹离开韩家、独立生活以后来到他身边的。

青衣就是侍女，也就是民间常说的丫鬟。看来这位青衣跟随圣叹的时间很长，十年二十年，无论怎样贫寒艰辛，无论怎样严厉驱赶，她就是不愿离开。这位青衣识字不多，不能完全理解圣叹的思想和追求，但她朝夕相伴在圣叹身边，不离不弃，患难与共；与圣叹异身同室，如同夫妻，被圣叹视为“知心”。她的殷勤、周到，有点儿像(《红楼梦》中）袭人；她的单纯、执着，又像是晴雯；她的机智、仗义，又很像红娘。圣叹有这样的女子相依到老，也可以说是他不幸人生中的大幸了。

上面这段话，是圣叹被杀害的前一年写下的，这说明评点《西厢记》时，这位青衣就在他身边。所以我想，圣叹所谓的“留赠后人”，应该也包括在世的亲爱的人。他深感于青衣给他的爱太深重，很想报答，可是他一直很贫寒，无法用物质的东西来报答，而且如此深重的情义，也是任何物质都报答不了的，甚至连个谢字也说不出口。于是圣叹只能用自己特有的也是最擅长的方式来表达：把她写进《西厢记》里，让她以及他们的感情得到永恒。这种报答心理和报答方式，很古老也很普遍。我曾经想过，现在仍然有这样想法，将来要写本书，把我最爱的和最恨的人，都写进去，让该流芳的流芳，该遗臭的遗臭；让蒙冤受屈者，得到昭雪；让被歪曲和误解的真相，大白于天下！

“大白”就在这里！柳新雨开玩笑地说。

李大白并不理会，接着石萌的话说：对于有情有义却处于弱势的文人来说，现实中不能解决的问题，往往寄希望于文字，就像司马迁。

柳新雨说：萌妹眼光独到，让我大受启发。我觉得，金圣叹的感情生活，特别是爱情，确实是研究上的一大空白。我很奇怪，为什么“金粉”和“金黑”都避而不谈呢？其实金圣叹本人并不怎么忌讳，他说过：“人生男女之事，少年或有不免，一知别有大事，未有不痛与隔绝者也。”[①]还是比较宽容和开放的。

我觉得，他自己应该也有这种“不免”之事吧，《西厢记·酬简》写张生和莺莺云雨之后，有两句【柳叶儿】唱词：“我把你做心肝般看待，点污了小姐清白。”圣叹评点说：“伏而惭谢之。”又说：“圣叹欲问普天下锦绣才子：此‘伏而惭谢之’五字，可是圣叹出力批得出来？‘点污了小姐清白’，此其语可知也。圣叹更不说也。”[②]这样的评点，确实只有圣叹能够做得出来：这固然显示圣叹眼光的“毒辣”，还有过人的勇气；但光有这些还是不够的，还必须有实际的经验，只有具备张生那样的性格、身份及其爱情，才能看出其中的“奥妙”，也才能说出那样的话。

其实圣叹也曾“坦白”过，他说：

> 诗云：“最是五更留不住，向人枕畔着衣裳。”此最是不可奈何时节也。圣叹自幼学佛，而往往如汤惠休绮语未除。记曾有一诗云：“星河将半夜，云雨定微寒。屧响私行怯，窗明欲度难。一双金屈戌，十二玉栏干。纤手亲扪遍，明朝无迹看。”亦最是不可奈何时节也。[③]

据说南唐韩熙载（就是那有名的《夜宴图》中的主人）家中婢妾很多，疏于管束，婢妾往往私自出去与客人幽会，“最是五更留不住，向人枕畔着衣裳”，就是某位客人留下的诗句。[④]将这个背景与圣叹的诗联系起来看，可知圣叹所写，也是男女私密幽会的事，诗中的男主人公，想必就是圣叹本人；女主人公是谁？不得而知，莫非也是某大户人家的侍妾？

---

① 《金评唐诗》卷五下王建《赠卢汀谏议》。《金集》壹，第297页。

② 《金评西厢》卷七《酬简》。《金集》贰，第1050页。

③ 《金评西厢》卷七《酬简》。《金集》贰，第1052-1053页。

④ 详见《全唐诗》卷七百九十五《句》，第8962页。按：句后小注云：“熙载婢妾甚多，不为防闲。往往私出侍客，客赋诗云云。见《南唐近事》”。中华书局点校本1960年版。

为什么一定是“侍妾”呢？也可能是小姐呀。石萌说：你看，又是“金屈戌”，又是“玉栏干”，又是“纤手”，很高贵，也很纤弱。要知道，圣叹的这段话是写在张生和莺莺欢爱之后的，会不会是触景生情，情不自禁地“泄露”了自己的私密呢？我看很有可能。他投入那么大的热情和精力批点《西厢记》，应该是有所感触和寄托的，那么剧中的主角当然是主要的寄托对象了，或许圣叹确实是为一个像莺莺一样的女子而批点此书，也说不定的。

圣叹在评点《西厢记》的《惊艳》一折时，还说过一段意味深长的话：

> 夫天下后世之读我书者，彼岂不悟此一书中，所撰为古人名色，如君瑞、莺莺、红娘、白马，皆是我一人心头口头吞之不能，吐之不可，搔爬无极，醉梦恐漏，而至是终竟不得已，而忽然巧借古之人之事以自传，道其胸中若干日月以来，七曲八曲之委折乎？其中如径斯曲，如夜斯黑，如绪斯多，如蘖斯苦，如痛斯忍，如病斯讳。设使古人昔者真有其事，是我今日之所决不与知；则今日我有其事，亦是昔者古人之所决不与知者也。夫天下后世之读我书者，彼则深悟君瑞非他君瑞，殆即著书之人焉是也。莺莺非他莺莺，殆即著书之人之心头之人焉是也。红娘、白马悉复非他，殆即为著书之人力作周旋之人焉是也。[①]

这段话本来是为“我见近今填词之家，其于生旦出场第一引中，类皆肆然早作狂荡无礼之言。生必为狂且，旦必为倡女，夫然后愉快于心，以为情之所钟在于我辈也如此”而发的，表面上是批评近来戏剧的粗俗，其实是为张生、莺莺等人作辩护，而更深层的原因则是出于对张生、莺莺的至爱。这种至爱没有任何距离，就如同张生就是著书人（圣

---

① 《金评西厢》卷四《惊艳》。《金集》贰，第893页。

叹）自己，莺莺就是著书人的心上人，而红娘、白马（将军）则是竭力帮助著书人成全“好事”的亲密朋友。一看圣叹那种不吐不快的痛苦情状，就知道他的感情是多么的真挚热烈、刻骨铭心。这无异于夫子自道——告诉读者，圣叹其实就是为了自己的爱和所爱的人而作此书的。他还特别提醒：“读《西厢》第一折，观其写君瑞也如彼，夫亦可以大悟古人寄托笔墨之法也矣。”好像生怕读者不能领悟他的“寄托”似的。

还有，圣叹在此书的卷首，收录了元稹的《会真记》以及相关诗文和记载，未加任何评语。貌似“客观”提供背景材料，但此时无声胜有声，这样做本身，也具有某种暗示意义。其实，《西厢记》来源于《会真记》是众所周知的，大可不必抄录这些材料。圣叹之所以要这么做，我想应该与元稹有关。我们知道，《会真记》的故事原型，来源于元稹的经历。元稹对那位女子的爱，既刻骨铭心，又对自己的始乱终弃，矛盾纠结，这使他陷入无尽的追忆、感念和愧悔之中。所以他写《会真记》，既是对旧梦的重温，也有纪念和追悔的用意。元稹以才子著称，圣叹也以才子自居，用元才子隐喻金才子，这是圣叹的一种寄托手法。

那么，圣叹的“莺莺”又是谁呢？柳新雨问。

石萌说：这个现在还不好说，但圣叹身边有那么多女子，他又因做法事等经常和女性接触，与其中的一个相爱，是完全有可能的。这在圣叹的诗歌中也有透露，我们先来看看圣叹的夫妻关系。圣叹有两首《妇病》诗，一首是：

妇病连年月，襟裾不复全。
降严随子女，背眼弃钗钿。
昼鼠骄游枕，春虫化出奁。
呦呦听不得，一笑当相怜。[①]

另一首为：

---

①《诗选》第16页。

妇老周旋久，呻吟入性情。
贫穷因讳疾，井臼且伤生。
夫子渐衰暮，儿曹全未成。
百端寒热里，误汝一身婴。[①]

圣叹还有一首《贫妇吟》：

贫妇如野花，亦向春风好。
千计求晨炊，梳头只草草。
织麻复织麻，麻多织未了。
不知美容颜，竟向机中老。[②]

这几首诗中的“妇”，应该是同一个人。她忍受着贫穷，支撑着病体，顾不上梳妆打扮，甚至放弃了治疗疾病，为了这个家，为了子女，为了丈夫，在辛苦劳碌、辗转呻吟中不觉老去……这个女人应该就是圣叹的妻子。圣叹对她，满怀同情、怜悯、感激和愧疚，感情复杂。但是，圣叹似乎也只有这些，像人们所说的“老夫老妻”一样，平淡而寻常，看不出有爱的热烈或缠绵。当然，也可能他们曾经有过美好的爱情，只是圣叹没有表达出来罢了。但是我总感觉他们之间好像缺少点什么。古人一般是包办婚姻，出现这种情况，也很正常。圣叹甚至说过“余生得到成都去，肯为妻儿一洒衣”。[③]为了去成都，竟然不惜抛下妻子儿女！为什么？是因为成都有“卓文君”，他要去做司马相如吗？特别是圣叹临死前所写的三首《绝命词》，一首是为自己，一首是为金雍，还有一首给“弥天大人谬知我者”，却没有一字提及老妻。要知道，这个女人不仅为他生儿育女、贫病操劳，还要受他连累被流放到遥远的宁

① 《诗选》第 23 页。
② 《诗选》第 48 页。
③ 《病中无端极思成都忆得旧作录出自吟》。《诗选》第 69 页。

古塔，那可是有去无回的死亡之地啊！虽然我不敢说圣叹对妻子没有爱情，但至少可以说，在圣叹的诗文中确实没有充分的体现。

但对其他女性，圣叹的表现就很不一样了，其中不乏热情洋溢、缠绵悱恻的诗篇。圣叹涉及女性的诗作可分两大类：一类是显性的，一类是隐性的。前者一般有明确的标题，并显示具体人物。例如他有一首《小史婚》：

> 花里秦宫艳，窗中碧玉微。
> 夭桃初巧笑，蛱蝶早双飞。
> 定是同窥镜，无妨误着衣。
> 房中多秘戏，所惜一人违。[①]

这首诗的题下有小字注云："小史翩也，去年婚，未有诗，今补作。"由此可知这位"小史"，名翩，圣叹此诗主要是写她婚后房中的各种"秘戏"，想象细致真切，描写生动活泼。

圣叹为何要为她的结婚而写诗？为何去年结婚时不写，今年才补写？特别是，圣叹为什么要说"所惜一人违"。"一人"应该是圣叹自指，那么他为何要为自己不在现场而"惜"呢？看来他和小史的关系，非同一般啊！

这让我想到圣叹的另一段话：

> 圣叹《西厢记》只贵眼照古人，不敢多让。至于前后著语，悉是口授小史，任其自写，并不更曾点窜一遍，所以文字多有不当意处。盖一来虽是圣叹天性贪懒。二来实是《西厢》本文珠玉在上，便教圣叹点窜杀，终复成何用？普天下后世，幸恕仆不当意处，看仆眼照古人处。[②]

---

① 《诗选》，第 26 页。

② 《金评西厢》卷二《读〈第六才子书西厢记〉法》。《金集》贰，第 855 页。

这里的“小史”会不会就是上诗中的“小史”呢？如果是，那么“史”可能并不是她的姓，而跟她的身份有关，略同于今人所说的秘书、记录员之类。她是金圣叹评点《西厢记》的重要参与者，圣叹只管“口授”，任由小史“自写”，圣叹连“点窜”都不做。看来小史并不是完全照录圣叹的话，还可以自己“任意”加工。如此说来，在《西厢记》的评点中，小史实在是个非常重要的角色，甚至可以说是金圣叹的合作者。虽然圣叹说其“文字多有不当意处”，但“任其自写”，可见他对小史特别信任。要知道，金圣叹“眼照古人”，往往看得深切，说得精微，要忠实记录和传达出来，已非易事。我敢说连我们这些博士、硕士理解起来都很困难，可以想见这位小史的学识和才华是何等了得！不仅如此，从金圣叹的“贪懒”中，还可以感觉到他对小史既信任又依赖，和她在一起既轻松又惬意，甚至有些故意的懒散和放任。只有极其亲密的男女之间，才会有这样的状态。这些或许就是圣叹要特别把她写进书里的原因吧。

如此亲密的小史却结婚了，这对圣叹无疑是一个重大打击。他当时既没有为她写诗，也没有参加她的婚礼，默默地沉浸在失落和痛苦之中。他越是痛苦，越止不住想象小史婚后的诸般情景……

柳新雨说：如此看来，这位阿翩，很可能是圣叹的侍者兼情人，圣叹所说的“知心青衣”，或许就是她。

这个现在还不能确定。石萌说：不过，记得泐大师到叶绍袁家做法事时，派去打前站的是“女史傅”，女史傅，是叶绍袁对她的尊称，泐师则称她为“散花女史”，她其实是圣叹的助手。我疑心这位女史傅可能就是小史。如果确为一人，那么，即使从他们到叶家做法事的崇祯八年（1635）算起，到他们完成《西厢记》评点时的顺治十三年（1656，姑且按这个时间计），差不多长达二十年，与圣叹所说的“一信十年廿年，直于我乎归老”，正相符合。

这么说来，小史、小史翩、青衣、女史傅，就可能是同一个人啦！柳新雨惊呼道：如果真是这样，她可是金圣叹身边的重要人物，也可以说是圣叹生命中最重要的女性之一！这么重要的人物，以前竟然没有被发现！多亏你今天把她“发掘”出来，她若在天有灵，一定会含笑感谢你的。

哎呀，怪吓人的！石萌说：我这只是推测而已，还不敢确定。

柳新雨问：问题是，小史既然已经结婚，怎么还会陪伴圣叹一直到老呢？

石萌说：这确实是个问题，或许中间发生了什么变故吧？

李大白说：可能她忍受不了世俗的婚姻，选择出家，继续给金圣叹作助手；也可能丈夫因故不在了，她又回到圣叹身边；即便她的婚姻生活正常，也不妨来给圣叹做弟子和帮手啊。

你们又一唱一随啦！柳新雨说：那就依你们的吧。

别打岔。石萌继续说：金圣叹明显写到的女性（家人除外），还有《昼寝女道士》《戏作留赠女冠》《中秋夜戏赠女道士》《代友责姬人之作》以及《敬生诵经宝林寺访之作》等，前几首风格诙谐戏谑，有的甚至还带些“色彩”，但从感情上看，还是比较单纯的，没有明显的情爱迹象。但后一首中的“敬”，她到宝林寺唱经，声音特别悲哀，令“龙鬼失颜色”，想必有过惨痛遭遇；圣叹也用唱经来作安慰，称“生才有如此，吾道正无恙”。[①]“吾道”可能包括“法事”。如果这个推测不误，那么敬生就是圣叹的女弟子，也是法事助手。

圣叹隐性题写的女性更多。所谓隐性题写，是指诗题和诗文中并不直接显示所写女性的姓名及其与圣叹的关系。常用的隐性诗题，有无题、借题、效题、咏物等，如刚才说到的“星河将半夜”五律，在《诗选》中题作《效西昆体》。西昆体又是宗法李商隐的，因而也可以说效李商隐。西昆体的重要特点是“不说破”，亦即用间接、曲折、隐晦等方式来表达，不易索解，以至元好问有“诗家总爱西昆好，独恨无人作郑笺”的感叹。

金圣叹的这些诗作，涉及的女性不止一人，她们散布在不同的篇章中，由于诗体的局限和诗风的朦胧，她们如在云里雾里，若隐若现，很难被看清。不过，圣叹既然将其入诗，总会留下一些蛛丝马迹。我试着

---

① 《诗选》第46-47页。

把一些线索串联起来，发现其中有一位比较特别。

圣叹诗中多次提到一位“十五”女子，如在《升平歌》中说：

好男不越境，好女不夜啼。
好花不过节，好鸟不食泥。
初日照杏梁，窈窕罗帷中。
女儿年十五，春情稍能通
……
升平大时节，我欲与君誓。
死为一处灰，生作双花蒂。①

又如《日出东南隅》说：

春日升东南，桑叶生光明。
秦家十五女，此时酬使君。②

又如《三吴》说：

三吴二月万株花，花里开门处处斜。
十五女儿全不解，逢人轻易便留茶。③

就在离“我”（假定是金圣叹）不远的地方，有个美丽的十五岁女孩，情窦初开，光彩照人，单纯而又热情，待客亲切而友好，毫无“私心杂念”和戒备之心。“我”一见钟情，十分爱慕，暗自发誓要和她生死不离……“我”的相思，在《车遥遥篇》中有所透露：

---

① 《诗选》第 9–10 页。
② 《诗选》第 11 页。
③ 《诗选》第 58 页。

车遥遥兮马迟迟，吾悦君兮君不知。
君不知兮转去远，风花无常阳春晚。
愿为春晚一片花，凭仗风吹来天涯。[①]

这是在暮春时节，“我”还没有向她表达爱慕，只是愿作一片落花，追随她到海角天涯。在《招商歌》中说：

荷花夜舒昼日偃，荷叶动摇风晚凉。玉色女儿近如远，吹箫合笙声婵娩。千秋万岁心自忖。[②]

这是在夏日，风动荷叶、沁凉如水的夜晚，“我”在思念那位“玉色女儿”，虽然没能见面，但两人的箫笙应和，灵犀已经相通了。在《秋思引》中又说：

秋风萧萧夜渡河，秋河鳞鳞朝微波。
思君知君不思我，亦欲不思如思何。[③]

秋风萧瑟，秋河微波，“我”似乎还在单相思中。

这些诗都比较短小，看不出爱情发展的情节过程。圣叹有一篇长诗，题为《青溪行》，最可注意。全诗长达九十六句，六百七十二字，故事完整，情节生动，真的是如怨如慕，如泣如诉。

在春雨潇潇、杨柳丝丝的时节，诗人于客舍的灯下，开始了讲述：

鬖鬖杨柳碧如丝，客舍萧萧春雨时。
剪灯夜读青溪传，重作人间断肠词。[④]

① 《诗选》第 6 页。题下小注：“傅元（玄）曲。”
② 《诗选》第 5 页。题下小注：“汉灵帝曲。”
③ 《诗选》第 7 页。题下小注：“汤惠休曲。”
④ 《诗选》第 146 页。下引《青溪行》均见《诗选》146–149 页，不再一一注出。

清溪，从字面上说，就是清澈的溪水。在古代，这样的溪水到处都是，但在诗词中，一般是指流经古建业（今南京）的一条水系，原称“东渠”，因东方属于“青龙”（南方朱雀，西方白虎，北方玄武），又称“清溪”。据说古清溪阔五丈，深八尺，波流浩渺，连绵十里，溪上有七桥九曲，经由钟山流入秦淮河。

清溪虽然没有秦淮河那么香艳著名，但也有自己的故事。传说东汉末年有个叫蒋子文的军官在这里任守卫，此人嗜酒好色，放纵不羁。经常说自己骨法清奇，死后必为神仙。后来追杀盗贼至钟山下，受伤而死。再后来，吴主孙权建都于此，便得到部下报告，说有人见到蒋子文，骑着白马，手执白扇，前呼后拥，跟活着时一样。追上见者说：我现在是此地的土地神，要为老百姓造福，你去告诉老百姓，要他们为我建一祠堂，不然，我就惩罚他们。这话当然是没人相信的，这一年果然瘟疫流行，于是便有人偷偷祭祀蒋子文。后来又有巫者传言：蒋子文（神灵）愿意保佑孙氏，但孙氏要为祂立祠，不然就会遭受灾疫。孙权先是不理会，后来应验了才相信确有神灵，于是封蒋子文为中都侯，给祂建立庙堂，改钟山为蒋山。从此连年风调雨顺，平安无事。[①]

又传说：蒋子文有位三妹，未嫁而死，也被封为神女。古乐府有《青溪小姑曲》：“开门白水，侧近桥梁。小姑所居，独处无郎。”还有记载说：（刘宋）元嘉时，有位赵文韶在宫中做官，官署就在青溪中桥。一个秋天的月夜，因思念家乡（会稽），情不自禁唱起《乌飞曲》来。忽然有位十五六岁的青衣，上前拜见说：“我家姑娘被你的歌声感动了，问你是否愿意一块儿赏月？”文韶说：“不胜荣幸，非常乐意！”不一会儿，青衣便引来一位小姐，十八九岁的样子，容色绝妙。见了文韶说：“你刚才唱得真好，能自己作一曲吗？”文韶便唱道：“草生磐石下……”歌声清美之极。小姐便让青衣取来箜篌，纤指拨动，其音泠泠然，是一首楚曲。然后小姐又让青衣歌唱，自己拔下金簪，弹拨箜篌，

① 详见干宝《搜神记》卷五。《文渊阁〈四库全书〉电子本》。

为之伴奏。青衣唱道："歌繁霜，繁霜侵晓幕。何意空相守，坐待繁霜落。"三人玩得高兴，小姐遂与文韶宴饮眠宿，黎明而去。临行前，小姐以金簪相赠，文韶则报之以银碗和琉璃匕。这位小姐，正是清溪女神。[①]

传说毕竟是传说，自然不能太较真儿，但传说中的主要人物和情节，是很值得玩味的。特别是这位清溪小姑，亦即蒋氏三妹，不仅美丽动人，多才多艺，而且豪爽能饮酒，是个善解人意的性情中人，颇有些侠义之气。她和青衣的关系，很像莺莺和红娘；她、青衣和赵文韶的关系，又很像莺莺、红娘和张生，甚至连"幽会"的情节都很相似。

那么金圣叹为什么要"剪灯夜读青溪传，重作人间断肠词"呢？而且是如此的"长歌当哭"，想必是有感而发吧。他接着写道：

> 青溪女子博陵氏，艳若芙蓉依秋水。
> 慧业前身白玉楼，风尘今谪琵琶里。

果然，圣叹将青溪女子"改为"博陵崔氏，暗示她原本是莺莺之类的女子。同时又说她的"前身"是天宫神仙，是被谪入下界风尘里的。"琵琶里"也是借用白居易《琵琶行》典故，暗示这里是风月场所。这种前世今生的虚构，正是号称泐大师的圣叹的拿手好戏。

> 里中姊妹颜皆花，可奈停轮满妾家。
> 无心芳草辞连理，有意春风护破瓜。

美女虽然很多，个个艳若桃李，但唯独青溪的门前车马最多，可见她是多么的出类拔萃。但她一个都没看上，无意于嫁人，一直守身如玉，等待着生命中的"真神"出现。

---

① 详见郭茂倩《乐府诗集》卷四十七《清商曲辞》四《吴声歌曲》四《神弦歌》，第684–685页。中华书局点校本1979年版。

墙头马上乍相视，两两春心不自止。
人疑楚国旧王孙，名满倡楼称荡子。

果然让她等到了，“荡子”来了，两人一见钟情，不能自已。原来此人是个名满天下、风流潇洒的大才子，传说他是楚国的旧王孙，自有一种高贵气质，而且“巫山云雨”可是楚王的“首创”，荡子的多情也是有家族传统的。

荡子风流不易论，重来崔护暗题门。
不堪一日如三月，为订佳期到上元。

荡子毕竟是荡子，其“风流”果然不是一般人所能比拟、所能想见的。两人立刻陷入“一日不见如隔三月”的狂热恋爱之中，恨不得马上就结成夫妻，决定明年正月十五就举行婚礼。

上元灯火连珠陌，玉钗罗袖酬今夕。
娇檠半转梦中身，斜睇三星是何夕。
银漏沉沉隔琐窗，夜阑小语落春缸。
明月芳年并三五，倾城名士各无双。
春日如年日复夜，光阴消得千金价。
金钗钿盒露华前，油壁青骢松柏下。
可怜处处结同心，碧澥青天盟誓深。
自幸明珠犹未嫁，自怜犊鼻遇知音。

天上是十五的明月，人间是十五岁的妙龄；一个倾国倾城，一个名士风流，所有的美好都集于此刻，集于两人。两人也为知音相遇而庆幸，于是便尽情相爱，尽兴游玩。情浓兴阑，不免担心好景不长，于是便效仿唐明皇和杨贵妃，以金钗钿盒起誓，生生世世，相爱不离。

岂意狼烟移大内，岂知羯鼓满阛阓。
铜驼行见卧蒿莱，海燕安能栖玳瑁。
烽火连天暗丽谯，叮咛别语转魂销。
自来渡口迎桃叶，忍使章台折柳条。
冥冥江流望何极，牵袂凝眸但沾臆。
别来花落与花开，从此江南望江北。
江南江北带水间，谁知一别即千山。
刀环破镜无消息，大纛长枪日往还。
书生心怯百夫长，日日临流叹汉广。
未能一剑去纵横，徒拥双眉坐慨慷。

果然不幸言中，国家突然发生叛乱，战争爆发，到处兵荒马乱，青溪和荡子不得不洒泪分别。荡子去了江北，没有勇气去参军杀敌，只能说一些貌似慷慨激昂的空话；青溪留在江南，每日对着长江流泪感伤。

潢池初靖过长干，西巷无人白日寒。
依稀绣户埋芳草，唯见青溪漾碧湍。
犬吠乌啼深巷黑，踯躅巷门归不得。
旧游姊妹总无存……

战争一结束，荡子便来寻找青溪，但见原来的住处已长满荒草，哪里还有人影？只有青溪之水依然呜咽流淌。荡子在那里反复徘徊，直到夜晚，也没有打听到任何消息。

蓦逢老妪犹相识，槌胸蹋地说青溪："姬实有心君负之。
一入侯门望欲断，十年杜牧来何迟！"

就在荡子绝望之际，忽然遇到一位昔日熟人，或许是当时娼楼里侍奉青溪的女佣吧，如今已是头发灰白的老妪了。老婆子一下子就认出是荡子，便椎胸蹋地，向他讲述青溪后来的遭遇：可怜青溪苦等你不来，又抗拒不了那位侯爷的威逼利诱，只得从了他……

> 荡子低头泪盈眦，仓皇为说别来事："浑疑辽海鹤初还，真见天台人再至。当时犹作来世盟，如今一笑隔三生。柳条不见章台色，桃叶空留古渡名。"

婆子还没说完，荡子早已泪流满面了。他把自己别后的经历告诉婆子，哀叹道："原以为战乱过去，我们能够破镜重圆，谁料竟是这样的结局。当初盟誓时，本以为可以生生世世长相厮守，现如今想见一面都不可能啊！"

> 老妪殷勤通密迩，字题桐叶传凄楚。
> 定情旧系一缣丝，新恨重埋双绕指。

老婆子见荡子哭得伤心，又很可怜，便答应为他冒险送信给青溪。荡子一听，喜出望外，又浪漫起来，效仿古人"桐叶题诗"的故事，也在桐叶上题诗一首，又拿出当年和青溪的定情丝缣，还有新近打造的一对金绕指，一并都交付老婆子带去，然后便每日苦等消息。

> 绕指君教痛玉箫，缣丝望断五湖遥。
> 身无彩翼栖君屋，阁有花笺落渭桥。
> 诘旦期君通政里……

婆子果然不辱使命，终于把信物送到，又带回青溪的回信。青溪的信上说："戴上你给我的绕指，我的双手便不能吹箫了；见到丝缣，我更加望眼欲穿。我没有凤凰的羽翼，不能立刻飞到你的身边，只能用这封书信诉说离别相思之苦。"信中说：恰好明天清早青溪要陪侯爷乘车路过通政里，或许可以在那里偷偷见上一面。

马似游龙车似水——牵帷两泪泪成鹃，手语扪心心欲死。

通政里是朝廷通政司的所在地，第二天很早就车水马龙、熙熙攘攘了。荡子一夜没合眼，终于在黎明时分，见到有辆豪车的帷幔拉开一道缝隙，里面有位贵妇人正在向外张望，正是青溪。荡子正要上前相认，只见青溪不断摆手，示意他不要过来。又以手扪心，神情凄惨，泪如雨下。荡子也悲不自胜，痛不欲生！

襜车咫尺若宫墙，觌面分明转渺茫。
车声杳杳归高第，人影寥寥立夕阳。

一帘襜帷将他们隔在两个世界，近在咫尺却远在天涯。青溪的车驾疾驰而去，荡子紧追不舍，最后只能眼睁睁看着她进入高贵的侯门。后来荡子还经常一个人在那里转悠，幻想青溪能够再次出现，可是青溪再也没有出现过……

诗的最后说：

仆本恨人怜荡子，为咏青溪作诗史。
人间应有磨勒神，海上岂无茅山使。

这是圣叹的表白，交待作诗的原因：我和荡子同病相怜啊，我为青溪作“史诗”，让她的故事千古流传，同时也可以寄托我的情思。那传说中的神仙使者啊，请你们把我的这份心意和情思传递给青溪，也传递给我的那位“博陵氏”吧！

这就是金圣叹和青溪女子的爱情故事。石萌说。

柳新雨说：故事确实很感人。不过，我觉得，在金圣叹的时代，这样的才子佳人故事是很多的，如陈圆圆、柳如是、李香君、卞玉京、董小婉、顾横波等人，跟吴三桂、钱谦益、侯方域、吴梅村、冒辟疆、龚芝麓等人的故事，可谓妇孺皆知，也是文人传奇歌咏的现成题材。何以见得金圣叹所写不是他们中的某一对呢？好像也没有证据表明这就是圣叹的亲身经历呀。

要是有证据，那当然好！可是，现在也没有证据说这就不是金圣叹的亲身经历啊！覃慧敏说：其实，圣叹如泣如诉地写了这么长的一首诗，本身就是一个证明。

庄言说：好像也有人说金圣叹的《青溪行》写的是阎修龄与金陵女妓。

石萌说：我还是倾向于金圣叹是写自己，即使是写他人，也会有自己的影子，当然也不能说其中的所有情节都百分之百真实。我们前面说到金圣叹和“青衣”的关系，他在评点《西厢记》时流露出来的感情，已经透露出他有类似的感情经历。而在他的诗歌中，也有很多可供参证的作品，例如《无题五首》：

闻道芳龄恰一些，学梳新鬓果夭斜。
胸无宝袜初如菽，额有燕檀正及瓜。
秋竹何人能积雪，彩鸳同汝卧晴沙。
简文出入烧香愿，除却阳台我惯家。（目成）

油壁香车久到门，为人迁次此黄昏。
平增谦谨防生事，私破金钱为立恩。
欲趁好时真遂去，谬为大雅故犹存。
由来不信如天帝，今日方知果至尊。（请假）

龙凤搔头最丽华，葡萄绣领极骄奢。
自矜年小拜人浅，预体郎心注目斜。
三五在东谁不妒，一双还内竟无哗。
芙蓉今夜连根草，芍药明朝相谑花。

三郎乘醉欲关扉，满愿残灯未解衣。

君自好贤宜易色，妾非之子亦于归。
可怜桃叶姻缘浅，自顾桐花羽翼微。
不惜要盟过夜半，女儿珍重是双飞。（要盟）

一双年小两无忧，四角同心百合裯。
蒋妹桥梁天与婿，相如消渴自云瘳。
鸳鸯淫思多于睡，蝴蝶花狂卒未休。
慎勿春眠恒着晚，上房闻道已梳头。（代忧）[①]

这五首诗其实是以“组诗”的形式，叙述一个爱情故事，因而也可以看作是一首诗。一口气连写五首七律，可见圣叹对其人其事感怀极深。题作《无题》，又说明他有所隐讳，不愿意公开直说。我开始反复诵读，虽然能够看出其中的大概情节，却不知道究竟写的是谁。后来发现它和《青溪行》有很多相似相通之处，感觉两篇所写很可能是同一个故事，同一对男女，只是详略有所不同而已。尤其是第五首中说“蒋妹桥梁天与婿，相如消渴自云瘳”，蒋妹就是青溪女子，相如就是（《青溪行》中的）犊鼻，即司马相如，这就是两诗所写为同一对男女、同一个故事的证明。

我还注意到，圣叹经常把自己比作司马相如，如在《春末怀周粟仲》中说：“经春消渴动，隔巷美人疏……”[②]又在《熟食日示宗文宗武》中说：“消渴春尤甚，兵戈道正长。今朝吾熟食，他日汝还乡……”[③]又在《病中无端极思成都忆得旧作录出自吟》中说：“卜肆垂帘新雨霁，酒垆眠客乱花飞……”[④]“消渴”“酒垆”，都是指司马相如，圣叹未必真有消渴病，他用司马相如的典故，主要是暗示自己当时的身心状态。这样看来，《青溪行》和《无题五首》中的男主角，便有可能是圣叹本人；

① 《诗选》第106–107页。小括号内为原小字注，第三首小字注原阙。
② 《诗选》第24页。
③ 《诗选》第29页。
④ 《诗选》第69页。

当然女主角就是“卓文君”了。

这个证据很有力。陶然说：如果这个推测属实，那么圣叹的《效李义山绝句》可能也属于同一故事背景的作品之一。圣叹有两篇《效李义山绝句》，题目完全相同，而且都是由八首七言绝句组成的，就说这一篇吧：

绿瓦无烟寒食雨，青帘有信落花风。
谩夸节序年年好，自古如今日日同。
杨柳自从桥畔树，鸳鸯不复镜中禽。
入春雨雪郎多事，逐夜灯檠妾有心。
柳叶年年生旧树，杨花处处作浮萍。
谁家浪子能思妇，何地春风不病人。
梨园子弟百无忧，入殿穿宫上翠楼。
要见上皇求叠遍，却逢妃子看梳头。
春衣四叶妃传样，骄马三花御剪鬃。
但用淫思兼古意，定哀真与隐桓通。
白日当天三月半，远山新寡一年多。
相如又是真消渴，便解琴心奈若何。
一夏随僧餐白粥，忽逢租户饷蛑蝤。
小妻私酒又新熟，白佛开斋过好秋。
湖边吹笛对湖天，湖下白衣摇小船。
眼看白衣摇去远，关门脱脚上床眠。①

从故事情节上看，与前两篇大致相合，特别是第六首中的“相如又是真消渴，便解琴心奈若何”，更是明显的相似点。这八首中的前六首，主要是叙写男女主角分离之后的情状，可以补《青溪行》和《无题五首》的不足；更有意思的是，后两首“忽然”转写自身，等于告诉读者，那

① 《诗选》第87页。

位“真消渴”“奈若何”的司马相如，其实就是“一夏随僧餐白粥”“关门脱脚上床眠”的金圣叹先生，至此可谓真相大白。

另一篇《效李义山绝句》，内容上也属于同一个故事，但重点在分离之后，如第二首说：“客去阳关竟不归，青青杨柳又春晖。渭城连日何曾雨，泪湿故人身上衣”[①]，与《青溪行》开始的“鬖鬖杨柳碧如丝，客舍萧萧春雨时”，都是化用王维《渭城曲》典故。第八首的“西陵树下风吹雨，油壁青骢一例回。结得同心依旧散，教人今后若为来”[②]与《无题五首》中的“油壁香车久到门，为人迁次此黄昏”，都是化用苏小小的典故。这些也是它们之间很明显的相同点，当然它们的相似和相通之处并不只是这些。

嗯嗯，圣叹还有《效李商隐诗》七律三首[③]，可能也是为此而作。石萌说：我甚至觉得圣叹的两篇“杨花”诗，也和这个故事有关：一篇是《杨花曲》五律三首，一篇是《杨花三首》七律，后者说道：

杨花如雪遍天涯，堕水沾泥总不差。
帘幕中间飞未稳，阑干两畔落全斜。
儿童捉搦轻无力，风月甄陶怜不哗。
谕女高才虽见借，情知终是隔窗纱。
杨花最是无规矩，帘幕中间乱入来。
正欲扫除偏扑到，待将捉搦又飞开。
美人密意深如海，秘院深更月满台。
有信沉沉通不得，此花历历大奇哉。
杨花境界最精微，孰谓专能点客衣。
镜里或曾轻照影，梦中不见入来飞。
王孙作客游魂远，怨女凝妆心事非。

① 《诗选》第59页。

② 《诗选》第61页。

③ 详见《诗选》第125–126页。

寂寂深闺真好景，怪他小鸟唤催归。[①]

杨花即柳絮，俗话说“水性杨花”，比喻女子轻薄易变，用情不专。在刚才谈到的《效李义山绝句》八首的第三首，有“柳叶年年生旧树，杨花处处作浮萍”的句子，即以杨花比喻那位女子，亦即青溪。在这三首诗中，圣叹先是化用苏轼和参寥关于“杨花落泥”的典故，据记载：苏东坡任彭城太守时，僧人参寥子（道潜）来访，东坡派宠妓马盼盼向他索诗。参寥见马盼盼美艳照人，又见庭前柳絮飞舞，便即兴吟诗一首。东坡见参寥诗中有“禅心已作沾泥絮，不逐东风上下狂”两句，既赞赏又嫉妒，说：“我早就觉得柳絮落泥可以入诗，还没来得及写，却被此老占先了。”[②]名人、美女、警句、佳话，便把杨花与妓女紧密联系起来。金圣叹说杨花“堕水沾泥”，应该也是暗指某个坠入风尘的女子吧。全诗的意境，似乎是从苏轼的《水龙吟·次韵章质夫杨花词》变化而来，重在叙写“离人”之间的相思和无奈之情。而从故事情节上看，这里的“怨女”与“王孙”，很像是分离之后的荡子和青溪，后者一入侯门，便与外界隔绝，两人既不能相见，也无法通音信，只能陷入无尽的追忆和无奈之中。而从此诗的言语和口气之间，还可以感受到男子的某种怨尤和讥讽，也是情人之间无奈至极而容易出现的一种变态式的宣泄吧。

柳新雨鼓起掌来，说：萌妹你太让人惊艳了！心细如发、慧眼独具啊！硬是从一片纷繁隐晦中，把金圣叹的感情秘密给揭示出来，佩服，佩服！真是萌人不露相啊！我以前怎么就没看出来呢？

没听说吗？越是心地单纯，越是感觉敏锐。李大白笑道：看不出来，那是因为你太“复杂”了。

大家都笑起来。

李大白又说：我以前也没看出金圣叹这些诗歌中的内在联系，当然

---

① 《诗选》第140–141页。

② 潘永因编《宋稗类钞》卷二十四《称誉》。《文渊阁〈四库全书〉电子版》。

也没想到竟然有着相同的故事背景，而且与金圣叹本人关系密切。如此说来，和金圣叹发生联系的女子确实不止一个，就算小史和青衣是同一人，那青溪也应该是另有其人的。从上述诸诗中可以看出，这位女子原是非常美丽单纯的，大约十四五时与圣叹有一面之缘，引起圣叹的爱慕，但女子浑然不觉。后来女子因故进入青楼，圣叹在那里和她再次相见，这才一见倾心，两情缱绻，并订下海誓山盟，愿生生世世永不分离。后来突然遭遇重大变故，圣叹和女子被迫分散。不久女子被权势人物所得，从此两人再也不能相见，连通个音信都做不到，双方都陷入痛苦的相思和无奈之中，最后自然是不了而了之。圣叹在评点唐人包何《同阎伯均宿道观有述》诗时说："……言自古才子必悦佳人，佳人亦必悦才子。不悦佳人者，固决非才子；然则不悦才子者，亦决非佳人。且我亦因才子悦故，遂以为佳人耳。"又说："盖直至于真既不回，梦亦不入，夫而后才子之眼穿，才子之泪枯，才子之心断，才子之气尽焉。呜呼！世岂非真有此人哉？"[①]圣叹一贯以才子自许，只是现在还无法弄清楚这位让圣叹梦绕魂牵、心断气尽的佳人究竟是谁。

何必要弄清楚呢？留个悬念也是蛮有意思的。柳新雨说：我觉得，《青溪行》中所说的"狼烟移大内""羯鼓满阛阓""铜驼行见卧蒿莱"，应该是指清兵下江南，亦即顺治二年（1645），这时圣叹三十八岁。而金圣叹评点《西厢记》是在三十九岁（一说四十九岁）。我原以为，是国破家亡、理想幻灭促使圣叹评点《西厢记》的；现在看来，失去爱人的感情创伤，也是一个重要原因。

庄言说：应该是，但还不止这些。圣叹有一首《赠夏广文》诗，说："潦倒诸生久白头，十年梦断至公楼。杏花廊下重来坐，药草笼中实见收。弟子歌思环震泽，劳臣碑记在长洲。圣朝日月如清镜，下考终居第一筹。"[②]这位夏广文，名鼎，字象也，顺治十年至十四年期间，官任吴县教谕。圣叹这首诗可能是为夏广文离任而作，前四句说自己这个潦倒

① 《金评唐诗》卷五上。《金集》壹，第238–239页。

② 《诗选》第111–112页。

诸生早已满头白发，犹记十年前在至公楼参加乡试（举人考试）失败的情景；这次又来到教谕的门下，仍很感念教谕当年对自己的器重。这说明圣叹直到顺治十四年（1657）五十岁时，还是一个潦倒的秀才，顺治四年（1647）曾参加过举人考试失败而“梦断”。是什么样的“梦”呢，显然是仕途从政之路。虽然圣叹这么说有“为情造文”的可能，但也透露出他并不是完全没有出仕之心的。

传说金圣叹会试失败，是因为作文不遵守考试规范。当时的试题是《如此则动心否》，圣叹在文中写道：“空山穷谷之中，黄金万两；露白葭苍而外，有美一人。试问夫子动心否乎？曰：‘动动动……’”，连书三十九个“动”字。考官大为疑怪，问圣叹何意？圣叹说：孟子不是说“我四十不动心”吗，可见以前的三十九岁都是动心的啊！

又传说圣叹后来又参加过乡试，试题是《孟子将朝王》。人瑞在试卷中间一个字也不写，只在试卷的四角写了四个“吁”字。考官问他何意：他说：《孟子》书中提到“孟子”二字的很多，所以不必写；提到“朝王”的也很多，如见梁惠王、梁襄王、齐宣王，都朝王，所以也不必写，这样题目中只有一个“将”字可以写。您见过演剧吗？凡是王将要坐朝时，先有四个内侍，站在左右一齐呼“吁——”，所以我这样写，正是把“将”的微言大义给体现出来了。结果可想而知。

还有传说：圣叹应试被黜落后，有人笑话他，他也笑着回答：“今日还我自由身矣！”人问：“自由身”可有出处？圣叹说：“有啊！‘酒边多见自由身’，是张籍的诗句；‘忙闲皆是自由身’，是司空图的诗句；‘世间难得自由身’，是罗隐的诗句；‘无荣无辱自由身’，是寇准的诗句；‘三山虽好在，惜取自由身’，是朱子的诗句……”①

这些传说未必可靠，倒也不妨看作是对圣叹应试失败的一种解说，圣叹四十岁前后梦断仕途，应该是可信的。在当日社会，一个读书人仕途梦断，无疑是一个重大的人生挫折，必然导致其心理、思想及人生的诸多方面发生变化。而这个时间正与刚才所说的国破家亡、感情创伤的

---

① 蔡丐因《清代七百名人传》之《金人瑞》。《汇编》第48–49页。

时间相近，这应该也是促使圣叹评点《西厢记》而且如此悲凉绝望的一个重要因素。

是这样的。李大白说：常言道“千里做官，为了吃穿”。古代的读书人不像现在就业途径很多，那时出仕做官几乎是唯一的出路，特别是对贫寒之士来说。不做官，就意味着没有“吃穿”，失去了基本的生活保障。当然，做官并不只是为了“吃穿”，也更便于高尚的事业及精神追求。但所有的追求，都必须依赖一定的物质基础，这是谁都明白的道理。所以，圣叹仕途失败，不可避免地要产生很多连锁反应，比如贫寒，“贫”是物质上的匮乏，“寒”是社会地位上的低下，二者都会对心态、精神以及现实选择产生决定性作用。

我想到咱们以前说到的一条记载：“有富人素与（圣叹）交好，乙酉之乱，以三千金托之，相与谋密藏之，其人既去，则尽发而用之。事定来索，佯为疑怪，略无惭色。”[①]所谓“乙酉之乱”，就是顺治二年（1645）的清兵下江南。“富人”，相传是王斫山。剔除这段话作者（归庄）的个人“成见”，这透露出当时圣叹在经济上出现了重大问题，这“三千金”如果不是圣叹向友人借的，则可能是友人主动资助的，想必是看到圣叹急需用钱又毫无办法，便帮他一把。当时兵荒马乱，必然物资短缺，物价腾贵，圣叹一家数口，必然度日艰难。圣叹花掉这笔钱，实在是迫不得已。

哎呀！柳新雨说：圣叹花掉这三千金，会不会是为了“青溪”呢？我觉得很有可能。试想一下，那青溪如此美艳出众，在青楼中堪称头牌，圣叹跟她相好，光有才华是不够的，还必须有足够的金钱。特别是两人失散后，圣叹为了破镜重圆，到处奔走打听，还有托老妪送去的一对金绕指，都是要花费很多金钱的。而好友王斫山既富贵又豪爽还很风流，紧急关头“解囊相助”，是有可能的。至于说圣叹用了不还，我觉得纵然他十分想还，当时也是没那个能力的，王斫山知道圣叹的境况，也许原本就没打算让他还。

---

① 归庄《诛邪鬼》。《汇编》第10页。

这个推测很有想象力。范启明说：有记载称圣叹"年四十，黾勉郢述，丹黄不辍。贯华堂中，书如獭祭。心血耗竭，白发星星矣"[①]。圣叹自己也说："前岁长夏，欲就舍下后堂，开局建标，延诸道士，并共论撰，述为《童寿六书》，大都一百卷。而迁延两月，竟亦中辍。所以然者，行年四十，心血虽竭，黾勉著书，尚不敢爱。独是日夜矻矻，须发为之尽白。而其书一成，便遭痛毁，不惟无人能读，乃至反生一障。是为无救于上圣，而反有累于后来也。今年二三学者，请以夏九十日，解衣露顶，快说漆园遗书。于谊莫辞，竟受斯托。话言既多，诠释略具。存之未全，弃之可惜。则命儿子释弓掌而记之，别题为《南华字制》一卷。"[②]可知金圣叹在四十岁前后，身心都发生了重要变化，竭尽心血，日夜探究庄子，须发全都白了，看上去完全是一个老翁。诸多迹象显示，此时圣叹的人生跌入谷底，不仅对世俗功名心灰意冷，连对生命本身也大彻大悟了，似乎要向尘世作最后的告别。但他毕竟并未完全绝望和彻底觉悟，他的"不朽"之心尚未全部死灭。即便是告别，也要有所交待，有所留恋，有所寄托，特别是对爱人和友人。所以圣叹四十岁以后的评点活动，有一个很强的心愿，就是为感情包括爱情和友情，作纪念，也作报答。当然这样的心愿以前也有，但不及此时强烈、突出。

柳新雨说：是这样的。我觉得，金圣叹评点《西厢记》，不只是为了所爱的女子，同时也是为了所爱的友人。他在《留赠后人》中说："后之人既好读书，读书者必好友生"，其实也包括自己，他也是"好友生"之人。他说："友生者，忽然而来，忽然而去；忽然而不来，忽然而不去。此读书而喜，则此读之，令彼听之；此读书而疑，则彼读之，令此听之。既而并读之，并听之；既而并坐不读，又大欢笑之者也。"又说："我请得为友生，并坐、并读、并听、并笑，而以为赠之。"又说："我请得化身百亿，既为名山大河、奇树妙花，又为好香、好茶、好酒、好药，而以为赠之。"是多么的一往情深啊！他所谓的"赠之"，其实就是对友情

① 蔡丐因《金人瑞》。《汇编》第 49 页。

② 《唱经堂随手通》。《金集》陆，第 891 页。

的一种特殊报答与回馈。

为什么说是“特殊的”呢？我们知道，金圣叹八岁就遭遇家难成为孤儿，随即离乡背井，寄居姑父母家。虽然姑父母待他很好，但毕竟是“寄人篱下”。加之学佛修道，远离世俗，社会交往不多；加之性情“乖张”，行为“怪异”，遭人误解和忌恨……可以想见，圣叹是多么孤独，多么寂寞，多么需要友情的慰藉。圣叹长期处于贫寒之中，又多么需要友人的帮助，实际上他也确实得到了很多慰藉和帮助；而一旦得到，他就会十分感念和珍惜，想着如何报答。

我觉得，金圣叹就像是一条孤弱的鱼，友人就像是一池水，圣叹置身友人之间，便如鱼得水；而这水也因为有了圣叹这条鱼，变得更加生动而美妙。《沉吟楼诗选》收入圣叹诗作二百七十八篇，其中明确提到的“时人”（亦即和圣叹同时代的人）约八十个，还有隐约提到的时人，还有大量的古人，总之，写人的诗作占据绝大多数，这反映出圣叹对人际交往的需求和看重。但他提到的时人，主要是“同学”，其中很多是同道师友，社会上的特别是官场中的人很少，即使有，也多是一般应酬。真正的知己好友，多为世外“闲人”。刚才说到的王斫山，就是一位。还有圣叹在《西厢记·惊梦》评语中所说的“知圣叹此解者，比丘圣默大师、总持大师，居士贯华先生韩住，道树先生王伊。既为同学，法得备书也”[①]。这四位，再加上金昌和徐增，还有韩住、韩俊兄弟，这几个人，可以说是圣叹最要好的“死党”。

王斫山是圣叹最重要的友人之一，也是给圣叹最多快乐和支持的友人之一，甚至也可以说没有“之一”。圣叹对这位友人非常亲爱、佩服和感激，提到他的次数也远远多于其他人。而王斫山也是一个非常可爱、可亲可敬的友人。

《水浒传》第二十回《虔婆醉打唐牛儿　宋江怒杀阎婆惜》开头写道：“话说宋江别了刘唐，乘着月色满街”，圣叹在此批点说：

---

① 《金评西厢》卷七《惊梦》。《金集》贰，第1083页。

六字不惟找足前题，兼乃递入后事，盖良夜如此，美人奈何，便不须遇着阎婆，宋江亦转入西巷矣。

月毕竟是何物，乃能令人情思满巷如此，真奇事也。

人每言英雄无儿女子情，除是英雄到夜便睡着耳。若使坐至月上时节，任是楚重瞳，亦须倚栏长叹。

见夜月便若相思，见晓月便若离别，然其实生平寡缘，无人可思；生平在家，无人可别也。见此茫茫，无端忽集，世又无圣人，我将问谁矣？

已上皆吴趋王斫山先生语，偶附于此。先生妙言奇趣，口作风云，自有《斫山语录》行世，想亦天下之所乐得而读也。[①]

圣叹所说的“已上”如果是指以上全部评点四段文字，那么第一段是对《水浒传》的直接评点，说明斫山也参与了圣叹的评点工作；如果仅指中间的三段文字，则可以视为斫山间接地参与了圣叹的评点工作。总之，我觉得斫山似乎就在圣叹身边，密切关注着圣叹的评点，还时不时地发表自己的感受和看法。要知道，圣叹评点《水浒传》始于十二三岁，虽然我们不清楚圣叹写这段文字的具体时间，但可以推知两人的友情开始得很早。

仅就中间三段文字来看，斫山乃是个感觉敏锐、“情思”丰富的男人。他有着楚霸王项羽一样的刚强性格，不会轻易感伤；但他的心里似乎藏着巨大的孤独和苦闷，当情境的感触达到一定的程度，也会倚栏长叹，徘徊搔首。他又是个善于表达的人，能够用新奇的话语准确生动地表情达意，令人印象深刻，喜闻乐见，都“有《斫山语录》行世”了，想必其语言功夫非常了得。

王斫山的“妙言奇趣，口作风云”远不止此，圣叹又记道：

吾友斫山先生尝言：“人影是无日光处，而人误谓有影；

---

① 《金评水浒》卷二十五。《金集》叁，第382页。

法帖是无墨拓处，而人误谓有字；四大中虚空是无四大处，而人误谓有人。”如此妙语，真是未经人道。附识如此。①

语言固然奇妙，眼光尤为独到，见识出人意表，发人深省。

《水浒传》写李固买通蔡福谋害卢俊义，说：“奸不厮瞒，俏不厮欺；小人的事，都在节级肚里。今夜晚间，只要光前绝后。”圣叹评点道：

只将“绝”字换过“耀”字，而“光”字亦都换却矣。换古之妙，至此方是出神入化。笑村学先生，取古人语拗曲改直，自称绝调也。

吾生平所见笔舌之妙，无逾临川清远先生者。其《牡丹亭》传奇，杜丽娘入塾诗曰：“酒是先生馔，女为君子儒。”上句以“是”字换过“食”字，而恰恰字异音同，已为奇绝；至下句并不换一字，而化板重为风流，变圣经为香口，真乃千秋绝唱，一座尽倾也。

然犹未若吾友斫山先生之妙舌也。其他多不可举，姑举其一：一日会食蛤蜊，有较书在席，问客曰：“不审何故，雀入大水化为蛤？”先生应口答曰：“卿且莫理会此。我正未解卿家何故雀入大蛤，便化为水耳。”一座哄然大笑，乃至有翻酒失箸者。其灵唇妙舌，日有千言，言言仿此。盖其心清如水，故物来毕照，非他人之所得及也。②

此事圣叹在评点《西厢记》时也说到过：

偶于舟中，时方九日，忽一女郎掉文曰：“何故此时则雀入

---

① 《金评水浒》第四十二回《假李逵剪径劫单身　黑旋风沂岭杀四虎》。《金集》肆，第777页。

② 《金评水浒》第六十一回《放冷箭燕青救主　劫法场石秀跳楼》。《金集》肆，第1113页。

> 大水化为蛤？”座中斗然未有以应也。先生信口答曰：“我亦不解汝家何故雀入大蛤，皆化为水也？”一时满舟喧然，至有翻酒濡首者。此真用《礼记》入妙也。[1]

两段文字大同小异，但后者写于圣叹“垂老”之时，二者前后相距少说也有二十年，可见他对此事的印象多么深刻。这很像是今天的“段子”：当时正值重阳节，圣叹、斫山与友人在水上舟中聚会。席间有一位女郎（应为娼女之类）“抖机灵”想调笑一下几位男士，便问：“为什么（古书上说）雀入大水化为蛤呢？”暗示几位男士原是“雀”，现在入大水化为“蛤蜊”了。这几位明知被她“涮”了，却一时没反应过来，只有王斫山立刻答道：“我也不知道为何你家是雀入大蛤化为水啊！”那几位这才反应过来，感觉斫山此语绝妙，一齐笑翻，有人一头栽到酒碗里。斫山此语绝妙在何处？一是反应敏捷，女郎一出口，斫山不仅知道她的用典，还听出她“不怀好意”，随即“反唇相讥”；二是机智灵活，就用女郎原话，稍微变换次序，可谓借力打力，正中要害；三是风趣谐谑，重阳节友人聚饮，本来就是开心好玩的场合，女郎又主动挑逗，斫山便“礼尚往来”，虽然有点“色”，但在当时的场合，可谓恰到好处。都说金圣叹才思敏捷，看来斫山的才思还要在圣叹之上。更重要的是他的这种性情，潇洒幽默，无拘无束，不仅自己快乐，还能让身边的人快乐，难怪大家都喜欢他。

圣叹还完整记述了斫山“尝向吾夸京中口技”[2]，看上去是为证明和烘托《水浒传》作者的“绝异非常之技”，其实也是对王斫山“夸”技的佩服和欣赏。如果圣叹所写“口技”确是对王斫山所“夸”的实录，那么斫山的记忆和表达才能可谓出神入化。不过，我觉得无论金圣叹怎样“实录”，也不可能是对斫山所“言”原样照搬，必然要作一些加工、润色之类；再加上开头、结尾，成为一个有机整体，成为一篇堪称完美

---

① 《金评西厢》卷六《闹简》。《金集》贰，第1005页。

② 详见《金评水浒》第六十五回《时迁火烧翠云楼　吴用智取大名府》。《金集》肆，第1165—1166页。

的文章。这篇美文被后世广为传诵，也引发作者究竟是谁的“公案”，众说纷纭，我觉得金圣叹和王斫山合作的说法[1]比较可取。实际上，是金圣叹在王斫山口述的基础上，又作了“再创作”，而他却把“著作权”完全赋予王斫山一人，可见圣叹多么无私。这无私是由于他们深厚的友谊，同时也是对友谊的一种纪念，也是对斫山的一种“留赠”——感激和报答。

王斫山的性格与才情，圣叹和他的友谊，在《金评西厢》中有着更为充分的展现：

> 吾友斫山先生尝谓吾言：“匡庐真天下之奇也。江行连日，初不在意，忽然于晴空中劈插翠嶂，平分其中，倒挂匹练。舟人惊告：此即所谓庐山也者，而殊未得至庐山也。更行两日，而渐乃不见，则反已至庐山矣。”吾闻而甚乐之，便欲往看之，而迁延未得也。盖贫无行资，一也；苦到彼中无东道主人，二也；又贱性懒散，略闲坐，便复是一年，三也。然中心则殊无一日曾置不念，以至夜必形诸梦寐，常不一日二日，必梦见江行如驶，仰睹青芙蓉上插空中，一一如斫山言。寤而自觉遍身皆畅然焉。后适有人自西江来，把袖急叩之，则曰：“无有是也。”吾怒曰：“伧固不解也！”后又有人自西江来，又把袖急叩之，又曰：“无有是也。”吾又怒曰：“此又一伧也！”既而人苟自西江来，皆叩之，则言然、不然各半焉。吾疑，复问斫山。斫山哑然失笑，言：“吾亦未尝亲见。昔者多有人自西江来，或言如是云，或亦言不如是云。然吾于言如是者，即信之；言不如是者，置不足道焉。何则？夫使庐山而诚如是，则是吾之信其人之言为真不虚也；设苟庐山而不如是，则是天地之过也。诚以天地之大力，天地之大慧，天地之大学问，天地之大游戏，即亦何难设此一奇以乐我后人，

① 详见孙甲智《〈口技〉作者确为金圣叹、王斫山》。“蕉鹿窟”（博客）。

> 而顾吝不出此乎哉！”吾闻而又乐之，中心忻忻，直至于今，不惟夜必梦之，盖日亦往往遇之。何谓日亦往往遇之？吾于读《左传》往往遇之，吾于读《孟子》往往遇之，吾于读《史记》《汉书》往往遇之，吾今于读《西厢》亦往往遇之。何谓于读《西厢》亦往往遇之？如此篇之初，【新水令】之第一句云“梵王宫殿月轮高”，不过七字也，然吾以为真乃江行初不在意也，真乃晴空劈插奇翠也，真乃殊未至于庐山也，真乃至庐山即反不见也；真大力也，真大慧也，真大游戏也，真大学问也。盖吾友斫山之所教也，吾此生亦已不必真至西江也。吾此生虽终亦不到西江，而吾之熟睹庐山亦既厌也。庐山真天下之奇也。[①]

这也是一篇精致的美文，也可以说是两人的“合作”，圣叹不仅以斫山的谈论为基础写出这样绝美的文字，更重要的是，他从斫山的谈论中悟出许多“秘诀”，并将其应用到评点中。

更为脍炙人口的，是金圣叹和王斫山“赌说快事”，圣叹回忆说：

> 昔与斫山同客共住，霖雨十日，对床无聊。因约赌说快事，以破积闷。至今相距既二十年，亦都不自记忆。偶因读《西厢》至《拷艳》一篇，见红娘口中作如许快文，恨当时何不检取共读，何积闷之不破？于是反自追索，犹忆得数则，附之左方，并不能辨何句是斫山语，何句是圣叹语矣。[②]

接着连举三十多件“快事”。说实话，我真的非常佩服他们！首先是佩服他俩的“玩儿”法，江南一带，经常阴雨连绵，动辄十天半月，赶上梅雨季节，阴雨一两个月也不稀奇。我们现在有电视、有网络，尚

---

① 《金评西厢》卷四《闹斋》。《金集》贰，第927–928页。

② 《金评西厢》卷七《拷艳》。《金集》贰，第1053–1057页。按:小括号内“少叙寒喧”四字,《金集》无。

且无聊郁闷得要死，想想古人该是多么难熬啊！但现在有人这样玩儿吗？恐怕连想都想不到，所以必须承认他俩真会玩儿。这种玩儿法，不仅可以打发无聊，排遣郁闷，还可以相互激发学识和情志，增强沟通和理解，加深感情和友谊……总之是非常高雅而有益的游戏，而且，不需要任何玩具，不受环境条件限制，简单方便。我以前只看过李商隐、苏东坡等人的“杂纂”，说的都是些“可恶”的事，而且都是一个人任意举例，并不是与人“赌说”。像金、王这样赌说快事，还是头一次见到。

我觉得，他俩所说的“快事”，乍看起来，新奇古怪，出人意表；但想一想，又似曾相识，大都情理之中。这让人觉得既很真实，也很亲切。再细心体会，就会发现，这些快事大都包含一种“转折”结构，即由前半部分的极端“痛苦”、不堪忍受，忽然转向反面，不仅“痛苦”得以消除，恢复正常，往往还会有更加“意外”的解脱和满足，从而获得巨大的快乐。这样的结构，类似于现在相声中的“包袱”，具有戏剧性“悬念”，很能吸引读者的注意力。但从“痛苦”部分看来，虽然不一定都是真实的，却也从一定程度地反映了圣叹和斫山的生活与心灵状态。例如“还债毕”，应该是圣叹的快乐，因为斫山那么富有，不会有欠债的痛苦；而圣叹那么贫寒，不免经常举债。尽管他是个很达观的人，但也会感到欠债的压力，所以才会觉得“还债毕”是一种快乐事。但是我觉得他可能从来也没体验到这种快乐，因为他一直处于贫寒状态，所以“还债毕”不过是他的一种“理想”而已。又如拔簪供酒、寒士借银，都是跟贫寒有关的“快事”，可见圣叹平日所承受的生活压力有多大！可怜！以金圣叹的才华、性格和志业，而把“还债毕”作为理想和快乐，想想都让人心酸。这哪里是什么“快事”，分明是“苦事”啊！从这个意义上看，圣叹的“赌说快事”实在有些苦中作乐、含着眼泪强作欢笑的味道。虽然圣叹说“并不能辨何句是斫山语，何句是圣叹语矣”，但在我看来，大部分应属圣叹语，因为大部分都属于“穷人”的快乐。而王斫山能够陪着圣叹如此苦中作乐，可见他对圣叹的理解和体贴，真可谓同患难、共富贵，这又不是一般朋友所能做到的。

还有“布萨”一事，也应该属于圣叹的。布萨是佛教修行活动之一，包括反省、忏悔等环节。圣叹所说的“夜来不觉私作一事”，虽然不知道是什么事，但一定是私密的“坏事”。圣叹以忏悔这种事情为快乐，固然体现了他的佛学修养和坦诚心地，但也透露出他和斫山之间无话不谈，包括不为人知的隐私，可谓是真正的“知己”。这也是一般朋友所做不到的。

在《金评西厢》中，保留着很多斫山的话语，诸如：

“斫山云：怪哉！圣叹其眼至此，我疑此书便是圣叹自制。”

“斫山云：圣叹肠肚如何生？”

“斫山云：若不得圣叹注，则此一行与下‘小梅香’句，岂不重复哉？我圣叹读书真异事也。

“斫山云：若不如圣叹注，则莺莺不欲夫人堤防，其意乃欲云何？此岂复成人语哉！”

“斫山云：圣叹‘无耻’！圣叹云：斫山会也。”

“一切比丘、比丘尼，式叉摩那、沙弥、沙弥尼，一齐合掌诵《古诗十九首》云：‘齐心同所愿，含意俱未申。’——此斫山先生语也。”

“斫山每恨荆卿必欲生劫秦皇帝，此是何意？今看惠明，真是荆卿以上人也！”

“斫山云：美人于镜中照影，虽云看自，实是看他。细思千载以来，只有离魂倩女一人，曾看自也。他日读杜子美诗有句云：‘遥怜小儿女，未解忆长安。’却将自己肠肚移置儿女分中，此真是自忆自。又他日读王摩诘诗有句云：‘遥知远林际，不见此檐端。’亦将自己眼光移置远林分中，此真是自望目。盖二先生皆用倩女离魂法作诗也。圣叹今日读《西厢》，不觉失笑，因寄语斫山：卿前谓我言王、杜俱用倩女离魂法作诗，原来只是用得一遥字也。”

“斫山云：千载以来，独有宣圣是第一善游人，其次则数王羲之。或有征其说者。斫山云：宣圣，吾深感其‘食不厌精，脍不厌细’之二言；王羲之，吾见其若干帖所有字画，皆非献之所能窥也。圣叹曰：先生此言，疑杀天下人去也。又，斫山每语圣叹云：王羲之若闲居家中，必就庭花逐枝逐朵细数其须。门生执巾侍立其侧，常至终日，都无一语。圣叹问此故事出于何书，斫山云：吾知之。盖斫山之奇特如此。惜乎天下之人不遇斫山，一倾倒其风流也。”

“斫山云：试问红娘，为说今日？为说闹斋日？我最无奈聪明女儿半含半吐，不告我实话也！”

“斫山云：意欲写其去，却反写其回；意欲写其急，却反写其迟。彼作者固是神灵鬼怪，乃批者亦岂非神灵鬼怪乎？”

“斫山云：我读此一章，洋洋然，泠泠然，不知其是张生琴，不知其是双文人，不知其是《西厢》文，不知其是圣叹心，盖飘飘乎欲与汉武同去矣。”

“斫山云：圣叹自论文，非论禅也。”

“斫山云：从来只谓人有魂，今而后知文亦有魂也。如此句七字，乃是下句七字之魂，被妙笔文人摄出来也。”

“斫山云：天下事之最易最易者，莫如偷期。圣叹问：何故？斫山云：一事止用二人做，而一人却是我。我之肯，已是千肯万肯，则是先抵过一半功程也。”

……

《金评西厢》中还有很多小字评语，虽然没有标明“斫山云”，但往往说“圣叹……”，我觉得其中应有不少是出自斫山之口，由小史记录下来的。

斫山的话语大量出现在《金评西厢》中，意味着什么呢？我觉得，意味着很多很多：这首先让我感到王斫山就在金圣叹身旁，每人手里拿着一卷《西厢记》，专注地品读着。他俩都是《西厢记》的痴迷者，都是王实甫的崇拜者。要知道，朋友之间有共同的爱好是非常重要的，这种“情投意合”可以极大地增加圣叹评点的乐趣和效率。

我还能感觉到，斫山像一位大哥一样，时刻关怀着圣叹，由衷地欣赏圣叹。欣赏他泉涌一样的才华，欣赏他神鬼一样的思维，欣赏他利刃一样的见识，欣赏他花雨一样的辞采，总之，圣叹的一举一动、一歌一哭，斫山不仅能够理解，能够同情，而且能够欣赏。圣叹的那些被世俗斥为狂傲、放诞、怪癖，甚至该杀的东西，在斫山的眼里都是超凡脱俗的优点。他确信面前这个“怪异”的家伙，正是百千年不一遇的书痴、情种和奇才，因而发自内心地为之欣喜、为之庆幸、为之珍惜和折服。

同时我也感觉到，圣叹对斫山也是心悦诚服的，他如此大量地保留斫山的话语，本身就是很好的证明。事实上，斫山可不只是一个忠实的倾听者和欣赏者，他的很多感悟和见解，足以与圣叹相互匹敌，相得益彰，有些甚至在圣叹之先、之上，这在圣叹关于“口技”“匡庐”的记述中已有体现，是不必多说的。

要知道，朋友之间的相互理解，已很难得；能够相互欣赏、相互珍惜，更是可遇而不可求的。金圣叹无限深情地说：

> 吾友斫山王先生，文恪之文孙也。目尽数十万卷，手尽数十万金。今与圣叹并复垂老，两人相怜如一日也……
>
> 斫山读尽三教书，而不愿以文名；倾家结客，而不望人报；有力如虎，而轻裘缓带，趋走扬扬；绘染刻雕、吹竹弹丝，无技不精，而通夜以佛火蒲团作伴；今头毛皑皑，而尚不失童心；瓶中未必有三日粮，而得钱犹以与客。
>
> 彼（斫山）视圣叹为弟，圣叹事之为兄。有过吴门者问之，无有两人也。
>
> 嗟乎！未知余生尚复几年？脱诚得并至百十岁，则吾两人当不知作何等欢笑！如或不幸而溘然俱化，斯吾两人便甘作微风淡烟，杳无余迹。
>
> 盖斫山三十年前曾与圣叹诗，早便及之，曰：“风雷半夜吴王墓，天地清秋伍相祠。一例冥冥谁不朽，早来把酒共论之。”
>
> 今圣叹亦是寒鸟啁啾，不忘故群，故时时一念及之，岂

犹有意互相叹誉为荣名哉？[①]

想象一下，斫山是怎样一位人物！再想象一下，圣叹与斫山是怎样一种感情！

如此魅力迷人的王斫山，究竟是谁呀？石萌问道。

别急，容我慢慢道来。柳新雨说：这个人可是大有来头的，但以前没人知道，学者只能根据金圣叹一句“文恪之文孙”去追索。先是俞鸿筹在《沉吟楼诗选》的读后记中说：“诗中所述诸人姓氏可考者：斫山为长洲王氏，按《西厢记·闹简》批语有云：吾友斫山王先生，文恪之孙。廖燕撰《圣叹传》云：斫山为侠者流，与圣叹交最善，一日以三千金与圣叹曰：君以此权子母。甫越日，挥霍已尽。斫山一笑置之。邵宝撰《王文恪鏊墓志》：公有男延喆、延素、延陵、延昭四人。延喆为昭圣皇后之甥，少以椒房入宫中，性豪侈，斫山与之相类，或即其所出也。”[②]这把王斫山和王鏊直接联系起来，但不够详明准确；后来陆林发现清代道光年间所刻苏州太湖王氏家谱，详加考证，终于使王斫山其人的来历大白于天下。[③]

斫山的祖上王鏊（1450–1524）是个大人物，字济之，号守溪，吴县人（今苏州），学者称震泽先生。明宪宗成化十年（1474）参加乡试，获得第一名，亦即“解元”；第二年参加会试，又中第一，亦即“会元”；随后参加廷试，据说被权臣故意压抑，才屈居第三，亦即探花。后来于武宗正德元年（1506）入内阁，任吏部侍郎兼翰林学士，后来升任户部尚书兼文渊阁大学士、太子少傅兼武英殿大学士，相当于宰相，可谓位极人臣。嘉靖三年（1524）病逝，朝廷追赠太傅，谥号“文恪”。王鏊德行高尚，学识渊博，为官清正，敢于和邪恶势力作斗争。鉴于朝政被权臣控制，黑暗污浊，他愤然辞官回乡，家居十四年，至死不愿复出。[④]

---

① 《金评西厢》卷六《闹简》。《金集》贰，第1005页。

② 《诗选》第161–162页。

③ 详见《金圣叹史实研究》第223–233页。

④ 详见《明史》卷一百八十一《王鏊传》。

王鏊著述丰富，有《震泽编》《震泽集》《震泽长语》《震泽纪闻》《姑苏志》等。《皇明经世文编》中有《王文恪公文集》。他还参与《明宪宗实录》《明孝宗实录》的编修，担任《明孝宗实录》《大明会典》的副总裁。王鏊还是著名的书法家，书风清劲爽健，严谨峭拔。他的学生唐寅称其“海内文章第一，山中宰相无双”。他在苏州一带的名望和影响就更加不用多说了，当地建有王鏊的解元牌楼、会元牌楼和探花牌楼，以他命名的地方很多，如王巷、王家弄、王家门前，还有轿子弯、阁老厅、玉带河、化龙池、阁老坟等等。所以在当时，圣叹只须说到“文恪”，便无人不晓了。

据学者考证，王斫山名瀚，字其仲，“斫山”是他的号，他还有一个号叫“香山如来国中人”。在明代为吴县“附例生”，入清以后隐居。他其实是王鏊的五世孙（玄孙），大约生于万历三十四年（1606），康熙八年（1669）尚在世。其他生平事迹不详，友人称他“其仲居士”，可知他也是一位佛教信奉者。

如果斫山确实生于万历三十四年，那么他比圣叹年长两岁，正与金圣叹所说的“彼（斫山）视圣叹为弟，圣叹事之为兄”相合。

家谱对斫山的记载很简略，看来他的一生并没多少值得世俗称道的功名和业绩；但凭着圣叹在书中对他的记录和表彰，斫山无疑是其家族最广为人知的一位。虽然圣叹说这样做“岂犹有意互相叹誉为荣名哉？”就算他主观上没有这样的动机，但客观上确实起到了这样的效果。

不为“荣名”，那是为了什么？圣叹说是“寒鸟啁啾，不忘故群”，两个“垂老”的兄弟，犹如冬山寒林中的两只老鸟，一声唤一声地啼叫，诉说着三十多年的情谊，温暖着两颗悲凉的心。所以圣叹在说斫山时，并不只是在说斫山一人，其实也是在说自己：

“目尽数十万卷”，这是何等博学！要知道，斫山读过的书，圣叹也读过；而且经常是一起读书，一起品味；

“手尽数十万金”，这是何等豪兴！要知道，斫山挥金时，圣叹也在场，而且很多是为圣叹而挥；

“读尽三教书，而不愿以文名”，这是何等高逸！要知道，圣叹也是这样的人，只是他还做不到；

“倾家结客，而不望人报”，这是何等慷慨！要知道，圣叹也是很好客的，只是他不得不经常做“客”；

“有力如虎，而轻裘缓带，趋走扬扬”，这是何等生动！要知道，圣叹可是个文弱书生，而且经常生病；

“绘染刻雕、吹竹弹丝，无技不精”，这是何等情志！要知道，圣叹也多才多艺，显然他们是知音；

“而通夜以佛火蒲团作伴”，这是何等精诚！要知道，圣叹也是个居士，想必青灯之下蒲团之上，还坐着一个圣叹；

“今头毛皑皑，而尚不失童心”，这是何等烂漫！要知道，圣叹亦然童心未泯，想必他们从小到大有说不完的童趣；

“瓶中未必有三日粮，而得钱犹以与客”，这是何等仁义！要知道，圣叹也经常吃了上顿儿没下顿儿，他可能就是那“客”之一；

“风雷半夜吴王墓，天地清秋伍相祠。一例冥冥谁不朽，早来把酒共论之。”何等了悟！要知道，他们早在三十年前就一起讨论这样的话题了。

活着，就尽情欢笑；死了，就散作清风……

这是什么样的情谊？我觉得，这是所有兄弟、同学、同志之类称谓都不足以表达的。圣叹的人生纵有百般创痛、千般悲哀、万般愁苦，有了这位“香山如来国中人”，便是不幸中的大幸！或许斫山正是上天垂怜圣叹而为他派来的天使吧！

柳新雨停了下来，一片安静。这时电灯突然熄灭了，大家这才注意到，一轮明月正对着南窗，室内满是清辉。

月光里，覃慧敏泪眼盈盈，幽幽地说：新雨兄真“可恶”，说得如此感人！我在想，金圣叹的一生，如果没有王斫山这样的朋友，那真的是太可怜了！也太不公平了！现在我终于知道，王斫山对于金圣叹是多么的重要，终于知道圣叹为什么要在《留赠后人》中说到光明、友生、名山大河、奇树妙花、好香、好茶、好酒、好药了，其实这都不是随意说的，都是有所指的。事实上斫山就是圣叹生命中的光明、友生、名山大河、奇树妙花、好香、好茶、好酒、好药，甚至可以说斫山早已成为圣叹生命的组成部分。

是啊！李大白说：我也终于明白，圣叹所说的“青衣”“友生”的深刻寓意了：一个是挚爱女子，一个是生死友人，爱情和友谊，没有比这更让人刻骨铭心的了！特别是对于圣叹这样的人来说。

田老师说：你们的解说都很好！但还可以更广大、更普遍一些。王斫山虽然是金圣叹最好的朋友，但不是唯一的朋友。实际上，圣叹在书中提到的一起讨论《西厢记》的人，还有比丘圣默大师、总持大师、韩住、王伊等，这些人和圣叹的情谊也很深厚。至于此外的朋友，还有很多。其实人的情感是很丰富的，对情感的需求也是多元多样的，爱情如此，友谊也如此。哪怕是最亲爱的人，最好的朋友，也不能一个人同时满足你的所有需求；反过来说，不同的爱人、不同的朋友，则从不同的角度满足你不同的需求。当然，你在朋友那里也是这样，只能满足他的部分需求，而不能满足他的全部需求。这还只是就今生今世而言的，至于来生来世，以至无限的天下后世，也在圣叹的关怀之中；还有那些“古人”，所以，金圣叹的《西厢记》（还有其他评点著作）所要“照顾”的人非常多，面非常广，不可局限于一两个人。

阿弥陀佛！方丈接着说：如此解说，就更见境界了。其实不论是爱人还是友人，关系都是双向的：他们给予圣叹很多，同时圣叹给予他们的也很多。当然他们的相互给予，在形式上不一定完全相同，譬如斫山送给圣叹三千金，但圣叹不能也送给斫山三千金。但在实质上，应该是相当的，也就是说，圣叹对斫山的情谊一点也不比斫山对圣叹的情谊弱！他可能没有同样“含金量”的物质回报给斫山，但在感情的品质和分量上，是和斫山一样的，甚至更纯更重。世人往往以“礼尚往来”要求朋友，甚至以对方的回报是否比自己的给予更丰厚来衡量其是否够朋友，这往往会伤害友谊，或者说这本来就不是真正的友谊。你为朋友两肋插刀，固然很够义气；真正的朋友也会为你两肋插刀，但你不能“要求”对方为你两肋插刀。就像两个相爱的人，都可以为对方而死，但那是“自然而然”的，你不能“要求”对方为你而死。

金圣叹的“情谊观”在“呼延爱马”和“李洞毙驴”中说得很清楚，

至高无上的情谊，是“生死一处”和“性情如一”的统一。这里没有物质上的考虑，没有名利上的计较，甚至连世人极为看重的“知己”，都可以不问。不难想见，圣叹回报给爱人和友人的，也是这种至高无上的情谊。

所以圣叹生怕读者误解，特别强调他在评点中保留了一些与友人谈论的内容，没有“互相叹誉为荣名”的目的，只是出于对这种情谊的怀念和感激，甚至连一般所谓的“回报”都不是。当然这也是另一种形式的“生死一处”和“性情如一”，圣叹要化为光明、名山大河、奇树妙花、好香、好茶、好酒、好药，正是对这种情谊的具体实践。

佛家有“三身”之说：“法身”是人人具有的真性。“报身”指智慧光明，是由佛的智慧功德所成。又分自受用和他受用，前者是佛自己受用内证法乐之身；后者是佛为十地菩萨说法而变现之身。“应身”是指应众生机缘而变现出来的佛身。圣叹要化为光明、名山大河、奇树妙花、好香、好茶、好酒、好药，甚至“化身百亿”，正是佛教三身学说的化用，意思是将自身变化为诸多有形之物，相伴爱人、友人以及后人。实际上圣叹是以自己的真性感化他们，以自己的智慧照耀他们，这样才是真正的“生死一处”和“性情如一”，从而达到永恒不朽。

“三身”是妙理（真如）、智慧和功德的积聚圆满。圣叹的《西厢记》评点，体现出他对生命的彻悟，对“三身”的了证，这意味着他的佛学达到了新的境界。所以《金评西厢》也可以看作是圣叹的一种“说法”，读者不可拘泥于表面的“色相”。

这时电灯亮了起来，大家一阵欢呼。

# 第七章

# 春来亲友传喜讯 病起父子说唐诗

田老师一行当晚就住在寺院里，次日早膳后，几个学生下山返校，范启明和方丈，久别重逢，一个不让走，一个心想留，田老师当然也是流连忘返，三人知心如此的老友相聚，机会难得，越发珍惜。于是携手联袂，促膝联榻，朝夕形影不离，山上无处不到，心中无话不谈。田、范二人还跟着方丈做起了见习和尚，念经打坐，素斋清茶，仿佛做了一次大修，神清气爽，身轻体健。

不觉光阴荏苒，已有一个多月。这日无事闲话，田老师凝视远方，长吁一声，若有所思。范启明见状，问道：田兄似有归欤之思，该不是想念学生了吧？

田老师点点头。

范启明又说：别说你们是亲师徒，就是我这做叔伯的，也有点想念他们了。孟子说："君子有三乐，而王天下不与存焉。父母俱存，兄弟无故，一乐也；仰不愧于天，俯不怍于人，二乐也；得天下英才而教育之，三乐也。"我等情同手足，盘桓逾月，这是我们三人的一大乐。金刚兄出家脱俗，僧徒成群；野夫兄执教学府，桃李满园，皆可谓得天下英才而教育之；唯独在下，无福享受这一乐啊！能不让人羡慕嫉妒恨？

田老师转忧为喜，说：这几个学生确实很优秀，但“英才”可不是经常能够遇见的。不过，你也不必羡慕嫉妒恨，他们早把你当作老师了，你也有此“一乐”啊！

阿弥陀佛！说曹操曹操到，“英才”离此不远了。方丈说。

范启明惊讶道：嗬！你啥时候学会了千里眼、顺风耳神功啊？

方丈笑了笑，说：这不难，你也能做到的。

说话间，就见石萌他们几个，老远就挥着手喊：老师好！方丈好！

大家好似故人重逢，格外亲切。

石萌说：感觉好像过了很久似的。

是啊是啊！庄言说：多日不见，很想念三位老师，同时我们也有很多问题想请教，所以就相约一起来了。

田老师说：好啊，说说吧，什么问题？

柳新雨说：上次谈了《金评西厢》之后，这段时间，我又读了一遍，有很多新的感受。我觉得，人生的很多事情，真的难以预料，也很难说清楚。

何出此言？田老师问。

柳新雨说：金圣叹是因为幻灭绝望才评点《西厢记》的，不仅人生跌入谷底，甚至有作最后交待的意思，却不料《金评西厢》使他大名远扬，甚至引起顺治皇帝的注意，并搅起他沉寂的“妄想”，痴心地期待着直上日边、大展抱负。正当他踌躇满志、准备启程上路的时候，却不料噩耗传来，皇帝驾崩，圣叹一下子跌入更深的谷底。就在他彻底绝望、准备隐居不出的时候，却不料“哭庙”事件爆发，被捕入狱，很快就被杀头了……真是祸福无常，变幻莫测啊！圣叹精通易学，能预知他人的前后因缘，为什么不能预知自己近在咫尺的祸难呢？

是啊，我也有同感。李大白说：圣叹生命的最后几年，像坐过山车一样，大起大落，变故迅疾，既出乎意料，又神秘诡异，还有戏剧性。圣叹曾经感叹过造化弄人，最终果然为造化所弄。纵然他无所不知，也只能徒唤奈何。有人说他是“一笑就戮”，我想他大概是苦笑吧！

覃慧敏说：在我看来，《金评西厢》可以说是圣叹的巅峰之作，华彩之章。尽情尽性，任意挥洒。仿佛长河决堤，一泻千里；又似神灵附体，奇妙梦幻。就像流星划过夜空，耀眼炫目，燃尽全部生命热情，瞬间消失于茫茫夜空。

庄言说：圣叹在完成《恸哭古人》和《留赠后人》之后，似乎于愿已毕，无欲无求，完全安下心来。如果说还有什么不安的话，大概就是他对家庭和妻儿的责任。确实，以前为了学道，为了“妄想”还有“情谊”，圣叹的心思很少用在家庭上，一家老小在饥寒交迫中煎熬。这让圣叹每一想起，就暗自愧疚，面对妻子儿女时，无语而又无颜。如今妻子已老，子女渐次成人，长子金雍已经结婚生子，次子和长女也都面临婚嫁，小女法筵才七岁，到处都需要用钱，而圣叹最缺乏的恰恰是钱，生活及心理压力之大，可想而知。虽然《金评西厢》可能给他带来一些报酬，但远远不敷家用。

现在好了，终于不再受“妄想”的困扰了，可以安静下来，专心做些“经济效益”更好的事情，来“补贴家用”。于是圣叹很快就开始了《小题才子书》的评点。他在此书的序言中说：

> 先是，余有世间《六才子书》之刻。去年高秋无事，自督诸子弟甥侄，读书学士堂中。每逢三、六、九日，即依大例，出《四书》题二，观其揣摩，以验得失。而二三子都苦才多，每日晨朝磨墨，伸纸摇笔。未几，余试掣而视之，则已溢出题外。若是乎《四书》白文之决不可以不讲，而先辈旧文之决不可以不读也。因不得已，搜括宿肠，寻余旧日所暗诵者，凡得文百五十首，茫茫苍苍，手自书写。中间多有大人先生金钩玉勒之作，而辄亦有所增省句字者。此则无奈笥中久失原本，今兹全据记忆，自然不无亡失；而又临书之时，兴会偶至，亦多将错就错之心。是殆所谓小处糊突，大处即不敢糊突者也。人共传钞，各习一本，仍其名曰《才子书》。[①]

① 《小题才子书》卷首《序》。《金集》陆，第541页。

这篇序言是否出自圣叹之手？我是有些怀疑的，但其中的史实部分，大体可信。此序的落款为顺治丁酉三月二十四日，即顺治十四年（1657），这年圣叹五十岁。

圣叹这次评点和以往有所不同：以往是评点完成后，再拿出来给读者（包括子弟）看；这次是先督导“诸子弟甥侄”，然后才评点。也就是说，这次是教学为主，评点是为了配合教学。

还可注意的是，《小题才子书》属“四书文”，这项工作并不在圣叹原有的“六才子书”计划中。也就是说，圣叹是放下《庄子》、《离骚》、《史记》、杜诗的评点，来做这项“计划外”工作的。这一定有其原因，徐增说：“同学诸子望其成书，百计怂恿之，于是刻《制义才子书》，历三年，此最久。”[①]《制义才子书》可能就是这部书。众人之所以“百计怂恿”，当是由于这种“教材”之类，实用性强，行情更好，利润也更高。看来这是圣叹临时接的一个“急活儿”，主要是出于经济上的考虑，或许他有急需用钱的地方？

这年暮春三月，小女儿法筵，采来一束蔷薇花，要给老爸插在头上，圣叹哭笑不得，婉言谢绝了，还为此赋诗道：

左家娇女惜余春，剩碧残红采折新。
数朵轻身赵皇后，一枝善病李夫人。
老夫早起虽乘兴，白发斜簪已不伦。
珍重他年临此日，见爷满腹是车轮。[②]

女儿这么小就懂得惜春，还知道装点父亲，这自然让圣叹由衷欣慰。但是小女儿既没有感到父亲白发与红花搭配非常刺眼，也不理解父亲的头发为何而白，这不免又让圣叹忧伤。“满腹车轮”，透露出圣叹的复杂心情。他能说什么呢？只有努力劳动，多些收入，让孩子们少受饥

① 《天下才子必读书序》。《汇编》第58页。

② 《暮春早坐小女折花劝簪谢之》。《诗选》第110页。

寒，多一些幸福。要知道，自从“妄想”熄灭之后，圣叹就很少早起了。如今早起，应该不是为了妄想，而是为了改善家庭生活现状。

但是他的这本书进展并不顺利，历时三年多，才得以问世，这可能与圣叹的大病有关，他在给嵇永仁的信中说：

> 弟年五十有三矣！自前冬一病百日，通身竟成颓唐。因而自念：人生世间，乃如弱草，春露秋霜，宁有多日？脱遂奄然终殁……①

信中提到评点唐人律诗之事，是在顺治十七年（1660），可知此信即写于本年。信中所说的“前冬”，一般认为是去年亦即圣叹五十二岁那年冬天，我想也可以理解为前年冬天。圣叹在这年冬天得了一场大病，长达三个多月，病情非常严重，致使圣叹通身颓唐，甚至有不久于人世、随时可能死亡的预感。在这种情况下，自然无法继续教学和评点工作。

刚才说圣叹评点《西厢记》时人生跌入谷底，那主要是理想和事业；如果就身体和心态综合而言，此时应该是最低点，简直如同掉进深渊。

这么严重，会是什么病呢？石萌问道。

庄言摇摇头说：现在还不清楚。

我觉得，很可能是那种病。柳新雨说。

哪种病？石萌催促道：你快说呀，还卖关子啊。

柳新雨说：还记得金圣叹评点顾贽《四饭缺适秦》的一段话吗？他说：

> 幼读杜子美“亲朋尽一哭，鞍马去孤城”，不知何故，便胸前十日作恶，是时某才七八龄耳。既长，又读《南华经》“送君者自崖而返”，不知何故，耳目尽废，如病忘中酒，惝恍且

① 《葭秋堂诗序》，《金集》陆，第970页。

百余日未已也。今且老矣，又读此文，便愈不可奈也！[1]

这是圣叹自述人生三个阶段的三场大病：七八岁的时候，读杜甫诗，读到“亲朋尽一哭，鞍马去孤城”时，“胸前十日作恶”。这是杜诗《送远》中的两句，全诗为：

带甲满天地，胡为君远行？
亲朋尽一哭，鞍马去孤城。
草木岁月晚，关河霜雪清。
别离已昨日，因见古人情。[2]

杜甫此诗写于“安史之乱”期间，大家知道，叛乱爆发后，杜甫先是携家逃难，后获悉肃宗即位灵武，便只身前往投奔，中途被叛军抓住，囚禁于沦陷了的长安城里；次年逃出，历经艰险奔赴朝廷所在的凤翔，被任命为左拾遗。不久因疏救房琯而被肃宗“放还”（回家待命）。长安收复后，被贬为华州司功参军，又赶上关中大饥馑，杜甫不得不弃官，携家投奔秦州（今甘肃天水）；立足未稳，又离开秦州改投同谷……此诗即写于离开秦州之时的情景，首联写前来送行的“亲朋”为杜甫一家的远行而忧虑疑问：到处兵荒马乱，为何要拖家带口离开相对安全的城里而远行呢？原因和答案没有说，但从下联“鞍马”来看，杜甫是去意已决的。这在亲朋看来，无异于投身狼窝，凶多吉少。即便是在平时，一家人远行，也是令人担忧的事情，更何况正值战乱呢？加之（颈联）严寒逼近，岁月向晚，在外的人纷纷回家过年，哪还有人离家远行？况且这里好歹尚有“孤城”可据，出了孤城，可就是茫茫荒野了。更重要的是，这里还有我们这些亲朋，一旦离开，便举目无亲了……这不是一般的离别，而是生离死别。因此亲朋们全都为杜甫一家流泪，杜甫当然

① 《小题才子书》卷三《四饭缺适秦》前评。《金集》陆，第682页。
② 《杜诗详注》卷八《送远》，第625页。

早已老泪纵横了，大家哭成一片，读之令人鼻酸。然则杜甫的决意离开，必然有其不得已的缘故，或许是预感到城里潜伏着更大的凶险吧。

可是，年仅七八岁的圣叹，为什么会“胸前十日作恶”呢？你可以说他敏感、颖悟，但必然有其隐情。“作恶”其实是借用谢安的典故，《世说新语》载：“谢太傅（安）语王右军（羲之）曰：‘中年伤于哀乐，与亲友别，辄作数日恶。’王曰：‘年在桑榆，自然至此，正赖丝竹陶写。恒恐儿辈觉，损欣乐之趣。’”[①]圣叹说“胸前十日作恶”，就是俗话说的心口痛，是极度悲伤引起的心理和生理反应。要知道，谢安的“作恶”是现实反应，而圣叹是读书时的反应；谢安的反应是在“中年”，而圣叹尚在幼年，而且直到年老仍不能忘怀，足见圣叹的悲伤更甚于谢安。究竟是什么缘故令圣叹反应如此剧烈？现在虽然不能确定，圣叹说“不知何故”，显然是有隐瞒的。我觉得，很可能与家难有关。圣叹所说的“七八龄”，正与家难发生时他的年龄相合，而且也只有父母双亡、兄弟离散、逃往异乡这样的惨痛经历，才足以让他“胸前十日作恶”。这也可以为家难的确曾发生，提供一个参证。

圣叹长大后，读到《庄子》“送君者自崖而返”的情节，反应更加剧烈。这个情节是写市南宜僚劝说鲁侯去国离俗，游于大道之江海。鲁侯说：那里偏僻遥远，我没有熟人，又没有粮食，又没有工具，怎么能够到达呢？宜僚说：你只要缩减花费，清心寡欲，一切都会有的：

> 君（鲁侯）其涉于江而浮于海，望之而不见其崖，愈往而不知其所穷。送君者，皆自崖而反，君自此远矣！[②]

---

① 《世说新语笺疏》上卷上《言语》第二，第121页。

② 郭象注、成玄英疏《南华真经注疏》卷七《山木》：“君（鲁侯）曰：‘彼其道幽远而无人，吾谁与为邻？吾无粮，我无食，安得而至焉？’市南子（宜僚）曰：‘少君之费，寡君之欲，虽无粮而乃足。君其涉于江而浮于海，望之而不见其崖，愈往而不知其所穷。送君者，皆自崖而反，君自此远矣！故有人者累，见有于人者忧。故尧非有人，非见有于人也。吾愿去君之累，除君之忧，而独与道游于大莫之国……’”第388-390页。中华书局曹础基、黄兰发点校本1998年版。

圣叹读到这里，竟然如同大病大醉，耳聋目盲，神情恍惚，长达一百多天！反应比上次更加剧烈而持久。圣叹又说“不知何故”，再次避谈真实原因。我觉得，这仍与家难有关。圣叹的家乡紧靠太湖，当初家难发生，圣叹只身逃难，很可能是由水路。当时年仅八岁的圣叹，于水岸与亲友哭别，孤舟远去，眼见亲友返回，周遭水波苍茫……当时的情境，与“送君者，皆自崖而反，君自此远矣”极其相似；而圣叹的悲伤、孤独和恐惧，也更甚于读杜甫“亲朋尽一哭，鞍马去孤城”之时。实际上，圣叹（家难后）的现实人生，一直如同置身这样的情境中，而且随着他一天天长大，这种感受也越来越深刻沉痛。

圣叹所说的“此文”，就是他所评点的顾赘的《四饭缺适秦》（下称顾文）[①]。《论语》中有这样的记载：

> 大师挚适齐，亚饭干适楚，三饭缭适蔡，四饭缺适秦。鼓方叔入于河，播鼗武入于汉，少师阳、击磬襄入于海。[②]

据说古代君主一日四饭，除早饭外，其他三饭都要奏乐侑食。亚饭干、三饭缭、四饭缺以及大师挚等，都是乐官，他们纷纷出走的原因，有一种说法是：“周衰乐废，夫子自卫反鲁，一尝治之，其后伶人贱工识乐之正。及鲁益衰，三桓僭妄，自大师以下皆知散之四方，逾河蹈海以去乱。圣人俄顷之助，功化如此。如有用我者，期月而可，岂虚语哉？”[③]大意是说因鲁国乱亡，乐官们为保存故国（周朝）正统礼乐，或为避害全身，四散而去。顾文即以四饭缺逃亡秦国为题，却将主旨确定在“怀周旧”上，视秦为周朝的旧地，视四饭缺适秦是向往周朝的盛世，追怀周公孔子之道，传播华夏正统文化。这显然是“别有用心”的。我觉得，圣叹的强烈反应，正是由于这样的“别有用心”。

---

① 《小题才子书》卷三《论语》。《金集》陆，第682–683页。

② 《论语集释》卷三十七《微子》下，第1287页。

③ 《论语集释》卷三十七《微子》下，第1289页。

圣叹说“今且老矣”，他读（包括评点）此文时已经五十多岁，经历了家难，又经历了国难，亲眼看到大明“天下”的沦亡。顾炎武说：“有亡国，有亡天下，亡国与亡天下奚辨？曰：易姓改号，谓之亡国；仁义充塞，而至于率兽食人，人将相食，谓之亡天下。”[①]也就是说，明朝灭亡的，不仅仅是皇帝政权、国家机器，还包括人性和世道，亦即中华文明。家破、国亡、天下沦陷，再加上年老、衰病、心死、望绝，圣叹怎能承受得了？不堪承受，又不得不承受；难以言表，也不敢言表，圣叹只能用“愈不可奈”来一言以蔽之。我觉得，这“愈不可奈”四个字，其实是渗透血泪的千言万语！

如此说来，圣叹读“亲朋尽一哭，鞍马去孤城”时，“胸前十日作恶”，已是“重病”；读“送君者自崖而返”时，“耳目尽废，如病忘中酒，惝恍且百余日未已也”，更是“大病”；读“此文”时的“愈不可奈”，比“重病”“大病”还要严重，是“极重大病”！

值得注意的是，圣叹读“此文”的时间，与他“自前冬一病百日，通身竟成颓唐”的时间非常接近。所以我觉得，圣叹的这场病也可以说是“极重大病”，病因不只是身体（生理）上的，更主要的是精神上的。也就是说，是家难、国难、天下之难共同造成圣叹一病百日，通身颓唐，到了濒临死亡的程度。这个时候，才是他人生的最低点。

新雨兄的解说和推测很有道理。覃慧敏说：不过，此时明朝灭亡已经十几年了，圣叹为何偏偏在这个时候发病？

这个问题问得好！柳新雨说：我刚才说圣叹“三次”发病，并不准确，实际上他每当遇到这三种“情境”时，都会发病。这样日积月累，愈加严重，但平时如果没有直接的触发，还是能够正常生活的。这次，是因为评点到“此文”，受到刺激而触发“心病”。当然，也可能还有其他现实原因。

有可能。庄言说：金昌所作《才子书小引》的落款日期是“顺治己

---

① 顾炎武著，黄汝成集释《日知录集释》卷十三《正始》。第 471 页，岳麓书社秦克诚点校本 1994 年版。

亥（十六年）春日”[①]，但当时《小题才子书》还没有刻行，因此圣叹读“此文”的时间，有可能是在顺治十六年的秋冬之际，与其发病时间大致吻合。圣叹的《小题才子书序》的落款日期为顺治丁酉（十四年）三月二十四日，“丁酉”两个字特别刺眼，这正是震惊天下的清初三大案之一的“丁酉科场案”发生的那年。

清朝沿用明朝科举取士制度，每逢子、卯、午、酉之年，各省举行乡试，试期一般在八月，因而也称“秋闱”。考生为各省的秀才，考上了便成为“举人”，便有资格参加第二年（丑、辰、未、戌）在京举行的会试（及殿试），及第了就是“进士”；举人也可以直接入仕做官，当然进士的仕途更被看好。

科举制度是中国古代的一大发明，习惯上认为始于隋朝，盛于唐代，其实源远流长，汉代就有类似的制度了。这个制度原本是为了公开、公平、公正地择优录取，但是由于关系到诸多物质利益和精神利益，便逐渐滋生弊病和腐败。到了明朝末期，也和其他政治制度一样，败坏到了极致。所以清朝虽然沿用明制，但特别注意革除弊病，打击腐败。顺治十四年的乡试之前，顺治皇帝特别面谕相关负责官员，如有作弊，杀无赦！但是由于诱惑太大，仍有大量的人铤而走险，出现大面积的违法作弊，特别猖獗。皇帝大为震怒，命令彻查严办，结果造成前所未有的科场大案，受到惩处的，有顺天（北）闱、江南（南）闱、河南闱、山东闱、山西闱等主要考区，而以顺天、江南最为严酷。

具体的案情我就不多说了，北闱案，刑部所拟判决：王树德、陆庆曾、潘隐如、唐彦曦、沈始然、孙旸、张天植、张恂，俱应立斩，家业籍没，妻子、父母、兄弟流徙尚阳堡；孙伯龄、郁之章、李贵、陈经在、邱衡、赵瑞南、唐元迪、潘时升、盛树鸿、徐文龙、查学时，俱应立斩，家产籍没；张旻、孙兰茁、郁乔、李苏霖、张绣虎，俱应立绞；余赞周应绞监候，秋后处决。但是，顺治皇帝看后上谕说：本当依拟正法，但多犯一时处死，于心不忍，俱从宽免死，各责四十板，流徙尚阳堡；

---

① 《金集》陆《附录》，第94页。

余依议……[1]

南闱案，可就没有这么“幸运”了，刑部拟定的判决：正主考方犹拟斩，副主考钱开宗拟绞，同考官叶楚槐等拟责遣尚阳堡，举人方章钺等，俱革去举人。但是，顺治皇帝看后，下旨道：“方犹、钱开宗差出典试，经朕面谕，务令简拔真才，严绝弊窦！辄敢违朕面谕，纳贿作弊，大为可恶！如此背旨之人，若不重加惩治，何以儆诫将来！方犹、钱开宗，俱着正法，妻子、家产籍没入官；叶楚槐、周霖、张晋、刘廷桂、田俊民、郝惟训、商显仁、朱祥光、文银灿、雷震声、李上林、朱建寅、王熙如、李大升、朱莅、王国桢、龚勋，俱着即处绞，妻子、家产籍没入官。已死卢铸鼎，妻子、家产亦籍没入官；方章钺、张明荐、伍成礼、姚其章、吴兰友、庄允堡、吴兆骞、钱铖，俱着责四十板，家产籍没入官，父母、兄弟、妻子并流徙宁古塔。程度渊在逃，责令总督郎廷佐、亢得时等，速行严缉获解；如不缉获，即伊等受贿作弊是实。尔部承问此案，徇庇迟至经年，且将此重情问拟甚轻，是何意见？着作速回奏。余如议。”刑部赶紧遵旨回奏，皇帝又让吏部议处。吏部审议结果：“尚书图海、白允谦，侍郎吴喇禅、杜立德，郎中安珠护、胡悉宁，员外郎马海，主事周明新等，谳狱疏忽，分别革职、革前程并所加之级，仍罚俸。”皇帝批示：“图海等本当依议，姑从宽免革职，着革去少保、太子太保，并所加之级，其无加级者，着降一级留任。”[2]

宁古塔，由于清朝大量的犯人流放于此而闻名天下，类似于晚近的“夹边沟”“兴凯湖”等劳改营。这里其实并没有“塔”，“宁古”是满语“六”的意思；“塔”是“居处”的意思，相传因清室远祖六兄弟曾居住在此而得名。其辖地约为今天的黑龙江省、吉林省、内蒙古自治区的一部分，以及俄罗斯乌苏里江以东、黑龙江以北、外兴安岭以南的广大地区。其旧城在今黑龙江省海林市，康熙五年（1666）所建新城，在今黑龙江省宁安市。有记载说：“按宁古塔，在辽东极北，去京七八千

---

① 详见孟森《科场案》,《心史丛刊》，中华书局2006年版。

② 详见《科场案》,《心史丛刊》第59页。

里。其地重冰积雪，非复世界，中国人亦无至其地者。诸流人虽各拟遣，而说者谓至半道，为虎狼所食，猿狖所攫，或饥人所啖，无得生者。向来流人俱徙尚阳堡，地去京师三千里，犹有屋宇可居，至者尚得活，至此则望尚阳如天上矣。”[①]这主要是“自然”威胁，还有繁重的劳役、残酷体罚、严格的管制，以及饥饿、严寒、疾病等等，可以想见当年的宁古塔该是怎样一个险恶之地，被流放到这里的人，很少能活着出来。

丁酉科场案，历时三年多。虽然作弊犯科者应该受到惩罚，但如此大规模的屠杀、流放和抄没，实在是残酷至极，对于天下文士的心灵刺激和精神震慑，无疑是极其剧烈而深重的。金圣叹所在的江南苏州一带，受祸尤其惨烈！圣叹虽然侥幸没有受到牵连，但他绝不会无动于衷。据学者考证，北闱案中被流放到尚阳堡的潘隐如，就是金圣叹的友人刘逸民，后来死在尚阳堡，妻子也被盗贼杀害。[②]圣叹在《圣人千案序》中说：

> 己丑夏五，日长心闲，与道树坐四依楼下，啜茶吃饭，更无别事。忽念虫飞草长，俱复劳劳，我不耽空，胡为兀坐？因据其书次第看之，看老吏手下，无得生之囚，不胜快活；看良医手下，无误用之药，又不胜快活。同其事者，家兄长文、友刘逸民，皆所谓“不有博弈贤于饱食群居”者也。[③]

己丑是顺治六年（1649），那时他们在一起是何等的“悠闲”“快活”！刘逸民大概是耐不住“饱食终日，无所用心”的闲散，又不甘于终日“博弈”的无聊，又经不起功名利禄的诱惑，便去“入彀”——自投罗网，去应乡试，并参与了作弊。至于他是怎样“作弊”的？其中是否有冤情？现在皆不得其详。无论如何，自己的好友身陷囹圄，凶多吉少，圣叹怎能不为之悲哀忧惧？而且圣叹不会只为刘逸民一人，他不会

---

① 《研堂见闻杂记》，见《心史丛刊》第 61 页。

② 参见陆林《金圣叹年谱简编》，《金集》陆《附录》，第 68–69 页。

③ 《金集》陆，第 922 页。

看不到这是清廷对汉人文士尤其是江南士人的“有意”迫害，意在震慑反抗，巩固统治。敏悟过人的金圣叹，必然会更多地感受到这种恐怖和悲哀，加之年老体弱，寒风侵袭，一病不起，是完全有可能的。

在此期间，还发生另一个大案：顺治十六年六月，郑成功、张煌言统率的反清复明大军，自海上北伐，一路势如破竹，进入长江。十六日攻克瓜州，二十二日收复镇江，二十六日进抵南京城下。声威大振，清军节节败退，狼狈不堪。顺治皇帝惊惧异常，甚至想逃回关外去。而汉人尤其是东南一带的仁人志士，则看到了恢复明室的希望，很多人或明或暗地参与和襄助其事。但是由于郑成功决策失误等原因，形势反转，郑军接连受挫。七月二十八日主动放弃镇江、瓜州，退出长江口；至八月上旬班师南下，这次反清复明的军事行动宣告失败，同时也宣告明朝的残余力量再也没有可能光复故国。

郑军败退后，清廷下令大肆彻查“通海”人员——因此也称“通海案”或“海寇案”。株连甚广，“屠戮灭门、流徙遣戍，不止千余人”[①]。最后判决：“郭国士、王之琦、吴允宏、王重、史承谟、史洪谟、江璜、王梦锡、冯征元、段冠、袁大受、李铭常、虞巽吉、周义、谈善应、刘珍、王大泰、于元起、王猷、陈三重、王锡章、许宏、陈璠、李永安、周灿、于培德、虞诚、于益、吴矿、范王、胡文球、岳可忠、朱宏琏、杨仲华、朱大达、虞达理、史旭、吴周、樊耀之、陈达甫、杨增、蒋廷玉、李得如，俱着即就彼处斩，父母、祖孙、兄弟俱解，流徙宁古塔；惠六，着即就彼处斩，妻子入官；虞默、王敕、茅铉、史建侯，俱着即就彼处斩，家产籍没，妻子入官。任体坤，着即就彼处绞。杨贞等十四名，各责四十板，解部，流徙宁古塔。”[②]

又是屠杀，又是宁古塔！虽然这个案子的最后判决执行是在顺治十八年（1661），但案情的发生主要是在顺治十六年（1659）。在一个多月里，郑成功大军由大胜而来到大败而去，对于汉人特别是江南一带

① 计六奇《明季南略》卷十六《金坛大狱》，第500页。中华书局1984年版。

② 《明季南略》卷十六《金坛一案》，第503页。

心怀眼望反清复明的人们而言，实在是经历了冰与火的折磨：由在清廷高压统治下的屈辱隐忍，到郑军带来的光复希望，再到郑军败退造成的悲哀绝望，转瞬之间，大起大落，直至气绝心死。如此剧烈的震荡，如此沉重的打击，是常人难以承受的。虽然我们现在还不清楚金圣叹及其亲友是否参与其事？是否有人获罪受刑？是否与那些获罪受刑的人有关联？但这发生在家门口的急剧变局，圣叹不可能无动于衷、不受影响。要知道圣叹及其家人、亲友也是清兵南下的受害者，他对明朝的灭亡，也是痛心疾首的；对清兵的残暴，也是深恶痛绝的。其中也有以“遗民”自居自励，在清兵南下时，参加过抵抗活动。因此圣叹的同情和立场，无疑是在郑军一边的。郑成功的失败意味着什么？以圣叹的才学和眼光，必然会比一般人认识得更深刻，因而他的悲哀和绝望，也更加强烈，更加沉重。

以上两个大案的发生，都与圣叹的大病百日时间相近，又都发生在圣叹身边，甚至牵连到圣叹的好友。因此我推测，这是造成圣叹大病百日的重要原因，而且不能明言，只能隐忍。因此他在评点顾赟《四饭缺适秦》时大谈“病痛”，并不是偶然的。一句“便愈不可奈也！”大苦大悲，尽在不言中，实在是有感而发、别具深意。

嗯嗯，师兄说得是。覃慧敏说：金圣叹经常使用隐蔽的手法来暗示事实，因此他的三次“病痛”都应该与实际发生的事情有关，尤其是最后的“愈不可奈”，必然有言外之意。刘逸民被流放尚阳堡，郑成功败退海上，或许还有其他亲友逃往外地，这与大师挚适齐、亚饭干适楚、三饭缭适蔡，四饭缺适秦有着某种相似和相通之处，这给原本就老弱多病的圣叹以沉重打击，致使他大病百日。

李大白说：令人惊讶的是，圣叹后来因“哭庙案”被清廷杀害，竟然是和“通海案”被杀害者在同一个时间地点——都是在顺治十八年七月十三日（农历），江宁三上街。不知道这是巧合呢，还是命中注定？恐怕也是圣叹未曾预料的吧。

那是后话，还是来说圣叹的大病吧。柳新雨说：顺治十七年的春节、人日、元宵，圣叹都是在病中挨过来的，直到正月底，才稍见起色。经过一百多天的疾病折磨，圣叹的头发更白了，人更瘦了，身体虚弱透了，心情也糟糕透了。在卧病之初，尚有人来看望；卧病久了，也就淡忘了。又见他不能饮酒，不愿说笑，又不能陪玩儿，也觉得没什么意思，逐渐地，也就没人来“打扰”了。这让圣叹更加孤独和郁闷。

正月的最后一天，民间有“送穷鬼”的习俗。各家各户，清扫尘垢，摆酒焚香，扎纸人等，去门外烧掉，以祈送走各种“穷鬼”，赶走晦气，迎来好运。韩愈写过一篇有名的《送穷文》，说到元和六年（811）正月乙丑晦日，主人欲送走智穷、学穷、文穷、命穷、交穷五鬼。结果反倒对五鬼行礼拜谢，留下来待若上宾。[①]不过，一般人家还是希望这五鬼早走早好。

金圣叹一生为“穷”所困，早已到了不堪忍受的地步。这天早起，圣叹觉得身心轻松不少，又听说几个友人张罗在城南聚会，很想借此机会，重新回到“朋友圈”里，痛饮一番，放松一下，赶走病魔，迎来好运。这天一大早，圣叹就起床了，梳洗停当，就等着朋友来召唤。可是直到天快黑了，也没见人影。圣叹在门前的巷子里徘徊良久，心想：看来这几个家伙是把我遗忘了。于是他回到屋里，一个人喝了几杯闷酒，悲从中来，提笔濡墨，写道《微疴得起，恰值首春，乃闻同袍四五，高会南城，不蒙见客，怅然离群。日之夕矣，犹徙倚街巷，遥念主人朗吟请呼心欢之句，其乐未央，戏作二绝怨之》：

送穷已是昌黎节，病起生憎摩诘身。
未必巷中无饮酒，想应天下不成春。

晚年亦欲持遮戒，高会何嫌弃故人。
卤莽艰难非好语，少陵无赖故踉踉。[②]

---

① 马其昶《韩昌黎文集校注》卷八《送穷文》，第570–572页。上海古籍出版社1988年版。

② 《诗选》第85–86页。

虽说是“戏作”，其中不无“怨”情。当然，圣叹并非只是埋怨朋友，同时也是哀怨自己不幸的人生：像韩愈那样被五个“穷鬼”死死缠住，直到晚年，不仅赶不走，还要待若上宾，这已经够不幸的了；又加上病魔，也是纠缠不去。这样的一个既穷又病的人，别人看来就是晦气，避而远之，犹恐不及，谁还会主动来友好亲近呢？圣叹只能用杜甫“世人共卤莽，吾道属艰难”的诗意，来自我安慰和排遣。

圣叹写完，把笔一掷，准备上床睡觉。或许真的“感动”了穷鬼，就听外间似有客来访，圣叹也不问是谁，就对老妻说：“跟他说我已睡着，改日再来吧！”

睡着还能说话呀！圣叹听这口音很熟，一下子没想起是谁。就听来人说：“唱经先生，大喜事，大喜事！”圣叹这次辨出是金昌长文，忙从床上爬起来，趿着鞋来到客厅。两人相见后，金昌顾不上喝茶，就说：“我今天是特意来向您报告喜讯的。”

圣叹将信将疑，苦笑道：“你是怜悯我又穷又病，特意来帮我送穷鬼的吧！我这习惯了听坏消息的耳朵，受不了好消息，坏消息再多一点也无所谓，你只管说吧！”

“真是好消息。”金昌说，“而且是特大喜讯！”于是金昌向圣叹如此如此，这般这般，说了一通。

圣叹先是凝神细听，继而满脸欢喜，忽然扑通一声，跪在地下，朝着北方，连拜三拜。金昌赶紧去扶，圣叹早已泪流满面、泣不成声了。

这时圣叹的妻子儿女都围了过来，金昌又把情况说了一遍，大家也都欢喜异常，拍手雀跃。

此时圣叹的眼睛在四处寻找，还是金雍最了解父亲，立刻拿来纸笔，圣叹不假思索，挥毫便写：

> 顺治庚子正月，邵子兰雪从都门归，口述皇上见某批“才子书”，谕词臣“此是古文高手，莫以时文眼看他”等语。家兄长文，具为某道，某感而泪下，因北向叩首敬赋。

绛县涂泥不记春，江南梅柳漫惊新。
忽承帝里来知己，传道臣名达圣人。
合殿近臣闻最切，九天温语朗如神。
昌黎好手夫何敢，苏轼奇逢始信真。（其一）
半夜虚传见贾生，同时谁会见长卿。
卧龙只合躬耕死，老骥何由仰枥鸣？
岁晚鬓毛浑短尽，春朝志气忽峥嵘。
何人窗下无佳作，几个曾经御笔评？（其二）
三十年中蜡烛催，桂花开又杏花开。
至公堂下双行泪，千佛灯前一寸灰。
短短青蓑连夜织，萧萧白发满头来。
水云深处钓鱼去，谁识磻溪王佐才？（其三）
一江春水好行船，二月春风便到天。
尽卷残书付儿子，满沽清酒酌长年。
半生科目沉山外，今日长安指日边。
借问随班何处立？香炉北上是经筵。（其四）
东方对仗诉臣饥，便是三冬学总非。
实有五丝来补衮，敢将八口仰垂衣。
云霞开曙趋龙阙，笔墨承恩近凤帏。
干禄旧曾闻圣训，进身早已畏天威。（其五）
不愿双牙鼓角喧，并辞百里簿书繁。
点朱点墨官供笔，论月论年勅闭门。
万卷秘书摊禄阁，一朝大事属文园。
勒成盖代无双业，首诵当今有道恩。（其六）
张得朱丝久不弹，钟期更比伯牙难。
何人立悟空山雪？似汝芳香竟体兰。
千里归来尘未洗，一天欢喜泪无端。
眼看梅蕊添春色，心识松枝保岁寒。（为邵子兰雪）（其七）
维缙冬春学佛期，瞻由风雨对床时。

何曾袖里无玄草，所至堂中有白椎。

欲去非为藏凤德，适来岂是斗蛾眉。

平生性不求闻达，除却家兄说向谁？（为家兄长文）（其八）[①]

圣叹一口气写了八首，方才停下笔，仍激动不已。金雍忙扶着圣叹，对金昌说："父亲大病初愈，不宜过度兴奋、劳累，我先扶他去休息。"

"好好！对对！"金昌忙说，"那我改日再来。"

圣叹提到的这位邵兰雪（名点），是浙江余姚人氏，在京城读太学，屡次考试都没能及第，便回乡探亲。[②]他和哥哥邵然（字悟非）都是圣叹的友人。他这次一回来，把自己在京听到的顺治皇帝称赞金圣叹的事告诉了金昌。顺治称赞圣叹的具体细节，现已不得其详，好在圣叹此诗及其序文中有所透露：顺治皇帝读了圣叹的"才子书"，对身边的大臣说："这位金圣叹，可是古文高手，你们不要用时文的眼光来看他……"这是金昌从邵点那里听来的，至于邵点是从哪里听来的，现在也还不清楚。我觉得，邵点不可能亲耳听到顺治皇帝的谈话，应该也是得自他人的传言。圣叹听到的，已是经过多次"转述"的情况了。

我觉得，这个"都门喜讯"还是有一定的可信度的。据说此前不久，顺治皇帝与弘觉禅师一起参禅，忽然问禅师："苏州有个金若采，老和尚知道不知道？"禅师回答："圣上说的是金圣叹吧？"顺治说："正是。此人评点的《西厢记》《水浒传》，很有思想，也很有才情。只是有时不免太过穿凿。想必是才高见僻之类的人吧。"禅师说："是的，这个金圣叹很像是明朝的李卓吾。"[③]这位弘觉禅师，俗姓林，出家后法名道

---

① 《春感八首》。《诗选》第119–122页。按：诗后小括号内为原小字注；方括号内序号，为笔者所加。

② 邵点及下文邵然、木陈忞的情况，参见陆林《金圣叹年谱简编》、《金集》陆《附录》（第71–72页）及《金圣叹史实研究》（第510–519页）。

③ 详见真朴编《天童弘觉忞禅师北游集》。《嘉兴藏》B180号第26卷。台北新文丰1988年版。

忞，法号木陈，又号山翁，也有人称他木陈忞，本是广东茶阳(今大埔)人，顺治十六年（1659），应召入京，受到皇帝的优厚礼遇，赐号“弘觉禅师”。常言道“君无戏言”，佛门也有“出家人不打诳语”之说，而且其谈话内容，与圣叹序文中所述的意思，也能对得上，因此我觉得其事大抵可信。

从诗序及《其一》中的“忽承帝里来知己，传道臣名达圣人。合殿近臣闻最切，九天温语朗如神”可知，顺治称赞圣叹是“古文高手”，是在公开的正式场合——朝堂之上，当时还有许多近侍大臣，他们既听到了顺治的“温语朗如神”，同时也是这一事实的见证者。

一个长期处于底层的贫寒文人，忽然得到最高统治者皇帝的点名赞赏，该是怎样的反应？我们没有这样的经历，只能去想象。大家都见过医生使用电击（除颤仪）抢救病危患者吧，我觉得，圣叹当时的反应，或许就像受到电击一样，刹那之间，由奄奄一息到跃跃欲试；由穷困悲凉到欢欣鼓舞，又哭又笑，五味杂陈。还是来看圣叹在诗中的表达吧。

第一首的前两句，用绛县老人的典故，意味自己长期处于暗无天日的“泥途”、被世界遗忘自己也遗忘世界，如今忽然发现梅柳焕然一新，惊人地明丽好看。这里包含着一系列的心理反应和变化：突然听到皇帝的赞赏，肯定是又喜又惊；继而怀疑不是真的，又进一步求证；终于相信这是真的，便百感交集，语无伦次。圣叹首先想到的，是自己沉沦、委屈、孤独、寂寞的一生，没想到垂老之年，忽遇春风，使他几乎死去的生命焕发出新的热情与活力。接下来，先把皇帝说成是“知己”，又把皇帝称作“圣人”，又称自己为“臣”，仿佛自己已在皇帝身边，亲见亲闻了一切……进而更加想入非非，圣叹以为皇帝是把自己比作古文大家韩愈，赶紧谦虚地说：“不敢，不敢！”又觉得自己有幸得到皇帝的称赞，就像苏轼得到宋神宗的赏识一样，将来的前途嘛……哈哈哈，不用说，花团锦簇一样的。

第二首，继续想入非非。先想到四位古人：贾谊，洛阳才子，少年得志，曾经得到汉文帝的半夜召见，但是谁都知道，那是“不问苍生问鬼神”，有什么意义？最后抑郁而死，一个悲剧人生。司马相如，又一个才子，原来家徒四壁，穷困潦倒。汉武帝看到他的《子虚赋》，非常叹赏，以为作者是古人，恨不能与之同时。司马相如一下平步青云，事业和文章大获成功。诸葛亮，人中龙凤，如果不是遇到刘备的赏识，三顾茅庐，他也只能老死乡间。还有曹操，为什么要高唱“老骥伏枥、志在千里。烈士暮年，壮心不已”？因为他的才能还没能得到施展，抱负还没得到实现。显然圣叹是把自己比作这四个人了，也暗示自己具有他们那样的才能和抱负。这是惊喜之后的“野心”暴露，随后不无得意地说：没想到，老了老了却忽然“志气”峥嵘起来，普天之下，才子佳作无数，有谁得到过“御笔”的点赞？哈哈哈……只有我金圣叹。

第三首，转向“顾影自怜”：三十年啊，可不是一年两年，更不是一天两天。年复一年，日复一日，我的生命如同蜡烛，在幽暗孤寂中燃烧殆尽。是我不够聪明？还是我不够努力？为什么失败的总是我？桂花开罢杏花开，秋闱过了是春闱，多少人中了举人、成了进士，可我却名落孙山，只能含泪告别考场，熄心佛堂，去学那姜太公垂钓渭水之滨，期待周文王那样的慧眼之主的到来，有谁知道，我也是王佐之才啊！

第四首，又回到想入非非：估计皇上的招贤书很快就会下达，而我已经等不及了！所谓春风得意马蹄疾，我将乘着二月的春风好水，扬帆疾驶，转眼就到了京城。这些没有读完、没有批尽的书卷，全都交给儿子吧，且让我好好饮酒作乐，享受这来之不易的幸福时刻。杜甫怎么说的来着？“剑外忽传收蓟北，初闻涕泪满衣裳。却看妻子愁何在，漫卷诗书喜欲狂。白日放歌须纵酒，青春作伴好还乡。即从巴峡穿巫峡，便下襄阳向洛阳。”我现在的心情，比这更急切。要知道，就算长命百年，我也已沉屈了大半辈子，终于等到了开怀欢唱、扬眉吐气的今天。一想到马上就要接受皇上的召见，我的心就怦怦直跳。什么？你们问我会得到怎样的职位？那还用说吗，当然是皇上的讲经师啦，这正是我的特长和志愿啊！

第五首，继续幻想：见了皇上，我说些什么呢？千言万语，万语千言，从何说起呢？算了，既然是“知己”，我也就不必遮遮掩掩，干脆直说吧！应该像东方朔面对汉武帝那样，说：“臣朔少失父母，长养兄嫂。年十三学书，三冬文史足用。十五学击剑，十六学诗书，诵二十二万言。十九学孙吴兵法，战阵之具，钲鼓之教，亦诵二十二万言……目若悬珠，齿若编贝，勇若孟贲，捷若庆忌，廉若鲍叔，信若尾生。若此，可以为天子大臣矣。”[①]不过，东方朔当时才二十多岁，而我现在已经五十多岁了，所以我所承受的饥寒和屈辱，远远超过东方朔；而我的学识和韬略，也是东方朔不能比的。我自信有足够的丝线，可以补缀皇上的龙袍——像古代贤臣那样，及时匡救君主的过失；当然，我一家老小八口，也要仰仗皇上的恩德生存。贾至怎么说的来着？“银烛朝天紫陌长，禁城春色晓苍苍。千条弱柳垂青琐，百啭流莺满建章。剑佩声随玉墀步，衣冠身惹御炉香。共沐恩波凤池上，朝朝染翰侍君王。”岑参怎么和的来着？“鸡鸣紫陌曙光寒，莺啭皇州春色阑。金阙晓钟开万户，玉阶仙仗拥千官。花迎剑佩星初落，柳拂旌旗露未干。独有凤凰池上客，阳春一曲和皆难。”王维又怎么和的来着？“绛帻鸡人报晓筹，尚衣方进翠云裘。九天阊阖开宫殿，万国衣冠拜冕旒。日色才临仙掌动，香烟欲傍衮龙浮。朝罢须裁五色诏，佩声归到凤池头。”杜甫又怎么和的来着？“五夜漏声催晓箭，九重春色醉仙桃。旌旗日暖龙蛇动，宫殿风微燕雀高。朝罢香烟携满袖，诗成珠玉在挥毫。欲知世掌丝纶美，池上于今有凤毛。”哎呀，我现在哪有工夫去评说他们的高下，恨不得一步跨进紫禁城，濡墨挥笔，为皇上写下盛世雄文。什么？有人说我庸俗？还有人说我无耻？不不，孔圣人怎么教导的来着？学而优则仕，禄在其中；邦有道，贫且贱，才是奇耻大辱。所以，不要再跟我说那些没用的高调，况且，我能有这样千载难逢的机遇，也是上天的旨意，怎敢违抗！

第六首，表白心愿：其实呢，我并没有什么高大的野心，也不在意世俗的利禄。既不想做将帅，大旗招展、鼓角威严；也不想做宰相，事务繁重，会海文山。我只想得到基本的物质和时间保障，充分利用国家的文献材料，完成我那独步天下的著述大业，果能如此，我就感恩戴

---

① 《汉书》卷六十五《东方朔列传》，第 284 页。

德、高呼万岁了。

第七首，感激邵点：我有素琴一张，朱丝为弦，可是久已不弹。为什么呢？知音难遇啊！我就是那楚伯牙，你就是那钟子期啊！千里归来，不顾劳顿，先来报告喜讯，还为我喜极而泣。只有你知道，我为何寒松一般坚守，又为何梅花一般绽放。你的为人就像你的名字：既像那立雪悟道的慧可，又恰似通身芬芳的幽兰。

第八首，感激金昌：最难忘一起学佛的春夏秋冬，兄弟同道恰似王维、王缙；最难忘一起读书的风朝雨夕，手足情深堪比苏轼、苏辙。只有你知道，我不仅能像高僧一样讲经说法，还有扬雄一样的高才博学。也只有你知道，我以前退避隐忍并不是为了自我保全；我现在出山进取也不是为了争名夺利。我的本性和宿志，无关乎世俗闻达，这一点，除了你，还有谁能理解？

这就是圣叹当时的反应，也是《春感八首》的主要情志和倾向。柳新雨说。

新雨兄的解读很生动，也很贴切，我都被感染了！李大白说：《春感八首》，可能是金圣叹最有名的诗了。之所以这么有名，是因为涉及“敏感”问题。所谓敏感问题，其实就是对以顺治皇帝为代表的清朝统治者的感情和态度问题。由于清朝是以“异族”入主的方式取代明朝，又以极其血腥的方式平定天下，因而如何对待清朝，便成为评定那个时期人物和事件的关键。当然，这只是问题的一个方面，问题的另一个方面，便是如何对待灭亡了的明朝。而所谓“明朝”的代表和象征，第一是明朝的皇帝，第二是明朝的社稷（政权），第三是明朝的江山（国土、财富），第四是明朝的百姓（人民），第五是明朝的文化，第六是明朝的生活（包括习俗）……一般说来，对（灭亡了的明朝）皇帝要忠诚，对社稷要哀悼，对江山要凭吊，对百姓要怜悯，对文化要坚守，对生活要怀恋，这些都属于正面的、肯定性的表现和评价；反之则是负面的、否定性的表现和评价。而对于清朝呢，对皇帝要憎恨，对社稷要推翻，对江山要收复，对百姓要同情，对文化要拒绝，对生活要放弃，这些都属于正面的、肯定性的表现和评价；反之则是负面的、否定性的表现和评价。其突出的表述和体现，就是“反清复明”。也就是说，如果属于“反清复明”，便是忠、孝、节、义，高洁、英勇，可歌可泣，永垂不朽；反之，就要口诛笔伐，遗臭万年。而且这些问题又容易触及相关的现实问题，因而变得更加敏感而又复杂。由于《春感八首》的情感态度非常突出，便成为金圣叹无法磨灭的重大“污点”和“把柄”，令“金粉”百口莫辩，也让“金黑”穷追猛打，可以说是金圣叹评价中无法绕开、又难以妥协的“老大难”问题。

是这样的。石萌说：我其实既不是“金黑”，也不是“金粉”，但也不知道如何面对这个敏感问题。只是觉得读了《春感八首》，有点说不出的滋味，感觉金圣叹在我心中的形象确实受到了损害。

李大白说：我也有这样的感觉，但转念一想，又觉得《春感八首》中的金圣叹很真实，很可敬，很可爱，也很可怜！说实话——我无意于为圣叹辩护啊！仔细品味这八首诗还有小序，感觉圣叹虽然很激动，但还是不失理智的。

首先，圣叹的感激，是针对顺治皇帝“此是古文高手，莫以时文眼看他”这个评价而发的。这个评价之所以令圣叹如此感动，是因为切合圣叹的自我认识和追求。这里的“古文”，既是指文章形式和风格，又是指文章的学识和旨趣，实际上是和孔孟、扬雄、韩愈、欧阳修、苏东坡等人相提并论的——顺治未必有此意，但圣叹势必作此想。这里的“时文”，不仅是指制义之类的应试文体（亦即所谓“八股文”），同时也意味着只是功名利禄的敲门砖，空洞无物，不切实用。所以顺治这一评语，在圣叹的理解，就是把他视为圣贤之类的人物，而不是追逐科名的寻常举子、见识鄙陋的村学先生，这是一个方面；另一方面，圣叹平时没少受到轻鄙和攻击，主要“罪状”之一就是用时文之法从事评点，因而是个不学无术、沽名钓誉之徒。这可能是最让圣叹耿耿于怀的指责（其实“诲盗”“诲淫”之类指责，是见仁见智的问题，圣叹早有心理准备，不会很在意）。如今顺治皇帝一语中的，对症下药，不仅两方面“疗效”都有，而且是最为权威的“圣谕”，圣叹自然会无比感激的。

不过，话题毕竟仅限于“文章”，并未涉及直接的政治问题。这种

“仅限于”应该是圣叹自觉的选择和控制，因为邵点所言、金昌所述，内容可能并不止于此。在诗中，圣叹也主要是以“知己”为核心展开表情言志的，但因对方是皇帝，不免要持“君臣”之礼，要有颂圣之词，要有报效之想……

我还注意到，圣叹这八首诗中的情志是有变化的：从激烈的程度上说，渐趋平静；从志业定位上说，渐趋理性。第一首自比韩愈、苏轼，意在文章和功名都取得巨大成功；第二首自比贾谊、司马相如、诸葛亮、曹操，志气确实很“峥嵘”，但已有所侧重：或为文章传世，或为功业垂名；第三首自比姜太公，虽说有出将入相为帝王师的志向，但已经有些“心虚”，不敢肯定了；第四首仅仅把自己定位在参与“经筵”上，只是一个讲经者；第五首则定位在仰食俸禄，笔墨侍从的位置上；第六首仅仅希望能够利用官方的文具图书，完成自己的著作，目标越来越具体、现实。到了第七首，甚至化用“岁寒然后知松柏之后凋”的典故，似在（向邵点）表白自己不会放弃一向的品节和操守，显然已经冷静下来；到了第八首，再次申明自己的“本性”是“不求闻达”，至此，圣叹已是完全清醒，回到现实中来，恢复了正常心态和面目。

柳新雨说：如此看来，圣叹不仅逐渐平静、理智下来，而且我觉得，到最后几乎已经否定了前面的种种“走火入魔”式的幻想，实际上是完成了自我纠正和救赎。

“纠正”和“救赎”，这个说法似乎有些拔高。庄言说：而且，这么说就等于承认圣叹是错误的了。我认为对于“节操”问题——不管是就皇帝而言，还是就民族而言，或者就文化而言，都不宜一概而论，而应该根据具体的时间、环境、背景、动机等因素，实事求是地看待和评价。

就拿金圣叹来说，在明朝灭亡、清兵入关南下的最初一段时间里，他的立场和态度是非常鲜明的。《沉吟楼诗选》中有两篇“甲申秋兴”诗，一篇为《甲申秋兴》（四章），一篇为《甲申秋兴之二》。《甲申秋兴》的全诗是：

上天不合无云雨，下土那可有甲兵。

老巫烧香仰头坐，壮士锦衣绕舍行。

始信大海无宫殿，却怪平野有桥梁。
连秆带稻尽入灶，击鼓吹笛还暴尫。

即看米船塞江去，将谓捷书连夜来。
昨日辕门大封拜，捲臂唱歌登将台。

燕子燕子汝竟去，莫拟春至还来归。
雕梁绣户都在眼，微命未知何处飞。[①]

《甲申秋兴之二》其实是两首：

虾蛆先死大鱼继，惟有螃蟹日彭亨。
先生破斋买蟹吃，怪它着甲能横行。

今冬无米又无菜，何不作官食肉糜？
邻舍纷纷受甲去，独自饿死欲底为？[②]

甲申即崇祯十七年（1644），亦即顺治元年。这年正月，李自成在西安称帝，国号“大顺”。三月十九日，李自成的大顺农民军占领北京，明崇祯皇帝自缢而死，明朝宣告覆亡。四月二十三日，李自成军在清军和吴三桂军联合打击下，溃败于山海关。二十九日，李自成匆匆举行即位典礼，宣告“定鼎”，正式登基大顺皇帝。三十日便放弃北京，向西撤退。五月二日，多尔衮清军进入北京。九月，顺治皇帝从盛京（沈阳）迁都京师。十月一日，举行登基大典，宣告“定鼎”，统治全中国。

① 《诗选》第 61–62 页。
② 《诗选》第 77 页。

一年之中，两次“易鼎”，其间经过多少血与火，是不言而喻的。但当时清军尚未到苏州一带，因此圣叹此诗应该是以北方时局为背景，写（南方）征兵征粮，抵御清军。但看到官兵的骄横、贪婪和嬉戏，圣叹心都凉了，不仅不抱任何希望，反而预感危机即将来临。告诉燕子，赶紧飞走，明年春天不要再归来，因为那时这些雕梁绣户，都将不复存在了。对于那些横行霸道的“螃蟹”，圣叹则充满憎恨，恨不得破戒吃了它们。可又有什么用呢？最后，圣叹选择“独自饿死”，为什么？显然他是有所坚守的。

圣叹还有一首《塞北今朝》：

塞北今朝下教场，孤儿百万出长杨。
三通金鼓摇城脚，一色铁衣沉日光。
壮士并心同日死，名王卷席一时藏。
江南士女却无赖，正对落花春昼长。[①]

应该也是以北方的战局为背景：“壮士”以死报国，“名王”望风而逃，而江南的“士女”，依然百无聊赖地醉生梦死……在这样的对比中，透露出圣叹对局势的关注和洞察、沉痛和绝望，他的感情和立场也是不言而喻的。

还有老师曾经说到过的，圣叹的两篇（三首）《上元词》及其“附记”，圣叹说：“此非道人语。既满目如此，生理逼侧，略开绮语，以乐情抱。昔陶潜自言，时制文章自娱，颇示其志身。此词，岂非先神庙末年耶？处士不幸，丁晋宋之间，身亦适遭变革，欲哭不敢，诗即何罪？不能寄他人，将独与同志者一见也。”[②]分明是以陶渊明“丁晋宋之间”来暗示自身处于明清易鼎之际。那么，这三首诗很可能写于清兵入关定鼎之后尚未下江南之前，亦即顺治二年（1645）的上元节之际。诗中所

---

① 《诗选》第107页。

② 《诗选》第63页。

写歌舞升平、豪奢淫靡，与附记所言满目逼侧、生理艰难形成强烈对比，很有“商女不知亡国恨，隔江犹唱后庭花”的用意，是故意用“绮语”暗刺在（明朝）才刚君死国亡之际，江南的权贵士女就在欢庆“太平”、赞颂“天子”了。而圣叹本人，身处“变革”，“欲哭不敢”，作诗也不敢寄给外人，只能与一二“同志”诉说，同时表明自已要像陶渊明那样，坚守节操，做一个以文章自娱的明朝遗民，并暗示将像崔液那样，埋名隐居，以避祸患。这样的表白虽然只给“同志”看，在当时也是非常鲜明、非常大胆的。

俞鸿筹说：“今阅《诗选》中，如《甲申秋兴》《效李义山绝句》《塞北今朝》《元晖来述得生事》诸作，亡国之思，触处多有。当时文网綦严，犯者辄有不测。选此诗时，想见慎之又慎，而仍不免错杂其间。则此诗后之流传不广，良有以也。”[①]可知圣叹不仅有“亡国之思”，而且诗作很多，表达强烈。不过，《效李义山绝句》应该不属于此类，而《元晖来述得生事》，则以清兵下江南以后的事，此诗的题目是《元晖来述得生事一首》，全文是：

亡命真不易，受恩殊复难。
纵然无戮辱，何以免饥寒。
豺狗方骄横，鸾龙总破残。
亲朋连月泪，谁望尔生还？[②]

圣叹还有一首《元晖渡江一首》：

关河将雨雪，君子复何之？
讵惜衣裳薄，诚忧盗贼时。
渡江如绝域，分手更何期。

---

① 《〈沉吟楼诗选〉读后记》。《诗选》第163页。
② 《诗选》第37–38页。

敢道三春节，□□□□□。[①]

据学者考证：元晖是叶奕荃的字，又字水修，与圣叹同龄，此人别号南阳伯子，是昆山人。[②]由诸生入太学，仁义刚直，曾加入复社，不久退出，据说是因反感其中有追逐世俗名利的不良风气。有记载说他“少而颖异，举止不凡。长乃任性倜傥，不事家人生产”。“自所期待，断欲为千古自命之人。”他不仅长于古诗文词，而且精究性命之学。曾师事刘宗周、徐石麒、陈龙正等理学大家，还能与高僧大德参证佛学。在当地与归庄、顾炎武齐名。诗歌“皆具忧时愤俗、忠君爱国之思”。与因抗清而死的陶琰、朱集璜，并称“三君子”，在明末世浇漓、教化衰败的形势下，能够“独以布衣儒生侧身自好，砥砺廉隅，扶持名教于波回澜倒之中，斯真介然有守、独立不惧之士也！”

圣叹的这两篇诗，是写叶奕荃冒着生命危险寻找父亲的经过。原来他的父亲叶国华，是明万历四十三年（1615）的举人，明末官居刑部主事；清兵入关后，任南明弘光朝工部都水司主事。顺治二年（乙酉，1645），清兵南下，五月十五日，攻破南京；六月四日，苏州沦陷；六月十三日，杭州沦陷。叶国华与同乡（时任）钱塘知县顾咸建一路南奔，渡过钱塘江，欲往台州追随故明鲁王（朱以海），但被清兵追获，顾咸建遇难，叶国华后来在“旧识”的搭救下被释放。叶奕荃“渡江”和“生还”便是因为此事。有记载说：“君（叶奕荃）以亲在危疆，戒徒众，具舟楫，戴星蹈险，一月之中，往返数四。是时，揭竿遍起，十步之内，画地自守。而君以孤舟，仓猝行其间，为畴人所疑。至秀洲，戎起莽中，而君不幸死矣。”又有记载说：“乙酉之变，国破君亡。余与水修同避难水乡，（叶奕荃）握余手流涕曰：‘身曰儒生而世受国恩，义不失身他姓。脱此地化为异域，我当披发入山矣！’寻作方袍、杖履诸道服甚具。然念严亲宦于杭州，陷兵间，必欲出之而后往。于是冒险阻，

---

① 《诗选》第25页。按：最后五字原阙。

② 叶奕荃事迹，参见《金圣叹史实研究》第485–492页。

入戎旃，与水部公（叶国华）图归计。水部公未决，遣水修先归。行至嘉禾道中，为乱民所杀，与仆及操舟者共六人，俱不返。”叶奕荃遇害时年仅三十八岁。

元晖虽然是被“乱民所杀”，未必系清兵直接所为，但当时的险恶环境，无疑是清兵南下所造成的，况且此“乱民”也有可能是投靠清兵的“汉奸”。无论如何，圣叹诗中所说的“受恩”，有“国恩”（明君）也有“家恩”（父亲），元晖正是出于这样的恩义，才冒死渡江的。诗中的“豺狗方骄横”，显然是指清兵及“乱民”；“鸾龙总破残”，则是指南明政权及抗清义士；“亲朋连月泪”，其中自然也包括圣叹，凡此皆可见圣叹与元晖情谊非同一般，也可知圣叹对元晖的故国之思、亡君之痛，以及不事二姓的节操，是怀有深深的赞同和支持的。

此外，《诗选》中相同背景和情志的诗作还有很多，诸如《乙酉又病一首》《柳》《兵战》《休问》《寄总持法师》《怀圣默法师》《闻圣寿寺遭骄兵所蹦》《题徐松之诗二首》等。《乙酉又病一首》说：

西风不肯饶寒屋，旧病公然疟贱躯。
亲友几人兵甲后，哀怜到我候书俱。
君臣辛苦无方药，奴竖荒唐荐老巫。
如此纷纭欲图好，悬知不死只须臾。①

前四句写战乱给亲友和自家造成的伤害，饥、寒、老、病，加上“兵甲”，此时的圣叹已经“哀怜”至极，但他仍然心忧天下；后四句巧妙借用医药暗讽当时的（南明）君臣混乱荒唐、无计可施，并断定如此下去只能死路一条，眼前只是短暂的苟且偷生而已。

圣叹在《兵战》中说：“兵战兹初试，凶危敢道过？旧人书里失，新哭巷中多。天子宜长寿，将军厌宝戈。定当逢此日，黔首竟如

---

①《诗选》第97页。

何？”[1]在《柳》中说：“陶令门前白酒瓢，亚夫营里血腥刀。春风不管人间事，一例千条与万条。”[2]在《闻圣寿寺遭骄兵所躏》中说：“精舍传闻驻虎貔，僧从定起失威仪。刹竿系马风旛落，斋磬无声鸟雀饥。等观未嫌罗刹丑，清规可奈梵天悲。远公踢倒莲花漏，深入庐山是此时。”[3]如此直白地揭露和指责清兵的骄横残暴及其造成的破坏和伤害，在当时是需要有非凡勇气和深切情怀的。

更为难能可贵的是，圣叹还对抗清人士深表同情和支持。在《寄总持法师》中说：

法师持法上江船，法去南中遂半年。
妙辨我知奇若此，梵客人恐瘦于前。
刀兵自不侵禅定，辛苦其如集圣贤。
两浙骚然艰一钵，双轮何以答诸天。[4]

总持法师是圣叹最亲密的友人之一，“南中”在当时的语境下，其实是指南明政权所在的东南、南方一带，总持法师在“刀兵”交侵、“两浙骚然”之际，乘船去南中，当然不会只是为了传教弘法，而应与反清复明有关。其实诗中的“奇若此”“瘦于前”“辛苦”“集圣贤”“答诸天”等，已经很明显地透露法师在南中所从事的活动，大异于平时佛事，是更为艰辛凶险的大事。在《怀圣默法师》又说：

军阵屯虓虎，尊师狎海鸥。
孤城冲险入，末法誓身求。
近日去何处，远方闻可忧。

---

① 《诗选》第 24 页。
② 《诗选》第 69 页。
③ 《诗选》第 115 页。
④ 《诗选》第 97 页。

同人来慰我，所恃是调柔。[①]

圣默法师是圣叹的又一位挚友，前四句写他在大敌当前、战事紧张之际，只身赴海上，冒险入孤城，誓死以求“末法”，暗示圣默法师以生命来拯救衰败的南明政权，其实就是反清复明。后四句是写自己对圣默的关切和担忧，自称“同人”，可见圣叹的心志是和圣默相通相同的。

尤其是《题徐松之诗二首》：

徐子伤心士，斯文似九章。
客虽乘白马，臣且收羝羊。
近事多难说，传闻或未详。
副车皆不中，三户又沦亡。

恸哭竟无极，归来且别图。
榛苓人最美，冰雪道方孤。
海水为多少，莲花定有无。
君文能绣淡，恃此足欢娱。[②]

徐松之（1617–1690），名崧，号臞庵，吴江人。[③]此人“少年失怙，长更多艰。播迁则屡失其赀，死丧则尽倾其产。遇而不遇，贫以益贫”。明亡后绝意仕进，志做遗民，是一介清贫之极的文人，别号“岁寒居士”，“寄迹吴门法华寺，萧然自适，有野鹤孤云之致”。“又好佛法，至自称为彼教中法嗣。”主要靠编书选文来维持生计，有《诗南》（合编）、《云山酬唱》、《诗风初集》（合编）、《百城烟水》（合编）等传世。特别是所编《岁寒诗纪》，选辑抗清志士殉难和隐逸者的诗作，表彰其事迹，颂扬其气节，这在当时是冒着生命危险的。

---

① 《诗选》第 36 页。

② 《诗选》第 37 页。

③ 徐松之事迹，参见《金圣叹史实研究》第 500–505 页。

在前一首中，圣叹接连化用屈原哀郢、张良击秦、苏武持节等典故，其所指和用心不言而喻，直白地说就是同情和赞赏反清复明。学者认为，圣叹（此诗）同情徐松之的举动，惋惜其失败，赞美其品格操守[①]；“像金圣叹《题徐松之诗二首》这样直白地肯定其武装抗清行为，并以苏武赞美其尽忠守节之人格的篇什，极其稀见”。[②]

这些评价自然很有眼光，不过，如果把圣叹所说的反清复明活动都视为徐松之的活动，是不尽妥当的。因为圣叹此诗的题目是“题徐松之诗”，即为徐松之的诗而作，因此圣叹诗中所说的事迹，应该从徐松之诗中而来。虽然现在不能确定圣叹所根据的究竟是徐松之的哪首或哪些诗，但徐松之诗中所说的事迹，应该不是或不完全是他本人的所作所为，就像《岁寒诗纪》那样。所以不能把圣叹诗中所说事迹直接等同于徐松之的事迹，也不能把圣叹诗中的感慨和评价，完全视作是对徐松之的感慨和评价。但这并不影响人们对二人反清复明立场和态度的认识。

《沉吟楼诗选》保存有圣叹两篇“题陶渊明抚孤松图”，一篇是《题文彦可画陶渊明抚孤松图》：

先生已去莲花国，遗墨今留大德房。
高节清风如在眼，何须虎贲似中郎。[③]

另一篇是《题渊明抚孤松图》：

后土栽培存此树，上天谪堕有斯人。
不曾误受秦封号，且喜终为晋遗民。
三径岁寒唯有雪，六年眼泪未逢春。
爱君我欲同君住，一样疏狂两个身。[④]

---

① 详见陈洪《金圣叹传》（增订版），第129–130页。
② 《金圣叹史实研究》第505页。
③ 《诗选》第80页。
④ 《诗选》第102页。

文彦可（1574-1648），字从简，晚号枕烟老人。[1]他是著名书法家文徵明的曾孙，十五岁时丧父，由母亲抚养教育。但科场不顺，直到六十岁时，还是一个贡生，那已是崇祯十三年（1640）了，从此不再参加科举考试。不久明朝覆亡，便隐居于寒山，顺治五年（1648）去世。文家世代擅长书法绘画，文从简也是名家。但他受到世人的敬重，还因为清贫自守、抱道隐居，有遗民的节操。

金圣叹这两篇都是题画诗，所题“陶渊明抚孤松”图，出自文彦可之手。虽然我们现在看不到究竟是怎样的画面，但陶渊明的为人为文众所周知，他给人最强烈的印象，他对后世文人最深刻的影响，一在于“不为五斗米折腰”，宁可饥寒交迫，也不愿向世俗势力屈服，从而保全了自己的性情品格；一在于“不事二姓”，宁可冒着生命危险，也不屈服于敌对势力，从而保全了自己的尊严气节。提高一点说，前者是对人性的忠诚，后者是对文化的忠诚，二者都属于古人非常看重的“大节”，又都是通过“隐逸”来实现的。

文彦可正是陶渊明一样的人物，他选取陶渊明“抚孤松以盘桓”（《归去来兮辞（并序）》）这个细节，创作了这幅“陶渊明抚孤松”图，可谓“别出心裁”：没有去渲染陶渊明顺应自然的一面，而是突出其孤高坚忍的一面，这或许并不完全符合陶渊明的实际，却十分切合文彦可的时代需求。这样的选择性表现，不仅是对陶渊明志节品格的富于新意的图解，也是作者自身志节品格的隐喻。联系到当时的现实背景，就知道文彦可的这幅图，其实是为“隐士”和“逸民”作画像和代言，具有丰富深刻的典型意义。

金圣叹也是一位陶渊明的崇拜者，本身就具有类似的性情和志节，他一再为文彦可的画题诗，当然不是偶然的，这在诗中有着鲜明的表达。我推测，圣叹应是先写了《题文彦可画陶渊明抚孤松图》，其时文彦可已经去世，圣叹在某大德（高僧）的房里看到了文彦可的这幅图，

---

① 文彦可事迹，参见《金圣叹史实研究》第 493-497 页。

不由得睹画思人，想起文彦可的高风亮节，遂作此诗。学者或以为“后两句似暗讽鼎革之际缙绅士夫无忠义之心，否则何须‘虎贲中郎将’才能保卫社稷”[①]。这种理解虽很切合现实，却未必尽符圣叹的原意。我以为末句可能是化用蔡邕的典故：蔡邕的六世祖蔡勋，因不愿“事二姓”而携家逃入深山，不仕新室（王莽）。其父蔡棱，也以清白著称。蔡邕学识渊博，多才多艺，尤其精于书法和音乐。桓帝欲召其入朝为官，蔡邕称病不出，“闲居玩古，不交当世”。但到汉灵帝，还是出来做官了，“召拜郎中，校书东观。迁议郎”。后来又惮于董卓的威权，接受其任命，“初平元年，拜左中郎将，从献帝迁都长安，封高阳乡侯”。董卓被诛后，蔡邕也受连累，“遂死狱中”[②]。所以圣叹后两句的大意是：陶渊明（以及文彦可）虽然终生贫寒，但气节清高，受人景仰；蔡邕屈服于名利威权，虽然得到高官厚禄，但下场可悲。二者高下取舍，不言自明。

大体说来，圣叹在这首诗中，主要强调的是陶渊明、文彦可不慕名利的“清高”品格；而在《题渊明抚孤松图》中，则重在突出陶渊明、文彦可不事二姓的“遗民”志节。圣叹将“此树”（孤松）归根到“后土”，把“斯人”（陶渊明及文彦可）推源到“上天”，是说他们都有悠久渊源和传统，暗示从种族到文化的归属；都有高尚的来源和秉赋，暗示从身体到精神的归属；都清楚是谁造就和养育了自己，表明有确定的感恩戴德对象，因而也都明确知道应该忠诚于谁，报答于谁。这实际上就是“世受汉恩”“不事二姓”的另一种表达。所以自然引出“不曾误受秦封号，且喜终为晋遗民”两句。而且“不曾”“且喜”还有庆幸的意味，这一方面是因为自己的大节不亏，另一方面则是因为自己的坚守不渝。大节不亏，可以告慰于上天后土；坚守不渝，可以告慰于自我心性。要知道，从古至今，有多少人包括蔡邕之类的“旷世逸才”，皆因为不能坚守节操而屈辱了自我，愧对于天地、祖宗和后世！

后四句其实是圣叹自画像：表面上是说文彦可（入清以来）六年，

---

① 详见《金圣叹史实研究》第494页。

② 详见《后汉书》卷六十下《蔡邕列传》下，第979页。

坚守“三径”（隐逸），心如冰雪，在绝望中以泪洗面，同时也暗示圣叹这六年何尝不是如此？两个人，不，连同陶渊明，三个人，既然是同样的性情、同样的怀抱、同样的作风——“疏狂”，自然也就相互爱慕，愿意携手同住，永远在一起了。

如此说来，圣叹这两篇诗，是题画，是赞美文彦可，是向慕陶渊明，更是自我画像。他立场坚定，态度鲜明地宣布，要做陶渊明、文彦可一样的“遗民”。

不过，此时的圣叹，似乎也只是要做个“遗民”、保全“疏狂”之身而已，而没有了前几年那样的激烈情志。换言之，他虽然对明朝的亡国还耿耿于怀，但对清朝的统治已经不再那么抗拒，经过“六年眼泪未逢春”，他的反清复明意志逐渐平静、淡化下来，不得不接受眼前的现实。毕竟不能去跟陶渊明、文彦可“同住”，还要在人间隐忍生存下去。

到了写作《赠夏广文》时，也就是顺治十四年（1657）前后，圣叹竟说出“潦倒诸生久白头，十年梦断至公楼。杏花廊下重来坐，药草笼中实见收。弟子歌思环震泽，劳臣碑记在长洲。圣朝日月如清镜，下考终居第一筹”[①]这样的话来，不仅为自身的科场不售、人生潦倒而愧叹，还对夏广文的“弟子歌思环震泽，劳臣碑记在长洲”“下考终居第一筹”深表羡慕，甚至称清朝为“圣朝”，将其统治比喻为“清镜”。换言之，此时的金圣叹已经认同了清朝的统治，而且跃跃欲试，要有所作为了。

以上只是对“易鼎”以来圣叹心态变化的简单梳理，实际的情况当然要比我说的更加丰富，更加曲折，也更加复杂。虽然很简单，但也可以看出，圣叹能够写出《春感八首》可谓是“水到渠成”，顺理成章，符合其“心迹”的逻辑发展，既不突然，更不奇怪。

范启明一边听一边点头，对庄言说：你梳理得很好，很有必要，也很符合事物发展的实际情况！人不仅生活在现实中，也生活在时间中，同时也生活在自己的理念情志中，我们应该从这三个因素的交互作用及其发展上，来观察圣叹的心路历程。

---

① 《诗选》第111页。

常言道：时间能够改变一切。有时候时间就像魔术师的手，可以让人发生神奇的变化。在它的抚摩下，尖锐剧烈的创痛，能够变成美好的回忆；不共戴天的死敌，能够变成形影不离的朋友；暗无天日的地狱，能够变成光明灿烂的天堂。就像很多老年人回忆起早年的生活，满满的都是幸福美好，有意无意地忽略了苦难部分。这种“忽略”在很大程度上是由于时间的作用。从明清“易鼎”到金圣叹写作《春感八首》，已经过了十七个年头；金圣叹从三十六七岁的中年，进入五十三四岁的老年。即使从单纯的时间意义上说，他的生理和心理也会发生巨大的改变。

值得注意的是，一般说来，由中年到老年，身体会越来越退化、衰弱，乃至生病；心态也会越来越低落、消沉，乃至绝望，但这只是一般说来，有时也会出现例外或反常情况：越是接近晚年，欲望越是强烈。古人说烈士暮年壮心不已，俗话说老房子着火，今人有“五十九岁现象”，其实都有越到最后越厉害的意思，当然这“厉害”有正面的，也有负面的。我们前面说到，金圣叹有过低谷，有过绝望，但都不是真正彻底的低谷和绝望，也不是一成不变的，毋宁说是暂时压抑了“妄想”、隐藏了“大志”，内心仍然期待时机的降临；或者说即便真的绝望，也不是心甘情愿的。因此当他意识到生命已经到了最后的时刻，再不作为就没有机会的时候，就会不顾一切，加倍地爆发出来。不再压抑，不再隐藏，去除伪装，摆脱干扰，狂热地投身其中，作“最后一搏”。

范启明看看田老师和方丈，接着说：就像我们这些年届花甲之人，有几个是真心诚意“服老”的？又有几个是真的能够淡泊名利的？更有几个能够抵御“非常诱惑”？所谓“非常诱惑”，是指那些通常认为高不可攀、可望不可即的巨大的获得，包括权力、财富、美色、地位、荣誉，等等。就说咱们的无言法师吧，身为云浮寺的方丈，还不是召之即来、挥之即去么？而且，这还只是在地方上，若是更高层的召之挥之，方丈势必更加“不亦乐乎”了！方丈修行多年，道高十丈，尚且如此，我和田兄就更不在话下了。最近常听人说，很多大学副教授、教授，为争一个科长、副处的职位挤破脑袋，不顾颜面，不择手段，闹得不可开交。有人为之悲哀，有人报以嘲笑，有人痛加指责，但是，假设自己碰到类似的“机会”，将会怎样？这只要看看那些抓住“机会”的人是何等的自鸣得意、感觉良好，就不难想见了。

有点扯远了，我的意思是说，有的人，不，是很多人，特别是文化人，会在意识到生命所剩无多的情况下，奋力去做有意义的事情，而不是一味地放弃等死。金圣叹就是这样，他在大病百日期间，一定会有很多感触，很多思考，进而作出选择和决定：抓住生命的最后这段时间，去完成最重要的事情。恰好在这个时候，传来了北京的“喜讯”，可谓火上浇油，火下鼓风，圣叹的热情和妄想便疯狂地燃烧起来了，由一个奄奄一息的绝望者，忽然变成不可一世的狂热者。

田老师说：范兄的话虽然有些尖锐，但很透彻，发人深省。时间不是孤立单纯的，不能独自完成这样的魔术，还需要其他因素和条件的配合，其中现实因素具有决定性，我想主要有三个方面：在社会方面，清廷“定鼎”后，通过恩威并施，很快便稳定了局势，坐定了江山，转向文治，恢复了包括科举取士在内的各种政治制度和社会秩序，生活逐渐进入正常化。明朝一去不复返，进入清朝的人毕竟还要生存下去，何况新朝在很多方面“继承”了旧朝，有些地方甚至要比旧朝显得更加清明。总之，不论愿意还是不愿意，自觉还是不自觉，大多数人都在逐渐接受和适应新朝的统治，随着时间的推移和统治的巩固，越来越多的人开始认同新朝，称颂新朝，乃至忠诚于新朝。虽然反清复明的喊声和活动一直不断，但是到了清朝灭亡之时，也出现很多忠臣、节士、遗民之类。就像那根辫子，清初时，很多人宁可杀头也不留辫子；清末时，很多人宁可杀头也要保住辫子。

在人文方面，刚才说了，新朝“继承”了旧朝很多东西，人文上也是如此。仍然遵奉儒家文化，仍然重用儒生文人，这很能抚慰由旧入新的士人心灵。是啊，就算是一群强盗霸占了你的家园，你既不能把他们赶走，他们又愿意“帮”你恢复家园，并崇拜你的祖先，尊重你的习惯，你的心里是不是好受了许多？既然住在新的家园里跟住在旧的家园里差不多，甚或还好一些，你是不是感觉还不错？既然在旧朝的追求一样能够在新朝实现，你还有什么理由拒绝？于是文人们纷纷出仕新朝，明朝过来的成为“贰臣”；清朝擢用的成为“新贵”，形成圣叹所说的“邻舍纷纷受甲去”，争相“作官食肉糜”的现象。实际上，明清易鼎，从某种意义上说，也是一次“大洗牌”，给原先没有机会出人头地的各类人士提供了新的机会，官场如此，学界如此，文坛也是如此。金圣叹眼见身边的人纷纷出仕，或富贵荣华，或功成名就，他能不动心么？

当圣叹说“今冬无米又无菜，何不作官食肉糜？邻舍纷纷受甲去，独自饿死欲底为”的时候，我以为他是有些动心的，因为这涉及残酷的现实问题：一方面是“作官食肉糜”；一方面是“今冬无米又无菜”，面临“独自饿死”，你会作何选择？圣叹选择了后者，固然难能可贵；但他内心有过矛盾，有过动摇，也是可以理解的。说这话时是甲申秋天，到了写《春感八首》时，圣叹（及其全家）在“饿死”的境况下，又支撑了十七年！可以想见他及其一家人生活的惨状，以及由此带来的心理和精神上的折磨。

哲人说“物质决定精神”，常言道“饥不择食”，又说“没有肚子就没有脸”，讲的是一个道理：尊严、气节、操守，都是要有一定的现实条件支撑的，除非是“杀身成仁”“舍生取义”。想想从古至今，有多少人在衣食无忧甚至境况优裕的情况下，还出卖尊严、丧失节操，就知道金圣叹带着一家老小在死亡线上苦苦坚持十七年——若连入清以前也计入，远不止此，真的是非常不容易！

所以，金圣叹在“忽然”（听说）得到皇帝的赞赏后，出现一时冲动，产生某些幻想，发表许多狂言（《春感八首》），虽然不无过分、夸张之处，其实也属于正常反应。

阿弥陀佛！方丈说：这样解说，也可以说是知人论世、通情达理了。其实还有一些复杂、深刻的因素值得注意。比如当时人心向背问题，或者说汉人士大夫对明朝和清廷的态度问题，就是非常复杂而微妙的，换了你我身处其中，也很难分辨和取舍。刚才田老师谈到的几个方面，固然是士大夫纷纷出仕新朝的重要原因，若追究起来，明朝的国亡君死，其直接“凶手”并不是清兵，而是在清兵入关之前，由汉人的“流寇”一手造成的，后者才是真正的“凶手”。况且，清兵也是应明朝将领（吴三桂）的请求而来的，至少在名义上是来“援救”的；实际上也确实帮助明朝打败了“流寇”，并将其赶出京城，最终将其消灭，也算是替明朝的臣民报了“君父之仇”。再者说，明朝也确实败坏得一塌糊涂，气数已尽，到了该死的时候；明朝统治者对待人民的苛刻和残暴，并不比清朝好多少。在很多人的心里，明朝其实已经亡国、亡天下了，人们甚至期待着巨变的发生，只是没想到发生的是这样的巨变而已。进一步说，清朝无论是在历史上、政治上、地域上还是种族上，都和明朝有着密切联系，并不是严格意义上的“异族”“入侵”……这些因素，都会一定程度影响人们对明朝和清朝的感情，弱化其对前者的忠诚和对后者的仇恨。因此总的说来，汉人士大夫对于明朝覆亡的痛惜，并不如想象的那样强烈；即便有亡国之痛、复明之志，其所痛的“国”、所复的“明”，也不完全是指朱明王朝。

其实啊，是否出仕新朝？具有怎样的身份？当什么样的官？都不过是表象，是行迹，不是问题的关键。关键在于是怎样的动机、目的和效果。就像钱谦益和柳如是，一个是“贰臣”，一个是妓女，但学者考证，他们实际上为反清复明付出很大努力，甚至冒着生命危险。[①]就像中国抗日战争时期，不少人表面上给日本人干事，被国人骂为“汉奸”，其实是“地下工作者”，暗地里为抗战作出巨大贡献。所以不能表象化地把出仕新朝者一概否定、全部骂倒，也应该具体情况具体分析，透过现象看实质。就像刚才那位同学说的，圣叹(《春感八首》)的动机和目的，从物质层面上说，仅仅为了一家八口衣食无忧，为了自己有纸笔文献等，这都是最基本的要求，并无荣华富贵的奢望；从精神层面上说，最后落实为讲经著书，完成他的学术计划，并没有多少世俗功名野心。他还特别强调：生性不求闻达，更不想介入政治斗争。就算他有野心，那也只是想成为一个文化上的圣贤，建立自己的“道”，以便传承文化，拯救世道，教化人心。这样的追求无疑是高尚的、善良的、美好的，具有超越一家一姓、一朝一代的普遍价值，不应视为仅仅是替清廷服务；

① 详见陈寅恪《柳如是别传》。生活·读书·新知三联书店《陈寅恪集》本2009年版。

即便是为清廷服务，也是属于“善”的服务，从根本上说，可以缓和冲突，提高文明，利益众生，对当时和后世，都是功德无量的。不要忘了，金圣叹是一个佛者，他的这种追求是与佛教的宗旨相一致的，也可以说是佛法的弘扬和践行。

李大白有些激动地说：我一直觉得金圣叹在思想、情操、志业及原则等诸多方面与众不同，但又苦于不知如何表述；现在知道，就是方丈所说的超越性和普遍性。圣叹有一首《又示两儿》诗：

令节非吾事，他时识此言。
悬知多涕泪，且复强盘餐。
骸骨拼如此，田园曷用存。
江州与长葛，随汝便招魂。[①]

这是圣叹的“拟杜诗”之一，既借用杜诗的题目，又模仿杜诗的意境。杜甫的原诗是：“令节成吾老，他时见汝心。浮生看物变，为恨与年深。长葛书难得，江州涕不禁。团圆思弟妹，行坐白头吟。”[②]杜诗中的“令节”是指唐时官方法定的节日之一寒食节，杜甫此诗主要是表达年老漂泊、思念故乡和亲人之情。圣叹的拟作，风格虽然酷似杜诗，但旨趣和意境迥异，表达的是人生的目标追求。

圣叹巧妙地偷换了杜诗“令节”的概念，用来指美好的节操（当然作节日也说得通，但不够贴切）。“他时”犹言以后、将来，其实是指死后。圣叹告诉儿子：我的人生终极追求，并非美好的节操名声；我这话你现在还不能理解，将来（我死后）你自然就明白了。接下来说：自己明知这种追求要付出惨重代价，会带来悲伤痛苦，但矢志不渝，勉力不懈。为此他不惜放弃生计，甚至拼了老命，至于死在哪里、葬身何处，也都早已置之度外。

---

① 《诗选》第 30 页。按：题下小字注：“拟杜少陵。”
② 《杜诗详注》第 1615–1616 页。

圣叹不顾一切追求的究竟是什么？当然是物质、名利之外的更为高妙、广大而永恒的精神目标，亦即他所说的“盖代无双业”。确实，在这样的目标之下，任何世俗的功名利禄都是微不足道的。任何影响这个目标实现的东西，都是可以放弃的，连生命、尸骨、魂归何处都不管不顾，“令节”当然更是不在话下了。

谁说圣叹对自己的结局没有预感？在这里，圣叹分明已经预见到自己悲惨的末日，甚至连自己将成为孤魂野鬼，都告诉儿子了。

“令节”可以包括各个方面的节操，对于士大夫而言，当然主要是指大节：诸如进退出处、男女之间、君臣之际以及华夷之辨等等。圣叹说“令节非吾事”，并不是说完全不在乎或不遵守这些节操，如果能有美好的节操名声，他又何乐而不为呢？只是这些并不是他人生的最高目标和终极追求；相反，圣叹的这种目标和追求，往往很难得到世俗的理解，容易招致误解，因而受到节操上的差评。所以圣叹这话一定是有感而发的，想必当时有不少关于其节操的非议和指责，或许圣叹真有在世俗看来有损节操的言行。圣叹虽然可以不为所动，但他觉得有必要跟儿子解释清楚，以免子女及亲人也有所误解，也可以帮助他们减轻心理压力。

其实，这是一个垂老的父亲对儿子的人生交待，关于生前，也关于身后，因而也是圣叹的自我表白和定论，其真诚性毋庸置疑。这是金圣叹为人、为学及为文的大原则和大尺度，在此前提之下，一些“细枝末节”是可以放松放宽的。因此我们对金圣叹的认识和评价，也要有这样的“大局观”，不必过多地纠缠于“细枝末节”。

石萌说：对对！人家金圣叹自己都不在意的东西，我们为什么要抓住不放呢？他本来就没打算做世俗眼中的“完人”，我们又何必拿完人来要求他呢？

柳新雨说：我觉得，大白兄所言，是非常重要的发现，我印象中好像以前还没有人注意到这个问题。

有的。李大白说：大约三十年前，有位叫陈潜之的提到过，但是没有展开论述。

是吗？那是我孤陋寡闻了。柳新雨说：我觉得，这不仅可以解释圣叹平时的“不拘小节”，还可以解释其重大问题上的“不顾大节”，比如《春感八首》中对顺治皇帝的称颂，对出仕清朝的渴望。虽然已是顺治十七年，但如此夸张的表现，还是难免受到“大节”有亏的非议的。

我想补充一点，就是金圣叹的志业，亦即他不顾节操、矢志追求的目标，不只是精神层面上的，也有现实层面上的。我觉得，圣叹的“道”，是以儒学为核心，尤其是易学为基础，融合佛学、老庄道学以及其他子学、文学而形成的“通宗易”之道，这个“道”原本就包含“术”，是义理与实行的统一，古往今来、现实政治、世道人心、众生苦难等等，皆在其关怀和救助之列。圣叹的现实追求也非常高远广大，他的最高社会理想，就是“天下太平”，《金评水浒》以“天下太平”为始终，就是这种理想的代表和象征。其书上来就写道：

纷纷五代乱离间，一旦云开复见天！
草木百年新雨露，车书万里旧江山。
寻常巷陌陈罗绮，几处楼台奏管弦。
天下太平无事日，莺花无限日高眠。

金圣叹批点说：“好诗！一部大书，诗起，诗结；天下太平起，天下太平结。”

其书又写道：

神宗在位一十八年，传位与太子哲宗。那时天下太平……

金圣叹又批点说：“一部大书数万言，却以‘天下太平’四字起，‘天下太平’四字止，妙绝！”[①]

其书最后写卢俊义梦见一百单八将全被处斩：

① 以上均见《金评水浒》卷五《楔子：张天师祈禳瘟疫　洪太尉误走妖魔》。《金集》叁，第42页。

卢俊义梦中吓得魂不附体，微微闪开眼看堂上时，却有一个牌额，大书“天下太平”四个青字。

圣叹批点说：“真正吉祥文字！古本《水浒》如此，俗本妄肆改窜，真所谓愚而好自用也。”

其书的卷终有“诗曰”：

太平天子当中坐，清慎官员四海分。
但见肥羊宁父老，不闻嘶马动将军。
叨承礼乐为家世，欲以讴歌寄快文。
不学东南无讳日，却吟西北有浮云。

大抵为人土一丘，百年若个得齐头！
完租安稳尊于帝，负曝奇温胜若裘。
子建高才空号虎，庄主于达以为牛。
夜寒薄醉摇柔翰，语不惊人也便休！

圣叹批点说：“好诗！以诗起，以诗结，极大章法。”[①]

这样的“极大章法”，其实是金圣叹精心构思、亲手实施、又亲口称赞的结果，是圣叹借助《水浒传》，假托施耐庵，对自己社会理想的形象表达。前一首，“太平天子当中坐，清慎官员四海分”代表着圣叹的政治思想及其实现的策略方法；“但见肥羊宁父老，不闻嘶马动将军”代表着圣叹经济思想及其实现的策略方法；“叨承礼乐为家世，欲以讴歌寄快文”代表着圣叹文化思想及其实现的策略方法。后一首，则代表着圣叹的个人性情思想及其实现的策略方法。这些思想及其策略方

---

① 以上均见《金评水浒》卷七十五第七十回《忠义堂碣石受天文　梁山泊英雄惊恶梦》。《金集》叁，第1250页。

法，都渗透在《金评水浒》的本文及圣叹的评语中，并不是空话。因此也可以说，《金评水浒》是金圣叹社会思想及其实现的策略方法的具象体现。

这种天下太平的理想，不仅渗透在《金评水浒》中，也闪耀于金圣叹的其他诗文中，例如《升平歌》十首：

地下千雷震，天上万日明。
人间百忧毕，今日逢升平。
升平大道理，一言非所详。
君子坐金殿，小人还故乡。
好男不越境，好女不夜啼。
好花不过节，好鸟不食泥。
初日照杏梁，窈窕罗帷中。
女儿年十五，春情稍能通。
三五喻金镜，三六喻金玦。
人生可怜虫，克日称前哲。
东望杨柳桥，南望芙蓉池。
西望明月楼，北望蒿里碑。
大妇治羔羊，中妇劈荔枝。
小妇注清酒，共乐升平时。
死生自有命，富贵自在天。
安用升平时，持忧自相煎。
有酒聊击鼓，无肉但哺糜。
安能升平时，弄此钱刀为。
升平大时节，我欲与君誓。
死为一处灰，生作双花蒂。①

① 《诗选》，第9页。

看看，是不是和《金评水浒》开场诗和终场诗“酷似”啊！所以，我越发相信，金圣叹不仅“腰斩”了《水浒传》，而且改造了大结局，并“伪作”了“终场诗”，都是为了贯彻他的“天下太平”的理想。

金圣叹天下太平的理想，是由来已久、根深蒂固、念念不忘的。其他诸如《秋兰篇》：“秋兰绿叶紫茎，照水一何分明。水上芙蓉并蒂，花下鸳鸯丽情。花亦万岁不谢，鸟亦千年不惊。贱妾与君一室，共乐仁王太平。”《永明乐》（五章）：“金经直如线，宝纬密如云。我唱永明乐，天地非至文。/ 大乐乃无相，大礼乃无声。一人垂衣坐，万宝中秋成。/ 四方四双树，中央中天坐。天下方太平，今夜宜宴卧。/ 光风转百草，灵风浥微尘。百姓齐上圣，四时皆仲春。/ 殿堂日月正，畿甸风云齐。四面成宝海，中间施金梯。”《吾宗》：“吾宗老孙子，无誉足耕田。僮仆皆知命，牛羊尽太平。三秋陈晒日，五柳板门前。日照便便腹，遗经百十篇。”以及《长夏作》（六章）、《桃源行》（歌行）等等，可以说《沉吟楼诗选》从头到尾，都贯穿着、弥漫着这样的太平情思。特别是《桃源行》，长达三百零八字，对陶渊明的《桃花源记》作了富有新意的演绎，可谓是圣叹“天下太平”图景的虚拟性实现。

“天下太平”既是金圣叹关于社会现实的最高理想，也是其关于社会现实的终极目标，因而也就成为金圣叹在现实问题上的“大原则”。与上述“节操观”相似，在此前提之下，很多“细枝末节”，也是可以放松放宽的。于是就出现了一个“矛盾”现象：即在《金评水浒》中，圣叹对宋江等一百零八人，既热情赞美，又深恶痛绝；既爱得要命，又恨得要死，最终还是把他们斩尽杀绝。这种“矛盾”现象，令几百年来的读者和学者困惑不解、争论不休。其实呢，如果弄清楚金圣叹的“节操观”，这种“矛盾”现象也就不难理解了：他可以容忍，甚至欣赏他们的某些性格和言行，但一触及“天下太平”（如“太平天子当中坐，清慎官员四海分”）的红线，便立刻“翻脸”，严加斥责和禁绝。就像战争中对峙的敌我双方，有时也会相互来往，甚至在一起娱乐联欢，但各自心里都有一条“红线”，一旦触动红线，真的打起来，那就是你死我活，毫不留情的。当然“叛变投敌”者也是有的，另当别论。

石萌说：你的意思是，当金圣叹听说顺治皇帝对他的赞赏时，也就触动了他的“红线”，使他意识到实现最高理想和终极目标的机会就在眼前，于是便“爆发”了……

萌妹真聪明！柳新雨夸奖道：确实，圣叹就像一个炸药包，里面包着能量巨大的火药——最高理想和终极目标。顺治皇帝的话，点燃了这个炸药包的导火索，立刻“轰”的一声，震耳欲聋，炫目刺眼……

李大白说：要我看，圣叹更像是个烟花箱，里面有若干支烟花，《春感八首》就算是他放出来的第一支烟花吧，虽然很响亮，也很耀眼，但只是个“烟幕”，更大更实在的爆放，还在后面呢。

你说的是《金评唐诗》吧？柳新雨应道。

是的！你也很聪明嘛！李大白有些得意地说。

陶然说：大白兄此话虽然有些“报复”的意思，却也很贴切形象，当时的情况是这样的：写完《春感八首》，圣叹很快就冷静下来，但长子金雍仍在兴奋之中。第二天他一大早就来给圣叹请安，父子俩在屋里说了半天，最后圣叹答应了金雍的请求，立刻着手评说唐诗。

随后，金雍又去请来韩俊、韩住、王斫山等亲友，金昌也来了，把邵点所传来的消息，以及金氏父子所商量的事情，跟大家说了一遍，众人无不热情洋溢，纷纷敦促圣叹抓紧从事。

金昌对圣叹和金雍说：“此事越快越好！为了提高效率，从明天起，你们父子要闭门谢客，唱经只管评说，释弓只管笔录，完了再整理成书。”

金昌又对韩住等人说：“这段时间，我们也不要来打搅他们了，分头去准备刻印和发行的事宜，这边一成稿，那边就刻印，尽快发行面世，早日传到北京去。”

众人应诺，又喝了会儿茶，与金氏父子计议一番，便告辞而去。

于是父子俩夜以继日，连续奋战两个多月，完成了大约六百首唐人七律的评说和笔录，随后又稍作整理，便交付刻印了。这就是《贯华堂选批唐才子诗甲集七言律》，亦即我们所简称的《金评唐诗》。

关于此书的著书过程，金氏父子都有言及。圣叹说：

顺治十七年春，二月八之日，儿子雍强欲予粗说唐诗七言律体，予不能辞，既受其请矣。至夏四月望之日，前后通计所说过诗可得满六百首，则又强欲予粗为之序，予又不能辞也，因复序之。[①]

金雍说：

雍既于今年二月吉日，力请家先生上下快说唐人七言律体，得五百九十五首，从旁笔受其语，退而次第成帙矣。既复自发蔽箧，又得平日私钞家先生与其二三同学所有往来手札，中间但有关涉唐诗律体者，随长随短，雍皆随手割截，去其他语，止存切要，都来可有百三四十余条。今拣去其重叠相同者，止录得三十余条。又根括先生居常在家之书，其头上尾后，纸有空白之处，每多信笔题记，凡涉律体者，又得数十余条。又寒家壁间柱上，有浮贴纸条，或竟实署柱壁，其有说律体者，又得数十余条。一一罗而述之，亦复自成一卷。既不敢没先生生平勤勤之心，又思从来但有一书之前，必有凡例一通。今亦于义为近，因遂列之于首也。[②]

父子俩所说，有一致的地方，也有不一致的地方，但都让我觉得有些不同寻常。

此书写作的起因，圣叹说是金雍的“强欲”，金雍也说是“力请家先生”。可知是在金雍的强烈要求下，圣叹才着手从事的。

此书的写作方式，是由圣叹“粗说”“快说”，由金雍“从旁笔受其语，退而次第成帙”。可知圣叹只是评说，既粗又快；金雍则负责记录、

---

① 《金评唐诗》卷一。《金集》壹，第91页。

② 《金评唐诗》卷二。《金集》壹，第95页。

整理成稿，似乎是在匆忙“赶制”。

此书的写作时间，父子俩说得都很具体，圣叹说是从顺治十七年春二月八之日起，到夏四月望之日（十五）止，共约六十五天；金雍说是从“二月吉日（初一）”起，没有说截止的时间。但在此书的最后，有“顺治十七年四月十八日说唐人七言律诗竟”[①]的字样，共约七十五天。金雍所说的二月初一应该是他“力请”的时间，圣叹说的二月初八，则是正式开始的时间，中间相差的几天，想必是在作一些准备。

至于所评七律的数量，圣叹说“前后通计所说过诗可得满六百首”，与金雍所“得五百九十五首”基本一致。

金雍还将圣叹的相关谈论选编为《鱼庭闻贯》，放在书前，包括：圣叹平时信札中的“三十余条”，圣叹题记在书上的“数十余条”，金家墙壁、柱子上的“数十余条”。

我还注意到，此书正文的各卷之后，均有“男雍释弓笔受并补注”的字样，可知金雍还做了“补注”工作；书中的评语，有大字，有小字，小字部分，应该就是金雍的“补注”。

此外，各卷之后还有“学人顾祖颂孙闻校过”的字样。《鱼庭闻贯》中有一条后注云：“示顾祖颂孙闻、韩宝昶魏云”，看来这位顾祖颂是圣叹的晚辈或学生，负责此书的校对工作。

这些情况，让我觉得很特别，很有意思，也很耐人寻味。

首先，圣叹序文明白告诉读者，这本书是在儿子金雍的“强欲”又“强欲”的情况下搞出来的；也就是说，并不是圣叹主动、情愿要做的。圣叹为什么不主动、不情愿呢？我想主要是因为他的身体，刚刚大病初愈，担心支撑不下来；另外，这项工作，并不在他的原有计划之中。圣叹以前多次说过，他有“六才子书”的计划，到顺治十七年时，才完成（印行）两种，即第五才子书《金评水浒》、第六才子书《金评西厢》，还有四种，有的做了一部分（第四才子书《金评杜诗》），其他或才开个头（《离骚》），或只涉及一点（《史记》），或尚未动手（《庄子》）。这些

---

① 《金评唐诗》卷末。《金集》壹，第597页。

都是他念念不忘的“心事”，如果他的身体状况能够支撑工作，也应该先完成这些，或其中之一，不应该忽然“插入”唐人七律的评点，这事以前他可是从来也没提起过。

但是圣叹一旦“既受其请”“又不能辞”，便全力以赴，忘我投入。六十多天，评说六百首七律，差不多每天评说十首。这样的工作强度，不要说他是个大病初愈的老人，就是健康的青壮年，也是很难承受呀！要是我，一天成一首，恐怕就累趴下了！

这让我又想起金圣叹在给嵇永仁的信中说的话：

> 弟年五十有三矣！自前冬一病百日，通身竟成颓唐。因而自念：人生世间，乃如弱草，春露秋霜，宁有多日？脱遂奄然终殁，将细草犹复稍留根荄，而人顾反无存遗耶？用是不计荒鄙，意欲尽取狂臆所曾及者，辄将不复拣择，与天下之人一作倾倒。此岂有所觊觎于其间，夫亦不甘便受湮没，因含泪而姑出于此也。弟端午之日，收拾残破数十余本，深入金墅太湖之滨三小女草屋中，对影兀兀，力疾先理唐人七律六百余章，付诸剞劂，行就竣矣……[①]

圣叹四月十五日才“粗说”完六百首，五月初五日，就又带着书籍，深入金墅三女儿的草屋中，“对影兀兀”，“力疾先理”起来。这中间的二十来天，很可能是金雍在整理笔录稿，圣叹并不满意，还要亲自再审理一遍。可见他对于此书是非常重视的，并非只是口述而已。

对不起，我插一句。柳新雨说：有学者根据《鱼庭闻贯》中圣叹致徐增的信中说“承谕欲来看弟分解，弟今垒塞前户，未可得入”推断，圣叹是因城里的居所在“修葺”，“才暂时与小女一起搬至乡下旧居的。”[②]我们讨论过，“三小女”可能不是金法筵，因而圣叹也不会“与

① 《葭秋堂诗序》，《金集》陆《金圣叹文辑轶》，第970页。

② 参见《金圣叹史实研究》第91页。

小女一起搬至乡下旧居”。圣叹是一个人带着书籍文稿来到“三小女”家的。圣叹城里的居所之所以“垒塞前户”“未可得入”，也不一定是因为“修葺”，可能是为了“闭门谢客”，以保证工作效率。圣叹这么说，应是委婉告诉徐增，暂时不要来看（圣叹所分解的唐诗）。但是圣叹原来就颇为知名，又传出受到顺治皇帝的赞赏，名气更大，亲友、读者、书商等，听说他在评说唐人七律，都想来听来看，圣叹即使闭门谢客，也不得清净，无奈只好“躲”到乡下女儿家。本来以为在乡下既清净，又能得到女儿的照顾，可以专心工作，尽快完成其书；不料女儿“忽患疾蹶，其势甚剧”[①]，少不得请医抓药，耽误了圣叹不少时间。

嗯，这个补充很重要！陶然接着说：圣叹确实是想“尽快”完成，尽早出书。那么圣叹为什么会从不主动、不情愿，到不惜老命、全力以赴呢？

圣叹的解释是：“此岂有所觊觎于其间，夫亦不甘便受湮没。”也就是说，他们没有任何世俗功利目的，只是因为这场大病，让他感到人生世间，又如弱草，转眼就枯萎了；弱草死了尚留有根荄，人作为万物之长，怎么可以不留下点东西呢？况且圣叹自以为不是一般的人啊！所以他要“尽取狂臆所曾及者，辄将不复拣择，与天下之人一作倾倒”。把自己的所思所想发表出来，与天下后世读者共享。所以才“含泪而姑出于此也！”十分动情！

我相信圣叹这话是真诚的，因为这符合他一贯的表古人之德、扬古人之才、“恸哭古人”、“留赠后人”，从而达到自己的立德、扬才至于不朽的目的。但是，要说圣叹纯粹是为了这个，没有任何其他考虑，我是有些怀疑的；如果真是这样，又何必要金雍的“强欲”“力请”呢？

不用说，还有部分原因，甚至是主要原因在金雍这里。从父子俩的表述中可知，金雍是此事的“主谋”，是他强烈地、极力地请求圣叹完成此事。那么，金雍作为长子，当然知道这是一项繁重的工作，年老体弱、大病初愈的父亲很难支撑下来，弄不好会搭上老命。难道金雍真

---

① 《金圣叹文辑轶》之《葭秋堂诗序》。《金集》陆，第970页。

的不顾惜老爸的健康和生命？我想，就算此事对金雍有一定的“好处”，他还不至于“心狠手辣”到如此程度吧！一定还有更为关键的原因，让父子俩形成妥协和共识，甘愿冒着最大的风险、付出最大的代价，赶紧完成此事。

我刚才说父子俩在屋里商量半天，就是为了这事儿。所以我们必须从父子双方及其共同的目的上寻找原因，而且必须联系当时的“背景”。这个背景就是父子俩刚刚从金昌那里获悉邵点所传顺治皇帝对圣叹的赞赏。圣叹获悉后的反应，刚才新雨兄分析得非常清晰：即由开始的感奋狂热、妄想出将入相；逐渐冷静下来，只求衣食饱暖、专心著述；到最后甚至又回到“不求闻达”的故态上来。

金雍虽然年轻，但最了解父亲的为人和为文，也比圣叹更务实。他知道，这是一个难得“契机”，不仅可以使父亲颓唐的身心振作起来，也可以改变父亲及全家的命运。因此我推想，二月一日早金氏父子的谈话内容，应该是这样的：

金雍：“父亲大人，夜来休息得好吗？”

圣叹：“还好。却也浮想联翩，不能安睡。”

金雍：“都想了些什么呢？”

圣叹：“我想兰雪和长文所说的消息，不一定可靠；就算可靠，对我也没多大意义，美人迟暮啊！”

金雍：“父亲何出此言？”

圣叹：“你想啊，老夫这样的年纪，这样的身体，还能经得起折腾吗？毕竟是新朝，就算老夫不在乎天下人的讥刺，也很担心官场的深不可测，当道的喜怒无常；加之老夫自由真率惯了，也很难适应官场的那一套，恐怕一不小心，就会招来不测之祸……”

金雍：“大人所虑极是！但孩儿夜来也想了很多，不知当讲不当讲？”

圣叹：“你我虽是父子，情同挚友，有什么不能讲的呢？”

金雍：“首先，我们必须相信消息是真实的。为何皇上特别提到大人？这不是偶然的，乃是由于《第五才子书》《第六才子书》的巨大影响，同时也是因为皇上读懂了大人的才学和心曲，大人终于遇到了知己。兰雪先生、长文老伯，有几个脑袋敢谎称皇上的金口玉言？此其一。大人抱负远大，智略过人，但困穷一生，不得施展，好不容易迎来一飞冲天的时机，实在是千载难逢，毕竟三顾茅庐的好事只有在小说戏曲中才会发生。所谓过了这一村就没有这一店，我们不可错过，务必抓住！此其二。抓住这个机会，从正面说，大人可以施展才略，实现抱负；从负面说，可以回击流言，笑傲群小。往大里说，可以立德、立功、立言，垂名不朽；往小里说，可以获得俸禄，摆脱贫寒，改善生活条件。此其三。至于世人的讥刺、官场的险恶、当道的喜怒以及不能适应等等，都是不必多虑的。古今成大事有几个不遭非议？圣人说：邦有道，贫且贱，君子耻之。大人昨天作诗说‘首诵当今有道恩’，既然有幸赶上有道之世，却还要守着贫贱，不也是一种耻辱，招致讥笑吗？况且，大人自幼奉佛学道，以弘法救世为宗旨，一向不拘小节，勇敢无畏，现在关键时刻到了，为何畏惧不前了？历来欲成大事，都有‘赌博’的性质，求仁得仁，又何必多虑！此其四。眼下的当务之急，不是犹豫彷徨，患得患失，而是坚定主意，精心准备。现在消息已经传开，京城和地方上都随时有可能来请大人出山。但是大人赖以成名，皇上和世人看到的，只是大人的两部书，而且都是‘不登大雅’的通俗文学，难免有所轻视和误解，难免会影响到皇上。木陈忞在皇上面前说大人很像李卓吾，就有些微词。因此大人要赶紧搞出一部‘大雅’之作，进一步提高大人的形象和影响。此其五。还有，大人知道，咱家本来就很贫寒，又经历了大人的百日大病，现在更是一贫如洗了。这部‘大雅’之作，也可暂解燃眉之急。此其六……”

圣叹：“好了好了，这些为父也都想过，你的心思为父也都理解。你是个真正的读书种子，本色学道之人，只是生在这样的家境里，怪可惜的！至今尚不为世人所知，又没有稳定的生计，为父一旦撒手人寰，你和这个家怎么办？所以不论是为道为文、为国为家，还是为你为我，老夫都要拼尽最后一把力气。还有，为父一生贫寒孤傲，多亏亲友们的情谊和帮助，也应该借此机会作一些报答……”

金雍：“这么说，大人是同意孩儿的请求了？”

圣叹:“同意是同意，可是搞一部怎样的‘大雅’之作呢？”

金雍:“当然还是大人擅长的文学评点呀！不过，皇上已经说了‘此是古文高手，莫以时文眼看他’，那么古文和时文都不用再搞了。其他四种‘才子书’，要么不合时宜，要么不够大雅，要么费工太久，都不合适现在做。孩儿翻检大人的信札书简，觉得其中有很多关于唐诗的真知灼见，而且唐诗又是雅俗共赏、长盛不衰的话题，咱们不妨从这里着手。”

圣叹:“唔，所言极是！唐诗中，尤以七律最称大雅，就先从它开始吧！”

……

这就是《金评唐诗》选题确定的大致原因和经过，应该说，此书实际上是由金氏父子共同完成的。金雍既是“主谋”，又是笔录者、整理者，还是“补注”者。我看书中的“作者小传”，应该也是出自金雍之手吧。因此可以说金雍于此书厥功至伟。当然，此书也让金雍名扬天下，这正是金氏父子所想达到的目的和效果之一。

陶然姐可以去写小说啦！覃慧敏说:虽然是想象，但我觉得合情合理，否则就无法解释金圣叹为何在大病初愈、身心颓唐的情况下赶制这么一部“计划外”著作了，而且还要特别凸显金雍的作用。怜子如何不丈夫，饶是圣叹如此放达之人，也要拼老命拉儿子一把，真是可怜天下父母心啊！

李大白说:是的。圣叹一直很喜爱、很欣赏金雍，以前也多次把他写进诗文中;金雍也确实很早就能够和圣叹一起讨论诗文，帮助圣叹做一些事情。现在圣叹觉得自己随时都可能离开人世，又赶上这样一个绝好机会，想“提携”一下金雍;金雍想帮助圣叹，同时也改善一下自己的处境，这都是情理之中的。

覃慧敏说:但是，让我有些意外的是，金家的贫寒竟如此严重！墙壁上、柱子上，到处都写满了评语，你可以说这是因为圣叹勤勉，随处题写，但也透露出他家连写字的纸张都不能充分保障。我原来还有些纳闷:金圣叹怎么会把“点朱点墨官供笔”当作一种理想？未免太“小家子气”了，现在看来，他可能经常为纸墨笔砚的短缺而苦恼，现在又经历了一场长达百日的大病，金家的贫困状况必然更加凄惨，可能早已债台高筑了。而且我推测，此时金雍应该已经有了孩子，金雍的弟妹中，也有人到了婚嫁的年龄……到处都需要用钱，或许近期急需一笔较大的费用，圣叹无处筹措，只得拼了老命，和儿子一起赶制这部书。

圣叹真可怜！石萌感叹道：他能够坚持下来也真的不容易！而且并没有放弃“妄想”，现在又热情高涨、奋力著述，确实了不起！

柳新雨说：我总觉得圣叹有点像是被“逼上梁山”：金雍的“强欲”“力请”，说白了，就是逼着圣叹来搞这部书。他提出的种种理由，又让圣叹无法拒绝；圣叹不如此，又没有任何其他出路，所以只得拼着老命来做这部“计划外”的书，不惜“点污清白”，（准备）去做那些迎合新朝的事——至少表面是这样。

我觉得，圣叹对家人尤其是对金雍，是怀有某种愧疚的。的确，作为一家之主，作为父亲，他都不怎么称职，一贫如洗，前程渺茫，能不问心有愧？而家人，特别是金雍，能不对圣叹产生某种抱怨么？我觉得是有可能的。圣叹临刑前的《绝命词》，有一首是写给金雍的：“与汝为亲妙在疏，如影随形只于书。今朝疏到无疏地，无着天亲果宴如。”[①]父子之间既“如影随形”，又“只于书”，这样的亲疏关系，确实很微妙。似乎他们之间除了读书学道，就没有别的关系。换言之，圣叹和金雍只有“高尚”的学术和精神上的交流，而没有其他“低俗”的话题，诸如衣食男女、事业家庭、喜怒哀乐之类。我觉得这也不是正常的父子关系，相互之间应该不是很“亲”的。如此看来，金雍能做到这一步，也不容易。

我补充一点。石萌说：我们以前说到，三耳生（聂先）央求徐增带他去见金圣叹，就发生在“都门喜讯”传来不久，即顺治十七年的二月。三耳生对徐增说：“我见世之贬圣叹者，不但欲杀之，而必使之入

---

① 《诗选》第91页。

一十八地之下而后已。间又见称圣叹者，若恐形容之不尽而非推之到三十三天之上而不快，夫一人能使人极其赞极其贬，必非常人也。”并且说：“我尝见圣叹先生之批第五、第六二才子书矣。”[①]说明他是读了《金评水浒》《金评西厢》之后，才如此强烈地想亲眼看看金圣叹长啥样儿。这件事儿，既反映了金圣叹在当时的影响已经非常广大，同时也意味着以徐增、三耳生为代表的圣叹的旧识和新交对圣叹认识的根本转变。此事发生在“都门喜讯”之后，不会是偶然的。换言之，“都门喜讯”在扩大圣叹的影响、提高其正面声誉、消除世人的误解以及抵制恶意攻击等方面，确实起到了非常重要的作用。

萌妹的补充非常及时且重要！柳新雨继续说：圣叹在给嵇永仁的信中还说到：“夫足下论诗：以盛唐为宗，本之以养气息力，归之于性情。旨哉是言！但我辈一开口而疑谤百兴，或云‘立异’，或云‘欺人’，即如弟《解疏》一书，实推原‘三百篇’两句为一联，四句为一截之体。伧父动云‘割裂’，真坐不读书耳！足下身体力行，将使盛唐统绪自今日废坠者，仍自今日兴起。名山之业，敢与足下分任焉。”[②]这里提到的《解疏》，应该就是后来刻行的《贯华堂选批唐才子诗甲集七言律》（即《金评唐诗》）。似乎圣叹评点唐诗，并非都始于顺治十七年（1660），而且他评点的主要方式为“解疏”，与“评点”或“批点”不尽相同，显得更加“学术化”，也更合乎“大雅”。而圣叹这样做的一个重要目的，就是为了振兴被废坠了的“盛唐统绪”，同时也回击时人的“疑谤百兴”。疑谤百兴，可见当时圣叹受到的怀疑和攻击是多么严重！

还是说“回应”比较合适。李大白说：圣叹又在给任昇之的信中说：“辱先生信弟最过，今独不信弟律诗分解一事？知非不信，只是不轻信耳。弟昔分《周易》上篇为‘先天之盛德’，下篇为‘圣人之大业’，此最不易信事，而先生一闻便自慨然。今又偏于区区近体，乃更难之？人固有见大敌勇、小敌怯时耶？弟行年向暮，住世有几？设有不当，转盼

---

① 详见徐增《送三耳生见唱经子序》。《汇编》第4–7页。

② 《葭秋堂诗序》。《金集》陆《金圣叹文辑轶》，第970–971页。

身后，岂能禁人唠骂哉？今因先分得老杜七律数十首，特命雍儿缮写呈正。若此数十首，其中乃有一首却是中四句诗者，便请下笔，快然批之、驳之，直直示弟。弟于世间，不惟不贪嗜欲，亦更不贪名誉。胸前一寸之心，眷眷惟是古人几本残书。自来辱在泥涂者，却不自揣力弱，必欲与之昭雪。只此一事，是弟全（前）件，其余弟皆不惜！”[1]看来最让圣叹耿耿于怀的，不是敌人的攻击，而是友人对他的“不信”。就像这位任昇之，原来是“金粉”，对圣叹其他著述非常欣赏，现在却“独不信”圣叹的“分解”律诗。敌人的攻击，属意料之中的“正常”情况，容易接受；而友人的怀疑，是出乎意料的“非正常”情况，容易伤心。所以圣叹甚至说出“见大敌勇、小敌怯”的话来，紧接着表白说：我为唐人律诗分解，既不是由于嗜欲，也不是为了名誉，只是为了替那些才能不得施展、诗作不被理解的人“昭雪”，让读者认识到他们的真正价值和意义所在。我耗尽心血，全都是为了这个目的，其他都在所不惜！因此，刚才你们所说的圣叹和金雍的那些“私心”，不可能完全没有，但是我们还是应该把他们想象得更无私一些，更高尚一些，更超越一些，因为这与圣叹一贯的追求是一致的，我相信他说的话是真诚的。

石萌说：是啊！圣叹可能还有具体的针对，他在给尤侗的信中说：“唐人三四，如：‘才是寝园春荐后，非关御苑鸟衔残’……其法皆侧卸而下，最是好手。先生试一一寻出，连上一二抗声读之，便知近日‘中间四句’之断断非是！弟无似，人不肯信。得先生三吴才子一言，实为重轻！”[2]所谓“中间四句”，也就是圣叹在给张才斯信中说的“比来不知起于何人，一眼注射，只顾看人中间三四五六之四句，便与啧啧嗟赏不住口”[3]。我以前也曾听人说过，作律诗主要是先写好中间四句，然后前后各加两句就行了。当时以为是专家的“妙诀”，后来虽然有些怀疑，也只是怀疑而已，毕竟自己是外行。没想到在金圣叹那时，就有人这么说这么做了。这哪里能够瞒过圣叹的火眼金睛！又怎能逃过他的金

---

① 《鱼庭闻贯》之《与任昇之炅》。《金集》壹，第 102 页。

② 《鱼庭闻贯》之《与尤展成侗》。《金集》壹，第 114-116 页。

③ 《鱼庭闻贯》之《与张才斯志皋》。《金集》壹，第 104 页。

箍棒!

顺便说一句:这位“三吴才子”当时有没有为圣叹说一句好话，不得而知;倒是说了不少坏话，后来收入他的文集。他的《艮斋杂说》记道:“吾乡金圣叹，以聪明穿凿书史，狂放不羁。每食狗肉，登坛讲经，缁素从之甚众，后坐事见法。牧斋为《泐子灵异记》，盖亦以异人目之矣。凡诗，绝句截律诗四句也。即以杜诗论，‘秋风袅袅动高旌’一首，截上四句也;‘岐王宅里寻常见’一首，截下四句也;‘锦城丝管日纷纷’一首，截前后四句也;‘两个黄鹂鸣翠柳’一首，截中四句也。虽然此论其体耳，非唐人律诗首首可截也。往见圣叹选唐律，竟将前四句为一截，后四句为一截，细加注解。予讶之曰:‘唐诗何罪，腰斩了也。’此言虽戏，遂成圣叹身首之谶。”[①]圣叹那么敬重尤侗，诚恳请他赞助;他不赞助也就罢了，还把圣叹的其他言行著作斥责一通;最后竟然自作聪明，来个“事后诸葛亮”，说圣叹被杀头是分解唐诗的“报应”……这都什么人呀!不仅不厚道，简直是阴暗恶毒!可以想象，圣叹当时是多么的痛苦和义愤!难怪他要那么拚命地“解疏”唐人七律，那么激切地反复辩护。我要是金雍、金昌，看着年老病弱、为日不多的圣叹陷入这样的境况，也会不忍坐视，只要能助圣叹一臂之力，都不妨试试。而“都门喜讯”无疑是对圣叹的最好安慰和最大支持，甚至有“起死回生”的功效……

柳新雨说:我觉得金雍的《鱼庭闻贯》似乎有些问题。刚才说了，金圣叹在六十多天里评说了六百首七律，大约每天十首，这样的劳动强度已经很难承受了，但《鱼庭闻贯》又收有一百多条圣叹信札之类，绝大部分也是写于这期间。也就是说，圣叹不仅每天要说十首七律，还要写一两封信札之类，而且是那么集中地讨论唐人七律问题。如此繁重的劳动，圣叹能够承受得了吗?所以，我怀疑这些信札之类，可能是金雍的“代笔”，收入书中时，金雍又作了一番“整理”，所以《鱼庭闻贯》中的信札才那么有针对性，那么有条理。

---

① 尤侗《艮斋杂说》卷五。《汇编》第11-12页。

庄言说：这个情况是值得注意，但是，《鱼庭闻贯》里的信札之类，不一定都是写于这六十多天里。圣叹在给顾嗣曾信中说："一夏所说唐律分解，共八卷。今先以钞本奉致……"[①]又在给云在、开云二法师信中说："弟子即日新分唐七律诗，得六百首，缮写已竟，便欲于七月解夏之晨，敬告释迦文佛大师，望其加被广作欢喜。"[②]可见最后完成，缮写成稿，是在七月，前后约半年时间，何况付梓印行，还有一段时间哩。

陶然说：无论如何，这突如其来的喜讯，激发了金氏父子尤其是金圣叹几于熄灭的生命热情和能量，并将其全部投入到唐人七律的选评中。可以说，《金评唐诗》是金圣叹心血的最后结晶，也是他生命的最后闪光。

刚才新雨兄说到圣叹的《绝命词》，《绝命词》共三首，第二首标题为《与儿子雍》，第三首标题是《临别又口号遍谢弥天大人谬知我者》，但第一首没有标题，其实是写给自己的，诗曰："鼠肝虫臂久萧疏，只惜胸前几本书。虽喜唐诗略分解，庄骚马杜待何如？"[③]此时圣叹对于自己的生死早已置之度外，更不用说世俗的得失荣辱了，他内心在乎的，就是那"几本书"：可"喜"的是，唐诗已"略分解"；遗憾的是，《庄子》《离骚》《史记》及杜诗，尚未完成。

这让我有些惊讶和不解：惊讶的是，眼看就要临刑受死了，圣叹不仅没有丝毫的畏惧和悲哀，反而有"喜"！有多少人多少事值得他牵挂呀，他却只在意几本书，这越发使我相信他确实是一个以"书"为生命的人！不解的是，圣叹所"喜"的并不是赖以扬名天下、众所周知的《第五才子书水浒传》《第六才子书西厢记》，而是刚刚粗略分解的唐人七律（即《金评唐诗》），连久负盛名的庄骚马杜，都要往后放放。我想，有这种惊讶和不解的应该不止我一个人吧！可见《金评唐诗》在圣叹心中的地位是何等的重要！

那么圣叹究竟为何而"喜"呢？我想，首先应该是庆幸的吧！庆幸

---

① 《鱼庭闻贯》之《与顾尼备嗣曾》。《金集》壹，第126页。

② 《鱼庭闻贯》之《请云在、开云二法师》。《金集》壹，第127页。

③ 《诗选》第91–92页。

大病之后，拼了性命，争分夺秒，一鼓作气完成了唐人七律的解说。试想一下，如果没有“都门喜讯”的激励，如果没有儿子的强欲力请，如果没有亲友的鼓励和帮助，圣叹还像以往那样，随着性情，时做时辍，肯定来不及完成。原来虽然感觉自己将不久于人世，却也没想到遭此横祸，被提前结束了生命。想起来，不是有些“后怕”和庆幸么？

圣叹之所以庆幸，当然不只是因为完成了一部书，而是因为完成了最重要的一部书。为什么说是最重要的呢？原因自然是很多的，我想最重要的一点，应该是这是圣叹仅有的一部“大雅”著作，以前的几部，或是小说、戏曲等通俗文学，或是小题、大题之类的时文，虽然其中也寄托了圣叹的道德、学识和才智，怎奈世人“恨屋及乌”，有意无意地加以误解、轻视、非议乃至攻击。无论圣叹怎样辩护，似乎都无济于事。而唐人七律，是毋庸置疑的正统高雅之作，可以堂而皇之地登上“大雅之堂”。

我看到当时有人说：“近传吴门金圣叹分解律诗，其说即起承转合之法，亦即顾中庵两句一联、四句一截说诗之法也。弟久信之。今得此老阐绎，可破世人专讲中四句之陋说。而王李一派恶套诗，大抵不明于此说，以致村学究坌气猖声，涂墙缀扇，往往使人捧腹也。但圣叹以前未闻于艺苑，为人大概，想玑老必稔知之。其人评辑诸说家，大有快辩，而传以禅悦，故能纵其才情之所至。独《左史》诸评，尚未传到，不审宗趣若何，弟深欲闻之。”[①]作者对圣叹是非常赞赏的，但仍认为圣叹“以前未闻于艺苑”。要知道此前圣叹早已因评点《水浒传》《西厢记》而名扬天下，可这些人竟然不把他视作“艺苑”中人；直到听说圣叹“分解唐诗”，才引起注意。说白了，在他们的眼里，圣叹的《第五才子书》《第六才子书》等书尽管很有名，但还是“俗人”“俗书”；只有分解唐诗出来，才获得一些认可（“高雅”）。这种认识，恐怕直到现在，仍不能说完全没有了。

所以，圣叹的分解唐诗，确实给他带来一定的“高雅”影响，或者

① 周亮工辑《尺牍新钞》十二卷张芳《与陈伯玑》。《汇编》第9页。

用现在的话说，就是“华丽转身”：在“正统派”的眼里，圣叹由一个民间文学“爱好者”，转变为学院派“专家”，当然只是一定程度的。圣叹也许并未完全“转身”过来，但他确实是在转身，而且确实有很大的转变。只要稍加留心，就会发现《金评唐诗》与圣叹以前的几部书确实有着明显的不同。有关这方面的情况，等会儿再说。

圣叹的“喜”还应该包含着欣慰——为金雍而欣慰。这不仅因为金雍是这部书的积极推动者与密切合作者，更重要的是，通过这次合作，圣叹看到了金雍的进步和成熟，既秉承了“家学”，又有很多独立的思考和见识，完全可以“单飞”了；而且，随着《金评唐诗》的问世，金雍的名字也将广为人知，将来必有所成。孟子说君子有三乐，“得天下英才而教育之”即为其一，自己的儿子就是这样的英才，圣叹有理由为此而“喜”。

圣叹的欣慰，还包括对亲友们也有所“交待”。圣叹自幼多灾多难，孤苦伶仃，寄人篱下，贫寒穷困，饱受白眼，树敌无数……他能活到今天真的很不容易！这多亏了那些爱他、知他、帮助他的亲友们。对此，圣叹此生是无以为报的，只能借助评点，将他们的名字和事迹保留下来，流芳千古。这既是一种报答，也可以和他们永远在一起。有些亲友，圣叹已写入（金评）《水浒传》《西厢记》以及诗歌中，但还很不够，还有很多人没有提到；尤其是与本书（《金评唐诗》）有关的人，是必须有所交待的。因此，书前的《鱼庭闻贯》，虽是由金雍编集，但必然是经圣叹同意的；或者是金雍迎合了圣叹的心思；或者就是圣叹的授意。

《鱼庭闻贯》中注明的亲友，依次如下（仍以金雍口吻）：王道树学伊、徐子能增（2）、西堂总持法师、某人、吴稽苍灏、顾掌丸慈旭（5）、徐翼云学龙、许庶庵之溥、家伯长文昌（2）、许青屿之渐、韩贯华嗣昌（2）、王斫山瀚（2）、任昇之炅（2）、家叔若水丽（2）、陆大生燕哲、天在师、张才斯志皋、沈方思永启、内父韩孙鹤俊、秦齐祖松年、戴云叶镐（2）、李东海荣宇、周计百令树、许升年定升（2）、熊素波如澜、陈玉祠慈宝、许人华定赍、邵兰雪点、张原田梅甡、殷嘉生丽、顾祖颂、孙闻、韩宝昶、魏云、叔祖正士信、刘生三古洵、王勤中宪武、沈匡来元鼎、闵康祉云祈、陆予载志舆、吴敬生、许祈年来先、季日接晋、(金)雍(2)、吴周维之升、蔡九霞方炳、家叔胜私希仁、陈汉瑞、史夔友尔祉、沈文人永令、宋畴三德宏、章湘御静宜、尤展成侗、沈鳞长龙昇、顾晦年陈咙、周静香荃、顾五玉予鼎、张晦于伦、许孝酌王俨、沈湘完永荪、蔡蔼士芬、叶有大弘勋、高元丹茂梓、陈尔牧济让、沈允兼斌、毛始序、俞安隐汝钦、舍弟释颜、沈初授世楙、熊焦易林、后堂庄严法师、栴檀法师、安庠法师、解脱法师、沈鸿章永卿、王轮中宪度、许绥祉熼禧、陈世则弘训、沈子拱、沈松年、顾尼备嗣曾、韩释玉籍琬、王禹庆复阳、杨云佩廷章、敦厚法师、嵇匡侯永仁、云在法师、开云法师。[①]共八十六人，九十九人次(包括金雍、金释颜等自家人);此外还有信札中提到的人物，如鲁钊(字桐声)、顾予咸、顾贽等。

看到这样的名单，你会有怎样的反应?我的第一反应是:哇，好多啊!金圣叹的“朋友圈”真的很庞大啊!如果你是当时人，又是对金圣叹的话题感兴趣的人，或者是持不同意见的人，你一定会感到圣叹的阵容很强大，圣叹的影响力非同一般。事实上可能还不止于此，这些只是和圣叹有书信切磋唐人七律问题的人，如果加上此外的亲友，那数量一定更加可观。如《沉吟楼诗选》中涉及的交游就多达七十余人(部分与上述重叠)。在那样一个交通和通讯条件落后的时代，圣叹作为一个寒微秀才，有这么广泛的交往，实在是令人惊讶!令人叹服!

这些人大多“名不见经传”，在过去的很长时期里，他们的具体情况鲜为人知，只是最近二三十年来，才被大量地“发掘”出来[②]，而《鱼庭闻贯》提供了重要线索。换言之，幸赖金氏父子将这些人收入书中，才使得他们留名天壤之间，圣叹也必然会为此而深感欣慰。

刚才慧敏学妹推测金家近期可能有什么重要的事情，急需较大的花费，如果属实，那么此书的完成，或许可以解金家的燃眉之急，这自然也是值得圣叹欣喜的。

---

① 小括号内为注明的次数。

② 详见《金圣叹史实研究》。

总之，以“书”为生命的金圣叹，在即将赴死的关头，回顾一生的著述，只把“唐诗分解”(《金评唐诗》) 视为唯一的可“喜”之作，亦即自认为是他最重要的著作 ( 这和读者的一般认识并不一致，因而至今仍未引起足够的重视 )，这绝不会是偶然的、随便说说的，一定是有其原因的。我想最重要的原因，当然还在此书本身。换言之，我们应该到金圣叹对唐人七律的解说中，去寻找更为重要的答案。

嗯，是该这样。石萌赞同道：不是说这些原因不重要，而是说这些主要是“书外”的原因，比较说来，“书内”的原因无疑是更重要的啦！

陶姐刚才说到《金评唐诗》与 ( 圣叹 ) 以前的著作有很多不同，我也有这种感觉。最明显的一点，就是圣叹以前的著作都有“读法”:《金评水浒》的读法，主要是说给儿子听的;《金评西厢》的读法，主要是说给弟子听的;《小题才子书》虽然没有单独的“读法”，但圣叹在序言中说得很清楚，是为子弟甥侄而作。但是《金评唐诗》既没有单独的“读法”，也没有说是为谁而作。我理解，这几部有读法的书，主要是以子弟甥侄等青少年为读者对象，目的是“普及”和“教学”;而《金评唐诗》没有读法，则意味着此书的主要读者对象和目的改变了，结合“都门喜讯”等背景，我猜想，圣叹是把顺治皇帝以及其他朝廷高层假想为主要读者，目的是体现自己的道德才学、性情心志，以期直接或间接地有益于世道人心。所谓直接，就是能够得到赏识任用，可以亲自实践；所谓间接，就是即使没有亲自实践的机会，但可以为有机会的人提供指导和参考。

哎，这一点虽然很明显，但也是一个很重要的发现。李大白说：这种表面上的改变，反映出很多内在的实质问题，如金圣叹的姿态和心态。因为，得到赏用就是做官，做官就是实质上的臣子，所以圣叹必须以“人臣”的姿态以自守。又因为，给人以指导和参考，就是当老师，而“学生”却是皇帝及大臣，所以圣叹又必须以“帝王师”自居。实际上，《金评唐诗》卷首的《鱼庭闻贯》，也是前所未有的，那些和他书信往还的人，其实也是读者对象，因而圣叹还要以“亲友”自处。这样圣叹便一身兼有三种姿态，而姿态和心态是密切相关、相互影响的，所以我们在《金评唐诗》中看到的金圣叹和以前看到的金圣叹似乎有些不一样，少了几分狂放与激烈，而多了几分平静和谦谨；少了几分悲凉与绝望，而多了几分期待和自信。

你们俩真是一唱一随，珠联璧合啊！柳新雨说：不过，我觉得，圣叹和过去并没有太大的反差，就说《鱼庭闻贯》吧，其实也有一定的“读法”功能，只是评点对象和读者对象发生了变化而已。

当然不同还是有的。我觉得，最大不同是金圣叹第一次大量且专注地评点唐诗，也是他第一次系统发表关于诗歌尤其是唐诗的见解，从而形成他的“诗学”，包括“唐诗学”。这在圣叹的文学评点事业及其文学思想中，具有重大意义。套用今人的“学科”概念，如果《金评水浒》《金评西厢》《天下才子必读书》《小题才子书》分别代表了圣叹的小说学、戏曲学、散文学、时文学的话，加上《金评唐诗》所代表的诗学，那么金圣叹的“文学”就大致“圆满”了。尤其是后者，为他的“文学”加入了“雅”的成分，对于提高圣叹在“雅文学”（或曰“正统文学”）上的地位，至关重要。

我还觉得，圣叹关于诗学的表述，较之以往对其他文学的表述，显得更加自觉，更加正式，也更加理论化，似乎是有意从“诗学”上来展示自己这方面的独特才识，并且有现实的针对性：不仅有理论和学术上的针对性，还有很强的世道人心上的关怀和用意。

这些在《金评唐诗》的序文中有着集中体现，序文上来就提出“诗德”问题，说：

> 夫诗之为德也大矣！①

“德”在古文里含义很丰富，有攀登、提升、获得、品行、道德、心意、信念、恩惠、仁爱、善行等等，我觉得，圣叹此处的“德”主要是指诗的本质、性能、机理及特征。这是我第一次接触古人的“诗德”概念，好像以前也没有人这么提过，应该是圣叹的首创。

---

① 《金集》壹，第 94 页。按：圣叹此序见该书第 91–94 页，下引不再详注。

圣叹用一个“大”字来概括诗德，接着说：“苞乎天地之初，贯乎终古之后。绵绵暧暧，不知纪极。虚空无性，自然动摇。”可见这个“大”既包含时间，又包含空间，也包含本体，还包含表象，可谓“四维”一体，无限之大。圣叹如此体认诗德，令人想到他对生命的体认——就像他在《金评西厢·恸哭古人》中说的那样，有着浓厚的佛学意味。这样的体认，实际上赋予了诗德至古无前、至高无上、至妙无比的地位，使其具有了不容置疑的合法性、神圣性和权威性，并且为下文的论述提供根据和准备。

圣叹接着说：“动摇有端，音斯作焉：夫林以风戛而籁若笙竽；泉以石碍而淙如钟鼓；春阳照空而花英乱发；秋凉荡阶而虫股切声……无情犹尚弗能自已，岂以人而无诗也哉？”果然是将诗德视为生命，而生命无所不在，无在不显：一有动摇，便有音声。我觉得，这里的“动摇”，约同于感发；这里的“音声”，包括所有生命反应，人类的诗歌自然是尤其甚者。

或许有人会说：诗歌是用文字写成的，当然应该产生于文字之后。圣叹接着说：

> 离乎文字之先，缘于怊怅之际。性与情为挹注，往与今为送迎。送者既渺不可追，迎者又欻焉善逝。于是而情之所注无尽，性之受挹为不穷矣。

若论诗歌的发生，其实跟“文字”没多大关系，但跟“性情”关系密切：只要你的“情”特别是那种感伤惆怅之情起来了，诗歌也就随之产生了，不过这种“情”还要与“性”相辅相成、平衡统一。由于人的生命是与古往今来相联系的，因而诗歌“性情”的交互活动也是生生不已、无穷无尽的。因而圣叹说：“其为状也，既结体以会妙，又散音以流妍。初吐心以烁幽，转附物而起耀。其坚也，洞乎金石；其轻也，比于丝篁；其远也，追乎鬼神；其近也，应于风雨……”既有无限的丰富性，又有无限的神秘性。“斯皆元化之所未尝陶钧，江山之所不及相助者也。”连造物主和大自然都还来不及施加作用，“盖是眉睫动而早成于内，喉咯转而毕写于外”，完全是生命本身的本能性反应，“彼岂又欲借挥洒于笔林，求润泽于墨江者哉？”根本不需要文字、笔墨之类。

这里最让我感兴趣的，是圣叹将“诗德”自然而巧妙地过渡到“性情”，等于是把诗德的所有地位、权威和性能都赋予了“性情”，于是自然而巧妙地过渡到“性情即诗”;正因为性情即诗，诗歌自然也就“先于”文字笔墨了。

我觉得，性情即诗，是金圣叹诗学的基本的、核心的观念，也是解读圣叹诗学的关键。他在给许庶庵的信中说:“昨读尊教，云‘诗在字前’，此只一语，而弟听之，真如海底龙吟，其声乃与元化合并，岂复章句小儿所得模量哉！感激！感激！弟因而思:苍帝造字，自是后天人工;若诗，乃更生天地。设使澒洞之初，竟复无诗，则是天地或久矣其已歇也。但今诗莫盛于唐，唐诗莫盛于律。世之儒者不察，猥云:唐律诗例必五字为句，或七字为句。八五则四十字，八七则五十六字。其意殆欲便认此四十字与五十六字为诗也者。殊不知，唐诗之字，固苍帝之字;若唐诗之诗，故苍帝已前、澒洞之初之诗也。或者又疑:唐诗气力何便遂至于此？则吾不知尊教所云字前之诗，又指何诗哉？弟比者实曾尽出有唐诸大家名家，反覆根切读之，见其为诗，悉不在字，悉复离字别有其诗。因而忽然发兴，意欲与之分解，或使后世之人不止见唐诗之字，而尽得见唐诗之诗，亦大快事！”[①]这正是其性情即诗思想的运用和体现。所谓“唐诗之字，固苍帝之字;若唐诗之诗，故苍帝已前、澒洞之初之诗也”，就是由诗歌先于文字理论而来;所谓唐诗“离字别有诗”以及“唐诗之字”与“唐诗之诗”的分别，即是就“性情”而言的。如果不了解圣叹的性情即诗观念，便会不知所云。

圣叹又在另一处说:“诗如何可限字句？诗者，人之心头忽然一声耳。不问妇人孺子，晨朝夜半，莫不有之。今有新生之孩，其目未之能

---

① 《鱼庭闻贯》之《与许庶庵之溥》。《金集》壹，第99-100页。按:《鱼庭闻贯》见该书第95-127页，下引不再详注。

眴也，其拳未之能舒也，而手支足屈，口中哑然。弟熟视之，此固诗也。天下未有不动于心而其口有声者也；天下未有已动于心而其口无声者也。动于心，声于口，谓之诗。故子夏曰：'在心为志，发言为诗。'故'志'之为字，从士从心，谓心之所之也；'诗'之为字，从言从之，为言之所之也。心之所之，谓之'志'焉；言之所之，斯有'诗'焉。故诗者，未有多于口中一声之外者也。唐之人撰律，而勒令天下人必就其五言八句，或七言八句，若果篇必八句，句必五言七言，斯岂又得称'诗'乎哉？弟固知唐律诗乃断断不出天下人人口中之一声。弟何以知之？弟与之分解而后知之。"[①]这也是性情即诗理念的运用和体现。圣叹以新生儿为例，意在强调性情的"自然"和"先天"，不可拘泥于新生儿的动作声音。

说明了这些，圣叹接下来的序文也就容易理解了：

> 苍帝未生，有绳无字。黄钟先鼓，展气应律。律之所应，讴吟遍野。于是卯角孺子，荷蓑笠而长谣；旧袖女儿，置懿筐而太息。太息之声，即是孔圣之所莫删；长谣之语，乃为卜氏之所伏读。固不待解绳而撰字，贯字以为文，夫而后托肺腑于音辞，树芳馨于文翰者也。

不仅诗歌无须等待文字而成，反而文字（包括音律）还须要适应诗歌。由于性情具有上述诗德那样的地位、权力和性能，连圣人孔子都不得删除（如"郑卫之音"之类），为"毛诗"作序的子夏（卜商）也必须拜读（如《硕人》之类）。于是，圣叹又自然而巧妙地把性情即诗的理念引向儒家诗教，意谓孔门和《诗经》，也是崇尚性情的。就连《诗经》的有章有句，也都缘于性情的自然生发，并非文人学士"雕撰"而成。

或许有人又要说：《诗三百》不是先师孔子"删定"的吗，怎么能说不是学士雕撰的呢？圣叹回答说："先师崛兴，众称大匠。虽由独秀，

---

① 《鱼庭闻贯》之《与许青屿之渐》。

实妙兼通。兼通者，先师之才；独秀者，先师之道。才非道，固无酝酿；道非才，亦难翱翔。此譬如大海必潜大龙，而亦不让鱼虾；大山必称大材，而亦旁罗莎薜者也。况其周流天涯，曾与万变徘徊；迨于退老故乡，复遭四时侵逼。因而随物宛转，既各得其本情；加之纵心往还，遂转莹其玄照。由是而手提劈岳之笔，笔濡溢海之墨，墨临云净之简，简作参天之书。”人本首出万物，孔子又一枝独秀，故能够贯通天地人，顺应天道，发挥才智，无所不在其关怀之中。至于删定《诗三百》，那只是孔子晚年退居故乡之作，他是在感应自然、顺随物性、体察人情的基础上，运用他那高超的才识，付诸他那如椽巨笔，完成了这部参天地、赞化育的不朽杰作。可见圣人也是非常尊重“性情”的，所以我们看到孔子删定的《诗经》“而亦曾不出于静女夭夭之桃花，征人依依之杨柳，黄鸟嘤嘤之小响，草虫趯趯之细材者，此固其所也”。

孔子对细小的动植物的性情都如此尊重，更不要说对人的性情了。所以，你看：(《诗经》中）诗篇往往分为几章，有的各章之间，往往仅换一个字，其余都一样，这是为什么呢？这是（圣人孔子）考虑到读者乍一吟唱时难免感情过于浓烈，换个字再唱，就会舒畅得多。有的几章之间，字句多少不定，甚至完全不同，这又是为什么呢？这都是出于情志抒发的需要：字句少了，不能尽兴；一种表达觉得不够畅快，就换另一种表达。还有几章之中，其他完全相同，只有一章独异的，这又是为什么呢？这是因为多种感情纠缠在一起，喷薄而出，难免有所偏颇，又要加以补救，结果还是锋芒毕露。还有几章之中，其他字句完全不同，只有最后一句相同的，这又是为什么呢？这是因音乐很多，大家又各有所爱；但最脍炙人口的，往往只在一句，大家便会反复吟唱……

所有这些，虽然原来的音乐和文字不是出自孔子之手，但都经过孔子心灵之光的照耀，就像那月亮因有阳光而皎洁，是洪钟自然声音巨大而悠远。更为重要的是，当时正值齐桓公九合诸侯一匡天下，鲍叔牙解说星弁勇于进谏的时代，因而孔子删定《诗三百》，不只是为了教导弟子、传播文采，还有深刻的政治蕴涵，可以辅助王政、教化天下。因而成为“六经”之一，为《离骚》、汉乐府而下的诗歌开创了传统。

这个传统从屈原、宋玉那里，既有继承，也有变化；到了汉魏时代，尚未断绝，例如枚乘、傅毅；建安时期，则有王粲、徐幹、应玚、刘祯等人；其后还有嵇康、阮籍的清峻遥深，左思、陆机的析文雕采……然而在我看来，古今文苑中虽然不乏龙凤之才，但是由于像西周文王、武王那样的文德政治一去不复返，《诗三百》那样的作者和作品也难得一见。就算也有佳作名著，但都没能得到圣人制礼作乐的真精神。陶渊明这样的写出《停云》诗篇的高才，只能算是"狂狷"而已；至于"玉树新声"之类，哪里还有"风雅"的影子？圣人的诗学传统丧失、断绝，实在是可惜、可叹又可悲！

圣叹的这些论述，涉及诗歌的起源、生成、本质、权力、地位、性能、内容、形式、功用、传统亦即流变等系列问题，显然是圣叹长期阅读和思考的结果，而非一时的即兴之词。显然，圣叹的诗学是以儒家特别是"毛诗"的诗学精神为主导的，又融入了道家和佛家的性情思想，当然儒家也是很注重性情的。不过，圣叹所说的性情，其实质主要在于"自然"。因此圣叹的诗学，其实是由自然引向人世的内在线索，正是由于这样，圣叹的诗学是自然性情和社会功用浑然并重的，从而保证了诗歌既忠实于生命自身的自然呈现，又有强烈的现实关怀，显得既生动活泼又充实有容。这在他所选评的唐人七律中有着充分的体现，圣叹自己的诗作，也有这样的特质。

说明了这些，就比较容易理解圣叹对唐诗的评论了。他说：

> 天不丧文，聿挺大唐；戕斧乍息，人文随变：圣情则入乎风云，天鉴则比乎日月，帝心则周乎神变，王度则合乎规矩。于是乘去圣之未远，依名山之多才，酌"六经"之至中，制一代之妙格。

在圣叹看来，唐代的律诗堪称"完美"，这是因为它直接承续了周孔的文学传统，而且更加完善。将圣人之德、天地之道、帝王心志、国家法度统一起来，充分发挥文人的性情才智，本着"六经"的精神原则，然后加以制度化、法律化，特别是成为国家取士的法定诗体——“律诗”就是这样产生的。

为什么唐人律诗在句式上只有五言或七言呢？这是因为，少于五言，就过于急促；多余七言，又过于缓慢，都不利于情志的抒发。为何体法上有起、承、转、收呢？这样可以让诗人的情思来若威凤，光彩照人；去如祥麟，无迹可寻。

由于律诗的完美，也由于律诗的制度化、法律化，在唐代，上自朝廷，下至州县；内连宫闱，外涉关河；乃至山间乡里、江湖寺院，男女老幼，到处都是能诗之人，遂为一代之盛，远在《诗三百》之上。

为什么说唐人律诗比《诗三百》更“完美”呢？圣叹答道：

> 夫诗之为言，“诎”也，谓言之所之也；诗之为物，“志”也，谓心之所之也。心之所之，必于“无邪”，此孔子之法也。心之所之必于无邪，而言之所之不必其皆无邪，此则《郑》《卫》不能全删，为孔子之戚也。今也一敬遵孔子之法，又乘之以一日之权，而使心之所之必于无邪，言之所之亦必于无邪，然则唐之律诗，其真为《三百》之所未尝有也。

圣叹把“诗”分为“言”与“物”两个部分，从“言”的意义上说，只是言之所之，亦即把想说的话说出来；从“物”的意义上说，则是心之所之，亦即把内在的情志表达出来。孔子说“思无邪”，是说心之所之必须无邪，但并没有说言之所之，也必须无邪啊！正因为此，孔子不得不保留“郑卫之音”，但他内心仍深怀遗憾和忧虑！而唐代的君主，既敬奉孔子的诗教，又运用现实的权威，使得律诗不仅心之所之无邪，而且言之所之也达到了无邪。这是《诗三百》所没有，圣人都做不到的啊！

这种“完美”是前所未有的，其意义也是前所未有的。圣叹说：

> 夫圣者，天之所命以斟酌群言也；王者，天之所命以总一众动也。圣人之事，王者必不能代；王者之事，圣人必不

敢尸。然而孔子之时，世无王者，则孔子固于斟酌群言之暇，亦既总一众动矣。如哀周东迁，而奋作《春秋》是也。大唐之时，世无孔子，则大唐固于总一众动之便，亦遂斟酌群言矣。如惩隋浮艳，而特造律体是也。固夫唐之律诗，非独一时之佳构也，是固千圣之绝唱也，吐言尽意之金科也，观文成化之玉牒也。

在圣叹看来，“圣人”和“王者”本来是有分工的：前者“斟酌群言”，后者“总一众动”，但二者都是秉承天命。用现在的话说，圣人的使命是搞好精神世界，君王的职责是搞好现实社会，但都要遵循上天的旨意。二者不能相互替代，更不能相互侵夺，而应该相互统一。但孔子是个例外，他也是不得已，因为当时没有真正的“王者”，孔子只能既斟酌群言，又总一众动。而到大唐之时，没有孔子，所以大唐（统治者及诗人）便集总一众动和斟酌群言于一身了。如此说来，唐代的律诗，不仅是最佳的诗体，还是无数“圣人”的绝唱！既是（臣民）表情言志的典范，也是（君王）观文化成的策府！

所以圣叹接着说：为什么唐律必须是八句呢？这是为了既结构严密又表达舒畅；又为何不得超过八句呢？这是为了防止其散漫冗长。那么为何前四句自成部分（前解）呢？因为这是性情自然展开成文：一、二两句，就像是春来河开；三、四两句，如同盛夏大水。为何后四句也自成部分（后解）呢？因为这是诗文的必然归宿：五、六两句，就像是入秋转凉；七、八两句，如同严冬冰封。

如此“完美”的唐诗，当然也有着非常全面的功能：

故后之人，如欲豫悦以舒气，此可以当歌矣；如欲怆怏以疏悲，此可以当书矣；如欲婉曲以陈谏，此可以当讽矣；如欲揄扬以致美，此可以当颂矣；如欲辨雕以写物，此可以当赋矣；如欲折衷以谈道，此可以当经矣。

反过来说：唐人的律诗，当歌，可以抒发怀抱而获得愉悦；当书，可以宣泄悲伤而排遣凄怆；当讽，可以委婉曲折地向君主进谏；当颂，可以通过赞美而给君主以激励；当赋，可以绘声绘色描写事物；当经，可以心平气和地讨论大道。总之，唐人的律诗无所不能、无所不适。

读者不禁要问：唐人律诗为什么会有如此高超的效能？圣叹的结论是：

《三百》犹先为诗而后就删，唐律乃先就删而后为诗者也。

《诗经》确是先有诗，然后才由圣人删定的；而唐人律诗，圣叹认为是先删定，然后才作成诗的。也就是说，唐律的作者都是“圣人”，或者说唐律都是按照圣人的“诗学”而制作出来的，因而比《诗三百》还要完美。

这就是金圣叹诗学的概况和要义。陶然说到这里，长长地吁了一口气。

陶然姐说得真好！石萌说：圣叹的这篇序文，我先前看了好几遍，感觉很精彩，可就是抓不住要害。现在我明白了，其实金圣叹说唐人七律是“完美”的，表明他心目中理想的诗歌是“完美”的，因此可以称圣叹的诗学为“完美诗学”。

好！李大白响应道：“完美诗学”，这个概括非常棒！其实圣叹所说的“完美”，是通过诗人的心灵，将自然性情和社会功用兼容起来，以美妙的形式表现出来，从而实现人性完善和天下化成。因此他的“完美”思想，不仅关乎唐诗，关乎诗歌，而且关乎人生社会、天下后世的全体。因此也可以说是圣叹全部“学术”的精髓。

这个概括也很好！柳新雨说：我看到不少人仅仅根据圣叹的“分解”，就断定圣叹（评点唐人律诗）是形式主义。我觉得，这种认识不仅没能理解圣叹的学术，也没能理解圣叹的诗学，甚至也没能理解圣叹的“分解”。其实圣叹说得很清楚，分解主要不是从形式上着眼，而是循着诗人性情抒发和旨趣实现的自然进程，就像庖丁解牛，看上去是从牛体结构下刀，其实是“以神遇而不以目视”，连牛都不用看。圣叹是以自己的“神”与诗人的“神”相遇合，从而将其“昭雪”出来。

唔，越说越有意思了！田老师说：大家有没有发现，金圣叹在这里所说的“斟酌群言”“总一众动”，与他以前（在《金评水浒》序中）所说的“同民心而出治道”，是不是很相似啊？

众人纷纷点头。

田老师说：二者虽然表述不同，但精神和实质是一样的：斟酌群言就是为了同民心，出治道就是为了总一众动。从这一点上说，圣叹分解唐律，其实是其早年评点《水浒传》思想意志的再现和重申；也可以说，他的这种理想追求一直没有放弃。虽然中间有过低落、消沉乃至绝望，但没有泯灭；到了晚年——其实是生命的最后一年，反而更加强烈、更鲜明地绽放出来。

范启明说：是的。如果考虑到前面所说的现实背景，就会理解：圣叹的斟酌群言、总一众动，表面上是就唐人律诗而言的，实际上是有特定对象的——主要是顺治皇帝。换言之，圣叹是在向当时的统治者说话，希望他们效法唐人律诗，斟酌群言，让人人得以尽性尽情；总一众动，让天下实现人文化成——实即天下太平。当然，圣叹更期待的，是得到统治者的赏识和任用，亲自实践自己的学说。也就是集“圣人”和“王者”于一身，像孔子那样。

真是够“狂妄”的！柳新雨说：我觉得，圣叹评点唐人七律，好像是“回光返照”。太阳落山的时候，由于光线的反射，天空会出现短暂的明亮。人在将死的时候，也会有短暂的清醒或亢奋。我觉得，金圣叹评点唐律，不只是他理想追求的再次显现，更是他生命之光的最后闪耀。

哎呀！石萌惊讶道：真的很像啊！圣叹评完唐律不久，就被清廷杀害了。真是太不可思议了！难道冥冥之中……

柳新雨提醒道：这只是个比喻，是指圣叹的“精神”，跟他的死没有关系。

也不能说完全没有关系吧。李大白说：圣叹是由于“都门喜讯”而亢奋起来的，这激发他拼了老命评点唐律；而评点唐律，又进一步激发他的妄想和信心，使他有些“得意忘形”，参与了哭庙活动，最后被杀害。甚至我想，就算后来没有“哭庙案”这回事儿，圣叹的身心也会因评点唐律而交瘁不堪，还能支撑多久?

覃慧敏说：是啊！圣叹本来就是大病初起，又连续奋战半年。要知道，圣叹评书是非常投入的，特别是评点唐律，除了有“都门喜讯”这个特殊刺激外，圣叹自己也是把此书当作平生诗学和学术的总结来展示的，所以更加用心，真正是全力以赴。还有一点值得注意的是，这六百首唐人七律，出自一百四十五位作者之手，刚才说到，圣叹分解唐律，是与这些作者进行“神”的遇合，其实就是心灵上的会通。因而圣叹在评点时，经常进行角色“转换”和情境“穿越”，将自己变成唐诗作者，去体验他们的心路历程，并且用他们的口吻说话。以至我在阅读时，经常分不清楚哪是唐人的，哪是圣叹的。这样做固然更加亲切、到位，也便于“借古讽今”，但是每一次经历，都是一次心灵折磨。就像是好的演员，身心内外完全进入角色，化为一体，变角色的喜怒哀乐为自己的喜怒哀乐。这是最需要生命热情的，也是最消耗生命能量的。圣叹评点《水浒传》时，有“文成于难”之说，认为才子为文必然是“心绝气尽，面犹死人”。圣叹一个人化身这么多唐代才子，不知道要“心绝气尽，面犹死人”多少回！我想，离真正的死亡，也不会很远了。

这可以从圣叹的《庚子秋感》诗中得到证实。此诗写道：

> 已阑未阑长短更，小窗月昏还月明。
> 听梧似飘一二叶，闻雁何堪三两声。
> 乱世黄泉应有路，愁人孤枕总无情。
> 起来搔首忽长叹，一院霜华太瘦生。①

从“听梧似飘一二叶，闻雁何堪三两声”可知此诗写于初秋，其时圣叹刚完成唐人七律的分解。我读到这两句，就会不由得想起杜甫的

① 《诗选》第137页。

"听猿实下三声泪，奉使虚随八月槎"的诗句。这两句出自杜诗《秋兴八首》之二，说的是诗人只身在夔州孤城上，翘首遥望都城长安，为北方的战乱、国家的残破、苍生的艰难而焦忧，也为自己不能身在朝廷、有所作为而痛苦。此时听到凄婉的猿啼，不禁老泪纵横，彻夜难眠……我以为圣叹此诗应是暗用杜诗的意境，隐约透露出"都门喜讯"不过是一场空欢喜，至今没有进一步消息，他的热望像划着的火柴，虽然炫目耀眼，但瞬间便归于熄灭。于是圣叹陷入更深的悲凉与绝望——这次看来是彻底绝望了，他甚至闻到了死亡的气息……

师妹真是眼尖心细！庄言说：如果不结合杜诗，确实很难看出其中"怅望京华"的深意。这也说明圣叹此时似乎还没有彻底绝望，真正彻底的绝望，是在来年，更具体些说，是在顺治十八年（辛丑）的二月。

这一年的正月七日，圣叹的亲家韩俊，带着两坛酒来看望圣叹，又因金氏父子评点的唐人七律刚印出来，韩俊也想先睹为快，并向他们道贺，毕竟这也是女婿金雍（参与）的第一部著作。韩俊还把自己的两个儿子带来了，可巧，圣叹的两个女婿也到了。那天圣叹喝得"烂醉"，醉后写诗说："亭下垂怜白未玄，床头割爱圣兼贤。五星恰聚黄昏后，三雅横飞红烛前。范叔一寒方至此，陶公冥报正茫然。抱琴明日君来否，烂醉如今我欲眠。"[①]这首诗我们以前谈到过，这里就不细说了。圣叹为什么会喝得烂醉呢？新年恰逢喜事，来的又都是最亲近的人，当然是其原因；但从诗中可以看出，圣叹既感激韩俊的深厚情谊，又惭愧自己的彻骨贫寒；既想到决然隐居的陶渊明，又想到终于发迹的"范叔"；看着新出版的著作，听着大家的赞美，圣叹心中不免五味杂陈，又想入非非：或许很快就会出人头地、一雪前耻了……显然，"都门喜讯"所造成的心理效应，至今还在，圣叹对顺治皇帝仍存有幻想。

可是，身处苏州的圣叹哪里知道，就在他烂醉如泥的时候，千里之外的都门，顺治皇帝已经一命呜呼了！直到二月初一，官方的正式消息

---

① 《人日孙鹤携酒过看予新选唐人律诗，率其二子来，予二婿亦适至》。《诗选》第112 — 113页。

（哀诏）才到达苏州。这如同晴天霹雳，彻底震醒了圣叹，也彻底击碎了他的梦幻。他的《辛丑春感》写道：

入春春望转萧条，龙卧春寒不自聊。
正怨灵修能浩荡，忽传虞舜撤《箫韶》。
凌云更望何人读，封禅无如连夜烧。
白发满头吾甚矣，还余几日作渔樵。[①]

春望本应是满眼希望的，但圣叹看到的却是萧条；又赶上“春寒”，让他这条“卧龙”实在不堪忍受。更严重的打击是：“正怨灵修能浩荡，忽传虞舜撤《箫韶》。”灵修浩荡，是化用屈原《离骚》“怨灵修之浩荡兮，终不察夫民心”的典故，意思是说（圣叹）正在暗中怪怨顺治皇帝的“荒唐”，没把圣叹当回事，迟迟不见召任；突然就传来“虞舜撤《箫韶》”的噩耗。传说《箫韶》是舜帝的乐曲名称，“撤”《箫韶》，意味着舜帝连同他的美好时代都一去不复返。圣叹化用这个典故，无疑是暗示顺治皇帝的驾崩。“凌云”“封禅”都是指司马相如的作品，圣叹用来代指自己的著作。“更望何人读”，看来圣叹直到现在还是深信顺治皇帝读过自己的著作，而且是“知音”，可是“都门喜讯”这个泡影也随着顺治的驾崩而完全破灭。“无如连夜烧”，是说自己的著作从此成为废纸，亦即自己不再会有被任用的机会。最后想到自己的“白发满头”，想到自己的体弱多病，预感到自己为日不多了。

圣叹不幸言中，他“作渔樵”的日子确实不多了。二月四日，就爆发了苏州秀才“哭庙”事件，圣叹很快被逮捕入狱，惨遭杀害……这是后话。

所以我认为，顺治皇帝之死，才是压倒圣叹的最后一根“稻草”——不，这哪是稻草啊，简直就是千钧大棒！把圣叹的所有“妄想”打得粉碎！到了这时，圣叹的心才算死定！

---

① 《诗选》第123页。

算起来，圣叹的这一波“回光返照”，前后持续有一年多……

庄言停下来，众人沉默无语。

寺里的钟又响起来。

阿弥陀佛！方丈说：妄而不妄，不妄犹妄。粉碎就是放下，心死即为解脱。岂不善哉！不过，所谓按下葫芦浮起了瓢，圣叹这边放下，那边又起；此心才死，彼心又生。你看，他的功名妄想刚刚破灭，立刻又憧憬着“渔樵”生活了，其实渔樵也是一种妄念，甚至“贪生”也是一种妄念……

# 第八章

# 贪官做成血腥案 秀才魂断江宁城

田老师等人谈兴正浓，忽听钟声响起，方丈说是午斋的时间到了，去用完斋回来接着谈吧。

田老师说：我们去望湖楼吧！一来我们师生也算是小别重逢，二来我顺便下山，这三来嘛，田老师朝范启明微笑说：这些日子在寺里吃斋茹素，确实淡得慌啊，去改善改善。

方丈道声阿弥陀佛，便起身随着大家，一起出了寺院，朝望湖楼走来。

望湖楼就在清风亭旁边不远的山坡上，依山面湖，当初取这个名字，想必是可以看到镜仙湖的；现在早已被花木所笼罩，坐在楼里，完全看不到湖面，只能在心里“望湖”了。但很多人还是愿意来这里，感觉好像仍能望见湖面。另外，这里环境幽雅，服务周到，尤其是对读书人比较热情，因此南安大学的师生很喜欢到这里来。

田老师一行刚进酒楼，就被大堂的领班认出来，热情地打着招呼，引到露台上的一个大圆桌旁。众人坐定，便有服务生送来茶水，还有开胃小点心。领班跟方丈也很熟，一脸虔诚地问这问那。不一会儿，菜饭酒水陆续上来，当然还有专为方丈预备的素斋。

还真有点馋酒了。范启明兴致很高，连着和田老师及学生们喝了几杯，便有些微醺。感叹道：古人云：民以食为天，士以酒为命……

田老师笑道：后一句是哪个古人说的？

大家都笑了。

古者，故也，事之所以然也。我知其故，便是古人！范启明道：况且，士为知己者死，而知己者，莫若酒也！

方丈笑道说：强词夺理，倒也说得通。

人生得一知己，足矣！有酒有食，夫复何求？范启明接着说：当然了，这话对你们年轻人来说，早了点儿，但早知道比晚知道好，早知早受益啊！想那金圣叹，若是早作“渔樵”去，就不会有如许痛苦！更不会有如此下场！都是那几本“圣贤书”闹的！

才喝几杯就醉话了？田老师说：要是没有那几本“圣贤书”，恐怕也不会有“渔樵”之说了。

此话怎讲？有学生问。

田老师说：你想啊，一个土生土长的渔夫或山民，会说自己过的是“渔樵”生活吗？当然不会，更不会觉得它很“美好”而无限向往。相反，渔民和山民大都向往城里的生活，渴望早日离开那里。所以啊，文人笔下的“渔樵”，是被“文化”了的，乃至“美化”了的，而这文化、美化，都与那几本“圣贤书”有关。

阿弥陀佛！方丈说：读圣贤书的人，就是文人，文人是要进入社会追求建功立业、垂名不朽的。所以文人赞美或向往“渔樵”生活，不过是这种追求的另一种表达而已。很少有人能够真正去过渔樵生活，即使身在渔樵，心也未必在湖山之间啊！

噢，怪不得法师说金圣叹的“渔樵”也是妄念。石萌若有所悟。

李大白说：这就意味着金圣叹其实从来没有真正断绝“妄想”。

庄言说：老师说得对，实际上，金圣叹不仅没有去做“渔樵”，也没有真正淡定下来，而且很快就参与了“哭庙”活动。所谓“很快”，大约就在他说“还余几日作渔樵”的三四日之内。顺治十八年二月初一，顺治皇帝的哀诏到达苏州，圣叹获悉后作《辛丑春感》；二月初四日，就爆发了“哭庙”活动。这次活动后来被附会成“哭庙案”，金圣叹等人因此惨遭杀害。

对于如此重大的事件，读者乃至学界一直缺乏清晰认识，这主要是由于没能处理好“哭庙”与“哭庙案”的关系。我认为，应该先把“哭庙”与“哭庙案”分别开来。关于这一事件的文献材料，主要有顾予咸的《雅园居士自叙》、无名氏的《辛丑纪闻》《哭庙纪略》以及顾公燮的《哭庙异闻》等。尤其是后者，学者认为是“近百年来学界发现的哭庙记闻又一新史料”。特别是其中关于“金圣叹，名人瑞，庠姓张，字若采，原名采。为人倜傥不群，少补长邑诸生，以岁试之文怪诞，黜革。次年科试，顶‘张人瑞’就童子试，拔第一，补入吴庠”的记载，“使得长期以来‘庠姓张’或‘庠生姓张’又‘顶金人瑞名就试’的扞格抵牾，一朝得到了化解”[①]。不过，我还是觉得这篇“异闻”仍有一定的“传闻”和“好奇”色彩。如其中说:“国初有三妖:金圣叹，儒妖;三折和尚，僧妖; 王子嘉，戏妖。三人俱不得其死。”[②]就不是严谨的史家之笔。还有刚才那段关于金圣叹的“小传”，我们以前讨论过，金圣叹八岁就离开家乡长洲，怎么可能“少补长邑诸生”呢？又说圣叹“字若采”，显然也是有误的。所以我对金圣叹姓“张”或“顶张人瑞名就试”等说法，是有所怀疑的。作者既然说是“异闻”，似乎也是有意区别于“正闻”，因此不可作为严谨的史料看待。比较而言，我还是觉得《辛丑纪闻》更可靠些，以下叙述和讨论，就《辛丑纪闻》为主(没有特别注明的引文，都出自这里)。

首先要说明的是，“哭庙”与“哭庙案”既相联系，又不完全是一回事儿。大体而言，“哭庙”是民间活动，“哭庙案”是官府活动。“哭庙”是群众的自发行为，“哭庙案”是官府的有意制造。二者差异既大又多，下面会说到。

刚才说了，“哭庙”活动，发生于顺治十八年(1661)的二月四日。

---

① 《金圣叹史实研究》第 37 页。

② 《汇编》第 83 页。

之所以会发生，还要追溯到两个关键人物身上：一个是朱国治。别看他名字叫“国治”，实际上是个祸国殃民的大贪官，但《清史稿》却把他编入《忠义传》[①]，是一个死心塌地效忠清廷的汉官，在不长的时间，便由一个知县爬至大理寺卿，进而出任江宁巡抚，足见清廷对他的信任和倚重，其“政绩”和“忠诚”可想而知。任江宁巡抚期间，有两大“贡献”：一是献计对付郑成功的进攻，句句切中要害，可谓阴险毒辣，制造了有名的“通海案”，大致情况前面已经谈到；一是献计对付江南士绅的“抗粮”，搜刮无度，人送外号“朱白地”，制造了有名的江南“奏销案”。《哭庙异闻》载：“顺治十六年，江苏巡抚朱国治莅任，苏郡大荒，混名‘朱白地’。凡绅衿欠粮者，无论多寡，一概奏请褫革，名曰‘奏销’。绅士继黜籍者万余人，被逮者亦三千人。锒铛桎梏，徒步赤日黄尘中。旋奉有‘免解来京’之旨，如汤火中一尺甘露雨也。富人往往以田为累，委契于路，伺行人拾取，遽呼之曰：‘田已属尔，我无与矣。’”[②]与《清史稿》所载大体一致。

《哭庙异闻》从叙述朱国治及“奏销案”开始，是很有见地的，因为这与“哭庙案”有直接关系，当然“哭庙案”的造成原因尚不止于此。明清史研究家孟森说：“朱国治抚吴在顺治十六年冬，承郑延平兵入沿江列郡之后，意所不慊，可以‘逆案’为名，任情荼毒。当时横暴之举，不始于‘奏销’；前此有‘哭庙’之案，起于苛征，而终则附会‘逆案’，杀苏州士子多人，金人瑞即以此罹法。”孟森还说到：“国治为‘奏销案’之主动……整理赋税，原属官吏职权，特当时已故明海上之师，积怒于南方人心之未尽帖服，假大狱以示威，又牵连逆案以成狱。”[③]眼光深刻独到。确实，“逆案”才是最终造成“哭庙案”的根本原因，但这是另一个话题，回头再说。

《东华录》记载：

---

① 《清史稿》卷四百八十八《忠义传》二，第13473页。中华书局点校本1977年版。

② 《汇编》第75–76页。

③ 孟森《明清史论著丛刊》之《奏销案》，第434页。中华书局1959年版。

顺治十八年辛丑正月初七日丁巳，世祖晏驾。是月二十九日己卯，谕吏部、户部：

钱粮系军国急需，经管大小各官须加意督催，按期完解，乃为称职。近览章奏，见直隶各省钱粮，拖欠甚多，完解甚少。或系前官积逋，贻累后官；或系官役侵那，借口民欠。向来拖欠钱粮，有司则参罚停升，知府以上，虽有拖欠钱粮未完，仍得升转，以致上官不肯尽力督催，有司怠于征比，枝梧推诿，完解愆期。今后经管钱粮各官，不论大小，凡有拖欠参罚，俱一体停其升转，必待钱粮完解无欠，方许题请开复升转。尔等即会同各部寺酌立年限，勒令完解。如限内拖欠钱粮不完，或应革职，或应降级处分，确议具奏。如将经管钱粮未完之官升转者，拖欠官并该部俱治以作弊之罪。

三月庚戌朔，定直隶各省巡抚以下州县以上征催钱粮未完分数处分例。[①]

孟森说："此即当时之所谓'新令'，海内所痛心疾首者也。凡入奏销案者，固谓之'絓新令'，即辛丑'奏销'以后，官吏之追呼，士绅之戮辱，亦无不以新令为陷阱。"[②]这个"新令"距离顺治皇帝之死仅二十多天，当然是以康熙皇帝的名义发布的，实际上应是在接到朱国治关于"奏销"的上疏之后制定的，朱国治有"首创"之功。这个"新令"极其严厉，直接向各级官吏强行施压，并以停升、降级、革职等为处罚。既是他们的"紧箍咒"，也是他们的"尚方宝剑"，其共同作用，将天下士绅百姓进一步推向苦难深渊，江南尤其是受害最为深重的地区。

实际上，朱国治的"奏销"，正是激起"哭庙"活动的主要原因。《三冈识略》记载：

---

① 蒋良骐《东华录》，转引自孟森《明清史论著丛刊》之《奏销案》，第434–435页。
② 《明清史论著丛刊》之《奏销案》，第435页。

> 江南赋役，百倍他省，而苏、松尤重。迩来役外之征，有兑役、里役、该年、催办、捆头等名；杂派有钻夫、水夫、牛税、马豆、马草、大树、钉、麻、油、铁、箭竹、铅弹、火药、造仓等项；又有黄册、人丁、三捆、军田、壮丁、逃兵等册。大约旧赋未清，新饷已近，积逋常数十万。时司农告匮，始十年并征，民力已竭，而逋欠如故。巡抚朱国治强愎自用，造欠册达部，悉列江南绅衿一万三千余人，号曰“抗粮”。既而尽行褫革，发本处枷责，鞭扑纷纷，衣冠扫地。如某探花欠一钱，亦被黜，民间有“探花不值一文钱”之谣。夫士大夫自宜急公，乃轩冕与杂犯同科，千金与一毫等罚，仕籍、学校，为之一空。至贪吏蠹胥，侵役多至千万，反置不问。吁，过矣！①

据此可知，当时苏州、松江一带的士绅百姓，早已达到了忍无可忍的极限，处于一触即发的临界点，而直接点着这个炸药包的，则是另一个贪酷官吏任维初。

任维初是山西人，由贡生授官学谕，顺治十七年（1660）十二月初一，升任吴县县令。据载：任维初一上任，就想来个“下马威”。他坐着轿子去拜见郡守余公，来到余府门口，随从请他下轿步入，他很不耐烦地说：“他是官，我也是官，为何要步入？”坚持乘轿进入。随从哪见过这样的做派，无不惊惧，下跪说：“打死也不敢抬轿进去。”余公倒是雅量，还是接待了他，事后对人说：“看来这位又是一个呆子，完全不懂官场规矩。”但是司理高公就没有这么好的脾气了，见任维初乘轿而入，不禁大怒，拒不接见。

任维初恼羞成怒，回到县衙，命人准备数十条大竹片，用粪尿浸泡着，发狠说：“朝廷法令森严，当务之急是催缴钱粮，老子的前途富贵，

① 董含《三冈识略》卷四《江南奏销之祸》。转引自孟森《明清史论著丛刊》之《奏销案》，第436页。

都在这上头了。明天起，凡是拖欠钱粮的，每日追究一次，不再以三、六、九为期。”

初二晚上（一说中午），就开堂追究，凡欠金银的，不论是多少，一律重打三十竹杖；衙役用刑稍不用力，也要吃三十杖。有人喊痛，任维初就令衙役掐住其脖子，不许出声。所有受到责罚的人，都鲜血淋漓，不能站立，只能爬出县衙。后来还有人被活活打死。于是全城士民，无不胆战心惊。

大约是顺治十八年（1661）的正月中旬，任维初私自进入官仓常平仓，按照每石七点三的比例，偷出三千石粮食，令总管吴行之（又作吴之行）暗中兑换成银子；缺少的部分，则让各户分摊补足。常言道：纸里包不住火，如此监守自盗，怎能瞒过人？本来已经被剥夺殆尽的苏州士民，又经受血腥的肉体摧残，加上对于贪官污吏的憎恨和义愤，再也不能忍受下去了，于是决定举行“哭庙”。

“哭庙”，顾予咸解释说：“吴中故习，诸生事不得直，即作《卷堂文》，以儒冠裂之夫子庙廷，名曰‘哭庙’。”[①]顾予咸是苏州人，又是“哭庙案”的受害人之一，他的解释当是可信的。据此可知，“哭庙”作为一项特殊活动，在苏州一带由来已久。所谓“特殊”，首先是“哭庙”的活动主体，主要是“诸生”——县（府）学的学生，亦即“秀才”，他们是县（府）政治下的文化精英，既有一定的特权待遇，如受到尊重和礼遇，见知县不用下跪，不会被（县上）随意用刑，享受一定的廪饩（膳食津贴之类），免除赋税徭役；又有一定的责任义务，如关心当地事务和公益，维护地方风化等。其次是“哭庙”的缘由，主要是“事不得直”，亦即蒙受较为严重的委屈、冤苦的时候。最后是“哭庙”的主要“节目”：先作好“卷堂文”，然后参与活动的诸生穿着正规的儒生衣冠，来到“夫子庙廷”亦即文庙的庭院或大殿里，然后“裂之”，即将卷堂文撕碎（也可能焚烧）。我想所“裂之”的应该是“副本”，在“裂之”之前，还应该有跪拜（圣贤）、宣读、演说之类；而“裂之”之后，

---

① 《雅园居士自叙》。《汇编》第83页。

也应有向有关方面负责人陈词、申诉、递交卷堂文（正本）之类。总之实际活动应该比顾予咸说的更加复杂、全面一些，而且不一定真的“哭”出来。

至于这次“哭庙”活动，显然是有所谋划的。从诸家记载多用“倪用宾等”的表述来看，倪用宾应是这次“哭庙”的主要发起人和负责人，说明他们是有组织、有领导的。

“哭庙”的时间定在二月初四，也是特意的选择，因为这天正是各级官员为顺治皇帝“哭临”的最后一天。按照朝廷的规定，各级官员在接到顺治皇帝的哀诏（死讯）后，都要举行哭临三日，苏州府也设立灵堂，供官员哭临。初四这一天，“抚臣朱国治、按臣张凤起、道臣王纪及府县官、郡臣、缙绅、孝廉等，清晨咸在”①。“按臣”即按察使；“道臣”即苏松兵备道长官。从通常情理上说，正是申诉冤屈、揭露贪官的难得良机。

参与“哭庙”的诸生，分工也很明确：“薛尔张作文，丁紫洄于教授处请钥，启文庙门，哭泣。”薛尔张所作的“文”，应该就是“卷堂文”之类，想必事先已经作好。“教授”是指苏州府学教授程翼仓（名邑），江宁人，壬辰进士，先入翰林院为庶吉士，后出任苏州府学教授，兢兢业业，很受诸生爱戴。丁紫洄能够顺利拿到钥匙，想必也是事先商量好了的。“哭泣”，看来这次是真的哭了，因为秀才们不仅被剥夺了尊严、特权、待遇、钱粮等等，还饱受羞辱和摧残，私底下不知哭过多少回了，这次终于有机会公开大哭一场了。

这次“哭庙”的规模很大，动静也不小：“诸生拥至者百有余人，鸣钟击鼓，旋至府堂，乘抚、按在时，跪进揭帖。时随至者复有千余人，号呼而来，欲逐任令。”须要提醒的是，这里所记其实是两个阶段的事情：先是一百多个秀才蜂拥到文庙，除了按惯例宣读、撕裂卷堂文之外，还鸣钟击鼓；随后又蜂拥到“府堂”，亦即众官的哭临地点，向巡抚朱国治和按臣张凤起跪进“揭帖”，亦即揭发检举文书，想必是事

① 《辛丑纪闻》。《汇编》第65页。按：以下引《辛丑纪闻》均见本书第65–75页，不再注出。

先准备好的。而“时随至者复有千余人”，当是诸生以外的士绅和民众，估计他们中，有的人事先知情，有的人参与了谋划，有的人接受了诸生的动员，有的人则是临时加入，还有一部分人是来看热闹的。他们“呼号而来”，或哭喊，或助威，或造势，当然也有跟着喝好起哄的。他们都有一个明确要求，就是驱逐县令任维初。

朱国治看到这样的阵势，不禁大为惊骇，立刻厉声呵斥，并命令卫兵抓捕带头“闹事”的诸生。诸生及民众也不禁惊骇，赶紧作鸟兽散。当场被抓的共十一人，他们是倪用宾、沈玥、顾伟业、张韩、来献琪、丁观生、朱时若、朱章培、周江、徐玠、叶琪；同时任维初也被抓起来，与十一人一起，押往道臣王纪处审问。

这就是诸生“哭庙”的大致过程，其中包括“文庙哭泣”和“府堂递揭”两个环节，也可以说是两项内容；而后一个环节和内容，参与者不止是诸生，还有其他士绅和民众。

不过，《辛丑纪闻》于此后还有“时教授程邑参任维初六案，金圣叹因有《十弗见》之笑焉”的记载；《哭庙异闻》则记为：“金圣叹有《十弗见》之笑焉，教授程公参任六款。”①而《哭庙纪略》只说“当是时，府教授程公翼仓参任维初六案”②，没有提及金圣叹及其《十弗见》，也没有交待具体时间。（乾隆）《苏州府志》却记为：“次日，生员金人瑞、丁澜等哭府学文庙，教授程邑申报六案。”③而《研堂见闻杂记》又说：“诸生有金圣叹者，有逸才……是变，为《哭庙文》。”④

这涉及金圣叹在“哭庙”活动中的角色和作用问题，稍后再说，这里仅就“哭庙”过程而言，如果（乾隆）《苏州府志》所记属实，那么就应该是两次“哭庙”，一次是倪用宾为首的二月四日的“哭庙”，一次

---

① 《哭庙异闻》。《汇编》第77页。按：以下引《哭庙异闻》均见本书第75–83页，不再注出。

② 《哭庙纪略》（《痛史》第二种），第2页。商务印书馆辛亥（1911）年十月初版。按：以下引《哭庙纪略》均见此本，不再注出。

③ 雅尔哈善、傅椿《（乾隆）苏州府志》。《汇编》第89页。

④ 王家桢《研堂见闻杂录》。《汇编》第88页。

是金圣叹为首的二月五日的“哭庙”。

现在来说“哭庙案”。如果“哭庙”是诸生的立场和视角的话，那么“哭庙案”则是官方（朱国治为代表）的立场和视角，包括从立案到破案直到结案的整个过程，大致可分四个阶段。

第一阶段：现场抓捕。实际上，从朱国治于府堂命令抓捕倪用宾等人起，“哭庙案”就已经开始了，只是当时的定性和走向还不是十分明确而已。刚才提到，倪用宾等十一名诸生以及县令任维初，起初是一并交由道臣王纪“研审”。我认为“研审”这个词用得很恰当，因为当时只是准备调查情况，还没有把原告或被告当作罪犯，对二者是一视同仁的，甚至被告任维初略处劣势，更倾向于有罪。

第二阶段：道臣研审。此时虽然有些“办案”的意思，但还不是严格的案件。先提审吴行之（一作吴之行）。

道臣问：“有人揭发你粜粮（私卖官粮），是怎么回事儿？”

吴行之立刻招供说：“都是本官（县令任维初）让我干的，与书办（吴行之）无涉。前后共卖出四百石，得银三百二十两，都送与本官了。只此是实。”

然后审问任维初。

道臣问：“何故粜粮？”

维初招供说：“犯官到县止二月，无从得银，而抚宪（朱国治）索贿甚急，故不得已，只好粜粮。”

然后道臣又问倪用宾等十一名诸生因何“哭庙”？十一人都极言县令任维初贪婪残酷。

事情已经查明，主犯已经认罪，按照通常的情理，这次“突发事件”到此就可以结束了，下边只要对任维初、吴行之作一些处理，就可以平息了事，甚至连“案件”都算不上。

可是树欲静风不止，朱国治心里有鬼，暗中派人偷听道臣的审问，得到报告后，大为惊恐。连夜派人去道臣那里，将审问记录调来细看。看完既害怕又愤怒，害怕的是此事已然连累到自己，愤怒的是任维初竟然一点儿都不替自己遮掩担当。然而朱国治可不是寻常之辈，不仅贪酷成性，而且老奸巨猾，深知此刻必须力保任维初，才能使自己免于麻烦。好在手中有权，万事不难。于是一面让心腹改写了口供，一面给任维初发去公文，其中有“兵饷甚急，多征粮米，以备不虞”等语，还特意将日期往前写，造成（任维初）系根据上级指示公事公办的假象。这样既顺理成章，又冠冕堂皇；既给任维初提供了开脱的依据，又为任维初作出暗示；还有统一口径、串供订盟的作用，朱国治果然老辣。

与此同时，另一个更大的阴谋已经在朱国治的胸中酝酿成熟。

第三阶段：初报朝廷。

二月初六日，朱国治召集各级官员和乡绅代表开会，通报初审情况，并发表重要讲话：“任县令一事，我本想从轻发落，无奈诸生鸣钟击鼓，震惊先帝之灵；而程教授又参劾任县令六大罪过，这样我就不能不报告朝廷了。我这也是没有办法啊！”把自己的罪责推得一干二净，还显得很仁慈，很无奈；同时也把事情的性质升级了：朱国治只字不提任维初监守自盗的罪责，而是给诸生加了一条“震惊先帝之灵”的罪状。“震惊先帝之灵”，不仅是对已故顺治皇帝的“不恭”，也是对今上康熙皇帝的“不敬”，同时更是对遗诏的违抗、对“哭临”活动的破坏。这在当时可不是小事，而是可以杀头的大罪，所以必须上报朝廷。何况朱国治又拿出程教授参劾“六案”的理由来，既然有实名的参劾，作为巡抚，就有责任上报。理由如此强硬，性质如此敏感，谁还敢提出异议？只有唯唯诺诺而已。

朱国治之所以要编造“震惊先帝”的罪名，直接目的是为了将此事升级为大案重案，以引起朝廷的重视；同时也预料朝廷自然会把案件交由自己处置，这样他就可以掌控案件，确保自己；同时也有“杀人灭口”的用心。

当晚，朱国治就写好了给朝廷的报告（上疏），还精心设计了一个题目：《为县令催征招尤，劣生纠党津（肆）横，谨据实陈奏，亟求法处事》，其中说道：

> 看得兵饷之难完，皆由苏属之抗纳，而吴县为尤甚。新

令任维初目击旧官皆以未完降革，遂行严比，以顾考成。稍破从前之旧习，顿起物情之怨谤。是考成未及，而已先试其毒也。劣生倪用宾、沈玥、顾伟业、张翰、来献琪、丁观生、朱时若、朱章培、周江、徐玠、叶琪等，厕身学宫，行同败类。当哀诏初临之日，正臣子哀痛几绝之时。乃千百成群，肆行无忌。震惊先帝之灵，罪大恶极！其不可逭者一也；县令虽微，乃系命官。敢于声言扛打，目中尚有朝廷乎？其不可逭者二也；匿名揭帖，律令甚严。身系青衿，甘于自蹈。其不可逭者三也；尤可异者，道府自有公审，乃串凶党数千人，群集府学，鸣钟击鼓，其意欲何为哉？不能为诸生解也！至于赃款，俱属风影。止有吴之行卖漕一款，出自役之口供，并无证见之人，赃私真伪，专究再审。

总之，吴县钱粮历年逋欠，沿成旧例，稍加严比，便肆毒螫。若不显示大法，窃恐诸邑效尤，有司丧气，催征无心，甘受参罚，苟全身家而已。断不敢再行追比，捍此恶锋，以性命为尝试也。臣除将知县任维初摘印拘留外，为此密疏题参，伏祈皇上大彰乾断，严加法处施行。

哎呀！真是太坏了！石萌说：以前只知道朱国治是个大贪官，没想到阴险毒辣到如此地步！

是啊！庄言说：说实话，我读到这里，真有不寒而栗之感！同时也很惊讶他“高超”的手段！这个可以称作“初审报告”，其实是朱国治的诬告疏。柳新雨说：光看标题，就知道他对事件作出完全颠倒黑白的定性：把诸生揭露贪官酷吏、请求惩办县令的合理合法诉求，说成是“县令催征招尤”，亦即任维初是忠实执行“新令”，正常履行公务，而遭到怨恨和报复；而“劣生纠党津横”，更是将秀才们说成是顽劣歹徒，纠集团伙，蓄意滋事；全是谎言，却说是“据实陈奏”。只有“亟求法处”是句实话。现在有“标题党”之说，殊不知朱国治早已把标题玩得炉火纯青了。可想而知，朝廷高层特别是年仅十四岁的康熙皇帝，见到这样的报告，必然大为震惊、高度重视。

再看上疏的内容，也是条条戳中清廷的敏感和要害部位：上来就说“兵饷之难完”，这可是清廷最急迫也是最头疼的重大难题。“皆由苏属之抗纳，而吴县为尤甚。”既为主子分忧，又为朝廷的难题找到了原因，也把苏州尤其是吴县当定为“抗纳”的典型；同时也暗示吴县的这次事件实质上是“抗粮”行为，朝廷有必要“杀一儆百”。

接着先说任维初一方：既是新官上任，又不满于“旧官”的无所作为；追比虽然严厉一些，虽然稍微改变了“旧习”，但都是为了完成朝廷的业绩指标。这么忠诚守职的县令，却遭到普遍的怨恨和诽谤，成为受害者。这不只是为任维初开脱，简直就是表扬、请功。

随后说诸生一方，一言以蔽之：“厕身学宫，行同败类。”具体说，有四大罪状：一是肆无忌惮，震惊先帝；二是打骂县官，“目无朝廷”；三是违反禁令，匿名揭帖；四是聚众闹事，图谋不轨。这四条中的任何一条都是罪大恶极、不容宽恕的，加起来该当何罪，也就不言自明了。

然后，轻描淡写地说：所谓“赃款”，都是捕风捉影，不足为信。巧妙地略去了程翼仓的“参六案”。

最后回到主题“钱粮”上来，认为吴县拖欠已成为习惯，必须严加惩治，否则会带来严重的恶劣影响，使得官员们但求自保，莫敢追比。因此，恳请皇帝对“劣生”严加惩处。同时还没忘记交待已将“知县任维初摘印拘留”，显得自己处置及时而且公正。

你不得不“叹服”朱国治，既心狠手辣又“妙笔生花”。谁说行政公文不能“创作”“虚构”来着？我觉得，此文既能“无中生有”，又能“有中生无”；而且思维严密，头头是道；看上去忠厚老实，实际上杀机四伏……

总之，朱国治在这篇“初审报告”中，刻意将“哭庙”活动说成是紧迫、敏感、影响极坏的群体事件，意在引起朝廷重视，作为大案要案，从快、从严、从重处理——其实就是照着死罪来“设计”的。

这道上疏于二月十一日送达北京，在当时的交通条件下，可谓是最快速度了。果然引起朝廷极大震动和高度重视，立刻任命（满洲）侍郎叶尼，理事官英掔、春沙、海布勒等为钦差大臣，号称“四大人”，“公同确议，拟罪具奏”。

第四阶段：会审拟罪。

这期间，苏州满城风传四大人将来苏州会审，当地官员开始征用民宅，作为会审公署。到了四月三日，传来确信：会审地点改在江宁（今南京），有人猜测这是由于担心苏州发生民变，不好控制。

四月四日，开始起解人犯。任维初手脚自由，乘着马匹；倪用宾等十一人却是戴枷缚手徒步而行，由数十骑披甲（武装骑兵）押送。家属亲友只能远远地目送，不得近前，也不许说话，稍一靠近，立刻皮鞭乱打；十一人脚步稍慢，也是一顿皮鞭，只能泪眼相望而已。

如此走了三天，才到达江宁。十一人被关押在八旗军驻防的“满洲城”（亦称“满城”）。原来清初朝廷为了有效地镇压南方汉人的反抗，保障江南财赋的安全，在原明朝的南京（清改称江宁）城里设立八旗军驻防区，戒备森严，俨然自成系统的“城中之城”。将十一人关押在这里，可谓万无一失。而任维初一到江宁，便获得保释，每天和衙役一起吃喝玩乐，跟没事人似的。

朱国治虽然化解了程翼仓的“参六案”，却对他怀恨在心，扬言：“一到江宁，就大刑伺候！”这位程教授多亏遇上了时任江南总督的郎廷佐。这位郎公因慈惠爱民，被称为“郎佛”。当初程翼仓在京做翰林院庶吉士的时候，正是郎公任其教习，因而有师生之谊。

四月初八日会审，郎公在座，一眼就认出程翼仓来，但假装不识，故意问道：“汝为谁？”

翼仓答：“教官。”

郎公又问：“是吴县教官吗？”

翼仓答：“不是，是苏州府教授。”

郎公大声说：“我还以为是吴县教官呢。既然是苏州府教官，就与你无涉，赶紧回去吧！”

这翼仓是个书呆子，出来后，听人说：“光郎总督让你走还不行，还必须满洲大人发话才算数，后日会审时你还得再来。”

程翼仓信以为真，初十日会审时，果然又来。郎公一见，忙说："你不是苏州府教官吗？我叫你去，怎么不去？"

翼仓答："在此听候。"

郎公大笑着对四大人说："天下竟有这样的书呆子！"

又对翼仓说："这是什么地方，你在此听候？"

又笑着对四大人说："这呆子，让他赶紧去吧。"

程翼仓这才躲过一场皮肉之苦和牢狱之灾，甚至可以说是郎公保全了翼仓的身家性命。

其他十一人就没有这么幸运了。四大人上来就问为何"谋反"，这显然是受了朱国治的示意。十一人当然都说没有此事，只是为了举报县令粜粮。四大人便用刑，倪用宾、沈玥、顾伟业、张韩、来献琪五人，每人两夹棍、三十大板；丁观生、朱时若、朱章培、周江、徐玠、叶琪六人，每人一夹棍，三十大板。可怜十一人都是文弱书生，细皮嫩肉，哪里扛得住这样的大刑，个个痛楚哀号，难以言状！

四月十二日，四大人严令苏州方面将顾予咸、薛尔张、姚刚、王仲儒、唐尧治、冯郅、杨世俊、朱嘉遇及其子朱真等九人解送江宁。

顾予咸，字小阮，号松交，是顺治四年（1647）进士。初任宁晋县令，颇有政声，调任绍兴府山阴令。当时绍兴地界上"盗贼"猖獗，因用白布裹头，人称"白头贼"，其实都是饥寒无奈的民众。官府打算派兵剿灭，顾予咸极力主张招抚，并立下军令状，如逾期不能招抚，甘当军法。于是单骑赴贼巢，开诚晓谕。数日之间，数十万盗贼解散回家，安心农耕，当年便获丰收，境内大治。顾予咸也因此被考评为"天下卓异第一"，升为刑部郎中，后转为吏部考功员外郎。顺治十六年（1659），因病回家休养，住在苏州史家巷，平时杜门不与外界联系，只在家教育子弟，奖励后学。又建筑私家园林以自娱，号称"雅园"，据说其中的"爽致轩"三个字，系金圣叹的手笔，可见两人关系非同一般。

顾予咸怎么会被牵连进来的呢？原来诸生"哭庙"后，道臣王纪曾访问过顾予咸，问他对任维初的看法。顾予咸只是委婉地说："此人似乎不大适合担任牧民（县令之类）的官职。"朱国治知道后，很不高兴，便借故对顾予咸进行报复，也想将他置之死地。

朱嘉遇，字鸣虞，家中颇为富裕。他的三儿子朱真是府学生，当倪用宾等十一人被捕囚禁在府衙时，曾送去酒食慰问。朱国治听说后，也怀恨在心，索性一并抓来。

至于薛尔张等六人，则是“哭庙”的参与者。

顾予咸接到传令，当日便上路；其他八人，次日起解；一起被传唤的，还有程翼仓，他的事儿，稍后再说。

话说顾予咸在官差的监视下乘船来到江宁，路上还算客气，顾予咸也觉得没什么大不了的。可是将入城门时，官差便将顾予咸的腰带解下来，并把他的双手捆上。顾予咸说：“我是朝廷命官，现在还未曾削职，怎么可以这样对待我？”官差说：“我当然知道老爷还未削职，但这是上头的命令，不得不如此。”顾予咸这时才感到事态的严重出乎意料。

会审时，四大人按照朱国治的授意，先不问顾予咸，只拿薛尔张用刑，要他交待“顾予咸知情否？”薛尔张虽是文士，却很有骨气，无论怎样用刑，宁死不说“知情”两个字。为保顾予咸，多挨了四五夹棍。

四大人得不到证词，只好直接审问顾予咸，顾予咸自然是极力辩白自己无罪。毕竟是在刑部任过职的人，句句合理合法。四大人只好先把他关押起来，狱卒用沉重的大链盘套在他的脖子上，无法入睡，艰苦备尝。

却说程翼仓，已经放掉，怎么又传回来了呢？原来他在“参六案”中说“哭庙”时“号哭者数千人”，惹得朱国治大为衔恨，嘱咐四大人穷究到底。这次传他来，就是要他把“数千人”都交待出来。程翼仓只得又供出丁子伟、金圣叹二人。但四大人还不罢休，让他回去，把“数千人”全都写出来。

程翼仓很后悔不该说“数千人”，他哪里能够记得这么多人的姓名？就是几百人，也无法一一都写出来。就在翼仓苦无良策之际，有位钱宫声深夜求见，此人名中谐，吴县人，顺治十五年（1658）进士。他是微服夜见程翼仓的，当时程翼仓已经写出四十多人，都是“吴中望族”。钱宫声一看，赶紧劝他不要这样做。程翼仓说：“我也是没办法啊！害怕严刑拷打啊！”钱宫声说：“即使把这四十多人都报上去，也远远不够‘数千人’，还是难免严刑拷打。不如舍己一身，解救全城，功德无量。况且上头有郎公，也许会放你过关，不再追究。又况且，已有丁子伟、金圣叹二人，足以塞责。”要程翼仓先别急着开列，等等再说。后来果如其言，上头不再追究“数千人”的事儿。程翼仓特意去拜谢钱宫声说：“幸亏听了你的高见，否则……”①

四月二十六日，严令抓捕丁子伟、金圣叹。次日即解送江宁。郎总督公开表示：“这样没完没了，不是法子，到此为止吧，今后不要再扩大牵连了。”这才停止抓捕，郎公不愧为“郎佛”啊！

至此，前后总共三次抓捕，二十二人。

丁子伟、金圣叹受审时，也是每人两夹棍、三十大板。据说圣叹吃痛不住，大呼“先帝啊！先帝啊！”四大人怒道：“今上（康熙皇帝）初即位，你却呼唤先帝，难道是想诅咒今上吗？掌嘴！”遂又掌嘴二十，打入死牢。

四大人审来审去，觉得实在没有什么可审的了，加之朱国治急着定案，于是便商量定罪量刑，上疏朝廷。疏文是这样写的：

> 为遵旨会审事。江苏巡抚朱（国治）题参一疏，内开遗诏到苏之日，吴县秀才倪用宾等，鸣钟击鼓，纠众要打县官，妄捏无款揭帖等。因顺治十八年二月十一日具题，奉旨着臣等公同确议，拟罪具奏，钦此钦遵。该臣等会审，得生员倪用宾等云云。
>
> 该臣等看得秀才倪用宾处会齐，商议写揭帖。初四日，赴府公所，率领众秀才要打知县任维初，递揭帖。自行招认是实。
>
> 秀才张韩、来献琪、丁观生、朱时若、朱章培、周江、徐玠等供内说：“倪用宾为首，造揭呈递，时我等同跪。”自行

① 参见韩菼《翰林院编修文林郎候补京职钱先生行状》。详见陆林《金圣叹年谱简编》，《金集》陆《附录》，第81–82页。

招认是实。

叶琪虽称不知写揭帖，不曾与倪用宾等同跪，立在旁边。但同伙张韩、丁观生等供内说“我等同在前面跪，十一人拿住”等语。叶琪、倪用宾递揭帖是实。

秀才薛尔张供内说：“我将倪用宾揭帖交与顾予咸看，顾予咸丢在地下。我付与倪用宾，鸣钟击鼓聚会处，我亦曾在那里。”自行招认是实。

姚刚、丁子伟、金圣叹称，鸣钟击鼓，伊等亦说在于倪用宾家聚会。丁子伟、金圣叹、姚刚为首，鸣钟击鼓，聚众倡乱是实。

王仲儒虽巧辨：“不曾同倪用宾写揭帖投递。”据用宾坚供，在他家里商议写揭帖、同跪的仲儒与倪用宾要告知县，写揭帖跪递是实。

唐尧治、冯郅虽巧辨：“倪用宾曾约我告知县是实，不曾同写揭帖跪递。”倪用宾、沈玥坚供伊等同跪。若非倪用宾一党，如何约你？唐尧治、冯郅同倪用宾等跪递揭帖是实。

秀才倪用宾等，平时不告知县任维初，于初二日遗诏方到，辄敢纠众聚党，于举哀公所要打知县，跪递匿名揭帖。鸣钟击鼓，招呼数千人，摇动人心，聚众倡乱，殊干法纪。

查律无正条，所犯事关重大。应将倪用宾、沈玥、顾伟业、张韩、来献琪、丁观生、朱时若、朱章培、周江、姚刚、徐玠、叶琪、薛尔张、丁子伟、金圣叹、王仲儒、唐尧治、冯郅等，不分首从，立决处斩。妻子、奴仆、家资财产□（当）地入官。

顾予咸虽称：“众秀才在衙门喧嚷，拿着揭帖要告任知县。与我看，我说这是甚么时候，你要讲告不该。不曾看，摔手进去。”但薛尔张供内说：“将揭帖与你看，你看过丢在地下”等语。若非伊主使，何不与各官员众乡绅看？如何特与你看？顾予咸系现任之官，主使秀才写揭帖，至跪递在遗诏方到举哀之处，使倪用宾等倡乱讦告是实。应将顾予咸立决处绞，妻子、奴仆、家资财产当地入官。

刑讯杨世俊，责四十板，流三千里。朱真不曾同跪，因受刑不过，故攀及。但顾伟业原供朱真同跪，朱真应责三十板，黜庠。

倪用宾揭内所告书办吴之行一款，曾供“粜米四百石，卖银三百二十两，送与本官任维初”等语，今研审，云“不曾送去，俱是倪用宾逼勒不过，所以混供”等语。倪用宾揭内婪赃一款，审系子虚。吴之行不为众官辨明，反扶同诺供，应责二十板，革役。

众称任维初并无婪赃等事，再讯倪用宾等，亦云“没有”等语。知县任维初既无过犯，应免议。

妈呀！都是死罪啊！也太狠毒了！石萌惊呼道：肯定又是朱国治的“大手笔”。

是的！庄言说:《辛丑纪闻》保留了这篇疏文，但没有明确说是谁写的;《哭庙异闻》没有保留这篇疏文，但明确说:“疏中口供皆非实据，（朱）抚主稿，文致其词，四大人署名以上者也。”可知疏文确实为朱国治所撰，四大人只是签名而已。

柳新雨说：这篇可以称作“会审报告”，其实是拟罪疏，主要是向朝廷报告“专案组”的会审情况，拟定的罪名和量刑。我觉得，朱国治这篇会审报告和上篇初审报告，都堪称“妙笔生花”，但在手法上有显著不同，这篇比上篇还要“精彩”！你看他，整篇都用口语，其实是模拟四大人的口吻。因满洲大臣汉语水平有限，所以朱国治也故意写得很“拙劣”。这样不仅更容易获得朝廷的信任和批准，也“淡化”了自己的“戏份儿”，让人误以为这些谎言、定罪都是四大人的意思，跟他朱国治关系不大。

至于定罪的依据，即使按照文中的谎言，也都是站不住脚的，何况秀才们都是屈打成招呢，更何况秀才们招没招还说不定呢！总之当时是秘密审讯，既没有现场的公开监督，事后也死无对证。而最后确认的罪名，与朱国治在初审报告中所说的完全一致，都是或明或暗地往死罪上靠：所谓“要打知县”，就是“目无朝廷”，就是犯上作乱；强调“哀诏”“举哀公所”，其实就是要坐实秀才们“震惊先帝之灵”；渲染“鸣钟击鼓，招呼数千人，摇动人心”，为的是得出“聚众倡乱，殊干法纪”的结论。至于秀才们所揭露的任维初罪行，则被断为子虚乌有，摘得干干净净。尤为离奇的是，仅凭猜测，就给顾予咸定了“主使”之罪。最荒唐的是“查律无正条”，亦即没有法律依据，仅仅凭“所犯事关重大”，就判处这些人死刑。说白了，就是四大人（实际上是朱国治）要他们死他们就必须死。可见他们肆意玩弄法律、草菅人命到了何等惊人的程度！别忘了，顾予咸是现任官员，倪用宾等是有文化有身份的秀才，都被这样草菅了；那些普通民众的遭遇，就更加不言而喻了！

确实如此。庄言说：从根本上说，这是那个社会的制度问题；但就事论事来看，还是朱国治、任维初这样的佞臣贪官的丑恶残忍的问题。所以清初统治者对汉人官吏既要利用，又很不信任，朝廷派四大人会审，可能就有这方面的考虑。实际上，正是由于朝廷高层的“慎重”，顾予咸才得以保全身家性命——这是下一阶段的事情。

第五阶段：核准定案。

按照规定，对本案所有涉案人员的处理，都必须等“会审报告”获得朝廷核准批复之后，才可以执行。但是任维初四月二十九日就回到苏州了；五月一日，官复原职，而且当即宣布：“老子这回复任，只有一件事，就是催缴钱粮，其他一概不管！凡是抚台（朱国治）‘奏销’之外的拖欠者，三日一比；特别顽固者，夹棍伺候！”其猖狂残暴，更甚以前。这是明摆着的：经过“哭庙案”，他不仅和朱国治成了“盟友”，还要感恩朱国治的鼎力援救，所以更加有恃无恐，卖力报效。同时也更加“理直气壮”。而且他对先前所遭受的围攻，所经历的“苦难”，必然不能释怀，也要借机报复，以解心头之恨……当地的士绅民众就更苦了。

且说北京的朝廷最高层，接到四大人的会审报告后，非常重视。圣旨命令刑部、大理寺、都察院“三法司核拟具奏”，同时还要求将此案与“金坛叛逆”“镇江失机”等大案要案一起，由“议政王、贝勒、大臣、九卿科道会议，详悉具奏”。“会议”的结果，同意四大人(亦即朱国治)所拟罪刑，但上奏后被否定，圣旨说:“这各案事情其中岂无轻重?着另议具奏。”于是议政王、贝勒、大臣、九卿科道又进行重议。这回一字一句进行审读，当读到顾予咸把揭帖“丢在地下”时，议政王立即发话道:“既然丢在地下，顾予咸便无罪了!”在场的贝勒、大臣、九卿科道等齐声说:“王爷讲得是!”议政王问:“你们看应该怎样处分顾予咸?”大家又齐声说:“应该革职。”议政王说:“他既然无罪，就不应该革职。”大家又齐声说:“王爷讲得是!”这下顾予咸的身家性命才得以保全。

议政王会议结果上报后，朝廷最高层又对倪用宾等人作了区别“处分”，最后核准的结果是:

> 钦奉密旨:倪用宾等十八人俱着处斩。内惟张韩、来献琪、丁观生、朱时若、朱章培、周江、徐玠、叶琪、唐尧治、冯郅十名，免籍没;其余妻子流边。
>
> 任维初免议。
>
> 吴行之，系倪用宾逼勒，妄供卖米，应责三十板，革役。
>
> 杨世俊，责四十，流三千里。
>
> 朱真，应责三十，黜庠。
>
> 顾予咸，免遽绞，免籍没，免革职。(《哭庙异闻》)

与会审报告相比，除了顾予咸无罪释放外，张韩等十人，免于妻子、家产籍没的处罚，是有所减轻的;吴行之则多打十板，属于加重;金圣叹等八人及其妻子、家产，无所幸免。“流边”，即流放宁古塔。

最高层的这个核准批复，于六月二十日传到江宁。

第六阶段:执行屠杀。

这个阶段实际上应从任维初回苏州复任算起，即五月一日。那个时候会审报告应该还没有送到朝廷，甚至可能还没写好，只能说是朱国治自以为“会审报告”一定会得到朝廷的批准，便“提前”执行了，可见他是多么的“胸有成竹”。

到了五月二十日，朝廷的核准批复还没有下达，朱国治就按捺不住，要求苏州府立即籍没（即抄家）顾予咸及十八名秀才的家产。据说“府尊籍松交家，见可欲之物，皆纳诸袖中。见一银壶，踏扁置之靴中。见一紫檀匣，封付亲随，捧入私衙。凡家资财物被官吏劫掠一空；夫人及子皆就狱”，这是以官府的名义公然洗劫。“第三日夜，有盗三十余人，逾垣入松交家，将所余之物悉行掠去——传云乃府尊所为。”这是贪官的私人盗窃。这位“府尊”应该就是“郡守余公，名廉征，浙江遂安人”[①]。

顾予咸后来记述道：按照规定：凡是被拟定为籍没罪的，在上报朝廷、等待批复期间，官府只能派人看守其家产、人口，不得乱动；待核准批复下达，确定罪刑后，才可以执行籍没。从来没有事先就大肆抢掠，像盗贼一样的！

顾予咸还披露：籍没指令下达后，朱国治有意彻底毁掉顾予咸家，先找一位姓李的军官密谋，被拒绝。后来又找郡守（知府），此人是个肮脏小人，一听便自告奋勇，还带上两个副手：一个是朱孔照，顺治十二年进士，湖广应山人，时任海防同知；一个是刘瑞，正蓝旗人，时任总捕同知；同去的还有长洲知县刘令闻，顺天大兴人。后三人到了顾宅门前，不忍下手，只有郡守率其心腹破门而入，见了好东西就拿，一扫而光。顾予咸的老妻及二妾，在家人帮助下破墙逃走，在野外待了一夜。顾予咸的孩子，年纪小一些的，也都四下里逃散了。第二天，郡守又派人来没收顾家的僮奴、田产、房屋等。顾予咸的十七岁长子也被抓去囚禁起来。[②]

这位刘知县，急切之中没弄清究竟，只记得指令上有姓朱的，便带人籍没了朱鸣虞家，掠走家财无算，还把他的妻妾和孩子都抓了起来，

---

① 王家桢《研堂见闻杂录》。《汇编》第 88 页。

② 《雅园居士自叙》。《汇编》第 85 页。

关进监狱。后来发现搞错了，应该是朱时若，又赶紧去籍没朱时若家。只让朱鸣虞家里把人领回，财物连提都不敢提。

周江家，是由长洲县丞带人籍没的，时间是五月二十三日。

就在同一天，所有被籍没的人犯（包括顾予咸和十八名秀才）的家眷，都被押往监狱。据目击者说：有乘轿的，有徒步的，有扶老的，有携幼的，每一起，都有一名骑兵和两名公差押着。两边的行人见了，无不为之伤心叹息。

此时苏州城里人心惶惶，有传言说当局要屠城，很多人躲到乡下去。

人们也议论纷纷，有的说："秀才们何苦要干这事儿？"也有人说："秀才们没错，都是大爷（朱国治）制造的。"

再说江宁监狱，从五月中旬到六月中旬，各种消息不断传入。先是有人说顾予咸被判绞死，十八名秀才被判斩首。顾予咸记道："余五腑如焚！痛念：吾、祖、父，读书三世，积德累行，始幸登一第。先帝顾盼所及，授以铨衡。尚乏涓埃之报，而以非律死；且坐以恶名，何面目见先帝、见吾祖、父于地下乎？泪咽气塞，怒忿填胸。日惟饮水，粒米不入口。满逻者长跪俯首，各以物饷。至夜，分析者（看守）益严，环伺无虚刻，惟恐余之不甘于法也。"[①]他已决心以绝食的方式自杀。

六月十八日，传言朝廷最终判决已经下达，如何如何。监狱里一片哗然骚动，秀才们有托后事的，有托家事的，有托尸事的；有人呜咽，有人哀号……顾予咸让人在自己的后背和大腿上写下姓名和官职，又在胸前写上"千古奇冤"四个大字。要来衣冠，穿戴整齐，坐以待旦。又跟狱卒商量说："临刑之际，不要忙乱，等我朝北拜了皇上，朝南拜了祖先，然后你再动手。"众狱友皆失声恸哭。

《辛丑纪闻》载：六月二十三日，有武装士兵来监狱提取顾予咸，顾予咸以及其他人都以为这次必定是有去无回了。到了满洲城，忽听四大人说："汝奉皇恩，免绞、免籍没，并免革职了，去罢！"又"令左

---

① 《雅园居士自叙》。《汇编》第 84 页。

右去（顾予咸）项上铁索，时当盛暑，汗流积项成膏，腐肉满铁索，其苦有不忍言者”。但顾予咸自己记言说：“越二日，向午，有铨司共事贺姓，手持片纸至狱，呼七八囚以往。顷之，贺又来，朗然呼余名，余应之曰：‘刑乎？’曰：‘否。’出，见诸仆罗拜道左，泪盈眸，前语曰：‘得生矣！’至讯所，贺先以前呼七八人往，各受杖。移时，乃为余解铁索。传谕之曰：‘奉旨，以汝为本朝官，逆生送揭，不看，无他志。释尔罪，复尔官，毋忽。’咸北向九叩头，东向长揖，谢以出。”还特别注明：“时四案中，拟大辟一百八十余人。特旨：‘顾予咸，逆生送揭，不看。无罪。免死、免籍没，并免革职。’禁系凡六十有三日。”[①]

这位姓贺的同事，应是吏部专门派来处理顾予咸问题的。先叫出去刑讯的七八个囚徒，当是为了再次核实口供，确信顾予咸没有问题，才为其解除铁索，宣布上谕。可见当局对此案的慎之又慎，然则顾予咸是当时一百八十多个死刑犯中唯一无罪释放者，也可以说是幸之又幸了。

监狱里看管极严，狱卒都是满洲士兵，即使有个别汉卒，也不敢与犯人说话，偶尔透露只言半语，也不可信，因此顾予咸和十八人一直不清楚案件的实际进展情况。

直到七月一日，正式通知十八人交待后事，秀才们这才确知被判死刑，惊讶、恐惧、悲哀、绝望……牢房里乱成一片。

有一位姓白的狱卒，很同情秀才们的不幸遭遇，平时尽量照顾大家，这时偷偷对秀才们说：“各位相公命苦啊！上头有大爷与你们作对，这案子恐怕是翻不了了。唯一的希望，就是皇恩大赦。”又说：“从今日起，我被调离此处，以后恐怕再也见不到各位相公了。相公们如果有家书，赶紧给我，我帮你们带出去。”众人于是各作家书，有的用残柬，有的用旧纸，有的用草纸……白狱卒共收到十五封，倪用宾、薛尔张、姚刚三人没有写。狱卒果然言而有信，冒着生命危险，于七月五日将家书带到苏州。

沈大章在信中对父亲说：“儿犯之罪已至重，然无可奈何。所望惟

---

① 《雅园居士自叙》。《汇编》第85页。

皇恩大赦耳。”

十五人家书中都说到“皇恩大赦”，却不知那是白狱卒为了宽慰大家而故意这么说的。

朱国治恨不得立刻就执行死刑，无奈朝廷有特旨，必须秋后用刑。

这一年的立秋是七月十三日，我查了一下，本年闰七月，立秋当是前一个七月十三日。

这时风传朝廷将有大赦，七月八日，果然奉特旨赦免金坛案内一人。朱国治更加紧张，唯恐本案也有特赦，放虎归山，必将后患无穷，于是杀人之心愈加迫切。

七月十二日，朱国治在江宁的官署中坐立不安，急不可待。按规定，死刑的执行命令，必须和总督郎廷佐一起签署下达，但此时郎公去送四大人回京，尚未归来。久经官场的朱国治，深知机不可失，夜长梦多。若擅自下达执行命令，虽然不合规定，但罪不至死；若突发事变，犯人得到赦免，真相败露，那自己的身家性命可就难保了。一想到这些，朱国治再也不能等待了，决定不等郎公归来，提前开斩。

让我们记住这个血腥的日子吧：顺治十八年，公元 1661 年，农历七月十三日。这天立秋的时刻在未时（13：00—15：00），朱国治在巳时（9：00—11：00）就下令执行死刑了，整整提前四个小时。

连同其他九大案，当天共有一百二十一人被杀害，其中凌迟二十八人，斩首八十九人，绞刑四人。分五处执行，“抗粮案”和“无为教案”的法场，在江宁的三山街。

《辛丑纪闻》载：

> 是时，四面皆披甲围定，抚臣（朱国治）亲自监斩。至辰刻（7：00），狱卒于狱中取出罪人，反接，背插招旗，口塞栗木，挟走如飞。亲人、观者稍近，则披甲者枪柄、刀背乱打。
>
> 俄而，炮声一震，百二十一人皆毕命。
>
> 披甲乱驰，群官皆散。
>
> 法场之上，惟血腥触鼻、身首异处而已……

哎呀呀！真是太血腥了！太恐怖了！太残忍了！石萌说着，用双手蒙住眼睛，仿佛亲临其境一般。

十八名秀才，十八条鲜活的生命，就这样横尸街头了。李大白说。

庄言说:《辛丑纪闻》再次列出他们的名字：

倪用宾，本姓王，吴江庠生。

沈玥，字大章，吴庠生。

顾伟业，昆山庠生。

王仲儒，本名重儒，吴庠生。

薛尔张，字文倩，长洲庠生。

姚刚，未详。

丁子伟，名澜，字紫洄，长洲庠生。

金圣叹，名喟，又名人瑞。庠姓张。原名采，字若采。为文倜傥不群。少补博士弟子员，后以岁试之文怪诞不经黜革。来年科试，顶“金人瑞”名就童子试，而文宗即拔第一，补庠生。圣叹以世间有六才子书:《离骚》《庄子》《史记》《杜工部诗》、施耐庵《水浒传》、王实甫《西厢记》。岁甲申，批《水浒传》；丙申，批《西厢记》；亥子间，方从事于杜诗，未卒业而难作，天下惜之，谓:“天之忌才，一至于斯！”十七人者，皆可因圣叹一人而传矣！其寄狱卒家书云:“杀头至痛也，籍没至惨也，而圣叹以无意得之，不亦异乎？若朝廷有赦令，或可相见，不然死矣！”初生一子，请乩仙题号，仙判曰“断牛”，不解何意。及妻、子流宁古塔，居室后有断碑，但存一“牛”字，殆亦有定数也。

来献琪，本姓钦，字起文。被难之前，夜梦祖父持其颈而泣，极哀。觉，以语妻，妻曰:“何不作享以慰祖考？”享未毕而王仲儒来，拉同看哭临，遂及于难。竟无后。

丁观生，字仲初，紫洄之堂兄。偶往府进一呈词，遂罹于祸。

朱时若，沈大章之妹婿。本居窑市，岁初入城拜贺岳父母。初四日，同大章往看哭临，遂被擒。

朱章培，未详。

张韩，字侠若，吴庠生。

叶琪，本姓□（原缺），云间庠生。

徐玠，字介玉，吴庠奉祠生。己亥秋学中，始起文书，被难之日，宗师批准方五日。

唐尧治，未详。

周江，木渎人，字真履，崇明庠生。

冯郅，字赞先，本姓孙，少继于冯氏。吴庠生。

朱国治刚屠杀完，次日就严令苏州府，起解流放的八名秀才的妻子。

七月十八日，正式起解：除了婴儿，所有子女一个都不放过。即使是五六岁小孩，也都被反缚双手；年龄稍大的，则被戴上枷锁。按律令，罪不及父母，但不知为何，王仲儒的父母也在其中。有人替他们向郡守求情，郡守拒绝道："公令森严，我不敢做主！"又命兵卒驱逐他们赶路。可怜仲儒父母，只得和儿子一起哀号着，出阊门而去……

（当）时，父母送其子女，祖父母送其孙，翁姑送其媳，兄姊送其弟妹，弟妹送其兄姊，亦有女送其母，媳送其姑者，妻送其夫者，子送其父者，岳送其婿、叔送其侄、甥舅相送者，妯娌相送者，哀号痛哭，凄楚之声，声闻数里。行道之人，无不寒心，泣数行下，而吐（唾）骂抚臣（朱国治）之惨刻也！

以上就是"哭庙案"的大致经过，当然还有一些"后话"。

就在七月十八日这天，任维初"奉旨落职"，被免去县令之职。一年后，朱国治也被免去江苏巡抚。

新任巡抚名叫韩心康（字世琦），后来因别的案子，将任维初判处死刑，斩首的地点，竟然也在江宁三山街。

朱国治后来改任云南巡抚，恶习不改，贪赃枉法。康熙十二年（1673），吴三桂起兵反清，因朱国治克扣军粮，将他交给将士们处置。将士们对朱国治早已恨之入骨，遂将他一刀一刀割肉而食，连一点骨头都没留下。

活该！这就是报应吧！石萌说。

恶有恶报，说到就到。柳新雨说。

庄言说：这两个恶人虽然各有罪名，但都跟“哭庙案”有一定的关系，因此也可以说是“哭庙案”的“余波”。从官府案件的角度看，“哭庙案”到此可以说完全结束了；但从民间的角度说，“哭庙案”的受害者及其亲属还有许多“后事”。至于“哭庙案”所造成的祸害和伤痛，恐怕永远都不会完全消除。

沈大章的尸首，是由他的叔父收殓的。他提前几天就来到江宁城里了，行刑当天，待官吏和兵卒一散去，就上前辨认大章的尸首。其叔记得大章两腮各有一绺胡须，很快就认出来了。突然，旁边的小屋里冲出一个狱卒，大声喝道：“要想认尸，先拿钱来！”其叔赶紧给钱，说：“认沈玥。”狱卒指着刚才的尸首说：“这个不是。我可以帮你确认，还可以送你安全出去，保证路上不会有麻烦，但你必须加钱。”其叔只好又加钱。兵卒于是从怀里拿出一面小旗子，就是行刑时插在犯人背上的招旗。上面写着：“斩犯一名，沈玥大章。年三十余，白皙而肥。”由于很久没有洗理，大章的头上须发尽白，蓬乱不堪，简直像个老翁。其叔又请狱卒帮忙，将大章的尸首殓入棺材，寄放在附近的寺庙里。当天深夜，大章的父母听到叫门声，其母应道：“是大相公回来了吗？如果是，就再叫三声。”果然又叫三声。两位老人连忙开门，哪有人影。老人便在门前为大章摆设灵位，烧纸祭奠。

倪用宾、薛尔张、周江三家，无钱收殓，顾予咸出资，为他们买了棺材和墓地，偷偷地掩埋了。当时官府仍然盯得很紧，各家都不敢公开将尸骨取回安葬。

《辛丑纪闻》说“余十四人皆有亲人为殓骸骨”，实际上，给金圣叹收尸安葬的，并不是他的家属，而是他的学生。据（乾隆）《震泽县志》记载：

> 顺治中，（金）采以事株累，系江宁狱，他弟子皆避匿，永启独与圣寿寺僧敦厚往词候。采被刑，永启收其遗骸，棺殓之。复奉棺置所居吴家巷家庵中，与从兄永辰等上食，皆号哭失声。人重其气谊。①

永启就是我们以前说到过的吴江沈永启（方思），是金圣叹的得意高足，两人“相与潜究性命奥窔”，深得圣叹赏识，圣叹还给他取名“圣说”，赐号“旋轮”。看来圣叹的确慧眼识珠，这沈永启为圣叹收尸，不仅也会被刑场兵卒勒索，甚至还有杀头危险。他把圣叹的尸首从江宁带回吴江，为其置办棺椁，举哀入殓；然后将棺椁放在自家的庵中，率领家人号哭祭奠……这些都是一般人难以做到的。

金圣叹被杀害后，老妻和儿子被流放到宁古塔。有记载说：“世传金圣叹有‘断牛’之谶，其子孙流窜宁古塔东北二十余里，今称‘金家窝棚’，有金姓人数家，称系金圣叹之后。相传其先到此时，有一断碣，只刻一‘牛’字，盖符‘断牛’之谶矣。”②《宁安县志》又说：“今县治南十余里，有金家沽者（原注：金家沽疑为金家窝棚），多金姓，意即圣叹之裔欤？”③但也有说流放到尚（上）阳堡的（如《研堂见闻杂记》）。金雍在流放地前后约二十年，中间曾回来过一次。

沈永令（1614–1698）的【临江仙】《金释弓从辽归（代闺怨）》词说：

---

① 转引自陆林《金圣叹年谱简编》。《金集》陆《附录》，第85页。

② 曹廷杰：《东三省舆地图说》卷十五至十六（《辽海丛书》本）。转引自李兴盛《金圣叹的家属究竟是遣戍宁古塔还是他处》，《社会科学辑刊》1985年第6期。

③ 《宁安县志》卷四，第77页。转引自李兴盛《金圣叹的家属究竟是遣戍宁古塔还是他处》，《社会科学辑刊》1985年第6期。

自别河梁成永诀，十年梦绕辽西。梦中牵袂数归期。刀环真浪约，何日照双栖。　　蓦地归来真是梦，归来日日分离。不如依旧在天涯。梦回鸡塞远，犹得到深闺。[①]

沈永令还有一首《送金释弓还辽（唱经主人子）》诗说：

鸿飞万里异翱翔，叫断寒云认故乡。
嗣世可堪成汉史，十年无复说蒙庄。
关河历尽霜花白，岁月移来鬓影苍。
塞外只今书种在，更谁笔札问中郎？[②]

可知金雍这次归来，是在流放十年之后，很快就返回了。想来应该是因有急事，请假回来的。

金雍的妹妹法筵有一首《家兄归自辽左感赋》诗：

廿载遐荒客，飘零今始归。
相看疑顿释，欲语泪先挥。
郁塞千秋恨，蹉跎万事非。
不如辽左月，犹得梦慈帏。[③]

看来这次应该是结束流放的最终回归。诗后有小注说：“兄归时，慈母见背已数日矣。”有学者根据以上二诗及注，认为金雍“被遣戍辽

① 程千帆主编《全清词》第二册，第1048页。转引自陆林《〈沉吟楼诗选〉“读后记”史实探源与辨误》，《南京师范大学文学院学报》2007年第3期。

② 《吴江沈氏诗录》卷七。转引自陆林《〈沉吟楼诗选〉“读后记”史实探源与辨误》，《南京师范大学文学院学报》，2007年第3期。

③ 《吴江诗粹》卷三十《闺秀》。转引自陆林《〈沉吟楼诗选〉“读后记”史实探源与辨误》，《南京师范大学文学院学报》，2007年第3期。

左之尚阳堡，而非宁古塔，而且其妻并未同遣，二十年后死于故乡。这是符合历史真实答案，有关其妻与子，共同遣戍宁古塔之说及‘断牛’之谶，均属子虚，应该予以澄清”[①]，此说恐怕未必“符合历史真实”。因为古人说“辽左”“辽东”或“辽西”，只是个大概，不一定是确指，略同于今人说“东北”。因此不能作为圣叹妻、子流放地不是宁古塔而是尚阳堡的确证。况且《辛丑纪闻》《哭庙纪略》及《哭庙异闻》都说是宁古塔。

另外，金法筵所说的“慈母见背已数日矣”，是说她和金雍的共同母亲亦即圣叹的老妻，已在金雍归来的前几天去世了。但这并不能成为“其妻并未同遣”的硬证，因为金雍的母亲也有可能因病或其他原因（如通过交钱或打通关系），得以提前返回故乡。也许，金雍十年前那次回来，就是为了护送老病的母亲。母亲回来后，可能就住在法筵的家里，直到去世。

金雍被流放时，正当三十来岁壮年，结束流放归来时，已是五十多岁的老翁了。

一起被流放的，应该还有金雍的弟弟释颜，他也许永久留在当地了，所谓“金家窝棚”，可能就是他的后裔……

范启明长吁一口气，点了点头，对庄言说：事件既复杂又惨烈，但你的讲述非常好！是我第一次听到如此清晰的讲述。你把“哭庙”和“哭庙案”区别开来；又将“哭庙案”分为六个阶段，还注意到“余波”和“后事”，这样处理不仅条理清楚，也显示出独到的眼光，可以使人对整个事件有一个更加全面、准确的了解。

这次事件不论是对于金圣叹的人生，还是对于金圣叹的评价，都具有决定性意义，因而也是读者和学界最为关注的问题，同时也是一直存在分歧和争议的重大问题。主要聚焦于两点：一是这个事件究竟属于什么性质？一是金圣叹在其中究竟起到怎样的作用？这两个问题又是密切

---

① 李兴盛《金圣叹的家属究竟是遣戍宁古塔还是他处》，《社会科学辑刊》，1985年第6期。

联系着的。

确实如范老师所言！柳新雨说：五十多年前张国光和郑公盾的那场争论，其中也涉及这个问题。张国光将此作为论定金圣叹是“封建政权的叛逆”的主要依据，他说：“与金圣叹历史关系重大的‘哭庙案’，是中国历史上少见的‘秀才造反’。是清朝镇压反满文士并钳制言论的一个初步。可是有人竟误解此案为金圣叹等‘向清朝大行皇帝举行所谓哭庙’，因而说他们的被成批抄斩，‘却只有使人憎恶，不会使人同情’。这是对哭庙二字的望文生义，也掩盖了清朝的血腥罪行。而公盾同志也说，哭庙‘是为了吊唁死去的顺治帝聚庙哭临’。又说金‘对顺治帝感情深厚，前往哭临，大概不会缺他的’。即使生员们真是去哭临，那金圣叹例须参加，缺不了他，也不算他人格上的一大污点。事实上哭庙案却是由秀才们掀起的对清朝统治者进行的一次示威性的反抗活动。”又说：“‘哭’也是当时人民的一种反封建暴政的斗争方式。”[①]可见双方一褒一贬，对立非常鲜明，情绪也很激烈。我觉得，双方都存在一定的偏颇，关键是都没有把“哭庙”和“哭庙案”区别开来，又都从政治斗争的高度去强说或曲解。

就“贬方”而言，把秀才们的“哭庙”说成是“哭临”，显然是不符合事实的。“哭临”是遵照朝廷的诏旨，由规定的人员，在规定的时间、特定的场所，举行吊唁死去的顺治皇帝的活动，这就是《辛丑纪闻》中说的“会世祖章皇帝哀诏至苏，幕设府堂，哭临三日。抚臣朱国治、按臣张凤起、道臣王纪及府县官、郡臣、缙绅、孝廉等”。用现在的话说，参加“哭临”的，是具有一定行政级别的政府官员和具有相当地位的代表人士，秀才们即使真想参加“哭临”，也是不够资格的。更何况，他们“哭庙”的地点，是在文庙，而那边“哭临”的场所是在府堂；“哭庙”的时间，是在二月初四，那边“哭临”已经过去两天了。秀才们为何举行“哭庙”，根据庄言兄刚才的讲述，其直接原因和目的是为了揭发

① 详见张国光《金圣叹是封建反动文人吗？——与公盾同志商榷》。《〈水浒〉与金圣叹研究》第114页。

任维初的贪赃枉法，而不是为了吊唁顺治帝。二者根本就不是一回事儿。

至于说秀才们被抄斩“却只有使人憎恶，不会使人同情”，怎么会有这样的感觉？又怎能得出这种结论？说实话，我无论如何也想不通。一个正常的人，看到小猫小狗、小鸡小羊被杀害，都要心生同情，怎么会对十八条鲜活的人命被害作出如此反应？！我觉得，这样的反应，不是正合了朱国治、任维初以及清朝统治者的心意吗？真不知道作者是怎么想的？也许你们从那个时代过来的老人比较容易理解吧？但是对我们这些年轻人来说，实在难以想象！

三位老人一时不知如何回答是好。

田老师说：这不仅是个重要问题，也是一个重要现象。我们虽然是过来人，但也不一定能够完全理解。我想，根本原因或许在于，那是一个“阶级斗争”的时代，人们的思想和感情，就像服用了毒品，被控制住了，自觉不自觉地把人分成两类：朋友和敌人，二者截然对立，不可调和。对前者春天般的温暖，对后者严冬一样残酷，必须坚决、彻底、全部、干净消灭之。并且用这种思想感情来看古人，古代的统治者就是天定的“阶级敌人”，金圣叹既曾向清朝皇帝“效忠”，当然就是阶级敌人；秀才们既然和金圣叹是一伙儿的，自然也属于阶级敌人，于是全在消灭之列，不论是怎样的消灭，都是“大快人心”的。

是这样的。范启明说：这在当时是很正常很普遍的。我们那时年纪虽然很小，很少文化，也不怎么懂事儿，但知道凡是“封建”的、“反动”的，诸如帝王将相、才子佳人都是坏东西，都必须深恶痛绝，至于圣贤之类，就更不用说了。因此一看到批斗“臭老九”，也觉得很痛快，批得越狠越开心。

还有，田老师说：每当公审枪毙罪犯，就好像节日一样，人山人海，载歌载舞。记得我和几个小伙伴，半夜就上路，赶四五十里，就是为了看枪毙人。其实那些被枪毙的罪犯，有很多是好人，后来得到了平反昭雪，但在当时，大家都拍手称快。

什么是“臭老九”呀？覃慧敏不解地问。

范启明说：唔，你们年纪小不知道，说来可就话长了。听说过元朝统治者把人分成十等吧：一官，二吏，三僧，四道，五医，六工，七匠，八娼，九儒，十丐。“儒”概指读书人，大约相当于今人所说的“知识分子”。二十世纪五十年代以后，政治运动不断，阶级斗争为纲，被列为斗争对象的，先有地（主）、富（农）、反（革命）、坏（人）、右（派），统称“五类分子”，后来又增加“叛徒、特务、走资派”三类。这样知识分子就成了第九类，又因为他们有“臭架子”，于是就蔑称“臭老九”。排名最靠后，遭受的侮辱和打击也最严重。田老师的父亲和方丈的父亲，都是被迫害而死的。

阿弥陀佛！方丈说：往事不堪回首，还是接着说金圣叹吧！

柳新雨应声好，继续说：就“褒方”而言，把秀才们的“哭庙”说成是“反清”“秀才造反”，我觉得，既有高估的成分，也有误解的因素。很明显，“谋反”“倡乱”“抗粮”等等，正是朱国治诬陷、清政府审准，最后强加给秀才们的莫须有“罪名”；如果我们也这样认为，不就与朱国治、清政府“不谋而合”了吗？不就等于为朱国治、清政府的残暴罪恶提供理由、证明秀才们被杀是“罪有应得”的吗？这原来也是我苦思不得其解的问题，刚才听了老师的解释，现在好像有些明白了。看上去“褒方”与“贬方”针锋相对，但实际上“病因”是相同的，也是受到“毒品”的控制，自觉不自觉地将金圣叹和秀才们视为“朋友”了，给予了过多的“阶级友爱”。

那么，究竟应当如何看待呢？石萌问。

柳新雨说：此前好像还没有人能说得清楚，现在我觉得有可能了，因为庄兄把“哭庙”和“哭庙案”区别开来，确实是很高明的认识方法。而且我相信庄兄一定早已胸有成竹了，还是请庄兄说吧！

庄言谦虚道：不敢说胸有成竹，只是一点想法罢了。就“哭庙”而言，有两个比较直接的“导火索”：一个是任维初的严酷追比，甚至把人打死；另一个是任维初的监守自盗，几乎无人不知。前者虽然引起普遍的怨怒，但民众隐忍下来，秀才们也没发作。这可能与秀才们享有一定的待遇（如免除赋役）有关。但是当任维初监无忌惮的监守自盗暴露后，秀才们就再也不能沉默了：一来监守自盗绝对是知法犯法，罪上加罪；二来这样不仅危害国家利益，同时也加重了民众负担；三来秀才们原本就有关心政治事务、维护地方风化的责任和义务；四来中国文人自古就有不平则鸣、为民请命的传统，晚近以来，苏州士人的表现尤为强烈（这方面有很多记载和论述，我就不多说了）……总之，秀才们忍无可忍，才酝酿公开举报揭发的。比较而言，任维初的监守自盗是更直接的触发点。

这个触发点，还需要碰上合适的触发"时机"，这个时机就是"哭临"。因为秀才们原本就准备向任维初的上级领导呈递举报信（即"揭帖"），一来呢，平时上级领导不大容易见到，很难把举报信直接呈递给其领导本人；二来呢，平时举报必须逐级上报，像任维初这个级别的官员，至少要省部级长官（如巡抚、道台之类）才有权力处置。这样的长官，在平时更是难得一见。现在却因"哭临"，各级长官齐聚苏州，岂非天赐良机！所以秀才们选在"哭临"期间递送揭帖，正是抓住了这个难得的机会。

秀才们当然也知道，在"哭临"期间，是不宜去打扰长官们的。他们选择在"哭临"的最后一天递帖告状，应是经过慎重考虑的。因为早于此日，"哭临"尚处于最"高潮"阶段，不宜递帖告状；迟于此日，"哭临"一结束，长官们很快就离开了。所以秀才们可能也知道"哭临"最后一天也不宜举事，但又不想错过这个"众官咸在"的良机，于是就冒险行动了。有记载说：秀才们行动前，曾把揭帖送给顾予咸看，希望得到他的支持，"松交（予咸）正色曰：'此何时候，可讦县官耶？'掷揭于地。"[①]可见秀才们并非不知道那天"不是时候"——这是就"哭临"期间而言的；但又觉得"正是时候"——这是就"众官咸在"而言的。

不过，秀才们当时的心理，一定觉得即使"不是时候"，也不会至于死罪。因为他们所揭发的，是关系到官纪国法、钱粮急务、地方安宁等重大隐情，这个问题如果不能得到及时妥善处理，就会激起更大的民愤，造成更严重的后果，如暴乱、造反等群体性事件，这也是朝廷最为

---

① 陆文衡《啬庵随笔》。《汇编》第89页。

害怕的事情。秀才们甚至相信，自己的举报，为地方、为国家铲除了贪官恶吏，也避免了重大危机，一定会得长官们的理解和支持，说不定还会有奖励呢。

所以，如果没有朱国治这样更加贪腐的高官，尤其是，如果没有朱国治和任维初之间特殊的利益勾结，事情说不定会朝着秀才们所预料的那样发展。坏就坏在他们还蒙在鼓里，对朱国治其人以及他和任维初的特殊关系毫不知情，满怀热忱地踏进了朱国治布下的陷阱，造成家破人亡的惨痛后果。

如果我们撇开秀才们不知朱、任勾结这一“意外”情况而不论，就正常情况而言，秀才们的这次行动，还是很“明智”的：“哭庙”类似于今人的和平请愿，秀才们显然没有准备与当局发生激烈冲突，这种方式是适当的。跪递揭帖，显示出他们对上级长官的信赖，并希望他们以法究治，这种途径是正当的。公开揭发，也有一定的宣传作用，既可以得到更多的理解支持，也可以形成更大的舆论压力，效果上也会更好些。总之，秀才们“好的”方面想到不少，却没有料到很多“坏的”方面，所以金圣叹在临刑前说“以无意得之”，完全出乎意料，这应该是所有参与其事的秀才的共同感受。当然，让他们意外的不仅是朱、任之间的暗中勾结，更意外的是朱国治如此心狠手辣、一手遮天，更加没想到的是朝廷竟然完全闭目塞听、颠倒黑白……

这当然是由很多原因造成的，但是仅就“哭庙”这件事情而言，秀才们显然没有“反清”“造反”的意思；反过来说，秀才们也没有要做“奴才”“效忠”清廷的意思。他们最直接的、显著的动机和目的，就是检举揭发贪官污吏任维初，希望他得到应有的惩处，同时也有替受害民众鸣冤叫屈、维护权益、伸张正义等意图。仅就这些来说，已经很了不起，即便是在“正常”时期，也是很难做到的，更何况是在清初那个“非常”时期呢。所以秀才们的“哭庙”之举，应该得到充分的肯定。

至于“哭庙”的间接的、隐蔽的动机和目的，那就很难说了：一方面间接、隐蔽有不同的程度；另一方面，每个人的所思所想不尽相同，很难一概而论。在当时的环境背景下，不可能完全没有“反清”情绪，但也不能说完全没有“拥清”情绪，这需要具体问题具体分析，还有待可靠的证据。

也许有人会说：秀才们的“哭庙”，至少在客观上是对清廷的抗议。我觉得，这就不免有诡辩之嫌了。照这么说，任维初、朱国治的贪腐，也客观上危害了清朝的统治，我们能说他们是“反清”的吗？当然不能。

至于“哭庙案”，也可以用这样的眼光来看。这个案子中间有几次转折，第一阶段现场抓捕时，是连同诸生和县令（任维初）一并抓捕的，都交由道臣“研审”。这个时候对揭发者（诸生）和被揭发者（县令任维初）都还没有定性定罪，双方尚处于“平等”状态，甚至诸生稍具优势。到了第二阶段，亦即道臣研审时，任维初、吴行之已经认罪，证明秀才们的揭发完全正确。至此，应该说秀才们已经明显占了上风，处于有利地位。如果朱国治不插手，仍由道臣处理，相信此事会以秀才们的胜利而告终，甚至不会有“哭庙案”。

所以我认为，“哭庙案”实质上是从第三阶段朱国治直接插手以后才开始的，从此形势才急转直下，秀才们的正当揭发和诉求被置于一边，朱国治巧妙利用“哭临”这个特殊时机，把诸生的“哭庙”说成是“震惊先帝之灵”，并将其性质引向对抗政府、藐视朝廷、图谋不轨的方向，遂使此事上升为大案要案。

朱国治在“初审报告”中，说得还比较含蓄。到了第四阶段，即四大人会审后，在实际由朱国治执笔的“会审报告”中，就明确定性定罪为“聚众倡乱，殊干法纪”，用现在的话说，就是完全变成了颠覆政权和国家的“敌我矛盾”。至此，本案的“审理”实际上已经结束，剩下了就是判决和执行。

由此可见，“哭庙案”是一个由官方立案、办案、结案的特殊的大案要案，在这个过程中，秀才们是被动的、无辜的，甚至是毫不知情的，他们做梦也没想到会有这样的结局。然而读者和学者往往将“哭庙”和“哭庙案”混为一谈，说秀才们参加“哭庙案”，进而说“哭庙案”具有抗粮、反清之类的性质和意义，都是不恰当、不准确的。仅就“哭庙案”本身而言，它只是贪官污吏为了自保和报复，玩弄权术，欺下瞒上，制造的一起重大冤假错案。当然它对于清廷官方和贪官个人都是“有意义”的：通过这次血腥大屠杀（连同其他九案），进一步震慑了天下臣民，有利于政权的稳定和巩固，保住了贪官酷吏的职权和利益，并从中得到经验和启示，将这种残酷镇压视为强化统治的有效方式，为后来诸多“文字狱”树立了范例……

覃慧敏说：这样把“哭庙”与“哭庙案”分别开来认识，确实清楚多了。不过，还有一些细节值得注意。这些细节与如何认识“哭庙”和“哭庙案”有关，特别是与金圣叹在其中的角色和作用关系密切。

什么细节？快说说！石萌催促道：一定又是我没有注意到的。

覃慧敏说：首先，秀才们的“行动”是一次还是两次？

一次啊！石萌说：《辛丑纪闻》《哭庙纪略》《哭庙异闻》都是这样说的呀！

覃慧敏说：这三种记载虽然比较“权威”，但可能系同一个来源；此外还有不同的说法，如（乾隆）《苏州府志》就说：“（顺治）十八年二月，世祖章皇帝遗诏下，府堂哭临。第三日，生员倪用宾等列款具呈。巡抚朱国治发苏松常道王纪，即提吴行之等严讯，供实覆院。诸生发知府余廉徵羁候府治花亭；维初回县。次日，生员金人瑞、丁澜等哭府学文庙，教授程邑申报六案。”[①]根据这里的叙述层次：所谓“第三日”，应该就是《辛丑纪闻》等书所说的二月初四日；所谓“次日”，应该是初五日。既是两天，也就应该是两次。

再看“第三日”发生的事情：说倪用宾等生员“列款具呈”，也就是呈递揭帖，但并没有说“哭庙”（也有学者认为有“哭庙”[②]）。朱国治当即作出处置：一是让道臣王纪“严讯”吴行之，“供实覆院”；二是让知府余廉徵暂时把秀才们扣押在府治花亭；三是让县令任维初“回县”。这样的记述也很有条理，也有“现场感”。朱国治的处置，不仅没有解决秀才们揭发的问题，实际上还对秀才们作有罪推定；而任维初不仅无

---

① 《汇编》第89页。

② 详见严云受《金圣叹事迹系年》。《汇编》第147页。

罪，还大摇大摆地回县继续其恶行。

再看“次日”发生的事情：一是金人瑞、丁澜等“哭府学文庙”；二是教授程邑（翼仓）“申报六案”。这样的记述同样很明确，当天不仅有“哭庙”，还有程教授的“报案”。

以上这些细节，有的是《辛丑纪闻》等没有提到的，有的是其语焉不详的。据此可知：那两天，秀才们共做了三件大事：先是倪用宾等秀才们去哭临现场呈递揭帖；次日金圣叹、丁澜等秀才们“哭庙”；同日程教授参劾任维初“六案”。可见次日的活动一定与前一日发生的事情有关，也就是说，如果没有朱国治前一日的错误处置，就不会发生后一日的“哭庙”和“程参”。

所以严格说来，“哭庙”是发生在二月初五这一天，带头人是金圣叹和丁澜。《辛丑纪闻》说：“初四日，薛尔张作文，丁紫洄于教授处请钥，启文庙门哭泣，诸生拥至者百有余人，鸣钟击鼓，旋至府堂，乘抚、按在时，跪进揭帖。时随至者复有千余人，号呼而来，欲逐任令。”想是把两天的事情混为一天了。其中薛尔张作文，跪进揭帖，诸生拥至者百有余人，应该属初四日；丁紫洄（观澜）请钥、鸣钟击鼓，千余人呼号而来，应该属初五日。金圣叹、丁观澜等人只是“哭庙”，并没有参与到哭临现场呈递揭帖，这可能就是前两次抓捕都没有他俩的主要原因。

后来朱国治制造大案要案，便把三件大事都纳入其中，相提并论，并抓住其中“哭庙”这个典型环节，加以附会诬陷。后人不明其间的细节真相，便用“哭庙”来代表这个案件，于是“哭庙案”之名就被“约定俗成”了。其实“哭庙”仅指二月五日金圣叹、丁子伟等人的哭庙活动；而“哭庙案”则如庄兄所言，是官方案件，包括前前后后所有人的相关活动。

啊，原来是这样！石萌对覃慧敏说：果然心细如发啊，我怎么就没看到呢？

这些细节确实非常重要！范启明说：这样就有两个“哭庙案”了：一个是当时现实中具体案件的“哭庙案”，另一个是后人话语中的“哭庙案”。前者主要是由朱国治一手制造的；后者嘛，手脚就多了，我们也有责任。

柳新雨对覃慧敏说：这些细节是很重要的，但你所说的《苏州府志》，毕竟是乾隆年间的东西，不一定比《辛丑纪闻》等更可靠。

柳兄提醒的是！覃慧敏说：其实上述细节也是有旁证的，如《雅园居士自叙》说："（顺治）十八年辛丑春正月，世祖上宾，敷天同痛，哀诏至，抚司集绅士哭临。会有吴令某，私盗漕米，易值以媚抚。诸生某某，职践更者，不能平，因讦令诸不法事。抚某疑荐绅与其谋。诸生又以事不白，奔哭孔庙。"[①]据此可知，是"诸生某某"的"讦令诸不法事"在先，然后才有"诸生又以事不白，奔哭孔庙"。这与上述《苏州府志》所记是一致的，只是没有说明具体时间和人物而已。作者顾予咸既是"哭庙"的知情者，又是"哭庙案"的受害人，他的话，应该是最近实情的。

还有《丁氏宗谱》记载说：

> 公讳观澜，字紫回，原名兰，蕃卿公之长子也。顺治初入长洲庠，天才俊逸，倚马万言，若决龙门倒三峡，万夫莫能挽。性豪放，广结朋交，恣游名胜，画舫笙歌之费，一日百金不惜也。崇尚气节，矜名誉，销患解纷，其智勇往往出人上。辛丑之祸，从兄仲初拘系府治，公弗闻之也。因日者半仙言，期百日内犯血光灾，公慎避之，家人亦秘不告。是日期满，益慎不敢出。日且暮矣，渐可逍遥于门。甫及门，而诸生金人瑞等适至备道，所以挟与俱。配顾孺人曳裾而泣，公决眦椎胸大呼曰："宁有兄罹急难，而暇自全者乎？平日读书谈大节，亦惟此孝友耳！烈士锐身赴义，诚知所处也，我独非夫哉！"掉臂而去，哭不绝声，而半仙之言则验矣。[②]

丁仲初，即丁观生，是丁澜的堂兄。据此可知，丁澜应该还有一

① 《汇编》第83页。

② 《汇编》第90-91页。

个名叫观澜，除了字紫回（洄），还有字子伟。“辛丑之祸”，就是指因顺治十八年（1661）的“哭庙案”，兄弟俩同日被杀害，妻子家财籍没。这里的记载也很清楚：丁观生被捕在前，被拘押在“府治”。丁子伟先是不知情，后来恰巧遇到金圣叹等人，听说了事情原委之后，便跟着金圣叹等人走了。

家谱之类的记载，难免有“溢美”的成分，但就其事实部分而言，还是与上述细节大致吻合的，而且还透露出更多的当时情况：丁子伟的妻子之所以哭泣拉拽不让他去，是因为有不祥预感。她的不祥预感固然与算命先生（即“日者半仙”）的“百日内犯血光灾”的预言有关，但丁子伟的决心“烈士锐身赴义”以成全“孝友”“大节”，透露出他已经知道事态的严重性。他之所以知道事态的严重性，则是由于金圣叹的“备道”。也就是说，金圣叹不仅告诉了他事情的全部经过及原因，还告诉他下一步的行动计划，还预测了事态发展，以及可能带来的风险。

还有，《丁氏宗谱》所说的“日且暮矣”，很可能是指二月初四日的傍晚。那么丁子伟跟着金圣叹等人去干什么？当然是商议次日“哭庙”的事情。那么金圣叹的《哭庙文》《十弗见》文以及程翼仓的参“六案”文，可能就是当天晚上完成的。但程翼仓参劾文的呈送，应该走行政渠道，另外进行。

柳新雨点头说：我觉得这些确实是很硬的材料，足以证明“递揭（帖）”“哭庙”“程参”是三件不同的事情，是在不同的时间地点，以不同的方式举行的，不应该混为一谈。

这样看来，要是细分的话，二月初四倪用宾等人呈递揭帖，主要是从“官方”途径，检举揭发任维初的贪赃枉法；二月初五，金圣叹、丁子伟等人“哭庙”，主要是以“民间”方式，抗议朱国治的不公正处置；而程翼仓的参“六案”，则是通过“行政”渠道，要求罢免任维初的职权，三者途径和方式不同，侧重点也不一样，后二者同时还有声援前者的用意。

嗯，情况越来越明朗了。覃慧敏说：就朱国治一方而言，他之所以要把秀才们的“行动”办成大案要案、置之死地，除了前面说到的怕因任维初而牵连到自身以外，某种程度上说，也是一步步“被逼无奈”。二月初四日，秀才们在那样的场合呈递揭帖，可能令他惊讶和难堪，当即拘留几个秀才，原是情急之下的临时措施，试图以巡抚的威权来震慑秀才们，使他们不敢再有轻举妄动。同时也是要在众官面前显示自己的“魄力”，挽回并维护自己的“尊严”。如果秀才们退让了，并且没有次日的“哭庙”，也许事态就不会往更坏的方面发展。

第二天金圣叹、丁子伟等人的“哭庙”，以及蜂拥而来的千余人，使朱国治先前的用心全都白费：既没有吓唬住秀才们，也没能证明有“魄力”，更没能保住面子，而且任维初、吴行之都已全部交待，自己的劣迹已经败露。而金圣叹、程翼仓所写的哭庙文、参劾文等，也把事情公开化了。虽然其文至今未见，但想必其中有释放秀才、惩办贪官之类的要求，这都是朱国治所不能接受的。除了将其做成死案、杀人灭口之外，似乎也没有更好的办法。

《研堂见闻杂记》说：“郡绅顾松交（予咸），素与抚臣（朱国治）议左，抚臣心衔之。诸生之变起，抚臣始亦欲松交为调人，松交不应，于是愿得而甘心。既具疏，勘臣至，逼诸生，并牵染松交，亦即逮至江宁，同闭狱，去不死无间矣。”[①]看来朱国治也曾试图“和平解决”，并请求顾予咸从中调停。要知道，朱国治不仅比顾予咸官职高，而且对顾有成见，所以他找顾出面调停，也算是“屈尊”了，也确有“诚意”，不料却被顾予咸拒绝了！顾予咸后来回忆说：

> 呜呼！余无罪，故人冤之。揆厥所由，余性介不阿，绝人过当，达官长者素不干以私。若地方利弊所关，攘臂以起，直言无隐，往往触当途忌讳。当抚某之莅吴也，一日猝至，余实他往，疑故谢之，不怿。翼晨又来，摈从密语，语移晷，大都皆讲情面，余又答以道义。退而言曰：“此老倔强，利不可动，将来必长短我。”而杀机伏矣。祸甫脱，复以抗粮之罪

① 《汇编》第88页。

加三吴。尽上绅士之逋豪末者，请皆废斥，而仕籍学校为之一空。又以吴人怨己，恐旦暮不测，借防海名，请兵驻苏者三年，而民室一空。虽三吴之劫运，而实余阶之厉也。[①]

话虽说得委婉含蓄，其中的情由还是不难窥见的。顾予咸自己总结蒙冤获罪的原因：一向性格耿介，不阿权贵，往往不留情面地拒绝别人，又不愿意因私事求人帮忙。其实是承认自己不恰当地拒绝了朱国治的请求，而且不止一次。朱国治第一次来，没见到顾予咸，顾的解释是不在家，但朱国治难免会理解为故意不见，当然不会高兴；第二次来，见到了，支开旁人，与顾予咸“密语”良久。“大都皆讲情面”，透露朱国治讲了很多“私密”的“好话”，请顾予咸帮忙化解眼前的危机（诸生的发难）。而顾予咸却“答以道义”，不仅断然拒绝，还用“大道理”明里暗里教训朱国治一番。朱国治这种人，怎能不羞恨交加、咬牙切齿？发狠说：“此老倔强，利不可动，将来必长短我。”表明朱国治对顾予咸已彻底绝望，又料定他会为害于己。他知道，顾予咸不仅是在职朝官，而且任职吏部，能够直接影响到自己的政治前途；何况顾予咸家在苏州，德高望重，拥有雄厚的群众基础。从顾予咸自述的入狱后“吴中人士万口同声，街谈巷语，靡不唾骂某而痛惜余，每夜必焚香祝天。会大旱，诸司步祷，民皆曰：‘烹弘羊，天乃雨’”；获释回家途中，“（沿岸士民）争相物色，以无恙为快”；回到苏州，“倾城求见，日数百人”[②]……这些情况表明顾予咸的地位和人望确实非同一般！以朱国治的老奸巨猾，深知顾予咸既然不能成为“强援”，就必然成为“死敌”，只有设法除掉，才能根绝后患。

另外，从顾予咸的“若地方利弊所关，攘臂以起，直言无隐，往往触当途忌讳”来看，他在诸生的“行动”中，是不会袖手旁观的，应该有实际的参与，至少也会起到指导和支持的作用。薛尔张供词说顾予咸

---

① 《雅园居士自叙》。《汇编》第 85–86 页。

② 详见《雅园居士自叙》。《汇编》第 85 页。

不看揭帖并丢在地下，可能是他们“统一”好了口径。初审时薛尔张打死不说顾予咸“知情”，可知薛尔张是要死保顾予咸的；后来又承认顾予咸不看揭帖并丢在地下，应是出于各方考虑而作的妥协：一方面缓解四大人的压力，一方面让自己少吃苦头，一方面给想保顾予咸的人一点借口，同时也使顾予咸的表现看上去更加合情合理，不仅没有加重顾予咸的罪过，反而显得他更识大体、顾大局。显然，这是一个很智慧的妥协，想必背后有高人指点。

薛尔张的这个“新证词”，明眼人一看就知其中有问题，不足为信，但最终还是被采信了。这是为什么？《研堂见闻杂记》说：“松交好友张无近，为之行金上下，捐数万金与四辅，特批免绞并免革职，得不死，而诸生斩。”[①]“四辅”当是指顺治皇帝遗诏指定的四个辅佐康熙皇帝的大臣：索尼、苏克萨哈、遏必隆、鳌拜，是实际上的最高统治者。张无近为了“捞”出顾予咸，竟然将“数万金”送到四大辅臣那里，可谓神通广大。四大辅臣接受了金钱，自然是要帮忙的。所以薛尔张的“新证词”，很有可能是四大辅臣的授意。后来议政王等“会议”先是维持原判，遭到“圣旨”驳回；后来议定顾予咸革职，又遭议政王否定；后来议政王索性直接说：顾予咸无罪不应革职，这才通过。看得出议来议去，其实主要是为了解救顾予咸。可怜，一向不愿求人的顾予咸，这回为了身家性命，可谓不惜代价。顾予咸背景如此深厚，关系如此通天，这是朱国治始料未及的，所以当他听说顾予咸“免绞、免籍没，并免革职”时，“拍案大怒”，咬牙切齿道：“老奴有如此好手段耶！”饶是朱国治老奸巨猾，终于还是让顾予咸逃脱了。此时的朱国治，或许已经有了不祥的预感。

总之，朱国治制造“哭庙案”大行杀戮，固然有其自身的各种原因，但诸生行动的不断升级，任维初、吴行之的认罪（牵涉到朱国治），程教授的公开参劾，顾予咸的严辞拒斥，等等，都有不同程度的刺激和逼迫作用。如果没有金圣叹等人的“哭庙”和顾予咸的拒斥，事态的发展

---

① 《汇编》第88页。

将会不同，也许不会造成如此惨痛的结果。顾予咸自己也说：

> 祸甫脱，（朱国治）复以抗粮之罪加三吴，尽上绅士之逋豪末者，请皆废斥，而仕籍学校为之一空。又以吴人怨己，恐旦暮不测，借防海名，请兵驻苏者三年，而民室一空。虽三吴之劫运，而实余阶之厉也。①

他觉得朱国治之所以对吴地士绅和民众如此荼毒，自己是有很大责任的，为此而深怀自责和歉疚。这也从另一个方面反映出朱国治的暴行也是“事出有因”的。

当然，我这样说并不是要为朱国治开脱，也不是要指责金圣叹、顾予咸等人。无论如何，朱国治们的屠夫凶残，秀才们的义勇抗争，士绅们的正直不阿，这种大是大非不能混淆颠倒。正如赵诒琛说：“余尝谓满人初入关，于汉人风俗性情不免隔阂。而‘哭庙案’‘金坛案’等，及后来文字大狱，遭惨杀者数百人，大都皆汉人导而成之。今清社已屋，当时凶焰万丈之酷吏，早已绝嗣，为万世吐骂！而罹祸士类姓氏，至今流芳！试为一较，孰得孰失哉？！”②这话很有道理，也很有代表性。总之实际的情况非常复杂，在认识和评价时，不能简单化、表面化。

对对！李大白对覃慧敏说：你讲的这些情况都很重要，还有你的分析和观点，我完全赞同！我想说的是，不能过分夸大金圣叹、顾予咸等文士的“过激”行为所带来的负面作用，让人误以为是由于他们的忍让和圆滑不够，才导致朱国治和当局痛下杀手。如果真有人这样以为，那就大错特错了！事实已经很清楚，造成“哭庙案”的直接原因是贪官污吏的贪婪残忍，根本原因是统治者的暴虐压迫。文士们在那样一个血雨腥风、敏感恐怖的环境下，敢于公开揭发贪官、主张正义，是非常难能可贵的！他们的正义、担当、勇敢和坚强，都是可歌可泣、值得敬佩的！

---

① 《雅园居士自叙》。《汇编》第 86 页。

② 《雅园居士自叙》附语。《汇编》第 87 页。

柳新雨说：我觉得，也不能过分强调“汉人”的问题。赵诒琛说这话，是在一九三八年的十月，当时日本侵略者正在肆虐中国，他这么说，可能有其现实考虑。但如果仅从这个角度去认识“哭庙案”，就难免出现偏颇，仿佛这只是“汉人”一手造成的，跟清朝统治者没有多大关系，这也是大错特错的！朱国治是制造“哭庙案”的主谋，但这跟他是否“汉人”没多大关系，而是由他的邪恶本性和贪婪私欲所驱动。而最终决定秀才们家破人亡的，还是最高统治者。他们对秀才们的冤屈、贪官们的罪恶其实心知肚明，但是，在上者为了权力稳固，在下者为了自身利害，其实都是为了满足私欲，于是一拍即合，共同制造了这场大屠杀，而置事实、公理、法纪及良知于不顾。类似的情况，在中国历史上可谓层出不穷，并不只限于清朝。

说得好！田老师称赞道：是应该注意这些问题。虽然人的根性和修养有差别，虽然也有人种和民族的不同，这些都会影响到人的行为。但人的社会行为，特别是像“哭庙案”这样的重大事件，其决定因素，还是特定的社会环境，尤其是政治制度和物质利益。所以应当综合考量各种因素，而不能片面强调某一种因素。这些道理其实大家都明白，甚至说起来头头是道，但是一旦进入具体问题的分析和评价，往往会被特定“语境”所感染，自觉不自觉地走向偏颇，越走越远，以至“流连忘返”。

范启明说：认识这类问题，容易“见小不见大”，只盯住局部，看不到整体；但也容易“见大不见小”，只从“大背景”上“宏观”，缺乏深入细致的工作。我们这代人，往往会出现这样那样的问题，这与我们所经受的时代和教育有关，根深蒂固，没办法，这辈子怕是难以根除了。你们很幸运，赶上了好时代，很有希望！

阿弥陀佛！善哉！善哉！方丈说：后来居上嘛，年轻人感受敏锐，思想活跃，只要肯下功夫，就会有新的创获。你们关于“哭庙”和“哭庙案”的讨论，就很有新意。但是金圣叹在此过程中究竟起何作用？还有他在狱中家书里为何说“无意得之”？各位有何高见？

这个问题我还没想好，试着说说吧！陶然说：刚才听大家谈论时，我就在想，对金圣叹在此过程中的情况，也应该区别看待。所谓“此过程”，是指包括“哭庙”及“哭庙案”所有相关人事及其活动的全过程，姑且仿照今人使用代号的方法，称其为“辛丑事件”吧。这是个“总事件”，其中包含两个“子事件”：一个是“哭庙”，一个是“哭庙案”。我看到以往人们在谈论“金圣叹与哭庙案”问题时，大都不加分别。不加分别，就难免指向不明，也就分不清是说哪个事件中的金圣叹，相关的认识和评价也就很难有的放矢。

实际上，还可以而且有必要进一步分别。从刚才大家的谈论可知，“哭庙”是笼统称谓，是个大概念，其中主要包含三个活动：即倪用宾等人的递揭帖、金圣叹等人的哭文庙、程翼仓的参六案（可简称“倪揭”“金哭”“程参”），严格地说，只有金圣叹等人的哭文庙，才是真正的哭庙。

值得注意的是：这个案件在当时的官方文件中并不称“哭庙案”。朱国治第一次上疏（即初审报告）朝廷时，只是说“为县令催征招尤，劣生纠党肆横，谨据实陈奏，亟求法处事”，并没给它一个缩略的称谓。第二次上疏（即会审报告）时，仍没有缩略名称。不仅没有称“哭庙案”，甚至连“哭庙”两个字都没有提到。第二次上疏之后，“居数日，又传邸报云：‘江宁会审、金坛叛逆、镇江失机、吴县抗粮等案，奉旨着议政王、贝勒、大臣、九卿科道会议，详悉具奏’”。所谓“邸报”，是朝廷下发的政情通报之类，这是正式官方文件中首次使用“吴县抗粮案”的提法，后来也有直接简称“抗粮案”的。然而官方称“抗粮案”是可以理解的，但是民间（包括后人）也称“抗粮案”，就不合适了，因为“抗粮”乃是朱国治强加给秀才们的罪名，并得到朝廷的认同。如果民间和后世也这样称谓，就等于认同了朱国治及清廷。

至于“哭庙案”的称谓，其实也不够准确，但是由于后世记载和论述中经常使用，似乎已经“约定俗成”，很难纠正过来，只好“将错就错”了。

前面说到，“哭庙案”是以朱国治为代表的清政府制造的一起重大冤假错案，根据会审报告，被纳入此案的事项主要包括：一、秀才倪用宾等跪递揭帖、鸣钟击鼓、聚众倡乱事；二、顾予咸主使秀才写揭帖倡乱讦告事；三、书办吴之行私粜粮米事；四、知县任维初贪赃枉法事（可简称“倪案”“顾案”“吴案”“任案”）。由此可知，后人约定俗成的“哭庙案”，在这里连“哭庙”两个字都没提到，看来是并到“倪案”中了。

有了这样的分别，金圣叹在其中的情况就比较容易观察了，但要先明确金圣叹在“哪里”的情况？如果是在“哭庙”中，据我所知，人们所说的“哭庙”，一般是就笼统的“哭庙”而言，亦即是把递揭、金哭和程参三个活动视作一回事。但是现在我们知道：金圣叹只参与了其中的一个活动即“金哭”。也就是说，金圣叹既没有参与二月初四日的递揭帖，也没有参与程翼仓的参六案，他只参加了二月初五日的哭文庙。因而就笼统的“哭庙”而言，说金圣叹是发起者、主谋、领袖之类，都是不准确的。

但是，由于“金哭”在整个“哭庙”中具有特殊地位和意义，金圣叹的角色和作用也就比较特殊。前面说到：在“倪揭”活动中，朱国治虽然现场抓走十一名秀才，但他当时还没有直接插手其事，也没有正式立案，更没有下决心杀人灭口。只是到了“金哭”和“程参”之后，事态才急剧升级和转折，朱国治在确认震慑无效、调停无望之后，才决心将此事做成大案要案，借朝廷的名义，达到其杀人灭口的目的。此其一。

“金哭”的动机和诉求也和“倪揭”“程参”不同，主要是为了声援、解救因“倪揭”而被扣押的秀才们，同时也是为了抗议朱国治的错误处置，要求得到公平对待，维护权益和正义。这些已经超出揭发贪官、驱逐县令等具体诉求的层面，具有抽象的权力诉求意味。前者属于“刑事”问题，后者属于“政治”问题。此其二。

与此同时，“金哭”还伴有《哭庙文》《十弗见》等，具有舆论宣传、鼓动民众、扩大影响等作用。又鸣钟击鼓，召集群众，造成很大的群体声势。此其三。

总之，“金哭”是整个“哭庙”活动的主体与核心，既强化了“严重”程度，也改变了性质，并且标志着“哭庙”的高度。在“哭庙”转变为“哭庙案”的过程中，起到了至关重要的作用。金圣叹是“金哭”的首要策划者、发动者、组织者，同时也是主要文件的执笔者、实际活动的参与者。因此“金哭”在“哭庙”中所有的地位、作用、意义及影响，大都可以归属金圣叹。这或许就是钱宫声对程翼仓说有金圣叹、丁子伟便足以塞责的主要原因吧。当然，可能还有其他原因。

至于金圣叹在“哭庙案”中的情况，要说清这个问题，须先明确“哭庙案”是一个官方（朱国治）制造的冤假错案，金圣叹在其中完全是被动的，是最悲惨的受害者之一。

从朱国治执笔的四大臣会审报告中可以看出：他们给秀才们定罪的主要依据有两条：一是“殊干法纪”，这是就“于举哀公所，要打知县，跪递匿名揭帖”而言的；一是“聚众倡乱”，这是就“鸣钟击鼓，招呼数千人，摇动人心”而言的。二者虽然都是重大罪过，但显然后者更加严重，甚至可以说，最后判处如此惨重，主要是由于后者。而所谓“鸣钟击鼓，招呼数千人，摇动人心”，其实就是指“金哭”。换言之，朱国治主要是抓住金圣叹等人的哭文庙，才把案子附会到“聚众倡乱”上来。

大家可能已经注意到，朱国治第一次上疏时，对事件的定性还不是很明确，但到第二次上疏时，就明确定性为“聚众倡乱”了。这透露出朱国治心态的变化：他以为如果不把此案做成死刑案件，就不能根绝后患；要做成死刑案件，就必须往“聚众倡乱”上靠，而金圣叹等人的哭文庙，正好可以利用。这就可以解释为什么金圣叹、丁子伟是最后一批被抓捕的，也可以解释为什么钱宫声说有他俩足可塞责了。因为只要有他俩，就足以定下“聚众倡乱”的罪名了。

从这个意义上说，金圣叹“帮助”了朱国治，使其得逞了险恶用心，当然圣叹是“无意”的；金圣叹“坑害”了秀才们，使其惨遭极刑，当然圣叹也是“无意”的；甚至可以说，是金圣叹“促使”这个案子升级为大案要案古来罕见的惨案，当然他还是“无意”的；圣叹也“坑害”了自己和亲人，不仅家破人亡，还落个“聚众倡乱”的罪名，当然他根本就“无意”于聚众倡乱……由此可知，圣叹临刑前说“无意得之”，实在是含义丰富而又深长啊！

唔，这样解说，很清楚，很有新意，也符合实情！范启明说：很多记载说金圣叹受刑时“口呼先帝”，你们怎么看？

柳新雨说:这是金圣叹在本案的“独特”表现，所以给人印象深刻，迄今未见有令人满意的解释。我觉得，这是可信的，而且与“无意得之”有关，也可以作为“无意得之”的一个证明和注脚。

怎么讲?范启明问。

柳新雨说:我觉得，必须联系当时的“情境”来理解。金圣叹是在严刑拷打之下才大呼“先帝”的。四大人之所以严刑拷打，是想让圣叹招供，供认自己鸣钟击鼓、震惊先帝、聚众倡乱、图谋不轨等罪行，及其幕后策划者。圣叹这时口呼“先帝”，最直接的动机，是想让四大人停止拷打，问他为什么呼喊先帝。这样既可以少受皮肉之苦，又可以得到解释的机会。但是四大人成心要逼他招供，根本就不给他这个机会，反而说他是诅咒新帝(康熙)，还多掌了几十个嘴巴。假设四大人真的停止拷打，让圣叹解释，圣叹会说些什么呢?

石萌立即接道:当然要说先帝如何赏识他，是他的“知己”啦。

不错!柳新雨说:但还不止这些。圣叹一定还会说:我蒙先帝如此赏识，感激涕零，日夜想着如何感恩报答，为先帝和国家效力。不料先帝宾天，我是最悲伤、最痛苦的人之一，怎么可能有意去“震惊先帝之灵”呢?更不可能去“聚众倡乱”啊!

如果四大臣没有先入之见，认真听取圣叹的说明，结果肯定会不一样。庄言说:不过，圣叹口呼先帝，可能还有别的原因。《辛丑纪闻》说:“是时，金坛、镇江、无为告共九案，计一百三人，大约因己亥海寇之来，故及于祸。己亥秋，抚军以状闻，世祖章皇帝曰:‘他们怕死耳!不必问。’事遂寝。至今年，世祖崩，抚臣朱国治欲行杀戮以示威，遂成大狱。”“己亥”即顺治十六年(1659)，当时顺治皇帝听到“海寇”的案情报告，表示不要大惊小怪，他们怕死，不会怎么样。直到顺治去世，朱国治等才得以大行杀戮。这说明顺治是个比较“仁慈”的皇帝，不会相信秀才“聚众倡乱”之类的夸大其词。圣叹大呼先帝，也许是要暗示四大人:如果先帝还在，是不会出现这样颠倒黑白的冤假错案的;应该遵循先帝的政策，不要这样陷害我们这些善良文人。

特别是金圣叹，更不应该遭到这样的对待。覃慧敏补充说:圣叹如果真是这么想的，还可以为“都门喜讯”确有其事提供一个证据。圣叹可能还会想：如果顺治皇帝早一些把我征召到朝廷，我不仅可以施展抱负，也不会遭遇这场飞来横祸！

这个我倒是有些不同理解。柳新雨说：我觉得，也许圣叹本来就对“都门喜讯”理解有误：顺治皇帝只说他是“古文高手”，并不意味着一定是出于赏识，更不意味着要重用圣叹。因为“古文”的含义很复杂，如果顺治指的是其中的“微言大义”，甚至“诲盗”“诲淫”之类，就有可能是否定性的意见。而木陈忞的旁敲侧击，说圣叹像李卓吾一样，也可能是听出了顺治有这样的微词，故意迎合才这么说的。而顺治对圣叹的这个微词，身边的大臣都是知道的，所以才会出现圣叹越是口呼先帝，四大臣的拷打越是狠毒的“异常”情况。可怜！无所不知的金圣叹，或许到死都没悟出来其中的“玄妙”。

柳兄此说惊世骇俗！以前从未有人窥破这一层啊。陶然称赞道。

哪里哪里，不过是推测而已。柳新雨说：我觉得，对金圣叹的狱中家书，也需要作全面的理解。其实关于这封家书，有不同的版本，比较而言，《辛丑纪闻》的更可信一些：

> 杀头，至痛也！籍没，至惨也！而圣叹以无意得之，不亦异乎？若朝廷有赦令，或可相见；不然，死矣！

这是目前所知圣叹狱中唯一的家书，但看上去既不像是全文，也不像是原文，应该是“纪闻”者的转述或再转述。

“杀头，至痛也！”不只是说皮肉上的极其疼痛，更是说失去头颅是最为痛心的！我认为圣叹这话既是说自己，也是对所有爱惜他的生命和才华的人说的，言下之意：杀头这一刀是最疼痛的，但更痛心的是，从此不能继续亲情，继续友爱，继续思考，继续写作，还有很多想做的事和想说的话，可是生命就这样戛然而止了……

“籍没，至惨也！”不只是说妻子被流放、家产被抄没的极其悲惨，更是说自己惨遭杀害，老妻和儿子也性命难保，实在是惨而又惨！言下之意：家破人亡固然惨痛，但更惨痛的是，妻子儿女被流放也性命难保，金家将断子绝孙。原以为一家人饥寒交迫是很悲惨的事，现在想在一起饥寒交迫也不能够了。作为一家之主，作为丈夫，作为父亲，自己无言以对……

“圣叹以无意得之”，不是说（罪名所指的）那些事是自己无意中做的，而是说自己并没有那样的动机和目的。言下之意：造成这样的惨状，我固然有责任，可是这不是我应该得到的啊！因为我原本就无意于“震惊先帝”“聚众倡乱”。相反我是满怀对先帝的感激，为了公平正义，为了政治清明，为了天下太平……

“不亦异乎？”不是一般的情况异常，而是说极其诡异！言下之意：如此混淆是非、颠倒黑白的冤假错案，竟然能够成立？如此善良正直的士人，竟然遭此极刑？如此祸国殃民的官吏，竟然逍遥法外？这究竟是为什么……

“若朝廷有赦令，或可相见”，圣叹应该知道，这不过是好心狱卒的“善意谎言”，但他仍然对此抱有幻想，可见他并不想死，也没有死的准备。这也表明圣叹自信确实没有犯罪，所有的罪名都是冤枉的，同时对“朝廷”并未完全丧失信心。言下之意：“朝廷”应该是公正的，“上头”应该有明白人，一旦查明真相，他（还有其他秀才）就会获释回家。圣叹此刻比任何时候都想念他那贫寒的家……

“不然，死矣！”圣叹心里清楚，唯一能够让他获释回家的，就是“朝廷赦令”。因为案件既然能够被“做”到这一步，足见“做”成此案的人地位之高，权力之大，手段之狠毒。只有朝廷（皇帝）才有力量逆转此案，改变判决。然而朝廷高远，黑幕重重，恐怕是难免一死了……

我觉得，金圣叹这封家书虽然很简短，但感情复杂，含义丰富：在表明自身清白无辜的同时，还隐含着对冤案的质疑和抗议，还有对朝廷的幻想，对家人的歉疚，对生命的留恋，对死亡的态度……

柳兄的解说很细致也很感人！使我们对圣叹最后的心态有了更深入的了解。庄言说：选择《辛丑纪闻》的家书文本，也是很有眼光的。有记载说："(圣叹)以'哭庙'被收，弃市之日，做家信托狱卒寄妻子。临刑，大呼曰：'杀头，至痛也！灭族，至惨也！圣叹无意得此，呜呼哀哉！然而快哉！'遂引颈受戮。狱卒以信呈官，官疑其必有谤语，启缄视之，上书曰：'字付大儿看：盐菜与黄豆同吃，大有胡桃滋味。此法一传，我无遗憾矣！'官大笑曰：'金先生死且侮人！'"[①]还有记载说："金(圣叹)临刑时，其子泣送之。金曰：'有一对，尔属之："莲子心中苦。"''莲''怜'借音巧合。子方悲痛，久而未答。金曰：'痴儿，是何足悲乎？吾代尔对："梨儿腹内酸。"'此盖志气早定，故临难不迷也。"[②]这些记载把各种相关传闻和想象混为一谈，在情节、时间、语境、文字等方面，漏洞百出，不足取信，并且有意无意地淡化了事件的悲剧性，使其具有某种喜剧效果，将金圣叹变为一个游戏人生、滑稽可笑的形象，让读者在嬉笑中忘记了血腥，这显然是有违情理的，也是不符合史实的。

没错！李大白说：这让我想起鲁迅那段著名论断："还有最有名的金圣叹，'杀头，至痛也，而圣叹以无意得之，大奇！'虽然不知道这是真话，是笑话，是事实，还是谣言，但总之：一来，是声明了圣叹并非反抗的叛徒；二来，是将屠户的凶残，使大家化为一笑，收场大吉。"[③]鲁迅这话应该是根据王应奎《柳南随笔》的记载："及狱具，圣叹与十七人俱傅会逆案坐斩，家产籍没入官。闻圣叹将死，大叹诧曰：'断头，至痛也；籍家，至惨也！而圣叹以不意得之，大奇！'于是一笑受刑。其妻若子，亦遣戍边塞云。"[④]对照《辛丑纪闻》，可见王氏做了几处"手脚"：一是把"不亦异乎"改为"大奇"，淡化了质疑、揭露、抗议的意味；二是添加了"一笑受戮"，貌似轻松从容，实则给人滑稽可笑之感；三是把家书改成了"叹诧"，又和"受戮"相连，让人误以为圣叹说这话是在刑场。鲁迅既受了这种"随笔"式记载的误导，进而作

---

① 金清美《金圣叹》。《汇编》第30页、第91—92页。

② 采蘅子《虫鸣漫录》。《汇编》第31页。

③ 《"论语一年"——借此又谈萧伯纳》。《鲁迅全集》第四卷，第582页。

④ 《汇编》第23页。

出金圣叹“将屠夫的凶残，使大家化为一笑，收场大吉”的结论，显然是冤枉了圣叹，责任实际上在这则传闻的编造者那里，而不在金圣叹。但鲁迅抓住“屠夫的凶残”这个要害，一针见血，非常老辣。

鲁迅还说过：“讲起清朝的文字狱来，也有人拉上金圣叹，其实是很不合适的。他的‘哭庙’，用近事来比例，和前年《新月》上的引据三民主义以自辩，并无不同。但不特捞不到教授而且至于杀头，则是因为他早被官绅们认为坏货了的缘故。就事论事，倒是冤枉的。”[①]这也是一段很著名、影响很大的评论，我们以前谈论时也提到过。撇开其现实背景和针对不谈，就其最后对金圣叹死因的推断而言，同样是一针见血、非常老辣的。所谓“早被官神们认为坏货了”，是说金圣叹早就引起官绅们的深恶痛绝，如归玄恭，就必欲杀之（圣叹）而后快的。圣叹的哭庙，正好为他们提供了机会和借口。所谓“就事论事，倒是冤枉的”，是说仅就圣叹哭庙这件事而言，圣叹原是没有“反清”动机的，最后以“聚众倡乱”被杀害，实在是死非其罪的千古奇冤！

陶然说：说到圣叹的最后状态，他的《绝命词》三首也很值得注意：

鼠肝虫臂久萧疏，只惜胸前几本书。
虽喜唐诗略分解，庄骚马杜待何如？

**与儿子雍**（吾儿雍，不惟世间真正读书种子，亦是世间本色学道人也）
与汝为亲妙在疏，如影随形只于书。
今朝疏到无疏地，无着天亲果宴如。

**临别又口号遍谢弥天大人谬知我者**
东西南北海天疏，万里来寻圣叹书。
圣叹只留书种在（儿子雍），累君青眼看何如。[②]

---

① 《谈金圣叹》。《鲁迅全集》第四卷，第924页。
② 《诗选》第90–92页。按：小括号内为原小字注文。

《沉吟楼诗选》在《绝命词》题下有小字注说:“以下三首皆先生临难时作也。”据此可知,这应该是金圣叹的最后文字,最能体现圣叹生命最后时刻的状态。

圣叹用绝句来作“绝命词”,真是“适得其用”。然而在临死前用诗的形式作最后的交待,也可以想见圣叹当时的平静从容和深思熟虑,并非仓促即兴之作。

从形式上看,第二首题作《与儿子雍》、第三首题作《临别又口号遍谢弥天大人谬知我者》,诗中又有小字注明“儿子雍”,但第一首没有题目。感觉这三首诗可能不是写于同一时间,而是陆续写成的,尤其是第三首,似乎跟前两首相隔时间较长,在“临别”时,又“口号”这四句。

在我看来,第一首实际上是写给自己的,仿佛是一个金圣叹在和另一个金圣叹对话。一个问:“你快要死了,心里不难过吗?”

另一个答:“有什么好难过的呢?我熟读《庄子》,‘鼠肝虫臂’的道理还是懂得的;我自幼学佛,‘诸行无常’的教义还是知道一些的;我还读得几本圣贤之书,对‘生死有命’也曾有过思考,说实话,我早就想明白这些问题了。死不过是肉体生命的变化而已,你看我这四肢,这五脏,原本就不知是从何处何物变化而来,也不必问它将变化为何物去何处。生命无时无刻不在变异、流转、大化之中,活多久都是短暂的;在短暂之中也有永恒。我曾经说过:凡夫眼光短,故云生死;圣人眼光长,故云死生。舍身、受身之际,犹如旦暮。凡夫只在意死,但圣人更在意生。死是另一种生,或许更加新鲜,更加精彩。”

一个又问:“那么,是什么因素决定另一种生的新鲜精彩呢?”

另一个又答:“当然是此生的修为啦。不过,这种修为不是物质性的,而是性情上、精神上,也就是‘道’。你的修为境界越高,你的另一种生命就越精彩。”

一个又问:“那你觉得自己的修为怎么样?”

一个又答:“有可喜,也有遗憾。”

一个又问:“怎么讲?”

另一个又答："可喜的是，分解了唐诗，也就是《贯华堂选批唐才子诗甲集七言律》。说来有趣，这本书原不在我的评点计划中，是临时赶制的，比较仓促，也很粗略，没想到它却成了我的绝笔之作！现在想来，如果不是那个'都门喜讯'，我也许不会拼命赶制，突然遭此意外祸难，真要两手空空去见孔老夫子了。不瞒你说，我的心性修为、道德文章、情怀寄托，这部书里都有体现，总算是对古先圣贤、天下后世有个比较满意的交待。不过，我一直想做的《庄子》《离骚》《史记》、杜诗，有的只开了个头，有的做了一部分，如果能再给我一些时间，把它们全部完成，那就是功德圆满了。可是，现在看来，是不可能的了。"

一个又问："你的其他著作，比如给你带来大名的《水浒传》《西厢记》，为什么不提？难道你觉得它们不重要吗？"

一个又答："啊，都是心血凝结，怎么会不重要呢？可是，在这一首不足三十个字的绝句里，是没办法一一列举的，只能举出一部作为代表。之所以举这部书为代表，不仅因为它是我的最后著作，还因为'唐诗'，特别是唐人七律，兼有'六经'的功能和意义，最能代表圣贤的意志和性情……"

一个又说："你说说，你的'六才子书'就是你的'六经'吗？你的'唐律'兼有了你的'六经'？"

另一个又说："我可没这么说啊！不过，你能作这样的理解，我还是很欣慰的，因为我确曾有这样的志向。你又要说我狂妄了吧，是的，我承认，我一直自信，很狂妄。没办法，谁让我是金圣叹呢？"

圣叹说完自己，又一次把这个人世上所有和自己有关系的人，一个一个都在脑子里过滤一遍，人还真不少，家人、亲人、爱人、友人、同学、同道、邻居、老乡，乃至仇人、敌人，男人、女人；还活着的人、已经死去的人，仅有过接触、相互认识的，就有几百个；还有很多只闻其名、未见其人者，真的不计其数。自从知道自己必死无疑、为时不多之后，圣叹不止一次地回想其中的很多人。开始圣叹觉得有很多话要对很多人说，可是越想说话就越觉得不知说什么好。此刻，最后的时刻即将来临，圣叹越发觉得不必多说了。能放下的，都已经放下了；不能放下的，也只好放下。能说话的，说多少都不够；不能说话的，说多少都多余。况且，该说的、想说的，以前在一起时，都说得差不多了……

过滤到最后，只剩下一个人，就是儿子金雍，圣叹无论如何也过滤不过去。圣叹心想：是了，怪不得过不去，因为这个人有一半是我自己，或者说是我在这个尘世的部分存留，也可以说是我生命的另一种形式。而他也在我的生命里，我也是他的生命的另一种形式。我必须和他作一个剥离，来一个了断，否则我们俩的灵魂都不能自由翱翔……

于是圣叹对金雍说："儿子，世界上有各种各样的父子关系，我觉得我们这种父子关系是最美妙的：既亲又疏，疏中有亲，亲中有疏。虽然我们整天如影随形，但我们更像是一对书虫，两个志同道合的朋友，是相互的知己。只有我最知道，你是世间真正的读书种子，而且是世间最本色的学道人。你的性格比我沉静，你的心地比我纯粹，你的敏悟比我深刻，你的言行也比我平和……你是一个更年轻、更优秀的我。有你这样的新我，旧我可以释然而去了；而且我希望你彻底扬弃我，完全忘记我，成就一个全新的你。还记得'无着天亲'的故事吗？他们兄弟俩各有造诣，并至圆满。我就像那长兄无着，先往天国，在那里等待着与你这位天亲小弟相聚，一起徜徉于极乐世界，那该多好啊！"

圣叹即将被杀的消息传出后，有人大为快意，但更多的人为之惋惜，为之悲哀。尤其是热爱圣叹著作的读者，很快就把书店里的圣叹著作抢购一空，很多书坊主赶到圣叹家里访求手稿；还有不少人从老远的地方赶到江宁，想方设法打听圣叹的消息，等待着看圣叹最后一眼……这既在圣叹的意料之中，又在他的意料之外。圣叹有些感动，于是口中念道："谢谢大家！谢谢普天下知我爱我的人们！大家不辞劳苦，不远千里万里，从天南地北来到这里。我们以前不曾相识，以后更不会相见，是书把我们沟通起来、联系起来。我写书本来就是为了天下人，能够得到天下人的如此热爱，我也就心满意足了！可惜，我不能再为天下人写书了，但是我给天下留下了'书种'——我的儿子金雍，青出于蓝，他的才智在我之上，我相信你们会更加热爱他的为人和他的书，我也希望你们更加珍惜他和他的书。拜托！拜托！"

然后，圣叹便被押上刑车，走上刑场……

这就是圣叹的最后状态。

我觉得，圣叹在离开这个世界之前，既不会大叫："二十年后又是一条好汉！"也不会搞笑说"痛快！痛快！"然后"一笑就戮"。既不会魂飞魄散、瘫软如泥，也不会东张西望，幻想有"大赦"或"劫法场"之类的奇迹发生。他什么都想明白了，什么都放开了，因而他应该是安详地、智慧地、有尊严地离开的……

石萌眼里闪着泪光，低声说：我也是这样想象的，但还是觉得很悲惨！

李大白说：最后时刻的圣叹，当然也会有痛苦和悲哀，但他已超越了自身，而进入更为广大的慈悲境界。因为他有几十年的修道功夫，长期沉浸在精神世界，早已了悟生命的意义。所以他的《绝命词》不再质疑案件的不公，也不再申诉自己的冤枉，仿佛完全跟自己无关一样。这并不是说他接受了那些罪名，而是对现实的彻底绝望，绝望之后的彻底超脱。

柳新雨说：随着金圣叹和其他十七名秀才被杀害，这个震惊天下的重大冤案"哭庙案"也就宣告结案了。现在来看金圣叹在其中的作用和意义，就更加清楚也更加突出了。除了前面说到的，我觉得，还有一些"相关"的作用和意义。

《辛丑纪闻》说："十七人者，皆可因圣叹一人而传矣！"《哭庙异闻》也说："然此案已载入志乘，以雪诸生之冤。则此十七人者，固可因圣叹先生而传，又可因志乘而十八人相与并传不朽矣。"[①]都认为那十七名秀才虽然惨死于"哭庙案"，但因一同遇难的有金圣叹，十七人才和圣叹一起名扬天下，得以"不朽"，也算是不幸中的大幸了。

事实也确实如此，这十七名秀才，在"哭庙案"之前，都是默默无闻的，金圣叹绝对是遇难者中名气和影响最大的一个。"哭庙案"之所以在当时和后世引起如此广泛的关注，也与金圣叹有密切关系。然而

---

① 《汇编》第 82 页。

这种“名人效应”也是双刃剑：一方面引起办案者的高度重视，有可能从重从严处罚，从这个意义上说，十七人可能因圣叹而“受累”；但从另一方面看，也可能使办案者慎重其事，甚至有所让步，从这个意义上说，十七人也可能因圣叹而获益。不幸的是，事态并没有朝着有利于十七人的一面发展。但就“身后”而言，十七人，连同顾予咸，甚至朱国治等“反面人物”，之所以如此“知名”，皆因“沾光”了金圣叹。

《辛丑纪闻》最后载：先君子感而有诗，其诗曰：

巧将漕粟售金银，枉法坑儒十八人。
天道好还君不悟，笪桥流血溅江滨。
祸深撵掖岂无因，节钺江南密网陈。
窃得官储输暮夜，还君印绶杀君身。
中丞杀士有余嗔，罗织犹能毒缙绅。
开府罢官贪吏死，辟疆园里自垂纶。
丁澜侠骨世无伦，哭庙焉知遂杀身？
纵酒著书金圣叹，才名千古不埋沦。

《哭庙异闻》最后也载有此诗，微有不同，但说是“曾大父感而有诗”。现在虽然不能究知出自何人之手，但此诗确实可以代表人们对这一事件和相关人物的基本认识和评价。

田老师说：该流芳的流芳，该遗臭的遗臭。然而不论是流芳还是遗臭，都与金圣叹有很大关系。实际上，迄今所见各种关于“哭庙”及“哭庙案”的记载，大都是因为有金圣叹；换言之，如果没有金圣叹，也就可能没有这些记载，那么后人也就无从知晓“哭庙”及“哭庙案”，我等也就不会有这番谈论了。

这时灯光突然亮了起来，大家才意识到已经天黑了。

阿弥陀佛！方丈说：金圣叹和“哭庙案”，多少年来众说纷纭，聚讼不已，今日经各位如此解说，可谓涣然冰释，黑归黑，白归白！圣叹在天有灵，当会与各位相视而笑。

是啊！田老师说：关于金圣叹之死，还有话可说。但时候已经不早了，今天暂且打住，择日再谈如何？

大家表示赞同。

善哉！善哉！方丈问范启明：施主是跟他们走，还是跟老衲走？

范启明想了想说：还是跟大师走吧！

# 第九章

# 流水亭中说生死 风雨过后思峨眉

光阴荏苒，转眼到了六月。诗人说：“农家少闲月，五月人倍忙。”如今六月，大学里也是“倍忙”的季节。各个层次的非应届毕业生，都在忙着暑假前的各种考试；而应届毕业的各层次学生——本科生、硕士生、博士生以及其他名目的学生，不仅忙着毕业论文答辩，还要为毕业后的出路到处去求职、考试、实习等等。老师们自然也是“乐此不疲”的，尤其是那些“光环”教授，案头的毕业论文早已堆积如山，就算不吃不喝不睡，也是无法一一看完的；况且还要马不停蹄穿梭于各地，应邀参加其他学校的论文答辩；还经常“顺便”搞个座谈、报告之类，有人戏称这是个“丰收的季节”。此时太阳爷爷、雷公、雨婆也来凑热闹，不是烈日当头，就是雷雨交加，弄得大地像个蒸笼，行人像热锅蚂蚁。可怜那些学子们，像蒸笼里的小龙虾一样，弓腰埋头，上下“求索”。

自望湖楼聚谈之后，田老师便“消失”了，直到庄言、覃慧敏毕业论文答辩前夕才回来。论文答辩后，按照惯例，学生要请导师吃顿饭，雅称“谢师宴”，戏称“散伙饭”。庄言请示田老师安排在哪儿？田老师说有一阵子没上山了，有点想念梅园了，还特别交待，到寺里把方丈和范启明也请来。

次日一早，兵分两路，庄言、柳新雨去寺里，覃慧敏等人随田老师往梅园。田老师还是那身“行头”，有些日子没走野径了，今天走起来倍感亲切，隐隐地还有些眷恋。学生们都已“过关”，格外轻松，有说有笑。不觉之中，就到了梅园，很远就听到老板娘跟田老师打招呼：今儿早啊！有日子没见您来这儿了。

可不是嘛！生意还好吧？田老师答应着，跟她闲话。听说今天是“谢师宴”，还有方丈、朋友来，老板娘高兴得不得了，忙说：我给你们摆在桥上吧，那里凉快，也安静。今天我们多做几个菜，一会儿分一些给你们。

原来上面有规定，梅园对外是不供应热食的，但允许内部员工做点简单的饭菜。因田老师经常来此，跟他们聊得亲切，有时也会享受一点员工待遇。今天听了老板娘这话，立刻说：那就更好了！让你受累，多谢多谢！

老板娘说：不费事，不用谢！便领着田老师一行，来到园子后面的小木桥上。说是桥，其实是个亭子，因下边有小河流过，便被称作“流水亭”。桥上建亭，居高临下，凉风习习，视野开阔，果然是个好地方。老板娘说：这亭子才修好，还没在这儿招待过客人呢。你们先坐，我让人送茶水来。说着便下去了。

不一会儿，服务员送来开水，田老师泡上茶，和学生们一边喝茶一边闲聊，忽听一声“阿弥陀佛！”田老师以为是方丈到了，循声看去，只见上来的却是范启明，便问：你也念起佛来了，方丈呢？

方丈被女施主（老板娘）拦住说话呢。范启明感叹道：以前人们对和尚敬而远之，如今却如亲人一般，真是三十年河东三十年河西啊！

风水轮流转嘛！田老师说：不止是和尚，都在转；有的转过来，有的转过去。

这时老板娘引着方丈来到桥上，又寒暄一会儿，下去了。大家便围坐一起品茶。范启明看了看田老师，说：这阵子没见，头发好像更白了，人也更瘦了，什么情况？

田老师神情黯然，说：回老家去了，送别老人……

果然是这样。范启明说：我和方丈想你突然“消失”，一定有事……节哀顺变吧！

阿弥陀佛！方丈说：生固欣然，死亦无憾。花落还开，水流不断。我何有兮，谁欤安息？明月清风，不劳寻觅。

说得真好！田老师感叹。

这是赵朴初居士的遗言。方丈说：生死之际，我等亦当如是观。

田老师点点头，说：家母一生含辛茹苦、积德行善；晚年吃斋念佛，享年九十；走时平静安详，往生极乐，可我就是抑制不住，悲从中来……

范启明和方丈都知道，田老师家世代务农，祖上勤劳节俭，家境小康。父亲因成分不好，“文革”时被迫害致死。母亲一个人赡养两家老人，拉扯五个孩子，还努力供孩子们上学，承受了常人难以承受的艰辛和屈辱。田老师是当地有史以来唯一的大学生，亲友都指望他能够做官掌权，雪耻扬眉，造福乡里。田老师也曾有志于此，研究生毕业后进入机关大院，但不久即考博离去，后来在高校教书，这让亲友大为不解，甚至怨望疏远，田老师也心有不安，只有母亲一直理解、支持他。田老师是个孝子，先是没有条件接母亲来城里同住；到南方后，曾接母亲来住过一阵儿，但老人说不习惯，又回老家去了。一个人住在老房子里独立生活，吃斋茹素，烧香念佛。后来老人生活不能自理了，坚持住进养老院。田老师虽然承担了全部费用，但每次想到母亲，仍心怀惭痛，泣数行下……

我能理解你的感受。范启明对田老师说：家母去世后，我经常神情恍惚，悲从中来，睡梦中哭醒……如此三年多，至今也没完全走出来，或许永远也不会彻底消除。

此为天性，非人力可以控制。方丈说：古礼有三年之丧，是有根据的。

田老师见话题沉重，学生们默然不语，便说：先不说这些了。今天是你们的好日子，说说你们的情况吧。

嗯嗯。庄言应道：确实有不少好消息。第一呢，我们几个都顺利完成了学业；第二呢，是李大白追梦（萌）成真，终成眷属；第三呢，慧敏师妹即将赴美读博；第四呢，新雨兄已接到北方大学的进站（博士后流动工作站）通知；还有陶然学妹，将回家乡，追随先人靖节先生的足迹……所以我们想借此机会，向老师们表示感谢！同时也作个告别。

呵呵，果然都是好消息！范启明说。

好嘛！田老师说：好了好了，好就是了，了就是好。正应了那句话。

不必伤感嘛！范启明说：弃我去者，昨日之日不可留；乱我心者，今日之日多烦忧。长风万里送秋雁，对此可以酣高楼……

阿弥陀佛！善哉！善哉！方丈说：昨日种种，譬如昨日死；今日种种，譬如今日生。辞旧迎新，生生不已；虽云有悲，实乃为欣。

说得好！范启明赞叹道，又对学生们说：前边是袁了凡的名言，后边是方丈的发挥。各得其妙，而方丈境界尤高。

范启明喝了口茶，继续说：有生必有死，有死必有生。生死之际，可是大学问啊！这袁了凡死后两年，金圣叹出生。金圣叹也有一段“明言”——明了的明啊：

> 死之必生，为你不是你做底，你便死了，做你底不死。“生死”，凡夫所独也；“死生”之说，君子所独也；“死生”，君子与凡夫所同也。约“死生”，不容说约“生死”，“生死”无说。凡夫无说以处此，圣人有说以处此。“死”之下有“生”字，为活路；“死”是实法，“生”是“死”之说也……[①]

我理解，圣叹的意思是说“你”和“做你底（的）”是两回事儿：死，只是“你”的死；但“做你底”是永远不会死的。也就是说，“你”不过是“做你底”的载体而已，“死”只是这个载体（形式）的破灭消失，但“做你底”仍然存在，还会寄托于另一个载体，此即由“死”到“生”。于是“做你底”如何与新的载体相结合？便成为问题，亦即“死生之说”。因此，一般所谓的“生死”，只是“你”的生命过程，这在圣人和凡夫都是要经历的。但是，“死生”则是“做你底”由一个载体到另一个载体的过程，如何经历和实现这样的过程，这是圣人所探究和追

---

① 《唱经堂语录纂》卷一《杂华林》。《金集》陆，第826页。

求的东西，而这个问题正是如何解脱“死”的执着，进入“生”的超越的问题……

善哉！善哉！方丈颔首捋须，表示赞赏。

田老师也赞叹说：这些日子在山上，学问精进啊！

哪里哪里！范启明谦虚道：肤浅得很！金圣叹的生命哲学高深微妙，很难领悟。

田老师说：是的，人们往往只看到他会通三教，却没看到他自成一家。在我看来，圣叹是有独特生命体验的，因为很少有人会像金圣叹那样，从小就接连遭遇父母惨死、兄弟离散、体弱多病、背井离乡、寄人篱下等创伤磨难，深厚的道家家学背景，既受戒学佛，又入塾习儒，还有讲经说法、扶乩降神、热恋失恋等身心经历，再加上绝顶颖悟、好学深思……这些“机缘”集于一身，本身就是千载难逢的，使得他的观察、思考和感受比一般人更加细致、深刻和敏感。用圣叹的话说，就是由于“做他底”非同寻常，所以其“说”的理解难度也就不同寻常了。

老师说得极是！覃慧敏说：记得上次在望湖楼，老师说关于金圣叹之死，还有话可说。回来后我又细读了金圣叹的相关诗文，感觉确实如此。比如，人们在谈论金圣叹的“无意之死”时，往往只着眼于“哭庙案”；实际上，圣叹的“无意”，早已有之，有着更为深远的“背景”。他有一首《狱中见茉莉花》诗：

名花尔何玷，亦入此中来？
误被童蒙拾，真辜雨露开。
托根虽小草，造物自全材。
幼读南容传，苍茫老更衰。[①]

此“狱”当是“哭庙”后被捕入狱之狱，狱中是否真有茉莉花开？倒不必执着。这里的茉莉花，显然是圣叹的自比，茉莉花生长在狱中，

① 《诗选》第 34 页。

则如圣叹身陷囹圄，因而写花即是写自身。首联的意思是说：你这“名花”呀，犯了什么过错，也跑到这种地方？这既是圣叹对自己纯洁无暇的表白，也是对这种“不幸”（亦即“哭庙案”）的制造者的质疑，同时也为“名花”和“名人”（圣叹自己）而惋惜。

随即圣叹将这种“不幸”解释为一个“错误”，而且是一个偶然的、儿戏般的“失误”：“名花”被“童蒙”“误”“拾”入狱中，那么谁是“童蒙”？又“失误”在何处？我理解，若就直接关系而言，“童蒙”是指“不幸”的制造者，亦即朱国治之流。圣叹指责他们像童蒙一样儿戏“名花”，但从间接关系，亦即更远大的背景与原因上说，这个“童蒙”其实是指命运，是被命运小儿捉弄；但是圣叹之所以会遭此厄运，又与自己的“过失”分不开，因而说到底，这个“童蒙”是他自己。仿佛是说：都怪我自己，一时幼稚，弄到这步田地。这里含有深刻的自省和自责，显然是为“哭庙”之举。是啊，一向自命聪明卓识的金圣叹啊，你怎么会如此幼稚、如此天真、如此不谨慎呢？竟然误以为用这样的方式就可以感动那些贪官酷吏！更加荒唐的是，竟然相信贪官酷吏真的会惩治贪官酷吏？竟然以为自己是“名人”就会被高看一眼？

“真辜雨露开”？是有一层的歉疚和惋惜。“雨露”是促使“名花”“开放”的各方面照顾和恩惠。“真辜”是说这花开的实在不是地方和时候，与“各方面”的期望相违背。还原到圣叹身上，其实他是在向所有养育、爱护、帮助他的人们，还有苍天、大地，表达深深的悔恨和歉疚。同时是对自己的痛心切责。仿佛是说：我不应该如此“出风头”，辜负了你们对我的感情和期望，我应该把自己的生命用在更重要的事情上。

接下来圣叹就“自惜”进一步发挥，说自己虽然是个“草根”，而且是小草之根，但是造物主却赋予自己“全材”，不光才能全面，而且尽善尽美，完全符合天地之德，并且能够发扬天地之光。

一想到此，圣叹又“自责”起来，最后两句化用南容的典故。据说孔子的学生南宫适（字子容）是个谨言慎行的人，他对《诗经·大雅·抑》篇中的“白圭之玷，尚可磨也；斯言之玷，不可为也”有特别深刻的领会，受到孔子的赞赏，还把自己的侄女嫁给了他。[1]《论语》记道："子谓南容：'邦有道，不废；邦无道，免于刑戮。'以其兄之子妻之。"[2]孔子还称赞他"君子哉，若人！上德哉，若人！"[3]这是极高的评价！孔子之所以如此赏识南容并以兄女妻之，不只是因为南容读书用心，更重要的是，孔子看出南容这个人，在世道清明的时候，能够有所成就；世道黑暗的时候，可以保全身家。这样他的人生，往好里说，可以富贵荣华；往坏里说，至少可以一家人生存无忧。把侄女嫁给这样的人，孔子可以放心，也是对已故哥哥的很好交待。金圣叹从小就对这个故事印象深刻，决心以南容为榜样，可是老了老了，还是落得个家破人亡的下场。整天自以为最会读书，可是书都读哪里去了？可以想见，圣叹是多么的自责和悔恨啊！

所以我看《狱中见茉莉花》，其实是狱中家书的另一种表达，以另一种方式，表明自己"无意得之"。

确实是这样。柳新雨说：而且我觉得，比家书来得更加深切、更沉痛。想想看，圣叹一生以评点文章、教导世人为志业，最后弄得连自己身家性命都不保，岂不比自打耳光还要难受？更让他悔恨痛苦的是"死非其所"，因为他的人生追求始终在"道"上，目标极高，要在广大而恒久的精神领域有所成就，成为圣人，如果是为此而死，适得其所，无怨无悔；现在却为这点"小事儿"而死，还被扣上"谋反"罪名，甚至还"连累"很多人，岂不是死非其所、奇耻大辱！

庄言说：我看，圣叹这首诗情志复杂，而且寓意深远，其中还有身世之感。"托根虽小草""真辜雨露开""幼读南容传"……这些诗句，让我想到他幼年在姑父母家的时光，"小草"犹如"冉冉孤生竹"；"雨露"犹如"托尔绵绵五色瓜"；"南容传"也应该是在来姑父母家之后读到的。我甚至推测，是姑父母教导他要从其父的惨死中吸取教训，学会像南容那样，无论是在邦有道还是邦无道的情况下，都能保全身家性命。生命生命，你首先要能"安生"，然后才能"立命"；性命不保，一切都是空话。

---

① 详见《论语集释》卷二十二《先进》上，第750–751页。

② 《论语集释》卷九《公冶》上，第287–290页。

③ 《史记》卷六十七《仲尼弟子列传》，第2209页。

孔子说“免于刑戮”，看似极低的底线，很容易做到，实际上却很难做到，连孔子自己都差点性命不保。因为对于一个才学出众、志行高尚的君子而言，身处“无道”的环境里，你的存在就是“过错”。就算你默默无闻，也会遭人嫉妒提防，只要你稍有不慎，就可能招来祸害，甚至不需要理由，就可以置你于死地。如果圣叹的父亲能够像南容那样“三复白圭”，就可以“免于刑戮”。但这并不是说他为人有什么问题，相反，他遭受的迫害越惨重，越证明他是个君子。但君子的生命，是为更伟大的事业预备的，不应该死于乡里小儿之手。所以陶渊明的归隐其实是逃避，逃避有时是必要的，可惜很多人做不到。由此我要推测，圣叹的父母之死，或许就是未能免于“邦无道”的“刑戮”。

类似的话，姑父母想必不止一次对圣叹说过，因为有惨烈的家难经历，圣叹怎能不刻骨铭心！大家还记得圣叹说过的儿时“瓦片投井”的情节吧，那仿佛是个寓言，隐喻了圣叹的命运主旋律：“忧惧”和“投入”的纠结交战，最后他还是“孤注一掷”了。这种心态伴随圣叹终生，他的不求仕进、学道参禅、自甘贫贱等等，其实都有避害全身的用意，属于“忧惧”主题；他的评点古今、志业高远、敢于言行等等，则属于“投入”，最后“投入”压倒了“忧惧”，就真的“永无出理”了。

覃慧敏说：正因为如此，圣叹经常为自己的言行不慎而自警自责，他的《铜瓶》诗说：

> 美人脱纤手，此日下寒泉。
> 泥浊夔龙尽，天令体格全。
> 遭时方丧乱，欲汝更迁延。
> 明福全无信，深为早出怜。[①]

此诗题下小注说：“以下十八首俱拟杜少陵作”，可知属于“拟杜诗”。杜甫的原诗为：“乱后碧井废，时清瑶殿深。铜瓶未失水，百丈有哀音。

---

① 《诗选》第28页。

侧想美人意，应非寒甃沉。蛟龙半缺落，犹得折黄金。”[1]仇注云：“铜瓶，有感兴废也。”据说，“安史之乱”后，有人从皇宫的废井里拾到一只铜瓶，杜甫便以此为题，追思往日的盛世，感叹乱后的破败，认为瓶上的龙纹虽然已经大半模糊，但毕竟是黄金打造，还是很珍贵的。

圣叹的拟诗，其实是借题发挥，完全是另一番表达：铜瓶由于美人意外脱手而坠入深井，虽然泥沙侵蚀了身上的龙纹，但铜瓶的体格却得以保全。“丧乱”还在继续，“寒泉”其实是最好的避难所，铜瓶应该继续待在井下，过早出来，命运凶多吉少，令人惋惜！

可以看出，圣叹此诗的情志意旨，和《狱中见茉莉花》完全一致，甚至取象和用语都十分相似。“铜瓶”犹如“茉莉花”，“美人脱纤手”犹如“误被童蒙拾”，“天令体格全”犹如“造物自全材”，“欲汝更迁延”犹如“幼读南容传”，“深为早出怜”犹如“苍茫老更衰”……“铜瓶”显然也是圣叹自比，他既自惜自怜黄金一样的身价，又为“早出”而深怀忧惧。

更明显的是《黄鱼》诗：

自分终巴峡，谁知列上筵。
偶乘风浪出，遂受网罗牵。
绿藻君从密，清江我不还。
惟惭未深隐，那敢望人怜。[2]

这也是一首“拟杜诗”。杜甫的原诗为：“日见巴东峡，黄鱼出浪新。脂膏兼饲犬，长大不容身。筒桶相沿久，风雷肯为伸。泥沙卷涎沫，回首怪龙鳞。”[3]仇注云：“咏黄鱼，叹长大而罹患也。”前四句写肥美的黄鱼被人捉去喂狗，血肉狼藉；后四句写虽有哀悯之心却无力援救，只能徒然地望着飞龙自由翱翔。

---

① 《杜诗详注》卷八，第 624 页。
② 《诗选》第 34 页。
③ 《杜诗详注》卷十七，第 1535 页。

圣叹此时虽然也是写“罹患”，但重点不在“长大”，而在“未深隐”上。不用说“黄鱼”是圣叹的自我隐喻，意思是说：我这条黄鱼呀，本当在巴巫深峡中自在生活，不料却成为人家的美餐。这都是由于自己的不够小心，偶尔乘着风浪得意忘形，于是便陷入人家布下的罗网。想那江中的绿藻啊，又恢复了往日的浓密，可我再也不能回到那清幽的水底之乡了……谁会怜惜我？我又有什么脸面让人怜惜？只能在内心里一遍又一遍地追悔莫及，痛恨自己没能更深更稳地隐藏起来。

与此类似的，还有《麂》：

> 清溪闻最远，未必接华筵。
> 何事烟霞客，陈身匕箸前。
> 呦呦微不慎，濯濯竟难全。
> 萍草今从长，余生已不还。[①]

这也是一首“拟杜诗”。杜甫的原作为：“永与清溪别，蒙将玉馔俱。无才逐仙隐，不敢恨庖厨。乱世轻全物，微声及祸枢。衣冠兼盗贼，饕餮用斯须。”[②]麂，亦称麂子，鹿科动物，成年高约五十公分，有灰褐、红褐、黑褐等不同体色，栖息在山间林中，喜欢跳跃，善于夜行。仇注云：“咏麂，叹其不当鸣而鸣也。”又引《神仙传》云：“葛仙翁于女几山学道数十年，登仙，化为白麂，二足，时出山上。”又引《说苑》：“鹿生于山，命悬于庖厨。”杜甫此诗先是代麂写意，自悔、自责不能见几远害，继而感叹生于乱世，发声致祸；最后指责衣冠与盗贼一样，都是为了口腹之欲而戕害生命。

圣叹此诗，其实也是以麂自况，意思是说：我本来栖息在青溪丛林里，过着自由自在的生活，自以为不会跟世间的筵席发生关系，却不料成为餐桌上的美味，给人家一刀一箸地任意割食。没想到我这神仙般的

---

① 《诗选》第 31 页。

② 《杜诗详注》卷十七，第 1533 页。

高洁品格，竟落得如此地步。怪不得别人啊，都怪自己不够谨慎，呦呦之鸣招来杀身之祸。想那山中的萍草啊，比往日更加茂盛，可我今生再也不能回到那美妙的地方了。

越说越明显，越说越残酷。在这些诗里，圣叹反反复复表达的，无非是对“不幸”的反思和自责。就反思而言，圣叹虽然也提到“乱世”等外部原因，但更多的是从自身检讨，归咎于自己的“乘风浪”“微不慎”，没能恪守自己的本分——“烟霞客”，安心于自己的命运——“终巴峡”。对自己处境和结局的预感，都是最坏的——被人吃掉，不得生还。这些诗，交织着自责、自怜、追悔、愧疚、惋惜、遗恨……然而所谓悔之晚矣！一切都于事无补了。

哎呀，圣叹真是太可怜了！石萌说：可是我又觉得很奇怪，甚至很诡异。这些诗如果是圣叹被捕前写的，就说明他早就预见到不幸的结局，而且和后来的结局非常相似，难道圣叹真能预知未来？能预知为什么不能预先防备、设法避免呢？

这个嘛……如果是平时写的，那确实很神奇！庄言说：不过，我感觉应该是入狱后写的，只是还没有材料可以证明。

柳新雨说：我倒是觉得应该在入狱之前，圣叹在评点杜甫《麂》诗时说：“先生如此等诗，何忍多读？然又不可不读！”又说：“麂生长清溪间，镇日随行结队，奔跳自得；不谓偶然失足，一与之别，遂成永别，而不意中已列卮馔之数也。喻世事颠覆，贤否莫辨。彼居位食禄者，诚宜不免；乃吾侪小人，僻处山野，亦复与于斯难。‘蒙将’二字下得滑稽，反若深感其不弃者，言外有玉石俱焚之痛可知。三四因自责：此实为藏身不密，不可徒怨他人也。”[①]这些思想意识和他所拟写的《麂》诗完全相同，但圣叹的评点肯定是在入狱之前。

这确实是一个很有力的证据！庄言说：但还不能确证。

还有咧！柳新雨接着说：圣叹在评点杜诗《题张氏隐居二首》中“不贪夜识金银气，远害朝看麋鹿游”时说：“‘不贪’‘远害’四字，是隐

---

① 《金评杜诗》卷三。《金集》贰，第770页。

居真诀。《天官书》:'金银之气见于上，下必为覆军之墟。'古语:'麋鹿走于山林，而命悬于庖厨。'利害如此！既已识得透、看得确，而尚敢贪，尚敢不远，岂人情哉！说得悚然！”[①]再次流露出这样的思想意识。

按照《辛丑纪闻》的说法，圣叹评点是在“亥子之交”，亦即顺治十六十七年间，圣叹五十岁后；而金昌说“唱经在舞象之年，便醉心于斯集”[②]，亦即圣叹十五岁前后。虽然现在不能确定圣叹评点这几首诗的具体时间，但总归是在他被捕之前。

时间比较明确的也有，如圣叹评点唐人李嘉祐《题游仙阁息公庙》诗时说:“《老子》云:'我有大患，为我有身。及我无身，我有何患?'人生在此世间，实是身为大累。譬如飞蛾入网，并非网有相加，但使无身飞来，十面是网何害?”[③]圣叹评点唐人七律是在顺治十七年上半年，他大概不会想到，没过多久自己就“飞蛾入网”了。这真是天有不测风云，人有旦夕祸福啊!

所以我觉得，圣叹一直有意识地提醒自己，要小心谨慎，远离是非，避免祸害。又自信对古往今来的世道人心了如指掌，洞若观火，自己的才学智慧足以应对各种局面……正因为如此，一旦身陷大祸，更加悔恨痛切！就像一个必胜的高手，不慎输给乳臭未干的顽童，而且再也没有较量翻盘的机会。圣叹说“无意得之”，或许也有“我没作好准备”的意思吧。当时的圣叹，不仅是悔恨和自责，还有不甘和无奈，想死的心都有啊!

柳冗说的这些太重要了！这也验证了“能言者未必能行”那句古语。庄言说:这也提醒我们，还应该从更深广的背景上解读金圣叹的“无意得之”。我想，圣叹说“无意得之”，可能不单是对“哭庙”这一件事的反思和表白，而是对其整个人生的反思和表白。实际上，金圣叹的既定人生目标是“纸上谈兵”，亦即通过评点文章到达精神领域的建树，并不准备投身现实的矛盾冲突，相反，他还有意地控制自己不要投身其

① 《金评杜诗》卷一。《金集》贰，第622页。

② 《叙第四才子书》。《汇编》第57页。

③ 《金评唐诗》卷五上。《金集》壹，第241页。

中。因此他不仅无意于“反清”，甚至也无意于“哭庙”。但他终于还是投入了，他将此解释为偶尔失误、一时冲动，或者是放松警惕、得意忘形，总之都不是有意的。从这个意义上说，金圣叹的悲剧结局，其实是一个大错误。

明知错误的后果严重，也时时提醒自己小心谨慎不要犯错误，可是最终还是犯了错误，真是够悲剧的啊！石萌感叹说：想想圣叹这一生，该是多么的难过，多么的可怜！怎么会是这样啊？难道真的是造化弄人、命运安排吗？

李大白说：如果只是归因于造化、命运之类，容易陷入宿命论。其实金圣叹的人生悲剧还是可以解释的。常言道“性格决定命运”，我认为问题主要还在于圣叹的性格，而性格的形成，既有先天的因素又有后天因素。先天方面，虽然我们窥知圣叹父亲、祖母、姑母等人的一些情况，但都是蛛丝马迹，无法深论。但圣叹天资聪慧、颖悟过人，这是可以肯定的。后天方面，具有决定性的，当然是幼年家难。家难给圣叹的身心造成的伤害，既是深重的也是持久的，终生都未能痊愈。家难还导致圣叹生存环境的急剧改变，尤其是与亲人离散，背井离乡，寄人篱下。虽然姑父母待他很好，但心灵上的孤苦悲伤是难以避免的，又加上体弱多病。在这样的特殊环境下，金圣叹既缺乏亲生父母的关爱与呵护，也缺乏正常家庭的教育与管束；既没有形成通常的思想意识，也没有选择通常的现实道路，这些都使他成为一个“不俗”的人，从生存方式，到知识结构、心理状态、价值观念、言行举止……几乎在所有的方面，都与众不同。圣叹的经历和性格很像林黛玉，孤独地生活在一个表面“亲近”实质“异己”的环境里，心性高洁，却处境卑微；渴望友爱，却所遇冷漠；小心翼翼，却不免风刀霜剑；心怀仁慈，却经常招来嫉恨；自以为明了世事，却与世间格格不入；自以为深知性情，却在人群里动辄得咎……林黛玉没有走出大观园，结局是病死；如果她走出大观园进入世俗社会，她很可能像金圣叹一样，既不能彻底逃避，又不能尽掩“风流”，偶有不慎，便陷身囹圄、死于非命。所以我认为，金圣叹的人生悲剧，归根到底是他“不俗”性格与“恶俗”环境之间的冲突。

柳新雨说：我觉得，也不能说金圣叹的人生完全是个悲剧。刚才说了，金圣叹的人生目标主要是在“精神”上，那么他在现实中的得失就并不重要了。他自己都不是很在意，我们又何必看得过重呢？相反，他的精神人生是成功的，所谓求仁得仁，舍生取义，死而无憾。实际上，金圣叹的精神追求，原本就有拯救众生的内涵，这就注定了他必然要与世俗社会发生关系，所以也不能说他完全不想投身现实。

我觉得，金圣叹精神人生的成功，并没有得到今人的充分认识。大家都知道苏轼对韩愈的著名评价：“匹夫而为百世师，一言而为天下法，是皆有以参天地之化，关盛衰之运。其生也有自来，其逝也有所为矣……自东汉以来，道丧文弊，异端并起。历唐贞观、开元之盛，辅以房、杜、姚、宋而不能救。独韩文公起布衣，谈笑而麾之，天下靡然从公，复归于正，盖三百年于此矣。文起八代之衰，而道济天下之溺，忠犯人主之怒，而勇夺三军之帅：此岂非参天地，关盛衰，浩然而独存者乎！”[①]其实韩愈并不是真正的“匹夫”，他进士及第，做过国子祭酒、兵部侍郎、吏部侍郎、京兆尹等高官。他所“文起”的，只是“八代之衰”；所“济”的，只是儒家之道；他虽然很忠勇，但并未掉脑袋。而金圣叹才是真正的“匹夫”，没有做过任何官职，一生贫寒彻骨，最终被杀头。但徐增却将金圣叹与孔子、（周）文王、释迦牟尼相提并论，认为圣叹所振兴的不只是儒道，还有佛法。[②]圣叹的影响，广及天地之间、千秋万年！圣叹以一介“小草”而能获得这么高的评价，堪称千古奇迹！

李大白点头说：是的，今人的认识远没达到这样的高度。不过，从现存的金圣叹著作来看，徐增的评价似乎太过溢美了。况且，圣叹的著作，几乎全都是评点性的，说句不好听的话，皆属“附骥”之作，他的名气与他所附的“骥”关系密切，很少有独立原创的东西。

不错，看上去是这样，而且抱有类似看法的人不在少数。柳新雨

---

① 详见苏轼《潮州韩文公庙碑》。《苏轼文集》卷十七《碑》，第 508–509 页。中华书局孔凡礼点校本 1986 年版。

② 详见徐增（《九诰堂集》文卷四）《唱经子赞》。《汇编》第 7 页。

说：但是未必准确。我觉得，徐增并不是一个没有主见的人，他学识渊博，能诗文，工书画，很早就得到钱谦益的叹赏。“方逾弱冠，前辈如黄若木、陈玉立、陆履长诸公刻诗，皆属其为序。”足见其声望和眼光非同小可。他交游极广，是深受尊重的诗人和批评家。他的《说唐诗》被认为“自而庵先生出而言诗，而古人之旌旗一变，古人之精神始出”。他也是公认的深知金圣叹的人，甚至有人说序圣叹之书（《天下才子必读书》）非徐增不可。[①]由此可知，徐增对金圣叹的推崇备至，绝不是盲目崇拜，一定是有根据的。而且我相信，他所根据的，一定比我们现在能见到的多得多（如圣叹的“内书”，大都散佚不见，但徐增所见应该更多）。值得注意的是，徐增并不是孤立的，另一位大学者刘献廷也对金圣叹推崇备至，甚至将他称作“仙人”。还有廖燕，他对金圣叹的评价与徐增大同小异。

至于“附骥”，我觉得，“附骥”其实是古代学术的悠久传统和普遍方式，孔子“述而不作”，“六经”皆属“附骥”。后来的“经学”，更是如此。甚至文史乃至所有传统学术，都可以说是“附骥”之作。所以“附骥”本身无可厚非，只要“附”得好，同样可以达到很高的成就。清人邱炜萲说：“世之刊《左传》《国语》《国策》、秦汉唐宋古文读本，皆有评语。凡文章之筋节处，得批评而愈妙，众人习见之矣。圣叹自述其所批《庄》《骚》《马》《杜》《水浒》《西厢》六种才子书，俱用一副手眼读来批出，知音者咸加首肯，独奈何于专评古文者不讥，而兼评小说者遂讥之乎？小说言纵俚质，然为中人以下说法，使之家喻户晓，非小说不行，诗书六艺之外，所不可少者，其惟小说乎？且天地间有那一种文字，便有那一种评赞，刘勰《雕龙》，陆机《文赋》，钟嵘、司空图之品诗，韩愈、欧阳修之论文，宋明人之诗话、四六话，本朝人之词话、楹联话，下至试帖、制艺，共仿丛话之刻。大卷白折，亦有干禄之书。小说而有批评，传奇而标读法，金圣叹之志，殆犹夫人之志耳！乃竟以此

---

① 参见蒋寅《徐增对金圣叹诗学的继承和修正》，《北京师范大学学报》2006 年第 4 期。

名家，则圣叹之才过人，信也！”[1]可见“附骥”之作无代不有，无所不在，关键在于“附”的水平和境界。

邱炜萲还说：“盖以小说之有批评，诚起于明季之年，时当小说风尚为极盛，一倡于好事者之为，而正合于人心之不容已，是天地间一种诙谐至趣文字，虽曰小道，不可废也，特圣叹集其大成耳。前乎圣叹者，不能压其才，后乎圣叹者，不能掩其美。批小说之文，原不自圣叹创，批小说之派，却又自圣叹开也。”[2]应该承认，金圣叹之所以能够获得如此高的评价，主要在于评点《水浒传》《西厢记》，其“奥秘”就在于这“是天地间一种诙谐至趣文字”，而且“正合于人心之不容已”。金圣叹正是敏锐地发现了这些“奥秘”，并将其发扬光大，不仅以此名家，而且开宗立派。

我觉得，邱炜萲可谓远见卓识，但他说评点小说是“小道”，未免还有局限。徐增解释金圣叹优先评点《水浒传》的“用意”时说：“初，圣叹欲评此‘六才子书’，盖尝三七思惟矣！欲先评《南华》，庄生之言，似乎奔放，实合圣道，不得先事第一才子书也；欲先评《离骚》，屈子忠于君国，凄迷缠绵，其义甚深，又不得先事第二才子书也；《史记》愤激，不免肮脏；杜诗精密，苦于束湿，皆不得先事。且此四才子书，有人读之，而未必人尽读之也。若《水浒》一书，则人自少至老，自智至愚，无不读之，无不爱之者也，莫如先评《水浒》，此第五才子书，出最早也。贯华堂本亦既盛行于世，天下皆知圣叹评‘才子书’之意矣！”[3]我觉得，这大概就是邱炜萲“为中人以下说法”之所从出，也就是说，金圣叹先评《水浒传》，主要是为了向社会大众“说法”。

那么，圣叹向大众说的是什么“法”呢？徐增说：“其评此‘六才子书’盖有故：夫文者，载道之器也。圣人之道，散现于典籍，故欲知圣人之道，当先知圣人之文。圣人之文，用法多端，变化不测。读其书者，不知其法则文晦；文既晦矣，道何由明哉！圣叹之评‘六才子书’，

---

① 邱炜萲《菽园赘谈》。《汇编》第 40 页。

② 邱炜萲《菽园赘谈》。《汇编》第 39 页。

③ 徐增《天下才子必读书序》。《汇编》第 58 页。

以其书文法即‘六经’之文法；读者精于‘六才子书’之法，即知‘六经’之法；‘六经’之法明，则圣道可得而知，故评‘六才子书’为发轫也。”[①]我觉得，金圣叹的“六才子书”（《金评唐诗》可以和《第四才子书》共同可视为一种）是“六经”以后最具代表性的六种“新书”，是对“六经”的继承、发展、开拓和新变，它融儒释道、文史哲、诗文小说戏曲于一体，形成适应新的时代、新的人群的“新经典”，其中的“道”自然也就是“新圣道”了。金圣叹著作风行天下，在广大民众中产生了巨大而深远的影响，对当日社会具有振聋发聩的作用，尤其是在“精神”层面，具有划时代的意义。仅从这些方面而言，金圣叹也是配得上徐增等人的评价和推崇的。这也正是圣叹“心绝气尽”所孜孜追求的。所以我觉得金圣叹的精神人生是成功的，圆满的。

是啊是啊！石萌欣喜道：我原来很为金圣叹多灾多难的人生而悲哀，又为人们对他的评价极端对立而疑惑，现在听你这么一说，我心里亮堂多了，也好受多啦！

想起归庄的话我就不寒而栗，他骂金圣叹是“邪鬼”，必欲杀之而后快。他说“苏州有金圣叹者，其人贪戾放僻，不知有礼义廉耻，又粗有文笔，足以济其邪恶。尝批评《水浒传》，名之曰《第五才子书》。镂板精好，盛行于世。余见之曰：‘是倡乱之书也。’未几，又批评《西厢记》行世，名曰《第七才子书》。余见之曰：‘是诲淫之书也。’又以《左传》、《史记》、《庄子》、《离骚》、杜诗与前二书并列为‘七才子’，以小说、传奇跻之于经、史、子、集，固已失伦，乃其惑人心、坏风俗、乱学术，其罪不可胜诛矣！有圣王者出，此必诛而不以听者也”[②]。你看这人，连第几才子书都没搞清楚，就这样切齿大骂，要杀要诛，实在是太过分了！

不过，如果从反面来理解他的话，不正反映出圣叹当时影响特别巨大吗？你看，圣叹的书盛行于世，严重“破坏”了当时的人心、风俗和

---

① 徐增《天下才子必读书序》。《汇编》第58页。

② 《归元恭文续钞》之《附录》。《汇编》第10页。

学术。而且圣叹其人其书确实与“圣王者”关系密切，有“倡乱”、“诲淫”、影响世道的巨大作用。我想，如果真有识货的“圣王者”认识到圣叹思想学说的，充分发挥其作用，那么世道一定会大为改观，说不定能开创一个太平盛世呢！可惜的是，圣叹不仅没有遇到这样的“圣王者”，反倒被昏庸的“圣王者”杀害了。

陶然说：这样看来，归庄们之所以对金圣叹如此切齿憎恨，撇开现实矛盾、私人恩怨等不说，主要还是由于他们在“精神”上远远落后于金圣叹，没有意识到圣叹的“才子书”是对古代学术文化的新解读，所代表的新思想和新观念，更适应新时代和新人群的需求，因而也认识不到其改变世道人心的巨大力量和意义。而今圣叹的“精神”已经得到普遍的接受，圣叹的其人其书也得到人们的广泛喜爱，这些都是很好的证明。

这时老板娘领着两位大嫂模样的服务员端着菜肴上来了，对田老师说：没有多少好东西，只有鸡、鱼和瓜菜，都是山下刚送来的，很新鲜。又对方丈说：这是特意给您单做的，只管放心。

田老师和方丈连忙表示感谢，范启明问：有小米饭吗？老板娘一愣，说俺这南方不大吃小米的，主要吃大米饭。

田老师笑道：跟你开玩笑呢，其实他是想说非常喜欢，正合他的口味。谢谢！

哎呦，你们文化深，俺听不懂。喜欢就多吃点，不用谢！需要啥，说一声。老板娘笑着回去了。

范启明见庄言拿出一瓶酒来，忽然一拍脑袋说：嗨，差点儿忘了！然后从自己的包里取出一个纸盒，对庄言说：打开吧，先喝这个。

庄言打开包装，取出一个酒坛往桌上一放，众人齐呼：杏花明。

田老师看了看，说：好像是新版的？

范启明说：前几天刚捎来的。

庄言打开酒坛，给各人斟满，满亭子都是酒香。

范启明对方丈说：今儿情况特殊，你也助个兴吧！

阿弥陀佛！方丈摇头说：我还是以水代酒吧！

于是几位学生起立，给三位长者敬酒。

范启明忙说：今天是“谢师宴”，应该先敬你们的老师吧！

庄言说这些日子我们有幸亲聆范老师和大师的教诲，心中早就把二位当老师了！

田老师说：孩子们一片真诚，二位就不必谦让了。

于是大家举杯相碰，一饮而尽。你来我往，几巡过后，气氛愈加热烈起来。李大白拉着石萌来到田老师身边敬酒，说：感谢老师！特别是跟老师读金圣叹，获益匪浅！石萌也说：这是我学生时代最美好的一段时光，将终生不忘！

田老师很高兴，说：我也要感谢你们！你们新意迭出，给我不少启发。

你们的“获益”岂止是“匪浅”，简直是太多了！柳新雨对李、石二人说：不过，我觉得，我们不仅要感谢各位老师，还应该感谢金圣叹。是金圣叹这个“因缘”把我们大家联系起来的。

是的、是的，应该、应该！大家一致赞同，共饮一杯。

田老师说：其实，金圣叹博大精深，我们这半年的重读，仿佛走马观花，很多地方还有待深入。今天“鸟兽散”之后，有条件的话，还可以继续读下去。

范启明听出田老师有些感伤，接着说：以后的事以后再说，何不趁未散之前，把想说的话都说出来，岂不痛快？

方丈说：如此最好！

学生们也纷纷响应。

那我就先说吧！陶然自告奋勇。

柳新雨说：还是按老规矩吧。

陶然心知他说是那次才子楼开谈的规矩，便应声好，自饮一杯，然后说：金圣叹自称“闻声感心多有悲凉”，要我看，岂止是悲凉，简直比悲哀还要悲哀！甚至可以用“悲情”来概括他的人生。他是那么的天质秀异，勤奋博学，锦心绣口。既心地单纯，又幽默诙谐；既悲天悯人，又泛爱无私，不惜一切去拯救那个毁坏了的旧世界，追求“太平”的新世界。可是他很小就遭遇大难，一生多灾多病，最后横尸街头，没有比这更悲哀的了！

圣叹还有很多悲哀。石萌插话说：他对亲人、友人、爱人是那么一往情深，愿意化身种种，永远陪伴。可是，当他被捕后，却没有一个像张无近那样（不惜代价打捞顾予咸）去为他奔走解救！一向豪阔的王斫山在哪里？情同手足的韩贯华在哪里？英武侠义的亲家韩孙鹤又在哪里？还有家兄金长文、同学王道树、同门圣默法师，以及崇拜者徐而庵、三耳生等等，又在哪里？不仅没人伸出援手，甚至出来说句公道话——记载金圣叹的含冤蒙难过程，揭露事件的真相——的人都没有。当我听说最后给金圣叹收尸、祭拜、安葬的，竟然是吴江沈永启的时候，真想为金圣叹大哭一场！苏州城里的亲友们，都到哪里去了呢？

范启明说：类似的悲哀，我也有过。因为是从事出版的，在我被查出身患绝症之前，朋友是非常多的，光通讯录就有几大本，其中有不少自信是“很铁”“知己”，包括“红颜知己”。但每当夜深人静、酒后孤独，特别想找个人说话的时候，通讯录翻来翻去，竟很难找到一个“合适”的。有时尝试性地把电话打过去，几句话一说就能感到对方的不耐烦，甚至有冷漠、厌恶之意。当年电视剧《渴望》有句歌词“谁能与我同醉，相知年年岁岁”，不知唱哭了多少人！那能够与我随时随地同醉且又相知的人，到哪里去找啊！后来我被查出绝症，住院治疗，开始来的人很多，渐渐稀少，最后连人影都没有了，甚至连家人都失去了耐心和友善。我这么说并没有责备人家的意思，所谓“床前百日无孝子”，人之常情嘛。换位想一下，自己也难保会做得更好。这些仅仅是需要花费一点时间、一点耐心的事，都如此难以做到，更何况，金圣叹犯的是“谋反”死罪，不要说为他奔走援救，就是有一点亲近的言行，都有可能招致麻烦，甚至杀身之祸。再者说，金圣叹怎么能比得了顾予咸啊！顾予咸可是吏部的现任官，有着很深的高层背景，而且家资雄厚，人脉极广，出来后还有很好的前程，而前程是有含金量的。金圣叹有什么呢？一生卑微，一贫如洗，就算救出来了，也只能更糟更坏……所以人之常情，大都会“敬而远之”，或是“避之犹恐不及”的。因此我们不能苛责圣叹的那些亲友。唯其如此，更显得沈永启的难能可贵了！

要不怎么会有“人生得一知已足矣”的千古之叹呢！方丈说：读书人应当“吾道自足”，过去经常讲“我们希望有外援，但是不能依赖它”，更不能因没有外援或外人不援而有所不满和怨恨。所以你毅然选择“自然疗法”，远离世俗，到大自然里去，这样各方都解脱了，你也就身心自由了。身心自由才是治病的关键。其实无所谓治愈不治愈，重要的是你找到了生命的意义，获得了超越，也算是“因祸得福”了。

田老师说：其实啊，还是有很多亲友关心和帮助金圣叹的。他的《天下才子必读书》，就是在被捕入狱后，由亲友帮助最终完成并刊刻问世的。可见亲友们并没有都避而远之，而是尽其所能地为圣叹做一些事情。

嗯嗯，是不应该对亲友求全责备。陶然说：换个角度想想，圣叹一生能够得到那么多亲友的情谊和帮助，已经是很幸运的了！不过，我还是禁不住悲从中来！圣叹为这个世界付出了全部，而世界回报他的是那样的残酷。圣叹被杀害以后，还有各种各样的流言蜚语，甚至谩骂诅咒。有人说：“施耐庵成《水浒传》，奸盗之事，描写如画，子孙三世俱哑。金圣叹评而刻之，复评刻《西厢记》等书，卒陷大辟，无子。”[①]言下之意，金圣叹“无子”是因为他评点《水浒传》《西厢记》。金圣叹明明有儿有女，而且不止一个。说这话的人，要么就是对金圣叹根本就不了解，要么就是故意编造谎言，前者既无知又轻率，后者简直可以说是卑劣恶毒！更令人不解的是，如此明显的胡言乱语，竟然有很多人信以为真，传扬不断。

阿弥陀佛！方丈说：说难理解真难理解，说不难理解也真的不难理解。先知先觉，大都生而患难，死得惨烈，就因为他们是先知先觉。《水浒传》《西厢记》这样的书，今天看来很平常，甚至年轻人都不爱看了，觉得它观念陈旧，手法落后。但是在金圣叹的时代，那可是难得的“奇书”“禁书”，原本就惊世骇俗，又经金圣叹的解说发挥，真的是“流毒”天下。有人说，在金圣叹之前，已有李卓吾等人的评点了，金圣叹的评点并不是首创。言外之意，没什么大不了的，不值得高估。这

---

① 徐谦《金圣叹评刻小说戮身绝嗣之报》。《汇编》第 27 页。

种说法，如果没有其他“外部”原因，“就书论书”而言，当是由于论者对金圣叹其人其书并没有充分的了解。大家都知道金圣叹长于“扶乩”，扶乩其实是通过“乩语”，借神灵之口来为自己代言。这很有象征意义，刚才说到金圣叹的“评点”是“附骥”，其实也是一种代言式的自我表达，从而建立他的“道”。那些被他评点的书（及其作者），就是他的凭据和载体，他与那些书其实是相互代言，最终还是圣叹的表达。因此圣叹才会说：读了他所评点的古人之书，就知道这是金圣叹的书，不再是古人的书。很多人对此不理解，甚至讥斥圣叹是“窃为己有”，但是只要掩卷深思，就会发现经过圣叹的评点，确实“面貌一新”，跟原作大不一样。例如评点《水浒传》，金圣叹和李卓吾的主要不同在于：李卓吾大抵是就书说书，很简略，尚处于“自然”的阶段；而金圣叹则是以书布道，更加宏富，更加细致，更加深刻，也更加精彩，已进入“自觉”的境界。圣叹很早就有计划地评点多种古书，诸书之间，从思想观念、学问知识到方式方法、艺术技巧等等，相互联系、贯通、配合，形成“体大而思精”的严密系统。套用鲁迅“唐人始有意为小说”的话，真正“有意”的评点，是从金圣叹开始的。这个“有意”主要是古人所谓的“有意为之”，不是今人所理解的有意识从事“文学”批评。实际上，金圣叹对今人所谓的小说、戏曲等“文学”问题是“无意”的。圣叹主要是借助评点的方便来“说法”，来建立并弘扬他的“道”，目的在于救世度人，实现自身的解脱和圆满。

方丈又对柳新雨说：你刚才说金圣叹的“才子书”是“六经”之后的“新经典”“新圣道”，很有见识！圣叹的著作风行天下，确有取代传统经典的效应，不只是社会大众津津乐道，士大夫也“爱不释手”，就连高高在上的皇帝也“饶有兴趣”，其受“关注”和深入人心的程度，都远过于传统经典。一般说来，新生事物的出现，有人欢迎、拥护，有人怀疑、观望，有人指责、打压。这个新生事物的最终命运，是由前一类人决定的；而这个新生事物创造者的命运，则是由后一类人决定。所以金圣叹的“新圣道”传遍天下、流传后世，但金圣叹的生命却不容于当时。大家都知道普罗米修斯的故事吧，祂从太阳神那里为人类盗来天火，却被绑在高加索山上备受折磨。其实金圣叹也是一位“盗火者”，他从“古人”那里盗来“天火”，为世界带来光明和温暖，也为此受尽苦难，最后付出了生命。从这个意义上说，圣叹也是一个为真理而献身的“圣贤”。

田老师接过来说：这些属于不难理解的一面，要说理解之难，有个“故事”很有代表性：大家都知道刘献廷（继庄）非常崇拜金圣叹，大学者全祖望（谢山）又非常推崇刘献廷，他说“继庄之才极矣！顾有一大不可解者，其生平极口许可金圣叹，故吴人不甚知继庄，间有知之者，则以继庄与圣叹并称，又咄咄怪事也！圣叹小才耳，学无根柢，继庄何所取而许可之？乃以万季野尚有未满，而心折于圣叹，则吾无以知之。然继庄终非圣叹一流，吾不得不为别白也”[①]。全祖望看不起金圣叹，却推崇刘献廷，因而对刘献廷崇拜金圣叹非常不解，努力替刘献廷“别白”，说他俩不是一路人。

全祖望的“别白”，后人有的接受，有的并不接受。周作人就说：“（全）谢山虽有学问却少见识，故大惊小怪，其实这一个大不可解很易解。”接着他举出刘献廷《广阳杂记》中的两段话，一段是：

> 余观世之小人，未有不好唱歌看戏者，此性天中之《诗》与《乐》也；未有不看小说听说书者，此性天中之《书》与《春秋》也；未有不信占卜祀鬼神者，此性天中之《易》与《礼》也。圣人“六经”之教原本人情，而后之儒者乃不能因其势而利导之，百计禁止遏抑，务以成周之刍狗茅塞人心，是何异壅川使之不流，无怪其决裂溃败也。夫今之儒者之心为刍狗之所塞也久矣，而以天下大器使之为之，爰以图治，不亦难乎！

另一段是：

---

① 全祖望《刘继庄传》。《汇编》第 19 页。

> 余尝与韩图麟论今世之戏文小说，图老以为败坏人心，莫此为甚，最宜严禁者。余曰："先生莫作此说！戏文、小说，乃明王转移世界之大枢机，圣人复起，不能舍此而为治也。"图麟大骇。余为之痛言其故，反复数千言。图麟拊掌掀髯，叹未曾有。彼时只及戏文小说耳，今更悟得卜筮祠祀为《易》《礼》之原，则"六经"之作，果非徒尔已也。

然后，周作人说："此段道理本甚平实的确，然而无人能懂，便是谢山，似亦不解。当时盖唯继庄、圣叹能知之耳！圣叹评《离骚》《南华》《史记》、杜诗、《西厢》《水浒》，以次序定为'六才子'，此外又取《易》《左传》等一律评之。在圣叹眼中，'六经'与戏文小说原无差别。不过，他不注重转移世界的问题，而以文章秘妙为主，这一点是他们的不同而已。"①

周作人对小说、戏文、卜筮、祠祀的看法，可谓卓识；对全祖望的问题，也能一语中的。但他说刘献廷的话"道理本甚平实的确"，未免小看了刘献廷，也小看了全祖望，当然也是小看了金圣叹，他们都不会服气。因为这个道理即使在今天，也是很多人难以理解和接受的，更不要说在全祖望的时代了。正因为当时能够参悟此道的人凤毛麟角，所以圣叹才称得上是先知先觉。可见周作人自己对这个"道理"以及金圣叹、刘献廷的先知先觉，也没能认识充分。尤其是周作人说金圣叹"不注重转移世界的问题，而以文章秘妙为主"，并以此判定这是金圣叹和刘献廷的"不同而已"，就更加不懂金圣叹，也更加不懂刘献廷了。就像我们刚才说的那样，金圣叹的最高目标和最大贡献，就在于发现小说戏文等具有比"六经"还强大的"转移世界"的力量，并不遗余力地阐发、弘扬乃至身体力行；而所谓"文章秘妙"，既不是圣叹评点的重点，也不是他最在意的部分。周作人的本意，是为了解释全祖望的"不解"，却不料自己也跟着全祖望来对金圣叹和刘献廷作一番"别白"，并且犯

---

① 详见周作人《墨憨斋编山歌》。《周作人自编集》，北京十月文艺出版社2011年版。

了同样的错误：不理解金圣叹也不理解刘献廷。全、周都是饱学之士，竟然也会出现这样的问题，可见要全面、准确地理解金圣叹，是多么不易的事情！

范启明说：或许正因为金圣叹既难理解又不难理解，才会出现很多误解。这些误解有的是“无意”的，亦即因情况不明或认识不够而造成的真实误解；有的则是“故意”的，亦即内心明明知道应该作这样的理解，但公开表达时却偏偏作那样的理解；其中又有善意的、非善意的甚至是恶意的不同，各有各的原因和目的。这就使得金圣叹的问题变得非常复杂，很多情况大家都知道，我就不一一列举了。我想说的是，有一种情况或者说是现象，我们已经习以为常，却很值得注意，就是周作人所注意的“文章秘妙”，概括地说，就是只把金圣叹当作一个“文学批评家”对待，把他的评点只当作一种“文学活动”对待。如蔡丏因说：

> 其批《西厢》，只讲文情，不讲曲谱，明知后四出为关汉卿续，非王实甫本，亦略示轩轾，不加删削。以奇特之识见，批文章之妙处，别作奇警之新熟字，以为命名。如《西厢》有烘云托月法、移堂就树法、月渡回廊法、羯鼓解秽法、那辗法、浅深恰好法、起倒变动法。《水浒》有倒插法、夹叙法、草蛇灰线法、大落墨法、绵针泥刺法、背面铺叙法，弄引法、獭尾法、正犯法、略犯法、极省法、欲合故纵法、鸾胶续弦法，其赅博审辨如此。[①]

显然，他主要是从“文章之妙处”来论定金圣叹，虽称“奇特之识见”，但并没有抓住金圣叹评点的“要害”，反而将读者的注意力过多地引向“文学”，这恰好迎合了今人的“文学”观念和习惯。大家都知道，今人的“文学”观念主要是晚近从域外“舶来”的，又受到特定时期社会现实和意识形态的影响，变得一方面很“单纯”，使文学只剩下

① 蔡丏因《金人瑞》。《汇编》第50页。

"文学";另一方面又很"复杂",使文学不再是文学。在这样的文学观念和现实的作用下,人们一方面只承认金圣叹在文学的"形式"层面确多有发明,不无贡献,于是关注金圣叹"文章秘妙"的论著数不胜数;另一方面,则认为金圣叹在文学的"思想"层面问题不少,并无可取,于是指责甚至批判的论著又非常之多。加之近代以来对"科举""八股文""文法"之类的误解和偏见,使得很多人的印象里,金圣叹不过是一个用八股文法评点小说戏曲的"评点家",而一和"八股"扯上关系,就连"文法"也有了问题。于是金圣叹便被抽取了内容和实质,成为一个平面的、片面的甚至反面的形象。这种印象非常强大而坚固,像大山一样压在金圣叹身上,也压在后人心上,要想搬开它看到金圣叹的真面目,殊非易事!

田老师说:不过,我们也应该注意到:"转移世界",其实就是圣叹的"立德"——通过弘扬"圣人之德"从而确立"圣叹之德";而"文章秘妙",其实就是圣叹的"扬才"——通过表彰"古人之才"从而发挥"圣叹之才",二者是兼顾并行、相辅相成的。因此,文学艺术上的追求,圣叹也非常在意。正因为如此,圣叹所评点的作品,才会具有无与伦比的文学魅力,才会出现"金本"一出,便风行天下而且长盛不衰的"奇观"。

此言极是!方丈说:由于金圣叹具有高超的文学眼光和才华,使得他的评点有"点化"般的神奇功效。经他"点化"了的作品,已成为不同的作品,很大程度地成为金圣叹的作品。读者很难区分自己所折服的是圣叹在所评的"原作"还是圣叹的"评点",甚至很多人"忘记"了原作者,完全视为圣叹之作。

范启明说:所以金圣叹把他评点的书都称作"才子书",并且宣称这是圣叹之书,不是古人之书。有人竟因此指责圣叹是"剽窃",其实,圣叹并没有删去原作者的姓名,相反还极力表彰原作者,不能说是"剽窃",而应成为功臣。

对这个"功臣",也应辩证地看。田老师说:我们以前谈论过金圣叹评价中的"极端"现象,造成这种现象的一个重要原因,就是金圣叹的评点中充满“极端”：极端之思、极端之情、极端之论、极端之词……真是“无所不用其极”，非常人所能企及！这样读者很容易就分成两派：爱的爱死，恨的恨死，双方尖锐对立，不可调和。进而造成普遍的印象，以为金圣叹就是一个“极端”的人，于是便把很多“极端”的言行，不管有影的没影的，都归之于金圣叹，因为这容易使人相信。尤其是在文学“形式”上的极端评点，固然能够极大提高其“转移世界”的功效；但也会带来不利的影响，如读者往往被其极端的“形式”所吸引，而忽略了“内容”。这也是圣叹“转移世界”的苦心很少受到注意与理解的主要原因之一。

此话有理。方丈说：不要说一般读者，就是很多饱学之士、修道之人，也很容易被圣叹的极端所诱惑，陶醉于“形式”，而忽略“内容”。

但是，不得不承认，金圣叹的评点，确实美不胜收，有一种令人欲罢不能的“魔力”。范启明说。

是这样的。石萌说：我在阅读中，经常被金圣叹的评点所吸引，忘记了原作，甚至忘记自己的阅读目的。

是的，是的。其他几位也纷纷表示有此同感。

范启明说：古人《汉书》下酒，我们今天何不将圣叹的“秘妙”放谈一番，以助酒兴？也不辜负这美景良辰啊！

如此甚好！田老师说：只是圣叹书中精彩纷呈、无所不在，三天三夜也讲不完，十本八本（书）也写不完；况且，古今谈论，汗牛充栋……真是一部廿四史，不知从何说起呀！

范启明说：奇文共欣赏，我们不妨就各人所欣赏者，举例说来，如同贡献一道美味，与大家分享。

好！我先说吧！李大白立刻响应，随即干了杯中酒，说：那我就举一例与酒有关的吧。《金评水浒》第二十八回《施恩重霸孟州道　武松醉打蒋门神》，原书本来就写得极为精彩，而金圣叹的评点更加火上浇油，令人读来热血沸腾、拍案叫绝！在前评中，圣叹先是就宋祁的《新唐书》大发感慨，提出“夫修史者，国家之事也；下笔者，文人之事也。国家之事，止于叙事而止，文非其所务也。若文人之事，固当不止叙事而已，必且心以为经，手以为纬，踌躇变化，务撰而成绝世奇文焉”[1]。然后以司马迁著《史记》为例，得出其“事”为某人之事，但其不必为某人之“志”——实际上是著者之“志”，而志又是由“文”来表达的，因此那些事，不过是司马迁撰成绝世奇文的“料”而已。进而认为：“凡以当其有事，则君相之权也，非儒生之所得议也。若当其操笔而将书之，是文人之权矣；君相虽至尊，其又恶敢置一喙乎哉！此无他，君相能为其事，而不能使其所为之事必寿于世。”[2]这就等于说，独立自由写作，是文人的特权，这种“文权”是神圣不可侵犯的，高于皇帝、宰相的“俗权”。后者不得干预前者，前者具有更为普遍而永恒的意义。这种“文学理论”，今天读来，仍令人惊讶！诸如此类的惊人之论，随处可见，我就不多说了。

圣叹接着说：

> 如此篇，武松为施恩打蒋门神，其事也；武松饮酒，其文也。打蒋门神，其料也；饮酒，其珠玉锦绣之心也。故酒有酒人：景阳冈上打虎好汉，其千载第一酒人也；酒有酒场：出孟州东门，到快活林十四五里田地，其千载第一酒场也；酒有酒时：炎暑乍消，金风飒起，解开衣襟，微风相吹，其千载第一酒时也；酒有酒令：无三不过望，其千载第一酒令也；酒有酒监：连饮三碗，便起身走，其千载第一酒监也；酒有酒筹：十二三家卖酒望竿，其千载第一酒筹也；酒有行酒人：未到望边，先已筛满，三碗既毕，急急奔去，其千载第一行酒人也；酒有下酒物：忽然想到亡兄而放声一哭，忽然恨到奸夫淫妇而拍案一叫，其千载第一下酒物也；酒有酒怀：记得宋公明在柴王孙庄上，其千载第一酒怀也；酒有酒风：少间蒋门神无复在孟州道上，其千载第一酒风也；酒有赞酒：“河阳风月”四字，“醉里乾坤火，壶中日月长”十字，其千载第一酒赞也；酒有

① 《金集》叁，第 529 页。

② 《金集》叁，第 529–530 页。

> 酒题："快活林"，其千载第一酒题也……凡若此者，是皆此篇之文也，并非此篇之事也。如以事而已矣，则施恩领却武松去打蒋门神，一路吃了三十五六碗酒，只依宋子京例，大书一行足矣，何为乎又烦耐庵撰此一篇也哉？甚矣，世无读书之人，吾末如之何也！[①]

古今喜爱这一回的读者何止千万！古今喜爱饮酒的文人何止千万！古今为武松饮酒而惊叹的读者文人又何止千万！但是，有几人能看出其中有酒人、酒场、酒时、酒令、酒监、酒筹、行酒人、下酒物、酒怀、酒风、赞酒、酒题……如此之多的门道？金圣叹看出来了。这些既是门道也是讲究，同时还是奥秘——这些门道、讲究和奥秘，既是武松的，也是施耐庵的，也是金圣叹的。由此可以想见，有如此门道、讲究和奥秘的武松，该是怎样的一个武松！有如此门道、讲究和奥秘的施耐庵，该是怎样一个施耐庵！有如此门道、讲究和奥秘的金圣叹，该是怎样一个金圣叹！于是读者不仅对接下来的故事情节充满期待，更对武松、施耐庵、金圣叹充满好奇和向往，同时可能还会有些自惭形秽。

确实，我看到这里，就觉得自己平时喝酒太没有"文化"，又惊奇圣叹饮酒太有"文化"了！柳新雨附和道。

如此说来，我们都是俗人！范启明笑着说。

岂止我们，连宋子京都被捎上了！田老师说：不过，方丈除外。

善哉善哉！方丈说：我虽不饮酒，但也在没"文化"之列。瞧，圣叹不是说"世无读书人"吗？无人能够幸免啊！

哈哈哈……大家一阵哄笑。

李大白说：不好意思，可能是我没有表达清楚。圣叹批评宋祁和世人，主要是就其不懂"文"和"事"的区别而言的，跟饮酒没关系。圣叹认为上述那些都不是"事"，而是"文"，进而是"珠玉锦绣之心"。这种说法很深奥，也很玄妙，同时也很有"悬念"意味，引发读者赶紧

---

① 《金集》叁，第530–531页。

到书中寻求解答。另外，这虽然只是一小段评语，但写得非常精美，你看他先提出论题，后连续排比例证，最后得出结论，回应论题。既是逻辑严密的议论文，又是文情并茂的散文。

圣叹评论精彩！大白的解说到位，很好！范启明称叹说：果然可以佐酒助兴啊，来，咱们同饮一杯！

大家兴高采烈，一饮而尽。

石萌说：大白说得好！说得对！我发现，金圣叹的评语，往往精致美妙，令人回味无穷。咱们前面提到过的“呼延爱马”“李洞毙驴”“匡庐奇景”“京中口技”等等，都是很好的例子，简直就像是范文；当然，那些独立的单篇、序文等，就更不用说了。

哎，萌妹，啥时候叫“大白”不带“兄”字了？柳新雨故作疑讶道。

又来了，人家说正事呢！石萌假装生气，满脸幸福陶醉的模样。

大家会心，都笑起来。

谁说不是正事？柳新雨自饮一杯，说：我觉得，还是《金评西厢·酬简》的评语最精彩！

首先是因为这一场最难评点，又必须评点。说“最难”，是由于这是公认的最“淫”的部分，稍微掌握不好，不仅会招来“诲淫”的罪责，还会遭到误解；说“必须”，是由于这是全剧的高潮，也是读者最为“期待”部分：既想看王实甫如何写，又想看金圣叹如何评。然则这种“男女之事”，向来只可意会不可言传。经历过的人，各有各的体验，如同班门弄斧；未经历的人，既好奇又茫然，如同对牛弹琴，很难获得共鸣和赞赏。所以金圣叹评点这部分，不仅要有过人的勇气，还要有博大的情怀、非凡的见识、敏锐的感觉和智慧的表达。

看他知难而上，上来就抓住一个“淫”字，反复辩驳。所谓擒贼先擒王，先从“《国风》好色而不淫”驳起。圣叹说：

> 古之人有言曰：《国风》好色而不淫。比者，圣叹读之而疑焉，曰：嘻，异哉！好色与淫，相去则又有几何也耶？若以为“发乎情，止乎礼”发乎情之谓“好色”，止乎礼之谓“不

> 淫”，如是解者，则吾十岁初受《毛诗》，乡塾之师早既言之，吾亦岂未之闻？亦岂闻之而遽忘之？吾固殊不能解好色必如之何者谓之“好色”，好色又必如之何者谓之“淫”，好色又如之何谓之几于淫而卒赖有礼而得以不至于淫，好色又如之何谓之赖有礼得以不至于淫而遂不妨其好色。[①]

“《国风》好色而不淫”，不仅是圣贤的权威训诫，也是国家的礼法准则和社会的道德尺度，其权威性不言而喻。圣叹则公然发起挑战，先从理论和逻辑上予以质疑。在这个训诫中，“好色”是肯定的、允许的，“淫”是否定的、禁止的，“好色而不淫”则是要求把二者“统一”起来，但这二者实质上相互冲突，根本无法统一。所谓说着容易做着难，圣叹质疑道：怎样算是“好色”？怎样算是“淫”？怎样算是既“好色”几乎要“淫”了，却因守“礼”而最终把持住而“不淫”？从来没人作过解释，如今圣叹要给出答案。他接着说：“夫好色而曰‘吾不淫’，是必其未尝好色者也；好色而曰‘吾大畏乎礼而不敢淫’，是必其并不敢好色者也；好色而大畏乎礼而不敢淫，而犹敢好色，则吾不知礼之为礼将何等也；好色而大畏乎礼，而犹敢好色，而独不敢淫，则吾不知淫之为淫必何等也。”连续几个“不知”，如同疾风暴雨般的利剑，把“好色而不淫”戳得满身窟窿，体无完肤。

圣叹接着把矛头指向“《国风》”——亦即《诗经》，这可是“采于周初”的“三代之盛音”，又经先师仲尼删改的“大圣人之文笔”啊！但圣叹说：《国风》虽然不能说篇篇“好色”，但“好色”的篇章很多；虽不能说篇篇皆“淫”，但“淫”的篇章不少。都这样了，还说“好色而不淫”，那怎样才算“淫”呢？用如此“淫”的诗歌来鉴戒天下后世，那什么样的文章不可以作为鉴戒呢？什么样的诗文可以称作“不淫”？

用一连串的质问，将对方置于死地之后，圣叹正面提出自己的论断：

---

① 《金评西厢》卷七《酬简》。《金集》贰，第1039-1040页。

人未有不好色者也，人好色未有不淫者也，人淫未有不以好色自解者也。此其事，内关性情，外关风化，其伏至细，其发至巨，故吾得因论《西厢》之次，而欲一问之：夫好色与淫，相去则真有几何也耶？①

其实是说："好色""淫"是人的性情，而且密切相关，不可人为割裂，应当从人的性情出发，实事求是地对待"风化"问题，而不是用虚伪、自相矛盾、无法落实的"好色而不淫"来说教和强制。圣叹此论，真可谓惊世骇俗，但又合情合理。有没有"家学"，就是不一样啊！

攻破了圣贤的经典训诫和虚伪的礼法道德，圣叹笔锋一转，转向"立"，同样惊世骇俗、合情合理。他说：

自古至今，有韵之文，吾见大抵十七皆儿女此事。

这里的"儿女此事"是就《国风》中"好色""淫"篇章而言的，其实是概指男女之事。注意，圣叹巧妙地把二者作了"偷换"，使其变得更"美好"了，读者也更容易接受。"有韵之文"，概指诗词歌赋之类；"十七"，即十分之七。不必深究这个比例是否精确，圣叹意在告诉世人，"好色""淫"在文学中是普遍存在的，而且是必不可少的。这不仅因为"此事"真是"妙事"，有"爱"必欲为"文"，为文必为"妙文"；还因为没有此事，就不能成为妙文。

通过上面的一"破"一"立"，已经从普遍性为天下后世的"好色"而"淫"者完成了辩护，接下来便直接切入具体、现实——为莺莺张生的"酬简"，也为自己的评点作辩护。圣叹说：

有人谓《西厢》此篇"最鄙秽"者，此三家村中冬烘先生之言也。夫论此事，则自从盘古至于今日，谁人家中无此

① 《金评西厢》卷七《酬简》。《金集》贰，第1040页。

> 事者乎？若论此文，则亦自从盘古至于今日，谁人手下有此文者乎？谁人家中无此事，而何鄙秽之与有？谁人手下有此文，而敢谓其有一句一字之鄙秽哉？曰：一句一字都不鄙秽。[①]

如果说前面的辩难是“万箭穿心”的话，那么这里的驳斥便是“单刀直入”。抓住“最鄙秽”这个要害，只两刀：一刀是“谁人家中无此事”？一刀是“谁人手下有此文”？前者确立了“此事”的合情性、合理性，亦即正当性；后者确立“此文”的纯洁性、美妙性，亦即神圣性。不仅令那“人”无言以对，而且自惭形秽。不仅如此，圣叹更将刀向其心窝用力捅，将其置于死地。圣叹说：

> 盖事则家家家中之事也，文乃一人手下之文也。借家家家中之事，写吾一人手下之文者，意在于文，意不在于事也。意不在事，故不避鄙秽；意在于文，故吾真曾不见其鄙秽。而彼三家村中冬烘先生犹呶呶不休，詈之曰“鄙秽”，此岂非先生不惟不解其文，又独甚解其事故耶？然则天下之鄙秽殆莫过先生，而又何敢呶呶为？[②]

意思是说：人家作者（王实甫）这样写，完全是为了创造出绝世妙文，根本没在意那“事”；而那些“三家村中冬烘先生”，呶呶不休骂其“鄙秽”，正暴露出他们不仅内心肮脏，而且行为鄙秽。

圣叹这番评论，思想观念上的惊世骇俗，自不必说，仅从论说艺术上看，也是非常智慧、严密和巧妙的。读来真有痛快淋漓之感，我是拍案叫绝，佩服得五体投地。

新雨兄讲得真好啊！覃慧敏赞叹道：不仅分析透辟，还概括出几个手法，如擒贼擒王、万箭穿心、单刀直入等等，都很准确，也很生动。

---

① 《金评西厢》卷七《酬简》。《金集》贰，第 1041 页。
② 《金评西厢》卷七《酬简》。《金集》贰，第 1042 页。

就是最后说圣叹捅其心窝，未免太过血腥。要我说，那两刀应该是两巴掌：一个“掌嘴”，一个“打脸”，让三家村冬烘先生有口难言，没脸见人！

说得好！石萌鼓起掌来，说：也可以称作“掌嘴法”“打脸法”喽。

可以！可以！就是“温柔”了点儿！柳新雨说：其实还有一个手法，就是“搁进去”——不论“好事”还是“坏事”，都把自己搁进去，“现身说法”，这样更有说服力。比如圣叹说“借家家家中之事，写吾一人手下之文者，意在于文，意不在于事也”。表面上是说王实甫，其实也是说自己。当然更明显的，还是在“酬简”事毕，圣叹最后说：“圣叹自幼学佛，而往往如汤惠休绮语未除。记曾有一诗云：‘星河将半夜，云雨定微寒；屧响私行怯，窗明欲度难！一双金屈戍，十二玉栏干。纤手亲扪遍，明朝无迹看。’亦最是不可奈何时节也。”[①]我们曾据此推测圣叹的感情生活，但圣叹在这里如此说，就是把自己也“搁进去”，表明自己也是王实甫、张君瑞、汤惠休之类的人物，也有过“儿女之事”，也是意在于“文”而不在于“事”的。这样既重申并强化了主题，还与前文形成呼应，成为一个有机的整体。圣叹文思精密如此！

还有一种情形，也属于“搁进去法”，就是深入到人物的内心，就像其“肚子里蛔虫”，将其心思看透。如“酬简”事毕，张生唱【柳叶儿】云：“我把你做心肝般看待，点污了小姐清白。”圣叹于此评点道：“伏而惭谢之。”还特别说：“圣叹欲问普天下锦绣才子，此‘伏而惭谢之’五字，可是圣叹出力批得出来？‘点污了小姐清白’，此其语可知也，圣叹更不说也。”圣叹的“得意”之情，溢于言表。他之所以能够看透张生此时的微妙心理，不仅仅是因为“点污了小姐清白”这句话，而是能够由此深入到张生的内心，从他的性格、人品、教养和经历等方面综合分析，又参之以自己的类似体验，才写出这前无古人后无来者的绝妙批语。又如张生唱【赚煞尾】云：“你破工夫今夜早些来。”圣叹批点说：“伧读之，谓是要其来；锦绣才子读之，知是要其去也。若说要其来，则是止写张生，其文浅；必说要其去，则直写出双文，其文甚深也。”如此

---

① 《金评西厢》卷七《酬简》。《金集》贰，第 1052–1053 页。

微妙的分辨，也是得力于深入人物内心。

是啊是啊！石萌说：要是没有金圣叹的评语，没有新雨兄的解读，我也如那“伧”一般，只以为是要她“来”，压根儿就没想到是要她“去”。

李大白说：还可以进一步说，要她去，是要她快点儿回去，免得被老夫人发现，以后就来不成了；同时也是要她明晚早点来，正反映出此刻不愿她离去，对明晚有着更加美好的期待……

大白兄真是敏悟啊！柳新雨称赞道，又问石萌：他说的对不对？

石萌猝不及防，先点头，又赶紧摇头，脸上一阵红晕。同学们一阵欢笑。

庄言说：这种“搁进去法”确实很有效。有句很流行的“名人名言”：“我是流氓我怕谁”，用的就是这种方法。先骂自己，然后骂人骂世，弄得对方无可奈何，而且不怕对方如何骂自己。效果就非常好！没想到，金圣叹早就娴熟运用了。而且，还产生一种奇特的效果，就是“互代”——“我”既可以代“人”表达，“人”也可以代“我”表达，结果是“人”“我”合一，不分彼此，无法严格辨别何者为古人之言，何者为圣叹之意。我认为，这既是圣叹的一种评点方法，更是他的一种表达智慧和策略，很多不能正常表达的事实、思想、观点、感情、态度等等，便通过这种方式表达出来了。这在《金评唐诗》中运用的最多，也最得心应手，可谓触目皆是，效果极佳！如张南史《陆胜宅秋雨中探韵》诗云：

同人永日自相将，深竹闲园偶辟疆。
已被秋风教忆鲙，更闻寒雨劝飞觞。（前解）
归心莫问三江水，旅服从沾九月霜。
醉里欲寻骑马路，萧条是处有垂杨。（后解）[①]

圣叹评前解说：“此写君子在野，无处告诉，遂托杯斝，纵心行乐也。看其‘同人’字、‘永日’字、‘自相将’字，字字欢笑，字字眼泪！

① 《金评唐诗》卷五下。《金集》壹，第278-279页。

'同人'，言济济诸贤，不须惜才也；'永日'，言迟迟良日，大堪戮力也；'自相将'，言并无一人，蒙被收目也……写得风雨一片情理，一段兴致，正复诸公一段牢骚，一片败坏也。"又评后解说：

> 他诗不得意，则亟思归；今此诗并不思归，真不辨其此日竹园，是欢笑，是眼泪也！……不知者，便谓如此真是快活。呜呼！受父母身，读圣贤书，上承圣君，下寄苍生，我将自处何等，而取如此快活哉？

正因最后加一"我"字，遂使前面的欢笑、眼泪以及后面的感慨，既属于张南史，也属于金圣叹，甚至后者更多。

又如评点王维《积雨辋川庄作》（后解）说：

> 且夫人生世上，适然同处。以我视之，我固我也，彼固彼也；如以彼视之，彼亦我也，我特彼也。然则百年并促，三餐并艰，人各自营，谁能相让？今必疑我习静修斋，则岂欲令二三野老侧目待我，一如阳居所云："家公执席，妻子避灶"，然后自愉快耶？亦大非本色道人已。[①]

谁能分清这到底是王维的本意，还是圣叹的夫子自道？

当然，这种"互代法"，并不仅限于明显加"我""余"之类称谓的评语，便是不带这些称谓，也有"互代"作用。如圣叹评薛逢《开元后乐》诗前解说："言'开元后乐'，乃玄宗亡国之乐……然不知者，则谓开元之盛，莫盛于此，殊不悟开元之亡，固实亡于此也。"又评后解说：

> 夫开元妃子之盛，此所谓女祸者也。乃女祸未几，而遂成戎祸。"一自"字妙，言从此兵连事结，遂见连年累岁。盖

---

① 《金评唐诗》卷四上。《金集》壹，第170页。

直至今日，而汾阳苦战，曾无休息。嗟乎，嗟乎！其间所有罄人之地，竭人之庐，寡人之妻，孤人之子，皆不具论，止就搜求骏马一事，而至今沙苑一空。此岂犹不肠断，而尚能听其所奏也哉！①

你可以说是圣叹为薛逢代言，也可以说是圣叹让薛逢为自己代言，终归还是圣叹在言说。尤其是“直至今日”四个字——这是另一种“互代”，可以穿越时空，以古讽今或以今况古。即如此诗，谁能严格区分是指唐代还是指当代？显然，圣叹如此尖锐敏感的言论得以公诸天下，是与这种“模棱两可”的表达方式密切相关的。

“互代”的概括甚好！田老师点头说：这不仅是圣叹评点的重要策略和方法，也是圣叹所有书写中的重要策略和方法。大家想必还记得金昌推崇圣叹评点杜诗的话：“（自）有唐迄今，非少陵不能作，非唱经不能批也。大抵少陵胸中具有百千万亿漩陀罗尼三昧，唱经亦如之。乃其所为批者，非但剜心抉髓，悉妙义之宏深；正复祛伪存真，得天机之剀摰。盖少陵忠孝士也，匪以忠孝之心逆之，茫然不历其藩翰。”②认为圣叹是迄今最能理解和表彰杜甫的人，原因就在于他们胸中都“具有百千万亿漩陀罗尼三昧”，尤其是在“忠孝”上相同。然而很少有人接受金昌的这个论断，更少有人把圣叹和杜甫相提并论。实际上，金昌并非虚美，这样的事例在《金评杜诗》中比比皆是。比如他评杜甫《去蜀》③诗说：

五载蜀郡，一年梓州，骤读之，谓只记其年月踪迹，殊

---

① 薛逢《开元后乐》诗云：“莫奏开元旧乐章，乐中歌曲断人肠。邠工玉笛三更咽，虢国金车十里香。一自犬戎生蓟北，便从征战老汾阳。中原骏马搜求尽，沙苑年来草又芳。”见《金评唐诗》卷七上。《金集》壹，第458页。

② 金昌《叙第四才子书》。《汇编》第57页。

③ 杜甫《去蜀》诗云：“五载客蜀郡，一年居梓州。如何关塞阻，转作潇湘游？万事已黄发，残生随白鸥。安危大臣在，何必泪长流？”见《金评杜诗》卷三。《金集》贰，第733-734页。

平平无警耳。不知先生以“大臣”自待，国家安危，无日去心；身在此中，真朝朝暮暮，以眼泪洗面。虽一日有甚不可者，奈何五载？奈何一年？唱此四字，椎心喷血，已为积愤极痛。三句“如何关塞”一转，不觉失声怪叫：今日去蜀，又非归关中耶！看他“游”字，下得愤极。今日岂得游之日？我岂得游之人？然此行不谓之“游”又谓之何？刘越石、祖士稚，一齐放声恸哭，是此二十字也！

圣叹“读”出杜甫“眼泪洗面”“椎心喷血”“积愤极痛”，固然非同凡响，振聋发聩；更重要的，是他揭示出杜甫的“以‘大臣’自待”，亦即始终自觉以国家“大臣”自信自任。“大臣”不光是在职务上出将入相，位极人臣；还上系君王，下连百姓，是天下家国命运的责任人；还是国家民族“精神”的承担者和象征者……圣叹能够看出杜甫以“大臣”自待，确是独具慧眼，深中“要害”。杜诗的“致君尧舜上，再使风俗淳”，就是以“大臣”自待的最好宣言；我在习读杜甫《乾元元年华州试进士策问五道》时，也发现这正是其“大臣”自待的集中体现。其文颇长，我就不宣读了，有兴趣的同学可以找来看看。其第五道中明确提出：“自古哲王立极，大臣为体，眇然坦途，则何往不顺。”这是自觉站在“大臣”的位置上，观察大局，思考天下，提出问题和对策。然则杜甫以大臣自待却漂泊流离，困死江舟；而在位者“肉食者”却尸位素餐，徒有“大臣”之名，这正是杜甫所有痛心疾首的根源所自、“症结”所在。因而圣叹又评点道：

试思先生心中，是何“万事”？上解热极，此解乃假作冷极，以自排扑，然岂真有“大臣”在哉。有大臣在，关塞何至又阻？正暗用《左传》“肉食谋之”语，而彼自以为“大臣”，我亦因而称之为“大臣”耳。夫思不得而怨，怨又不得而愤，皆忠臣自然之致，无伤也。

杜甫的这种“忠孝”，确实“非少陵不能作，非唱经不能批”！

这个我以前还真没注意。范启明对田老师说：既不知道杜甫以大臣自待，也不知道圣叹有此独见。今天正应了那句古语：听君一席话，胜读十年书啊！来，我敬你一杯！

哪里哪里！一知半解。田老师一边谦辞，一边与范启明碰杯对饮。

石萌说：照此看来，金圣叹也是以“大臣”自待的吧！

田老师说：是的，但又不止于此。我们说过，圣叹的最高理想，是要做“圣人”，但也怀有治国平天下的志向，并且兼顾文化上的建立，也就是“三不朽”。

范启明说：这是圣叹尊贵、正大、严重的一面，但很少被人理解和认同。这可能也与“互代”有关，读者容易将这些归于杜甫（或其他作者），而将谐谑、幽默、游戏的一面归于圣叹。其实圣叹是两面统一乃至是多面统一的，但一般读者更喜欢圣叹的后一面，包括我。圣叹有一篇《春郊演剧》文，堪称妙手奇文，令我百读不厌，现在仍能倒背如流。他是这样写的：

> 与众乐乐，好事者为之也。夫人幼而学之，必有可观者焉。乡人皆好之，亦为之而已矣。达巷党人曰：“于戏！是人之所欲也。”
>
> 暮春者在野，经始灵台，抑为采色，选于众，若是班乎，使之一本。
>
> 当是时，其徒数十人，填然鼓之，管籥之音，翕如也。
>
> 于此有人焉，请问其目，衣锦尚絅。听其言也：如之何？如之何？有始有卒——此其大略也。彼哉，彼哉，抑末也。
>
> 其次，正其衣冠，南面而立。姓所同也，名所独也。坐以待旦，曰：“吾生也。”
>
> 杖者出，望之俨然。如五六十。冕衣裳，加朝服，拖绅，外也，景丑氏。素以为绚，达于面目。
>
> 凡同类者，其三人。胁肩谄笑，手之舞之，无所不至，

非人之所能为也。

若此者，君臣也，父子也，夫妇也。群居终日，行乎患难，行乎富贵，可立而待也。朝觐者、讼狱者、讴歌者，声音笑貌，象忧亦忧，象喜亦喜，似不可及也。

此一时也，近者悦，远者来，达乎四境；闻其声，观其色，众皆悦之。

冠者五六人，则之野，又从而招之，筑室于场，得其所哉。

童子六七人，食无求饱，往于田，疾行先长者，道听而途说，鲜能知味也。

将为君子焉，斯文也。春服既成，赫兮喧兮，其子弟从之，揖所与立，訚訚如也。

将为野人焉，农夫也。衣敝缊袍，其颡有泚，襁负其子而至，立之斯立，皇皇如也。

或为大人，长一身有半，立则见其参于前也。众恶之曰："彼丈夫从而掩之，吾何以观之哉？"

或为小人，则具体而微，引领而望之，出语人曰："吾未尝得见也，易地则皆然，如之何则可也？"

有妇人焉，衣服不备，不能出门户。讪其良人，乞诸其邻而与之，蒙不洁巨屦，其为士者笑之。

有贱丈夫焉，则慕少艾。以左右望，睨而视之，眸子瞭焉。恶声至："无耻！"又顾而之他。

有丧者、无目者，虽闲户可也。亦北面而朝之，难矣哉！彼将曰："尔为尔，我为我。来者不拒，恶得而禁之？"

和也者、道也者，出家而成教，反经而已矣。自修也，此亦曰："某在斯，某在斯。均是人也，吾何为独不然？"

为间，天油然作云，沛然下雨，茫茫然归。自西，自东，自南，自北，散而之四方；蹶者、趋者，皆曰："今日病矣，归与，归与！而今，而后，如有复我者，吾不欲观之矣。"

或曰："迨天之未阴雨，择其善者，再斯可矣。"[1]

这篇文章原是顾公燮《丹午笔记》中的一则"轶事"，题作《金圣叹春郊演剧集四书文》；陆林将其作为"佚文"编入《金圣叹全集》，题作《春郊演剧集四书文》。[2]我以为，题目应作《春郊演剧》，而"集四书文"可以作为副标题或题下小注。无论怎样，这篇文章出自金圣叹之手，看来是可信的。此文的奇妙之处，不仅在于全文是从"四书"——《论语》《孟子》《大学》《中庸》——中摘录出来、集合成篇的；更在于它的浑然天成，毫无"摘集"的痕迹；尤其在于它的叙事完整、情节曲折、人物生动、对话有趣，切合"城郊"的环境，洋溢着"春天"气息，富于"演剧"效果，而且意味深长。其举重若轻、机智诙谐、潇洒淋漓的"才子"风格，与金圣叹的一贯文风正相吻合，也可以说"非唱经不能为"矣。我把它重新标点分段，更便于欣赏，有兴趣的同学，不妨对照"四书"，一一注释出来，一定更有意思。

确实奇哉妙哉！范启明赞叹道：古今集句诗多矣，很少有集句文；集句为文能达到如此洋洋洒洒、如此曲尽其妙、如此出神入化者，我还从来没有见过。痛快，痛快！说罢，与田老师举杯一碰，喝个干净。

阿弥陀佛！善哉，善哉！方丈说：圣叹这种写法，也可谓"互代"之一种，其实是让圣人代他立言，与正规"四书文"的代圣人立言适相逆反。因此奇妙固然奇妙，有才固然有才，但这种与圣人反其道而行之的做法，毕竟不够严谨。要知道，"四书"不仅是圣人经典，而且是国家功令——科举教材，圣叹如此编排，就未免有失轻佻与游戏了。金圣叹的被"游戏化"乃至被视为"坏货"，也应与此类言行有关。

此时，覃慧敏有些悲从中来，说：不知怎么了，大家的"欣赏"，我越听越难过，越听越为圣叹而惋惜、悲哀！像他这样内心尊贵、正大，外表诙谐、幽默，是很难得到世人的理解的。于是千古奇才，死于

---

① 顾公燮《丹午笔记》第 184 则，第 134–135 页。江苏古籍出版社 1999 年版。

② 见《金集》陆，第 961–962 页。

非命，其生前身后的遭遇，远不如杜甫。

是啊，是啊！我也有同感。陶然说：其实圣叹自己也经常陷入被误解的痛苦和愤怒之中。他在给任昇之的信中说："弟于世间，不惟不贪嗜欲，亦更不贪名誉。胸前一寸之心，眷眷惟是古人几本残书。自来辱在泥涂者，却不自揣力弱，必欲与之昭雪。只此一事，是弟全（前）件，其余弟皆不惜！"[①]又在给嵇永仁信中说："因而自念：人生世间，乃如弱草，春露秋霜，宁有多日？脱遂奄然终殁，将细草犹复稍留根荄，而人顾反无存遗耶？用是不计荒鄙，意欲尽取狂臆所曾及者，辄将不复拣择，与天下之人一作倾倒。此岂有所觊覦于其间，夫亦不甘便受湮没，因含泪而姑出于此也。"[②]又在给王道树的信中说："诚使天假弟二十年，无病无恼，开眉吃饭，再将胸前数十本残书一一批注明白，即是无量幸甚，如何敢往'老作龙鳞'岁月哉！"[③]圣叹晚年的最大愿望，就是能够健康地活下来，完成自己的评点计划。试想，如果不是因为"哭庙案"被过早地终止了生命，让圣叹完成所有的著述，那该是怎样的洋洋大观啊！那样我们能够看到的，就不会只是现有的一小部分，还会有"圣叹外书"的其他部分，以及"圣叹内书"的全部。那样我们就会看到一个更加完整、更加真实的金圣叹……这真可以说是千古遗恨！

覃慧敏说：曾经有个机会，可以避免这种千古遗恨。嵇永仁在给友人的信中说：最近有一件非常怪异的事情：远在赣州任司理（推官）的周计百，读圣叹的"才子书"，非常想慕圣叹的为人，派人带着盘缠和聘金，前往苏州迎请圣叹到赣州去。圣叹很受感动，已经心许了，但当时正在赶做"唐诗选"（即《金评唐诗》），没能立即成行。第二年，周计百忽做一梦，梦见有个人披头散发，赤着脚，跳到他的书案上，双手蒙脸，哭泣说："我是金圣叹啊！"周计百一下子惊醒，心想圣叹可能出事了，赶紧派人再到苏州去，才知道周计百梦见圣叹的时候，正是圣

---

① 《鱼庭闻贯》之《与任昇之炅》。

② 《葭秋堂诗序》。《金集》陆，第970页。

③ 《鱼庭闻贯》之《答王道树学伊》。

叹被杀的当天夜晚。[①]

在《鱼庭闻贯》中，收有一通金圣叹给周计百的信，信中说："承惠砚材，便付好人手开斫去矣。后来凡有点注，请皆从此砚出，不敢没知己之感心也。感谢！感谢！……来教正与鄙意如掌中书字，独奈隔此数千里何？"[②]从圣叹这封信中可以看出，周计百和圣叹相隔"数千里"，但两人心心相印，如有灵犀，既互为"知己"，又彼此欣赏。大概正是由于这样的原因，周计百才会不远千里，派人到苏州来迎请圣叹；圣叹的冤魂也才会不远千里去托梦给周计百。有学者认为，圣叹《绝命词》的第三首，即《临别又口号遍谢弥天大人谬知我者》中的"弥天大人"，就是指周计百；诗中所说的"东西南北海天疏，万里来寻圣叹书。圣叹只留书种在，累君青眼看何如？"其实是向周计百"托孤"。[③]我觉得可能含有这样的意思，但也不必只限于周计百一个人。

说实话，我看到这些，既惊奇又叹惜，还有些害怕！我相信这是真的，但我不知道这是偶然巧合还是命运必然，使得圣叹错过了这次可以避免被害的绝佳机缘。看上去好像是偶然：周计百读到圣叹书，想慕其人，遣使迎请，圣叹正有他事，未能成行……看似一连串的不凑巧，仔细想想，好像又是必然的：因为圣叹赶评唐诗，是因为"都门喜讯"；"都门喜讯"，又是因为圣叹的评点声望。圣叹因赶评唐诗而不能应邀前往，赶评唐诗既激发了他最后的热情，（过后）又使这种热情失落到冰点；这又成为他出头"哭庙"的主要原因，于是身陷罗网，头断江宁。直接一点说，圣叹是为了"都门"而放弃了"赣州"；为了"天下"这个大目标，而放弃了自身这个小目标，这完全符合他一贯的志向选择。

圣叹还有一次可以避免遇害的机会。石萌说：我看到有记载说："（金圣叹）后遇相士，称其百日内有飞灾，不可出户，金信之，潜匿家中，已九十八日。懑甚，立门首闲观，见三学弟子员结队而过，诘以

---

① 详见嵇永仁《与黄俞部》。《汇编》第 9 页。

② 《答周计百令树》。《金集》壹，第 105 页。

③ 详见《金圣叹史实研究》第 361–372 页。

何事。众曰：'主司鬻孝廉，吾等将舁孔子出，而移财神入大成殿，盍同往乎？'金大喜，随之去。中丞闻之，饬役数十，至明伦堂拘拿，众逾垣匿溷，一哄而散。金独徘徊阶庑间，乃系之往，再三研鞫，自承为首，而不累及一人，同学者皆因是得免。爰书既成，主司论腰斩。金以擅移圣像，拟大不敬，斩决。"[①]如果金圣叹能够再坚持两天不出门，就不会去参加哭庙，也就不会惨遭杀害了。

李大白说：你怎么能相信这样的说法呢？我记得关于丁子伟之死，也有类似的传说。所谓"百日之灾"，这里说是算命先生算出来的，其实不过是后人对于金圣叹、丁子伟遇害的一种解释罢了，事情本身不足为信，但作为一种解释，其中含有偶然、同情、惋惜、责备等复杂情感和意味。这种解释民间经常可见，很值得注意。

可是，我宁肯相信这样的话。石萌说：特别是金圣叹为了保护其他人，承认自己"为首"，"同学"们因此躲过一劫。这比程翼仓供出金圣叹、丁子伟要可贵得多，后者实在有"出卖"之嫌。

李大白说：这个嘛，还是应该看材料是否可靠，不能只凭个人的好恶。

覃慧敏对李大白说：这个道理她自然是懂的，只是感情上还不能平静，故意这么说的。其实还有一个传说，说金圣叹评点杜诗时，梦见有人告诫他：其他诗都可以说，唯有《古诗十九首》不可说！但圣叹后来酒后纵谈《青青河畔草》，很快就遇祸了。这个说法可能始于廖燕的《金圣叹先生传》，后来不断有人提到，但我一直很疑惑。《古诗十九首》大家都很熟悉，为什么"不可说"呢？《青青河畔草》云：

青青河畔草，郁郁园中柳。
盈盈楼上女，皎皎当窗牖。
娥娥红粉妆，纤纤出素手。
昔为娼家女，今为荡子夫。

① 采蘅子《虫鸣漫录》。《汇编》第31页。

荡子行不归，空床难独守。[①]

我反复琢磨，实在看不出这首诗有什么不可说的“天机”。不知道廖燕这一说法是从哪里来的？好像至今也没人能够作出合理的解释，可谓是千古之谜。

是啊是啊！石萌说：我也是百思不得其解！

柳新雨说：这也是一次可以避免被害的机会，这样说来，圣叹就有三次机会，都错过了。我觉得，这三次机会虽然有很大的传说成分，但很有寓言和象征意味：圣叹屡次错过机会，意味着他的遭祸惨死是若干偶然聚合起来的必然。第一次错过，是因为评点唐诗，意味着圣叹是为更为广大而崇高的目标而罹难。志业远大固然是好的，但它的另一面就是不能“知足”；不能知足，不仅不能常乐，而且是忧患和危险的根源。第二次错过，是因为过早出门，意味着圣叹是为勇于出头而罹难。敢作敢当固然是好的，但它的另一面就是不能耐得住寂寞；不能“宁静”，不仅不能致远，也是挫折和失败的根源。第三次错过，是因为酒后说诗，意味着圣叹是为率性任情而罹难。天真自然固然是好的，但它的另一面就是不能谨言慎行；不能“谨慎”，不仅不能安稳，最终甚至连身家性命都保不住！我觉得，这三点不仅可以解释金圣叹的最后结局，也可以解释他的整个人生命运。

啊！我觉得你的解释也很有意味儿！李大白说：或许圣叹解说古诗而遭祸的根本原因，并不在于《青青河畔草》本身有什么“天机”，而在于圣叹如何解说。他很可能趁着醉酒，说了很多惹祸的话；或者他的话本身并无大碍，但被人夸大其词，从而招来嫉恨；甚至被人别有用心歪曲利用，成为陷其于死地的把柄。总之从内因（自身）上看，都是圣叹不能“敬慎”惹的祸，难怪他会那么仰慕南容！

陶然说：还有一个令人不解的问题，就是刘献廷说：“唱经堂于病中无端忽思成都，有诗云：‘卜肆垂帘新雨霁，酒垆眠客乱花飞。余生得

---

① 《古诗一十九首》。《文选》卷二十九《杂诗》上，第 1344 页。

到成都去，肯为妻儿一漉衣。’想先生亦是杜诗在八识田中作怪，故现此境。不然，先生从未到成都，何以无端忽有此想耶？”①

刘献廷所引的圣叹这首诗，在《沉吟楼诗选》中，题为《病中无端极思成都忆得旧作录出自吟》。所谓“病中”，应该是指顺治十六年（1659）那场百日大病；“旧作”不知作于何时。我们知道，那场大病几乎要了圣叹的老命，他自己也觉得来日无多了。在生命的最后时刻，忽然“极思”成都，甚至为到成都，宁愿舍弃妻子儿女，简直是不惜代价啊！圣叹为什么会有如此强烈的想法呢？刘献廷说是杜诗在圣叹“八识田中作怪”，亦即是受到杜甫诗歌的影响。但这种解释好像并不能让人心服口服，因为圣叹一生评点了那么多的古人诗文，为何偏偏极思成都呢？我也是百思不得其解。

柳新雨说：是啊，以刘献廷那样的大学问，又对圣叹非常了解，都不能解释满意，我们这些后世末学，不得其解也就不奇怪了。不过，我觉得还是可以作进一步推测的，“谜底”应该就在诗文中。

首句“卜肆垂簾新雨霁”，是化用严君平的典故。据《汉书》记载：“其后，谷口有郑子真，蜀有严君平，皆修身自保，非其服弗服，非其食弗食。成帝时，元舅大将军王凤以礼聘子真，子真遂不诎而终。君平卜筮于成都市，以为：‘卜筮者贱业，而可以惠众人。有邪恶非正之问，则依蓍龟为言利害。与人子言，依于孝；与人弟言，依于顺；与人臣言，依于忠，各因势导之以善，从吾言者，已过半矣。’裁日阅数人，得百钱足自养，则闭肆下帘而授《老子》。博览亡不通，依老子、严周之指著书十余万言。”②严君平还有一个很有出息的学生，就是扬雄。扬雄后来在京为官，经常在朝廷称道严君平的德行，益州牧李强想请严君平到他这里做从事，扬雄对李强说：“你只能以礼相请，勉强不得。”李强不以为然，等到了成都见了严君平，完全被他的道德人品所折服，直到告辞也没敢说从事的事！严君平活到九十多岁，深得蜀人爱戴。扬雄后来

---

① 刘献廷《广阳杂记》卷四，第189页。中华书局汪北平、夏志和标点本1957年版。

② 《汉书》卷七十二《王贡两龚鲍传》，第3056页。

著书评论当世人物，说："或问：'君子疾没世而名不称，盍势诸名卿可几？'曰：'君子德名为几。梁、齐、楚、赵之君，非不富且贵也，恶乎成其名？……蜀严湛冥，不作苟见，不治苟得，久幽而不改其操，虽随、和，何以加诸？举兹以旃，不亦宝乎！'"①

原来这位严君平（名尊）乃是成都的一位高人，其高明之处，一在于"修身自保"：不该穿的衣服不穿，不该吃的东西不吃，当然，所有不该做的事情都不做。二在于导人为善：他在成都市上开了一间"卜筮"小店，卜筮虽然被人视为"贱业"，但他自觉地普惠大众，根据不同的对象，因势利导，劝人向善，这实际上是化民济世的大功德。三在于知足自得：他每天营业只看几个人，得到几个钱可以自养就可以了。然后便放下门帘，读书著文。四在于精通老庄：他博览群书，尤其深明老庄，写有十多万字解释老庄微旨妙义的著作。五在于玄默不苟：既不利用权势来谋求富贵，也不为名利所动，即使长期贫贱无闻，也不改变自己的操守。

这些都是能够打动金圣叹的地方，他早年写此诗，是出于对严君平的景仰和向往；晚年重录此诗，则是出于没能实现早年理想的追怀和感伤。所以他很想到成都去。去干什么呢？我觉得，圣叹首先是想去瞻仰、凭吊严君平，向他（灵魂）倾诉自己的仰慕，忏悔自己的过失，还会报告自己的心得，或者和他切磋道术，请求他的指点，然后，圣叹也会效仿严君平，在成都市里开个"卜肆"，过着严君平那样的生活……

是了是了。李大白说：这可是金圣叹一直向往的生活、憧憬的境界。如果真能这样，他是会不惜一切的。

严君平只是圣叹极思成都的一大原因。柳新雨继续说：还有一大原因，就是"酒垆眠客乱花飞"。这是化用司马相如和卓文君的典故，这个典故大家都很熟悉，我就不必细说了。我们都知道，圣叹经常以司马相如自比，他这么说，自然不只是因为酒和酒垆，还有相如和文君的"琴心相通"，还有"文君当垆""相如涤器"的美好生活……

---

①《汉书》卷七十二《王贡两龚鲍传》，第 3056–3057 页。

正是正是！李大白说：这样的生活，很多人梦寐以求，更不要说金圣叹了！

石萌说：你是不是也很向往成都啊，也要“肯为妻儿一漉衣”吗？

柳新雨说：你没听他说“‘萌妹’以求”吗？他要是去成都，一定会带上你的。

真讨厌！石萌故作生气地说。

柳新雨接着说：你看，一个君平“卜肆”，就足以让圣叹不惜代价前往成都了；再加上一个文君“酒垆”，圣叹就更加不顾一切了。更何况，他说的是“余生”，余生的时候，妻子已老，儿女已成人，这个时候离开他们去成都，也不能说是“抛弃”啊！再者说，有个“卓文君”在成都，圣叹的付出也是“值得”的。

石萌说：这句话我不爱听，你的意思是，为了卓文君，可以不要老婆孩子？这是你的想法吧，金圣叹是不会这样想的。

我不是那个意思。柳新雨说：再说呢，诗人未必有，读者未必无，这个道理想必你也是知道的。

那，那也不能过分解读啊！石萌说。

好吧，算我没说。柳新雨说：以上两点，应该是金圣叹极思成都的主要原因。所以，刘献廷的解释并没触及金圣叹的真正“心病”。但他提到杜诗的影响，确也是个很重要的因素。这要说起来，可就一言难尽了。圣叹对杜甫的崇拜和理解，都是不用说的；而杜甫在成都期间，正是他忧患人生中难得的一段安定平和的日子，那种“万里桥西一草堂，百花潭水即沧浪。风含翠筱娟娟净，雨浥红蕖冉冉香”[①]的环境与生活，想必也是圣叹所向往的；如果再考虑到圣叹也身处“乱世”，就更能够理解他的“极思成都”了。

我觉得，金圣叹不仅向往杜甫及其诗中的意境，还会向往杜甫所推崇的人物。杜甫推崇的跟成都关系密切的人物，当以诸葛亮居首。杜甫《蜀相》诗云：“丞相祠堂何处寻？锦官城外柏森森。映阶碧草自春色，

---

① 《杜诗详注》卷九《狂夫》，第743页。

隔叶黄鹂空好音。三顾频烦天下计，两朝开济老臣心。出师未捷身先死，长使英雄泪满襟。”圣叹评点说：“黄鸟所以求友，君子旷百世相感，有尚友古人之情，而无如古人终不可见，如‘隔叶’也。”又说：“丞相不可见于今日矣。然当时若非三顾草庐，丞相并不可得见于昔日也。天下妙计，在混一，不在偏安。丞相受眷于先，并效忠于后，虽不能混一天下，成开济之功，然老臣之计、老臣之心，则如是也。死而后已者，老臣所自矢于我；捷而后死者，老臣必仰望于天。天不可必，老臣之志则可必。第七句‘未’字、‘先’字妙，竟似后曾恢复而老臣未及身见之者，体其心而为言也。当日有未了之事，在今日长留一未了之计，未了之心。嗟乎，后世英雄有其计与心，而不获见诸事者，可胜道哉！在昔日为英雄之计，英雄之心，在今日皆成英雄之泪矣！”[①]圣叹和杜甫一样，也是“百世相感”“尚友古人”的“君子”，也是有“泪”的“英雄”，自然是很想去成都追寻诸葛亮、杜甫一诉衷肠的。

从这里还可以看出，圣叹极思成都，还有现实的背景和原因。李商隐《杜工部蜀中离席》诗云：“人生何处不离群？世路干戈惜暂分。雪岭未归天外使，松州犹驻殿前军。座中醉客延醒客，江上晴云杂雨云。美酒成都堪送老，当垆仍是卓文君。”圣叹评点说：“‘醉客延醒客’，言此地知己之多也；‘晴云杂雨云’，言此地风景之美也。然则借此美酒，便堪送老；带甲满地，又欲何之？‘当垆仍是’之为言，普天流血，而成都独干净也！”[②]圣叹这话就好像专为回答他为何“极思成都”似的，他之所以极思成都，就在于“普天流血，而成都独干净”。圣叹的时代，正是“普天流血”的乱世，江南尤其是“重灾区”，到处兵荒马乱、血腥触鼻，生命贱如草芥，祸患发于旦夕，成都这片最“干净”的土地，自然就成为圣叹“极思”的“乐国”了。

所以我觉得，“成都”在金圣叹的意识中和情感里，不仅是一个美好的所在，还是情感的寄托和精神的象征。圣叹晚年于病中极思成都，

---

① 《金评杜诗》卷二《蜀相》。《金集》贰，第688-689页。

② 《金评唐诗》卷六下。《金集》壹，第387-388页。

并非“忽然”“无端”，而是这些复杂原因的共同作用，说到底，还是其人生理想与现实冲突的反映。圣叹就像困在肮脏樊笼里的猛禽，眼见危在旦夕，愈加向往那邃密的山林、深远的天空……

嗯嗯！柳兄说得好！陶然点头说：这是我头一次听到如此解说金圣叹“极思成都”，细致周全，入情入理。如此看来，“成都”不只是、甚至主要不是现实中的地方，而是一个“理想国”的象征，是金圣叹向往的生命栖息之所，精神的寄托之所。如果他真的去了成都，不仅可以过上美好生活，避免人生悲剧，并且一定会成为另外一种“高人”……可惜，他又错过了。

要是这么说的话，那圣叹错过的机会可就多了。李大白说：如圣叹对陶渊明说：“爱君我欲同君住，一样疏狂两个身。”[①]如果他真的跟陶渊明“同住”了，自然就不会有后来的悲剧。他对舒伯顺说：“爱君便欲同君住，借问相知几个随。”[②]舒伯顺是个“寂寥心事”“太古风流”“白发不临饮酒社，青灯还在说经期”的人，如果圣叹真的跟他“同住”了，结局也会不一样。他又对周茂芦说：“愿与先生同载酒，浩歌直下五湖烟。”[③]如果圣叹真的放歌五湖，也不会有后来的祸难。直到遇害前不久，圣叹还说“白发满头吾甚矣，还余几日作渔樵？”[④]圣叹几乎一生都在向往世外、逃避现实，但始终没能真正逃离，反而越陷越深，在迁延不定之中，突然大难降临，再也没有选择的机会了……好像命中注定似的。

柳新雨说：是的，我觉得，金圣叹错过的机会太多了！当他最后一次想逃避时，为时已晚，来不及了！我说的不是“作渔樵”这一次，而是比这更晚的一次。

就在这年（顺治十八年）的二月，秀才们哭庙之后，倪用宾等十一人被抓之后（初四日），朱国治“初审报告”送达北京之后（二十一日），

---

① 《题渊明抚孤松图》。《诗选》第 102 页。

② 《赠舒伯顺》。《诗选》第 96 页。

③ 《周茂芦生日》。《诗选》第 132 页。

④ 《辛丑春感》。《诗选》第 123 页。

距离顾予咸、薛尔张等八人被逮往江宁（四月十二日）不到五十天，距离金圣叹、丁子伟被逮往江宁（四月二十六日）还有两个月多一点。二月二十三日，金圣叹在送别友人时说：

不是春风已九如，关门对雨注残书。
美人若不搴帷唤，直到他生疏更疏。

这首诗，《沉吟楼诗选》题为《牛叟阎子游元墓，有怀故园梅花，因送之归学山之六》，是这“篇”诗的最后一首（章），前面五首依次为：

江南万户垂垂发，江北孤舟得得来。
花感至诚开十日，不然不到此时开。

一枝一朵寻常见，入海如云蓦地逢。
寄语文殊普贤道，梅花二十四圆通。

束皙补亡真拙笔，华光画影便留痕。
名士名花如印印，由来妙语有何言。

三更惊问今何夕，千里归来某在斯。
不为终身孺子慕，谁教带水又冲泥。

风雨无边夜到家，学山几树正开花。
出门千里归千里，此事原来不得差。[①]

《沉吟楼诗选》中还有另一篇题为《阎子牛叟游邓尉，有怀故园梅花，因送之归学山》（二章）的诗，即：

---

① 《诗选》第83-85页。

亭词》等，其诗“高洁无烟火气，不减储、王”。在当时的江淮一带，还是很有些名气的。

阎修龄的儿子阎百诗（1638–1704），名若璩，号潜丘。幼年病弱口吃，秉性迟钝，但自强不息，勤勉不怠。博览群书，考辨精深，成为著名的学术大师。曾参与编著《大清一统志》《资治通鉴后编》等书，还受到雍亲王（即后来的雍正皇帝）的特别礼遇。著有《四书释地》（正、续）、《潜丘札记》、《重校困学纪闻》、《朱子尚书古文疑》、《孟子生卒年月考》、《眷西堂古文百篇》等，反映了他在经学和史学上的成就。被认为是上承顾炎武、黄宗羲，下启惠栋、戴震的重要人物，在学术史上有着不可磨灭的贡献。当然，最著名的就是他的《古文尚书疏证》，前后用时四十余年，尽发前人未发之覆，以充分的证据证明古文尚书和孔传为东晋人的赝作。这在当时的学界堪称振聋发聩，立刻引起广泛关注和激烈论争，结果阎说得到普遍的接受。《四库提要》称其书：“有据之言，先立于不可败也。”从此伪古文尚书成为定案。不过这都是后话，金圣叹和阎修龄欢会时，百诗才二十多岁。

圣叹诗中提到的张虞山（1617–1684），名养重，字斗瞻，号虞山，又号虞山逸民。崇祯十六年（1643）诸生，入清以后隐居不仕，与阎修龄、靳应升共同发起并主持望社，长达二十余年。他是清初淮安诗坛魁首，时称“张山阳”。人格坚贞，品行高洁，深受当世称道和后世的敬仰。著有《古调堂集》。

丘曙戒（1629–1689），名象升，号南斋。山阳人，顺治十二年（1655）进士，选庶吉士，授编修，迁侍讲，外调琼州、武昌府通判，后官至大理寺左署丞。与弟象随（1631–1701）（字季贞，号西轩）一起以诗文著称，时称“二丘”。象升为诗“绝灵奇险”，著有《南斋诗集》等。象随是顺治十一年（1654）拔贡生。康熙十七年（1678）举博学鸿儒，授检讨，官至洗马。著有《西轩诗集》《西山纪年集》《淮安诗城》等。

另外一人姚山期[①]，名佺，旧先字仙期，又字佺期，后来又改字

① 姚佺事迹参见陆林《金圣叹史实研究》第527–542页。

山期。号辱庵，别署山贞逸民、石耳山人等。大约生于万历三十二年（1604）前后，死于康熙元年（1662）。原籍嘉兴（秀水），后来寓居苏州，有人说他是长洲人，有人说他是吴县人，他经常自称“吴越人”。早年曾从学于周顺昌，曾加入复社；入清后隐居做遗民，“以振兴风雅为己任”。以诗歌选刊为业，在苏州、扬州广结文社。后出家为僧，“客淮阳、金陵间，世称‘姚和尚’”。暗中参与和支持反清事业。编著甚多，存世的《诗源初集》《四杰诗选》《李长吉昌谷集句解定本》等。为人性格简直疏放，吴绮称他“谢翱老去空怀国，张俭名成已破家”。余怀称他“莫叹相逢毛发改，荒鸡犹自叫刘琨”。还有人说他“要离烈士，伯鸾清高，往往相近”。

可以看出，这次欢会共有八人，八个人的性情和志业有很多相近和相通之处，尤其是金圣叹和姚山期，都长期居住在苏州，连身份和经历都很相似。他们能够欢会在一起，看似偶然，其实并非无缘无故。

这次欢会的情况，除了圣叹有多首诗作之外，张养重、丘氏兄弟也有所记述。张养重在《粤游春别》诗中说：“我浮南海别君遥，春夜吴门带雨招。绿酒花笺名士屐，画船银烛美人箫。”诗前小序记道：

> 辛丑正月，再彭观梅光福。二月，余与丘子曙戒有粤行。道出姑苏，相遇于虎丘。置酒言别，同集者姚山期、金圣叹、曙戒弟季贞、再彭子百诗，暨镜怜较书。①

丘象随的《泛虎丘》描写得更加细致充分，这是一篇长诗：

> 操舟千里来，送客越江去。
> 昨夜过梁溪，欲改南昌路。
> 中道不回帆，且一登玄墓。

① 转引自《金圣叹史实研究》。按：陆林注云：“较书，即校书，是对乐伎、歌伎的雅称。书作‘较’，乃是避明熹宗朱由校的名讳，体现出遗民意识。”第375页。

昔我未出门，阎子约此聚。
久要未可忘，况看梅花树？
梅花积雨消，故人亦迁寓。
西寻虎丘山，滑滑多沮洳。
拾级上讲台，寒烟迷四顾。
纡殿长廊折，一僧忽大呼。
但闻淮人音，掉首即前步。
相随曲径深，握手故人住。
是时松龛下，先已高朋具：
姚子别经年，长揖快良晤；
侧身迎左檐，有客美风度。
殷勤达姓名，金子宿所慕。
旧交与新知，一心欢参互。
逡巡进春芥，清啜增幽趣。
依槛纵远望，云峰如奔赴。
阿兄意气豪，群邀下阶阼。
画舫张明灯，美酒出野渡。
曲曲后山摇，万绿搅苍雾。
一杯犹高拱，三杯率真素。
盘礴相唤呶，忘形无礼数。
偪侧舍扁舟，复陟山高处。
席地借佛堂，解貂恣重醵。
下临可中亭，鹤倒糟床注。
四座群无声，清歌入云驻。
张子迥风流，屡顾曲中误。
高烛照摇琴，为鼓求凰句。
悠悠微月佳，娟娟清光吐。
竟作镜怜诗，含悲独殷庶。
盛会从不长，旅境岂久据。

矧伊琼海涯，何以能乐孺。
行行上游送，归欤阎子赋。
当宴折杨柳，空江冷春露。

诗前小序说：“是时，送家兄曙戒，同张虞山道经虎丘，阎再彭、百诗寓焉，访之。即邀同姚山期、金圣叹、僧闻善，泛舟山下；达旦，复携妓镜怜再泛。”①

由这些记述和诗歌可知，阎修龄一行正月就来苏州了，到二月二十三日，前后近两个月，难怪他想要归学山。丘象升则是到琼州（今海南岛）赴任，张虞山跟随他去游览并作一路的陪伴，象随是来给他们送行的。而且在丘氏兄弟还没出门时，阎修龄就约他们来元墓相聚，一起观赏梅花。后来由于连日积雨，阎氏一行才改到苏州城里居住，很可能是住在虎丘附近，或者就住在老乡僧闻善的寺院（云岩寺）里亦未可知。丘氏一行取水路，过了梁溪（无锡）改向南昌，正好途径苏州，难得的聚会良机，于是便来苏州了。

丘氏一行将船泊在虎丘山下，冒着烟雨，拾级而上，来到讲台，也就是“生公说法，顽石点头”的地方。这时寒烟迷蒙，殿廊曲折，正在不知去处的时候，忽听一个淮安口音的和尚大呼小叫着出现在面前，此人就是僧闻善了。大家相认后，和尚便带着丘氏一行向里而来，曲径通幽，不多时就见到了老朋友阎牛叟和他的儿子。旁边还有两位高朋，一位是老友姚山期，分别多年，忽然相见，格外亲切。还有一位，风度绝佳，侧立于左檐下作欢迎状。原来这位就是大名鼎鼎、仰慕已久的金圣叹先生！

一时间故人新交会聚一堂，欢喜无比，连日的阴郁烦躁一扫而空。大家一边品茗，一边说着话，一边和金圣叹等苏州人谈古论今，欣赏着远近景色。

丘象升性情豪侠，对着如此美景良朋，早已酒兴大发，遂邀请大家

① 转引自《金圣叹史实研究》第376页。

下山，先是泛舟山塘，于画舫中畅饮美酒，边喝边谈，兴高采烈，早已忘了礼数。

僧闻善见大家兴致高涨，船上地方太小，不够施展，便提议索性回到佛堂里喝个痛快。于是大家带着美酒又来到山上，张虞山才子风流，还带来一位名叫镜怜的歌妓。于是重开席，倾壶倒酒，继续快饮。这时镜怜轻抚瑶琴，缓开檀口，清歌一曲，大有遏云绕梁之致，众人齐声喝彩，张虞山乃曲中行家，对镜怜说：虽然很好，仍有小误。要不我们合作一曲“凤求凰”如何？镜怜自然是欢喜赞成。于是虞山拿过琴来，边弹边唱，镜怜则边唱边舞，众人边听边看，不是如痴如醉，而是真痴真醉。姚山期感叹道：“晏小山的‘舞低杨柳楼心月，歌尽桃花扇底风’何能过此！”这时雨停了，一弯微月挂在虎丘塔上，洒下娟娟清光。众人不觉兴尽悲来，张虞山说：“这月亮莫非镜怜的化身？我等不如就以‘镜怜’为题作诗，一较高下如何？”大家齐声说好，纷纷摇头晃脑，构思吟哦起来……

正所谓“霁月难逢，彩云易散”，忽闻荒鸡报晓，东方已露出熹微。姚山期举起酒杯说：“劝君更尽一杯酒，西出阳关无故人。请诸位饮尽此酒，祝南去和北归的朋友一路顺风！”众人干杯。

金圣叹说：“君子赠人以言，在下有几句诗，送给各位。”众人欣喜，命人拿笔墨来。圣叹说不用了，各位记在心里便好，然后缓声朗吟道：“不因风雨滞连朝，岂有星辰聚此宵。方悟《毛诗》真妙笔，篇篇风雨说潇潇。”①

阎修龄一听连说：“好好！这是写给我们大家的。”

众人纷纷说“好！”

圣叹又吟道：“珍重千声始下楼，苍茫一点又来舟。诸天天眼微微笑，昏黑重须到上头。”②

丘象升说：“这是写给牛叟和我们的两拨儿人的，假如一拨儿早走

---

① 《诗选》第 85 页。

② 这一首及以下六首见《诗选》第 65-66 页。

一步，一拨儿晚到一步，就错过这次欢会了！”

众人纷纷点头。

圣叹又吟道：“何处墙头不见来，谁人袖里放教回。大呼秉烛忙迎看，白面青眉天下才。”

张虞山说：“这是写给牛叟和百诗的，你们父子确实是天下大才！”

阎氏父子赶紧说：“不敢不敢！”

圣叹又吟道：“君辞白发附青云，住酒停歌预嘱君。南海至今还堕泪，此言莫遣北堂闻。”然后对张虞山说：“这是给你的。”

虞山点头说：“多谢先生！”

圣叹又吟道：“亦知郑重人中宝，只为流传海外文。一语语君君欲笑，不教君去不生君。”然后对丘曙戒说：“这是给你的。”

象升点头说：“多谢先生！”

圣叹又对丘季贞说：“还有一首是给你的：‘不惜低声讽惠连，送过千里已应还。放他今夜天涯梦，梦作池塘第一篇。’”

象随起身施礼道：“谢谢先生！”

圣叹又吟道：“歌长烛短客如泥，遮莫邻鸡四面啼。一滴不胜重拍满，明朝各不解东西。”

僧闻善说：“‘不解东西’，好！他们一拨儿向北，一拨儿向南，我们三人，也不知道明天会在哪里！”

圣叹长吁一口气，缓缓吟道：

杨柳今朝北去船，杏花明日仲春天。
承君问我归何事，白昼关窗只是眠。

阎修龄说：“这是写给你自己的了。‘白昼关窗只是眠’，对，说到做到啊！切记！切记！”

于是众人折柳为别，依依而去……

这就是金圣叹“最后欢会”的大致情况。

啊！确实是一次欢会，诗也是难得的“快诗”。石萌感叹说。

不尽然。柳新雨说：表面上看是这样，其实众人各怀心事，尤其是金圣叹，更有着深深的忧惧。

噢？愿闻其详。石萌说：

柳新雨说：我刚才提到，这次欢会，正是在“哭庙”事件发生之后，当时倪用宾等人已被抓捕，朱国治的诬告疏亦即“初审报告”也已上报朝廷。还记得吧，朱国治的诬告疏上报之前，可是公开放出话来的，说此事性质严重，必须上报朝廷。至于诬告疏的内容包括给秀才们定的罪名，虽说应当保密，但在当时情况下，是不可能没有透露的。所以我觉得，欢会之时，金圣叹等人应该已经知道诬告疏的主要内容，也预感到下一步将凶多吉少。你看圣叹《同姚山期滞雨虎丘八首之一》，也就是“快饮达旦”诗的第一首，前两句说“不因风雨滞连朝，岂有星辰聚此宵”，表面上是说由于连续阴雨，圣叹和阎氏父子等人得以朝夕相聚。实际上，圣叹还另有很深的隐义，联系后两句“方悟《毛诗》真妙笔，篇篇风雨说潇潇”可知，圣叹是在暗用《诗经·风雨》的典故。《风雨》诗大家都很熟悉：

风雨凄凄，鸡鸣喈喈。既见君子，云胡不夷。
风雨潇潇，鸡鸣胶胶。既见君子，云胡不瘳。
风雨如晦，鸡鸣不已。既见君子，云胡不喜。

毛氏小序说：“《风雨》，思君子也。乱世则思君子，不改其度焉。”又说：“兴也。风且雨，凄凄然，鸡犹守时而鸣，喈喈然。”“潇潇，暴疾也。”“晦，昏也。”郑氏笺说：“兴者，喻君子虽居乱世，不变改其节度。”又说：“鸡不为如晦而止不鸣。”孔氏疏说：“言风雨且雨，寒凉凄凄然。鸡以守时而鸣，音声喈喈然。此鸡虽逢风雨，不变其鸣，喻君子虽居乱世，不改其节。今日时世，无复有此人。若既得见此不改其度之君子，云何而得不悦？言其必大悦也。”[1]圣叹不仅化用这个典故，还特

① 《毛诗正义》卷四之四《国风·郑风·风雨》，第 345 页。

意点出“毛诗”，其实是暗示读者，他当时正处于凄凄、暴疾、昏暗的乱世，但他要像不改其节的雄鸡一样，鸣叫不已。当然这种鸣叫充满风险，会带来祸患，因而他渴望得到“君子”的理解和支持。如此看来，阎氏父子的这次苏州之行，或许并非只是为了游览，还有“看望”金圣叹的用意。他们连续多天在一起，不可能只谈学问和风月吧，必然会说到刚刚发生的事件，圣叹必然会向友人表明自己的动机和操守；友人也必然会帮他分析当前的处境，推测事态的发展，一起商量对策……他们都是“君子”，能够在那样的“风雨”日子里聚谈畅饮，当然是难得的“快事”，但是我觉得，这个“快”字，不只是欢快，还有“痛快”！他们的“快饮”，既是欢聚之饮，也是忧患之饮，也是悲壮之饮，更是决绝之饮！

原来是这样！石萌点头说：怪不得阎修龄反复提醒圣叹“切记！切记！”

覃慧敏说：哎，那位告诫圣叹“百日内有飞灾，不可出户”的相士，不会就是阎牛叟吧！

呀，你这个联想很大胆！而且有可能。柳新雨说：我觉得在当时的事态下，不用什么相士，就连大字不识的妇孺，也能感觉到凶险正在步步逼近。圣叹说“承君问我归何事，白昼关窗只是眠”，可能就是他听了友人的建议后而采取的对策：深深地隐藏起来，白天绝不要出门，但愿能够避过这场劫难。

覃慧敏说：如此看来，圣叹说“不是春风已九如，关门对雨注残书。美人若不搴帷唤，直到他生疏更疏”，也应该有这层用意。

是的是的。柳新雨说：“关门对雨”和“白昼关窗”，其实是相同的意思。所以我觉得，这首诗应该是《牛叟阎子游元墓，有怀故园梅花，因送之归学山之六》的最后一首，是圣叹写给自己的，也是他接受阎修龄等人的告诫而后作出的对策性选择。

只可惜，为时已晚！阎修龄他们走后不久，金圣叹就被逮捕到江宁，惨遭杀害了。第二年初夏，姚山期也死于非命，为他料理后事的，正是丘象随。

这年秋天，丘象随又一次泊船虎丘，山水依旧，亭殿犹存，去年快饮达旦的情景如在眼前，然而金圣叹、姚山期已经不在人世了。徘徊凭吊，潸然泪下，低吟道：

隔岁吴江重泊处，低回不尽故人伤。
曾经彻夜吟诗老，那复高歌对酒狂。
挝鼓祢衡三尺血，逃禅苏晋九原霜。
分明画舫山塘路，秋风秋雨只渺茫。[①]

忽然，四周阴暗下来，紧接着狂风大作，电闪雷鸣，暴雨倾盆而下。雨水在狂风的裹挟下，扑倒周围的花草，有些直扑到桥亭里来，女生们吓得“妈呀”大叫，男生们也面露惊恐之色。倒是三位年长者镇定自若，不为所动。

田老师又对柳新雨说：还记得你的祖先柳宗元的诗句吗？“城上高楼接大荒，海天愁思正茫茫。惊风乱飐芙蓉水，密雨斜侵薜荔墙……”

柳新雨说：这是《登柳州城楼寄漳汀封连四州刺史》中的诗句，敢情“惊风乱飐”“密雨斜侵”就是这样的啊！

“岭树重遮千里目，江流曲似九回肠。共来百越文身地，犹自音书滞一乡。”田老师像是自言自语：只要把“城”换成“亭”，就很适合此情此景了。

阿弥陀佛！方丈对范启明说：启明兄莫非有了归欤之意？

范启明点头说：是有点儿，可是……

是啊！田老师说：学生们各奔前程了，金圣叹也说得差不多了，我们也该作鸟兽散了！

大家一时无语，各自望着亭外的风雨，若有所思。

柳新雨问李大白：你们准备什么时候举办婚礼？到时候咱们可以再聚一聚。

---

① 丘象随《感逝》。转引自《金圣叹史实研究》第382页。

好啊！李大白说：不过，我们准备先就业，待有了积蓄后再办，不用家里负担。就业前，我们想到苏州看看，到金圣叹生活过的地方“重温”一下。

哎，庄言兄，您去苏州考察过，有什么观感，给我们介绍介绍呗。石萌说。

庄言答应道：有是有，只怕会让你们失望。现在是什么时代、什么生活节奏啊？据当地人介绍，随着岁月沧桑，特别是经过“破四旧立四新”以及“现代化”，古代的“硬件”，亦即物质性遗存，要么荡然不见，要么面目全非，原封不动保留至今的少而又少，现在能够看到的，大都是“复制品”。至于“软件”，亦即精神性遗存，也可谓虚无缥缈、若有若无。就连山水园林，也只能远观遥想，不可太较真。至于金圣叹的故居，早已无处寻觅。他的墓地，说起来也很悲凉。旧志记载是在五峰山下博士坞，民国十五年（1926），李根源经过实地考查，确定是在西山坞不是在博士坞，但习惯上还说是在博士坞。博士坞在藏书镇，我们去的时候，一路上看不到有相关的标志和指引。一路打听，几经曲折，才找到地方。又转圈寻找，才看到一块小“石牌”，在荒木杂草丛中，根本就没有“墓”。看来石牌原来是白色的，经过风吹雨淋，已经灰暗斑驳。网上有很多图片，我这里就说说文字吧。

石牌的正面，有几行暗红阴文：

吴县文物保护单位

金聖歎墓

吴县人民政府

一九八六年三月二十五日公布

吴县人民政府立

石牌的背面，刻有隶书阴文：

墓在藏书乡博士坞，日本侵华时墓旁设军事仓库，故墓冢被平。原墓前立有吴荫培书文学家金人瑞墓碑，今也佚失。金圣叹（1608—1661），清初文学评论家，吴县人，因不满清朝暴政被害，生前对《庄子》《史记》《水浒》等书多有评论。

这个石牌并不像正规的墓碑，倒像是官方的一个“说明”。但就是这个简单的说明，中间也有不少问题：一是正面和背面文字，全用简体，只有“圣叹”两个字，是用繁体。这种“二体”混用，真有些让人哭笑不得。二是“墓在藏书乡博士坞”。似乎告诉读者“这里”不是金圣叹的墓地；如果这里是金圣叹的墓地，那是不是“博士坞”呢？李根源早就指出金圣叹的墓地不在博士坞，为什么还要这么说呢？三是“日本侵华时墓旁设军事仓库，故墓冢被平”。“日本侵华”时间很长，究竟是哪年哪月？“设军事仓库”的，究竟是日本人还是中国人？四是“原墓前立有吴荫培书文学家金人瑞墓碑，今也佚失”。整个背面文字都有标点符号，按说“文学家金人瑞”几个字也应该加引号，但是没有加。据李根源的记述，吴荫培所书应该是“清文学金人瑞墓”几个字。为何不能仿制一个墓碑呢？现在的说明为何要把“文学家”去掉呢？又为何不称“金人瑞”而改称“金圣叹”？五是“清初文学评论家”。金圣叹活了五十四岁，有将近四十年是在明代，主要活动和成就也是在明代，并没有在清朝做官任职，又是被清廷杀害的，为什么要把他定作“清人”呢？“文学评论家”，既不全面，也不准确。“文学评论”是今人的观念，圣叹一生志业和成就，远非“文学评论”所能概括。六是“因不满清朝暴政被害”。这个说法既过于笼统，也不够准确，容易让人误解为“反抗清廷”。实际上正如我们所讨论的，金圣叹的被害，主要是为了揭露贪官酷吏，声援被捕秀才。七是“生前对《庄子》《史记》《水浒》等书多有评论。”“生前”二字纯属多余，难道还有“死后”的评论？而且

《庄子》《史记》，只在金圣叹的评点计划中，并没有实际完成。而对已经完成并影响巨大的（金评）《西厢记》、杜诗、唐才子律诗等，“说明”却只字不提。另外，“多有评论”四个字，也未免太过简吝了，不足以表彰金圣叹的成就。其他如“吴县人”，也不够确切。

看看，就这么一小段文字，竟然有这么多的问题！这可是“县级文物保护单位”啊！再看看周围，乱木、野藤、杂草、废塘、荒丘，还有泥路，看不出有“保护”的痕迹。说真的，我当时的感觉非常不好，既悲哀又无奈！且不说金圣叹堪比圣贤，就凭他的文学成就以及为社会为他人而献出生命，我们也应该待他好一点儿啊！不过，转念一想，毕竟金圣叹还有个“墓”，还被“保护”起来，还有这么个石牌和“说明”，也算是有个“安身之地”了，让我们有处可寻，还是值得“欣慰”的。再想到一九八六年，当时对金圣叹的“平反”才刚刚开始，吴县地方上就能把金圣叹墓列入文物保护，并立碑“说明”，也是难能可贵的！苏州这地方比金圣叹地位高、名气大的人多去了，能给寒微的金圣叹“一席之地”，实在是不容易！

李大白说：相信随着人们对金圣叹的认识越来越充分深入，这种状况会得到改善的。

可是，为什么人们都说金圣叹的墓在博士坞呢？石萌问。

我也不大清楚。庄言说：李根源在《吴郡西山访古记》中说：“走遍博士坞，终不得圣叹墓。适遇一老妇，询之，云金墓在西山坞，非博士坞，前年吴探花重修之。转入西山坞，经吴江史氏墓坊，山坞尽处为圣叹冢，建‘清文学金人瑞墓’碑，吴荫培书。右侧为白马涧通济庵僧觉阿遗冢。僧俗名张京度，著《通隐堂梵隐堂诗》者也，可谓德有邻矣！时坞中杜鹃盛开，有红、紫、黄、白四种，灿烂悦目，为诸山所未有，其圣叹、觉阿精灵之所集欤！”[①] 吴探花即吴荫培（1851–1931），字树白，号颖芝、云庵。江苏吴县人。清光绪十六年（1890）庚寅科进士，一甲第三名，授翰林院编

① 《汇编》第47页。

修。历任顺天、福建乡试考官及会试考官，廉州、潮州知府等。曾就教育、铁路等问题上疏朝廷，直陈时弊。后自费赴日本考察，回国创办女子师范幼稚园、水利农林讲习所等；又见吴地盗墓成风，捐资创办“吴中保墓会”。后设修志局，与曹允源、蒋炳章一道出任《吴县志》总纂。深受乡人称道。金圣叹有墓至今，吴探花厥功至伟，但他只是“重修”，至于金圣叹最初的墓地在哪里，实在不知究竟。但愿你们去了能够了解清楚。

石萌说：好！我们还准备去宁古塔看看，到时候一并告诉大家。

庄言说：我上次到苏州寻访，有一个地方本来很想去但因故未能如愿，你们这次如果方便，可以去看看。

啥地方？

阳山。庄言说：张一麐曾记述，民国二十年（1931）前后，他和丁南洲同游阳山，这位丁南洲是丁观生的后人，在当地任区长，他跟张说：阳山的东麓有座土地庙，其中有十八个人塑像，衣冠各异，故老相传，这就是“哭庙案”中同难的十八人。还说丁氏宗谱云：“近传同难十八人已为神，清初禁网严密，故塑象于土地庙，不敢讼言姓名。”[①]我想土地庙和十八人塑像，现在恐怕很难看到了，但当地人，特别是丁氏后人，也许会保留一些传说和文字。你们去了，也说不定会有“意外之喜”呢。

那就太好了！李大白和石萌一齐鼓掌道。

此时，田老师对大家说：记得陈寅恪写完《柳如是别传》，合掌说偈曰：

> 刺刺不休，沾沾自喜。忽庄忽谐，亦文亦史。述事言情，悯生悲死。繁琐冗长，见笑君子。失明膑足，尚未聋哑。得成此书，乃天所假。卧榻沉思，然脂暝写。痛哭古人，留赠

① 《阳山十八人祠记》。《汇编》第51页。

来者。[①]

“痛哭古人，留赠来者”，类似的话，金圣叹也曾说过。看来古人今人之间，确有异代同慨、精神相通的情况。我们也可以借此偈语，来为我们的重读金圣叹作结。曲终人不见，江上数峰青啊……

覃慧敏望着田老师，问道：老师莫非有远行的打算？

是想出去走走。田老师说：但还没想好往哪里走呢。

范启明说：我也是，咱们结伴同行吧？

阿弥陀佛！方丈说：二位若是还没想好，就跟我走吧！

去哪里？

方丈说：贫僧寺中职事已了，现在是“无官一身轻”！拟往峨眉山一游，顺道去成都看看。

正合吾意！田、范二人一齐应道。

不觉之中，风停雨住，一缕阳光透过云层，射到亭子里来。

范启明举起酒杯说：来吧，干了这杯，各奔东西！

老师，再给我们吟唱一段吧！覃慧敏请求道。

田老师清了清嗓子，唱道：

> 石头城畔草芊芊，多少愚人城下眠。
> 惟有金生眠不得，雪霜堆里听啼鹃。[②]

……

① 《柳如是别传》第1250页。

② 俞樾《茶香室丛抄》卷十七《金圣叹身后异事》。《汇编》第41–42页。

# 附录一 金圣叹大事年表

**（明）万历三十六年戊申　1608年　一岁**

金圣叹出生于苏州府长洲县金墅镇。名采，字若采，后更名人瑞。圣叹为长子，与二弟似为孪生。金家祖上渊源高深莫测。圣叹出生时，家庭经济文化状况较好。父亲是一位“竹林七贤”式的文人，家学兼有儒释道，尤尚“玄学”。

**万历三十七年己酉　1609年　二岁**

圣叹周岁生日时，祖母为其佩系玉带钩，从此相随不离。

**万历三十八年庚戌　1610年　三岁**

三弟岸先（字若水）约生于本年。

**万历四十年壬子　1612年　五岁**

约于此时初入乡塾。有仆人老苍头朝夕随侍，感情深厚。小妹约生于本年。

## 万历四十一年癸丑　1613年　六岁

颖悟早慧，约于此时作诗："营营共营营，情性易为工。留湿生萤火，张灯诱小虫。笑啼兼饮食，来往自西东。不觉闲风月，居然头白翁。"

## 万历四十二年甲寅　1614年　七岁

心灵敏感，以瓦片投井：欲竟掷下，则念其永无出理；欲且已之，则又笑便无此事，循环摩挲久之，瞥地投入，归而大哭。心理活动复杂微妙。

## 万历四十三年乙卯　1615年　八岁

与二弟出双入对，一起读书学习，游戏玩耍，参加相关礼仪活动。突发家难，父母双亡，兄弟离散，圣叹投奔苏州姑父母，途中过河，失坠玉钩。姑父即韩住、韩俊兄弟之父，号"醉白先生"，家有贯华堂。金韩两家关系亲密。

## 万历四十五年丁巳　1617年　十岁

第二次入乡塾，读"四书"，昏昏然，不知所为何；习《毛诗》，记忆颇深，经常思念"旧塾"。

## 万历四十六年戊午　1618年　十一岁

时以小病告假出塾，初见《妙法莲华经》《离骚》《史记》《水浒传》等书，如获至宝，尤其痴迷《水浒传》。约于本年正式受菩萨戒，法名圣叹，法号唱经。天雨法师为其授戒师之一。

**万历四十七年己未　1619年　十二岁**

得贯华堂所藏"古本"《水浒传》，遂日夜手钞，自觉评释，历时约半年。

**泰昌元年庚申　1620年　十三岁**

读《西厢记》，至于不知是死是活、是迷是悟，或三四日不饭不语，或焚香拜伏，或欲拔刀而起。

**天启二年壬戌　1622年　十五岁**

受王思任教导，悟出"古人笔墨秘诀"，以之验证于《左传》《战国策》《史记》《汉书》《后汉书》等书。圣叹崇拜杜甫，作《沉吟楼借杜诗》。

**天启七年丁卯　1627年　二十岁**

公开从事扶乩等法事活动，号称泐法师，托言慈月宫陈夫人，原系天台宗祖师智顗弟子智朗，"总理东南诸路"。有戴生、顾生、魏生等参与其事。与王瀚（斫山）为知己，后者赠诗云："风雷半夜吴王墓，天地清秋武相祠。一例冥冥谁不朽，早来把酒共论之。"

**崇祯三年庚午　1630年　二十三岁**

约于此时成婚，搬出韩家，独立生活。

**崇祯五年壬申　1632年　二十五岁**

长子金雍出生，字释弓。

**崇祯七年甲戌　1634年　二十七岁**

次子释颜约生于本年。

**崇祯八年乙亥　1635 年　二十八岁**

为钱谦益扶乩，并应允五月为其母亲做法事，同时请求钱氏为其作传。钱氏为作《天台泐法师灵异记》《仙坛倡和诗十首》等。四月，降乩于姚希孟鹓止堂。六月，率弟子至叶绍袁家做法事。十月，致信叶绍袁，劝其礼佛。预言“流贼”必不渡江，苏州十年后必有兵火。

**崇祯九年丙子　1636 年　二十九岁**

教金雍识字作文，令其“出坐”于“大人先生”之间。再次率弟子至叶绍袁家做法事。约于本年任周庄戴汝义家塾教师。

**崇祯十二年己卯　1639 年　三十二岁**

友人兼法事助手戴之杰死，此后圣叹法事“渐寝”。作《送维茨公晋秋日渡江之金陵》诗十二章（首），中云：“今年三十外，旧镜得新霜。同学渐有事，众经未成章。”族兄金昌从圣叹学《易》。

**崇祯十三年庚辰　1640 年　三十三岁**

与门人吴江沈永启一起潜究“性命之学”，圣叹为其更名圣说，号旋轮。

**崇祯十四年辛巳　1641 年　三十四岁**

渐失“童稚蓬心”，经常无端感触，忽地惊心，须发衰白，陷入忽忽不乐苦境。以所评《水浒传》授与金雍，并为之作序（即《序三》），《序一》《序二》《宋史纲》《宋史目》《读第五才子书法》及《伪序》等，亦当作于同时或前后。吴中蝗灾，粮价腾贵，作《辛巳大饥无动惠米致谢》诗。作《送吴兹受赴任永州司理》诗，中有“我欲治经今日始，君行折狱几年平”等语。

## 崇祯十五年壬午　1642年　三十五岁

以《左传》《国策》《庄子》《离骚》《公羊传》《谷梁传》《史记》《汉书》、韩愈、柳宗元及“三苏”等文章教授儿子及甥侄辈，后集为《天下才子必读书》。圣默法师欲引徐增往见圣叹，徐增以世人尽骂圣叹为“魔”，畏避不敢。

## 崇祯十六年癸未　1643年　三十六岁

作《癸未秋兴》诗五章，有“蜜蜂蝴蝶已懒惰，即看苍蝇亦挛拳”“蚊子秋来大如蜂，衣裳郎亢冠鬈松”等语。

## 崇祯十七年（清）顺治元年甲申　1644年　三十七岁

李自成军队入京，明朝灭亡；吴三桂引清兵入关，清朝“定鼎”。初春，作长诗《赠顾君猷》，中有“呜呼，只今天下大乱殊未已，我终欲尔持人伦”等语。作《上元词》，附记云：“处士不幸，丁晋宋之间；身亦适遭变革。欲哭不敢，诗即何罪？不能寄他人，将独与同志者一见也”等语。作《甲申秋兴》《甲申秋兴之二》诗，中有“雕梁绣户都在眼，微命未知何处飞”“先生破斋买蟹吃，怪他着甲能横行”等语。作《塞北今朝》诗云：“塞北今朝下教场，孤儿百万出长杨。三通金鼓摇城脚，一色铁衣沉日光。壮士并心同日死，名王卷席一时藏。江南士女却无赖，正对落花春昼长。”圣默法师引徐增拜见圣叹于慧庆寺西房，圣叹为之说法，“快如利刃，转如风轮，泻如悬河”。为书画家邵弥山水图卷作跋。

## 顺治二年乙酉　1645年　三十八岁

清兵下江南，南京陷落。作《乙酉又病一首》《外甥七日》《讹传境哥被虏》《兵战》《怀圣默法师》《柳》《闻圣寿寺遭骄兵所蹦》等诗，中有“君臣辛苦无方药，奴竖荒唐荐老巫。如此纷纭欲图好，悬知不死只须臾”“乱离存舍妹，艰苦得添丁”“旧人书里失，新哭巷中多”“陶令门前白酒瓢，亚夫营里血腥刀”等语。友人叶奕荃冒死赴浙寻父，圣叹作《元晖渡江》《元晖来述得生事》诗，中有“豺狗方骄横，鸾龙总破残。亲朋连月泪，谁望尔生还”等语。

## 顺治三年丙戌　1646年　三十九岁

作《元日怀西音》诗，中云:“郑巷难忌饮酒叔，沩山终为立锥人。何当暂出池塘梦，来视岁寒还在身。”六月，欲于后堂开局建标，与诸道士共同论撰《童寿六书》，约一百卷。迁延两月中辍。心血虽竭，仍黾勉著书，日夜矻矻，须发为之尽白。作《题徐松之诗二首》诗，中有“副车皆不中，三户又沦亡”等语。

## 顺治四年丁亥　1647年　四十岁

夏日与二三学者解衣露顶，快说《庄子》，释弓记录，集为《南华字制》一卷，圣叹为之《序》。《西城风俗记》或亦作于本年。十一月，过松陵访沈来止，作《丁亥仲冬过松陵访来止》诗。

## 顺治五年戊子　1648年　四十一岁

撰联并书写“消磨傲骨惟长揖，洗发雄心在半酣”。世传圣叹“风来玉宇乌先转，露下金茎鹤未知”“雨入花心自成甘苦，水归器内各现方圆”“老拳通大道，儿口嚼新书”等联，写作时间不详。徐增又同圣默法师见圣叹于贯华堂。

**顺治六年己丑　1649年　四十二岁**

夏日与王学伊（道树）、金昌、刘逸民（隐如）等，评说历代佛家公案，集为《圣人千案》并为之序。

**顺治七年庚寅　1650年　四十三岁**

吴见思初识圣叹，后赠徐增诗云：“……及今四十心始小，迁居吴苑亲贤能。十年曾识金圣叹，笔墨高妙才崚嶒。天之生贤岂孤特，复有徐子相凭凌。诗名今已遍海内，愧于今日方师承。道气深静无可语，舌侨不下徒兢兢。徐子爱我赠诗句，使我意气仍飞腾。从此学道应有益，脱略礼法人所憎。自甘蔬水薄富贵，孔氏之子犹曲肱。勉哉相与守贫贱，我于二子长服膺。仙山既近羽翼长，下士大笑如苍蝇。”圣叹作《题渊明抚孤松图》诗云：“后土栽培存此树，上天谪堕有斯人。不曾误受秦封号，且喜终为晋遗民。三径岁寒唯有雪，六年眼泪未逢春。爱君我欲同君住，一样疏狂两个身。”又有《题文彦可画陶渊明抚孤松图》，或亦作于此时。

**顺治辛卯八年　1651年　四十四岁**

女儿法筵生。六月，当午读杜诗《发潭州》，“寒栗竟日”，感慨系之曰：“此不知当日先生是何心血做成，亦不知圣叹今日是何眼光看出？……千秋万岁之下，锦心绣口之人不少，特特留此一段话，要得哭先生，亦一哭圣叹。所谓‘回首伤神’，辈辈皆有同心也！”友人沈自继（字君善）死，圣叹有《题平坵沈君善木影》诗，中云：“水潭雁影我将往，雪被冰床汝作缘。”弟子顾参

（释曾）死，圣叹有《暮春到虎丘看石观音像与门人释曾坐树阴中最久》诗。

### 顺治九年壬辰　1652年　四十五岁

三月，为徐增《感怀诗》作序。徐诗《唱经先生》云："千年绝学自分明，佛海儒天出大声。掩耳不听真怪事，却从饮酒看先生。"六月，友人盛柯亭死，圣叹有《怀盛柯亭》诗。七月，友人申垣芳（字维茨，号蓍文）死，圣叹有《送维茨公晋秋日渡江之金陵》《题申蓍文像》诗。

### 清顺治十一年甲午　1654年　四十七岁

怀应聘拜见圣叹，作《吴门赠金圣叹》诗云："怀刺三年意未倾，相逢沽酒醉旗亭。吴王洲上花如锦，半似江淹笔底生。"

### 顺治十三年丙申　1656年　四十九岁

评点刻行《西厢记》，徐增致函道树托购其书。继续批点《左传》《战国策》《孟子》《史记》等书。高秋无事，自督诸子弟甥侄，读书学士堂中。出"四书"题令其作文，又评点旧日所暗诵者一百五十篇，集为《小题才子书》。

### 顺治十四年丁酉　1657年　五十岁

暮春早坐，小女法筵折花劝簪，作诗谢之曰："左家娇女惜余春，剩碧残红采折新。数朵轻身赵皇后，一枝善病李夫人。老夫早起虽乘兴，白发斜簪已不伦。珍重他年临此日，见爷满腹是车轮。"为《小题才子书》作序。作《赠夏广文》诗，有"潦倒诸生久白头，十年梦断至公楼"句。秋，徐增时隔八年，又来拜访圣叹，其《访圣叹先生》诗云:“恐冷灵均梦,来登杜甫堂。(原注:家有杜甫堂)菊花秋正好,兰叶晚逾芳。学道多生幸,为诗一世忙。蛩声凉露下,唧唧月苍苍。”醉耕堂本《第五才子书》刻行。

## 顺治十五年戊戌 1658年 五十一岁

往镇江会晤阎若璩。友人刘隐如因“科场案”发配尚阳堡,后死之。

## 顺治十六年己亥 1659年 五十二岁

春,金昌作《才子书小引》。冬,大病百日,通身颓唐,自念人生无多。作《病中承贯华先生遗旨酒糟鱼各一器寄谢》《贯华先生病寓寒斋余亦苦痁不已》《病中见诸女玩月便呼推窗一望有怀贯华》等诗。顺治皇帝与木陈忞谈话,语及圣叹所评《西厢记》《水浒传》等书,称其“议论尽有遐思,未免太生穿凿,想是才高而见僻者”。

## 顺治十七年庚子 1660年 五十三岁

正月,病起,闻友人高会南城,有怅然离群之感,戏作二绝。金昌向圣叹转述邵点所传“都门喜讯”,云顺治皇帝称圣叹“此是古文高手,莫以时文眼看他”。圣叹感而泪下,北向叩首,赋《春感八首》,有“忽承帝里来知己,传道臣名达圣人”“岁晚鬓毛浑短尽,春朝志气忽峥嵘”“借问随班何处立?香炉北上是经筵”“勒成盖代无双业,首诵当今有道恩”等语。

二月,应金雍请求解说唐人七律,金雍作记录、补注,并辑《鱼庭闻贯》于卷首。端午日,深入太湖之滨女儿草屋,独自整理所评唐人七律,致书嵇永仁云:“弟年五十有三矣!自前冬一病百日,通身竟成颓唐。因而自念：人生世间，乃如弱草，春露秋霜，宁有多日？脱遂奄然终殁，将细草犹复稍留跟荄，而人顾反无存遗耶？用是不计荒鄙，意欲尽取狂臆所曾及者，辄将不复拣择，与天下之人一作倾倒。此岂有所觊觎于其间，夫亦不甘便就湮没，因含泪而姑出于此也……"作《庚子秋感》诗，有"乱世黄泉应有路，愁人孤枕总无情"等语。

## 顺治十八年辛丑　1661 年　五十四岁

正月初七，顺治皇帝死。作《人日孙鹤携酒过看予新选唐人律诗，率其二子来，予二婿亦适至》诗。二月初一，哀诏至苏州，官府设幕哭临。圣叹作《辛丑春感》诗云："入春春望转萧条，龙卧春寒不自聊。正怨灵修能浩荡，忽传虞舜撤箫韶。《凌云》更望何人读，《封禅》无如连夜烧。白发满头吾甚矣，还余几日作渔樵。"二月初四日，秀才倪用宾、薛尔张等至府堂跪进揭帖，揭露贪酷县令任维初诸不法事，相从号呼而至者千有余人。因事连巡抚朱国治，朱即令拘留秀才十一人。初五日，金圣叹、丁子伟等人"哭庙"，府学教授程翼仓参劾任维初。朱报告朝廷，诬称秀才们"震惊先帝之灵"，目无朝廷，聚众倡乱。二月下旬，圣叹与阎修龄（号牛叟）等游邓尉苏州，临别"快饮达旦"。圣叹作《阎子牛叟游邓尉，有怀故园梅花，因送之归学山》《牛叟阎子游元墓，有怀故园梅花，因送之归学山之六》《同姚山期滞雨虎丘八首之一》《同姚山期、阎牛叟、百诗乔梓滞雨虎丘甚久，廿三日既成别矣，忽张虞山、丘曙戒、季贞诸子连翩续至，命酒重上悟石轩，快饮达旦，绝句记之》等诗，有"不因风雨滞连朝，岂有星辰聚此宵。方悟毛诗真妙笔，篇篇风雨说潇潇""不是春风已九如，关门对雨注残书。美人若不搴帷唤，直到他生疏更疏”“杨柳今朝北去船，杏花明日仲春天。承君问我归何事，白昼关窗只是眠”等语。朝廷命“四大臣”来江宁会审，四月四日、十二日、二十六日，先后将倪用宾等十一人、顾予咸等九人以及金圣叹、丁子伟二人解送江宁，严刑逼供。朱国治操纵并执笔撰写“会审报告”上报朝廷。六月批复：金圣叹与其他十七名秀才俱处斩，家产籍没，妻子流边（来献琪等十人免籍没），特旨立秋后用刑。其年立秋为七月十三日未时，朱担心有变，巳时即下令开斩，圣叹与其他案件共一百二十一人同时遇害。圣叹被捕后，有《狱中见茉莉花》诗云：“名花尔无玷，亦入此中来。误被童蒙拾，真辜雨露开。托根虽小草，造物自全材。幼读南容传，苍茫老更衰。”又有狱中家书云：“杀头，至痛也，籍没，至惨也，而圣叹以无意得之，不亦异乎？若朝廷有赦令，或可相见，不然死矣！”临难，作《绝命词》三首，有“鼠肝虫臂久萧疏，只惜胸前几本书。虽喜唐诗略分解，庄骚马杜待何如”等语。圣叹遇害后，尸首由弟子沈永启收殓、祭奠，葬于苏州城外五峰山博士坞（一作西山坞）。

# 附录二 主要征引书目*

1.《金圣叹全集》，曹方人、周锡山标点，江苏古籍出版社，1985年。

2.《金圣叹全集》，陆林辑校整理，凤凰出版社，2008年。（简称《金集》；其中的《第四才子书杜诗解》《第五才子书施耐庵水浒传》《贯华堂第六才子书西厢记》及《贯华堂选批唐才子诗甲集七言律》，可分别简称《金评杜诗》《金评水浒》《金评西厢》《金评唐诗》）

3.《沉吟楼诗选》，金圣叹，上海古籍出版社的影印本，1979年。（简称《诗选》）

4.《金圣叹研究资料汇编》，孙中旺编，扬州广陵书社，2007年。（简称《汇编》，凡收入此书者，不再单独列出）

5.《九诰堂集》，徐增，上海古籍出版社，2010年。

6.《广阳诗集》，刘献廷，上海古籍出版社，1979年。

7.《金圣叹史实研究》，陆林，人民文学出版社，2015年。

8.《鲁迅全集》，鲁迅，人民文学出版社，2005年。

9.《〈水浒〉与金圣叹研究》，张国光，中州古籍出版社，1981年。

---

* 以征引先后为序，参阅书目及论文等，从略。

10.《胡适学术文集》，曹伯言编，中华书局，1998 年。

11.《论金圣叹评改〈水浒传〉》，何满子，上海出版公司，1954 年。

12.《〈水浒传〉论文集》，郑公盾，宁夏人民出版社，1983 年。

13.《金圣叹轶事》，杨保同，两友轩，民国八年（1919）。

14.《心史丛刊》，孟森，中华书局，2006 年。

15.《旧唐书》，刘昫，中华书局点校本，1975 年。

16.《四书章句集注》，朱熹，中华书局，1983 年。

17.《史记》，司马迁，中华书局标点本，1993 年

18.《论语集释》，程树德，中华书局，1990 年。

19.《通典》，杜佑，中华书局王文锦等点校本，1988 年。

20.《善自约束：古代带钩与带扣》，王仁湘，上海古籍出版社，2012 年。

21.《诗品注》，陈延杰，人民文学出版社，1958 年。

22.《三国志》，陈寿，中华书局陈乃乾点校本，1959 年。

23.《文中子》，王通，上海古籍出版社《二十二子》本，1986 年。

24.《文选》，萧统编、李善注，上海古籍出版社，1986 年。

25.《宋书》，沈约，中华书局点校本，1974 年。

26.《世说新语笺疏》，余嘉锡，中华书局周祖谟整理本，1983 年。

27.《乐府诗集》，郭茂倩，中华书局年乔象钟等点校本，1979 年。

28.《汉书》，班固，中华书局标点本，1962 年。

29.《晋书》，房玄龄，中华书局标点本，1974 年。

30.《徐朔方集》，徐朔方，浙江古籍出版社，1993 年。

31.《礼记正义》，孔颖达，中华书局《十三经注疏》本，1980 年。

32.《诗人玉屑》，魏庆之，上海古籍出版社王仲闻校勘本，1978 年。

33.《毛诗正义》，孔颖达，中华书局《十三经注疏》本，1980 年。

34.《周易正义》，孔颖达，中华书局《十三经注疏》本，1980 年。

35.《六朝选诗定论》，吴淇，广陵书社汪俊、黄进德点校本，2009 年。

36.《柳南续笔》，王应奎，中华书局《柳南随笔－柳南续笔》王彬、

严英俊点校本，1983年。

37.《春秋左传正义》，孔颖达，中华书局《十三经注疏》本，1980年。

38.《五灯会元》，普济，中华书局苏渊雷点校本，1984年。

39.《列朝诗集小传》，钱谦益，上海古籍出版社，2008年。

40.《唐国史补》，李肇，上海古籍出版社，1957年。

41.《杜诗详注》，仇兆鳌，中华书局，1979年。

42.《太平广记》，李昉，中华书局，1961年。

43.《李太白全集》，李白，中华书局王琦注本，1977年。

44.《庄子集释》，郭庆藩，中华书局《新编诸子集成》王孝渔点校本，1961年。

45.《艺文类聚》，欧阳询，上海古籍出版社，1999年。

46.《搜神记》，干宝，辽宁教育出版社，1997年。

47.《论衡校释》，黄晖，中华书局，1990年。

48.《战国策集注汇考》，诸祖耿，江苏古籍出版社，1985年。

49.《陶渊明集笺注》，袁行霈，中华书局，2003年。

50.《全唐文》，董诰，中华书局，1983年。

51.《鲍参军集注》，钱仲联，上海古籍出版社，1980年。

52.《苏轼文集》，苏轼，中华书局孔凡礼点校本，1986年。

53.《宋史》，脱脱，中华书局点校本，1985年版。

54.《金圣叹传》（增订版），陈洪，人民文学出版社，2012年。

55.《中国通俗小说书目》（修订本），孙楷第，作家出版社，1957年。

56.《水浒传资料汇编》，朱一玄、刘毓忱，百花文艺出版社，1981年。

57.《陈寅恪集》，陈寅恪，生活·读书·新知三联书店，2009年。

58.《尚书正义》，孔颖达，中华书局《十三经注疏》本，1980年。

59.《金圣叹评传》，吴正岚，南京大学出版社，2006年。

60.《牧斋初学集》，钱谦益，上海古籍出版社，2009年。

61.《午梦堂集》，叶绍袁，中华书局冀勤辑校本，1998年。

62.《明史》，张廷玉，中华书局点校本，1974年。

63.《南华真经注疏》，郭象注、成玄英疏，中华书局曹础基、黄兰发点校本，1998年。

64.《日知录集释》，顾炎武著，黄汝成集释，岳麓书社秦克诚点校本，1994年。

65.《明季南略》，计六奇，中华书局，1984年。

66.《韩昌黎文集校注》，马其昶，上海古籍出版社，1988年。

67.《后汉书》，范晔，中华书局点校本，1965年。

68.《清史稿》，赵尔巽，中华书局点校本，1977年。

69.《明清史论著丛刊》，孟森，中华书局，1959年。

70.《广阳杂记》，刘献廷，中华书局汪北平、夏志和点校本，1957年。

71.《丹午笔记》，顾公燮，江苏古籍出版社，1999年版。（本书属上海高校高峰学科建设规划项目“中国语言文学”）

# 后记 缘结圣叹

俗话说：有缘千里来相会，无缘对面不相逢。

大约是在一九八二年的初夏，我忽然接到杭州大学发来的电报，通知已录取我为硕士研究生，但研究方向由原来报考的“先秦文学”改为“元明清文学”，让我尽快答复。那时的我，对于“研究”“方向”之类并没有确定的意识，只要能够继续读书就好，于是便回电同意。后来才知道，我所报考的导师王驾吾先生，其时已八十三岁，因病住院，这年十二月逝世。我参加了追悼会，只恨生前没能拜见一面。

熬过那个严酷的暑期，我便如一片枯叶，随着秋风飘落江南，飘进桂香弥漫的西溪校园，师从刘操南（号冰弦）先生学习研究元明清小说。先是读作品，包括解学亮、吴茂祥、张德超、唐虹生、蔡可祥、朱有为等大学同学送我的《三国演义》《西游记》《二十年目睹之怪现状》《儒林外史》《老残游记》《官场现形记》《醒世姻缘传》等。当读到《水浒传》时，便与金圣叹相遇了。所谓一见倾心，从此便爱不释手，尽可能把金氏作品都找来读。学校里的读完了，便去“省图”（浙江省图书馆古籍部）看；省图没有的，就到外地借阅；书店里见了就买。那时省图在孤山，我经常徒步往返。复印很贵，就尽量手钞。犹记出纳处有位陈姓女老师，每次都是先将我（其他读者亦如此）引到座位上，泡上一杯龙井茶，然后去把书找到送来，让读者慢慢看。其热情亲切，在当时都也是不多见的。沉浸在室内外的书香茶香还有鸟语花香中，抚读着古老的书卷，那种体验是前所未有、后所不再的。午休时分，西湖边上游人不多，有长椅石凳，可以坐或躺着。看着眼前的光影变化，想着书中的人物事迹，恍如梦寐。

学术的梦想就这样悄悄滋长起来，于是便把读书的感想写下来。草稿写在各种“废纸”上（最多的是王甫安先生送我的化验单），修改后誊写在有方格的稿纸上。然后送给老师看，或者投寄出去，更多的是放在那里，留待以后再说。一九八三年冬天，导师告诉我，《杭州大学学报》要出《古籍研究所论文专辑》，我的习作《金圣叹的诗歌评论述略》被采用了，这自然是由于导师的推荐。那是我第一次发表论文，当时的喜悦和感激之情，难以言表。

翌年春天，导师说：“武汉有个中国古代小说理论讨论会，我有事去不了，你去吧！”我便揣着导师的邀请函，登上了西去的列车。这是我第一次参加学术会议，火车上结识了睿智博学的李庆西先生，窃喜出门就遇见了高人。及至会上，又见学者云集，名家闪耀，更是大开眼界。我还“溜号”去听了程千帆先生的学术讲座。张国光先生是会上的主角，他的言论以及有关他的传说，令人震异；次年在杭州又见到他，给了我许多指教和勉励。

一九八五年夏日的一个晚上，我随导师到杭州火车站迎接朱一玄先生，他是专程从天津（南开大学）来主持我的毕业论文答辩的；另一位校外答辩专家袁世硕先生（山东大学）已先期抵达。我的毕业论文题为《金圣叹评点论要》，主要是从“传圣人之德而立自己之德”与“表古人之才而扬自己之才”两个方面探讨金圣叹文学评点的思想旨趣，也有些回归本源的用意。答辩顺利通过，同时也让我知道尚有许多不足和遗憾，于是发愿以后继续努力，写出更“好”的金圣叹。

这时及稍后，我还发表了《金圣叹的“三境论”初探》一文，这要感谢母校老师邱明皋先生的力荐；《论金圣叹的人格》一文被《学术月刊》

采用，纯属“自然投稿”，编者的心胸和眼光令人感怀！此文后来被收入《明清小说研究年鉴》，还有《金圣叹“格物”的要意》《妄想与悲凉》等文的发表，则是承蒙欧阳健、吴圣昔、束有春等先生的情谊。这些习作后来收入《文学与文人——论金圣叹及其他》（商务印书馆 2011 年版）中，又与常绍民先生的助力密不可分。

其间我曾两次到苏州去游访，一次是水路夜行，听着过往船只的呜咽，看着远近光影的明灭，颇有“江枫渔火”之感。友人范建明当时尚在苏州大学，他陪我寻访金圣叹的遗迹，查找文献资料，还为我刻制了一枚印章，书写了一对条幅。记得我们是在九溪偶然相识的，友谊保持至今。这次又为本书初稿贡献了很好的意见。傅刚学兄当时在上海师范学院读研，帮我购买并邮寄了《沉吟楼诗选》，谁也没想到我会在他的母校“安度晚年”。王步高先生送给我一套新出版的《金圣叹全集》（曹方人、周锡山标点），每看此书，我都会想念他和肖瑞峰先生，是后者的热情介绍使我有幸结识这位兄长般的坚强博学之士。母校老师王进珊先生，耄耋之年，依然神采飞扬，诲人不倦，主动介绍我给出版社。要知道那时出书，可是我想都不敢想的事情啊！事虽未果，却从此种下了写书的妄想，走到哪里，都要带上“金圣叹”——两箱资料和一个心愿。

走到西北时，接到李庆西先生的来信，约我为北京的一家出版社写金圣叹传。于是不分昼夜，赶出二十多万字书稿寄去，等来的却是退稿。落脚中原时，范炯先生为台湾一家出版社组织《顶尖人物系列》丛书，邀我写金圣叹。于是不分昼夜，赶出二十万来字书稿寄去，这次出版了。一阵欣喜过后，又觉遗憾颇多，于是带着“金圣叹”继续上路。流连岭南时，恩师董乃斌先生来电说《中国百位文化名人传记》丛书列有金圣叹，让我申报试试。我便按照要求提交了申报材料，很快就得到从书编委何西来老师的热情肯定和鼓励。差不多就在此际，我接到孙逊先生的邀请，来到上海师大，带着“金圣叹”，再次叶落江南，仿佛是携手还乡。

我把这次入选丛书视为“天赐良机”，决心从头开始，写“好”金圣叹。在“重读”金氏作品和相关研究论著的同时，还多次去苏州“重访”。经张建康先生的介绍，认识了季海跃先生和孙中旺先生，后者正是《金圣叹研究资料汇编》一书的编者。说起金圣叹，大家如同故人。他不仅把其书的电子文本拷给我，还引我去寻圣叹的故居，载我观赏雨夜的石湖。夏同友老兄亲自驾车陪我去金墅，我们一路探寻，正在失望之际，巧遇当地“方志办”的张文康先生，听了他的介绍，我们才觉得不虚此行。吴保东先生为我安排了很适合写作的环境，虽未成行，心向往之。董乃斌师多次垂询写作进展，并传授成功经验。每次请教邓小军先生，都能得到及时而有益的指点。张剑同门以最快的速度“借寄”来陆林的新著。我还参加了丛书编委会在昌平和华西召开的“创作会”，以及丛书负责人在上海召集的座谈会，受益匪浅。初稿提交后，文史组专家陶文鹏老师写了十多页热情洋溢的审读意见，还通过电话给予肯定和指点。研究生王娟、刘春景、徐珊珊、王冰慧、汤益、岳伟、彭家丽等人，或帮助查找资料，或帮助校对初稿。当然，还有丛书编委会和出版社相关人士对本书的跟踪关注……

我时常感念这些人和事，但不论是对逝者还是生者，我都不曾说过一个“谢”字。“冥报成何语？”怎一个“谢”了得！我常想，这些是偶然还是必然？仿佛冥冥之中有无数条“草蛇灰线”交织牵引，欲罢不能，似断还续，这或许就是传说中的“夙缘”吧！既然不能解脱，倒不如安之若命，尽可能去做好；做到有缘者满意了，自然也就解脱了。于是便奋身投入，努力从事。几经寒暑，数易其稿；及至稿成，人已花甲。

此刻面对这一摞书稿，要说感慨，一言难尽！要说收获，也非止一端。最想说的是，我因此对古人“心绝气尽，面犹死人”“满纸荒唐言，一把辛酸泪”之类的感言有了亲身的体会。虽然时代相隔，处境不同，但那种欲哭欲笑欲醉欲死的心情，是相通和类似的。而在写作上，则努力“清空”原有的印象、成见以及各种功利计较，清水明镜一样彼此照见。如此一来，便像戴上了夜视仪，许多黑暗中的事物纷纷反射成像，应接不暇。虽然有些朦胧，却比以往在各种“有色”眼镜下看到的更多也更真实，其中不少是过去未能见到的。实际上本书的写作确实多是在黑夜里，尤其是后半夜。据说这是幽灵活跃的时段，我也经常进入

“出神”状态，跟随那个幽灵，游荡穿越。忽而近在咫尺，忽而遥不可及；忽而回眸一笑，忽而仰天叹息。每当我觉得可以伸手抓住时，一声犬吠，倏尔不见了……

问题似乎又回到原点：我的心愿完成了吗？这样的交代满意吗？老实说，我有过肯定的感觉，但很快又犹疑起来，只能摇头苦笑！限于诸多因素，缺点错误在所难免之类的话，就不用多说了。总而言之，这或许是最“新”的金圣叹，但还不是最“好”的金圣叹。某种意义上说，“新”的地方意味着那些夙缘已了；而不够“好”的地方，则意味着那些夙缘仍在。无论如何，这次只能这样了，姑待以后吧！

“以后”是什么时候？就像“永远有多远”一样，没有答案，又何须答案？随缘可也。

陈　飞

丁酉首夏　海上·古美

第一辑已出版书目

1 《逍遥游——庄子传》 王充闾 著

2 《书圣之道——王羲之传》 王兆军 著

3 《千秋词主——李煜传》 郭启宏 著

4 《草泽英雄梦——施耐庵传》 浦玉生 著

5 《戏看人间——李渔传》 杜书瀛 著

6 《心同山河——顾炎武传》 陈 益 著

7 《孤独的绝唱——八大山人传》 陈世旭 著

8 《泣血红楼——曹雪芹传》 周汝昌 著

9 《旷代大儒——纪晓岚传》 何香久 著

10 《烂漫饮冰子——梁启超传》 徐 刚 著

第二辑已出版书目

11 《忠魂正气——颜真卿传》 权海帆 著

12 《花红别样——杨万里传》 聂 冷 著

13 《感天动地——关汉卿传》 乔忠延 著

14 《西风瘦马——马致远传》 陈计中 著

15 《此心光明——王阳明传》 杨东标 著

16 《梦回汉唐——李梦阳传》 泥马度 著

17 《天崩地解——黄宗羲传》 李洁非 著

18 《幻由人生——蒲松龄传》 马瑞芳 著

19 《儒林怪杰——吴敬梓传》 刘兆林 著

20 《史志巨擘——章学诚传》 王作光 著

第三辑已出版书目

21 《千古一相——管仲传》 张国擎 著

22 《漠国明月——蔡文姬传》 郑彦英 著

23 《棠棣之殇——曹植传》 马泰泉 著

24 《梦摘彩云——刘勰传》 缪俊杰 著

25 《大医精诚——孙思邈传》 罗先明 著

26 《大唐鬼才——李贺传》 孟红梅 著

27 《政坛大风——王安石传》 毕宝魁 著

28 《长歌正气——文天祥传》 郭晓晔 著

29 《糊涂百年——郑板桥传》 忽培元 著

30 《潜龙在渊——章太炎传》 伍立杨 著

第四辑已出版书目

31 《兼爱者——墨子传》 陈为人 著

32 《天道——荀子传》 刘志轩 著

33 《梦归田园——孟浩然传》 曹远超 著

34 《碧霄一鹤——刘禹锡传》 程韬光 著

35 《诗剑风流——杜牧传》 张锐强 著

36 《锦瑟哀弦——李商隐传》 董乃斌 著

37 《忧乐天下——范仲淹传》 周宗奇 著

38 《通鉴载道——司马光传》 江永红 著

39 《琵琶情——高明传》 金三益 著

40 《世范人师——蔡元培传》 丁晓平 著

第五辑已出版书目

41 《真书风骨——柳公权传》 和　谷 著

42 《癫书狂画——米芾传》 王　川 著

43 《理学宗师——朱熹传》 卜　谷 著

44 《桃花庵主——唐寅传》 沙　爽 著

45 《大道正果——吴承恩传》 蔡铁鹰 著

46 《气节文章——蒋士铨传》 陶　江 著

47 《剑魂箫韵——龚自珍传》 陈歆耕 著

48 《译界奇人——林纾传》 顾　艳 著

49 《醒世先驱——严复传》 杨肇林 著

50 《搏击暗夜——鲁迅传》 陈漱渝 著

第六辑已出版书目

51 《边塞诗者——岑参传》 管士光 著

52 《戊戌悲歌——康有为传》 张　健 著

53 《天地行人——王船山传》 聂　茂 著

54 《爱是一切——冰心传》 王炳根 著

55 《花间词祖——温庭筠传》 李金山 著

56 《山之巍峨——林则徐传》 郭雪波 著

57 《问天者——张衡传》 王清淮 著

58 《一代文宗——韩愈传》 邢军纪 著

59 《梦溪妙笔——沈括传》 周山湖 著

60 《晓风残月——柳永传》 简雪庵 著

第七辑已出版书目

61 《竹林悲风——嵇康传》 陈书良 著

62 《唐之诗祖——陈子昂传》 吴因易 著

63 《婉约圣手——秦观传》 刘小川 著

64 《殉道勇士——李贽传》 高志忠 著

65 《蒙古背影——萨冈彻辰传》 特·官布扎布 著

66 《千秋一叹——金圣叹传》 陈 飞 著

67 《随园流韵——袁枚传》 袁杰伟 著

68 《女神之光——郭沫若传》 李 斌 著

69 《自清芙蓉——朱自清传》 叶 炜 著

70 《神韵秋柳——王士禛传》 李长征 著

第八辑已出版书目

71 《秋水长天——王勃传》 聂还贵 著

72 《凤凰琴歌——司马相如传》 洪 烛 著

73 《辋川烟云——王维传》 哲 夫 著

74 《天生我材——李白传》 韩作荣 著

75 《如戏人生——洪昇传》 陈启文 著

76 《北宋文儒——欧阳修传》 邵振国 著

77 《红尘四梦——汤显祖传》 谢柏梁 著

78 《梦西厢——王实甫传》 叶 梅 著

79 《阆风游云——张旭传》 李 彬 著

80 《人间要好诗——白居易传》 赵 瑜 著

81 《天地放翁——陆游传》 陆春祥 著

82 《二拍惊奇——凌濛初传》 刘标玖 著

第九辑出版书目